COLLECTIO[illegible]
SCIENCES & TECHNIQU[illegible]
AGROALIMENTAIR[illegible]
Président du Directoire : [illegible]

Aliments fonctionnels

Marcel B. Roberfroid

Coordonnateur

Préface

Gérard Pascal

Editions TEC & DOC

11, rue Lavoisier
75008 Paris

LONDRES - PARIS - NEW YORK

Chez le même éditeur

Apports nutritionnels conseillés pour la population française
Agence française de sécurité sanitaire des aliments, A. Martin, coord., 3e édition, 2000

Le médicament : notion juridique
E. Fouassier, 1999

Compléments alimentaires et aliments santé : pratique juridique
P. Deprez, J.-C. André, 1999

Introduction à la toxicologie nutritionnelle
H. Chavéron, 1999

Répertoire général des aliments
Ciqual, J. Ireland-Ripert, M. Feinberg *et al.*
- « Table de composition », 2e édition, 1995
- tome 3, « Table de composition des fruits exotiques, fruits de cueillette d'Afrique », 1993
- tome 4, « Table de composition minérale », 1996
- tome 5, « Aliments de marque », 1997

Alimentation et cancer – Évaluation des données scientifiques
E. Riboli, F. Decloître, C. Collet-Ribbing, coord., 1996

Protéines végétales – Aspects biochimiques, technologiques, nutritionnels et économiques
collection « Sciences et techniques agroalimentaires »
B. Godon, coord., 2e édition, 1996

ISSN : 0243-5624

ISBN : 2-7430-0439-8

Préface

« Nous vivons une époque formidable ! ». Cette formule populaire est tout à fait adaptée à la situation actuelle de la recherche en nutrition humaine qui a connu une fantastique évolution au cours des vingt dernières années. La première moitié du vingtième siècle a été consacrée à la mise en évidence des nutriments essentiels pour les mammifères, y compris l'homme, nutriments essentiels dont un apport insuffisant se traduit par l'apparition de symptômes de carence. Si l'approche scientifique a été essentiellement descriptive, de nombreux mécanismes d'action de ces nutriments ont cependant été mis en évidence, comme le rôle de certaines vitamines dans des activités enzymatiques clés ou celui des acides aminés dans la construction et la décroissance progressive de la masse musculaire.

Les relations entre l'alimentation et le bien-être ou l'état de santé n'ont cependant connu qu'une approche descriptive pendant longtemps, les outils disponibles pour en percer les mécanismes étant bien rudimentaires. Des corrélations ont pu être établies entre le risque d'apparition de pathologies considérées comme des maladies dites de civilisation et des modes d'alimentation ou certains types d'aliments, comme la relation entre affections cardiovasculaires et consommation de matières grasses saturées en excès ou celle, positive, entre la consommation de fruits et légumes et la réduction du risque d'apparition de certains cancers. Les données d'études épidémiologiques utilisées pour établir ces corrélations n'étaient pas, jusqu'à ces dernières années, issues d'études d'intervention mais d'études d'observation, transversales ou longitudinales, les premières permettant seules de passer de corrélations à des preuves de liens directs entre les facteurs étudiés.

Les études des relations entre l'alimentation et les risques de développement de pathologies ont, jusqu'au milieu des années quatre-vingt, mis l'accent sur les dangers de notre alimentation, trop de gras, de sucre, de sel, etc., mais rarement sur ses aspects positifs. Ne serait-ce pas parce que la prévention dans le domaine de la santé est longtemps restée le parent pauvre ?

Depuis environ quinze ans, l'approche de ces relations a profondément changé ; les aliments et leurs constituants sont maintenant considérés comme des « modulateurs », donc capables d'intervenir comme facteurs aggravants mais aussi comme facteurs protecteurs vis-à-vis des risques d'apparition de pathologies qui sont pour l'essentiel d'origine plurifactorielle. C'est au début de cette période qu'est né le concept d'aliment fonctionnel, concept qui est l'objet de cet ouvrage.

Pourquoi vivons-nous une période formidable dans le domaine de la recherche en nutrition humaine ? C'est essentiellement parce que les chercheurs disposent aujourd'hui de nouveaux outils qui permettent d'aborder les mécanismes d'action des aliments et de leurs constituants sur les grandes fonctions de l'organisme, mais aussi les mécanismes qui sont responsables de l'apparition des grandes pathologies. Ces outils résultent des progrès des connaissances et des méthodologies en biologie : modèles cellulaires, biologie cellulaire et moléculaire, génétique et génomique, étude du transcriptome grâce aux filtres haute densité, microréseaux et « puces à ADN », du protéome, du métabolome, méthodes spectroscopiques d'analyse physicochimique (SM, RMN, RPE) qui permettent en particulier des études humaines utilisant des isotopes stables (^{13}C, ^{2}H, ^{15}N), progrès de la bio-informatique.

L'emploi de certains de ces outils doit permettre d'entrer au cœur des mécanismes qui régissent les relations entre les aliments et les grandes fonctions de l'organisme (moléculaires, cellulaires, physiologiques) et ainsi conduire à identifier des marqueurs de ces fonctions dont le niveau peut être influencé par l'alimentation ou certains de ses constituants. Au-delà de cette approche, des informations peuvent être obtenues sur les dérèglements de certaines de ces fonctions qui sont impliqués dans l'étiologie des grandes pathologies. Au total, on peut donc espérer recueillir des données sur une éventuelle modulation par l'alimentation du risque d'apparition de ces pathologies.

Beaucoup de travail reste à accomplir pour atteindre cet objectif dans de nombreux domaines. Pourtant, des pistes encourageantes existent déjà. Elles sont explorées dans cet ouvrage dans le domaine du système gastro-intestinal, du métabolisme lipidique, du stress oxydant, de certains types de cancers, du comportement, de l'humeur et du fonctionnement du système nerveux central. Si des résultats ont été obtenus en ce qui concerne les effets de certains constituants des aliments sur des fonctions, comme ceux des pro- et prébiotiques sur le système gastro-intestinal et sont acceptés dans les milieux scientifiques, il sera beaucoup plus difficile de mettre en évidence l'action de ces constituants sur la réduction du risque de maladies. Ce dernier type de relations doit être l'objet, comme l'action sur les fonctions, d'une démonstration scientifique rigoureuse avant d'envisager la communication d'informations au consommateur. Il semble donc raisonnable d'envisager deux types d'allégations pour la communication sur les aliments fonctionnels, qui correspondent aux deux types de relations évoquées.

L'information objective du public est au cœur de l'exploitation du concept d'aliment fonctionnel et est l'objet d'un développement dans cet ouvrage. Les allégations qui pourront accompagner les aliments fonctionnels devront s'appuyer sur un dossier scientifique sans failles, afin que le consommateur ne soit pas trompé par des affirmations qui relèveraient plus du marketing, voire du charlatanisme, que de la réalité scientifique. Dans une période où la confiance du consommateur dans les acteurs de la chaîne alimentaire, y compris les scientifiques, vacille, tout dérapage de l'information sur les propriétés des aliments fonctionnels signera leur arrêt de mort. Une telle situation serait dommageable à plus d'un titre parce que le concept d'aliment fonctionnel est susceptible à la fois d'apporter un progrès dans les connaissances des mécanismes qui régissent les relations entre alimentation et santé et des informations essentielles pour la définition d'une politique nutritionnelle de santé publique fondée scientifiquement et susceptible de contribuer à l'amélioration de l'état de santé et de bien-être de la population. Il est aussi capable de fournir à l'industrie alimentaire des pistes pour la conception d'aliments présentant un intérêt pour le consommateur et par là même de lui donner un avantage compétitif.

La rigueur scientifique doit donc être de mise pour développer les aliments fonctionnels, qui ne constituent pas une révolution, mais une adaptation de l'alimentation à des besoins nutritionnels qui ont considérablement évolué au cours des cinquante dernières années en même temps que nos conditions et espérance de vie. Nos attentes ont aussi évolué ; nous ne demandons plus seulement une alimentation qui évite l'apparition de symptômes de carence, mais aussi une alimentation qui contribue à notre bien-être et à une réduction des risques en matière de santé, tout en nous apportant, ce qui n'est pas moins important, le plaisir de nous nourrir. Ainsi, les aliments fonctionnels sont bien des aliments, partie intégrante d'une alimentation courante et non des « alicaments » ou « nutraceutiques » ou d'autres termes barbares dont j'ai personnellement une sainte horreur.

Gérard Pascal

Liste des auteurs

Jean-Marc Alessandri
Docteur en sciences alimentaires
Chargé de recherches Inra
Laboratoire de nutrition et sécurité alimentaire
Inra
78352 Jouy-en-Josas cedex

Katleen Anthierens
Assistant
Département de technologie alimentaire et de nutrition
Université de Gand
Vakgroep Levensmiddelentechnologie en voeding
Faculteit Landbouwkundige en Toegepaste Biologische Wetenschappen
Universiteit Gent, Coupure Links 653
B-9000 Gent, Belgique

France Bellisle
Docteur ès sciences
Chargée de recherches au Centre national de la recherche scientifique
Inserm U 341
et Service de nutrition Hôtel-Dieu
1, place du Parvis Notre-Dame
75181 Paris cedex 04

Annick Bernalier
Docteur ès sciences
Chargée de recherches
Laboratoire de microbiologie
Inra
Centre Clermont-Ferrand-Theix
63122 St-Genès-Champanelle

Dominique Brassart
Docteur ès sciences
Dietecom Swiss
World Trade Center
Avenue Gratta-Paille
1030 Lausanne, Suisse

Sylvie Chalon
Docteur en sciences de la vie et santé
Chargée de recherches Inserm
Laboratoire de biophysique médicale et pharmaceutique
Faculté de pharmacie
31, avenue Monge
37200 Tours

Martine Champ
Docteur 3e cycle
Unité fonctions digestives et nutrition humaine
Inra-CRNH
Rue de la Géraudière
BP 71627
44316 Nantes cedex 03

Françoise Chanussot
Docteur ès sciences
Chargée de recherches
Unité 476-Inserm, nutrition humaine et lipides
18, avenue Mozart
13009 Marseille

Emmanuel Cuillerier
Docteur en médecine
Praticien hospitalier et universitaire
Service de gastroentérologie
Hôpital européen Georges-Pompidou
AP-HP et université Paris VI
25, rue Leblanc
75015 Paris

Denis E Corpet
Ingénieur agronome, Institut national agronomique Paris-Grignon (INA-PG)
Diplômé de bactériologie de l'Institut Pasteur, Paris
Docteur de l'université Paris-Sud
Professeur à l'École nationale vétérinaire de Toulouse (ENVT)
Directeur de l'Unité de recherche Inra-ENVT de sécurité des aliments
23, chemin des Capelles
31076 Toulouse

Nathalie Delzenne
Docteur en sciences pharmaceutiques
Chargée de cours
Unité de pharmacocinétique, métabolisme, nutrition et toxicologie, PMNT-7369
Université catholique de Louvain
Avenue E. Mounier, 73
B-1200 Bruxelles, Belgique

Christian Demigné
Unité des maladies métaboliques et micronutriments (UMMM)
Inra de Clermont-Ferrand-Theix/CRNH d'Auvergne
63122 St-Genès-Champanelle

Joël Doré
Docteur ès sciences
Chargé de recherches
Unité d'écologie et physiologie du système digestif
Inra
78352 Jouy-en-Josas cedex

Georges Durand
Ingénieur agronome, ancien élève de l'Institut national agronomique Paris
Directeur de recherches Inra
Laboratoire de nutrition et sécurité alimentaire
Inra
78352 Jouy-en-Josas cedex

Anne Franck
Docteur ès sciences
Directeur recherche et développement ORAFTI
Aandorenstraat 1
B-3300 Tirlemont, Belgique

Philippe Guesnet
Docteur en sciences alimentaires
Chargé de recherches Inra
Laboratoire de nutrition et sécurité alimentaire
Inra
78352 Jouy-en-Josas cedex

Nicolas Guggenbühl
Diétécicien, licencié en nutrition humaine
Chargé de cours à l'Institut Paul Lambin (Haute école Léonard de Vinci, Bruxelles)
Nutrition Supervisor à Diffu-Sciences, société de communication médicale et scientifique
Genval, Belgique

Fabienne Guillon
Docteur ès sciences
Unité de recherches sur les polysaccharides, leurs organisations et interactions
Inra
Rue de la Géraudière
BP 71627
44316 Nantes cedex 03

Michel Hermans
Docteur en médecine
Spécialiste en endocrinologie et nutrition
Docteur en sciences médicales
Diploma in Natural Sciences (Open)
Chef de clinique associé en endocrinologie-nutrition aux cliniques universitaires St-Luc
Avenue Hippocrate, 54
B-1200 Bruxelles, Belgique

André Huyghebaert
Département de technologie alimentaire et de nutrition
Université de Gand
Vakgroep Levensmiddelentechnologie en voeding
Faculteit Landbouwkundige en Toegepaste Biologische Wetenschappen
Universiteit Gent, Coupure Links 653
B-9000 Gent, Belgique

Jaroslaw Kolanowski
Professeur ordinaire émérite à l'université catholique de Louvain
UCL 5474
Avenue Hippocrate, 54
B-1200 Bruxelles, Belgique

Denis Lairon
Docteur ès sciences
Directeur de recherches
Unité 476-Inserm, Nutrition humaine et lipides
18, avenue Mozart
13009 Marseille

Yvon Lebranchu
Docteur en médecine
Professeur des universités
Service de néphrologie et d'immunologie clinique
Hôpital Bretonneau
2, boulevard Tonnelle
37044 Tours

Marie-Anne Levrat-Verny
Unité des maladies métaboliques et micronutriments (UMMM)
Inra de Clermont-Ferrand-Theix/CRNH d'Auvergne
63122 St-Genès-Champanelle

Hubert Lopez
Unité des maladies métaboliques et micronutriments (UMMM)
Inra de Clermont-Ferrand-Theix/CRNH d'Auvergne
63122 St-Genès-Champanelle

Philippe Marteau
Docteur en médecine, docteur ès sciences
Praticien hospitalier et professeur des universités
Responsable de l'enseignement de la physiologie digestive
Service de gastroentérologie
Hôpital européen Goerges-Pompidou
AP-HP et université Paris V
Faculté de médecine Necker
25, rue Leblanc
75015 Paris

Jean Nève
Docteur ès sciences pharmaceutiques
Professeur ordinaire à l'université libre de Bruxelles
Institut de pharmacie
Laboratoire de chimie pharmaceutique
Campus Plaine 205/5
B-1050 Bruxelles, Belgique

Gérard Pascal
Ingénieur biochimiste de l'Institut national des sciences appliquées (Insa) de Lyon
Directeur scientifique pour la nutrition humaine et la sécurité des aliments à l'Inra
Président du comité scientifique directeur de l'Union européenne
Inra
75338 Paris cedex 07

Sylvie Rabot
Docteur ès sciences
Chargée de recherches
Unité d'écologie et physiologie du système digestif
Inra
78352 Jouy-en-Josas cedex

Yves Rayssiguier
Unité des maladies métaboliques
et micronutriments (UMMM)
Inra de Clermont-Ferrand-Theix/CRNH
d'Auvergne
63122 St-Genès-Champanelle

Christian Rémésy
Unité des maladies métaboliques
et micronutriments (UMMM)
Inra de Clermont-Ferrand-Theix/CRNH
d'Auvergne
63122 St-Genès-Champanelle

Salwa Rizkalla
Docteur en médecine
Docteur en biologie humaine
Chargée de recherches Inserm
Service de diabétologie
Hôtel-Dieu
1, place du Parvis de Notre-Dame
75181 Paris cedex 04

Marcel B. Roberfroid
Docteur en sciences pharmaceutiques
Professeur émérite de l'université
catholique de Louvain
Faculté de médecine
Département des sciences
pharmaceutiques
Bruxelles, Belgique
Correspondance :
7A rue de la Rondia
B-1348 Louvain-la-Neuve
Belgique

Jean-Paul Thissen
Docteur en médecine
Spécialiste en endocrinologie
et nutrition
Chargé de cours à la faculté
de médecine de l'université catholique
de Louvain
Consultant en endocrinologie-nutrition
aux cliniques universitaires St-Luc
Avenue Hippocrate, 54
B-1200 Bruxelles, Belgique

John Van Camp
Doctorat, assistant
Département de technologie alimentaire
et de nutrition
Université de Gand
Vakgroep Levensmiddelentechnologie
en voeding
Faculteit Landbouwkundige
en Toegepaste Biologische
Wetenschappen
Universiteit Gent, Coupure Links 653
B-9000 Gent, Belgique

Roger K Verbeeck
Unité de pharmacocinétique,
métabolisme, nutrition et toxicologie,
PMNT-7369
École de pharmacie, université
catholique de Louvain
Avenue E. Mounier, 73
B-1200 Bruxelles, Belgique

Table des matières

Introduction

Première partie
Système grastro-intestinal

Chapitre 1

Chapitre 4

Probiotiques : bases rationnelles, effets démontrés et perspectives

Chapitre 5

Chapitre 8

Modulations nutritionnelles du métabolisme du cholestérol et des lipoprotéines *(Denis Lairon et Françoise Chanussot)* 167

Chapitre 9

Importance nutritionnelle des acides gras polyinsaturés *(Georges Durand, Philippe Guesnet, Sylvie Chalon, Jean-Marc Alessandri, Salwa Rizkalla et Yvon Lebranchu)* 193

Chapitre 10

Chapitre 11

Troisième partie

Défenses contre les espèces réactives dérivées de l'oxygène

Chapitre 12

Cinquième partie

Aliments fonctionnels et réduction du risque de développer un cancer

Chapitre 15

Sixième partie

Aspects technologiques des aliments fonctionnels

Chapitre 16

Septième partie
Aliments fonctionnels et communication au consommateur : point de vue d'un nutritionniste et journaliste scientifique

Chapitre 17

Huitième partie
Conclusions et perspectives

Chapitre 18

Introduction

Aliments fonctionnels : définitions, concepts et stratégies

Marcel B Roberfroid

1. Introduction

Pour comprendre le concept d'aliment fonctionnel, il est nécessaire de bien percevoir comment la science nutritionnelle a elle-même changé. Elle a évolué d'une approche préventive des déficiences alimentaires qui a conduit à l'établissement de standards et recommandations nutritionnelles inscrites dans des directives vers la promotion du rôle de l'alimentation dans le maintien d'un état de bien être et de santé ou la réduction du risque de maladies.

1.1. La nutrition : une science du XXe siècle (Welsch, 1996)

Bien que « aliment » soit une terme très ancien, probablement aussi ancien que l'homme lui-même, le terme « nutrition », d'origine beaucoup plus récente, apparaît pour la première fois au XIXe siècle. La nutrition est, par définition, pluridisciplinaire et intégrative de connaissances d'origines diverses. Elle a pour objet l'application, aux aliments et aux nutriments, d'un vaste champ de connaissances, incluant les sciences fondamentales pour en comprendre et en décrire les effets physiologiques dans le but d'améliorer bien être et santé.

Tout au long du XXe siècle, la science nutritionnelle a découvert les nutriments et elle a établi les standards nutritionnels formulant des recommandations et proposant des directives dans le but de prévenir les déficiences et de supporter la croissance, le maintien et le développement du corps. Plus récemment (dernier tiers du XXe siècle), elle a aussi fait des recommandations en vue de prévenir la consommation excessive de certains nutriments (par exemple certains acides gras saturés) après avoir identifié et étudié leur rôle dans l'étiologie de certaines maladies, principalement les maladies chroniques dégénératives aussi dites de civilisation (Food & Nutrition Board, 1989a).

Ces progrès se sont traduits :

- en apports journaliers recommandés (Food and Nutrition Board, 1989b) qui sont les quantités moyennes des nutriments essentiels à consommer quotidiennement estimées, sur base des connaissances scientifiques disponibles, pour être suffisantes et répondre aux besoins physiologiques des personnes saines ;
- les recommandations nutritionnelles (US Department of Agriculture, 1990) qui sont des avis sur la consommation d'aliments ou de composants alimentaires pour lesquels il y a des préoccupations de santé publique et principalement lorsqu'il n'existe pas d'apports journaliers recommandés. Ces recommandations sont formulées par référence à l'alimentation globale, souvent exprimées en terme qualitatif (plus de, moins de, augmenter, diminuer...) en se référant aux résultats des recherches qui étudient la relation entre alimentation et santé ;
- les directives alimentaires (US Department of Agriculture, 1992) qui sont la traduction des apports journaliers recommandés et des recommandations nutritionnelles en terme de propositions pour une consommation quotidienne des grandes catégories d'aliments (fruits, légumes, céréales, viandes, produits laitiers...). Ces directives forment une trame conceptuelle qui doit permettre la sélection des aliments et garantir une nourriture adéquate. Elles sont basées sur les apports journaliers recommandés, la composition des aliments, les profils de consommation alimentaire et les multiples facteurs qui influencent les choix alimentaires.

Par le biais de ces développements, une des contributions majeures de la nutrition du XXe siècle a été le concept d'alimentation équilibrée défini comme « un mélange approprié d'aliments susceptible de fournir les quantités minima requises des différents nutriments et des quelques autres composants alimentaires nécessaires pour soutenir la croissance et le maintien du poids corporel tout en prévenant le développement des maladies de déficience et en réduisant le risque de développer les maladies associées aux excès alimentaires néfastes » (James, 1988).

1.2. La nutrition : une science pour le XXIe siècle

À l'aube du XXIe siècle, la société d'abondance, qui caractérise la plus grande partie du monde occidental industrialisé, doit faire face à de nouveaux défis qui vont de la croissance incontrôlée des dépenses de santé à l'accroissement de l'espérance de vie en passant par les progrès des connaissances scientifiques et technologiques et les changements dans le style de vie.

Tableau 1 ■ Les défis de la nutrition à l'aube du XXIe siècle.

Application, à la nutrition, des connaissances scientifiques fondamentales.
Amélioration des connaissances scientifiques concernant les relations alimentation et santé.
Croissance exponentielle des dépenses de santé.
Augmentation de l'espérance de vie.
Prise de conscience, par le consommateur, d'une relation alimentation-santé.
Progrès de la technologie alimentaire.

La nutrition doit s'adapter à ces nouveaux défis. En voie de conséquence, à l'aube de ce XXIe siècle, tout en poursuivant les efforts en vue de favoriser une alimentation équilibrée, se profile à l'horizon le concept de « nutrition optimalisée » (Milner, 2000). Une telle nutrition aura pour objectif de maximaliser les fonctions physiologiques de façon à garantir un état de bien être et de santé optimum tout en réduisant au minimum le risque de contracter une maladie, et cela tout au long de la vie. En même temps, elle devra veiller à rencontrer les besoins spécifiques de chaque individu en proposant certains aliments ciblés sur base des particularités génétiques et des interactions entre composants alimentaires et gènes (Kok, 1999). Ces particularités incluent le polymorphisme et les variations individuelles dans les réponses aux aliments, la modulation de l'expression des gènes par les nutriments et les autres composants alimentaires et les effets de l'alimentation sur le risque des maladies. Elles peuvent contrôler tant la modulation des fonctions physiologiques ou des processus pathologiques par les aliments que le métabolisme des nutriments et autres composants alimentaires par les cellules et les enzymes de l'organisme. Elles participent à la réponse de chaque individu aux effets bénéfiques ou éventuellement délétères de son alimentation.

Bien que l'alimentation équilibrée demeurera l'objectif clé pour d'une part la prévention des déficiences alimentaires et les maladies qui leur sont associées et d'autre part réduire le risque des maladies engendrées par la consommation excessive de certains nutriments, la nutrition optimalisée aura comme objectif de définir « l'apport idéal » en autant de composants alimentaires qu'il sera possible de connaître et ce en vue de maintenir ou promouvoir un état de bien être et de santé tout en réduisant le risque des maladies liées à l'alimentation.

À l'aube du XXIe siècle le plus grand défi pour la science nutritionnelle est donc de progresser d'une approche visant à « augmenter l'espérance de vie » en direction d'une stratégie destinée à « améliorer la qualité de la vie ».

Sur ce chemin en direction d'une nutrition optimalisée qui représente un objectif ambitieux et à long terme, l'aliment fonctionnel apparaît, à côté d'autres approches, comme un concept intéressant et stimulant pour autant qu'il soit et reste soutenu par une recherche scientifique de qualité qui, dans le contexte récemment défini de la « science des aliments fonctionnels » (Diplock, 1999), aura pour objectif de « contribuer à l'amélioration des directives nutritionnelles en intégrant, en permanence, toutes les connaissances nouvelles relatives aux interactions entre composants alimentaires, fonctions de l'organisme et/ou processus pathologiques ».

2. *Aliments fonctionnels : le concept*

Un aliment fonctionnel n'est pas et ne peut pas être une entité définie ou caractérisée. En effet, une grande variété de produits alimentaires sont ou seront, à l'avenir, catalogués comme tels. Ces aliments contiennent ou contiendront une multitude de composants classifiés ou non comme nutriments, reconnus capables d'influencer une grande diversité de fonctions impliquées dans l'état de bien être et de santé ou la réduction du risque des maladies. Il n'y a donc et il n'y aura probablement pas de définition simple et universelle de l'aliment fonctionnel. C'est donc d'abord et avant tout un concept qui, s'il est centré sur les « fonctions à moduler » davantage que sur les « produits à développer » a toutes les chances de devenir universel et peu influençable par les habitudes alimentaires locales ou les traditions culturelles (Diplock, 1999).

2.1. Aliment fonctionnel : perspectives internationales

Le Japon a été le berceau du terme aliment fonctionnel (Kubomara, 1998) et il a été à l'avant-garde de leur développement. En effet, dès 1980, de vastes programmes de recherche ont été initiés et financés par le gouvernement japonais en vue : « d'une analyse systématique et du développement des fonctions des aliments », « d'une analyse de la régulation des fonctions physiologiques par les aliments », et « d'une analyse des aliments fonctionnels et de leur configuration moléculaire ». Sur base des résultats de ces recherches, une catégorie spéciale d'aliments ayant la capacité d'améliorer la santé publique a été définie avec comme objectif de réduire la progression des coûts des soins de santé. C'est le concept des « aliments destinés à une utilisation particulière » connu sous l'acronyme FOSHU qui a été créé en 1991. Ces aliments qui sont sensés aider à améliorer la santé des consommateurs peuvent bénéficier d'une allégation d'effet santé spécifique qui peut être affichée sur le produit pour autant qu'il appartienne à une des catégories d'aliments décrites dans la « Loi pour l'amélioration de la nutrition ».

Ces aliments sont :

- des aliments dont on attend des effets spécifiques sur la santé parce qu'ils contiennent des composants adéquats ou des aliments dont on a éliminé des allergènes ;
- et pour autant que l'effet revendiqué d'une telle addition ou élimination ait fait l'objet d'une évaluation scientifique qui justifie une allégation autorisée concernant les effets bénéfiques et spécifiques pour la santé qui peut être attendue de leur consommation.

Durant la même période, mais surtout depuis les années 1990, une grande variété de termes plus ou moins inspirés de l'approche japonaise, ont vu le jour. En plus du terme « aliment fonctionnel », ces termes incluent des mots ou des expressions plus exotiques tels que : « nutraceutique », « designer food », « f(ph)armafood », « medifood », « vitafood » auxquels il faut ajouter des termes plus traditionnels comme « supplément alimentaire », « aliment diététique » et « aliment enrichi ou fortifié ». Selon Hillian (1995) ces termes et expressions sont destinés à décrire des « substances alimentaires qui fournissent des bénéfices médicaux et ou de santé incluant la prévention et le traitement d'un maladie ». Comme discuté dans deux éditoriaux du « Lancet » et du « New Scientist », ils couvrent « des aliments ou des produits alimentaires commercialisés avec le message d'un bénéfice pour la santé » (Riemersma, 1996) et ils « occupent une place dans la zone d'ombre qui sépare aliment et médicament » (Coghlan, 1996). Pour les éditeurs des deux premiers livres consacrés aux aliments fonctionnels, ces termes et expressions recouvrent « les aliments qui peuvent prévenir ou soigner une maladie » (Goldberg, 1994) ou « les aliments ou ingrédients alimentaires isolés qui fournissent des bénéfices physiologiques non nutritifs susceptibles d'améliorer la santé » (Mazza, 1998). Pour tous ces auteurs, tous ces termes et expressions sont interchangeables.

Toutefois, en examinant bien la définition de ces différents termes et expressions, il apparaît évident qu'ils recouvrent des entités différentes que l'on ne peut pas coiffer d'une seule appellation. Par ailleurs, ces définitions sont souvent formulées en termes si généraux et si larges qu'elles perdent leur spécificité et deviennent trop vagues pour être réellement utiles.

• « Nutraceutique nutraceutical » a été décrit comme « toute substance qu'elle soit un aliment ou une partie d'aliment qui fournit un bénéfice médical ou de santé incluant le traitement et la prévention des maladies » (DeFelice, 1995) ou « un produit dérivé d'un aliment et vendu sous forme d'une poudre, d'une pilule ou d'une autre forme pharmaceutique et qui n'est habituellement pas associé aux aliments et pour lequel des bénéfices physiologiques ou un rôle dans la protection contre les maladies chronique a été démontré » (Health Canada, 1997).

• « Vitafood » est défini par le ministère britannique pour l'agriculture, la pêche et l'alimentation (MAFF) comme « un aliment ou une boisson destinée à satisfaire les besoins d'un consommateur moderne conscient de sa santé et qui améliore la qualité physique et mentale de la vie, augmente la capacité d'endurer, de s'épanouir ou de récupérer d'un exercice physique intense ou d'une maladie tout en améliorant son état de santé et en réduisant le risque de maladie » (MAFF, 1996).

• « Supplément alimentaire » (dietary supplement) a, aux USA, une définition très large couvrant « tout produit destiné à supplémenter une alimentation et qui contient un ou plusieurs ingrédients alimentaires spécifiés (vitamines, tisanes, plantes, acides aminés, un concentré, un extrait, un métabolite ou toute combinaison) de façon à en augmenter la consommation ». C'est un comprimé, une capsule, une poudre, une gélule, un liquide ou toute autre formulation... y compris un aliment traditionnel pour autant qu'il ne soit pas présenté comme tel à la vente (Federal Register, 1994). En France, la définition du supplément alimentaire est cependant plus restrictive : « un produit destiné a être ingéré en complément d'une alimentation habituelle de façon à corriger des déficiences réelles ou anticipées dans les apports journaliers » (ministère de la Santé publique, République française, 1997).

• « Aliment fonctionnel » est une expression qui a presqu'autant de définitions qu'il y a d'auteurs s'y référant. Ces définitions sont soit simples comme :

– « aliment qui fournit des bénéfices nutritionnels au-delà de la nutrition de base » (IFIC, 1995) ;
– « aliment ou produit alimentaire commercialisé avec un message de bénéfice pour la santé » (Riemersma, 1996) ;
– « aliment de tous les jours transformé en sauveur de vie potentiel par l'addition d'un ingrédient magique » (Coghlan, 1996).

Soit plus élaborées :

– « aliment ou boisson dérivée de substances naturelles et consommée comme partie de la nourriture quotidienne et qui, s'il est ingéré, a des effets physiologiques bénéfiques » (Hillian, 1995) ;
– « aliment dérivé de substances naturelles et qui peut ou doit être consommé dans le cadre de la nourriture quotidienne et qui, s'il est ingéré, sert à réguler ou à influencer un processus particulier dans l'organisme » (Smith *et al.*, 1996) ;

– « un aliment ressemblant en apparence à un aliment traditionnel et qui est consommé dans le cadre de la nourriture habituelle, mais qui est capable d'exercer des effets physiologiques bénéfiques démontrés ou de réduire le risque d'une maladie chronique au-delà de la fonction nutritionnelle de base » (Federal Register, 1994) ;
– « un aliment qui contient des composants potentiellement bénéfiques incluant tout produit, composant ou mode alimentaire qui peut fournir un bénéfice pour la santé au-delà de ceux dépendant des nutriments traditionnels qu'il contient » (Food & Nutrition Board, 1994) ;
– « un aliment semblable en apparence à un aliment traditionnel et qui est destiné à être consommé dans le cadre de la nourriture habituelle mais qui a été modifié de façon à exercer un rôle physiologique au-delà de ce qui est attendu des nutriments usuels.

Quelle que soit la définition choisie, l'expression « aliment fonctionnel » se révèle comme un concept unique qui justifie une catégorie à part, différente des nutraceutique (nutraceutical), f(ph)armafood, vitafood, medifood… Et qui n'inclut pas le supplément alimentaire. C'est un concept qui relève de la nutrition et pas de la pharmacologie. Les aliments fonctionnels sont des aliments pas des médicaments, ils n'ont pas d'effet thérapeutique. Leur rôle vis-à-vis de la maladie sera, dans la majorité des cas, d'en réduire les risques et non pas de la prévenir.

2.2. Aliment fonctionnel : un consensus européen

Les particularités du concept « aliment fonctionnel » sont :
– d'être un produit alimentaire traditionnel et courant ;
– d'être consommé dans le cadre de l'alimentation normale et habituelle ;
– d'être composé de constituants naturels, parfois en concentration inhabituelle ou ajouté dans des produits alimentaires qui n'en contiennent pas naturellement ;
– d'avoir des effets bénéfiques sur des fonctions cibles, au-delà de ce qui peut être attendu de la valeur nutritive traditionnelle ;
– d'avoir la capacité de maintenir voire d'améliorer l'état de bien être ou de santé ou de réduire le risque d'une maladie ;
– d'avoir la capacité d'apporter un bénéfice physiologique qui se traduit par une amélioration de la qualité de la vie incluant en cela les performances physiques ou intellectuelles ou le bien être psychologique et comportemental (voir à ce sujet le chapitre 14) ;
– d'avoir une ou des allégations justifiée(s) scientifiquement et autorisée(s) par une instance reconnue.

C'est dans ce contexte général qu'une action concertée, financée par les Communautés européennes et qui a impliqué la participation active d'un grand nombre parmi les plus éminents experts européens de la nutrition humaine et des sciences qui la sous-tendent, a été coordonnée par l'Institut international pour les sciences de la vie (ILSI-Europe) et connue sous l'acronyme « FUFOSE » pour « Functional Food Science in Europe ». Cette activité qui a démarré en 1996 s'est terminée en 1998 par l'approbation unanime d'un « Consensus européen » sur les « Concepts scientifiques pour les aliments fonctionnels « (Diplock *et al.*, 1999).

Pour atteindre cet objectif, trois étapes ont été franchies :

- une évaluation critique des fondements scientifiques existants qui démontraient que certains nutriments spécifiques ou certains composants alimentaires avaient la capacité d'influencer positivement des fonctions ciblées de l'organisme ;
- un examen des connaissances scientifiques de base susceptibles de justifier les effets des aliments fonctionnels en prenant comme perspective les fonctions plutôt que les produits ;
- l'élaboration d'un consensus sur les concepts scientifiques applicables au développement des aliments fonctionnels.

Dans cette recherche, l'expression « fonctions ciblées » de l'organisme fait référence aux fonctions génomiques, biochimiques, physiologiques, psychologiques ou comportementales qui jouent un rôle dans le maintien de l'état de bien être ou de santé ou le risque de contracter une maladie. La modulation de telles fonctions doit pouvoir être appréhendée quantitativement par la mesure d'une modification de la concentration d'un métabolite, d'une protéine spécifique, d'une hormone dans le sérum ou d'autres liquides biologiques, le changement de l'activité d'une enzyme ou de paramètres physiologiques (par exemple pression sanguine, le temps de transit gastrointestinal...) ou une amélioration des performances physiques ou intellectuelles.

Cette action concertée a donné lieu à trois publications :

- « Functional Food Science in Europe » qui analyse l'état des connaissances concernant certains systèmes physiologiques, les méthodologies pour caractériser et quantifier leurs fonctions spécifiques, les options nutritionnelles qui permettent de les moduler, les implications éventuelles dans les risques pour la santé, l'influence des technologies alimentaires sur les propriétés nutritionnelles et les facteurs de risque, et les bases scientifiques requises pour démontrer l'efficacité des approches nutritionnelles en vue d'améliorer ces fonctions (Bellisle *et al.*, 1998) ;
- « Technological Aspects of Functional Food Science » qui évalue l'impact des procédés technologiques, l'importance de l'origine du matériau utilisé dans la préparation des produits alimentaires, les options disponibles pour moduler la fonctionnalité, les aspects de sécurité alimentaire, et les possibilités de monitorer les fonctions tout au long des procédés de fabrication et de conservation (Knorr, 1998) ;
- « Scientific Concepts of Functional Foods in Europe » : un consensus qui propose, pour la première fois, un cadre conceptuel pour le développement des aliments fonctionnels et pour l'élaboration d'une base scientifique aux allégations (Diplock *et al.*, 1999).

Comme déjà discuté plus haut et, puisque « aliment fonctionnel » est d'abord un concept avant d'être un groupe bien défini de produits alimentaires, ce document de consensus (Diplock *et al.*, 1999) propose une définition opérationnelle plutôt qu'une définition formelle : « un produit alimentaire peut être regardé comme fonctionnel si une démonstration satisfaisante a été faite qu'il influence d'une manière bénéfique une ou plusieurs fonctions de l'organisme au-delà de ce qui peut être attendu des effets d'une alimentation adéquate et d'une manière telle qu'il améliore l'état de bien-être et de santé ou réduit le risque d'une maladie. Cet aliment fonctionnel doit rester un aliment et la démonstration de son effet doit être faite pour des quantités qui peuvent être consommées dans l'alimentation habituelle. Ce n'est une pilule ni une gélule » (Diplock *et al.,* 1999).

Les aspects les plus importants de cette définition sont :

- la nature alimentaire de l'aliment fonctionnel qui ne se présente pas sous une forme galénique ni comme un supplément alimentaire ;
- la démonstration des effets en accord avec les critères scientifiques en vigueur ;
- les effets bénéfiques sur les fonctions de l'organisme, au-delà de ce qui peut être attendu d'une nutrition adéquate, effets qui peuvent être reliés au maintien voire à l'amélioration de l'état de bien-être ou de santé ou la réduction du risque d'une maladie ;
- la consommation d'aliments fonctionnels dans le contexte général d'un comportement alimentaire habituel.

Cette définition couvre toutes les particularités des aliments fonctionnels identifiées plus haut, elle est destinée à stimuler la recherche et le développement dans le champ de la nutrition et de contribuer ainsi à faire progresser les connaissances scientifiques qui seront nécessaires pour optimaliser la nutrition par le biais de l'élaboration de nouvelles recommandations et directives. Il faut souligner toutefois qu'un aliment fonctionnel ne sera pas toujours « fonctionnel » pour tous les individus d'une population. En effet aller à la rencontre des besoins biochimiques de chaque individu ou groupe d'individus en recommandant la consommation de composants alimentaires sélectionnés pour rencontrer des besoins spécifiques peut devenir une tâche essentielle des diététiciens et nutritionnistes au fur et à mesure que la science progresse dans la compréhension des interactions entre produits alimentaires et expression des gènes.

D'un point de vue concret, un aliment fonctionnel peut être :

- un aliment naturel ;
- un aliment auquel un composant a été ajouté ;
- un aliment au sein duquel la concentration d'un composant a été augmentée ;
- un aliment duquel on a retiré un composant potentiellement délétère ;
- un aliment au sein duquel un ou plusieurs composants ont été modifiés ;
- un aliment au sein duquel la biodisponibilité d'un ou de plusieurs composants a été modifiée ;
- toutes combinaisons de ce qui précède.

3. *Aliment fonctionnel : une stratégie de développement*

3.1. Science de l'aliment fonctionnel

Étant avant tout un aliment, l'aliment fonctionnel doit, en terme de sécurité, répondre à tous les critères définis par les législations et directives en vigueur. Toutefois, cela supposera, dans de nombreux cas, le développement et la validation de nouveaux concepts et de nouvelles procédures (voir à ce sujet le programme d'action concertée FOSIE, « Food Safety in Europe », financé par la Communauté européenne et coordonné par ILSI Europe). Dans le contexte des directives européennes, certains mais certainement pas tous les aliments fonctionnels pourront être classés comme « Novel Food » et seront dès lors soumis à l'évaluation décrite dans la « EU Novel Food Regulation » (European Commission, 1997). Toutefois, il doit être souligné que cette réglementation ne concerne aucunement les propriétés nutritionnelles ou les effets physiologiques de ces nouveaux aliments. Elle est *stricto sensu* une réglementation toxicologique. L'exigence de sécurité est, pour les aliments fonctionnels comme pour tous les aliments, un prérequis. Une approche de type risque versus bénéfice telle qu'elle est appliquée au développement d'un nouveau médicament n'est en effet pas applicable sauf quelques rares exceptions pour lesquelles des données scientifiques très convaincantes démontreraient l'efficacité d'un composant dans la réduction du risque d'une maladie grave sans pouvoir exclure complètement un risque particulier lié à sa consommation.

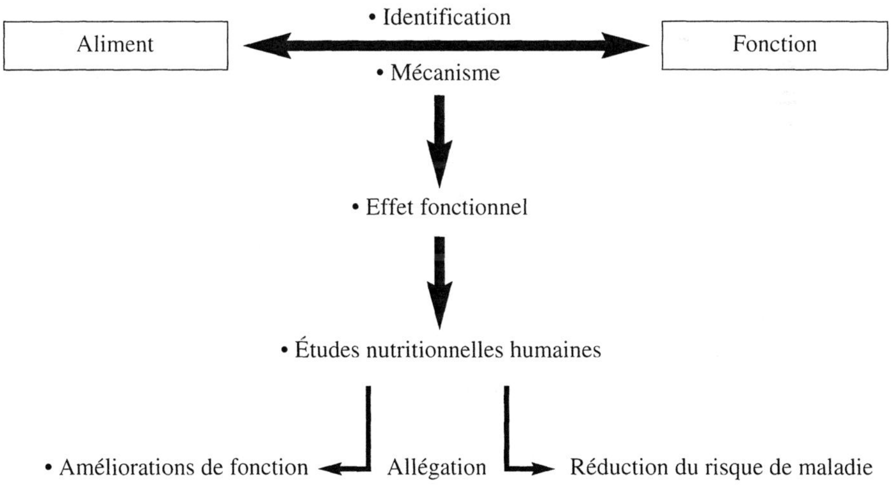

Figure 1 ■ Stratégie pour le développement des aliments fonctionnels.

Ainsi qu'il a été décrit dans le document européen de consensus (Diplock *et al.*, 1999) : « La conception et le développement des aliments fonctionnels reste un défi pour la communauté scientifique. Ces approches doivent puiser leurs racines dans la recherche fondamentale qui s'intéresse aux fonctions cibles et à leur modulation par les aliments ou leurs composants. Les aliments fonctionnels ne sont pas, en tant que tels, applicables universellement car leurs effets peuvent être dépendants d'habitudes alimentaires locales et particulières. C'est pourquoi l'approche proposée est centrée sur les fonctions de l'organisme et leur modulation qui elles seront universelles pour autant qu'elles se fondent sur la science en vue de progresser dans la connaissance des interactions entre alimentation et santé. En référence à ces concepts nouveaux qui se développent en nutrition, le rôle premier de la science de l'aliment fonctionnel est de stimuler la recherche et le développement de nouveaux aliments fonctionnels ».

Par référence aux connaissances fondamentales en nutrition et dans le domaine des sciences biologiques un tel développement suppose :

- l'identification et la compréhension, au moins partielle, du ou des mécanisme(s) de la modulation, par un aliment fonctionnel ou un de ses composants, d'une ou plusieurs fonction(s) cible(s) qui jou(ent) un rôle dans le maintien voire l'amélioration d'un état de bien être ou de santé ou la réduction du risque de maladies. À ce stade, les données épidémiologiques démontrant une corrélation statistique et biologiquement plausible entre la consommation d'un composant alimentaire spécifique et un bénéfice particulier en terme de santé, seront très utiles. La conclusion de cette première étape sera la démonstration d'un effet fonctionnel qui servira à formuler une ou plusieurs hypothèses susceptibles d'être testées dans des études nutritionnelles humaines ;
- la réalisation d'études nutritionnelles humaines avec pour objectif de démontrer que la consommation adéquate (en termes de dose, fréquence de prises, durée...) de l'aliment étudié améliore bien une ou plusieurs fonctions soit directement soit indirectement et ce sur base de la mesure de marqueurs validés d'un état de bien être ou de santé ou d'un risque de maladie. De telles études, qui doivent être justifiées par une ou plusieurs hypothèses, différeront, dans la majorité des cas, assez substantiellement de ce que l'on appelle communément des études cliniques. Les différences principales sont que les études nutritionnelles s'intéressent à l'effet d'un aliment inclus dans l'alimentation habituelle, qu'elles concernent la population générale ou, à tout le moins, des grands groupes à risque, qu'elles ne sont pas justifiées par un diagnostic, ni basées sur un symptôme précis, et que leur objectif n'est pas d'évaluer une relation risque-bénéfice. Un protocole en double aveugle faisant appel à des groupes traités en parallèle plutôt que des groupes à traitements croisés sera généralement approprié. Les résultats de ces études devront être collectés et traités selon les standards en vigueur pour le traitement des données et leur analyse devra démontrer une signification statistique mais aussi biologique ;
- une surveillance des conséquences à long terme des interactions entre l'aliment fonctionnel et la ou les fonction(s) modulée(s).

3.2. Les marqueurs : un élément-clé du développement des aliments fonctionnels

Le développement des aliments fonctionnels fera, dans un grand nombre de cas, référence à la mesure et la mise en évidence d'une variation de « marqueurs ». Ceux-ci doivent être identifiés et validés pour leur valeur prédictive des bénéfices potentiels pour une fonction donnée ou le risque d'une maladie particulière. Les « marqueurs » indirects, associés à des manifestations corrélées sont appelés des « indicateurs » tandis que ceux qui sont l'expression ou la mesure d'un événement directement impliqué dans le processus physiologique ou pathologique sont appelés des « facteurs » (Diplock *et al.,* 1999). S'ils sont en relation avec le risque d'une maladie, les « indicateurs » et même les « facteurs » pourront, dans certains cas, être équivalents à ce que les anglo-saxons appellent « surrogate markers » qu'ils définissent comme « une observation biologique, un résultat ou un indice qui prédit le développement d'une maladie chronique » (Keystone, 1997). Dans ce domaine plus les connaissances mécanistiques du processus physiopathologique seront avancées, plus fins seront les marqueurs et plus valables sera leur utilisation. Ces marqueurs peuvent être de nature biochimique, physiologique, comportementale ou psychologique. Toutefois, les réponses dynamiques pourront être aussi voire plus intéressantes que des déterminations ponctuelles. Par ailleurs une batterie de marqueurs sera souvent nécessaire.

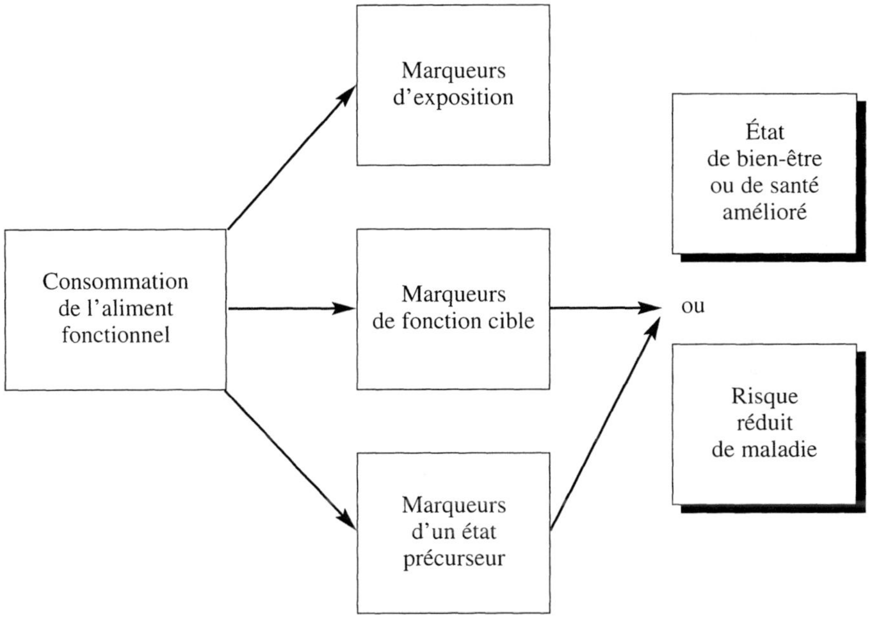

Figure 2 ■ Les marqueurs pour le développement des aliments fonctionnels.

Ces marqueurs (indicateurs ou facteurs) qui, pour la plupart doivent encore être découverts et validés, concerneront :

- l'exposition au composant alimentaire étudié par la mesure de sa concentration ou de celle d'un métabolite dans un liquide biologique, les fèces ou un tissu particulier ou par la mesure d'une entité endogène dont la concentration est directement influencée par la consommation de ce composant ;
- la ou les fonctions ciblées ou la réponse biologique sous la forme d'une variation, dans un liquide biologique, de la concentration d'un métabolite, d'une protéine, d'une enzyme, d'une hormone… ;

- la mesure d'un paramètre approprié et signifiant de l'état de bien-être ou de santé ou de la réduction du risque d'une maladie. Un tel marqueur sera généralement un facteur plutôt qu'un indicateur ;
- la susceptibilité individuelle ou le polymorphisme génétique qui contrôle le métabolisme et/ou l'effet du composant alimentaire étudié.

Pour développer de tels marqueurs, une revue de la littérature et une évaluation de l'état des connaissances seront nécessaires en vue d'identifier, définir et caractériser des marqueurs potentiels. De plus, les connaissances scientifiques fondamentales sous-tendant et justifiant leur validité devront être analysées en vue, en particulier, d'estimer leur pertinence par rapport aux fonctions physiologiques, à l'état de bien-être et de santé ou éventuellement au risque d'une maladie. Ensuite, une validation tant de la méthodologie de mesure que de la pertinence physiopathologique sera nécessaire pour finalement classer les nouveaux marqueurs comme indicateurs ou facteurs. Les nouvelles technologies, en particulier celles de la biologie cellulaire et de la génétique moléculaire, seront indispensables pour identifier les groupes d'individus qui pourraient bénéficier de la consommation d'aliments fonctionnels spécifiques.

3.3. Aliments fonctionnels et allégations

Un défi pour la communication mais surtout pour la science.

3.3.1. Défi pour la communication

Comme souligné dans le document européen de consensus sur les concepts pour les aliments fonctionnels (Diplock *et al.*, 1999) :

« Au fur et à mesure de l'acceptation de la relation entre alimentation et santé par le consommateur et, au fur et à mesure de la croissance du marché des aliments fonctionnels, la question de la communication des bénéfices particuliers de tels aliments devient, chaque jour, plus importante. L'information des consommateurs par le biais d'intermédiaires comme les professionnels de la santé, les enseignants, les média et l'industrie alimentaire elle-même est un facteur essentiel pour le développement de ces aliments mais aussi pour l'amélioration de la santé publique. Son importance tient aussi au fait qu'il faut à tout prix éviter les problèmes que pourraient engendrer une confusion des consommateurs quant au contenu des messages touchant leur santé. Des différentes formes de communication, celles qui concernent les allégations — faites soit directement comme une affirmation sur l'emballage du produit alimentaire soit indirectement sur tous les supports de communication — restent un sujet d'intenses discussions ».

C'est aussi l'opinion de Hudson (1994) que « les liens entre la science nutritionnelle et le développement d'un produit alimentaire atteindront les consommateurs seulement si les canaux d'une communication adéquate sont développés ».

Mais la communication des bénéfices pour la santé et d'autres effets physiologiques des aliments fonctionnels restent un grand défi car :

- la science doit rester le seul moteur ;
- les messages — allégations — doivent être basés sur des preuves fondées, objectives et appropriées après analyse de l'entièreté des données disponibles ;

– cette preuve doit, par ailleurs, être sous-tendue par des éléments convergents conformes aux exigences scientifiques en vigueur et plausibles en terme de mécanisme.

Enfin, étant donné que la communication nutritionnelle vient généralement de plusieurs sources qui véhiculent parfois des messages contradictoires, cela peut donner une impression de chaos. Or une information chaotique génère de l'ignorance et devient facilement une désinformation.

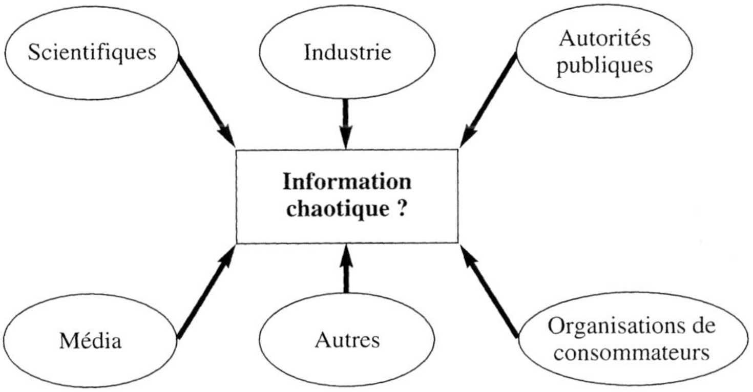

Figure 3 ■ Le défi de la communication dans le développement des aliments fonctionnels.

3.3.2. Défi scientifique

En ce qui concerne les aliments fonctionnels, les allégations associées à certains produits particuliers est sans doute l'un des meilleurs moyens d'informer le consommateur. En application des principes généraux, toute allégation doit être vraie et ne peut induire en erreur, elle doit être scientifiquement valide et non-ambiguë et claire. Toutefois, ces principes de base doivent être sauvegardés sans imposer pour autant des étapes infranchissables dans le développement des nouveaux aliments fonctionnels ou leur acceptation par le consommateur.

Bien qu'une définition très générale de l'allégation soit aujourd'hui largement acceptée dans le domaine de la nutrition comme : « toute représentation qui affirme, suggère ou implique qu'un aliment a certaines caractéristiques concernant son origine, ses propriétés nutritionnelles... ou toute autre qualité » (*Codex alimentarius,* 1991), une des difficultés dans le cadre de la communication des effets bénéfiques des aliments est que différents types d'allégations existent. En particulier le terme « allégation de santé (health claim) » qui est traditionnellement utilisé pour communiquer les effets bénéfiques des aliments est défini différemment dans les différentes parties du monde. À la recherche d'une clarification, le *Codex alimentarius* (1991) a identifié et défini 4 catégories différentes d'allégations tout en excluant l'expression « allégation de santé (health claim) ». Ces 4 catégories concernent une allégation qui :

– se réfère aux recommandations nutritionnelles ;

– se réfère au contenu nutritionnel ;

– est comparative (réduit en, moins de... plus de...) ;

– décrit la fonction d'un nutriment (contient….qui contribue au développement).

Ces allégations font référence aux nutriments connus et à leur rôle dans la croissance, le développement et les fonctions normales ainsi qu'au concept d'alimentation équilibrée ou adéquate. Elles sont basées sur les données et les connaissances largement acceptées mais elles ne se réfèrent à aucun effet particulier qui pourrait survenir au-delà de ce que peut apporter une alimentation équilibrée. Ces allégations ne sont donc pas réellement utiles pour communiquer les effets bénéfiques spécifiques des aliments fonctionnels. En effet, les allégations associées à ces aliments doivent être fondées scientifiquement sur base de la mesure de marqueurs et de leur modulation par ces aliments. Si une telle modulation qui va au-delà de ce que l'on peut attendre du rôle traditionnel de l'alimentation dans la croissance, le développement et les autres fonctions normales de l'organisme, concerne une fonction ou une activité biologique précise sans référence directe à une maladie ou un processus pathologique, l'allégation sera faite pour « une amélioration de la fonction (enhanced function) ». Mais si l'effet bénéfique concerne, de manière nette et démontrée, la réduction du risque d'une maladie ou d'un processus pathologique, l'allégation sera justifiée pour « la réduction du risque » de cette maladie. Ces deux catégories d'allégations qui sont spécifiques aux aliments fonctionnels ont été identifiées respectivement comme « allégation de type A » et « allégation de type B » et elles sont discutées dans le document européen de consensus (Diplock *et al.*, 1999). L'allégation de type A est similaire mais pas totalement identique au « structure function claim », tandis que celle de type B peut être considérée équivalente au « health claim, tous deux en usage aux États-Unis. L'allégation de type B correspond également au « health claim » suédois (Swedish Nutrition Foundation 1996). Dans son dernier projet de recommandations pour encadrer l'utilisation des allégations (claims), le *Codex alimentarius* a, à l'initiative de la France, inclus les allégations de type A et B les définissant comme (*Codex alimentarius,* 2000) :

– type A ou allégations qui concernent des effets bénéfiques spécifiques découlant de la consommation d'aliments ou de leur(s) constituant(s) sur des fonctions physiologiques ou psychologiques ou des activités biologiques mais qui sont différentes des allégations liées aux fonctions des nutriments. De telles allégations se réfèrent à une contribution positive pour la santé, à l'amélioration d'une fonction ou à une modification ou une préservation de la santé ;

– type B ou allégation de réduction du risque d'une maladie se réfère à la consommation d'un aliment ou d'un composant alimentaire qui, dans le contexte de l'alimentation quotidienne, peut réduire le risque d'une maladie particulière.

Une des difficultés qui restent à résoudre en particulier avec ces deux nouveaux types d'allégations concerne le niveau de preuve nécessaire et acceptable pour une démonstration satisfaisante d'une amélioration d'une fonction ou d'une diminution du risque d'une maladie. Ces preuves doivent se fonder sur tous les résultats disponibles qui peuvent être regroupés en trois catégories :

– les observations biologiques ;

– les résultats d'études épidémiologiques ;

– les études d'intervention, essentiellement celles qui mesurent les variations d'un ou plusieurs marqueurs.

Mais pour un aliment fonctionnel particulier, les preuves ne doivent pas nécessairement relever des trois catégories pour autant qu'elles reposent sur des résultats :

- acceptables selon les critères scientifiques en vigueur qui définissent une signification statistique mais aussi biologique et particulièrement en ce qui concerne la relation dose-effet lorsque cette relation se justifie ;
- plausible en terme de relation de causalité entre l'intervention et les effets observés mais aussi en terme de mécanisme d'action ;
- provenant de plusieurs sources différentes mais incluant obligatoirement des études humaines et qui fournissent des résultats convergent susceptibles de générer un consensus scientifique.

Deux initiatives travaillent actuellement à définir en termes précis les exigences scientifiques requises pour justifier une allégation pour un aliment fonctionnel, l'une au sein du Conseil de l'Europe, l'autre sous forme d'un programme d'action concertée financé par la Communauté européenne et coordonné par ILSI Europe sous l'acronyme PASSCLAIM.

4. *Présentation de cet ouvrage*

Le présent ouvrage est le premier de cette importance édité en langue française.

Suivant en cela la démarche décrite plus haut et qui a été celle du programme d'action concertée sur la « science des aliments fonctionnels » (Bellisle *et al.,* 1998 ; Diplock *et al.,* 1999), les différentes parties et chapitres de cet ouvrage se fondent sur une revue des données scientifiques et des connaissances fondamentales disponibles pour ensuite discuter du rôle de l'alimentation et tenter d'identifier des aliments fonctionnels et la modulation des fonctions qu'ils induisent ou le risque de maladie qu'ils pourraient réduire.

Une place importante a été réservée d'une part au système gastro-intestinal, au métabolisme lipidique et aux systèmes de défense contre les espèces réactives. La modulation nutritionnelle des comportements, de l'humeur et du fonctionnement intellectuel ainsi que le rôle potentiel des aliments fonctionnels dans la réduction du risque de développer un cancer, une obésité ou un diabète de type II sont également traités. Ces différentes parties et chapitres combinent une approche basée sur la ou les fonctions ciblées mais aussi une approche plus orientée vers les produits en ce compris les aspects technologiques associés à leur développement. Le problème-clé de la communication est également traité du point de vue du nutritionniste mais aussi du journaliste.

L'objectif poursuivi en réalisant cet ouvrage a été de fournir, à un moment donné de l'histoire des aliments fonctionnels, un état des connaissances scientifiques de façon à permettre d'une part à ceux qui se consacrent au développement de ces aliments et d'autre part à ceux qui tentent d'améliorer la communication vers le consommateur une base de référence. Il doit aussi être utile à tous ceux qui seront amenés à juger le bien fondé des allégations qui seront proposées en leur fournissant un cadre de référence et des exemples qui l'illustrent.

Cet ouvrage n'est pas une encyclopédie et, en ce sens, il est évidemment incomplet. Beaucoup de sujets sont absents de sa table de matière mais sa vocation est davantage d'être une base de réflexion pour une meilleure connaissance du concept des aliments fonctionnels dont la majorité des applications restent aujourd'hui encore à découvrir, à développer et à valider scientifiquement.

Références bibliographiques

Bellisle F, Diplock AT, Hornstra G, Koletzko B, Roberfroid M, Salminen S, Saris WHM (1998). Functional food science in Europe. *Br J Nutr,* **80** suppl 1 : S1-S193.

Codex alimentarius (1991). Codex general guidelines on claims. *CAC/GL 1-1979 Revision 1.*

Codex alimentarius (2000). Proposed draft recommendation for the Use of Health Claims. *Geneva WHO.*

Coghlan A (1996). A plateful of medicine. *New Scientist,* **2054** : 12-13.

DeFelice SL (1995). The nutraceutical revolution, its impact on food industry research and development.*Trends Food Sci Technol,* **6** : 59-61.

Diplock AT, Aggett PJ, Ashwell M, Bornet F, Fern EB, Roberfroid MB (1999). Scientific concepts of functional foods in Europe: Consensus document. *Br J Nutr,* **81** suppl 1 : S1-S28.

European Commission (1997). Novel food Directive. *97/258/CEE.*

Federal Register (1994). *Diet supplement health education act (DSHEA).* Publ L Washington DC.103-417.

Food and Nutrition Board (1989a). *Diet and health, implications for reducing chronic diseases.* Washington DC, National Academy Press, 10th Ed.

Food and Nutrition Board (1989b). *Recommended daily allowances.* Washington DC, National Academy Press, 10th Ed.

Food and Nutrition Board, Institute of Medicine, National Academy of Sciences (1994). *In: Opportunities in the nutrition and food sciences.* Thomas PR & Earl R eds, Washington DC, National Academy Press.

Goldberg I (1994). *Functional foods, designer foods, pharmafoods, nutraceuticals.* New York, Chapman & Hall.

Health Canada (1997). Policy options analysis: Nutraceuticals/Functional foods. Health Canada, Health Protection Branch, Therapeutic Products Programme and Food Directorate, Ottawa.

Hillian M (1995). Functional foods: current and future market developments. *Food Technol Internat Europe,* 25-31.

Hudson CB (1994). The food industry's expectation. *In: Health claims: substantiation and research needs. ILSI-Australasia,* 9-11.

IFIC Foundation (1995). *Functional Foods: Opening the door to better health.* Food Insight november/december.

James WPT (1988). Healthy nutrition: Preventing Nutrition-related diseases in Europe. WHO, Regional Publications European Series, **24** : 4-6.

Keystone (1997). The Keystone national policy dialogue on food nutrition and health : executive summary. *J Nutraceuticals, Functional and Medical Foods,* **1** : 11-32.

Knorr D (1998). Functional food Science in Europe. *Trends in Food Sci Technol,* **9** special issue : 295-340.

Kok FJ (1999). Functional foods: relevance of genetic susceptibility. *In: Proceedings of Forum on Functional Food.* Council of Europe Publ., Strasbourg, 217-229.

Kubomara K (1998). Japan redefines functional foods. *Prepared Foods,* **167** : 129-132.

Mazza G (1998). *Functional foods: Biochemical and processing aspects.* Lancaster PA, Technomic.

Milner J (2000). Functional foods and nutraceuticals: the US perspectives. *Am J Clin Nutr,* **71** : 1654S-1659 S.

Ministère de la Santé publique, République française (1997). Décret définissant et réglementant les compléments alimentaires. 14 octobre 1997, 964.

Ministery of Agriculture, Fisheries and Food (1996). *Food advisory committee review of functional foods and health claims.* London.

Riemersma RA (1996). A fat little earner. *Lancet,* **347** : 775-776.

Smith BL, Marcotte M, Harman G (1996). *A comparative analysis of the regulatory framework affecting functional food development and commercialization in Canada, Japan, the European Union and the United States of America.* Ottawa, Intersector Alliance Inc.

Swedish Nutrition Foundation (1996). Health claims in the labelling and marketing of food products: The food industry's rules (Self-Regulatory Programme). Lund.

US Department of Agriculture/Department of Health and Human Services (1990). *Nutrition and your health : Dietary guidelines for Americans.* Home and Guide Bulletin N° 232, Washington DC, US Government Printing Office, 4th Ed.

US Department of Agriculture/Department of Health and Human Services (1992). *The food guide pyramid.* Home and Guide Bulletin N° 252, Washington DC, US Government Printing Office.

Welsch S (1996). Nutrient standards, dietary guidelines and food guides. *In:* Ziegler EE & Filer LJ. *Present knowledge in nutrition,* ILSI Press. Washington DC.

Première partie

Système gastro-intestinal

1

Physiologie gastro-intestinale de l'homme

Emmanuel Cuillerier et Philippe Marteau

Ce chapitre résume les connaissances de bases d'anatomie et de physiologie de l'appareil digestif et quelques situations pathologiques qui peuvent ou pourraient faire l'objet de modulations bénéfiques par des aliments fonctionnels.

1. Rôles et anatomie de l'appareil digestif

Tous les organismes pluricellulaires supérieurs ont un appareil spécialisé dans la digestion et l'absorption des nutriments. Cet appareil diffère beaucoup d'une espèce à l'autre dans son anatomie et l'organisation de ses fonctions. Ainsi par exemple, la fermentation des fibres a lieu chez l'homme dans le côlon (partie terminale du tube digestif faisant suite à l'intestin grêle) alors qu'elle a lieu chez les ruminants dans le rumen situé au début du tube digestif, avant l'intestin grêle. Des connaissances solides de physiologie comparée sont donc indispensables quand on utilise des modèles animaux à certaines étapes du développement d'aliments fonctionnels destinés à l'homme.

1.1. À quoi sert l'appareil digestif ?

La principale fonction spécifique du tube digestif est de permettre l'absorption sélective de nutriments nécessaires au maintien d'un état nutritionnel adéquat. La simple comparaison des entrées alimentaires (environ 1 500 g/j) et des sorties fécales (environ 100 g/j) montre que la fonction d'absorption est très efficace. L'absorption n'est possible, en règle générale, que pour de petites molécules aussi une digestion préalable est-elle nécessaire pour transformer les aliments en nutriments absorbables. La motricité est une fonction nécessaire pour contrôler le temps de résidence des aliments dans des « chambres » de digestion, améliorer cette dernière par brassage et trituration, amener les nutriments aux sites d'absorption et éliminer les déchets. Le tractus digestif a des récepteurs qui transmettent les informations sensitives ; la sensibilité viscérale est exacerbée dans le syndrome de l'intestin irritable. Il renferme de multiples mécanismes de défense protégeant le milieu intérieur contre l'absorption de substances non désirées. Enfin, une régulation est nécessaire de l'ensemble des fonctions sus-citées permettant leur adaptation à des conditions nutritionnelles variables en quantité et qualité. Cette régulation nécessite des récepteurs aux différents étages du tube digestif mais aussi dans le milieu intérieur (tout particulièrement au niveau du cerveau) et des agents effecteurs, tout particulièrement des médiateurs nerveux et hormonaux. Ce chapitre offre une vue d'ensemble des principales fonctions de l'appareil digestif de l'homme. Chacune est effectuée par plusieurs organes (tableau 1). Les fonctions de barrière et celle de motricité sont nécessaires à tous les étages alors que celle d'absorption est principalement effectuée au niveau de l'intestin grêle et partiellement au niveau du côlon.

Tableau 1 ■ Fonctions principales des différents organes de l'appareil digestif.

Organe	Motricité	Barrière	Digestion Métabolisme	Absorption	Excrétion
Bouche	+	+	+	0	
Œsophage	+	+	0	0	
Estomac	+	+	+	0 (sauf alcool)	
Pancréas		+	+++		
Foie - bile	+	+	++		+
Grêle	+	+	+	+++	
Côlon flore		+	+		
Côlon paroi	+	+	+	+	++

1.2. Anatomie fonctionnelle de l'appareil digestif de l'homme

L'appareil digestif de l'homme est composé du tube digestif et de glandes annexes (figure 1). Ces dernières comprennent les glandes salivaires, le foie (qui sécrète la bile) et le pancréas. La structure du tube digestif varie d'un organe à l'autre, néanmoins il existe des points communs. Les aliments et le chyme sont en contact avec l'épithélium. Certaines cellules qui le composent sont spécialisées dans l'absorption sélective, d'autres dans la synthèse et la sécrétion de mucus, d'autres dans des sécrétions diverses. Juste sous l'épithélium se situe un tissu conjonctif riche en cellules immunitaires, en vaisseaux et en nerfs. Plus en périphérie encore se trouvent deux couches de muscles lisses assurant la motricité (une couche circulaire et une couche longitudinale). Certaines zones sont le siège d'un tonus de repos supérieur à celui des zones adjacentes : il s'agit des sphincters. Ces derniers se relâchent sur commande ce qui permet une régulation de la sortie du chyme ou de sécrétions de diverses « chambres de stockage ». Seul le sphincter anal externe (muscle strié) est soumis à une commande volontaire.

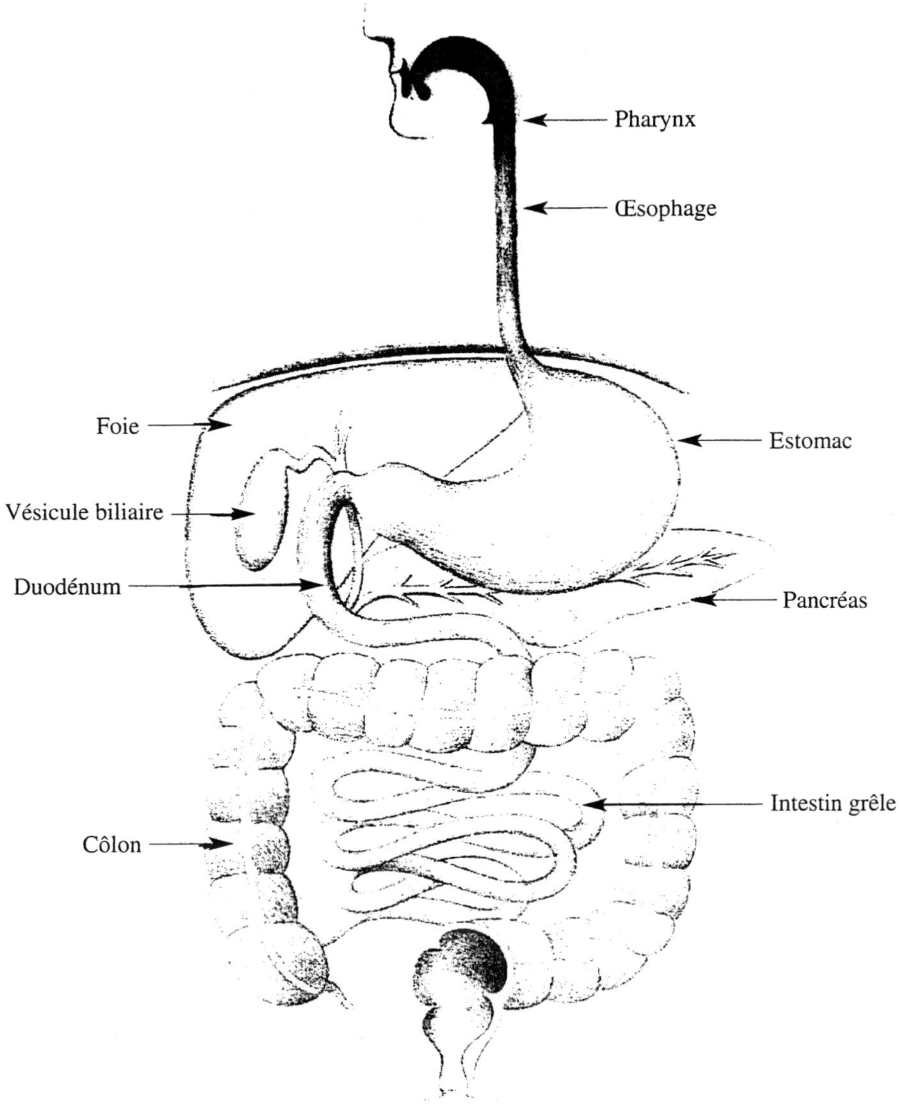

Figure 1 ■ Schéma de l'appareil digestif de l'homme.

2. *Fonction de digestion* (Desjeux, 1996)

La digestion consiste à une dépolymérisation des molécules complexes ingérées puis transformées en nutriments simples absorbables. Elle est facilitée par la mastication préalable et les mouvements de trituration et de brassage mais résulte principalement de phénomènes chimiques. Ces derniers sont effectués par des enzymes et sont aidés par des sécrétions non enzymatiques qui maintiennent le chyme à l'état liquide et font varier les conditions physicochimiques.

2.1. Salive (Cook *et al.*, 1994)

La salive est sécrétée par les glandes parotides, sublinguales et sous-maxillaires. Elle lubrifie les aliments, les humidifie et débute la digestion de l'amidon grâce à l'amylase salivaire. Elle contient aussi une lipase (dite linguale) dont la fonction n'est qu'accessoire. La sécrétion salivaire est faible entre les repas et la nuit mais est multipliée par 4 à 8 lors de l'alimentation. Au total nous sécrétons (et avalons) 700 ml à 1 500 ml de salive par jour. Les éléments de régulation, déclenchant une sécrétion accrue au moment opportun sont des réflexes suprabulbaires déclenchés par la vue ou l'olfaction d'aliments appétissants et la présence d'aliments dans la bouche (présence et qualité appréciée par divers récepteurs dont le récepteurs gustatifs). Les effecteurs de cette régulation sont principalement les nerfs vague (essentiellement) et sympathique.

2.2. Sécrétions gastriques

Certaines cellules de l'estomac, présentes dans les glandes du fundus, sont spécialisées dans la sécrétion active d'acide chlorhydrique (HCl) grâce à une « pompe à protons ». Les situations pathologiques liées à une sécrétion acide élevée étant assez fréquentes (ulcères, reflux gastro-œsophagien), on comprend la révolution thérapeutique apportée il y a quelques années par la découverte d'inhibiteurs de la pompe à protons (Sachs, 1994). Le pH acide participe à une dénaturation des protéines. D'autres cellules sécrètent une enzyme protéolytique : la pepsine (Hersey, 1994). Cette dernière est sécrétée sous la forme de pepsinogènes qui sont activés en pepsine par le pH acide puis par autocatalyse. Son activité nécessite un pH $< 5,6$ (elle est optimale entre 1,8 et 3,5). Il existe également une lipase gastrique dont le rôle est mineur chez le sujet sain (Canaan *et al.*, 1999).

Les sécrétions gastriques sont assez faibles à jeun, mais sont multipliées par 5 à 10 au cours des repas grâce à plusieurs réflexes (Bernier *et al.*, 1988). Le premier (dit phase céphalique) est déclenché par la vue des aliments et leur odeur appétissante (le message sécrétoire est alors véhiculé jusqu'à l'estomac par le nerf vague). Le second est déclenché par la présence d'aliments dans l'estomac (« phase gastrique ») qui stimulent le nerf vague et une hormone, la gastrine. Cette dernière fait sécréter l'acide (en partie directement et en partie en stimulant la sécrétion d'histamine par les cellules entérochromaphine-like « ECL ») ; sa sécrétion est stimulée par la montée du pH dans l'estomac et inhibée par l'acidité. Nerf vague et gastrine permettent de réguler le pH gastrique quel que soit le pouvoir tampon des aliments. Les sécrétions gastriques sont également influencées par des réflexes déclenchés en aval (au niveau duodénal). Cette « phase intestinale » de la sécrétion gastrique est stimulée par la distension et les acides aminés dans le duodénum et inhibée par l'acidité duodénale.

2.3. Sécrétions pancréatiques (Bernier *et al.*, 1988)

Le pancréas exocrine est responsable d'une double sécrétion : enzymatique et électrolytique au rôle fondamental dans la digestion. Ainsi l'insuffisance pancréatique exocrine (qu'on rencontre en cas de pancréatite chronique ou de mucoviscidose) entraîne une forte maldigestion et une perte fécale de graisses (stéatorrhée) et d'énergie (Marteau *et al.*, 2000a). La sécrétion enzymatique provient des cellules acineuses. Les enzymes pancréatiques sont nombreuses et résumées sur le tableau 2. Elles permettent la digestion intraluminale des protides, lipides, glucides. Les protéases sont sécrétées sous forme inactive (zymogènes) alors que les autres enzymes sont sécrétées sous forme active. La sécrétion enzymatique est faible à jeun et stimulée par le repas. Les médiateurs de cette stimulation sont d'une part le nerf vague (lui même stimulé par la phase céphalique, l'hypoglycémie et la distension intestinale) et une hormone d'origine duodénale, la cholecystokinine (CCK), stimulée par la présence de peptides, acides aminés, acides gras, ou calcium dans le duodénum.

La sécrétion pancréatique électrolytique est riche en bicarbonates et a un pH de 7,5 à 9. Elle permet de tamponner l'acidité provenant de l'estomac et ainsi d'obtenir un pH optimal pour l'action des enzymes pancréatiques. Les stimulants de cette sécrétion alcaline sont l'acidité duodénale (*via* l'hormone sécrétine), le nerf vague, le volume et l'osmolarité du chyme duodénal.

Tableau 2 ■ Enzymes pancréatiques chez l'homme.

Protéolytiques	**Lipolytiques**
Endopeptidases	Lipase et colipase
Trypsine	Phospholipase
Chymotrypsine	Carboxyester hydrolase
Élastase	**Glycolytiques**
Collagenase	Amylase
Kallikreine	**Nucléolytiques**
Exopeptidases	Ribonucléase et DNAse
Carboxypeptidases A et B	
Leucine aminopeptidase	**Inhibiteurs**

2.4. Bile (Hofmann, 1994 a)

La bile est constituée d'eau et d'électrolytes, d'acides biliaires, de bilirubine conjuguée, de cholestérol et de phospholipides. Elle est sécrétée par le foie et stockée dans la vésicule biliaire qui se contracte en début de repas.

2.4.1. Acides biliaires

Les acides biliaires sont synthétisés à partir du cholestérol et sécrétés activement dans la bile. La sécrétion hépatique est de 20 à 30 g/24 h Ils circulent 6 à 10 fois/24 h grâce au cycle entérohépatique (cf. *infra*). Leur perte fécale (600 mg/24 h) représente la voie principale d'excrétion du cholestérol de l'organisme. Les acides biliaires primaires (acides cholique et chenodesoxycholique) sont synthétisés par le foie. Les acides biliaires secondaires (acide désoxycholique et lithocholique) proviennent de la transformation des acides biliaires primaires par une déhydroxylation en 7 effectuée par la flore colique. L'acide lithocholique peut être partiellement transformé en acide ursodésoxycholique (acide biliaire tertiaire). Pour être solubles dans la bile, les différents acides biliaires doivent être conjugués à la taurine ou la glycine. Les principaux rôles physiologiques des acides biliaires sont la stimulation de la sécrétion biliaire, la solubilisation des lipides présents dans la bile (ce qui permet d'éviter la précipitation du cholestérol sous la forme de calculs), la formation des micelles dans le tube digestif nécessaires à la digestion/absorption des graisses et vitamines liposolubles, une stimulation de la motricité colique et le maintien de l'homéostasie du cholestérol. Les acides biliaires secondaires augmentent le risque de cancers du côlon chez l'homme. La 7-α-déhydroxylase est inhibée à des pH au dessous de 6,5 et divers aliments fonctionnels ont été conçus pour tenter de diminuer le risque de cancer du côlon (Salminen *et al.*, 1998).

Les acides biliaires sont utiles dans la bile et l'intestin grêle et peu dans le côlon. Ils suivent un cycle de récupération dit entéro-hépatique qui comprend plusieurs étapes (Hofmann, 1994 a, b). La majorité des acides biliaires présents dans la lumière de l'iléon terminal est absorbée par un transporteur iléal actif ; une partie des acides biliaires parvenant au côlon est déconjuguée et absorbée de manière passive. Les acides biliaires absorbés gagnent le foie par le sang porte où ils sont fortement captés dès leur premier passage (par un second transporteur actif). Ils sont alors à nouveau conjugués et éliminés dans la bile. Au total ce cycle permet d'économiser des acides biliaires qui « servent plusieurs fois », en moyenne trois fois au cours d'un même repas. De nombreuses autres substances comme des hormones stéroïdes ou des médicaments suivent un cycle entéro-hépatique.

2.4.2. Bilirubine

La bilirubine colore la bile en jaune-orange. Elle est transformée dans le tube digestif en biliverdine (verte) puis en stercobilinogène (brun). Ce sont ces composés qui colorent le chyme intestinal et les selles. Quand la bile ne parvient pas dans le tube digestif (canal cholédoque obstrué), les selles sont blanches comme du mastic. Si le transit intestinal est rapide ou la flore peu active (c'est le cas du nourrisson), les selles sont jaunes.

2.5. Digestion par les enzymes de la bordure en brosse

(Desjeux, 1996)

Les entérocytes synthétisent des enzymes qui participent à la digestion. Certaines sont sécrétées dans la lumière et d'autres restent ancrées dans la bordure en brosse entérocytaire. Elles peuvent d'ailleurs parfois être à la fois impliquées dans l'hydrolyse et le transport des nutriments. Les principales sont les activités lactase, sucrase, isomaltase, glucoamylase, dipeptidylpeptidase, phosphatase alcaline. Les quantités d'enzymes ne sont pas les mêmes dans les entérocytes jeunes des cryptes et les entérocytes matures du sommet des villosités prêts à être éliminés (axe cryptovillositaire). Elles varient également en fonction de l'étage du tube digestif (duodénum, jéjunum ou iléon). Enfin, une régulation est parfois possible à l'échelon transcriptionnel ou post-transcriptionnel ou en modulant la cinétique de renouvellement entérocytaire le long de l'axe cryptovillositaire. La lactase subit chez la plupart des sujets une diminution de son activité après la période néonatale (au cours de laquelle elle est nécessaire) ; ce déclin physiologique est génétiquement déterminé et aucune induction enzymatique ne peut être obtenue chez l'homme par maintien d'un apport élevé de lactose (Marteau *et al.*, 1997). Plusieurs types d'aliments fonctionnels ont été proposés pour pallier ce déficit qui est parfois responsable de symptômes dénommés « intolérance au lactose » (Marteau *et al.*, 1997).

3. *Fonction d'absorption* (Desjeux, 1996)

L'absorption est le processus qui permet le passage sélectif de nutriments vers le milieu intérieur, le sang ou la lymphe. Elle a lieu pour l'essentiel dans l'intestin grêle (dans des régions variables selon les nutriments) dont la surface efficace est de 200 à 300 m^2 du fait des valvules conniventes, des villosités intestinales et des microvillosités de la bordure en brosse. Les mécanismes d'absorption diffèrent selon les substances absorbées. Ils peuvent être passifs (par simple diffusion selon un gradient de concentration sans dépense d'énergie), actifs (impliquant un transporteur et un apport d'énergie) ou facilités (par des transporteurs). Le transport peut se faire par voie transcellulaire, à travers les entérocytes ou parfois les cellules M, ou par voie paracellulaire (par des pores des jonctions serrées). Un certain nombre de paramètres peuvent influer sur le processus d'absorption (temps de transit intestinal, débit de substance à absorber, hauteur des villosités, synthèse des enzymes et transporteurs...). On ne connaît pas chez l'homme d'exemple d'adaptation des quantités d'enzymes entérocytaires en fonction des substrats à digérer ou absorber.

3.1. Peptides et acides aminés (Desjeux, 1996)

La plus grande partie des protéines présentes dans la lumière intestinale (apport exogène ou sécrétions endogènes) est digérée puis absorbée dans l'intestin grêle. Dix à 20 % de l'azote des protéines ont été absorbés à l'extrémité du duodénum et 10 % seulement atteignent le côlon où la flore colique achève leur digestion (MacFarlane et MacFarlane, 1995). La digestion des protides aboutit à la libération d'oligopeptides, de dipeptides et d'acides aminés. L'absorption des acides aminés au niveau de la bordure en brosse entérocytaire s'effectue par des systèmes de transport actifs, couplés au transport du sodium. Les transporteurs différent pour les acides aminés neutres, acides et basiques. Les tri- et dipeptides peuvent être transportés directement à travers la membrane, puis sont hydrolysés en acides aminés au niveau du cytoplasme. Les acides aminés gagnent alors la circulation portale. L'absorption de peptides intacts est quantitativement très faible mais possible (Chabance *et al.*, 1998 ; Gardner, 1994). La meilleure compréhension de ce processus pourrait dans un futur proche permettre le développement de nouveaux moyens thérapeutiques médicamenteux ou nutritionnels.

3.2. Lipides (Tso, 1994)

L'absorption des lipides fait intervenir des mécanismes complexes. Leur solubilisation micellaire indispensable nécessite une quantité suffisante d'acides biliaires dans la lumière intestinale (dite concentration micellaire critique). Les micelles se dissocient au contact de la bordure en brosse, facilitant la traversée de leurs constituants dans la membrane entérocytaire à l'exclusion des sels biliaires qui restent dans la lumière intestinale. Dans l'entérocyte s'effectuent la synthèse de triglycérides et d'apolipoprotéines ; puis l'association de triglycérides, phospholipides, cholestérol et apolipoprotéines forme les chylomicrons qui sont transportés dans la circulation lymphatique. Les triglycérides à chaîne moyenne sont absorbés par des mécanismes différents, permettant leur passage dans l'entérocyte puis dans la circulation portale sans ré-estérification ni incorporation dans les chylomicrons.

3.3. **Glucides** (Desjeux, 1996 ; Flourié, 1992)

L'absorption des glucides se fait principalement au niveau du duodéno-jéjunum. Les glucides digestibles (amidon, disaccharides) sont hydrolysés en monosaccharides (glucose, galactose, fructose). Du fait de leur caractère hydrosoluble, l'absorption de ces monosaccharides nécessite la mise en jeu de protéines transporteuses transmembranaires. Le glucose et le galactose sont transportés selon un mécanisme actif couplé à celui de sodium. Des mécanismes de diffusion facilitée sont utilisés pour l'absorption du fructose. Une fois la membrane apicale franchie, les monosaccharides diffusent dans le cytoplasme entérocytaire, puis rejoignent la circulation en traversant la membrane basale. Les glucides indigestes arrivent dans le côlon où ils sont hydrolysés puis fermentés sous l'action des bactéries coliques en acides gras à chaîne courte (butyrate, propionate, acétate) ; ces derniers sont largement absorbés par les colonocytes (Flourié, 1992 ; Cummings, 1995).

3.4. Minéraux

L'absorption du fer a lieu dans le duodénum et le jéjunum selon un processus actif régulé en fonction de l'état des stocks de fer (Andrews, 1999). Elle dépend de la forme physicochimique du fer, le fer organique lié à l'hémoglobine étant absorbé plus vite que le fer inorganique ferreux, et ce dernier encore plus rapidement que le fer ferrique. Le fer héminique pénètre dans l'entérocyte passivement ou grâce à un transporteur de l'hème. Il est ensuite libéré de l'hème par une oxygénase, stocké sous forme de ferritine, puis pris en charge par la transferrine plasmatique selon les besoins. Le fer ferreux est absorbé par l'intermédiaire de transporteurs entérocytaires, puis stockés en ferritine et éventuellement pris en charge par la transferrine plasmatique. L'absorption du calcium a également lieu dans le duodénum essentiellement et dans le jéjunum, sous formé ionisée. Le transport actif est augmenté par la vitamine D.

3.5. Vitamines

Les vitamines hydrosolubles sont absorbées dans le duodéno-jéjunum à l'exception de la vitamine B_{12}. La vitamine B_{12} couplée au facteur intrinsèque (synthétisé dans l'estomac) est absorbée grâce à un récepteur spécifique présent dans l'iléon. Les vitamines liposolubles (A, D, E, K) sont absorbés avec les lipides, leur absorption dans l'intestin proximal dépend de la présence de sels biliaires et de la formation de micelles.

3.6. Eau et électrolytes (Desjeux, 1996)

Les mécanismes d'absorption du sodium varient selon les niveaux. Une partie est absorbée de manière passive (simple diffusion) par voie essentiellement paracellulaire. Une partie est absorbée par co-transport avec le glucose ou des acides aminés. L'eau est absorbée passivement, par voie essentiellement paracellulaire, accompagnant les molécules selon le gradient d'osmolarité. La perméabilité à l'eau varie selon les sites du tube digestif : elle est très faible dans l'estomac mais importante dans l'intestin grêle et le côlon.

3.7. Translocation (Nieuwenhuijzen et Goris, 1999)

Des micro-organismes peuvent traverser la barrière épithéliale intestinale. Ce processus est dénommé translocation a lieu physiologiquement au moins dans les cellules M des plaques de Peyer. Ces cellules transportent également des antigènes jusqu'à des cellules présentatrices d'antigènes (*cf.* Fonction de barrière).

3.8. Perméabilité intestinale

La capacité relative de diverses substances à être absorbées peut être évaluée par une mesure de perméabilité. Il existe des substances très diffusibles, des substances moyennement diffusibles et des substances pour lesquelles l'intestin est quasi imperméable (tableau 3). Ces dernières peuvent lorsqu'elles ont un fort pouvoir osmotique être utilisées comme laxatif (c'est par exemple le cas du polyéthylène glycol 4 000). Les substances les plus diffusibles ont souvent un petit poids moléculaire.

Tableau 3 ■ Classification de diverses substances en fonction de la perméabilité de l'intestin vis-à-vis d'elles.

- Substances très diffusibles :
  - Eau
  - Alcool
  - Urée (PM 60)
- Substances moyennement diffusibles :
  - Érythritol (PM 122)
  - Xylose (PM 180)
  - Mannitol (PM 182)
- Substances très peu diffusibles :
  - Lactulose (PM 348)
  - Polyéthylène glycol (PEG) 400-4 000

PM : poids moléculaire.

4. *Fonction motrice*

La finalité de la motricité digestive est de permettre le brassage du chyme mais surtout le contrôle du temps de résidence dans chaque unité fonctionnelle. Ce dernier dépend des mouvements de propulsion qui définissent le péristaltisme et des contractions des sphincters. Tous deux sont soumis à une régulation nerveuse et hormonale.

4.1. Pharynx et œsophage (Castell, 1994)

Le temps de résidence des aliments dans le pharynx et l'œsophage ne dure que quelques secondes. Le but est de faire parvenir rapidement dans l'estomac, quelle que soit la position du sujet (même la tête en bas), les aliments liquides et solides (fonction de déglutition), mais aussi d'éviter le reflux d'acide et d'aliments de l'estomac vers l'œsophage.

Au repos, les sphincters supérieur et inférieur de l'œsophage sont contractés de façon tonique. La pression basale du sphincter inférieur de l'œsophage (SIO) n'est pas parfaitement stable mais diminue lors de courtes périodes de relaxation spontanée. Des modifications de fréquence ou de durée de ces relaxations spontanées du SIO interviennent dans la pathogénie du reflux gastro-œsophagien (Janssens et Siffrim, 1995).

L'étape initiale de la déglutition est volontaire, mais le reste de l'activité motrice est involontaire. La déglutition nécessite la coordination de nombreux muscles permettant successivement l'ouverture du sphincter supérieur de l'œsophage (SSO), la propagation d'une onde contractile de haut en bas le long du corps de l'œsophage et une relaxation bien synchronisée du SIO, facilitant le passage des aliments de l'œsophage vers l'estomac (figure 2). Ces différentes étapes motrices sont contrôlées par le système nerveux. Le SIO est également soumis à d'autres influences : sa pression est augmentée par l'acétylcholine, la gastrine, la motiline et diminuée par les graisses, le chocolat, l'alcool, la nicotine, la trinitrine et la progestérone (grossesse).

4.2. Estomac

La fonction motrice de l'estomac a un rôle important dans la digestion des aliments en limitant les à-coups provoqués par la prise intermittente d'aliments. L'estomac peut ainsi jouer un rôle de réservoir, intervient dans le brassage et le broyage des aliments, et contrôle le passage du bol alimentaire vers l'intestin grêle en permettant une évacuation des différentes phases du repas de façon sélective et adaptée aux capacités d'absorption de l'intestin grêle.

Schématiquement, la fonction motrice de l'estomac peut être divisée en 3 zones fonctionnelles. L'estomac proximal est le siège d'une contraction tonique à l'état basal, facilitant le transfert du bol alimentaire du fundus vers l'antre et l'évacuation gastrique des liquides. Sous l'effet de certaines stimulations telles que la déglutition, et la distension gastrique ou duodénale, le tonus de l'estomac proximal diminue (relaxation) ce qui permet à l'estomac de jouer un rôle de réservoir pour les aliments. Les cellules musculaires de l'estomac distal ont une activité électrique dont la fré-

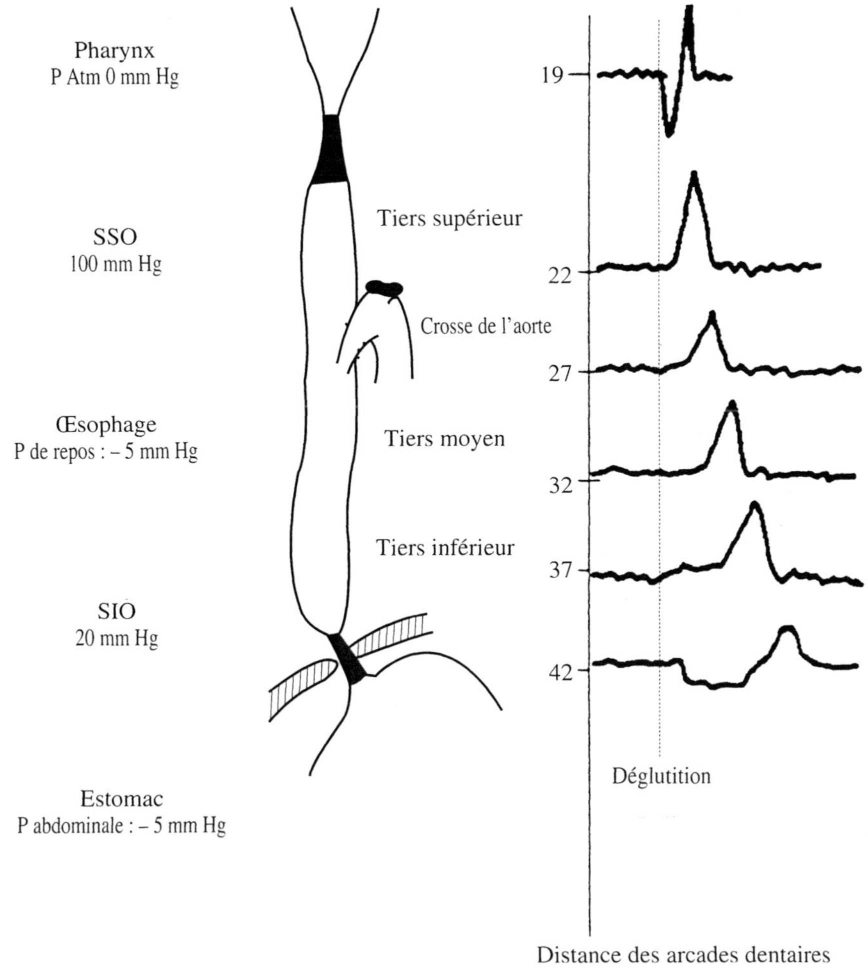

Figure 2 ■ Représentation schématique de l'anatomie (partie gauche de la figure) et de la pression œsophagienne avant et pendant une déglutition (partie droite de la figure). La pression du sphincter supérieur diminue laissant entrer le bol alimentaire dans l'œsophage puis s'élève. La contraction du corps de l'œsophage se propage de haut en bas (péristaltisme). Le sphincter inférieur se relâche transitoirement laissant entrer les aliments dans l'estomac.

quence est guidée par un pacemaker. Des potentiels d'action se greffent sur l'activité électrique de base, et sont responsables de contractions rythmées qui se propagent vers le pylore. L'activité motrice de l'estomac distal varie dans la journée. Après un repas, elle est intense. La zone antropyloroduodénale, de par son tonus musculaire et le diamètre du pylore, joue un rôle important dans le broyage et la tamisage des particules solides. La vitesse d'évacuation gastrique dépend de la coordination entre les contractions antropyloriques et duodénales.

Les diverses activités motrices de l'estomac aboutissent à l'évacuation du contenu gastrique vers le duodénum. La vidange gastrique dépend du volume du repas, de sa composition, et en particulier de sa teneur en calories, l'estomac assurant un débit calorique intestinal assez régulier (Bernier *et al.*, 1988). La vidange des liquides est plus rapide que celle des solides, les particules non digestibles et les lipides étant évacués en dernier. La régulation de la motricité et de la vidange gastrique est complexe. Elle fait intervenir le système nerveux (sympathique et parasympathique) et des hormones (motiline, gastrine, cholecystokinine...). Ces différents systèmes de régulation peuvent être mis en jeu par des récepteurs gastriques (sensibles à la distension) ou duodéno-jéjunaux (sensibles à l'osmolarité, à la charge calorique, aux modifications de pH...).

4.3. **Intestin grêle** (Hostein *et al.*, 1989)

L'activité motrice de l'intestin grêle a pour fonction de faciliter le mélange des aliments avec les sécrétions, le contact du chyme avec la muqueuse et sa progression vers le côlon. De plus, elle assure une fonction de « nettoyage » en période de jeune. Elle est sous la dépendance de l'activité électrique des cellules musculaires lisses.

La motricité du grêle est très différente à jeun et en postprandial. À jeun, elle obéit à une organisation cyclique, évoluant en 3 phases, chaque cycle durant 1 à 2 h : c'est le complexe moteur migrant interdigestif (CMMI). La première phase est une phase de repos (pas de contraction visible) ; la seconde est caractérisée par une activité contractile irrégulière non propagée ; la troisième est caractérisée par des contractions rythmiques intenses (12 contractions/min), propagées dans le sens aboral. L'ingestion d'un repas interrompt le CMMI. Dans la période post-prandiale, l'activité motrice de l'intestin grêle est faite de contractions entrecoupées de brèves périodes de repos. La durée de la période d'activité post-prandiale dépend de la nature du repas (en particulier de sa teneur en calories) et de la vidange gastrique. L'activité motrice de l'intestin grêle est régulée par des facteurs nerveux (système nerveux intrinsèque, innervation extrinsèque (nerfs vagues et splanchniques) et hormonaux (motiline...).

4.4. **Côlon** (Camilieri et Ford, 1998)

L'activité motrice du côlon intervient dans la progression du contenu intestinal et dans la fonction de réservoir (qui influe elle-même sur les processus de fermentation et d'absorption coliques). Elle est irrégulière et constituée de 2 types d'activité. Les contractions de faible amplitude, isolées ou en salves, sont les plus nombreuses. Certaines peuvent se propager dans un sens antérograde ou rétrograde sur de courts segments coliques. Les contractions de grande amplitude surviennent 4 à 6 fois par jour pendant la période diurne. Elles prennent naissance dans le côlon droit, et se propagent dans l'ensemble du côlon, toujours dans le sens antérograde, à la vitesse d'environ 1 cm/s. La motricité colique varie au cours du nycthémère : elle est faible pendant le sommeil, alors qu'elle s'accroît après les repas (réflexe gastrocolique), au lever ou lors de l'activité physique. Le transit colique est lent (30 à 40 h) ; il s'effectue par à-coups. Les contractions de grande amplitudes sont à l'origine de « mouvements de masse », correspondant à des déplacements du contenu colique sur l'ensemble du côlon.

4.5. Anus et rectum

L'anus et le rectum ont pour fonction essentielle d'assurer la continence et la défécation volontaire. Leur motricité et leur physiologie s'articulent autour d'un équilibre entre ces 2 fonctions. Le rectum a essentiellement un rôle de réservoir, de par sa compliance (aptitude à se laisser distendre). L'anus est entouré de 2 sphincters. Le sphincter interne est un muscle lisse, siège d'une contraction tonique permanente, sous le contrôle des innervations sympathique et parasympathique. Il ne se relâche transitoirement que lors du réflexe rectoanal inhibiteur, déclenché par la distension rectale. Le sphincter externe est un muscle strié, sous contrôle de l'innervation extrinsèque. Il a également une activité tonique permanente, plus faible que celle du sphincter interne, et peut être mis en jeu de façon volontaire, soit en se relâchant lors de la défécation, soit en se contractant lorsqu'un effort de continence est nécessaire (toux, augmentation de la pression abdominale...).

5. *Sensibilité digestive* (Jian, 1998 ; Coffin *et al.*, 1998)

L'innervation sensitive du tube digestif est assez mal connue mais joue un rôle essentiel dans la pathogénie du syndrome de l'intestin irritable. Deux systèmes interagissent : le système nerveux intrinsèque, situé dans la paroi du tube digestif et composé de 2 plexus intrapariétaux (myentérique et sous-muqueux), et le système nerveux extrinsèque reliant le tube digestif aux centres nerveux supérieurs par le biais des nerfs sympathique et parasympathique. Les informations recueillies par des récepteurs sensitifs et transmises par les nerfs sensitifs sont intégrées par des centres nerveux qui eux-mêmes transmettent des messages par les nerfs efférents. Les neuromédiateurs impliqués dans la sensibilité viscérale sont nombreux : cholecystokinine, sérotonine, tachykinines, bombésine, NO... Les informations sensitives sont intégrées à plusieurs niveaux : paroi intestinale, ganglions prévertébraux ou spinaux, centres cérébraux. Peu de messages viscéraux parviennent au cortex et donc à la conscience, toutefois, un certain nombre peuvent aboutir à une sensation douloureuse (nociception). Un abaissement du seuil de perception viscérale (et en particulier du seuil de perception douloureuse) a pu être mis en évidence chez de nombreux patients souffrant de troubles fonctionnels intestinaux, avec de nouvelles perspectives thérapeutiques (Coffin *et al.*, 1998).

6. *Fonction de barrière sélective*

Le tube digestif est équipé de nombreux mécanismes redondants de défense contre des micro-organismes pathogènes ingérés et contre le passage d'antigènes dans le milieu intérieur (Marteau, 2000 b). Les uns sont innés et peu spécifiques (motricité, sécrétions, mucus, flore endogène, couche non agitée et épithélium), les autres, spécifiques, sont acquis au cours d'un premier contact antigénique (immunité).

6.1. Moyens de défense non spécifiques

6.1.1. Motricité

La motricité gastro-intestinale est un moyen important de contrôle des populations bactériennes dans l'intestin grêle. La stagnation du chyme favorise la pullulation microbienne. Le débit liquidien intestinal est physiologiquement rapide après les repas. En phase de jeûne, le complexe moteur migrant (activité motrice propagée sur toute la longueur de l'intestin grêle) assure plusieurs fois par jour une vidange efficace. Les maladies s'accompagnant d'une diminution du péristaltisme et du complexe moteur migrant (anses stagnantes, obstructions ou pseudo-obstructions intestinales chroniques) s'accompagnent d'une colonisation bactérienne chronique de l'intestin grêle (King et Toskes, 1979).

6.1.2. Sécrétions

Assez rares sont les micro-organismes capables de résister plus de quelques minutes aux conditions acides régnant dans l'estomac à jeun. Des micro-organismes en transit peuvent survivre à leur traversée de l'estomac, soit grâce à une capacité intrinsèque élevée de résistance à l'acide, soit à la faveur d'une diminution de la sécrétion acide de l'hôte, ou de la protection conférée par certains aliments à vidange gastrique rapide ou à pouvoir tampon élevé. La chirurgie gastrique et les médicaments antisécrétoires favorisent la colonisation de l'estomac et de l'intestin grêle par des bactéries (Cook, 1994 b ; Marteau, 2000 b).

Les acides biliaires sont bactéricides sur certains genres bactériens. Les sécrétions pancréatiques et intestinales contiennent plusieurs composants anti-infectieux (Mahida *et al.*, 1997 ; Marteau, 2000 b). Le lysozyme clive les peptidoglycanes bactériens et la lactoferrine capte le fer nécessaire à la croissance bactérienne. Les cellules de Paneth situées à la partie basale des cryptes intestinales libèrent dans la lumière plusieurs peptides antimicrobiens contenus dans leurs granules (notamment les défensines-α).

6.1.3. Mucus (Forstner et Forstner, 1994)

Le mucus sécrété par les cellules caliciformes constitue une barrière physique entre la lumière et les cellules épithéliales. Il est constitué de polymères de mucoglycoprotéines variables d'un site à l'autre du tube digestif et forme un gel de 50 à 450 mm d'épaisseur, adhérent à la muqueuse. Sa synthèse est contrôlée par au moins 9 gènes MUC. Le mucus retient dans ses mailles des IgA sécrétoires, de la lactoferrine, de la lactoperoxidase et du lysozyme. Il exerce en outre des propriétés chémotactiques et d'adhérence vis-à-vis de micro-organismes grâce à certaines de ses chaînes de sucres qui miment des récepteurs bactériens.

6.1.4. Effet de barrière exercé par la flore (voir chapitre 2)

La flore endogène s'oppose à la colonisation du tube digestif par des micro-organismes extérieurs (« résistance à la colonisation » ou « effet de barrière »). Son équilibre résulte de compétitions pour les substrats nutritifs et les sites d'adhérence et de modifications de l'écosystème par des produits du métabolisme bactérien (pH, acides organiques, bactériocines...). L'un des micro-organismes pathogènes les plus susceptibles de profiter d'une rupture de l'effet de barrière pour se multiplier dans le côlon est *Clostridium difficile* dont les toxines sont responsables de colites notamment pseudomembraneuses (Marteau, 2000 c).

6.1.5. Épithélium et éléments de maintien de son intégrité

Toute lésion épithéliale affectant les cellules épithéliales et/ou les jonctions serrées est une porte d'entrée possible pour un micro-organisme, aussi les fonctions de réparation sont elles importantes. De nombreux médiateurs, principalement les facteurs de croissance, certaines cytokines et les peptides en trèfle y participent (Podolsky, 1994 ; Johnson et McCormack, 1994 ; Playford, 1997). L'epidermal growth factor (EGF), le transforming growth factor-a (TGF-β) et les cytokines (interleukines 1,2,4,5 et l'interféron-γ) agissent au pôle basolatéral des entérocytes par l'intermédiaire du TGF-β qui inhibe la prolifération cellulaire et favorise la différentiation. L'EGF est aussi actif par voie luminale ; il est présent dans la salive et le lait et est sécrété au voisinage des ulcères. Les peptides en trèfle (Playford, 1997) sont sécrétés dans la lumière digestive par les cellules caliciformes et en quantité accrue au voisinage des lésions épithéliales.

6.2. Moyens de défense spécifiques : l'immunité digestive

(Mestecky, 1998)

Le système immunitaire intestinal a une double fonction, de défense contre les micro-organismes pathogènes et de contrôle de la réaction vis-à-vis des antigènes ingérés (exclusion antigénique ou établissement d'une tolérance immunitaire) (Mestecky, 1998 ; Cellier *et al.*, 2000).

6.2.1. Induction de la réponse immunitaire

Le tube digestif est riche en cellules immunitaires. Les antigènes sont reconnus au sein de formations lymphoïdes organisées (plaques de Peyer, appendice et ganglions mésentériques) ce qui initie la réponse immunitaire (Neutra *et al.*, 1996 ; Mestecky, 1998). Les plaques de Peyer sont formées de follicules lymphoïdes séparés de la lumière intestinale par les cellules M. Ces dernières captent des antigènes et des agents microbiens dans la lumière et les mettent en contact avec des cellules présentatrices d'antigènes adjacentes qui migrent alors dans les follicules germinatifs B et les zones interfolliculaires T.

6.2.2. Cycle hémolymphatique entéroentérique

Après contact antigénique dans une plaque de Peyer, les lymphoblastes à IgA gagnent le système lymphatique mésentérique. Ils se différencient et se multiplient dans les ganglions, puis rejoignent la circulation sanguine par le canal thoracique. Certains organes recrutent sélectivement grâce à des molécules d'adhérence exprimées à la surface des vaisseaux et des lymphocytes (reconnaissance mutuelle). Ces organes de domiciliation sont le tissu lymphoïde associé au tube digestif (GALT : *Gut Associated Lymphoid Tissue*), mais aussi le tissu lymphoïde associé à d'autres muqueuses (bronches, glandes salivaires, lacrymales, mammaires, muqueuses génitales) ce qui témoigne d'un tissu immunitaire commun aux muqueuse (MALT : *Mucosa Associated Lymphoid Tissue*). La domiciliation des lymphocytes dans l'intestin fait intervenir une interaction entre l'intégrine α4-β7 exprimée sur les lymphocytes et la molécule d'adhérence apparentée aux immunoglobulines MadCAM-1, exprimée à la surface des microvaisseaux intestinaux (Cellier *et al.*, 2000).

6.3. Réponse immunitaire intestinale

La réponse cellulaire est effectuée par les lymphocytes T de la muqueuse. Ils ont un rôle important dans la défense contre les infections intestinales, comme en témoigne le risque accru d'infections au cours de déficits immunitaires T (Sida par exemple). Ils se répartissent dans l'épithélium et le chorion (*lamina propria*). Les lymphocytes intraépithéliaux (LIE) sont en majorité des cellules cytotoxiques T CD8 + et expriment l'intégrine αEβ7 qui leur permet d'adhérer aux cellules épithéliales. Ils sécrètent des cytokines et notamment de l'interféron g qui inhibe la réplication intracellulaire de certains agents infectieux et favorise la cytotoxicité des LIE vis-à-vis des cellules épithéliales infectées, en stimulant l'expression de FAS et du récepteur du TNF. Le pourcentage de lymphocytes T CD4 + ou CD8 + du chorion est comparable à celui observé dans le sang périphérique. Parmi les interleukines (IL) qu'ils sécrètent, l'IL-5 et IL-6 favorisent la différenciation des plasmocytes à IgA et participent à l'induction de la production locale d'anticorps protecteurs contre divers pathogènes.

Les principaux anticorps sécrétés par le tube digestif (immunité humorale) sont de classe IgA (Mestecky *et al.*, 1999). Ces dernières sont synthétisées et polymérisés en dimères dans les plasmocytes du chorion grâce à une glycoprotéine : la chaîne J. Les pIgA sont reconnues par un récepteur exprimé au pôle basal des entérocytes : le composant sécrétoire (CS) puis excrétées dans la lumière intestinale (environ 2,5 g/jour). Les principales fonctions effectrices des IgAs sont la neutralisation d'antigènes microbiens « fonctionnels » tels que des toxines ou des récepteurs nécessaires à l'adhérence (exclusion antigénique) et la potentialisation de facteurs antibactériens non spécifiques tels que la lactoferrine, le lysozyme ou la lactoperoxydase. Les sécrétions intestinales contiennent aussi des IgA monomériques, des IgM et des IgG.

6.4. Régulation

Les réponses immunitaires intestinales cellulaire et humorale sont régulées par des lymphocytes T de la *lamina propria*. Les travaux réalisés chez la souris ont permis d'en décrire deux types dénommés Th1 et Th2. Les lymphocytes Th1 produisent de l'IL2, de l'interféron-γ et du TNF-α et interviennent dans une réponse d'hypersensibilité retardée. Les lymphocytes T CD4 Th2 produisent de l'IL4, IL5, IL6, IL10 et IL13 et interviennent dans la réponse humorale. Les lymphocytes Th1 et Th2 se contrôlent réciproquement par l'intermédiaire de l'IL10 (qui inhibe les Th1) et de l'interféron-γ (qui inhibe les Th2). Le type de réponse prédominante Th1 ou Th2 à un agent infectieux est un élément capital de la relation hôte/pathogène ; il diffère en fonction du pathogène, mais aussi (parfois) en fonction de l'hôte (prédisposition génétique). Ces lymphocytes sont également impliqués dans la tolérance immunitaire de la flore endogène, et des perturbations de leur équilibre semblent impliquées dans la genèse des lésions initiales et chroniques des maladies inflammatoires cryptogénétiques de l'intestin (tout particulièrement de la maladie de Crohn) (Romagnani, 1999). Certains aliments fonctionnels, particulièrement probiotiques semblent pouvoir influencer la réponse immune (Marteau et Cellier, 1999).

Références bibliographiques

Alpers DH (1994). Digestion and absorption of carbohydrates and proteins. *In*: Johnson LR, Alpers DH, Christensen J, Jacobsen ED, Walsh JH (Eds). *Physiology of the gastrointestinal tract*, Raven Press, New York, 1723-1750.

Andrews NC (1999). Disorders of iron metabolism. *N Engl J Med*, **23** ; 341(26) : 1986-1995.

Bernier JJ, Adrian J, Vidon N (1988). *Les aliments dans le tube digestif*. Doin Éd, Paris.

Camilleri M, Ford MJ (1998). Review article: colonic sensorimotor physiology in health, and its alteration in constipation and diarrhoeal disorders. *Aliment Pharmacol Ther*, **12** (4) : 287-302.

Canaan S, Roussel A, Verger R, Cambillau C (1999). Gastric lipase: crystal structure and activity. *Biochim Biophys Acta*, **23** ; 1441(2-3) : 197-204.

Castell DO, Castell JA (1994). *Esophageal motility testing*. Appleton and Lange. 2 nd edition, 13-27.

Cellier C, Cerf-Bensussan N, Brousse N, Marteau P (2000). Le système immunitaire intestinal. In : P. Rampal, L. Beaugerie, P. Marteau, G. Corthier (Eds). *Colites infectieuses de l'adulte*. John Libbey Eurotext, Paris, 27-39.

Chabance B, Marteau P, Rambaud JC *et al.* (1998). Casein peptide release and passage to the blood in humans during digestion of milk or yogurt. *Biochimie*, **80** : 155-165.

Coffin B, Bouhassira D, Jian R (1998). Sensibilité viscérale et troubles fonctionnels intestinaux. Signification clinique et perspectives thérapeutiques. *Gastroenterol Clin Biol*, **22** (5 Suppl) : B109-117.

Coffin B, Lémann M, Jian R (1994). Sensibilité viscérale digestive. *Médecine/sciences*, **10** : 1107-1115.

Cook DI, van Lennep EW, Roberts ML, Young JA (1994). Secretion of the major salivary glands. *In*: Johnson LR, Alpers DH, Christensen J, Jacobsen ED, Walsh JH (Eds). *Physiology of the gastrointestinal tract*, Raven Press, New York, 1061-1118.

Cook GC (1994). Hypochlorhydria and vulnerability to intestinal infection. *Eur J Gastroenterol Hepatol*, **6** : 693-695.

Cummings JH (1995). Short chain fatty acids. *In*: Gibson GR, MacFarlane GT (Eds). *Human Colonic bacteria: role in nutrition, physiology and pathology*. Florida CRC Press, 101-130.

Desjeux JF (1996). Digestion et absorption. Encycl Med Chir (Elsevier, Paris). *Endocrinologie Nutrition*, 10-351-A-10, 6.

Flourié B (1992). Métabolisme des glucides dans le côlon humain. *Encycl Med Chir* (Elsevier, Paris), *Gastroentérologie*, 9000-B15, 19.

Forstner JF, Forstner GG (1994). Gastrointestinal mucus. *In*: Johnson LR, Alpers DH, Christensen J, Jacobsen ED, Walsh JH (Eds) *Physiology of the gastrointestinal tract*. Raven Press, New York, 1255-1284.

Gardner ML (1994). Absorption of intact proteins and peptides. *In*: Johnson LR, Alpers DH, Christensen J, Jacobsen ED, Walsh JH

(Eds). *Physiology of the gastrointestinal tract.* Raven Press, New York, 1795-1820.

Hersey SJ (1994). Gastric secretion of pepsins. *In*: Johnson LR, Alpers DH, Christensen J, Jacobsen ED, Walsh JH (Eds). *Physiology of the gastrointestinal tract.* Raven Press, New York, 1227-1238.

Hofmann AF (1994). Biliary secretion and excretion: the hepatobiliary component of the enterohepatic circulation of bile acids. *In*: Johnson LR, Alpers DH, Christensen J, Jacobsen ED, Walsh JH (Eds). *Physiology of the gastrointestinal tract.* Raven Press, New York, 1555-1576.

Hofmann AF (1994). Biliary secretion and excretion: the intestinal component of the enterohepatic circulation and the integrated system. *In*: Johnson LR, Alpers DH, Christensen J, Jacobsen ED, Walsh JH (Eds). *Physiology of the gastrointestinal tract.* Raven Press, New York, 1845-1866.

Hostein J, Bost R, Bonaz B (1989). Motricité de l'intestin grêle. *Gastroenterol Clin Biol,* **13** : T6-T9.

Janssens J, Siffrim D (1995). Spontaneous transient lower esophageal sphincter relaxations: a target for treatment of gastroesophageal reflux disease. *Gastroenterology,* **109** : 1703-1706.

Jian R (1998). Introduction à la douleur digestive. *Gastroenterol Clin Biol,* **22** (5 Suppl) : B77-81.

Johnson LR, McCormack SA (1994). Regulation of gastrointestinal mucosal growth. *In*: Johnson LR, Alpers DH, Christensen J, Jacobsen ED, Walsh JH (Eds). *Physiology of the gastrointestinal tract.* Raven Press, New York, 611-642.

King CE, Toskes PP (1979). Small intestine bacterial overgrowth. *Gastroenterology,* **76** : 1035-1055.

MacFarlane S, MacFarlane GT (1995). Proteolysis and aminoacid fermentation. *In*: Gibson GR, MacFarlane GT (Eds). *Human Colonic bacteria: role in nutrition, physiology and pathology*. Florida CRC Press, 75-100.

Mahida YR, Rose F, Chan WC (1997). Antimicrobial peptides in the gastrointestinal tract. *Gut,* **40** : 161-163.

Marteau P, Vesa T, Rambaud JC(1997). Lactose maldigestion. *In*: Fuller R. *Probiotics.* Chapman & Hall, London, 65-88.

Marteau P, Cellier C (1999). Immunological effects of biotherapeutic agents. *In*: Biotherapeutic agents Elmer G, McFarland L, Surawicz C (Eds). *Humana Press.* Totowa, New Jersey, 121-144.

Marteau P, Munck A, Moreau J, Navaro J (2000 a). Prise en charge digestive et nutritionnelle au cours de la mucoviscidose de l'adulte. *Rev Mal Resp*, in press.

Marteau P (2000 b). Moyens de défense du tube digestif contre les agents infectieux. *In* : Rampal P, Beaugerie L, Marteau P, Corthier G (Eds). *Colites infectieuses de l'adulte.* John Libbey Eurotext, Paris, 40-52.

Marteau P (2000 c). Clostridium difficile. *In* : Rampal P, Beaugerie L, Marteau P, Corthier G (Eds). *Colites infectieuses de l'adulte.* John Libbey Eurotext, Paris, 127-142.

Mestecky J (1988). Organization and regulation of intestinal immunity. *In*: Rampal P, Boquet P (Eds). *Recent advances in the pathogenesis of gastrointestinal bacterial infections.* John Libbey Eurotext, Paris, 39-55.

Mestecky J, Russell MW, Elson CO (1999). Intestinal IgA: novel views on its function in the defence of the largest mucosal surface. *Gut,* **44** : 2-5.

Neutra MR, Pringault E, Kraehenbuhl JP (1996). Antigen sampling across epithelial barriers and induction of mucosal immune responses. *Annu Rev Immunol,* **14** : 275-300.

Nieuwenhuijzen GA, Goris RJ (1999). The gut: the "motor"of multiple organ dysfunction syndrome? *Curr Opin Clin Nutr Metab Care,* **2** (5) : 399-404.

Playford RJ (1997). Trefoil peptides: what are they and what do they do? *J R Coll Physicians Lond,* **31** : 37-41.

Podolsky DK (1994). Peptide growth factors in the gastrointestinal tract. *In*: Johnson LR, Alpers DH, Christensen J, Jacobsen ED, Walsh JH (Eds). *Physiology of the gastrointestinal tract.* Raven Press, New York, 129-168.

Romagnani S (1999). Th1/Th2 cells. *Inflamm Bowel Dis*, **5** (4) : 285-94.

Sachs G (1994). The gastric H, K, ATP-ase: regulation and structure/function of the acid pump of the stomach. *In*: Johnson LR, Alpers DH, Christensen J, Jacobsen ED, Walsh JH (Eds). *Physiology of the gastrointestinal tract*. Raven Press, New York, 1119-1170.

Salminen S, Bouley C, Boutron-Ruault MC *et al.* (1998). Functional food science and gastrointestinal physiology and function. *Br J Nutr*, **80** (Suppl 1) : S147-71.

Tso P (1994). Intestinal lipid absorption. *In*: Johnson LR, Alpers DH, Christensen J, Jacobsen ED, Walsh JH (Eds). *Physiology of the gastrointestinal tract*. Raven Press, New York, 1867-1908.

2

Structure et fonctions métaboliques de la microflore gastro-intestinale de l'homme

Annick Bernalier, Joël Doré et Sylvie Rabot

Introduction

Le tractus digestif de l'homme héberge des micro-organismes dans tous les compartiments qui le composent. Cependant, ce n'est que dans la partie distale du côlon que les populations microbiennes deviennent très denses, atteignant 10^{11} micro-organismes par gramme de contenu. Cette microflore colique, majoritairement représentée par des bactéries anaérobies strictes, est extrêmement diversifiée puisque l'on considère que plus de 400 espèces pourraient la composer. Nos connaissances de la biodiversité de la microflore colique, encore fondées sur quelques grandes études de la composition de la flore fécale cultivable, sont actuellement en cours de révision grâce à l'utilisation d'approches moléculaires indépendantes de la culture des micro-organismes.

La microflore colique présente une capacité métabolique importante. Les transformations biochimiques qu'elle assure sont ainsi extrêmement diversifiées et ont des effets multiples sur la nutrition et la santé de l'hôte. La dégradation et la fermentation des glucides exogènes et endogènes présents dans le côlon, représentent une des fonctions majeures de cette microflore colique. Ces fermentations fournissent en particulier des acides gras à chaîne courte, source d'énergie pour l'hôte et métabolites essentiels au maintien de l'intégrité de la muqueuse. Les substrats d'origine alimentaire ne doivent cependant pas être uniquement considérés comme un apport de substance nutritive. Certaines fibres d'origine végétale sont également source de microconstituants dont le métabolisme secondaire par la microflore colique conduit à la synthèse de substances (flavonoïdes, glycosinolates, saponines...) ayant des effets biologiques bénéfiques ou néfastes pour l'homme.

1. Structure et stabilité de la microflore colique

1.1. Biodiversité et structure de la microflore fécale

1.1.1. Méthodes de culture

Dans les années 1970, l'anaérobiose étant alors maîtrisée, quelques études portant sur un grand nombre d'échantillons fécaux ont permis d'inventorier de nombreuses espèces microbiennes dominantes et de donner une vue d'ensemble de la composition globale de la microflore fécale humaine cultivable (Moore et Holdeman, 1974 ; Finegold *et al.*, 1983). Les genres microbiens principaux ainsi répertoriés sont : *Bacteroides*, *Eubacterium*, *Peptostreptococcus*, *Ruminococcus*, *Bifidobacterium*, *Fusobacterium* et *Clostridium*.

Sur la base du nombre d'espèces observées pour un individu donné, le calcul a indiqué que jusqu'à 400 espèces différentes pourraient composer la flore fécale d'un individu (Good, 1953). La flore dominante, constituée des micro-organismes présents à des niveaux de population de 10^8 à 10^{11} par gramme de fèces, est composée majoritairement de bactéries anaérobies strictes. Seules environ 25 espèces composeraient la flore dominante d'un individu (Savage, 1977 ; Benno *et al.*, 1989). Les quelques études ayant comparées la flore de différents individus ont conduit à la conclusion que des sujets différents hébergent des flores dominantes différentes (Holdeman *et al.*, 1976 ; Mitsuoka et Ono, 1977). L'étude comparée de flores fécales de jumeaux homozygotes et dizygotes a conduit Van de Merwe *et al.* (1983) à proposer l'existence d'un facteur génétique déterminant dans la composition de la flore.

Il est probable que de nombreuses espèces, dépendantes d'inter-relations étroites avec des partenaires ou exigeant des apports nutritionnels difficiles à satisfaire *in vitro*, aient depuis toujours échappé à la culture et à l'identification. La fraction cultivable des bactéries totales observées en microscopie a pu être estimée entre 10 et 90 % suivant les études [Langendijk *et al.*, 1995 (14-37 %) ; Finegold *et al.*, 1983 (24 %) ; Suau *et al.*, 1999 (21-32 %) ; Moore et Holdeman, 1974 (94 %)]. Par ailleurs, l'hypothèse qu'une fraction importante de la flore fécale dominante échappe à la culture anaérobie est renforcée par l'isolement continuel de souches et d'espèces bactériennes nouvelles après sélection pour des activités particulières (cf. paragraphe 2 et 3). La fin des années 1980 a été marquée par l'émergence d'approches moléculaires dans le domaine de l'écologie microbienne (Olsen *et al.*, 1986 ; Stahl *et al.*, 1988). Ceci a ouvert de nouvelles perspectives et permis jusqu'à ce jour un essor considérable des connaissances. La culture anaérobie demeure cependant le standard incontournable pour l'identification et la description d'espèces nouvelles.

1.1.2. Méthodes moléculaires

Afin de pallier aux limitations et à la lourdeur des méthodes de culture anaérobie, des approches indépendantes de la culture ont été mises en place pour caractériser d'une part la biodiversité d'espèces et d'autre part la composition globale de la microflore digestive humaine. Les méthodes qui se sont le plus développées à l'heure actuelle sont basées sur l'analyse comparée de séquences d'ADN ribosomal (Amann *et al.*, 1995 ; Stahl, 1995 ; Pace, 1996). Cette molécule « marqueur de l'évolution » rassemble en effet une série d'avantages (Olsen *et al.*, 1986) : 1) elle est ubiquitaire ;

2) elle a conservé une relation structure/fonction stable au cours de l'évolution ; 3) elle présente une juxtaposition de régions conservées et de régions variables ; 4) elle possède une taille suffisante pour permettre des comparaisons robustes couvrant toute la diversité du monde vivant contemporain et enfin ; 5) elle accumule essentiellement des mutations ponctuelles enregistrant ainsi l'histoire évolutive des lignées du vivant. Les séquences d'ADN ribosomal 16S constituent par ailleurs la plus grande base de données de séquences homologues, avec plus de 10 000 entrées accessibles librement. Les applications qui en découlent sont multiples, recouvrant notamment : 1) le positionnement phylogénétique de souches isolées dans un schéma universel de l'évolution naturelle des lignées du vivant ; 2) la caractérisation globale de la biodiversité d'espèces d'environnements complexes, et 3) l'identification de régions spécifiques allant du domaine à la souche et l'utilisation de sondes d'hybridation ciblant ces régions pour la détection et la quantification des phyla correspondants.

1.1.2.1. Diversité de la microflore colique

La biodiversité d'espèces de la microflore fécale a pu être caractérisée par analyse comparée de séquences d'ADNr 16S clonés à partir d'ADN fécal total après amplification *in vitro*. Cette approche a permis la mise en évidence des espèces bactériennes prédominantes dans un échantillon fécal d'adulte (Suau *et al.*, 1999). L'analyse de 286 séquences d'ADNr 16S a tout d'abord montré l'existence de trois groupes phylogénétiques principaux : 1) le groupe « *Bacteroides* et apparentés » comprenant notamment les genres *Bacteroides*, *Prevotella* et *Porphyromonas* 2) le groupe *Clostridium coccoides*, et 3) le groupe *Clostridium leptum*. Ces deux derniers comprennent en fait un ensemble d'espèces appartenant aux genres *Eubacterium*, *Ruminococcus* et *Clostridium*, et les espèces *Coprococcus eutactus* et *Fusobacterium prausnitzii*, respectivement. Ce travail a également montré l'extrême diversité d'espèces rencontrée, avec 82 espèces moléculaires identifiées (sur la base d'une similarité de séquence égale ou supérieure à 98 % pour définir l'espèce moléculaire). La plupart des espèces ainsi observées (74 %) n'avaient pas de proche parent dans la base de séquences d'ADNr 16S issues de souches isolées, indiquant la présence potentielle d'une multitude d'espèces encore inconnues dans la microflore fécale dominante.

Les techniques d'électrophorèse en condition dénaturante pour l'analyse de produits de PCR issus d'ADN d'échantillons complexes semblent également très prometteuses en écologie microbienne (Muyzer et Smalla, 1998). Appliquant la TGGE (Temperature Gradient Gel Electrophoresis) à des ADNr 16S issus de selles humaines, Zoetendal *et al.* (1998) ont montré qu'une diversité d'espèces très différente caractérisait chacun des 14 individus étudiés avec seulement 3 espèces potentiellement communes. Simultanément, ces auteurs ont montré que la diversité d'espèces était très conservée dans le temps pour un individu donné. Ces méthodes sont donc des outils exceptionnels pour l'étude dynamique de la diversité d'espèces d'échantillons inconnus.

Il est possible que l'extraction d'ADN et l'amplification d'ADNr par PCR introduisent un biais. Cela rend nécessaire le retour à l'écosystème pour confirmer la présence en dominance des espèces microbiennes suspectées. L'utilisation de techniques d'hybridation quantitative est alors l'approche de choix. Comme nous allons le voir ci-dessous, ces approches permettent également de caractériser la composition globale de la microflore fécale.

1.1.2.2. Composition de la microflore colique

La base de données de séquences d'ADNr 16S a été utilisée pour la mise au point de sondes spécifiques des grands groupes microbiens de la flore fécale. Ces sondes sont alors hybridées avec des ARN extraits d'échantillons fécaux, permettant une quantification relative des ARNr de chaque groupe cible par rapport aux ARNr bactériens totaux : c'est l'hybridation quantitative en dot-blot. Elles peuvent être également utilisées en hybridation *in situ* sur des suspensions bactériennes fixées ou des coupes de tissus digestifs.

L'hybridation quantitative en dot-blot fut développée la première (Stahl *et al.*, 1988). Elle est basée sur la reconnaissance, dans un extrait d'ARN total, de cibles moléculaires spécifiques de groupes phylogénétiques et l'évaluation de leur importance relative par référence à la quantité totale d'ARNr 16S. L'ARN étant dénaturé sur membrane, toute cible ayant la spécificité théorique recherchée sera accessible pour l'hybridation. Cependant, la mesure de la proportion relative d'ARNr 16S donne une évaluation mixte des populations et de leur activité, le contenu en ribosomes étant lié au niveau d'activité (Ruimy *et al.*, 1994 ; Poulsen *et al.*, 1993). Pour des échantillons fécaux, l'appauvrissement en substrats et le temps de rétention, bien supérieur à 10 h dans le côlon, font entrevoir une relative homogénéité de la charge ribosomale des bactéries fécales (phase stationnaire de croissance). De nombreux échantillons fécaux de sujets adultes en bonne santé ont été caractérisés par cette technique d'hybridation quantitative. Il en ressort une relative homogénéité de la composition de la flore fécale en terme de grands groupes dominants, les groupes « *Bacteroides* et apparentés », *Clostridium coccoides* et *Clostridium leptum* se partageant l'essentiel de la contribution à l'ARN ribosomal bactérien. Le genre *Bifidobacterium* est détecté en dominance assez fréquemment mais la proportion d'ARNr correspondante est toujours faible comme celles des entérobactéries et du groupe « *Lactobacillus* et apparentés » (Doré *et al.*, 1998 a et b ; Sghir, communication personnelle).

L'hybridation *in situ* est basée sur les mêmes modes de reconnaissance des dimères sonde-cible, mais les sondes portent des fluorochromes ou des systèmes rapporteurs permettant la détection optique des hybrides. Cette approche a été poussée jusqu'à une automatisation des analyses (Jansen *et al.*, 1999). L'hybridation *in situ* a également été couplée à la cytométrie en flux (Amann *et al.*, 1990). Cette technique a l'avantage de permettre un dénombrement des cellules marquées individuellement et par conséquent l'expression des résultats en bactéries par gramme de contenu digestif. Contrairement au dot-blot, la possibilité de travailler sur des échantillons congelés n'a pas encore été démontrée. Enfin, l'une des limites principales de cette technique est l'inaccessibilité d'une grande partie de la séquence de l'ARN ribosomal *in situ* (Fuchs *et al.*, 1998). Des travaux récents et nombreux ont porté sur la caractérisation de la flore fécale humaine par hybridation *in situ* couplée à l'analyse d'images (Wilkinson et Shut, 1998 ; Franks *et al.*, 1998 ; Harmsen *et al.*, 1999). Les résultats des différentes approches sont concordants et indiquent que les quelques grands groupes dominants représentent 70 à 80 % de la flore fécale humaine avec des variations entre les individus.

Enfin, il faut noter l'émergence des technologies de réseaux d'ADN (ou puces à ADN). Leur avantage essentiel est la miniaturisation des supports offrant la possibilité de réaliser des centaines d'hybridations en un temps record. Elles pourraient offrir rapidement un moyen de caractériser un écosystème complexe en terme de diversité phylogénétique d'espèces sans passer par le séquençage et, à terme, aboutir à des outils d'analyse fonctionnelle de la flore digestive humaine.

1.2. Stabilité de la microflore colique

1.2.1. Influence de l'âge

Le tube digestif du nouveau-né est stérile *in utero*. Il est colonisé dès la naissance par des micro-organismes et l'étude de la flore fécale traduit une séquence d'implantation et de relais en dominance de divers genres bactériens. L'acquisition d'une flore d'adulte peut prendre plusieurs mois et, si l'on ignore encore les mécanismes qui dirigent cette succession, le type d'allaitement joue un rôle déterminant pour l'évolution de la composition de la flore entre la naissance et le sevrage. Ainsi, pour la majorité des nouveau-nés nourris au lait maternel, la flore fécale est dominée par les bifidobactéries et les entérobactéries, tandis que l'alimentation au lait maternisé s'accompagne d'une diversification très précoce avec l'apparition en dominance de genres bactériens anaérobies de la flore d'adulte (Moreau *et al.*, 1986 ; Conway, 1995). Le seul genre bactérien indicateur de l'alimentation au lait maternel serait *Clostridium*, dont les espèces sont toujours moins représentées dans ce cas (Tannock, 1994). Après le sevrage, quelle que soit l'alimentation antérieure, la composition globale de la flore fécale au niveau des grands groupes microbiens s'uniformise entre les enfants.

De rares études ont porté sur la stabilité dans le temps chez l'adulte. Elles ont indiqué une composition stable sur une durée de quelques semaines à quelques mois chez le sujet sain, à l'échelle du groupe ou du genre microbien (Holdeman *et al.*, 1976 ; Mitsuoka *et al.*, 1977). L'application récente des techniques d'électrophorèse en conditions dénaturantes à l'écologie digestive a montré une grande stabilité de la flore jusqu'au niveau de l'espèce pour deux individus suivis durant quelques mois (Zoetendal *et al.*, 1998).

Enfin, il existe peu de données spécifiques sur la flore du sujet âgé (Mitsuoka, 1992 ; Benno *et al.*, 1989). Le vieillissement s'accompagnerait d'une diminution des bifidobactéries et d'une augmentation concomitante des lactobacilles, des clostridies, notamment *Clostridium perfringens*, et parfois des entérobactéries.

1.2.2. Influence du site digestif

Dépendant de méthodes invasives d'échantillonnages, les variations de la microflore tout au long du tube digestif humain ont été peu étudiées. Il est cependant établi que la flore diffère entre la sphère buccale, l'estomac, les parties haute et basse de l'intestin grêle et les selles (Gorbach *et al.*, 1967). La flore fécale est souvent, par défaut, considérée comme représentative de la partie la plus colonisée qu'est le côlon pris dans sa globalité. Cependant, différentes modalités ont été utilisées pour accéder à la flore intestinale (Pochart *et al.*, 1993) : l'intubation intestinale, le prélèvement à la seringue de sujets en opérations, le prélèvement sur victimes de morts subites ou l'utilisation de capsules de pyxigraphie. Analysant la flore cæcale prélevée par intubation sur 3 sujets, Gorbach *et al.* (1967) ont décrit une flore 100 fois plus dense que dans l'iléon terminal. Marteau *et al.* (communication personnelle) ont observé, chez 8 sujets intubés, qu'à nouveau un facteur 100 marquait l'augmentation de densité des populations bactériennes entre le côlon proximal et les selles, et que la différence était due uniquement aux bactéries anaérobies strictes dont le niveau de population est comparable à celui des anaérobies facultatifs dans la région cæcale. Des différences marquées des populations de certains groupes microbiens devraient être confirmées par caractérisation moléculaire de la flore du côlon proximal.

De la même façon, les variations radiales de composition de la flore colique ont été peu étudiées (Peach et Tabaqchali, 1982 ; Poxton *et al.*, 1997) et les spécificités de la flore mucosale sont de ce fait mal connues. Des coupes histologiques de tubes digestifs d'animaux et des biopsies ont été récemment étudiées à l'aide de techniques d'hybridation *in situ* qui répondent idéalement à cet objectif dans le principe. Les études se sont à ce jour limitées à des hybridations avec la sonde de domaine *Bacteria*, montrant des différences d'activité entre flore mucosale et flore luminale (Poulsen *et al.*, 1994 ; Licht *et al.*, 1996). On peut espérer que l'utilisation de sondes de groupes et d'espèces permette rapidement de mieux connaître la flore intimement associée aux mucines.

1.2.3. Influence du régime alimentaire

L'influence du régime alimentaire en tant que facteur de régulation de la composition des communautés microbiennes dominantes de la microflore colique humaine est un sujet controversé (Drasar, 1974 ; Finegold et Sutter, 1978 ; Moore et Holdeman, 1975). La présence de suppléments spécifiques tels que des fibres alimentaires serait capable d'influer sur la composition et les activités de la microflore colique humaine (Benno *et al.*, 1989 ; Mitsuoka, 1992). De même, des résultats obtenus sur animaux montrent qu'il est tout à fait possible de moduler la flore par l'alimentation (Ducluzeau *et al.*, 1973 ; Tannock et Savage, 1974).

Il demeure important de mieux comprendre le rôle du régime alimentaire, dans la mesure où la microflore pourrait être un médiateur dans l'étiologie de pathologies du gros intestin telles que l'inflammation et le cancer (Drasar, 1974 ; Moore et Holdeman, 1975). Cette thématique a subi un regain récent d'intérêt avec le développement de l'utilisation d'oligosaccharides indigestibles à des fins de nutrition préventive (Tomomatsu, 1994). Il serait essentiel à l'avenir de prendre en compte dans son intégralité la composante dominante de la flore afin de bien étudier les effets de l'alimentation. Enfin, il est également possible que l'influence du régime alimentaire porte sur les activités de la microflore colique (Moore et Holdeman, 1975 ; Wheeler *et al.*, 1975), activités dont la plupart sont encore inaccessibles à l'analyse comparée dynamique de l'écosystème digestif.

1.2.4. Autres facteurs

De nombreux autres facteurs peuvent influer sur la composition de la microflore colique humaine. Il s'agit de facteurs liés à l'hôte, tels que les mécanismes immunologiques, les acides biliaires, et indirectement des facteurs d'ordre émotionnel et psychologique. Il peut s'agir enfin de facteurs liés aux micro-organismes eux-mêmes tels que la production de substances antimicrobiennes (bactériocines par exemple), les compétitions nutritionnelles, des métabolites bactériens pouvant être toxiques (acides gras à chaînes courtes, sulfures) et enfin le maintien d'un potentiel rédox très bas.

2. *Métabolisme des glucides par la microflore colique*

L'existence d'une importante diversité microbienne dans le côlon humain s'expliquerait, pour une large part, par la présence d'une grande variété de sources de carbone et d'énergie disponibles pour les micro-organismes. Les activités métaboliques de la microflore colique sont ainsi nombreuses et diversifiées (dégradation des polyosides et fermentation des oses, métabolisme des protéines, transformation des xénobiotiques...).

Parmi ces fonctions, la dégradation et la fermentation des glucides disponibles dans le côlon sont des activités métaboliques essentielles au fonctionnement et à la stabilité de l'écosystème.

2.1. Nature des substrats disponibles pour la microflore colique

Les substrats fermentescibles par la microflore colique sont à la fois d'origine exogène, apportés par l'alimentation, et endogène, c'est-à-dire synthétisés par l'hôte.

2.1.1. Substrats exogènes

Les substrats d'origine alimentaire sont essentiellement constitués par les glucides non digérés dans la partie supérieure du tube digestif. Chez l'homme, les lipides et les protéines ingérés dans les aliments sont en effet presque totalement digérés et absorbés dans l'intestin grêle (Flourié *et al.*, 1988). L'amidon résistant à l'action des amylases pancréatiques ainsi que les polyosides constituants la paroi des végétaux représentent les substrats quantitativement les plus importants (tableau 1). Ainsi, dans le cas d'une alimentation occidentale, environ 10 % de l'amidon consommé échappe à la digestion dans l'intestin grêle et constitue le substrat exogène majeur parvenant au côlon. Les polyosides pariétaux sont principalement constitués par des glucides insolubles comme la cellulose et les hémicelluloses, ainsi que par les pectines. D'autres polyosides comme l'inuline, les gommes ou les mucilages, constituants des végétaux, sont également des fibres alimentaires. Certains sont utilisés comme émulsifiant ou agent de texture par l'industrie agroalimentaire. Enfin, certains oses, oligosides ou sucre-alcools sont également non-digestibles et parviennent donc au côlon. Ce sont, par exemple, le raffinose et le stachyose contenus dans les haricots ou les fructo-oligosaccharides (FOS) présents dans l'artichaut ou l'onion. Certains oligosides sont, de plus, utilisés comme édulcorant.

Tableau 1 ■ Nature et quantité des substrats disponibles pour la fermentation par la microflore colique humaine (*d'après* Macfarlane et Gibson, 1994).

Substrats	Quantité (g/jour)
Origine alimentaire	
Amidon résistant	8-40
Polyosides végétaux	8-18
Oligosides (n = 3-10)	2-8
Oses non absorbés et sucres-alcools	2-10
Protéines et peptides	12
Origine endogène	
Enzymes pancréatiques et sécrétions gastro-intestinales	4-6
Mucines de l'intestin grêle	2-3
Cellules épithéliales desquamées	non définie

2.1.2. Substrats endogènes

Les substrats endogènes (tableau 1) sont composés de sécrétions provenant de l'intestin grêle (enzymes bilio-pancréatiques, cellules épithéliales desquamées, mucines...) et des cellules coliques (mucopolysaccharides, mucines...). Les mucines, sécrétées tout le long du tractus digestif, sont des glycoprotéines composées d'un core peptidique auquel sont branchées des chaînes latérales d'oligosides de compositions variables en fucose, galactose, hexosamines, acide sialique et acides uroniques (Cummings et Macfarlane, 1991). Les mucopolysaccharides, comme l'acide hyaluronique et les sulfates de chondroïtines, sont constitués d'un enchaînement linéaire d'acides glucuroniques liés latéralement à des unités N-acétylglucosamine ou N-acétylgalactosamine. Les chondroïtines possèdent, de plus, des groupements sulfates substitués sur les résidus N-acétylgalactosamine. Les cellules épithéliales desquamées sont également un substrat endogène important pour la flore colique, le renouvellement de l'épithélium colique étant très rapide. Enfin, les sécrétions pancréatiques contenant une grande variété d'enzymes hydrolytiques, représentent une des sources importantes d'azote organique disponible pour la microflore colique.

2.2. Processus de fermentation dans le côlon – Notion de chaîne trophique

La dégradation anaérobie de la matière organique dans le côlon est un procédé complexe impliquant la contribution de différents groupes bactériens possédant des activités métaboliques variées et complémentaires (figure 1). Ces micro-organismes vont ainsi interagir entre eux pour former une chaîne trophique, assurant la transformation des macromolécules comme les polyosides, en acides gras à chaîne courte (acétate, propionate et butyrate, principalement) et en gaz (hydrogène, dioxyde de carbone et méthane chez certains individus). Les bactéries hydrolytiques intervien-

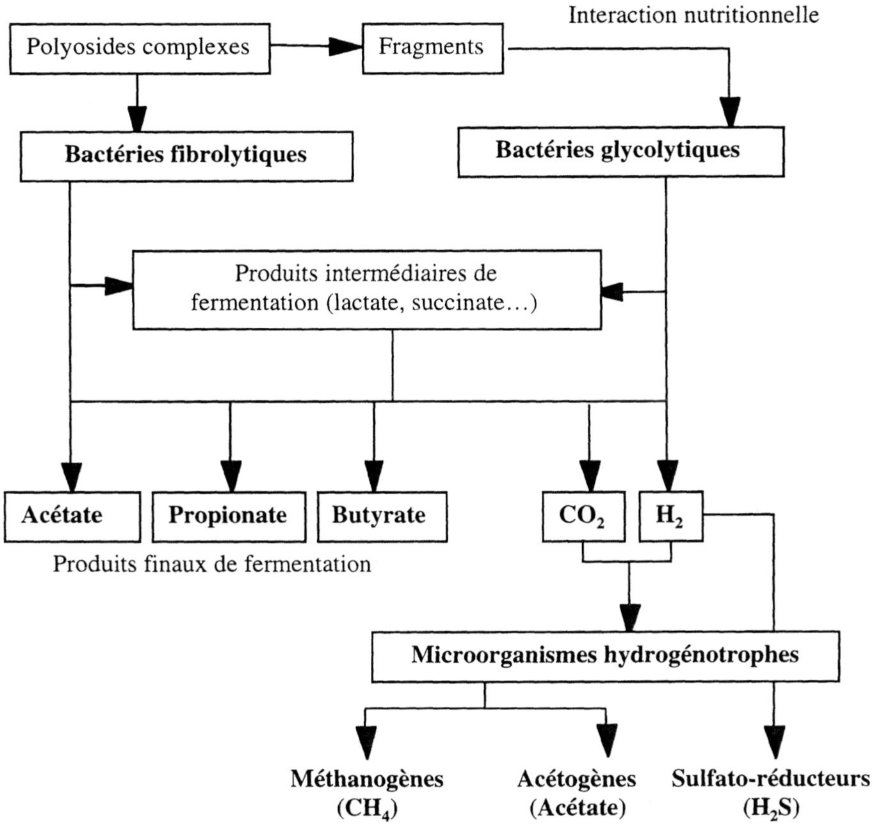

Figure 1 ■ Chaîne trophique de dégradation de la matière organique dans le côlon humain.

nent ainsi lors de la première étape de la chaîne pour dégrader les polymères en fragments plus petits, également assimilables par les espèces fermentaires. Les produits de la fermentation des oses par les micro-organismes hydrolytiques et fermentaires incluent certains métabolites intermédiaires comme le formate, l'éthanol, le succinate et le lactate, qui ne s'accumulent pas dans l'écosystème mais sont métabolisés par d'autres espèces bactériennes en produits finaux. L'hydrogène formé lors de ces processus fermentaires est en majeure partie, réutilisé *in situ* par les micro-organismes hydrogénotrophes (Christl *et al.*, 1992). Bien qu'intervenant en fin de chaîne trophique, cette microflore hydrogénotrophe joue un rôle fondamental en maintenant la pression partielle en hydrogène à un niveau faible, assurant ainsi l'efficacité de la dégradation de la matière organique dans le côlon [oxydation plus complète des substrats et augmentation du gain total d'ATP pour la microflore, (Durand *et al.*, 1996)]. La production de méthane lors du métabolisme de H_2 par les archaea méthanogènes dans le côlon a, de plus, permis de distinguer deux groupes de sujets dans la population humaine, selon qu'ils excrètent ou non ce gaz (sujets méthano-excréteurs et non méthano-excréteurs).

Tableau 2 ■ Activités hydrolytiques des principaux genres bactériens de la flore colique humaine (*d'après* Bernalier *et al.*, 1999).

Substrats	Enzymes	Genres bactériens
Substrats exogènes		
Cellulose	Cellulase, glycosidase	*Bacteroides, Ruminococcus, Clostridium*
Xylane	Xylanase, arabinofuranosidase, xylosidase	*Bacteroides, Bifidobacterium*
Arabinogalactane	Arabinogalactanase, arabinofuranosidase, galactosidase	*Bacteroides, Bifidobacterium*
Pectine	Pectinase, exopectate lyase, glucuronidase, arabinofuranosidase	*Bacteroides, Bifidobacterium, Eubacterium, Clostridium, Lachnospira*
Amidon	Amylase, glycosidase	*Bacteroides, Bifidobacterium, Eubacterium, Clostridium, Fusobacterium*
Gomme guar	Galactomannanase, mannosidase, galactosidase	*Bacteroides, Ruminococcus*
Gomme arabique	Arabinogalactanase, pullulanase, galactosidase, glucuronidase	*Bifidobacterium*
Laminarane	Laminarinase (β-glucanase), β-glucosidase	*Bacteroides, Peptostreptococcus*
Galacto-oligosaccharides	β-galactosidase	*Bifidobacterium, Lactobacillus, Bacteroides*
Fructo-oligosaccharides	Fructo-oligosaccharidases, β-fructosidases	*Bifidobacterium, Eubacterium, Clostridium*
Substrats endogènes		
Mucines	Galactosidase, glycosidase, fucosidase, glucosulphatase, sialata o- acétyl-estérase, hyaluronidase, sialidase	*Bacteroides, Ruminococcus, Bifidobacterium*
Sulfate de chondroïtine	Pullulanase, glucuronidase, galactosidase	*Bacteroides*

2.3. Dégradation des glucides dans le côlon

2.3.1. Microflore hydrolytique et dégradation des polyosides

La microflore colique de l'homme est particulièrement bien adaptée à l'utilisation des différents polyosides complexes. Les principales espèces bactériennes, pour lesquelles une activité hydrolytique à l'égard des polymères glucidiques a été démontrée, appartiennent aux genres *Bacteroides*, *Bifidobacterium* et *Ruminococcus* ainsi que quelques espèces des genres *Clostridium* et *Eubacterium* (tableau 2). Ces bactéries sont capables de synthétiser différents types de polysaccharidases et/ou de glucosidases, enzymes non produites par l'hôte, qui leur permettent d'hydrolyser les polyosides et d'utiliser les fragments osidiques libérés, comme source de carbone et d'énergie. Les activités de ces différentes hydrolases sont retrouvées principalement associées à la fraction bactérienne des échantillons fécaux, en particulier pour celles impliquées dans la dégradation des polyosides insolubles comme la cellulose ou les hémicelluloses (Englist *et al.*, 1987). Dans ce cas, les plus fortes activités hydrolytiques sont mesurées dans la fraction bactérienne associée aux particules alimentaires.

Les espèces présentant la plus grande capacité hydrolytique appartiennent au genre *Bacteroides*, en particulier *B. ovatus* et *B. thetaiotaomicron*. Ces bactéries sont en effet capables de dégrader une grande variété de polyosides (tableau 2) d'origine exogène et endogène (Salyers, 1995). L'utilisation d'un grand nombre de polyosides différents ainsi que l'adaptation rapide à des variations nutritionnelles sont autant d'avantages écologiques pour ces bactéries. Les différentes hydrolases synthétisées par ces espèces sont inductibles et sont, de plus, toujours associées à la cellule bactérienne (Salyers, 1995). Le genre *Bacteroides* appartenant à la flore prédominante du côlon, est ainsi considéré à ce jour, comme le genre hydrolytique majeur. Toutefois, les *Bacteroides* sont parmi les bactéries coliques anaérobies les moins difficiles à cultiver et ont donc été les plus étudiées. Ces espèces apparaissent, de plus, spécialisées dans la dégradation des polyosides solubles, la microflore impliquée dans la dégradation des glucides insolubles étant encore mal connue à ce jour.

2.3.1.1. Dégradation de l'amidon

La plupart des espèces majeures du côlon humain sont capables d'utiliser l'amidon comme source d'énergie (tableau 2). L'espèce *B. thetaiotaomicron* a ainsi la capacité de lier le polymère d'amidon à la surface de ses cellules afin de le digérer plus efficacement (Anderson et Salyers, 1989 a et b). Des fragments glucanes sont ensuite transportés au travers de la membrane externe jusque dans le périplasme où ils sont digérés (Tancula *et al.*, 1992). Outre les *Bacteroides*, d'autres espèces appartenant aux genres *Bifidobacterium*, *Eubacterium* et *Clostridium* possèdent également une activité amylolytique. La contribution de ces bactéries à Gram + est encore considérée de nos jours, comme mineure par rapport à celle des *Bacteroides*. Toutefois, McCarthy et Salyers (1986 et 1988) ont montré que les fortes activités amylases et polygalacturonases mesurées dans la fraction bactérienne de selles humaines, n'étaient pas uniquement dues aux enzymes produites par les *Bacteroides*. Ceci suggère que les espèces autres que celles du genre *Bacteroides* contribuent de manière significative à la dégradation de ces polyosides solubles.

2.3.1.2. Dégradation des polyosides pariétaux

La flore hydrolytique impliquée dans la dégradation des polyosides constituant la paroi des végétaux n'a été que peu étudiée chez l'homme, bien que ces substrats soient largement dégradés dans le côlon. Ainsi, environ 50 % de la cellulose contenue dans différents légumes verts est fermentée dans le côlon, cette valeur atteignant 80 % si l'on considère l'ensemble des polyosides composant la paroi végétale (Macfarlane et Gibson, 1994).

La flore cellulolytique n'est pas détectée de façon systématique chez tous les sujets (Wedekind *et al.*, 1988). Bernalier *et al.* (1998) ont récemment démontré que seuls les individus méthano-excréteurs possédaient une flore cellulolytique dénombrable à un niveau de population élevée (10^7 à 10^8 bactéries/g de selles), cette population restant non détectable chez les sujets non méthano-excréteurs. Une vingtaine de souches cellulolytiques ont ainsi été isolées à partir des selles de 5 sujets méthano-excréteurs (Bernalier *et al.*, 1998). L'analyse phylogénétique de ces isolats a permis d'identifier des espèces proches de *Ruminococcus flavefaciens*, espèce cellulolytique majeure du rumen, ainsi que des espèces des genres *Enterococcus* et *Propionibacterium* (résultats non publiés). L'utilisation d'une fraction cellulosique non purifiée extraite de son de blé ou d'épinard, a en revanche permis de mettre en évidence l'existence d'une microflore hydrolytique chez tous les individus et d'isoler différentes souches cellulolytiques (Wedekind *et al.*, 1988). Ces souches appartiendraient aux genres *Ruminococcus* et *Clostridium*. Rumney *et al.* (1995) ont également isolée une souche cellulolytique apparentée au genre *Butyrivibrio*, capable de dégrader le son de blé. Toutes les espèces cellulolytiques isolées à ce jour sont donc à Gram +, à l'exception de celle identifiée par Betian *et al.* (1977) qui appartiendrait au genre *Bacteroides*.

La microflore hémicellulolytique semble quantitativement plus importante que la flore cellulolytique. Wedekind *et al.* (1988) ont ainsi dénombré environ 10^9 à 10^{10} bactéries xylanolytiques /g de selles chez les 5 sujets étudiés. Les espèces xylanolytiques isolées étaient apparentées aux genres *Clostridium*, *Butyrivibrio* et *Bacteroides*. L'activité hydrolytique des espèces du genre *Bacteroides* à l'égard de différentes hémicelluloses, en particulier des plus solubles comme certains xylanes et arabinogalactanes, a été largement étudiée (Salyers *et al.*, 1977 ; Salyers *et al.*, 1981 ; Salyers, 1995).

Les espèces du genre *Bacteroides*, en particulier *B. thetaiotaomicron* possède également une forte activité pectinolytique (McCarthy *et al.*, 1985). Toutefois ce polyoside soluble est également utilisé par une variété d'autres espèces appartenant aux genres *Bifidobacterium*, *Eubacterium* et *Clostridium*.

La dégradation des parois végétales semble donc impliquer un nombre important de taxons bactériens différents. Même si certaines espèces sont capables de produire un grand nombre d'hydrolases différentes, la dégradation d'une structure aussi complexe que celle de la paroi végétale doit nécessiter la contribution de plusieurs espèces bactériennes aux activités complémentaires.

2.3.1.3. Dégradation d'autres polyosides végétaux

Parmi les polyosides de réserve des végétaux, les gommes (gomme arabique, gomme guar) et l'inuline sont des substrats pour la microflore colique (tableau 2). *Bacteroides ovatus*, une des espèces prédominantes du côlon, possède l'équipement enzymatique nécessaire à l'hydrolyse de la gomme guar ainsi que certaines espèces de *Ruminococcus*, alors que certains *Bifidobacterium* utilisent la gomme arabique (Forsberg *et al.*, 1997). Grâce à la synthèse d'une β-fructosidase restant associée à la cellule bactérienne, certaines espèces de *Bifidobacterium* sont capables de dégrader l'inuline.

2.3.1.4. Dégradation des substrats endogènes

Les espèces capables de dégrader les mucines et les mucopolysaccharides, substrats endogènes majeurs, appartiennent aux genres *Bacteroides*, *Bifidobacterium* et *Ruminococcus*. La dégradation des mucines requière la contribution de différentes enzymes comme une sialidase, une α-glucosidase spécifique ainsi qu'une β-D-galactosidase (tableau 2). Certaines espèces de *Ruminococcus* possèdent l'ensemble de ces enzymes et peuvent ainsi dégrader la quasi totalité des mucines gastriques (Hoskins *et al.*, 1985). D'autres espèces de *Bifidobacterium* ne produisent que quelques unes de ces hydrolases. Les mucopolysaccharides comme les sulfates de chondroïtines et les acides hyaluroniques sont principalement dégradés par les espèces de *Bacteroides* (Salyers *et al.*, 1982). L'espèce *Bacteroides thetaiotaomicron* est particulièrement active à l'égard de ces substrats, grâce à la synthèse de différentes types d'hydrolases (lyases, sulfatases, β-glucuronidase).

2.3.2. Microflore glycolytique et dégradation des oligosides

La microflore glycolytique du côlon humain est composée d'un nombre important d'espèces bactériennes, incapables d'hydrolyser les polymères complexes, et utilisant, pour leur croissance, les fragments osidiques libérés par les espèces hydrolytiques. La croissance de ces micro-organismes glycolytiques est donc en grande partie contrôlée par l'activité des espèces hydrolytiques, par la disponibilité en glucides libérés, ainsi que par la compétition pour le substrat entre ces différentes espèces. De même, la grande variété de polyosides dégradés dans le côlon générant un nombre important d'oses et d'oligosides de natures différentes, les espèces présentant la plus grande capacité nutritionnelle, possèderont un avantage écologique considérable car elles seront susceptibles de s'adapter rapidement. C'est en particulier le cas des *Bifidobacterium* qui sont capables d'utiliser différents types d'oligosides (raffinose, stachyose, fructo-oligosaccharides, xylo-oligosaccharides...) grâce à la synthèse d'enzymes spécifiques (α-galactosidase, β-fructosidase...) (Forsberg *et al.*, 1997).

2.4. Fermentation des glucides dans le côlon

2.4.1. Principales voies métaboliques

Malgré la diversité des glucides disponibles et des espèces susceptibles de les fermenter, les substrats glucidiques sont catabolisés par la microflore selon un nombre relativement restreint de voies métaboliques. La majorité des espèces utilisent la glycolyse ou voie d'Embden-Meyerhof-Parnas pour convertir les glucides en pyruvate, à l'exception des Bifidobactéries. La voie des pentoses-phosphate est également empruntée par certaines bactéries coliques, notamment lors du métabolisme des pentoses, et conduit aussi à la synthèse de pyruvate. Le pyruvate, métabolite central de ces processus fermentaires, est ensuite transformé selon différentes voies métaboliques (figure 2), en produits terminaux de fermentation, constituant les accepteurs finaux d'électrons. Ces métabolites sont majoritairement les acides gras à chaîne courte, acétate, propionate et butyrate. Toutefois, un certain nombre d'espèces produisent également des métabolites intermédiaires comme le succinate, le lactate, l'éthanol et le formate ainsi que de l'hydrogène et du dioxyde de carbone, afin d'as-

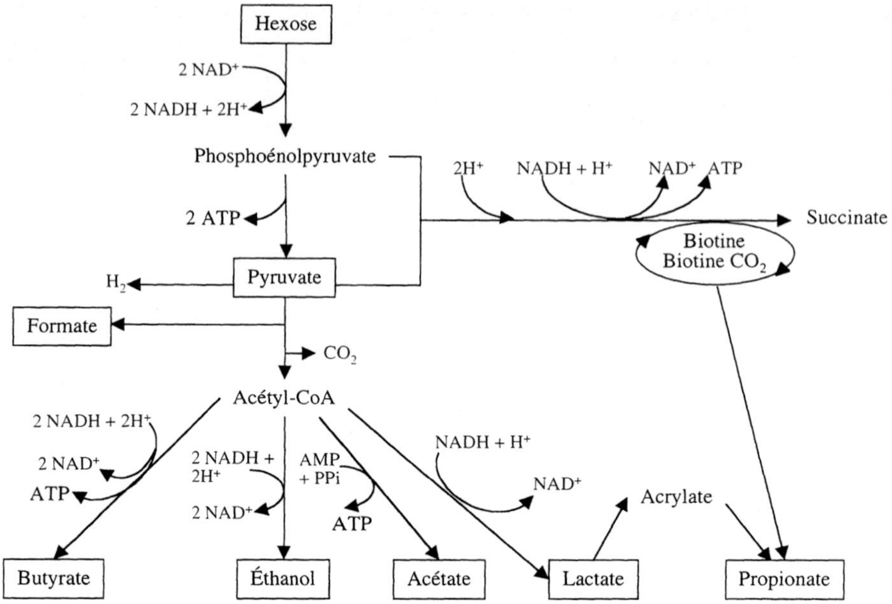

Figure 2 ■ Schéma général de la fermentation des glucides par les bactéries intestinales (*d'après* Macfarlane et Gibson, 1994 ; 1997).

surer la réoxydation de leurs cofacteurs réduits, comme le NADPH + H^+, produit lors de la glycolyse. Ces produits intermédiaires ne s'accumulent pas dans l'écosystème car ils sont rapidement métabolisés *in situ*, par d'autres espèces bactériennes, en métabolites terminaux. La synthèse de ces composés intermédiaires contribue donc au maintien de la diversité microbienne dans le côlon.

2.4.2. Espèces bactériennes impliquées dans la synthèse des produits majeurs de fermentation

La majorité des espèces présentes dans le côlon se caractérisent *in vitro* par une fermentation de type acide-mixte et produisent donc plusieurs métabolites différents lors de l'utilisation d'un substrat.

La plupart des espèces prédominantes de la flore colique humaine produisent de l'acétate lors de la fermentation des glucides (tableau 3). La voie principale de formation de l'acétate est la décarboxylation oxydative du pyruvate conduisant à la synthèse d'une molécule d'ATP.

Le propionate est principalement synthétisé par les espèces du genre dominant *Bacteroides* ainsi que par les *Propionibacterium* et *Veillonella* (tableau 3). Dans le côlon humain, le propionate serait majoritairement produit par la voie de décarboxylation du succinate (Miller et Wolin, 1979), voie empruntée par les *Bacteroides*. Toutefois, la voie de l'acrylate, correspondant à la synthèse de propionate via le lactate, pourrait également être importante, notamment dans le cas de régimes riches en oligosides non digestibles (cf. paragraphe 2.5.2).

Tableau 3 ■ Production de métabolites fermentaires terminaux et intermédiaires par les principaux genres bactériens de la microflore colique humaine (*d'après* Macfarlane et Gibson, 1997).

Métabolites fermentaires	**Principaux genres bactériens producteurs**
Métabolites finaux	
Acétate	*Bacteroides, Bifidobacterium, Eubacterium, Lactobacillus, Clostridium, Ruminococcus, Propionibacterium, Veillonella, Fusobacterium, Butyrivibrio...*
Propionate	*Bacteroides, Propionibacterium, Veillonella*
Butyrate	*Clostridium, Eubacterium, Butyrivibrio, Peptostreptococcus, Fusobacterium*
Métabolites intermédiaires	
H_2	*Clostridium, Ruminococcus, Eubacterium, Fusobacterium, Eubacterium*
Formate	*Bacteroides, Clostridium, Bifidobacterium, Eubacterium, Ruminococcus,* Enterobactérie, *Butyrivibrio...*
Lactate	*Bifidobacterium, Lactobacillus, Streptococcus, Clostridium, Bacteroides, Eubacterium, Enterococcus, Ruminococcus, Fusobacterium*
Éthanol	*Bacteroides, Bifidobacterium, Lactobacillus, Clostridium, Peptostreptococcus*
Succinate	*Bacteroides, Ruminococcus, Prevotella*

Seul un nombre restreint d'espèces appartenant aux genres *Clostridium*, *Eubacterium*, *Fusobacterium* et *Butyrivibrio* s'avèrent capables, *in vitro*, de produire du butyrate par fermentation des glucides (tableau 3). Ces genres bactériens n'étant pas considérées comme prédominants, il semble donc que les espèces majeures productrices de butyrate n'aient pas encore été identifiées. Cependant, il est également possible que les conditions dans lesquelles les espèces prédominantes sont cultivées *in vitro*, ne permettent pas l'expression de leur capacité à synthétiser le butyrate alors que celle-ci s'exprimerait *in vivo*. La voie principale de biosynthèse du butyrate passe par la condensation de deux molécules d'acétyl-SCoA et s'accompagne de la synthèse d'une molécule d'ATP.

L'acétyl-SCoA est également le précurseur de la synthèse d'éthanol, produit par de nombreuses espèces comme celles des genres *Bacteroides*, *Lactobacillus*, *Bifidobacterium*... (tableau 3). Cette voie métabolique, bien que permettant la réoxydation de deux NADH + H^+, ne génère pas d'ATP. L'éthanol ainsi formé est réutilisé par d'autres micro-organismes comme les *Clostridium*.

2.5. Métabolisme du lactate

2.5.1. Bactéries lactiques

Les espèces bactériennes transformant majoritairement les oses en lactate sont communément appelées bactéries lactiques. Dans le côlon humain, les bactéries lactiques appartiennent principalement aux genres *Bifidobacterium* et *Lactobacillus* ainsi que *Streptococcus* et *Enterococcus*. La fermentation des oses en lactate s'effectue selon trois voies (Gottschalk, 1988). La voie homofermentaire, empruntée par la plupart des lactobacilles et streptocoques, conduit à la formation de 2 moles de lactate par mole de glucose fermenté avec génération de 2 ATP. Le pyruvate formé par la voie de la glycolyse est ainsi métabolisé en lactate par la lactate deshydrogénase. La voie hétérofermentaire conduit, en plus du lactate, à la synthèse de CO_2 et d'éthanol, par déviation de la voie des hexose-monophosphates et ne génère qu'un ATP par mole de glucose fermenté. Cette voie est empruntée par certaines espèces de *Lactobacillus*. Enfin, la troisième voie est celle empruntée spécifiquement par les espèces du genre *Bifidobacterium*. Cette voie distincte permet la conversion de 2 moles d'hexoses en 3 moles d'acétate et 2 moles de lactate et génère ainsi 5 moles d'ATP. L'enzyme caractéristique de ce métabolisme est la fructose-6-phosphate phosphokétolase qui clive le fructose-6-phosphate en acétyl-P et érythrose-4-P.

Les bactéries lactiques synthétisent le lactate sous forme D(–) ou L(+), selon la stéréospécificité de la lactate deshydrogénase qu'elles possèdent. Les espèces synthétisant du DL-lactate possèdent en général les deux types de lactate déshydrogénase. Toutefois, certains lactobacilles produisent en premier lieu du L(+)-lactate qui, en s'accumulant, induit une racémase convertissant le L(+)-lactate en D(–)-lactate.

2.5.2. Métabolisme du lactate

Certains glucides non digestibles, comme l'inuline ou les fructo-oligosaccharides (FOS), sont capables de promouvoir sélectivement la croissance de certaines bactéries lactiques dans le côlon, appartenant au genre *Bifidobacterium*. Celles-ci fermentent en effet très rapidement ces substrats alors que les autres espèces ne les utilisent pas ou ont une affinité et une vitesse d'utilisation de ces glucides plus réduites. Le lactate produit lors de la fermentation des FOS par les bifides est vraisemblablement réutilisé, pour une large part, par les espèces utilisatrices de ce métabolite. Parmi les bactéries de la microflore colique, les espèces appartenant aux genres *Veillonella* et *Propionibacterium* ont la capacité, *in vitro*, de métaboliser le lactate en propionate, en empruntant la voie de décarboxylation du succinate. Toutefois certaines espèces de *Clostridium* (*C. propionicum*) ainsi que l'espèce *Megasphaera elsdenii*, présente dans le tractus digestif des animaux herbivores, utilisent la voie de l'acrylate pour métaboliser le lactate en propionate (Counotte *et al.*, 1981). L'existence de cette voie de synthèse du propionate a été démontré dans le caecum de porc par Stévani *et al.* (1991). *M. elsdenii* a, de plus, la particularité de métaboliser le lactate en propionate ou en butyrate selon la valeur du pH du milieu de culture (Counotte *et al.*, 1981). La présence de cette espèce utilisatrice de lactate dans le côlon humain pourrait ainsi expliquer la production importante de butyrate observé lors de la fermentation des FOS. Enfin, les espèces sulfatoréductrices sont également utilisatrices de lactate qu'elles métabolisent essentiellement en acétate.

2.6. Métabolisme de l'hydrogène

Alors que des quantités importantes de H_2 sont produites chaque jour dans le côlon (environ 300 ml/g de substrat fermenté), la microflore impliquée dans la synthèse de ce métabolite reste encore mal connue. Les espèces produisant de l'H_2 *in vitro* lors de la fermentation des oses ou des polyosides, appartiennent principalement aux genres *Clostridium*, *Ruminococcus* et *Eubacterium*, les espèces considérées comme prédominantes dans le côlon ne produisant pas ce gaz. L'H_2 produit est en partie excrété par voie pulmonaire et anale mais la plus grande part est réutilisée *in situ* par les micro-organismes hydrogénotrophes (Christl *et al.*, 1992). Trois mécanismes hydrogénotrophes ont été décrits dans le côlon humain : la méthanogénèse, la sulfatoréduction et l'acétogénèse réductrice (figure 3). La réduction des nitrates est un processus hydrogénotrophe dont la contribution dans la réutilisation de H_2 dans le côlon, reste encore mal définie.

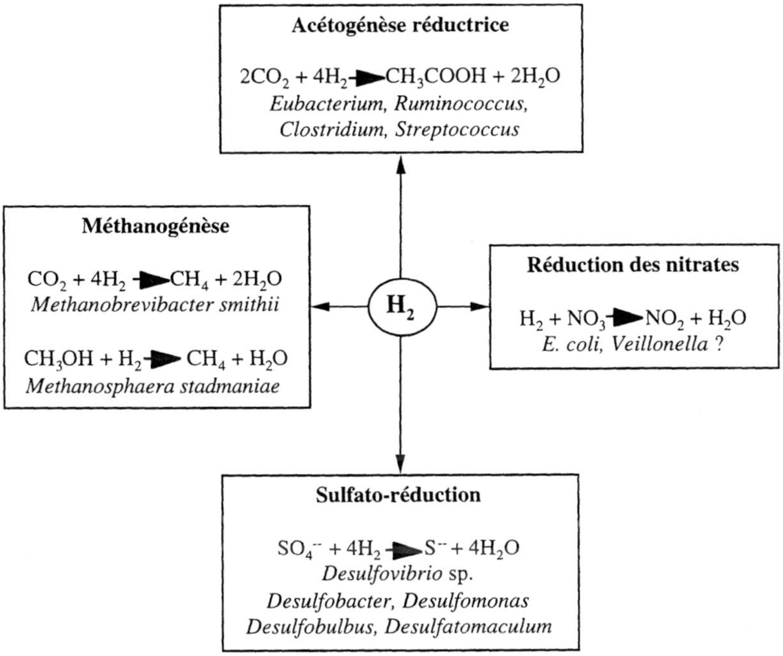

Figure 3 ■ Mécanismes de réutilisation de H_2 dans le côlon humain et principales espèces impliquées.

2.6.1. Méthanogénèse

La méthanogènèse est un mécanisme efficace de réutilisation de H_2, conduisant à la formation d'un autre gaz, le méthane (CH_4). Seules deux espèces d'archaea méthanogènes ont été décrites dans le côlon humain. L'espèce méthanogène prédominante, *Methanobrevibacter smithii*, tire son énergie de la production de CH_4 par réduction du CO_2 par H_2. L'autre espèce, *Methanosphaera stadmaniae*, est observée à des niveaux de population plus faible que *M. smithii*, et produit du CH_4 uniquement par réduction du méthanol par H_2 (figure 3). Cette spécificité métabolique est vraisemblablement associée à l'utilisation du méthanol libéré de l'hydrolyse des pectines par les micro-organismes pectinolytiques (Miller et Wolin, 1985).

Le méthane produit est excrété par voie pulmonaire et dans les flatulences. Miller et Wolin (1986) ont établi qu'une concentration seuil de 10^8 méthanogènes/g de selles était nécessaire afin que la production de méthane soit suffisante pour être détectée dans l'air expiré. Le niveau de la population méthanogène varie ainsi de l'indétectable à 10^7/g de selles chez les sujets non méthano-excréteurs et est supérieure à 10^7/g de selles chez les méthano-excréteurs. La proportion d'individus méthano-excréteurs dans la population occidentale est estimée à 30 %-50 % selon les auteurs (Colombel *et al.*, 1987).

2.6.2. Sulfatoréduction

Les bactéries sulfatoréductrices utilisent le sulfate comme accepteur final d'électrons, la réduction du SO_4^{2-} étant couplé à la génération d'ATP. Outre l'H_2 et le formate, les autres donneurs d'électrons utilisables par ces espèces sont principalement le lactate, le pyruvate et l'éthanol, qu'elles métabolisent en acétate. La réduction du sulfate par H_2 conduit à la formation de sulfures, composés potentiellement toxiques pour les cellules eucaryotes (Roediger *et al.*, 1993).

Les espèces sulfatoréductrices du côlon humain appartiennent à différent genres bactériens présentant des caractéristiques nutritionnelles et physiologiques distinctes (figure 3). Le genre prédominant est *Desulfovibrio* (Macfarlane et Gibson, 1994) qui représenterait environ 70 % de la flore sulfatoréductrice dénombrée. Les genres *Desulfobacter*, *Desulfomonas*, *Desulfobulbus* et *Desulfatomaculum* sont trouvés à des niveaux de population plus faibles. Le genre *Desulfovibrio*, comme *Desulfobulbus*, est capable d'utiliser l'H_2 fermentaire et est donc un des composants important de la flore hydrogénotrophe. L'activité hydrogénotrophe de la flore sulfatoréductrice est dépendante de la quantité de sulfate disponible dans l'écosystème. Celui-ci provient soit de substrats alimentaires sulfatés soit de sécrétions endogènes. La disponibilité en sulfate doit donc varier considérablement en fonction du régime alimentaire et des sécrétions de mucus, la flore sulfatoréductrice devant s'adapter à ces variations de concentration en sulfate dans l'écosystème. Ceci pourrait expliquer les résultats contradictoires concernant le niveau de population de la flore sulfatoréductrice dans le côlon, observés par différentes équipes. Selon Pochart *et al.* (1992) et Strocchi *et al.* (1994), la flore sulfatoréductrice est présente chez tous les individus à des niveaux de population élevés, alors que pour Macfarlane et Gibson (1994), cette microflore n'est dénombrable que chez les sujets non-méthano-excréteurs n'hébergeant pas ou peu d'archaea méthanogènes.

2.6.3. Acétogénèse réductrice

L'acétogénèse réductrice est une voie particulière de biosynthèse d'acétate correspondant à la réduction de 2 moles de CO_2 par 4 moles de H_2 (figure 3) (Wood et Ljungdhal, 1991). L'un des CO_2 subit une série de réductions successives par l'intermédiaire de dérivés tétrahydrofolates et forme le groupement méthyl de l'acétate. Le second CO_2 est réduit en CO par la carbone-monoxyde déshydrogénase et formera le groupement carboxyl de l'acétate. Les deux groupements sont ensuite condensés en acétyl-SCoA et la synthèse finale d'acétate s'effectue avec formation d'un ATP. Les micro-organismes acétogènes hydrogénotrophes sont donc capables de croissance autotrophe à partir de H_2 et CO_2, mais cette voie métabolique est également fonctionnelle lors du métabolisme hétérotrophe chez ces espèces. Dans ce cas, une mole d'hexose est métabolisé en trois moles d'acétate. Deux acétates sont formés par la voie oxydative, correspondant à la décarboxylation du pyruvate, libérant deux moles de CO_2. Les bactéries acétogènes hydrogénotrophes ont la capacité de réutiliser ces 2 CO_2 pour former un troisième acétate par la voie réductrice.

La microflore acétogène réductrice est dénombrée à un niveau significativement plus élevée chez les sujets non méthano-excréteurs (Doré *et al.*, 1995). La contribution de l'acétogène réductrice à l'élimination de H_2 est en effet particulièrement importante chez les individus n'hébergeant pas ou peu d'archaea méthanogènes. Chez ces sujets, 35 % de l'acétate produit dans le côlon serait synthétisé par cette voie hydrogénotrophe. En revanche, la flore acétogène ne semble pas capable d'exprimer son potentiel hydrogénotrophe en présence d'archaea méthanogènes (Bernalier *et al.*, 1996 a). Les espèces acétogènes hydrogénotrophes isolées des selles de sujets non méthano-excréteurs appartiennent à des genres variés comme *Clostridium*, *Ruminococcus* et *Streptococcus* (Bernalier *et al.*, 1996 b et c ; Kamlage *et al.*, 1997). Ces espèces présentent toutes une grande capacité nutritionnelle (Leclerc *et al.*, 1997 a et b) leur permettant de s'adapter rapidement. De plus, l'aptitude de certaines espèces à co-métaboliser un substrat organique et H_2, leur confère aussi un avantage écologique par rapport aux autres micro-organismes hydrogénotrophes, puisqu'elle leur permet d'obtenir une quantité plus importante d'énergie par unité de temps et par mole de H_2 consommé.

3. *Métabolisme des xénobiotiques naturels des plantes comestibles*

3.1. Définitions et intérêt

Les légumes et les fruits sont une source particulièrement riche et diversifiée de xénobiotiques naturels. Leur métabolisme secondaire produit en effet des substances aussi variées que les alcaloïdes, les flavonoïdes, les glucosinolates, les saponines, les terpènes, les coumarines, divers composés soufrés... Selon leur nature chimique et les quantités ingérées, ces microconstituants peuvent avoir chez l'homme des effets biologiques néfastes ou bénéfiques. Certains d'entre eux suscitent actuellement un grand intérêt en nutrition préventive car ils pourraient contribuer à réduire les risques de développement d'une pathologie cancéreuse ou cardiovasculaire, devenant ainsi une nouvelle classe de constituants alimentaires fonctionnels (Johnson *et al.*, 1994 ; Cook et Samman, 1996).

Les xénobiotiques naturels des végétaux agissent sur l'organisme soit à l'état natif, soit après leur métabolisme par des enzymes endogènes ou des enzymes de l'écosystème microbien colique. Dans ce dernier cas, ils entrent en contact avec la flore directement, en parvenant au côlon sous leur forme chimique initiale, ou indirectement après avoir été absorbés dans l'intestin grêle puis excrétés dans la bile sous forme conjuguée.

Le métabolisme bactérien des xénobiotiques naturels végétaux est présenté ici sous l'angle des activités enzymatiques mises en jeu, très variées et originales car elles n'ont bien souvent pas d'équivalent endogène. Les activités β-glycosidases seront principalement illustrées par l'exemple du métabolisme des glucosinolates. Puis, un aperçu de la diversité du métabolisme bactérien des xénobiotiques sera donné en considérant d'autres réactions et en discutant leurs répercussions en termes d'activités biologiques.

3.2. Réactions d'hydrolyse

3.2.1. Exemple du métabolisme des glucosinolates

Les glucosinolates sont des β-thio-D-glucopyranosides anioniques ayant une grande similitude de structure entre eux bien que la partie aglycone de la molécule soit très variable (figure 4). Ils sont présents dans plusieurs plantes d'intérêt alimentaire dont les câpres, la papaye et, surtout, les légumes crucifères (radis, chou, brocoli, cresson...). Leur consommation quotidienne est estimée à quelques dizaines de mg (Nugon-Baudon et Rabot, 1994). Ingérés à cette teneur, ils contribuent à l'effet protecteur des légumes crucifères contre le cancer grâce à leurs dérivés d'hydrolyse, les isothiocyanates, qui agissent en modulant les enzymes endogènes impliquées dans la détoxication des cancérogènes chimiques et en exerçant une action cytotoxique sélective sur les cellules cancéreuses (Johnson *et al.*, 1994).

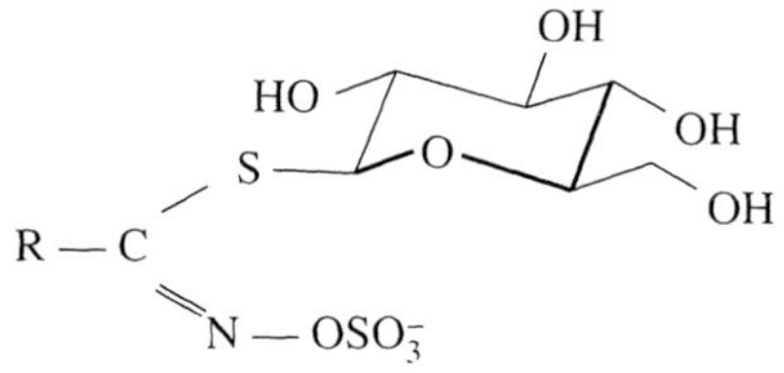

Figure 4 ■ Structure des glucosinolates.

La conversion des glucosinolates en isothiocyanates se produit lors du découpage ou de la mastication des légumes crus, qui libère l'enzyme responsable, la thioglucoside glucohydrolase *EC* 3.2.3.1., plus communément appelée myrosinase. Cependant la cuisson des légumes, qui inactive la myrosinase, n'empêche pas l'apparition des effets biologiques à condition que la microflore intestinale soit présente (Rabot *et al.*, 1993 ; Roland *et al.*, 1996). La capacité à dégrader les glucosinolates est largement distribuée chez les bactéries de la microflore colique humaine ; Oginsky *et al.* (1965) et Rabot *et al.* (1995) ont isolé de fèces humaines des souches appartenant à différents genres tels que *Bacteroides*, *Peptostreptococcus*, *Enterococcus*, *Escherichia*, *Proteus*, capables de dégrader la sinigrine (prop-2-ényl-glucosinolate) ou la progoitrine ((R)2-hydroxybut-3-ényl-glucosinolate) *in vitro*.

Les connaissances sur les mécanismes et les produits du métabolisme bactérien des glucosinolates sont toutefois encore très incomplètes. L'incubation de gluconasturtiine (2-phényléthyl-glucosinolate) avec des fèces humaines aboutit à la production de phényléthyl isothiocyanate (Getahun et Chung, 1999). La contribution de la microflore intestinale à une telle conversion *in vivo* a été récemment démontrée (Elfoul, 1999). Après administration orale de 50 µmol de sinigrine, des quantités substantielles d'allyl isothiocyanate (jusqu'à 60 nmol/g de matière sèche 12 h après le gavage) sont retrouvées dans le cæcum et le côlon de rats initialement sans germe inoculés avec une souche de *Bacteroides thetaiotaomicron* d'origine humaine. Chez l'homme et le rat, les isothiocyanates présents dans le tube digestif sont absorbés puis convertis majoritairement en acides mercapturiques stables, excrétés dans l'urine (Duncan *et al.*, 1997). L'analyse de ces biomarqueurs permet de quantifier la conversion bactérienne des glucosinolates ingérés en isothiocyanates. Chez le rat hébergeant la souche de *B. thetaiotaomicron* ou une flore fécale humaine totale, 9 à 15 % de la sinigrine ingérée sont ainsi convertis en allyl isothiocyanate (tableau 4). Chez l'homme, un taux de conversion similaire est observé après ingestion de brocoli cuits ; une réduction de la population bactérienne, opérée par un lavement et un traitement antibiotique, divise ce taux par huit (Shapiro *et al.*, 1998).

Tableau 4 ■ Devenir digestif d'une dose de sinigrine administrée par voie orale chez des rats sans germes et à flore contrôlée (Elfoul, 1999).

Statut bactérien des rats	**Sans germe**	***Bacteroides thetaiotaomicron***		**Flore fécale humaine totale**	
		Exp. 1	**Exp. 2**	**Exp. 1**	**Exp. 2**
SIN ingérée (µmol)	50	50	50	50	50
SIN excrétée dans les fèces (% ingéré)	28	8	6	< 1	< 1
Métabolites détectés dans les fèces					
AITC	–	+	+	+	+
DésulfoSIN	–	–	–	–	–
3-BN	–	–	–	–	–
SIN convertie en AITC (% ingéré)	0	9	15	11	9

SIN : sinigrine ; AITC : allyl isothiocyanate ; désulfoSIN : désulfosinigrine ; 3-BN : 3-butène-nitrile.

Dans ces expériences, la conversion bactérienne des glucosinolates en isothiocyanates est partielle, inférieure à celle réalisée par l'enzyme végétale (Duncan *et al.*, 1997). D'autres dérivés potentiels tels que les nitriles ou les désulfoglucosinolates ont été recherchés sans succès (tableau 4) (Elfoul, 1999), amenant à penser que la microflore intestinale convertit les glucosinolates en d'autres métabolites primaires, inconnus, ou transforme une partie des isothiocyanates produits en métabolites secondaires (Tang *et al.*, 1972). De multiples facettes du métabolisme bactérien des glucosinolates restent donc à découvrir.

3.2.2. *Hydrolyse d'autres β-glycosides*

Un grand nombre d'autres xénobiotiques naturels des plantes se présente sous forme glycosylée. C'est notamment le cas des flavonoïdes, pigments polyphénoliques responsables de la coloration de nombreux fruits et légumes. Leur consommation est estimée à plusieurs centaines de mg par jour et les propriétés biologiques de leurs fractions aglycones joueraient un rôle majeur dans l'effet préventif des plantes à l'égard du cancer et des maladies cardiovasculaires (Johnson *et al.*, 1994 ; Cook et Samman, 1996).

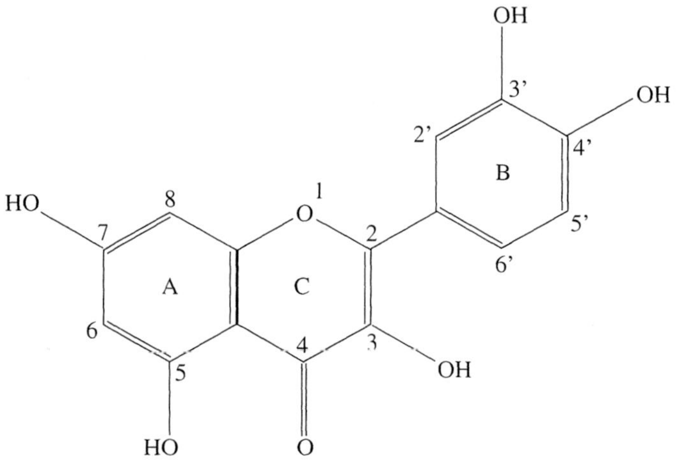

Quercétine

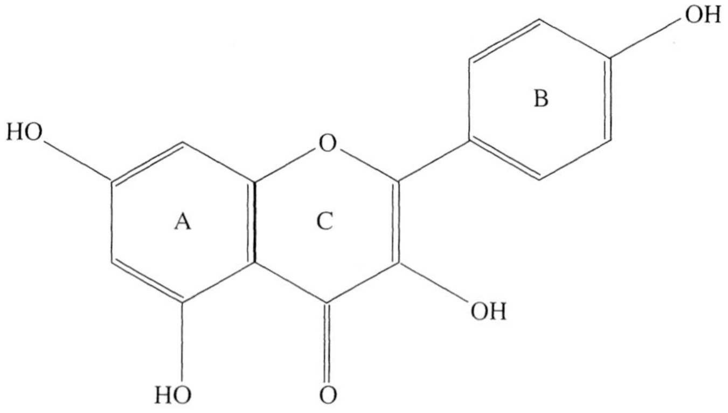

Kæmpférol

Figure 5 ■ Structure de deux flavonols, la quercétine et le kaempférol.

L'incubation de fèces humaines avec des flavonols glycosylés comme la rutine, la quercitrine ou la robinine libère les aglycones correspondantes, la quercétine et le kæmpférol (figure 5) (Bokkenheuser *et al.*, 1987). Ces réactions se produisent *in vivo*

(Baba *et al.*, 1983) et sont le fait de nombreuses espèces bactériennes, telles que *Bacteroides distasonis*, qui hydrolyse la robinine en kæmpférol, *Bacteroides uniformis*, *Bacteroides ovatus* et *Enterococcus faecalis*, qui hydrolysent la rutine en quercétine, *Enterococcus casseliflavus* et *Eubacterium ramulus*, qui hydrolysent l'isoquercitrine en quercétine (MacDonald *et al.*, 1983 ; Bokkenheuser *et al.*, 1987 ; Schneider *et al.*, 1999). Selon le cas, les enzymes impliquées sont constitutives ou inductibles.

3.3. Autres réactions métaboliques

La microflore colique humaine possède un répertoire enzymatique étendu lui permettant de métaboliser les xénobiotiques naturels des végétaux selon des voies métaboliques variées. Pour l'illustrer, nous puiserons la majeure partie de nos exemples dans la famille des flavonoïdes.

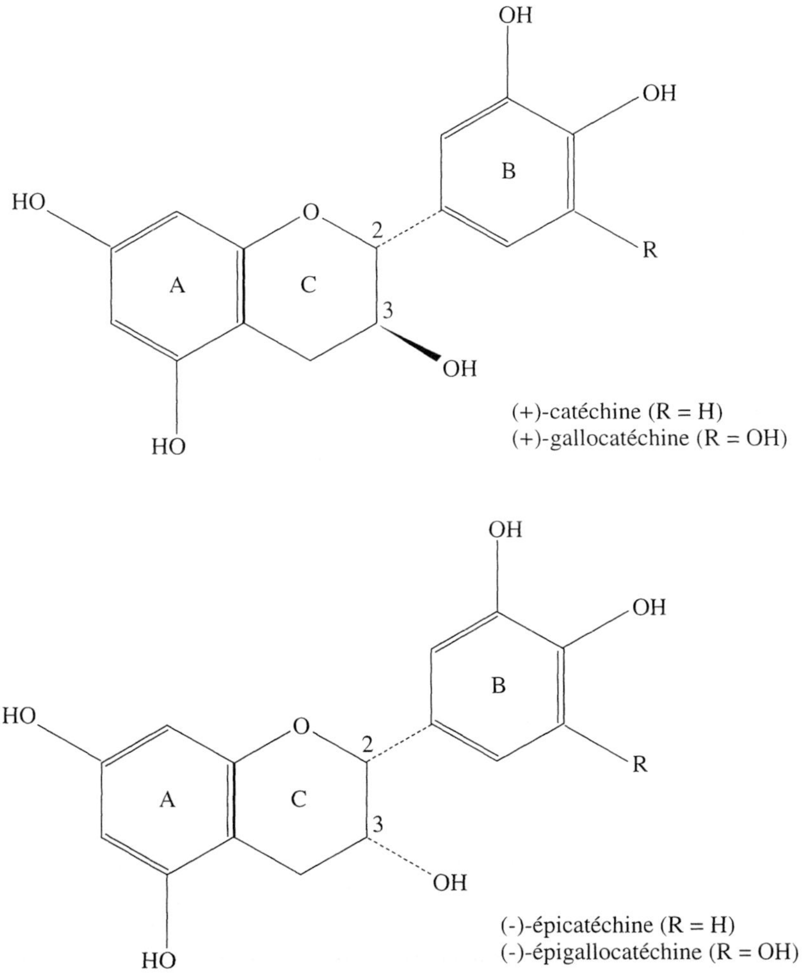

Figure 6 ■ Structure de quelques flavan-3-ols.

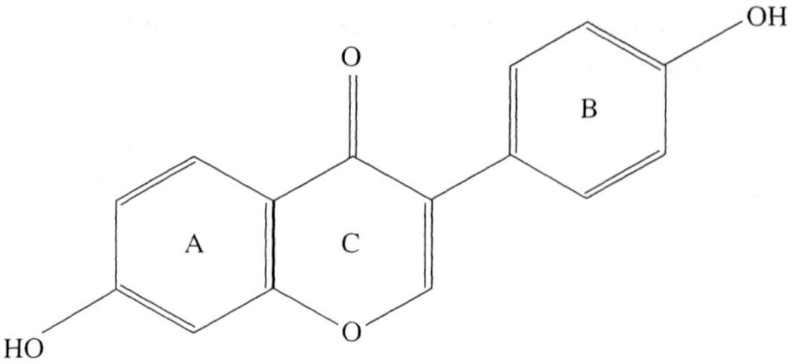

Daidzéine

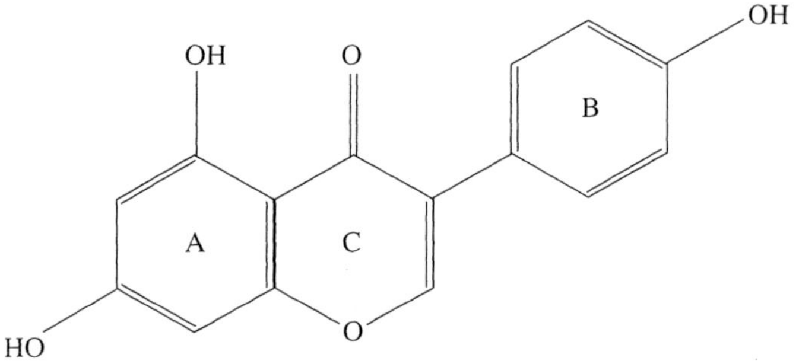

Génistéine

Figure 7 ■ Structure de deux isoflavones, la daidzéine et la génistéine.

Koizumi *et al.* (1990) ont purifié chez une souche d'*Eubacterium* isolée de fèces humaines une arylsulfotranférase capable de sulfater la quercétine spécifiquement en quercétine-3,3'-disulfate et quercétine-3,3',7-trisulfate à partir de *p*-nitrophénylsulfate. Si elle se produit *in vivo*, cette réaction peut avoir des conséquences sur la biodisponibilité de la quercétine puisque le produit conjugué, plus hydrophile, sera moins absorbé.

Cependant, en général, les flavonoïdes, une fois déglycosylés, subissent sous l'action de la microflore intestinale une fragmentation qui débute par le clivage de l'hétérocycle C (figure 5) et aboutit à la formation de divers acides phénoliques, absorbés par la muqueuse intestinale et excrétés dans l'urine (Baba *et al.*, 1983). Plusieurs espèces bactériennes aptes à réaliser des réactions de clivage ont été isolées de fèces humaines : *in vitro*, *Clostridium orbiscindens* clive le cycle C de la quercétine et du kæmpférol entre les carbones 3 et 4, formant respectivement de l'acide 3,4-dihydroxyphénylacétique et de l'acide 4-hydroxyphénylacétique (Winter *et al.*, 1991) ; *Eubacterium ramulus* dégrade la quercétine selon le même schéma réactionnel (Schneider *et al.*, 1999). Les propriétés biologiques des acides phénoliques ne sont pas encore complètement élucidées ; en revanche, le phloroglucinol, métabolite intermédiaire de la réaction de clivage, ultérieurement dégradé en acides gras à chaîne courte, a une action antispasmodique bien établie sur les fibres musculaires lisses. Les bactéries actives sur les xénobiotiques sont souvent spécifiques d'un groupe de composés. Si *Clostridium orbiscindens* dégrade les flavonols tels que la quercétine et le kæmpférol, il est incapable de cliver l'hétérocycle des flavan-3-ols (figure 6)

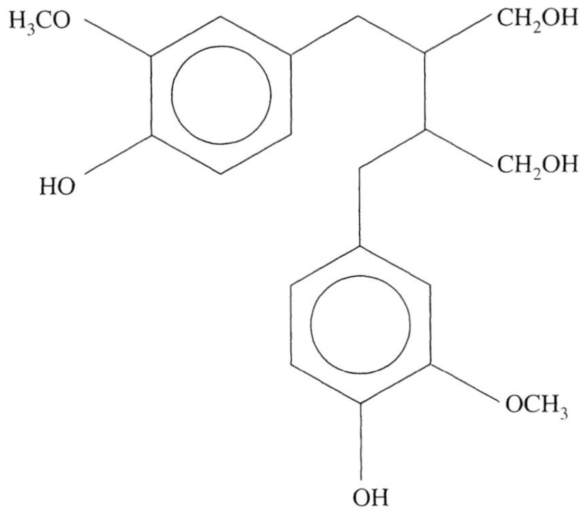

Sécoisolaricirésinol

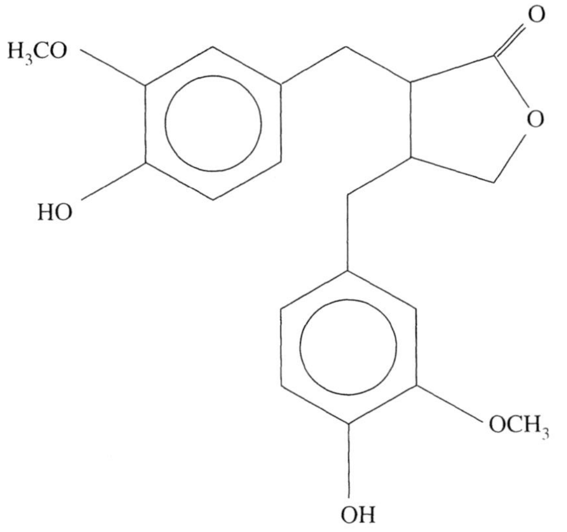

Matairésinol

Figure 8 ■ Structure de deux lignanes végétales, le sécoisolaricirésinol et le matairésinol.

(Winter *et al.*, 1989) qui sont fragmentés par d'autres genres bactériens tels que *Bacteroides*, *Bifidobacterium* et *Lactobacillus* (Meselhy *et al.*, 1997 ; Kim *et al.*, 1998). Le mécanisme de la réaction de clivage est différent puisqu'il aboutit à la formation de diarylpropan-2-ols et de phényl-γ-valérolactones, qui peuvent être ultérieurement dégradées en acides phénoliques (Meselhy *et al.*, 1997). Très récemment, Deprez (1999) a montré que les proanthocyanidines, polymères constitués de 3 à 17 unités flavan-3-ol, sont partiellement dégradées en acides phénoliques lorsqu'elles sont incubées avec des fèces humaines en conditions anaérobies.

La microflore colique humaine influence aussi considérablement la biodisponibilité des phyto-œstrogènes. Elle est active sur la daidzéine et la génistéine (figure 7), isoflavones abondantes dans le soja et d'autres légumineuses, qu'elle convertit, l'une en équol ou en *O*-desméthylangolensine, l'autre en *p*-éthylphénol.

Parmi ces composés, seul l'équol conserve les propriétés œstrogéno-mimétiques de son précurseur. Or, si les espèces bactériennes et les mécanismes réactionnels mis en jeu sont encore mal connus, on sait en revanche que les productions relatives d'équol et de *O*-desméthylangolensine varient considérablement d'un sujet à l'autre (Wiseman, 1999). Par des réactions de déshydroxylation et de déméthylation, les populations anaérobies facultatives de la microflore colique humaine transforment les lignanes végétales (sécoisolaricirésinol, matairésinol) (figure 8), particulièrement abondantes dans les graines de lin, de citrouille ou de sésame, en entérodiol et entérolactone (Borriello *et al.*, 1985). Ces composés, excrétés dans l'urine, sont considérés comme des protecteurs potentiels contre les cancers hormono-dépendants (Wiseman, 1999).

Les réactions métaboliques de la microflore colique humaine à l'égard des xénobiotiques naturels des végétaux, présentées dans ce paragraphe, peuvent être donc classées en trois catégories : par des réactions d'hydrolyse, la flore détache de précurseurs glycosylés les fractions aglycones porteuses des activités biologiques ; par des réactions de clivage de cycles, de réduction, de déshydroxylation, de désalkylation... elle convertit les xénobiotiques en métabolites qui, selon les cas, perdent ou acquièrent une activité biologique ; enfin, par des réactions de conjugaison, elle favorise l'élimination de xénobiotiques biologiquement actifs.

Conclusion

La composition et la diversité d'espèces de la microflore colique de l'homme devraient être considérablement réévaluées par les techniques moléculaires nouvelles, indépendantes de la culture des micro-organismes. Les attentes de ces méthodes novatrices en écologie microbienne du tube digestif sont : le contournement des limites de la culture anaérobie, la détermination quantitative de la structure en sous-populations définies de l'écosystème naturel, la localisation des niches écologiques de sous-populations et la détermination de l'activité métabolique globale par le biais du contenu en ARNr. Les limites principales actuelles en sont le champ d'investigation purement phylogénétique, peu satisfaisant pour des groupes hétérogènes tels que les gram positifs à faible pourcentage en G et C, et le seuil de détection élevé, de l'ordre de 0,1 % des bactéries totales (les techniques de culture sont plus performantes dans certains cas tel que pour les anaérobies facultatifs). Des marqueurs d'activités seront développés dans l'avenir, rapprochant toujours plus l'écologiste microbien de la compréhension du rôle des micro-organismes *in situ*. Il sera enfin essentiel d'isoler les nombreuses espèces dont l'importance quantitative suggère une contribution significative au fonctionnement de l'écosystème.

L'isolement sélectif d'espèces, basé sur leur activité fonctionnelle, s'avère une approche prometteuse. Celle-ci a déjà permis l'identification de micro-organismes présentant les mêmes caractéristiques fonctionnelles et appartenant à des genres bactériens définis comme prédominant par les techniques moléculaires (*Clostridium*, *Ruminococcus*...). L'étude de la microflore par ces fonctions métaboliques a notamment permis de mettre en évidence des différences dans les populations cellulolytiques entre individus méthano- et non méthano-excréteurs. Ces travaux devraient, à terme, accroître nos connaissances sur le déterminisme de ce statut de méthano-excrétion, encore non défini chez l'homme. Ces approches, déjà utilisées pour étudier d'autres écosystèmes digestifs comme le rumen, devraient, de plus, permettre de répondre aux problèmes fondamentaux concernant la microflore colique de l'homme comme l'identification de la flore responsable de la production de butyrate, ainsi que celle des espèces impliquées dans la production de H_2 et dans le métabolisme du lactate. Les études de la microflore par ces fonctions métaboliques pourraient également permettre de mettre en évidence des dysfonctionnements ou déséquilibres à l'origine de certains troubles digestifs fonctionnels.

Enfin, la démonstration d'une grande spécificité des différentes espèces pour un nombre restreint de réactions et de micro-constituants suggère l'existence d'interactions pour mener à bien la dégradation de xénobiotiques chimiquement variés et complexes. Si l'impact de telles chaînes trophiques sur les effets potentiellement protecteurs de ces molécules suscite un nombre croissant de travaux, leur signification pour l'équilibre de l'écosystème microbien colique demeure peu explorée. À moyen terme, le développement d'outils moléculaires ciblant les activités enzymatiques des bactéries coliques devrait permettre d'établir une « carte d'identité fonctionnelle » de la flore et de mieux caractériser les variations individuelles face au métabolisme des xénobiotiques naturels présents dans la composante végétale de notre alimentation.

Références bibliographiques

Amann RI, Binder BJ, Olsen RJ, Chisholm SW, Devereux R, Stahl DA (1990). Combination of 16S rRNA-targeted oligonucleotide probes with flow cytometry for analyzing mixed microbial populations. *Appl Environ Microbiol*, **56** : 1919-1925.

Amann RI, Ludwig W, Schleifer KH (1995). Phylogenetic identification and *in situ* detection of individual microbial cells without cultivation. *Microbiol Rev*, **59** : 143-169.

Anderson KL, Salyers AA (1989 a). Biochemical evidence of starch breakdown by *Bacteroides thetaiotaomicron* involves outer membrane starch-binding sites and periplasmic starch-degrading enzymes. *J Bacteriol*, **171** : 3192-3198.

Anderson KL, Salyers AA (1989 b). Genetic evidence that outer membrane binding of starch is required for starch utilization by *Bacteroides thetaiotaomicron*. *J Bacteriol*, **171** : 3199-3204.

Baba S, Furuta T, Fujioka M, Goromaru T (1983). Studies on drug metabolism by use of isotopes XXVII: urinary metabolites of rutin in rats and the role of intestinal microflora in the metabolism of rutin. *J Pharm Sci*, **72** : 1155-1158.

Benno Y, Endo K, Mizutani T, Namba Y, Komori T, Mitsuoka T (1989). Comparison of faecal microflora of elderly persons in rural and urban areas of Japan. *Appl Environ Microbiol*, **55** : 1100-1105.

Bernalier A, Lelait M, Rochet V, Grivet JP, Gibson GR, Durand M (1996 a). Acetogenesis from H_2 and CO_2 by methane- and non-methane-producing human colonic bacterial communities. *FEMS Microbiol Ecol*, **19** : 193-202.

Bernalier A, Rochet V, Leclerc M, Doré J, Pochart P (1996 b). Diversity of H_2/CO_2-utilizing acetogenic bacteria from feces of non-methane-producing humans. *Curr Microbiol*, **33** : 94-99.

Bernalier A, Willems A, Leclerc M, Rochet V, Collins MD (1996 c). *Ruminococcus hydrogenotrophicus*. sp nov, a new H_2/CO_2-utilizing acetogenic bacterium isolated from human feces. *Arch Microbiol*, **166** : 176-183.

Bernalier A, Robert C, Fonty G (1998). The cellulolytic microflora of methane- and non-methane excreting subjects. *In*: *Eighth International Symposium on Microbial Ecology*, Halifax, Canada, 9-14 August, 104.

Bernalier A, Doré J, Durand M (1999). Biochemistry of fermentation. *In*: Gibson GR and Roberfroid MB. *Colonic microbiota, nutrition and Health*. Kluwer Academic Publishers, Dordrecht, Boston, London, 37-53.

Betian HG, Linehan BA, Bryant MP, Holdeman LV (1977). Isolation of a cellulolytic *Bacteroides* sp. from human feces. *Appl Environ Microbiol*, **33** : 1009-1010.

Bokkenheuser VD, Shackleton CH, Winter J (1987). Hydrolysis of dietary flavonoid glycosides by strains of intestinal *Bacteroides* from humans. *Biochem J*, **248** : 953-956.

Borriello SP, Setchell KDR, Axelson M, Lawson AM (1985). Production and metabolism of lignans by the human faecal flora. *J Appl Bacteriol*, **58** : 37-43.

Christl SU, Murgatroyd PR, Gibson GR, Cummings JH (1992). Production, metabolism and excretion of H_2 in the large intastine. *Gastroenterology*, **102** : 1269-1277.

Colombel JF, Flourié B, Neut C, Florent CH, Leblond A, Rambaud JC (1987). La méthanogénèse chez l'homme. *Gastroenterol Clin Biol*, **11** : 694-700.

Conway PL (1995). Microbial ecology of the human large intestine. *In*: Gibson GR and Macfarlane GT. *Human Colonic Bacteria: Role in Nutrition, Physiology, and Pathology*. CRC Press Inc, Boca Raton, 1-24.

Cook NC, Samman S (1996). Flavonoids – chemistry, metabolism, cardioprotective effects, and dietary sources. *J Nutr Biochem*, **7** : 66-76.

Counotte GH, Prins RA, Janssen RHA, DeBie MJA (1981). Role of *Megasphaera elsdenii* in the fermentation of DL- [2–^{13}C] lactate in the rumen of dairy cattle. *Appl Environ Microbiol*, **42** : 649-655.

Cummings JH, Macfarlane GT (1991). The control and consequence of bacterial fermentation in the human colon. *J Appl Bacteriol*, **70** : 443-459.

Deprez S (1999). *Biomarquage de tanins condensés et étude de leur biodisponibilité dans l'organisme humain*. Thèse de doctorat ès sciences, Institut national agronomique de Paris-Grignon.

Doré J, Pochart P, Bernalier A, Goderel I, Morvan B, Rambaud JC (1995). Enumeration of H_2-utilizing methanogenic archaea, acetogenic and sulphate-reducing bacteria fom human feces. *FEMS Microbiol Ecol*, **17** : 279-284.

Doré J, Gramet G, Sghir A, Muller MC, Corthier G, Pochart P (1998 a). Design and evaluation of a 16S rRNA-targeted oligonucleotide probe for specific detection and quantitation of human faecal *Bacteroides* populations. *Syst Appl Microbiol*, **21** : 65-71.

Doré J, Gramet G, Goderel I and Pochart P (1998 b). Culture independent characterization of the human fecal flora using rRNA-targeted hybridization probes. *Genet Select Evol*, **30** (Suppl.1) : 287-296.

Drasar BS, Hill MJ (1974). *Human Intestinal Flora*. Academic Press, London.

Ducluzeau R, Raibaud P, Ladire M, Riottot M, Chopin A (1973). The colonization of the gut of gnotoxenic rats and mice with 10 strains of strictly anaerobic bacteria. The influence of the host and of its diet. *Ann Microbiol Paris*, **124** : 517-532.

Duncan AJ, Rabot S, Nugon-Baudon L (1997). Urinary mercapturic acids as markers for the determination of isothiocyanate release from glucosinolates in rats fed a cauliflower diet. *J Sci Food Agric*, **73** : 214-220.

Durand M, Bernalier A, Doré J (1996). Hydrogen metabolism in the colon. *In*: Mälkki Y, Cummings JH. *COST Action 92, Dietary fibre and fermentation in the colon*. European Commission, Bruxelles, 58-70.

Elfoul L (1999). *Bioconversion de la sinigrine, un microconstituant des légumes crucifères, par une souche colique humaine de Bacteroides thetaiotaomicron. Étude chez le rat à flore contrôlée*. Thèse de doctorat ès sciences, Université de Paris XI-Orsay.

Englyst HN, Hay S, Macfarlane GT (1987). Polysaccharides breakdown by mixed populations of human faecal bacteria. *FEMS Microbiol Ecol*, **95** : 163-171.

Finegold SM, Sutter VL (1978). Fecal flora in different populations, with special reference to diet. *Am J Clin Nutr*, **31** : S116-S122.

Finegold SM, Sutter VL, Mathisen G (1983). Normal indigenous intestinal flora. *In*: Hentges DJ. *Human Intestinal Microflora in Health and Disease*. Academic Press, London, 3-31.

Flourié B, Florent C, Etanchaud F (1988). Fonction digestive du caecum chez l'homme normal. *Cah Nutr Diet*, **23** : 111-115.

Forsberg CW, Cheng K-J, White BA (1997). Polysaccharide degradation in the rumen and large intestine. *In*: Mackie RI, White BA. *Gastrointestinal Microbiology, Volume 1: Gastrointestinal ecosystems and fermentations*. Chapman & Hall, New York, 319-379.

Franks AH, Harmsen HJM, Raangs GC, Jansen GJ, Schut F, Welling GW (1998). Variation of bacterial populations in human feces measured by fluorescent in situ hybridization with group-specific 16S rRNA targeted oligonucleotide probes. *Appl Environ Microbiol*, **64** : 3336-3345.

Fuchs BM, Wallner G, Beisker W, Schwippl I, Ludwig W, Amann R (1998). Flow cytometric analysis of the *in situ* accessibility of *Escherichia coli* 16S rRNA for fluorescently labeled oligonucleotide probes. *Appl Environ Microbiol*, **64** : 4973-4982.

Getahun SM, Chung F-L (1999). Conversion of glucosinolates to isothiocyantes in humans after ingestion of cooked watercress. *Cancer Epidemiol Biomark Prev*, **8** : 447-451.

Good IJ (1953). The population frequencies of species and the estimation of population parameters. *Biometrica*, **40** : 237-264.

Gorbach SL, Plaut AG, Nahas L, Weinstein L, Splanknebel G, Levitan R (1967). Studies of intestinal microflora. II. micro-organisms of the small intestine and their relations to oral and fecal flora. *Gastroenterology*, **53** : 856-867.

Gottschalk G (1988). *Bacterial metabolism*. Springer-Verlag, New York, Berlin, Heidelberg, Tokyo.

Harmsen HJM, Elfferich P, Schut F, Welling GW (1999). A 16S rRNA-targeted probe for the detection of lactobacilli and enterococci in faecal samples by fluorescent *in situ* hybridization. *Microbiol Ecol Health Dis*, **11** : 3-12.

Holdeman LV, Good IJ, Moore WEC (1976). Human fecal flora: variation in bacterial composition within individuals and possible effect of emotional stress. *Appl Environ Microbiol*, **31** : 359-375.

Hoskins LC, Agustines M, McKee WB, Boulding ET, Kriaris M, Niedermeyer G (1985). Mucin degradation in human colon ecosystems. Isolation and properties of fecal strains that degrade ABH blood group antigens and oligosaccharides from mucin glycoproteins. *J Clin Invest*, **75** : 944-953.

Jansen GJ, Wildeboer-Veloo AC, Tonk RH, Franks AH, Welling GW (1999). Development and validation of an automated, microscopy-based method for enumeration of groups of intestinal bacteria. *J Microbiol Meth*, **37** : 215-221.

Johnson IT, Williamson G, Musk SRR (1994). Anticarcinogenic factors in plant foods: a new class of nutrients? *Nutr Res Rev*, **7** : 175-204.

Kamlage B, Gruhl B, Blaut M (1997). Isolation and characterization of two new homoacetogenic hydrogen-utilizing bacteria from the human intestinal tract that are closely related to *Clostridium coccoides*. *Appl Environ Microbiol*, **63** : 1732-1738.

Kim DH, Jung EA, Sohng IS, Han JA, Kim TH, Han MJ (1998). Intestinal bacterial metabolism of flavonoids and its relation to some biological activities. *Arch Pharm Res*, **21** : 17-23.

Koizumi M, Shimizu M, Kobashi K (1990). Enzymatic sulfation of quercetin by arylsulfotransferase from a human intestinal bacterium. *Chem Pharm Bull*, **38** : 794-796.

Langendijk PS, Schut F, Jansen GJ, Raags GC, Kamphuis G, Wilkinson MHF, Welling GW (1995). Quantitative fluorescence *in situ* hybridization of *Bifidobacterium spp.* with genus-specific 16S rRNA-targeted probe and its application in fecal samples. *Appl Environ Microbiol*, **61** : 3069-3075.

Leclerc M, Bernalier A, Donadille G, Lelait M (1997 a). H_2/CO_2 metabolism in acetogenic bacteria isolated from the human colon. *Anaerobe*, **3** : 307-315.

Leclerc M, Bernalier A, Lelait M, Grivet JP (1997 b). ^{13}C-NMR study of glucose and pyruvate catabolism in four acetogenic species isolated from the human colon. *FEMS Microbiol Lett*, **146** : 199-204.

Licht TR, Krogfelt KA, Cohen PS, Poulsen LK, Urbance J, Molin S (1996). Role of lipopolysaccharide in colonization of the mouse intestine by *Salmonella typhimurium* studied by *in situ* hybridization. *Infect Immun*, **64** : 3811-3817.

MacDonald IA, Bussard RG, Hutchison DM, Holdeman LV (1983). Rutin-induced β-glucosidase activity in *Streptococcus faecium* VGH-1 and *Streptococcus sp.* strain FRP-17 isolated from human feces: formation of the mutagen, quercetin, from rutin. *Appl Environ Microbiol*, **47** : 350-355.

Macfarlane GT, Gibson GR (1994). Metabolic activities of the normal colonic flora. *In*: Gibson SAW. *Human Health. The contribution of microorganisms*. Springer-Verlag, Londres, 17-52.

Macfarlane GT, Gibson GR (1997). Carbohydrate fermentation, energy transduction and gas metabolism in the human large intestine. *In*: Mackie RI, White BA. *Gastrointestinal Microbiology, Volume 1: Gastrointestinal ecosystems and fermentations*. Chapman & Hall, New York, 269-318.

McCarthy RE, Kotarski SF, Salyers AA (1985). Location and characteristics of enzymes involved in the breakdown of polygalacturonic acid by *Bacteroides thetaiotaomicron*. *J Bacteriol*, **161** : 493-499.

McCarthy RE, Salyers AA (1986). Evidence that polygalacturonic acid is not an important substrate for *Bacteroides* species in the colon. *Appl Environ Microbiol*, **52** : 9-16.

McCarthy RE, Salyers AA (1988). Assessing the possible role of starch as a carbohydrate source for *Bacteroides vulgatus* growing in the human colon. *Appl Environ Microbiol*, **54** : 1911-1916.

Meselhy MR, Nakamura N, Hattori M (1997). Biotransformation of (–)-epicatechin 3-O-gallate by human intestinal bacteria. *Chem Pharm Bull*, **45** : 888-893.

Miller TL, Wolin MJ (1979). Fermentation by saccharolytic intestinal bacteria. *Am J Clin Nutr*, **32** : 164-172.

Miller TL, Wolin MJ (1985). *Methanosphaera stadmaniae* gen nov sp nov: a species that forms methane by reducing methanol with hydrogen. *Arch Microbiol*, **141** : 116-122.

Miller TL, Wolin MJ (1986). Methanogens in human and animal intestinal tracts. *System Appl Microbiol*, **7** : 223-229.

Mitsuoka T and Ono K (1977). Fecal flora of man. V. Communication: the fluctuation of the fecal flora of the healthy adult. *Zentralbl Bakteriol Orig Abt*, **238** : 228-236.

Mitsuoka T (1992). Intestinal flora and aging. *Nutr Rev*, **50** : 438-446.

Moore WEC, Holdeman LV (1974). Human fecal flora: The normal flora of 20 Japanese-Hawaiians. *Appl Microbiol*, **27** : 961-979.

Moore WEC, Holdeman LV (1975). Discussion of current bacteriological investigations of the relationships between intestinal flora, diet and colon cancer. *Cancer Res*, **35** : 3418-3420.

Moreau MC, Thomasson M, Ducluzeau R, Raibaud P (1986). Cinétique d'établissement de la microflore chez le nouveau-né humain en fonction de la nature du lait. *Reprod Nutr Dev*, **26** : 745-753.

Muyzer G, Smalla K (1998). Application of denaturing gradient gel electrophoresis (DGGE) and temperature gradient gel electrophoresis (TGGE) in microbial ecology. *Antonie Van Leeuwenhoek*, **73** : 127-141.

Nugon-Baudon L, Rabot S (1994). Glucosinolates and glucosinolate derivatives: implications for protection against chemical carcinogenesis. *Nutr Res Rev*, **7** : 205-231.

Oginsky EL, Stein AE, Greer MA (1965). Myrosinase activity in bacteria as demonstrated by the conversion of progoitrin to goitrin. *Proc Soc Exp Biol Med*, **119** : 360-364.

Olsen GJ, Lane DJ, Giovannoni SJ, Pace NR (1986). Microbial ecology and evolution: a ribosomal RNA approach. *Ann Rev Microbiol*, **40** : 337-365.

Pace NR (1996). New perspective on the natural microbial world: molecular microbial ecology. *ASM News*, **62** : 463-470.

Peach SL, Tabaqchali S (1982). Mucosa-associated flora of the human gastrointestinal tract in health and disease. *Eur J Chemother Antibiot*, **2** : 41-50.

Pochart P, Doré J, Goderel I, Rambaud JC (1992). Interrelations between populations of methanogenic archaea and sulfate-reducing bacteria in the human colon. *FEMS Microbiol Lett*, **98** : 225-228.

Pochart P, Lémann F, Flourié B, Pellier P, Goderel I, Rambaud JC (1993). Pyxigraphic sampling to enumerate methanogens and anaerobes in the right colon of healthy humans. *Gastroenterology*, **108** : 1281-1285.

Poulsen LK, Ballard G, Stahl DA (1993). Use of rRNA fluorescence *in situ* hybridization for measuring the activity of single cells in young and established biofilms. *Appl Environ Microbiol*, **59** : 1354-1360.

Poulsen LK, Lan F, Kristensen CS, Hoboth P, Molin S, Krogfelt KA(1994). Spatial distribution of *Escherichia coli* in the mouse large intestine inferred from rRNA *in situ* hybridization. *Infect Immun*, **62** : 5191-5194.

Poxton IR, Brown R, Sawyerr A, Ferguson A (1997). Mucosa-associated bacterial flora of the human colon. *J Med Microbiol*, **46** : 85-91.

Rabot S, Nugon-Baudon L, Raibaud P, Szylit O (1993). Rapeseed meal toxicity in gnotobiotic rats; influence of a whole human faecal flora or single human strains of *Escherichia coli* and *Bacteroides vulgatus*. *Br J Nutr*, **70** : 323-331.

Rabot S, Guérin C, Nugon-Baudon L, Szylit O (1995). Glucosinolate degradation by bacterial strains isolated from a human intestinal microflora. *In*: Groupe consultatif international de recherches sur le colza, *Proceedings of the 9th International Rapeseed Congress*. Dorset Press, Dorchester, 212-214.

Roediger WEW, Duncan A, Kapaniris O, Milard S (1993). Reducing sulfur compounds of the colon impair colonocyte nutrition: implication for ulcerative colitis. *Gastroenterology*, **104** : 802-809.

Roland N, Rabot S, Nugon-Baudon L (1996). Modulation of the biological effects of glucosinolates by inulin and oat fibre in gnotobiotic rats inoculated with a human whole faecal flora. *Food Chem Toxicol*, **34** : 671-677.

Ruimy R, Breittmayer V, Boivin V, Christen R (1994). Assessment of the state of activity of individual bacterial cells by hybridization with a ribosomal RNA targeted fluorescently labeled oligonucleotidic probe. *FEMS Microbiol Ecol*, **15** : 207-213.

Rumney CJ, Duncan SH, Henderson C, Stewart CS (1995). Isolation and characteristics of a wheatbran-degrading *Butyrivibrio* from human feces. *Lett Appl Microbiol*, **20** : 232-236.

Salyers AA, Vercellotti JR, West Seh, Wilkins TD (1977). Fermentation of mucines and plant polysaccharides by strains of *Bacteroides* from the human colon. *Appl Environ Microbiol*, **33** : 319-322.

Salyers AA, Gherardini F, O'Brien M (1981). Utilization of xylan by two species of human colonic *Bacteroides*. *Appl Environ Microbiol*, **41** : 1065-1068.

Salyers AA, O'Brien M, Kotarski SF (1982) Utilization of chondroitin sulfate by *Bacteroides thetaiotaomicron* growing in carbohydrate-limited continuous culture. *J Bacteriol*, **150** : 1008-1015.

Salyers AA (1995). Fermentation of polysaccharides by human colonic anaerobes. *In*: Cherbut C, Barry JL, Lairon D, Durand M. *Dietary fibre*. John Libbey Eurotext, Paris, 29-35.

Savage DC (1977). Microbial ecology of the gastrointestinal tract. *Ann Rev Microbiol*, **31** : 107-133.

Schneider H, Schwiertz A, Collins MD, Blaut M (1999). Anaerobic transformation of quercetin-3-glucoside by bacteria from the human intestinal tract. *Arch Microbiol*, **171** : 81-91.

Shapiro TA, Fahey JW, Wade KL, Stephenson KK, Talalay P (1998). Human metabolism and excretion of cancer chemoprotective glucosinolates and isothiocyanates of cruciferous vegetables. *Cancer Epidemiol Biomark Prev*, **7** : 1091-1100.

Stahl DA, Flesher B, Mansfield HR, Montgomery L (1988). Use of phylogenetically based hybridization probes for studies of ruminal micribial ecology. *Appl Environ Microbiol*, **54** : 1079-1084.

Stahl DA (1995). Application of phylogenetically based hybridization probes to microbial ecology. *Molecular Ecology*, **4** : 535-542.

Stévani J, Grivet JP, Hannequart G, Durand M (1991). Glucose and lactate catabolism by bacteria of the pig large intestine and sheep rumen as assessed by ^{13}C nuclear magnetic resonnance. *J Appl Bacteriol*, **71** : 524-530.

Strocchi A, Furne J, Ellis C, Levitt MD (1994). Methanogens outcompete sulphate-reducing bacteria for H_2 in the human colon. *Gut*, **35** : 1098-1101.

Suau A, Bonnet R, Sutren M, Godon JJ, Gibson GR, Collins MD, Doré J (1999). Direct analysis of genes encoding 16S rRNA from complex communities reveals many novel molecular species within the human gut. *Appl Environ Microbiol*, **65** : 4799-4807.

Tancula E, Feldhaus MJ, Bedzyk LA, Salyers AA (1992). Location and characterization of genes involved in binding of starch to the surface of *Bacteroides thetaiotaomicron*. *J Bacteriol*, **174** : 5609-5616.

Tang C-S, Bhothipaksa K, Frank HA (1972). Bacterial degradation of benzyl isothiocyanate. *Appl Microbiol*, **23** : 1145-1148.

Tannock GW (1994). The acquisition of the normal microflora of the gastrointestinal tract. *In*: Gibson SAW. *Human health: the contribution of microorganisms*. Springer-Verlag, London, 1-16.

Tannock GW, Savage DC (1974) Influences of dietary and environmental stress on microbial populations in the murine gastrointestinal tract. *Infect Immun*, **9** : 591-598.

Tomomatsu H (1994). Health effects of oligosaccharides. *Food Technol.*, 61-65.

Van de Merwe JP, Stegeman JH, Hazenberg MP (1983). The resident faecal flora is determined by genetic characteristics of the host. Implications for Crohn's disease? *Antonie van Leeuwenhoek*, **49** : 119-124.

Wedeking KJ, Mansfield HR, Montgomery L (1988). Enumeration and isolation of cellulolytic and hemicellulolytic bacteria from human feces. *App Environ Microbiol*, **54** : 1350-1535.

Wheeler LA, Soderberg FB, Goldman P (1975). The reduction of N-hydroxy-4-acetylaminobiphenyl by intestinal microflora of the rat. *Cancer Res*, **35** : 2962-2968.

Wilkinson MHF, Schut F (1998). Quantitative measurements of intestinal ecology by digital image analysed microscopy. *Bioscience Microflora*, **17** : 7-14.

Winter J, Moore LH, Dowell VR, Bokkenheuser VD (1989). C-ring cleavage of flavonoids by human intestinal bacteria. *Appl Environ Microbiol*, **55** : 1203-1208.

Winter J, Popoff MR, Grimont P, Bokkenheuser VD (1991). *Clostridium orbiscindens sp nov*, a human intestinal bacterium capable of cleaving the flavonoid C-ring. *Int J Syst Bacteriol*, **41** : 355-357.

Wiseman H (1999). The bioavailability of non-nutrient plant factors: dietary flavonoids and phyto-œstrogens. *Proc Nutr Soc*, **58** : 139-146.

Wood HG, Ljungdahl LG (1991). Autotrophic character of the acetogenic bacteria. *In*: Shively JM, Barton LL. *Variations in aurotrophic life*. Academic Press, San Diego, 201-250.

Zoetendal EG, Akkermans AD, De Vos WM (1998). Temperature gradient gel electrophoresis analysis of 16S rRNA from human fecal samples reveals stable and host-specific communities of active bacteria. *Appl Environ Microbiol*, **64** : 3854-3859.

3

Influence des produits végétaux et de divers glucides fermentescibles sur la biodisponibilité des minéraux

Christian Rémésy, Hubert Lopez,
Marie-Anne Levrat-Verny, Christian Demigné
et Yves Rayssiguier

1. Les aliments glucidiques complexes, sources de minéraux

Dans l'alimentation humaine, les glucides sont apportés par les produits céréaliers (potentiellement riches en minéraux) mais aussi par de nombreux produits transformés riches en ingrédients purifiés (saccharose, fructose...). Les glucides des légumes (frais ou secs) ou les fruits ne représentent souvent qu'une faible part de l'apport total en énergie, mais ils sont accompagnés d'une quantité substantielle de minéraux.

La composition minérale des principales classes de produits végétaux est présentée dans le tableau 1, par 100 g de poids frais, mais aussi par Mégajoule (ce qui permet d'apprécier la densité nutritionnelle des aliments). Ces deux modes d'expression des données sont utiles puisque la densité énergétique et le taux de matière sèche des produits végétaux peuvent être très variables : ainsi, la valeur calorique des fruits est 5 fois plus faible que celle des produits céréaliers et celle des légumes peut être 10 fois plus faible.

Une des caractéristiques des produits végétaux est leur richesse en potassium, dont la concentration est particulièrement élevée dans certains légumes secs ou frais. Si l'on tient compte des teneurs exprimées par Mégajoule, les fruits apparaissent également comme des produits riches en potassium. Le phosphore est également un élément très abondant dans les aliments d'origine végétale : il s'accumule dans les graines si bien que, dans les céréales, sa teneur devient voisine de celle du potassium. En revanche, dans les autres parties des plantes (donc dans les fruits et légumes) les teneurs en phosphore sont souvent 8 à 10 fois plus faibles que celles du potassium.

Tableau 1 ■ Composition énergétique et minérale des principales classes de produits végétaux.

Par 100 g de poids frais	Céréales	Légumes secs	Légumes frais	Fruits
Matière sèche (%)	87	88	9,5	14,8
Énergie (Kjoules)	1 297	1 238	104	226
Glucides (g)	63	48	4	11
Protéines (g)	10	21	1,8	0,7
Fibres (g)	9,8	16,3	2,2	1,6
K (mg)	369	905	279	208
P (mg)	312	411	37	20
Ca (mg)	45	85	37	17
Mg (mg)	135	108	17	11
Fe (mg)	4,1	6,3	0,8	0,3
Zn (mg)	3,1	3,8	0,3	0,1
Mn (mg)	2,2	1,6	0,2	0,09
Cu (mg)	0,46	0,75	0,06	0,07
Par Mjoules	**Céréales**	**Légumes secs**	**Légumes frais**	**Fruits**
K (mg)	284	731	2 683	920
P (mg)	240	332	355	88
Ca (mg)	35	69	356	75
Mg (mg)	104	87	163	48
Fe (mg)	3,2	5,1	7,2	1,5
Zn (mg)	2,4	3,1	2,6	0,6
Mn (mg)	1,7	1,3	1,8	0,4
Cu (mg)	0,35	0,60	0,58	0,31

Produits sélectionnés pour le calcul :

Céréales : blé / seigne / maïs / avoine / riz

Légumes secs : haricot blanc / haricot rouge / lentille / pois / pois chiche

Légumes frais : artichauts / asperge / aubergine / betterave / broccoli / carotte / chou vert / chou fleur / courgette / céleri / épinard / haricot vert / laitue / navet / oignon / poireau / poivron / potiron / tomate

Fruits : abricot / ananas / cerise / citron / figue / fraise / kiwi / melon / mirabelle / nectarine / orange / pastèque / poire / pomme / prune / pêche / raisin

La distribution des deux cations bivalents majeurs, Ca et Mg, est très caractéristique du type d'aliment considéré. Les céréales ont la particularité d'avoir une teneur en Mg presque 3 fois plus élevée que celle du Ca. Dans les légumes secs, les concentrations en ces deux éléments sont très voisines. En revanche, dans la majorité des fruits et légumes, les teneurs en Ca sont plus élevées que celles du Mg.

Si l'on examine le rapport des concentrations entre P et Ca (rapport phosphocalcique), on constate que ce rapport est nettement défavorable à l'absorption du Ca dans les céréales (en raison de la valeur élevée en P) alors qu'il est proche de 1 dans les fruits et légumes.

Les légumes sont des aliments possédant une densité nutritionnelle en Fe très élevée, mais seulement une part de cet élément est biodisponible ; d'une façon générale, le Fe héminique — à besoin et doses égaux — est mieux absorbé que le Fe non héminique. En fait, il est probable que la biodisponibilité du Fe soit meilleure dans les légumes frais (riches en acides organiques et vitamine C) que dans les légumes secs. Comme le Fe, le Cu et le Mn sont bien représentés dans la plupart des produits végétaux à l'exception des fruits. Le Zn est en revanche présent dans de nombreux aliments : céréales complètes, légumes mais aussi dans la viande. D'une manière générale, l'apport en minéraux assuré par les aliments d'origine végétale est plutôt limité en Ca qui, dans les pays occidentaux, est essentiellement apporté par les produits laitiers.

Dans de nombreux cas, les produits végétaux sont consommés après avoir subi des traitements plus ou moins complexes (extraction, purification, fermentations...). La plupart de ces traitements ont un impact important sur le densité nutritionnelle en minéraux et micronutriments. Les pertes en minéraux au cours de la mouture des grains de céréales sont très sévères, si bien que la teneur en minéraux des farines blanches est 3 à 5 fois plus faible que celle des farines complètes. Si les pertes en P semblent peu gênantes en raison de l'abondance et de l'ubiquité des cet élément, il en va autrement pour le Mg ou certains oligoéléments tels que le Zn. Dans les céréales complètes, la présence de fibres alimentaires ou de substances associées (telles que l'acide phytique) peut diminuer la biodisponibilité des oligoéléments tels que le Zn ou le Fe mais n'annule pas entièrement le bénéfice de la grande richesse en minéraux des produits les moins purifiés (Levrat-Verny *et al.,* 1999). À cet égard, il faut certainement faire une distinction entre les céréales complètes, riches en acide phytique, et le pain lui-même, qui s'appauvrit en ce constituant durant le processus de panification.

Dans les pays occidentaux, l'alimentation tend à être de plus en plus riche en sucres purifiés (saccharose, glucose, fructose qui peuvent représenter plus de 10 % de l'apport énergétique), ainsi qu'en lipides (35-40 % de l'apport énergétique) : ces nutriments sont presque totalement dépourvus de minéraux. De plus, la consommation accrue de produits amylacés semi-purifiés (pain blanc, pâtes, riz poli) contribue aussi à diminuer la densité nutritionnelle des minéraux et des micronutriments. On estime que cette baisse de la densité nutritionnelle en minéraux est d'au moins 30 % par rapport à une diète prudente qui comprendrait moins de sucres et de lipides et davantage de produits végétaux peu ou pas purifiés.

2. *Influence des glucides sur la biodisponibilité des minéraux*

Les divers glucides présents dans l'alimentation peuvent avoir des effets spécifiques sur l'absorption des minéraux (Adrian 1987 ; Gordon *et al.,* 1995 ; Rossander *et al.,* 1992). D'une façon générale, les glucides rapidement absorbables dans la partie supérieure du tube digestif ont peu d'effet sur l'absorption des minéraux (excepté l'impact du glucose sur l'absorption de Na) alors que les glucides qui subsistent dans les parties distales du grêle et qui servent de substrat à la flore du gros intestin sont susceptibles de stimuler l'absorption de certains minéraux.

2.1. Glucose – Fructose

Plutôt que les glucides solubles, ce sont les glucides lentement absorbés dans l'intestin grêle qui stimulent nettement l'absorption intestinale de divers cations. Parmi les oses simples, seul le fructose favoriserait faiblement l'absorption des minéraux et des oligoéléments (Holbrook *et al.,* 1989 ; Van der Heidjen *et al.,* 1994). L'interaction fructose/Fe a été particulièrement étudiée (O'Dell, 1993). En fait, seul le Fe non héminique voit sa biodisponibilité influencée par la composition des repas et, d'une façon générale, les substances favorisant la réduction des ions ferriques en ion ferreux augmentent sa biodisponibilité. Par ailleurs, le rôle chélateur du fructose est bien établi et la stimulation de l'absorption du Fe implique un mécanisme redox dans lequel le fructose serait l'agent réducteur.

Sur un modèle animal tel que le rat, le fructose ne semble pas affecter l'absorption du Cu lorsque le statut en cet élément est normal ; en revanche, un excès de fructose aggrave les conséquences physiopathologiques de la carence en Cu (Fields *et al.,* 1992) : retard de croissance, anémie, atrophie pancréatique, hypertrophie hépatique et cardiaque. Un régime riche en fructose aggrave également les conséquences du déficit expérimental en Mg chez le rat. L'hypothèse la plus probable pour expliquer l'aggravation de ces carences minérales (Cu, Mg) lors d'un régime riche en fructose serait celle d'une augmentation du stress oxydant lors d'une ingestion importante de ce glucide (Rayssiguier et Mazur, 2000).

L'extrapolation à l'homme des résultats expérimentaux chez l'animal doit être effectuée avec prudence ; néanmoins le rôle aggravant d'un excès de fructose sur les effets de carences en Mg ou Cu doit être pris en considération. En effet, la consommation de fructose a fortement augmentée, que ce soit tel quel ou sous forme de saccharose. Si la consommation de fructose à faible dose ne comporte pas de risque, il pourrait en être autrement lors d'une forte consommation en présence d'un apport insuffisant en minéraux et oligoéléments.

L'impact des sucres solubles dans une matrice naturelle telle que les fruits, avec un apport très significatif de minéraux, d'antioxydants et de glucides fermentescibles est sans doute très différent de celui des produits purifiés. D'une manière générale, il apparaît que la consommation de sucres simples doit être accompagnée de celle de cations, notamment de potassium. On sait par exemple que les effets des glucides sur l'anabolisme cellulaire peuvent être médiés, *via* l'insuline, par l'augmentation du volume cellulaire consécutif à la pénétration de potassium.

2.2. Lactose

Le lactose est connu pour augmenter l'absorption intestinale de Ca, Mg et de divers oligoéléments (Fe, Mn, Zn) mais aussi de métaux toxiques (Pb, Ba) (Adrian, 1987 ; Guegen 1990 ; Heijnen *et al.,* 1993). Le rôle favorisant du lactose sur l'absorption calcique, qui a fait l'objet de nombreux travaux, s'accompagne d'une augmentation de la masse osseuse chez le rat carencé ou non en vitamine D, l'effet étant particulièrement important quand la voie paracellulaire d'absorption calcique est prépondérante, donc au niveau de l'iléon. De nombreux mécanismes ont été évoqués : une stimulation directe de l'absorption du Ca par la digestion du lactose semble peu probable, en revanche le lactose non hydrolysé pourrait augmenter l'absorption calcique dans le jéjunum et dans l'iléon (Brommage *et al.,* 1993). En effet, la présence d'un plus grande quantité d'eau dans la lumière intestinale, nécessaire au maintien de l'isotonicité, pourrait augmenter la perméabilité intercellulaire et faciliter l'absorption calcique. Par ailleurs, comme une partie du lactose parvient dans le côlon et est fermentée par la microflore, ce glucide peut favoriser une solubilisation du Ca et une meilleure absorption dans le gros intestin grâce à la production d'AGCC et à l'acidification du pH luminal.

En fait, le lactose agirait surtout en tant que disaccharide lentement hydrolysé ; néanmoins, comme il est partiellement digéré, il est moins efficace que le lactulose ou divers autres sucres peu absorbables (sorbitol, fructanes). En fait, l'importance du lactose est à nuancer puisque sa présence ne semble pas essentielle à la digestibilité du Ca dans les produits laitiers (Gueguen, 1990).

2.3. Fibres et composés fermentescibles

2.3.1. Fibres au sens strict

Certains types de glucides échappent à la digestion dans l'intestin grêle et parviennent dans le côlon. Il peut s'agir de fibres sensu stricto (cellulose, hémicelluloses, pectines...) mais aussi d'autres glucides résistant à la digestion dans l'intestin grêle : amidons résistant, gommes et mucilages, fructanes, oligosaccharides naturels ou synthétiques. Ces produits peuvent exercer des effets digestifs à la fois au niveau de l'intestin grêle (par leurs propriétés physicochimiques) et au niveau du gros intestin. Il faut bien distinguer, dans l'impact des glucides complexes sur la digestibilité des minéraux, entre les effets spécifiques des polysaccharides eux-mêmes et ceux de substances associées telles que l'acide phytique ou les polyphénols.

Certains travaux anciens avaient popularisé le concept selon lequel les régimes riches en fibres alimentaires auraient des effets défavorables sur la biodisponibilité des minéraux (Reinhold *et al.,* 1976). L'effet défavorable des polysaccharides pariétaux sur l'absorption minérale pourrait être dû à la présence de groupements ionisables, en particulier des acides uroniques. De fait, les pectines possèdent une capacité notable d'échange de cations et leur capacité à fixer du Ca est inversement proportionnelle à leur degré de méthylation ou d'acétylation (ce degré est très élevé dans les fruits mûrs). Cette capacité est très faible pour la cellulose, contrairement aux hémicelluloses qui possèdent des groupements uroniques. Les résultats des études chez l'homme, dans lesquelles des fractions purifiées de fibres alimentaires (cellulose, hémicellulose, pectine) ont été utilisées, indiquent cependant que les fibres alimentaires sont pratiquement sans inconvénient sur la biodisponibilité des minéraux (Cummings *et al.,* 1979 ; Lei *et al.,* 1980 ; Behall *et al.,* 1987 ; Coudray *et al.,* 1997 ; Greger 1999). Théoriquement, dans l'intestin grêle, les fibres très visqueuses pourraient ralentir la diffusion des minéraux, comme pour d'autres nutriments (glucose, acides biliaires etc.), cependant, cet effet ne semble pas décisif et peut être compensé par l'hypertrophie de l'épithélium intestinal provoquée par ce type de polysaccharide (Gordon *et al.,* 1995).

2.3.2. *Amidons résistants*

Les amidons résistants représentent une fraction non négligeable des glucides fermentés dans le gros intestin (5-10 g/j) : il s'agit d'amidons rétrogradés au cours de la conservation au froid ou complexés avec des lipides, ou encore d'amidons intrinsèquement résistants aux amylases. Chez le rat, l'amidon résistant (amylomais ou amidon cru de pomme de terre) entraîne un développement des fermentations dans le gros intestin et une meilleure absorption du Ca et du Mg (Rayssiguier et Rémésy, 1977 ; Younes *et al.,* 1996 ; Lopez *et al.,* 2000). Le bilan calcique est légèrement amélioré et l'impact sur le bilan magnésique peut se traduire par une élévation de la magnésémie. L'amidon résistant peut aussi augmenter l'absorption du Fe chez le rat et le porcelet (Morais *et al.,* 1996) mais l'amidon rétrogradé ne semble pas stimuler l'absorption de Ca et Mg aussi efficacement que l'amidon résistant natif (Schultz *et al.,* 1993).

2.3.3. *Oligosaccharides*

Certains végétaux peuvent aussi synthétiser des fructosanes tels que l'inuline (artichauts, oignons, salsifis) ; par ailleurs il existe des galacto-oligosaccharides (α-galactosides) dans les légumes secs. Il est également possible d'obtenir des oligosaccharides par synthèse, par action d'enzymes de transfert sur certains disaccharides (saccharose, lactose). Tous ces oligosaccharides, dont le nombre d'oses peut varier de 3 à 10 (en moyenne) ne sont pas digérés dans l'intestin grêle et parviennent donc au niveau du côlon où ils sont métabolisés par la flore bactérienne en exerçant des effets prébiotiques. C'est ce type d'effet qui explique leur emploi croissant par l'industrie agroalimentaire. D'une manière générale, les fructo-oligosaccharides augmentent l'absorption minérale (Coudray *et al.*, 1997). L'essentiel de l'augmentation de l'absorption a lieu dans les parties distales du tube digestif (Levrat *et al.,* 1991 ; Delzenne *et al.,* 1995 ; Ohta *et al.,* 1995). L'augmentation de l'absorption du Mg permet de réduire les signes cliniques du déficit magnésique chez le rat recevant un apport insuffisant en cet élément, et l'absorption accrue de Ca retentit sur les teneurs osseuses en Ca. Les galactooligosaccharides stimulent également l'absorption calcique (Chonan et Watanuki, 1995) et préviennent la perte osseuse chez la rate ovariectomisée. Ces données devraient stimuler les recherches chez l'homme afin de mieux situer l'impact de ce type d'oligosaccharides sur le statut en minéraux.

2.3.4. *Conséquences sur l'absorption minérale au niveau du gros intestin*

Les glucides fermentescibles provoquent une accumulation de minéraux dans le gros intestin (Demigné et Rémésy, 1995) et ces cations sont indispensables à la neutralisation des AGCC et au maintien du pH luminal à des valeurs physiologiques (Rémésy *et al.,* 1993). Cette accumulation de cations ne reflète pas pour autant une diminution de leur digestibilité, notamment parce que la solubilité des minéraux est augmentée par l'acidification du pH. C'est ainsi qu'il a été montré que les glucides fermentescibles peuvent augmenter l'absorption du Ca dans le gros intestin. Dans les situations où l'absorption dans l'intestin grêle est déficiente, le potentiel d'absorption dans le gros intestin peut jouer un rôle compensatoire. Par ailleurs, dans la mesure où davantage de Ca est absorbé dans le gros intestin, l'absorption dans l'intestin grêle tend à être rétro-inhibée. Ainsi, les régimes riches en fibres pourraient provoquer un déplacement des sites d'absorption calcique vers le gros intestin. Cet effet aurait des conséquences intéressantes sur un autre plan, puisque des concentrations élevées en Ca dans le gros intestin semblent jouer un rôle protecteur vis-à-vis du risque de cancer rectocôlique. Sur des modèles animaux, les glucides fermentescibles augmentent également l'absorption du Mg dans le gros intestin. D'ailleurs, le Mg est en concentrations importantes dans les téguments externes (son) et sa biodisponibilité dépend de la destruction des structures fibreuses. Ainsi, le rôle du gros intestin dans l'absorption du Mg est sans doute plus important que pour le Ca. À la différence du Ca, l'augmentation de l'absorption du Mg dans les parties distales du tube digestif ne se traduit pratiquement pas par un rétrocontrôle négatif sur l'absorption dans l'intestin grêle.

Plusieurs mécanismes seraient impliqués dans l'augmentation de l'absorption du Ca et du Mg dans le côlon : augmentation du pool de Ca et de Mg soluble en raison de la baisse du pH, hypertrophie cæcale chez le rat, effets spécifiques des AGCC qui sont efficaces pour stimuler l'absorption du Ca et du Mg (Lutz et Scharrer, 1991 ; Lutz *et al.*, 1991).

3. *Rôle des substances associées*

3.1. Acide phytique

Les substances associées aux aliments riches en fibres peuvent modifier l'absorption des minéraux. L'acide phytique (acide *myo*-inositol hexaphosphorique, IP6) est une molécule importante sur le plan nutritionnel car les céréales et les légumineuses en contiennent des quantités non négligeables, l'IP6 représentant une réserve de Pi, d'inositol et de cations. Des phytases, présentes dans les graines ou d'origine bactérienne, déphosphorylent l'IP6 par étapes successives. Le caractère poly-anionique de l'acide phytique lui permet de former des complexes insolubles avec les cations divalents et ce composé pourrait donc être responsable d'une diminution de l'absorption minérale, en particulier le Ca, Mg, Zn, Fe et Cu (Sanstead, 1992).

Les effets des phytates sur le métabolisme minéral dépendent de l'intensité des activités phytasiques/phosphatasiques dans l'aliment ou dans le tube digestif. Il est établi que la fermentation au levain (5 h) par des bactéries lactiques réduit efficacement les quantités de phytates subsistant dans le pain (figure 1 ; Lopez *et al.*, 2000). Par ailleurs, sur modèle rat, il a été montré que la présence de fructo-oligosaccharides dans la ration contrecarre l'action défavorable de l'acide phytique sur l'absorption et la biodisponibilité du Mg, Fe et Zn à la fois en stimulant l'hydrolyse de l'acide phytique dans le gros intestin et en augmentant l'absorption des minéraux à ce niveau (Lopez *et al.*, 2000).

Bien que la présence de phytates non hydrolysés au niveau du gros intestin puisse affecter la digestibilité de certains oligoéléments, elle pourrait avoir aussi des aspects positifs en diminuant le risque de cancer du côlon (sans doute en complexant de Fe et en réduisant la production locale de radicaux libres) (Graf et Eaton, 1993 ; Lopez *et al.*, 1998).

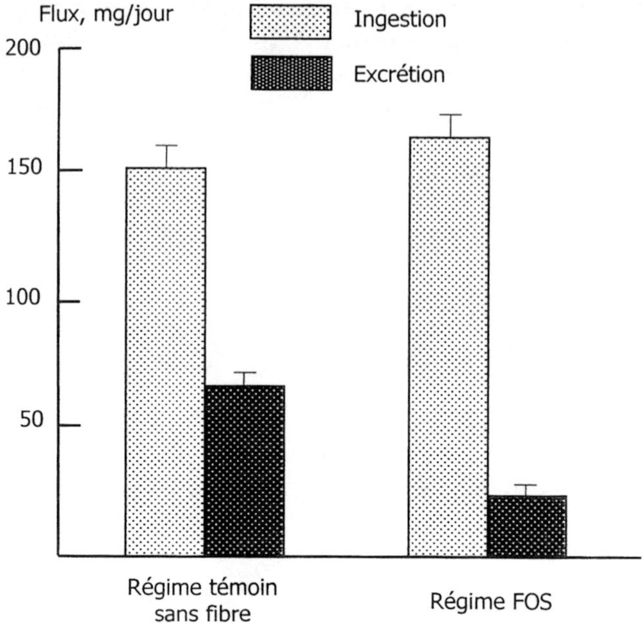

Figure 1 ■ Influence des fructo-oligosaccharides (régimes à 10 % de FOS) sur la disparition de l'acide phytique (0,7 % du régime) dans le tube digestif chez le rat.

3.2. Polyphénols

Les polyphénols représentent une famille hétérogène qui inclut les acides phénoliques (tels que l'acide cafféique et chlorogénique) et les flavonoïdes qui regroupent plusieurs catégories de substances : les 4-oxo-flavonoïdes, les anthocyanes, les tanins condensés ainsi que d'autres groupes de molécules polyphénoliques. Les tanins, possédant plusieurs groupements *O*-dihydroxyphénol sont de bon chélateurs capables de former des précipités avec les ions métalliques (Scalbert *et al.,* 1999). Ce processus dépend des concentrations relatives en tannins, ions métalliques et du pH, mais les phénomènes physicochimiques de l'insolublisation sont encore mal connus. Ces propriétés peuvent contribuer à diminuer l'absorption gastro-intestinale de certains cations. Ainsi, plusieurs études ont montré que les polyphénols peuvent diminuer l'absorption de Fe non héminique lors de la consommation de thé ou de café (Fairweather-Tait et Hurrell, 1996). Les effets sur l'absorption d'autres oligoéléments tels que le Cu ou le Zn sont encore discutés (Scalbert *et al.* 1996 ; Coudray *et al.* 1998).

3.3. Autres composés

Les produits végétaux apportent des quantités notables de divers acides organiques (malique, citrique, oxalique, ascorbique…) qui peuvent modifier l'absorption des minéraux (Gillooly *et al.,* 1983). La vitamine C augmente l'absorption du Fe en participant à la conversion du Fe ferrique en Fe ferreux, et elle pourrait aussi diminuer la formation de complexes insolubles avec les phytates ou les polyphénols

(Fairweather-Tait et Hurrell, 1996). Ainsi, elle s'oppose à l'effet inhibiteur des phytates sur l'absorption du Fe. Son action sur les autres oligoéléments est incertaine mais elle pourrait diminuer l'absorption du Cu. L'acide citrique augmente également l'absorption du Fe non héminique alors que l'acide oxalique pourrait diminuer l'absorption du Ca et du Mg.

4. Effets alcalinisant des produits d'origine végétale

4.1. Généralités

De par leur composition en minéraux ainsi qu'en composés organiques, les aliments exercent au sein de l'organisme un effet sur l'équilibre acidobasique. De fait, le pouvoir alcalinisant des aliments est proportionnel à la quantité d'acides organiques de l'alimentation. En effet, la plupart des anions organiques sont métabolisables, ce qui permet aux cations restants d'être disponibles pour la synthèse de bicarbonate ou la neutralisation des acides fixes.

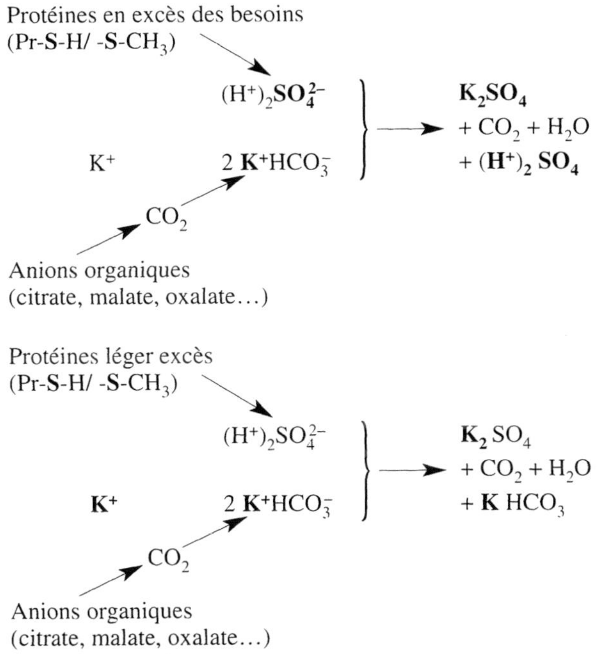

Figure 2 ■ Représentation schématique de l'effet acidifiant d'un excès de protéine et de l'effet alcalinisant des produits végétaux dans l'organisme.

L'intérêt pour cet effet provient du constat, effectué depuis quelques temps, que la ration usuelle des pays occidentaux entretient en permanence un léger état d'acidose métabolique. Cette perturbation chronique de l'équilibre acidobasique provient du métabolisme de certains nutriments qui génère des acides non carboxyliques dans l'organisme (par ex. : acide sulfurique provenant du catabolisme des acides aminés soufrés des protéines) en quantités supérieures à celles des bases produites en parallèle (par ex. le bicarbonate provenant du métabolisme des sels de K d'acides organiques présents dans les aliments d'origine végétale) (figure 2).

La sévérité de cette acidose métabolique d'origine nutritionnelle tend à augmenter avec l'âge en raison du déclin progressif des capacités fonctionnelles des reins (Frassetto *et al.*, 1996), et ses conséquences potentielles sont loin d'être négligeables, en risquant d'aggraver la perte osseuse (donc le risque d'ostéoporose) ainsi que la fonte musculaire.

En dehors des périodes de croissance, l'organisme de l'adulte catabolise la quasi-totalité des AA soufrés ingérés et l'intensité de la production de sulfate dépend du taux protéique de la ration ainsi que de la richesse en acides aminés soufrés des protéines consommées. Les acides aminés soufrés sont apportés par les protéines animales tout comme par les protéines végétales. Toutefois, les études de Frassetto *et al.* (1998) ont montré que la production urinaire de sulfate n'était pratiquement pas corrélée à l'apport de protéines végétales mais plutôt à celui de protéines animales. Ceci, selon ces auteurs, proviendrait de la prépondérance des protéines animales dans l'alimentation occidentale. Notons aussi que les protéines végétales sont fréquemment consommées sous formes d'aliments riches en composés alcalinisants, à l'exception de certaines préparations de soja ou de produits céréaliers très purifiés.

4.2. Mécanismes

Par quels mécanismes la composition minérale des aliments joue-t-elle un rôle dans la neutralisation de l'acidité fixe produite dans l'organisme ?

En fait, pour un aliment donné, un repas ou une ration, il est possible de calculer un Δ ($\Sigma_{\text{anions fixes}} - \Sigma_{\text{cations fixes}}$), exprimé en mÉquivalents : ($Na^+ + K^+ + Ca^{2+} + Mg^{2+}$) – ($Cl^- + P1^{8-}$) (tableau 2). On notera que le Na et le Cl sont fréquemment présents en quantités égales dans de nombreux aliments naturels (ou salés par du NaCl) et ces termes, qui se neutralisent mutuellement, pourraient être omis dans le calcul du Δ. Toutefois, ceci ne signifie pas pour autant que le Na joue un rôle minime dans l'équilibre ionique des aliments et l'on sait que le rapport Na/K est un autre critère important de cet équilibre, en particulier vis-à-vis du risque d'hypertension systémique et de ses conséquences pathologiques. Par ailleurs, l'utilisation du Δ est à moduler en fonction des coefficients d'absorption des éléments considérés.

4.3. Aspects nutritionnels

Le tableau 2 montre donc que les aliments d'origine animale (viandes, produits laitiers, œufs) ont en général des Δ peu favorables : ceci est dû à leur teneur modérée en K, la présence de quantités notables de Na et un profil anionique caractérisé par sa richesse en P.

Les fruits et légumes présentent clairement les Δ les plus favorables du point de vue effet alcalinisant, grâce à leur richesse en K et en anions organiques, et leur faible teneur en phosphate : la pomme de terre, la tomate, la banane ou le melon présentent par exemple d'excellentes valeurs comme l'ensemble des autres produits. Les légumineuses possèdent aussi des Δ intéressants en raison de leur richesse globale en cations (K/Ca/Mg) même si leur profil anionique est un peu moins favorable en raison de la présence de phytates.

Tableau 2 ■ Calcul du pouvoir alcalinisant des aliments (exprimé en mÉquivalents) :
Δ ($\Sigma_{\text{anions fixes}} - \Sigma_{\text{cations fixes}}$), ($Na^+ + K^+ + Ca^{2+} + Mg^{2+}$) – ($Cl^- + P^{1,8-}$)

Aliment	**Na**	**K**	**Ca**	**Mg**	**Cl**	**P(PO_4)**	**Δ* en valeur absolue**	**Δ* en valeur relative**
Lait	2,04	3,97	5,9	1	2,85	5,28	4,78	37
Fromage (ex 1)	42	2,82	28,5	0,2	40,2	20,3	13	18
Fromage (ex 2)	39	2,46	25,5	1,25	35	22,6	10	16
Viande (bœuf)	3,22	8,59	0,6	1,9	2,9	9,1	12,3	16
Viande (porc)	2,43	10,7	0,16	2,25	2,1	11,8	1,64	11
Poisson (loup)	4,57	7,23	1	2,25	3,1	10,4	1,55	10
Pomme de terre	–	8,72	0,32	1,42	–	2,03	8,43	81
Légumes frais	–	7,15	1,85	1,42	–	2,15	8,2	79
Légumes secs	–	23,2	4,25	9	–	18,97	17,48	48
Fruits	–	5,33	0,85	0,92	–	1,16	5,94	84
Farine type 55	–	3,23	0,8	0,8	–	4,9	≈ 0	–
Céréales complètes	–	9,5	2,25	11,25	–	18	5	22

* Le Δ peut s'exprimer en valeur **absolue**, par la quantité de charges cationiques disponibles dans un aliment ou un régime, ou en valeur **relative** par la proportion des charges cationiques disponibles en fonction des charges cationiques totales. Il faut également tenir compte du pourcentage d'absorption digestive des différents éléments.

À la différence des autres produits végétaux, les céréales ont une teneur très élevée en P, par rapport au K, c'est pourquoi les farines blanches ne présentent aucun pouvoir alcalinisant significatif. Les produits céréaliers complets présentent un meilleur Δ, en particulier grâce à leur richesse en K et Mg. Cependant la richesse en phytates de ces aliments peut compliquer les calculs. Si les phytates restent intacts ils pénalisent essentiellement la digestibilité du P. Dans ces conditions, l'effet alcalinisant des céréales complètes pourrait être également très significatif.

En pratique, il est clair qu'un régime végétalien permet un statut en constituants alcalinisants très favorable. Cependant, il reste possible d'obtenir un statut intéressant sur la base d'une alimentation omnivore. On peut également calculer des valeurs de Δ (en Méq/jour) pour divers types d'alimentation, allant d'une alimentation très déséquilibrée, riche en lipides et produits animaux, à une alimentation végétarienne. Il est clair que le premier type d'alimentation conduit à des Δ très bas (30-40), de même que les régimes de type « fast-food ». Un régime bien diversifié donne un Δ de l'ordre de 100 et un régime végétarien un Δ de 120-130. Une estimation de la diète courante en France donne un Δ de 50-60, ce qui est insuffisant et il est clair qu'il faut viser un Δ de 80-100 (voire davantage). À cet égard, il faut noter l'incidence de l'apport calorique sous forme de lipides qui, lorsqu'il dépasse 35-40 %, réduit de façon drastique la marge de manœuvre du nutritionniste.

Conclusions

Il a été très souvent dit et écrit que les aliments végétaux riches en glucides fermentescibles pouvaient poser un problème au niveau de la biodisponibilité des minéraux. Cette conception semble dépassée, notamment en ce qui concerne les fruits et légumes frais grâce à leur richesse en acides organiques (dont l'acide ascorbique) et leur rôle clé pour accroître le pouvoir alcalinisant des régimes alimentaires. Les légumes secs et les céréales complètes, intrinsèquement riches en minéraux, sont également très intéressants mais renferment des composés (phytates, polyphénols...) susceptibles d'affecter la digestibilité de ces minéraux ; toutefois, des mesures relativement simples permettent en général de pallier à ce problème. Les prébiotiques, tels que les fructo-oligosaccharides de plus en plus utilisés par l'industrie agroalimentaire, peuvent influencer la biodisponibilité de certains minéraux en particulier dans le gros intestin. Cependant cet effet reproduit très imparfaitement l'apport de produits végétaux complexes riches en minéraux et en glucides fermentescibles. Dans la mesure où un apport glucidique élevé (proche de 55 %) est important en nutrition préventive, il est clair que seule une alimentation végétale permet de réaliser cet objectif ; dans ces conditions, l'importance des produits végétaux (pour fournir des minéraux) et de certains glucides fermentescibles (pour améliorer leur absorption) mérite d'être soulignée.

Références bibliographiques

Adrian J (1987). Rôle des glucides dans l'absorption intestinale des minéraux. *Cah Nutr Diét,* **22** : 441-443.

Behall KM, Scholfield DJ, Lee K *et al.* (1987). Mineral balance in adult men: effect of four refined fibers. *Am J Clin Nutr,* **46** : 307-314.

Brommage R, Binacua C, Antilles S, Carrie AL (1993). Intestinal absorption in rats is stimulated by dietary lactulose and other resistant sugars. *J Nutr,* **123** : 2186-2194.

Bronner F, Pansu D (1999). Nutritional aspects of calcium absorption. *J Nutr,* **129** : 9-12.

Chonan O, Watanuki M (1995). Effect of galactooligosaccharides on calcium absorption in rats. *J Nutr Sci Vitaminol,* **41** : 95-104.

Coudray C, Bellanger J, Castiglia-Delavaud C *et al.* (1997). Effect of soluble or partly soluble dietary fibres supplementation on absorption and balance of calcium, magnesium, iron and zinc in healthy young men. *Eur J Clin Nutr,* **51** : 375-380.

Coudray C, Bousset C, Pépin D *et al.* (1998). Short-term ingestion of chlorogenic or caffeic acids decreases zinc but not copper absorption in rats, utilisation of stable isotopes and ICP/MS technique. *Br J Nutr,* **80** : 575-584.

Cummings JH, Southgate DAT, Branch WJ *et al.* (1979). The digestion of pectin in the human gut and its effect on calcium absorption and large bowel function. *Br J Nutr,* **41** : 477-485.

Delzenne N, Aertessens J, Verplaetse H *et al.* (1995). Effect of fermentable fructo-oligosaccharides on mineral, nitrogen and energy digestive balance in the rat. *Life Sciences,* **57** : 1579-1587.

Fairweather-Tait S, Hurrell RF (1996). Bioavailability of minerals and trace elements. *Nutr Res Rev,* **9** : 295-324.

Frassetto LA, Morris RC, Sebastian A (1996). Effect of age on blood acid-base composition in adult humans: role of age-related renal function decline. *Am J Physiol,* **271** : 1114-1122.

Frassetto LA, Todd KM, Morris RC, Sebastian A (1998). Estimation of net endogenous noncarbonic acid production in humans from diet potassium and protein contents. *Am J Clin Nutr,* **68** : 576-583.

Gillooly B, Bothwell TH, Torrance JD *et al.* (1983). The effects of organic acids, phytates and polyphenols on the absorption of iron from vegetables. *Br J Nutr,* **49** : 331-342.

Gordon DT, Stoops D, Radliff V (1995). Dietary fiber and mineral nutrition. In: Kritchevshy D, Bonfield C. *Dietary fiber in health and disease.* Eagan Press, St Paul Mo, 267-293.

Graf E, Eaton JW (1993). Suppression of colonic cancer by dietary phytic acid. *Nutr Cancer,* **19** : 11-19.

Greger JL (1999). Nondigestible carbohydrates and mineral bioavailability. *J Nutr,* **129** : 1434S-1435S.

Gueguen L (1990). La biodisponibilité du calcium des aliments. *Cah Nutr Diét,* **XXV** : 233-236.

Heijnen AMP, Brink EJ, Lemmens AG, Beynen AC (1993). Ileal pH and apparent absorption of magnesium in rats fed on diets containing either lactose or lactulose. *Br J Nutr,* **70** : 747-756.

Holbroock JT, Smith JC, Reiser S (1989). Dietary fructose or starch: effects on copper, zinc, iron, manganese, calcium and magnesium balances in humans. *Am J Clin Nutr,* **49** : 1290-1294.

Hurrell R (1997). Bioavailability of iron. *Eur J Clin Nutr,* **51** : S4-8.

Lacour B, Tardivel S, Drueke TB (1995). Biodisponibilité du calcium exogène. *Nutr Clin Métab,* **9** : 15-28.

Lei KY, Davis MW, Fang MM, Young LC (1980). Effect of pectin on zinc, copper and iron balances in humans. *Nutr Rep Int,* **22** : 459-466.

Levrat M-A, Rémésy C, Demigné C (1991). High propionic acid fermentations and mineral accumulation in the caecum of rats adapted to diffrent levels of inulin. *J Nutr,* **121** : 1730-1737.

Levrat-Verny M-A, Coudray C, Bellanger J *et al.* (1999). Wholewheat flour ensures higher mineral absorption and bioavailability than white wheat flour in rats. *Br J Nutr,* **82** : 17-21.

Lopez HW, Rémésy C, Demigné C (1998). L'acide phytique : un composé utile ? *Médecine Nutrition,* **4** : 135-143.

Lopez HW, Coudray C, Bellanger J *et al.* (2000). Resistant starch improves mineral assimilation in rats adapted to a wheat bran diet. *Nutr Res,* **20** : 141-155.

Lopez HW, Levrat M-A, Guy C *et al.* (1999). Effects of soluble corn bran arabinoxylans on cecal digestion, lipid metabolism, and mineral balance (Ca, Mg) in rats. *J Nutr Biochem,* **10** : 500-509.

Lopez HW, Coudray C, Levrat-Verny M-A *et al.* (2000). Fructo-oligosaccharides enhance mineral absorption and counteract the deleterious effects of phytic acid on mineral homeostasis in rats. *J Nutr Biochem,* **11** : 500-508.

Lopez HW, Krespine V, Guy C *et al.* (2000). A prolonged fermentation with sour dough improves the nutritional value of french whole wheat bread (less phytic acid, more mineral solubility). *J Food Sci,* (in press).

Lutz T, Scharrer E (1991). Effect of short-chain fatty acids on calcium absorption in the rat colon. *Experimental Physiol,* **76** : 615-618.

Lutz T, Wurmli R, Scharrer E (1991). Short-chain fatty acids stimulate magnesium absorption by the colon. In: Lasserre B, Durlach J. *Magnesium-A relevant ion,* John Libbey, London, 131-137.

Morais MB, Feste A, Miller RG, Lifschitz CH (1996). Effect of resistant and digestible starch on intestinal absorption of calcium, iron and zinc in infant pigs. *Pediatric Res,* **9** : 872-876.

O'Dell BL (1993). Fructose and mineral metabolism. *Am J Clin Nutr,* **58** : 7771S-778S.

Ohta A, Ohtsuki M, Baba S *et al.* (1995). Calcium and magnesium absorption from the colon and rectum are increased in rats fed fructo-oligosaccharides. *J Nutr,* **125** : 2417-2424.

Rayssiguier Y, Rémésy C (1977). Magnesium absorption in the cecum of rats related to volatile fatty acid production. *Ann Rech Vétér*, **8** : 105-110.

Rayssiguier Y, Mazur A (2000). Trace elements: metabolism and oxidative modifications of lipoproteins. In: Favier A, Anderson RA, Roussel AM. *Trace elements in man and animal*, Plenum, New York.

Reinhold JG, Faradji B, Abadi P, Ismail-Beigi F (1976). Decreased absorption of calcium, magnesium, zinc and phosphorus by humans due to increased fiber and phosphorus consumption as wheat bread. *J Nutr*, **106** : 493-503.

Rémésy C, Levrat MA, Gamet L, Demigné C (1993). Caecal fermentations in rats fed oligosaccharides (inulin) are modulated by dietary calcium level. *Am J Physiol*, **264** : G855-G862.

Rossander L, Sandberg AS, Sandstrom B. The influence of dietary fibre on mineral absorption and utilisation. In : Schweizer TF, Edwards CA (1992). *Dietary fibre-a component of food*. Springer-Verlag, London, 196-216.

Sanstead H (1992). Fiber, phytic acid and mineral metabolism. *Nutr Rev*, **50** : 30-31.

Scalbert A, McDonald M, Mila I (1996). Precipitation of metal ions by polyphenols: optimal conditions and origin of precipitations. *J Agric Food Chem*, **44** : 599-606.

Scalbert A, Mila I, Expert D *et al.* (1999). Polyphenols, metal ion complexation and biological consequences. *Basic Life Sci*, **66** : 545-554.

Schultz AGM, Van Amelsvoort JM, Beynen AC (1993). Dietary native resistant starch but not retrograded resistant starch raises magnesium and calcium absorption in rats. *J Nutr*, **123** : 1724-1731.

Van der Heidjen A, Van den Berg GJ, Lemmens AG, Beynen AC (1994). Dietary fructose v. glucose in rats raises urinary excretion, true absorption and ileal solubility of magnesium but decreases magnesium retention. *Br J Nutr*, **72** : 567-577.

Younès H, Demigné C, Rémésy C (1996). Acidic fermentation in the cecum increases absorption of calcium and magnesium in the large intestine of the rat. *Br J Nutr*, **75** : 301-314.

4

Probiotiques : bases rationnelles, effets démontrés et perspectives

Dominique Brassart et Philippe Marteau

Introduction

Les probiotiques sont des micro-organismes ingérés vivants capables d'exercer des effets bénéfiques sur la santé et le bien-être de l'hôte. La popularité et l'intérêt marketing et commercial de ce concept se sont fortement développés ces dernières années. Cependant, la multitude de souches et de produits pharmaceutiques, alimentaires disponibles sur le marché posent la question de la réalité des effets et des allégations. Ce chapitre vise à faire le point sur les effets physiologiques et thérapeutiques des probiotiques.

La microflore intestinale peut être considérée comme un organe à part entière. Ses fonctions physiologiques sont nombreuses et ses dysfonctionnements peuvent conduire à des situations pathologiques (Brassart et Schiffrin, 1997).

Parmi les nombreuses fonctions physiologiques de la flore intestinale endogène normale, on peut citer : des métabolismes (fermentation, production de vitamines…), un effet de barrière s'opposant à la colonisation par des micro-organismes pathogènes. Ces effets sont le plus souvent bénéfiques pour l'hôte, bien que des effets parfois néfastes puissent prendre place. Ainsi un rôle de la flore endogène est suspecté dans la pathogénie de maladies inflammatoires cryptogénétiques de l'intestin et des cancers coliques. L'idée d'administrer des micro-organismes exogènes afin de moduler la flore endogène dans un sens favorable ou plus simplement d'utiliser leurs propriétés métaboliques est ancienne et à la base du concept de probiotique (Fuller, 1989). De nombreux médicaments probiotiques ont même vu le jour dans les années 1950-1960. Toutefois la majorité de ces produits a rapidement disparu du marché en raison de plusieurs écueils : la difficulté, voire l'impossibilité à l'époque, de garantir un produit pur et stable, le manque d'informations sur la capacité de tels micro-organismes à survivre à leur passage dans l'estomac, l'absence quasi totale de données rigoureuses et validées sur l'efficacité clinique. Seules quelques spécialités ont perduré sans doute par le fait que certaines disposaient de données biologiques et cliniques dans les domaines cités. C'est l'essor récent du concept d'aliments fonction-

- Fonctions physiologiques
  - Activités métaboliques (acidification, production de vitamines...) ;
  - Rôle énergétique (digestion du lactose, production d'acides gras à courtes chaînes, etc.) ;
  - Résistance à la colonisation, effet de barrière ;
  - Immunomodulation ;
  - Motilité intestinale, maturation, développement.
- Dysfonctions de la flore
  - Perte de l'effet de barrière : développement de germes potentiellement pathogènes (*C. difficile*) ;
  - Diarrhées ;
  - Maladies inflammatoires.

Figure 1 ■ La flore intestinale : un organe à part entière.

nels qui a fortement relancé l'intérêt porté aux probiotiques (Salminen *et al.* 1996 ; Bengmark, 1998). De nombreux produits alimentaires contenant des probiotiques ont ainsi récemment été développés, pour beaucoup utilisant des souches bactériennes d'origine humaine. Les larges possibilités de choix de micro-organismes en fonction de leurs propriétés intrinsèques et la possibilité de manipulations génétiques permettent même d'envisager un développement futur important.

2.1. Composition et pharmacologie des probiotiques

Les probiotiques sont des micro-organismes vivants capables d'exercer des effets physiologiques sur l'hôte (Fuller, 1989 ; Schaafsma, 1996 ; Holzapfel *et al.* 1998 ; Reid, 1999). Généralement, il s'agit de bactéries ou de levures présents soit dans des aliments, notamment les produits laitiers fermentés, soit dans des médicaments ou des compléments alimentaires. Dans ce dernier cas, la forme lyophilisée est la plus courante. Ceci amène à faire remarquer que les micro-organismes tués par la chaleur ne répondent pas à la définition des probiotiques, même si certains effets thérapeutiques leur ont été attribués (Boulloche *et al.*, 1994). Les genres bactériens les plus fréquemment retrouvés dans des préparations revendiquant des propriétés probiotiques sont *Bifidobacterium, Lactobacillus acidophilus, L. casei, L. rhamnosus, L. plantarum, Enterococcus faecium,* et *Saccharomyces*. Le nombre de micro-organismes vivants présents dans chaque produit est souvent très élevé. À titre d'exemple, un yaourt, par définition légale, doit en France contenir au moins 10^7 *L. bulgaricus* et *Streptococcus thermophilus* vivants par gramme de produit à péremption. La qualité microbiologique des préparations commercialisées reste en 2000 très variable, excellente pour certains et très insuffisante pour d'autres (Canganella *et al.*, 1997).

Plusieurs critères sont sans doute à prendre en compte dans le choix et la sélection d'un probiotique (Collins *et al.*, 1998).

- Origine humaine (selon les applications)
- Résistance à l'acidité et à la toxicité biliaire
- Adhérence aux cellules intestinales épithéliales
- Colonisation (même transitoire) du tube digestif
- Antagonisme avec les germes pathogènes
- Production d'agents antimicrobiens (bactériocines, microcines...)
- Capacité d'immunomodulation
- Effets démontrés chez l'Homme
- Acceptabilité réglementaire (« GRAS », « history of safe use », statut « novel-food »...)

Figure 2 ■ Caractéristiques souhaitables – Critère de sélection des micro-organismes probiotiques (*d'après* Brassart et Schiffrin, 2000).

Tout d'abord l'indication ciblée par le produit alimentaire ou pharmaceutique. Il faut sans doute ici distinguer les propriétés écologiques des propriétés immunostimulantes. Ainsi, une indication ou une allégation qui insistera sur l'équilibre écologique de la flore intestinale aura sans doute avantage à utiliser un genre ou une espèce bactérienne le plus proche possible de la flore résidente normale.

C'est sans doute l'une des raisons pour lesquelles la majorité des souches utilisées dans des produits alimentaires fermentés appartiennent aux genres *Lactobacillus, Streptococcus*, *Bifidobacterium.* En effet, ces germes sont des membres de la flore normale de l'intestin, ils sont en général reconnus comme ne présentant pas de risque toxique ou infectieux et ils sont relativement faciles à inclure dans des produits laitiers (Schiffrin et Brassart, 1999).

L'immunostimulation ou d'autres effets thérapeutiques pourront éventuellement donner la primauté à des micro-organismes dont la proximité taxonomique avec les genres et espèces de la flore normale n'est pas nécessairement importante. L'un des meilleurs exemples est représenté par *S. boulardii.* Cette levure ne fait pas partie de la flore normale, pourtant elle constitue l'un des probiotiques dont les effets sont le mieux documentés (voir plus loin).

Un autre critère important qui devrait présider au choix d'un genre, d'une espèce, voire d'une souche est le site d'action attendu. L'examen de la composition de la flore tout au long du tube digestif (Mitsuoka, 1992) montre que les équilibres écologiques ne sont pas les mêmes dans toutes les parties du tube, tant en terme de genre dominant qu'en terme de niveau de population (figure 3). Ainsi, certains auteurs voient une certaine logique à privilégier les bifidobactéries pour des effets dans le côlon car ces bactéries sont physiologiquement dominantes dans cette partie du tube digestif. Même si dans les conditions physiologiques la flore endogène semble très stable (tout particulièrement au niveau colique), des probiotiques en transit pourront néanmoins être, même transitoirement, dominants (et particulièrement dans l'intestin grêle eu égard au faible niveau de la flore endogène à ce niveau) (figure 3). Une souche bien choisie en fonction de l'application recherchée (immunomodulation, effet de barrière...) aura sans doute plus de chance d'avoir un effet dans ces conditions (Schiffrin et Brassart, 1999).

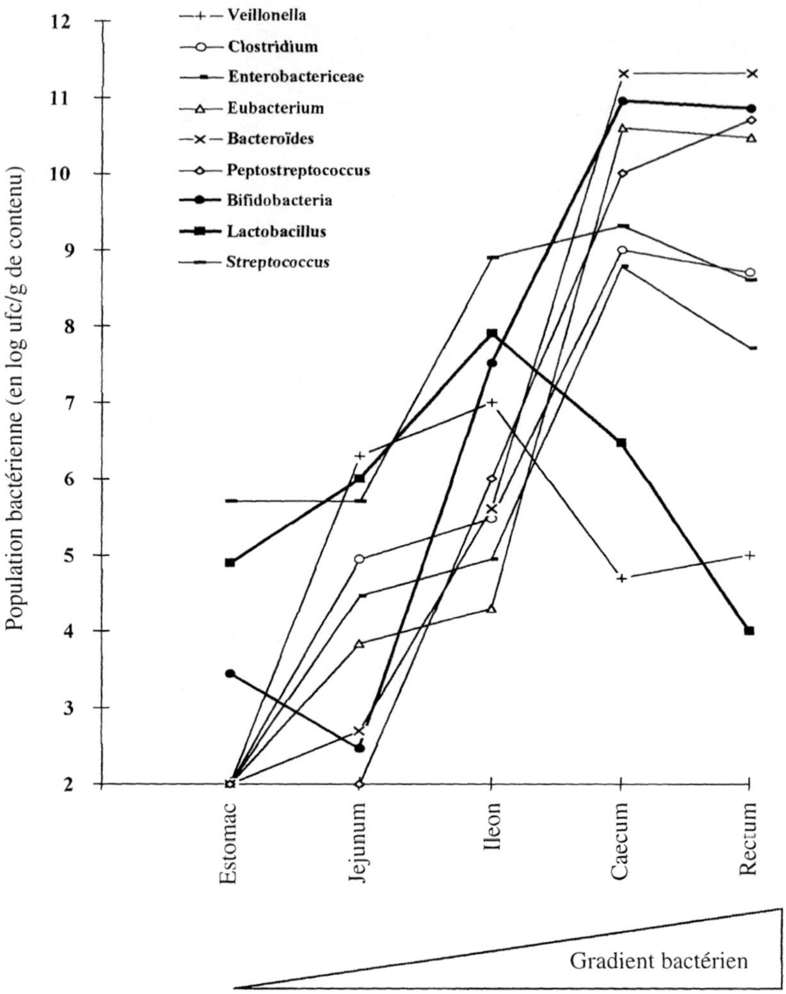

Figure 3 ■ Composition de la flore du tube digestif humain (Mitsuoka, 1992).

2.2. Pharmacologie

Les probiotiques peuvent être considérés comme un vecteur de principes actifs (enzymes, composants de paroi, peptides immunomodulateurs, substances antibactériennes…) jusqu'à leur cibles d'action dans le tractus digestif (Marteau *et al.,* 1993 ; Marteau et Vesa, 1998).

Leur étude pharmacologique poursuit trois buts :

- identifier les principes actifs des germes transitant le long du tube digestif ;
- décrire leur pharmacocinétique jusqu'à leurs cibles (survie, capacité d'adhésion et de colonisation, devenir des principes actifs) ;
- mettre en évidence et objectiver les effets spécifiques bénéfiques ou au contraire délétères.

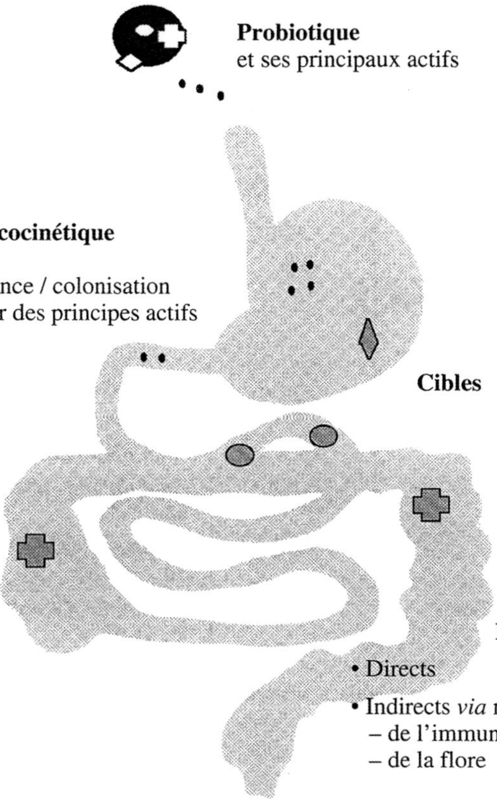

Figure 4 ■ Approche pharmacologique des effets des probiotiques ou de leurs principes actifs dans le tractus digestif.

La nature exacte des principes actifs étant souvent inconnue au plan biochimique et moléculaire, ce sont des propriétés biologiques plus globales qui sont généralement étudiées. Les concentrations de probiotiques atteignant vivants les différents étages du tube digestif dépendent du pourcentage de survie et des quantités ingérées. La survie au stress du transit gastro-intestinal varie considérablement d'un genre et d'une souche à l'autre (Marteau *et al.,* 1993 ; Marteau et Vesa, 1998). Certains probiotiques sont tués dès l'estomac alors que d'autres souches appartenant par exemple aux genres et espèces *Bifidobacterium*, *L. plantarum* ou *L. acidophilus* traversent l'intestin grêle et parfois le côlon à hauts niveaux de population.

Ils peuvent dans ce dernier cas représenter transitoirement une flore dominante surtout au niveau de l'estomac et du grêle proximal (figure 3) Certains probiotiques ont une propension à adhérer à l'épithélium digestif ou au mucus intestinal (Kirjavainen *et al.,* 1998). Ceci peut être étudié *in vitro* au moyen de lignées cellulaires humaines comme $CaCO_2$ (Bernet *et al.*, 1994). Cette capacité d'adhésion pourrait représenter un avantage écologique compétitif au sein de l'écosystème intestinal, limitant les effets du péristaltisme, favorisant pour les meilleures souches une colonisation (même transitoire), améliorant ainsi les possibilités de contact et les relations étroites avec l'épithélium entérocytaire et le système immunitaire local. La possibi-

Tableau 1 ■ Pourcentages de récupération de probiotiques vivants dans les selles après leur ingestion.

Probiotique		% de survie*	Référence
Bifidobacterium sp.		30	*Gastroenterology* (1992) **102** : 875-8
L. plantarum souche NCIB 8826		7	*Alim Pharmacol Ther* (2000) **4** : 823-8
L. acidophilus		2-5	*J Dairy Sci* (1978) **61** : 1-10
L. rhamnosus souche GG		1-5	*Dig Dis Sci* (1992) **37** : 121-8
" "	gastroprotégé	1	*Microb Ecol Health Dis* (1993) **6** : 119-22
" "	lait fermenté	1	" "
" "	capsules	2	*Int J Food Microb* (1995) **25** : 199-203
Lactococcus lactis MG1363		1	*Alim Pharmacol Ther* (2000) **4** : 823-8
L. fermentum souche KLD		0,5	*Alim Pharmacol Ther* (2000) **4** : 823-8
Lactococcus lactis TC165.5		0,1-2	*Appl Environ Microbiol* (1995) **61** : 2771-4
Sac. boulardii		0,36	*Biopharm Drug Disp* (1989) **10** : 353-64
L. reuteri	capsules	0,01	*Microb Ecol Health Dis* (1995) **8** : 41-50

* Résultat fourni dans la référence ou calculé à partir d'un poids de selles théorique de 150 g/j.

lité d'une colonisation durable de l'écosystème digestif par un probiotique a longtemps été considérée comme impossible du fait du rapport de force en faveur de l'écosystème endogène, quantitativement plus abondant et a priori saturant déjà les sites d'adhérence épithéliaux. La majorité des travaux a confirmé ce concept (Marteau *et al.*, 1993 ; Marteau et Vesa, 1998). Toutefois, des études récentes ont apporté de nouvelles informations et perspectives en montrant que des souches adhérentes de *L. plantarum* et *L. rhamnosus* pouvaient coloniser de manière prolongée, sinon permanente, la muqueuse jéjunale et/ou rectale chez quelques sujets (Johansonn *et al.*, 1993 ; Alander *et al.*, 1997). Une translocation de probiotiques n'a jamais été observée chez l'homme, néanmoins cet aspect a été très peu étudié.

3. *Effets biologiques de probiotiques chez l'homme*

3.1. Généralités

Les probiotiques peuvent exercer des effets directs dans la lumière de l'intestin sur le chyme, la flore, ou au niveau pariétal sur les entérocytes ou les cellules immunocompétentes du GALT (*Gut-Associated Lymphoid Tissue,* tissu immunitaire associé à l'intestin). Ils peuvent aussi avoir des effets indirects liés aux modifications de l'écosystème ou du système immunitaire local (Salminen *et al.*, 1998 ; Marteau et Rambaud, 1993).

3.2. Malabsorption du lactose

L'un des effets des probiotiques dont la démonstration a été clairement apportée concerne l'intolérance (la malabsorption) au lactose (Marteau *et al.*, 1997 a). Cette propriété des probiotiques est l'une de celle pour laquelle le consensus est général (Salminen *et al.,* 1998 a, b). De multiples travaux ont en effet montré que la lactase de certaines bactéries lactiques dont la paroi et la membrane sont facilement lysées par les acides biliaires, notamment celles du yaourt, participait, dans l'intestin, à la digestion du lactose, permettant ainsi une digestion du lactose du yaourt (90 %) chez les sujets déficients en lactase (Marteau *et al.,* 1990). En pratique, le remplacement du lait par du yaourt conduit à une meilleure absorption et une meilleure tolérance chez les sujets présentant une intolérance primaire au lactose. Ceci est aussi vrai dans les cas d'intolérance secondaire comme au cours de diarrhées persistantes (Boudraa *et al.*, 1990) ou après résection intestinale étendue (Arrigoni *et al.,* 1994). Dans le même registre de la digestion et de la tolérance aux disaccharides, il a été montré que l'ingestion de *Saccharomyces cerevisiae* aidait à la digestion du saccharose chez des enfants déficients en saccharase (Harms *et al.,* 1987).

3.3. Effets sur la flore endogène

Les effets de probiotiques sur la composition de la flore endogène sont paradoxalement assez mal connus si l'on excepte la survie du probiotique lui-même (Marteau *et al*, 1993 ; O'Sullivan et Kullen, 1998). Il y a sans doute là un grand travail de recherche à fournir pour mieux comprendre les complexes relations entre la flore résidente ou exogène et l'hôte (Tannock, 1997 ; Tannock, 1998). Des effets de probiotiques sur la composition et la physiologie de la microflore résidente ont été décrits de manière indirecte par une modification reproductible d'activités enzymatiques bactériennes fécales, telles que la β-glucuronidase, l'azoréductase ou la nitroréductase (Marteau *et al.*, 1993), ou la diminution de la production d'acides biliaires secondaires (Salvioli *et al.,* 1982). Des tentatives de modulation de la production d'acides gras à courte chaîne ou du pH intracolique par des probiotiques, ont en revanche jusqu'ici été infructueuses (Bartram *et al.,* 1994). Ces travaux, s'ils se confirmaient au travers d'autres études, pourraient ouvrir des perspectives cliniques nouvelles et intéressantes.

3.4. Effets sur l'immunité

Des études nombreuses chez l'animal ont montré que l'administration orale de certaines souches probiotiques pouvait moduler la barrière et les mécanismes immunitaires au niveau muqueux et systémique (Marteau et Rambaud, 1993 ; Marteau et Cellier, 1998 ; Salminen *et al.*, 1996). Quatre études ont également démontré que l'ingestion chez l'homme de fortes quantités de bactéries du yaourt augmentait la capacité des lymphocytes du sang circulant à sécréter diverses cytokines, notamment l'interféron-γ après stimulation (Marteau et Cellier, 1998). Les conséquences cliniques et épidémiologiques de cet effet biologique qui semble pourtant assez reproductible sont cependant inconnues. Les tentatives de démonstration de diminution d'infections ou de l'augmentation de l'efficacité de vaccins oraux sous l'effet du yaourt ont jusqu'ici échoué (Marteau et Cellier, 1998). Plusieurs essais randomisés contrôlés ont montré que la souche de *L. rhamnosus* GG administrée à des enfants atteints de gastroentérite à rotavirus, raccourcissait significativement la durée de la diarrhée (voir plus loin) et ceci pourrait être dû au moins en partie à une immunomodulation. En effet, Isolauri *et al.* ont montré que l'administration de ce probiotique entraînait une augmentation de l'immunité non spécifique reflétée par une augmentation des cellules circulantes capables de sécréter des immunoglobulines (Isolauri *et al.*, 1991). Au moment de la convalescence, 90 % des nourrissons du groupe recevant le probiotique contre seulement 46 % de ceux recevant le placebo avaient développé une réponse IgA spécifique contre les rotavirus (Isolauri *et al.*, 1991). Les mêmes auteurs ont rapporté que l'immunogénicité d'un vaccin oral antirotavirus pouvait être augmentée par l'administration simultanée de *L. rhamnosus* GG (Isolauri *et al.*, 1995). Dans une autre étude, des souriceaux nouveaux-nés étaient mieux protégés contre une infection à rotavirus si leur mère allaitante recevait une immunisation orale contre le rotavirus associée à un probiotique (*B. breve* YIT 4064) que si la mère recevait le vaccin oral de manière isolée (Yasui *et al.*, 1995). Link-Amster *et al.* ont rapporté que l'administration orale chez l'homme d'un lait fermenté contenant entre autres souches *B. lactis* BB12 et *L. johnsonni* LA1 augmentait la réponse anticorps lors d'une vaccination orale par *Salmonella typhi* Ty 21a chez l'homme. L'effet s'exprimait par une augmentation des IgA plasmatiques (Link-Amster *et al.*, 1994). Ce même type de produit laitier fermenté était responsable dans un autre travail d'une stimulation du pouvoir phagocytaire des granulocytes du sang circulant (Schiffrin *et al.* 1995). Une autre étude concernant l'administration à des volontaires sains d'un produit laitier fermenté contenant la souche *L. johnsonii* LA1 a montré une augmentation discrète des IgA plasmatiques chez des sujets sains (Marteau *et al.*, 1997 b). L'efficacité médiocre de la vaccination orale étant largement attribuée à une dégradation des structures antigéniques dans l'intestin et à l'absence d'adjuvants appropriés, plusieurs équipes travaillent actuellement sur l'utilisation de probiotiques génétiquement modifiés, permettant de les utiliser comme vecteurs chargés d'antigènes, aux propriétés adjuvantes et aux propriétés intrinsèques immunogènes faibles (Wells *et al.*, 1996).

4. Applications en gastroentérologie clinique

Des probiotiques ont été proposés pour traiter diverses affections s'accompagnant de perturbations de l'écologie intestinale (Salminen *et al.*, 1998 b). Toutefois, pour garantir la fiabilité du concept, il importe que les travaux se fassent au travers d'essais contrôlés, seuls en mesure d'établir un niveau de preuve acceptable.

4.1. Probiotiques et pathogènes gastro-intestinaux

Des effets protecteurs de certaines souches probiotiques contre certaines infections intestinales ont été démontrés sur des modèles animaux. Les mécanismes impliqués incluent la production d'acide, de peroxyde d'hydrogène, de substances antimicrobiennes, la compétition pour des nutriments ou des récepteurs d'adhésion, des actions antitoxines, et la stimulation du système immunitaire (Fuller, 1989 ; Bengmark, 1998 ; Marteau *et al.*, 1993 ; Bernet *et al.*, 1994 ; Elmer *et al.*, 1996, Bernet-Camard *et al.*, 1997). Des essais ouverts réalisés chez l'homme ont suggéré la possibilité pour certaines souches probiotiques d'éradiquer des germes pathogènes chez des porteurs chroniques de salmonelles, *Campylobacter* ou *Clostridium difficile* (Marteau *et al.*, 1993). Plusieurs études ont démontré un effet thérapeutique significatif de certaines souches, notamment de *L. rhamnosus* GG, pour raccourcir la durée de la diarrhée en cas de gastroentérite.

Tableau 2 ■ Études randomisées contrôlées ayant rapporté un effet statistiquement significatif de probiotiques pour prévenir ou raccourcir la durée de gastroentérites aiguës.

Situation clinique	Probiotique	Référence
Traitement curatif :		
Diarrhée à rotavirus	*L. rhamnosus* souche GG	*Pediatrics* (1991) **88** : 90-7
" "	" "	*Pediatr Res* (1992) **32** : 141-4
" "	" "	*J Ped Gastroenterol Nutr* (1995) **20** : 333-8
" "	" "	*J Ped Gastroenterol Nutr* (1997) **25** : 516-9
" "	*L. casei* souche Shirota	*Jpn J Pediatr* (1994) **47** : 2755-62
Gastroentérites	*L. rhamnosus* souche GG	*Pediatr Infect Dis* (1995) **14** : 107-11
" "	" "	*J Trop Ped* (1996) **42** : 162-5
" "	*E. faecium* SF68	*Curr Ther Res* (1980) **28** : 927-36
" "	*E. faecium* SF68	*Chemotherapy* (1981) **27** : 466-70
" "	*E. faecium* SF68	*Scand J Gastroenterol* (1996) **31** : 887-91
" "	*Sac. boulardii*	*Ann Pediatr* (1985) **32** : 1-3
" "	*L. reuteri*	*Pediatr Infect Dis J* (1997) **16** : 1103-7
Prévention :		
Diarrhée aiguë/rotavirus	*B. bifidum + S. thermophilus*	*Lancet* (1994) **344** : 1046-9

Un essai randomisé contrôlé a montré que l'administration à des nourrissons hospitalisés de *Bifidobacterium* sp. et *S. thermophilus* diminuait significativement le risque de diarrhée et de portage de rotavirus (tableau 2). Plusieurs essais randomisés contrôlés ont montré l'efficacité de souches probiotiques pour prévenir les perturbations digestives liées à l'antibiothérapie

S. boulardii diminue environ de moitié le risque de diarrhée aux antibiotiques (tableau 3). La capacité de probiotiques pour prévenir la diarrhée du voyageur, a fait l'objet de six essais randomisés contrôlés dont les résultats sont encourageants pour la recherche mais encore très insuffisants pour atteindre le niveau de preuve nécessaire pour des recommandations cliniques. Les choix des critères de jugement de

Tableau 3 ■ Essais randomisés montrant un effet significatif de probiotiques vs placebo pour prévenir les perturbations intestinales liées à l'antibiothérapie.

Antibiotique	Probiotique	Effet	Référence
Ampicilline	Lactinex®	8,3 % vs 21 %	*Am J Hosp Pharm* (1979) **36** : 754-7
Antituberculeux	*E. faecium* SF68	5 % vs 18 %	*Curr Ther Res* (1982) **31** : 265-71
Divers	*E. faecium* SF68	8,7 % vs 27,2 %	*J Int Med Res* (1989) **17** : 333-8
Néomycine	*L. acidophilus*	20 % vs 42 %	*Prog Food Nutr Sci* (1983) **7** : 29-37
Erythromycine	*B. longum*	+	*Lancet* (1987) **ii** : 43
Erythromycine	*L. rhamnosus* souche GG	+	*Ann Med* (1990) **22** : 57-9
Divers	*L. rhamnosus* souche GG	8 % vs 26 %	*J Pediatr* (1999) **135** : 564-8
Divers	*L. rhamnosus* souche GG	5 % vs 16 %	*Pediatrics* (1999) **104** : e64
Clindamycine	*B. longum + Lactobacillus*	+	*Microb Ecol Health Dis* (1994) **7** : 17-25
Divers	*Sac. boulardii*	+	*Rev Fr Gastroenterol* (1975) **114** : 45-50
" "	*Sac. boulardii*	4,5 % vs 17,5 %	*Gaz Med Fr* (1977) **84** : 2072-8
" "	*Sac. boulardii*	9,5 % vs 21,8 %	*Gastroenterology* (1989) **96** : 981-8
β-lactamines	*Sac. boulardii*	7,2 % vs 14,6 %	*Am J Gastroenterol* (1995) **90** : 439-48

Tableau 4 ■ Études randomisées contrôlées de l'effet de probiotiques pour prévenir la diarrhée du voyageur.

Probiotique	Efficacité	Référence
Lactinex®	Non	*Gastroenterology* (1978) **74** : 829-30
L. fermentum souche KLD	Non	*N Eng J Med* (1995) **333** : 1360-1
Lactobacilles	43 % vs 71 %	*J Travel Med* (1989) **7** : 333-5
Sac. boulardii	+	*Fortschr Med* (1993) **111** : 152-6
L. rhamnosus souche GG	– 11 % (NS)	*Ann Med* (1990) **22** : 53-6
L. rhamnosus souche GG	3,9 %/j vs 7,4 %	*J Travel Med* (1997) **4** : 41-3

l'efficacité des probiotiques et la méthodologie statistique sont notamment souvent discutables.

Plusieurs essais ouverts ont suggéré un rôle bénéfique de *L. rhamnosus* souche GG et de *S. boulardii* chez des sujets atteints d'infection intestinale à *C. difficile* (Elmer *et al.,* 1996 ; Buts *et al.,* 1993 ; Biller *et al.,* 1995). Un seul essai randomisé contrôlé a été réalisé et a montré que l'administration orale de *S. boulardii* diminuait de moitié le risque de rechute chez les sujets atteints d'une infection à *C. difficile* ayant déjà rechuté (McFarland *et al.,* 1994). Plusieurs études *in vitro* ont bien démontré la possibilité d'un antagonisme entre certaines souches lactiques probiotiques, notamment des lactobacilles et *Helicobacter pylori* (Midolo *et al.,* 1995). Un seul essai clinique chez l'homme a montré une diminution de l'activité uréasique (témoin de la présence d'*H. pylori* dans l'estomac) mesurée par test respiratoire, chez des sujets porteurs *d'H. pylori*, traités par un surnageant de culture de *L. johnsonii* souche LA1 (Michetti *et al.*, 1999). Une éradication d'*H. pylori* n'a cependant jamais été observée jusqu'ici avec un probiotique. Enfin, et sans que le mécanisme soit connu, une diminution significative de diarrhées de diverses causes a été observée dans des essais contrôlés utilisant des probiotiques (Marteau *et al.* 1993 ; Salminen *et al.*, 1996 ; Bengmark 1998 ; Elmer *et al.*, 1996 ; Bleichner *et al.*, 1997) ce qui suggère une interaction entre certains probiotiques et les mécanismes de sécrétion hydro-électrolytique par l'épithélium intestinal et/ou colique.

4.2. Développements actuels

4.2.1. Cancérogenèse

La flore endogène et le système immunitaire jouent un rôle dans la cancérogenèse colique. Ces deux paramètres pouvant être eux mêmes modulés par des probiotiques, plusieurs études ont été réalisées chez l'animal puis chez l'homme pour tenter de prévenir la cancérogenèse. Plusieurs auteurs ont montré que certains probiotiques pouvaient diminuer l'activité d'enzymes, de mutagènes ou des acides biliaires secondaires dans les selles, qui pourraient chacun être impliqués dans la cancérogenèse colique (Marteau *et al.*, 1993 ; Salvioli *et al.*, 1982 ; Pool-Zobel *et al.*, 1996 ; Hosono *et al.*, 1997 ; Singh *et al.*, 1997). L'administration orale de divers probiotiques diminue la carcinogénicité de l'azoxyméthane chez le rat et notamment l'apparition de cryptes aberrantes (Singh *et al.* 1997). Boutron *et al.* ont observé un moindre risque d'adénomes coliques de grande taille (précurseurs des cancers du côlon) chez les sujets consommant du yaourt plus de 3 fois par semaine (Boutron *et al.*, 1996). Deux essais randomisés contrôlés ont montré que l'administration orale de *L. casei* souche biolactis diminuait de manière significative le risque de récidive de tumeur superficielle de vessie chez l'homme (Aso *et al.,*, 1995 ; Aso et Akazan, 1992). Il est intéressant de noter que cette maladie se traite d'ailleurs souvent par injections intravésicales de BCG, traitement conceptuellement proche de celui des probiotiques.

4.2.2. Maladies inflammatoires de l'intestin

Il existe de nombreux arguments en faveur d'un rôle de la flore endogène dans la pathogénie de maladies inflammatoires cryptogénétiques de l'intestin (maladie de Crohn, rectocolite hémorragique et pochite), aussi des travaux se multiplient-ils recherchant un effet bénéfique des antibiotiques ou des probiotiques soit pour limiter les poussées soit, surtout, pour prévenir les rechutes de ces affections chroniques invalidantes. À titre d'exemple, deux études ont fortement suggéré que l'administration orale d'*Escherichia coli* souche Nissle 1917 était aussi efficace que l'administration d'acide 5 amino-salicylique pour maintenir en rémission des sujets atteints de rectocolite hémorragique (Kruis *et al.*, 1997 ; Rembacken *et al.*, 1999). Dans une étude double aveugle, Gionchetti *et al.* (2000) ont montré que l'administration du mélange de souches probiotiques VSL#3 (4 souches de lactobacilles — *L. casei, L. plantarum, L. acidophilus, L. delbrueckii* subsp. *bulgaricus* —, 3 souches de bifidobacteries — *B. longum, B. breve, B. infantis* —, et 1 souche de *Streptococcus salivarius* subsp. *thermophilus)* diminuait le risque de rechutes de pouchites chroniques plus efficacement que le placebo. Deux travaux ont suggéré l'effet de VSL#3 et de *Escherichia coli* souche Nissle 1917 pour prévenir la rechute postopératoire de la maladie de Crohn (Malchow, 1997 ; Campieri *et al.*, 2000). D'autres études ont aussi suggéré l'efficacité de *S. boulardii* sur la diarrhée au cours de la maladie de Crohn (Plein et Hotz, 1993 ; Guslandi, 2000).

4.2.3. Perméabilité intestinale, translocation

La flore intestinale et certains probiotiques semblent capables de moduler la perméabilité intestinale aux protéines, aux macromolécules, aux antigènes et aux bactéries (translocation). Des travaux sont donc entrepris cherchant une efficacité clinique potentielle à des probiotiques dans des situations caractérisées par une inflammation intestinale ou une perméabilité intestinale accrue. L'administration de *L. reuteri* R2LC *L. plantarum* DSM 9843 à des rats présentant une entérocolite induite par le méthotrexate, diminuait la perméabilité intestinale, la translocation bactérienne et les concentrations plasmatiques d'endotoxines (Mao *et al.*, 1996). Dans un autre travail, l'administration orale d'une soupe contenant *L. reuteri* R2LC diminuait significativement la translocation bactérienne chez des rats en situation d'insuffisance hépatique aiguë induite par résection hépatique subtotale (Wang *et al.*, 1995). L'administration rectale de *L. reuteri* R2LC, *L. plantarum* DSM 9843 et d'autres lactobacilles s'est avérée capable de diminuer la translocation bactérienne et de moduler l'insuffisance hépatique chez des rats chez lesquels une insuffisance hépatique expérimentale était induite par galactosamine (Adawi *et al.*, 1997).

5. Probiotiques et sécurité : effets secondaires éventuels et implications réglementaires

5.1. Généralités et considérations réglementaires

Le concept probiotique a gagné en popularité ces dernières années, largement du fait d'une large communication sur les effets positifs et les espoirs de développement. Cependant, considérant les probiotiques comme un principe actif, la question se pose des éventuels effets indésirables. Les implications sont multiples : d'abord et de façon évidente, il est indispensable de ne mettre sur le marché que des produits probiotiques dont la sécurité est totale pour les consommateurs (bien qu'il ne faille pas oublier que le risque zéro n'existe pas). Ensuite, en conséquence du premier point, les aspects sécurité des probiotiques posent le problème de la réglementation, en particulier pour les produits alimentaires. Dans le domaine alimentaire, les produits probiotiques, laits fermentés ou autres restent avant tout des aliments et à ce titre sont destinés à une consommation de masse, d'où toute l'importance des aspects sécuritaires, et réglementaires qui en découlent. Les probiotiques pharmaceutiques répondent à la réglementation en vigueur pour ce type de produits et ont un statut mieux établi). La notion d'aliments fonctionnels a été récemment introduite comme des aliments ou des nutriments qui possèdent des vertus allant au-delà de leur seule valeur nutritionnelle (Roberfroid et Gibson, 1999). Au Japon et aux États-Unis, la situation semble claire de ce point de vue avec des réglementations bien établies (voir par exemple le DSHEA américain ou la réglementation FOSHU au Japon) (Berner et O'Donnell, 1998). En Europe, il n'existe pas de réglementation spécifique en la matière. Toutefois, de nombreuses actions sont mises en œuvre dont les plus intéressantes sont des programmes soutenus par l'Union européenne. Des groupes de travail et de réflexion associant des scientifiques publics et privés, des organisations professionnelles (ILSI Europe) et des membres des instances européennes ont récemment publié un document de consensus sur les aliments fonctionnels. Ce document fait une large place à la flore intestinale et aux probiotiques (Salminen *et al.*, 1998 a).

5.2. Sécurité des probiotiques

Il s'agit aujourd'hui d'une question centrale. Le consommateur et les autorités réglementaires ne se contentent plus uniquement des allégations positives de bénéfices santé. Ils veulent de plus en plus des garanties de sécurité et d'innocuité. Les probiotiques n'échappent pas à cette règle. L'avenir, la crédibilité et le développement du marché des probiotiques et au-delà des aliments fonctionnels passent par la prise en compte de ces aspects (Hilliam, 1998).

Aujourd'hui, un examen attentif de la littérature permet de dégager plusieurs points concernant la sécurité des probiotiques. Tout d'abord ceux-ci ont une longue histoire en terme de sécurité d'utilisation : les quantités considérables de bactéries lactiques ou de levures consommées depuis de nombreuses années n'ont jamais révélé de problèmes toxiques ou infectieux massifs. Cependant des cas isolés d'infections (endocardites, septicémies...), intervenant généralement chez des sujets fragilisés ont été décrits dans la littérature et confirment que le risque zéro n'existe pas. Néanmoins, ces cas sporadiques ne suffisent pas à remettent pas en cause le concept lui-même. Plusieurs revues se sont intéressées à ce point et ont confirmé le très faible pouvoir pathogène des bactéries lactiques (Gasser, 1994 ; Aguirre et Collins, 1993 ; Donohue *et al.*, 1998). Deux études épidémiologiques finlandaises ont clairement démontré que, au regard des quantités de laits fermentés consommées, le nombre d'infections impliquant des bactéries lactiques restait particulièrement faible ; de plus aucune de ces rares infections ne pouvait être attribuée à des souches utilisées dans des produits commerciaux (Saxelin *et al.*, 1996 a, b). Ces deux études avaient pour but de mesurer le pouvoir pathogène de la souche *L. rhamnosus* GG, particulièrement populaire en Finlande. Malgré, les conclusions rassurantes de ces études, un cas isolé d'abcès hépatique a été décrit récemment en Finlande. La cause en était une souche *L. rhamnosus* non distinguable de la souche GG (Rautio *et al.*, 1999). Quelques cas de fongémie ont été rapportés concernant *S. boulardii* chez des malades hospitalisés porteurs de catheters veineux centraux et il semble probable que ce soit la création d'aérosols lors de l'ouverture des sachets de probiotiques par le personnel soignant qui explique ce risque (Hennequin *et al.*, 1999).

Une liste non exhaustive de critères d'évaluation de toxicité potentielle à prendre en compte pour la sélection de souches probiotiques pourrait être la suivante :

- La prise en compte des populations les plus à risques en terme de pathogénicité de bactéries lactiques ou de levures. Des facteurs de risques ont été identifiés, liés soit à l'hôte soit au micro-organisme : l'immunodéficience (Wagner et Balish, 1998), la présence de cathéter, des pathologies valvulaires cardiaques existantes, la production par les souches de certaines protéases et de glycosidases interférant en particulier avec le métabolisme de la fibrine (Salminen *et al.*, 1998 a).
- La capacité par le micro-organisme de dégrader le mucus intestinal (Ruseler van Embden *et al.*, 1995), ou de déconjuguer fortement ou déshydroxyler les acides biliaires (Marteau *et al.*, 1995).
- La résistance aux antibiotiques associée ou non à des plasmides. Il s'agit certainement d'un des points les plus sérieux pour l'avenir, car les résistances aux antibiotiques posent de plus en plus de problèmes de santé publique. (Salminen *et al.*, 1998 a). Il est souhaitable que chaque producteur de produits probiotiques connaissent précisément l'antibiogramme de ses souches afin de pouvoir intervenir rapidement en cas de problème infectieux.

Conclusions

L'originalité et la séduction marketing du concept de « probiotiques » ne font aucun doute et favorisent certainement une communication parfois excessive voire non fondée. Néanmoins, des travaux de plus en plus nombreux démontrent des effets biologiques, ces effets étant d'ailleurs « souche-dépendants ». La corrélation de ces effets avec les caractéristiques pharmacocinétiques des probiotiques permettra sans doute à l'avenir une sélection plus rationnelle et plus efficace des souches. Les effets probiotiques clairement démontrés chez l'homme sont aujourd'hui : la bonne tolérance du yaourt par rapport au lait chez les sujets souffrant d'une intolérance primaire ou secondaire au lactose, l'utilisation de certaines souches (*S. boulardii* notamment) pour prévenir ou raccourcir la diarrhée due aux antibiotiques, l'utilisation de *S. boulardii* pour prévenir la récidive de diarrhée/colite à *C. difficile*, l'utilisation de laits fermentés contenant *L. rhamnosus* souche GG pour raccourcir la durée de la diarrhée lors de gastroentérites aiguës à rotavirus chez le nourrisson. Ces données sont en grande partie confirmées par une étude rétrospective très récente (De Roos et Katan, 2000).

De nombreuses autres pistes prometteuses ont été ouvertes mais doivent encore être confirmées. Dans le domaine alimentaire, il importe clairement que les scientifiques puissent sereinement démontrer ces effets avant que les services marketing n'engagent une communication sur ce thème, il en va de la crédibilité du concept au plan commercial mais aussi au plan scientifique.

Références bibliographiques

Adawi D, Kasravi FB, Molin G, Jeppsson B (1997). Effect of *Lactobacillus* supplementation with and without arginine on liver damage and bacterial translocation in an acute liver injury model in the rat. *Hepatology,* **25** : 642-647.

Aguirre M, Collins MD (1993). Lactic acid bacteria and human clinical infections. *J App l Bacteriol,* **75** : 95-107.

Alander M, Korpela R, Saxelin M *et al.* (1997). Recovery of *Lactobacillus rhamnosus* GG from human colonic biopsies. *Lett Appl Microbiol,* **24** : 361-364.

Arrigoni E, Marteau P, Briet F *et al.* (1994). Tolerance and absorption of lactose from milk and yoghurt during short bowel syndrome in man. *Am J Clin Nutr,* **60** : 926-929.

Aso Y, Akazan H (1992). Prophylactic effect of *Lactobacillus casei* preparation on the recurrence of superficial bladder cancer. *Urol Int,* **49** : 125-129.

Aso Y, Akaza H, Kotake T *et al.* (1995). Preventive effect of a *Lactobacillus casei* preparation on the recurrence of superficial bladder cancer in a double blind trial. *Eur Urol,* **27** : 104-109.

Bartram HP, Sheppach W, Gerlash S *et al.* (1994). Does yogurt enricheed with *Bifidobacterium longum* affect colonic microbiology and fecal metabolites in healthy subjects? *Am J Clin Nutr,* **59** : 428-432.

Bengmark S. (1998). Ecological control of the gastrointestinal tract. The role of probiotic flora. *Gut,* **42** : 2-7.

Berner LA, et O'Donnell JA (1998). Functional foods and health claims legislation: application to dairy foods. *Int Dairy J,* **8** : 355-362.

Bernet MF, Brassart D, Neeser JR, Servin AL (1994). *Lactobacillus acidophilus* LA1 binds to intestinal cell lines and inhibits cell attachment and cell invasion by enterovirulent bacteria. *Gut,* **35** : 483-9.

Bernet-Camard MF, Liévin V, Brassart D, Neeser JR, Servin AL, Hudault S (1997). The human *Lactobacillus acidophilus* LA1 secretes a non bacteriocin antibacterial substance active *in vitro* and *in vivo. Appl Environm Microbiol,* **63** : 2747-2753.

Biller JA, Katz AJ, Flores AF *et al.* (1995). Treatment of recurrent *Clostridium difficile* colitis by *Lactobacillus* GG. *J Pediatr Gastroenterol Nutr,* **21** : 224-226.

Bleichner G, Blehaut H, Mentec H, Moyse D (1997). *Saccharomyces boulardii* prevents diarrhea in critically ill tube-fed patients. A multicenter, randomized, double-blind placebo-controlled trial. *Intensive Care Med,* **23** : 517-523.

Boudraa G, Touhami M, Pochart P *et al.* (1990). Effect of feeding yogurt versus milk in children with persistent diarrhea. *J Pediatr Gastroenterol Nutr,* **11** : 509-512

Boulloche J, Mouterde O, Mallet E (1994). Traitement des diarrhées aiguës chez le nourrisson et le jeune enfant – Étude contrôlée de l'activité antidiarrhéique de *L. acidophilus* tués (souche LB) contre un placebo et un médicament de référence (lopéramide). *Ann Pédiatr,* **41** : 1-7.

Boutron MC, Faivre J, Marteau P *et al.* (1996). Calcium, phosphorus, vitamin D, dairy products and colorectal carcinogenesis: a French case-control study. *Br J Cancer,* **74** : 145-151.

Brassart D, Schiffrin EJ (1997). The use of probiotics to reinforce mucosal defence mechanisms. *Trends Food Sci Technol,* **8** : 321-326.

Brassart D, Schiffrin E (2000). Pre- and probiotics. *In:* Functional foods. Labuzza T Ed In press.

Buts JP, Corthier G, Delmee M (1993). *Saccharomyces boulardii* for *Clostridium difficile*-associated enteropathies in infants. *J Pediatr Gastroenterol Nutr,* **16** : 419-425.

Campieri M, Rizzello F, Venturi A, *et al.* (2000). Combination of antibiotic and probiotic treatment is efficacious in prophylaxis of post-operative recurrence of Crohn's disease: a randomized controlled study vs mesalamine. *Gastroenterology,* **118** : G4179.

Canganella F, Paganini S, Ovidi M, *et al.* (1997). A microbiology investigation on probiotic pharmaceutical products used for human health. *Microbiol Res,* **152** : 171-9.

Collins JK, Thornton G, Sullivan OG (1998). Selection of probiotic strains for human applications. *Int Dairy J,* **8** : 487-490.

De Roos NM et Katan MB (2000). Effects of probiotic bacteria on diarrhea, lipid metabolism, and carcinogenesis: a review of papers published between 1988 and 1998. *Am J Clin Nutr,* **71** : 405-411.

Donohue DC, Salminen S, Marteau P (1998). Safety of probiotic bacteria. *In*: *Lactic acid bacteria – Microbiology and Functional aspects.* Salminen S, von Wright A eds, Marcel Dekker, New York, (2 nd Ed), 369-384.

Elmer GW, Surawicz CM, McFarland LV (1996). Biotherapeutic agents. A neglected modality for the treatment and prevention of selected intestinal and vaginal infections. *JAMA,* **275** : 870-876.

Fuller R (1989). Probiotics in man and animal. *J Appl Bacteriol,* **66** : 365-78.

Gasser F (1994). Safety of lactic acid bacteria and their occurrence in human clinical infections. *Bull Inst Pasteur,* **92** : 45-67.

Gionchetti P, Rizzello F, Venturi A, *et al.* (2000). Oral bacteriotherapy as maintenance treatment in patients with chronic pouchitis: a double-blind, placebo-controlled trial. *Gastroenterology,* **119** :

Guslandi M (2000). Flare up of of Crohn's disease is prevented by *Saccharomyces boulardii. Gastroenterology,* **118** : A4170.

Haenel H (1970). Human normal and abnormal gastrointestinal flora. *Am J Clin Nutr,* **23** : 1433-1439.

Harms HK, Bertele-Harms RM, Bruer-Kleis D (1987). Enzyme substitution therapy with the yeast *Saccharomyces cerevisiae* in congenital sucrase-isomaltase deficiency. *N Engl J Med,* **316** : 1306-9.

Hennequin C, Kauffmann-Lacroix C, Jobert A, *et al.* (2000). Possible role of catheters in Saccharomyces boulardii fungemia. *Eur J Clin Microbiol Infect Dis,* **19** : 16-20.

Hilliam M (1998). The market for functional foods. *Int. Dairy J,* **8** : 349-353.

Holzapfel WH, Habere P, Snel J, *et al.* (1998). Overview of gut flora and probiotics. *Int J Food Microbiol,* **41** : 85-101.

Hosono A, Kitazawa H, Yamagushi T (1997). Antimutagenic and antitumor activities of lactic acid bacteria. *In: Probiotics 2 - Applications and practical aspects.* Fuller Ed. Chapman et Hall, Londres, 89-131.

Isolauri E, Juntunen M, Rautanen T *et al.* (1991). A human *Lactobacillus* strain (*Lactobacillus* GG) promotes recovery from acute diarrhea in children. *Pediatrics,* **88** : 90-97.

Isolauri E, Joensuu J, Suomalainen H *et al.* (1995). Improved immunogenicity of oral D x RRV reassortant rotavirus vaccine by *Lactobacillus casei* GG. *Vaccine,* **13** : 310-312.

Johansson ML, Molin G, Jeppsson *et al.* (1993). Administration of different *Lactobacillus* strains in fermented oatmeal soup: *in vivo* colonization of human intestinal mucosa and effect on the indigenous flora. *Appl Environ Microbiol,* **59** : 15-20.

Kirjavainen PV, Ouwehand AC, Isolauri E, Salminen SJ (1998). The ability of probiotic bacteria to bind to human intestinal mucus. *FEMS Microbiol Lett,* **167** : 185-189.

Kruis W, Schütz E, Fric P *et al.* (1997). Double-blind comparison of an oral *Escherichia coli* preparation and mesalazine in maintaining remission of ulcerative colitis. *Aliment Pharmacol Ther,* **11** : 853-858.

Link-Amster H, Rochat F, Saudan KY *et al.* (1994). Modulation of a specific humoral immune response an changes in intestinal flora mediated through fermented milk intake. *FEMS Immunol Med Microbiol,* **10** : 55-64.

Malchow HA (1997). Crohn's disease and *Escherichia coli.* A new approach in therapy to maintain remission of colonic Crohn's disease? *J Clin Gastroenterol,* **25** : 653-658.

Marteau P, Flourié B, Pochart P *et al.* (1990). Effect of the microbial lactase activity in yogurt on the intestinal absorption of lactose: an *in vivo* study in lactase-deficient humans. *Br J Nutr,* **64** : 71-79.

Marteau P, Rambaud JC (1993). Potential of using lactic acid bacteria for therapy and immunomodulation in man. *FEMS Microbiol Rev*, **12** : 207-220.

Marteau P, Pochart P, Bouhnik Y, Rambaud JC (1993). Fate and effects of some transiting microorganisms in the human gastrointestinal tract. *World Rev Nutr Diet*, **74** : 1-21.

Marteau P, Gerhardt MF, Myara A, *et al.* (1995). Bifidobacteria and lactobacilli ingested in fermented dairy products can metabolize bile salts in the human small intestine. *Microbiol Ecol Health Dis*, **8** : 151-157.

Marteau P, Vesa T, Rambaud JC (1997 a). Lactose maldigestion. *In*: *Probiotics 2 : application and practical aspects*. Fuller Ed. Chapmann et Hall. London, 65-88.

Marteau P, Vaerman JP, Dehenin *et al.* (1997 b). Effect of intrajejunal perfusion and chronic ingestion of *Lactobacillus acidophilus* strain La1 on serum concentrations and jejunal secretions of immunoglobulins and serum proteins in healthy humans. *Gastroenterol Clin Biol*, **21** : 293-298.

Marteau P, Vesa T (1998). Pharmacokinetics of probiotics and biotherapeutic agents in humans. *Bioscience Microflora*, **17** : 1-6.

Marteau P, Cellier C (1998). Immunological effects of biotherapeutic agents. *In: Biotherapeutic agents and Infectious Diseases*. Elmer G, Surawicz C, McFarland L Eds. Humana Press Inc, Totowa, New Jersey, 121-144.

McFarland LV, Surawicz CM, Greenberg RN *et al.* (1994). A randomized placebo-controlled trial of *Saccharomyces boulardii* in combination with standard antibiotics for *Clostridium difficile*. JAMA, **271** : 1913-1918.

Mao Y, Nobaeck S, Kasravi B, Adawi D *et al.* (1996). The effects of *Lactobacillus* strains and oat fiber on methotrexate-induced enterocolitis in rats. *Gastroenterology*, **111** : 334-344.

Michetti P, Dorta G, Wiesel PH., Brassart D, Verdu E, Herranz C, *et al.* (1999). Effect of whey-based culture supernatant of *Lactobacillus acidophilus (johnsonii)* La1 on *Helicobacter pylori* infection in humans. *Digestion*, **60** : 203-209.

Midolo PD, Lambert JR, Hull R *et al.* (1995). *In vitro* inhibition of *Helicobacter pylori* NCTC 11637 by organic acids and lactic acid bacteria. *J Appl Bacteriol*, **79** : 475-479.

Mitsuo ka T (1992). The human gastro-intestinal tract. *In:* BJB Wood Ed. The lactic acid bacteria. *Elsevier Applied Science*. London and New York, 69-114.

O'Sullivan DJ et Kullen MJ (1998). Tracking of probiotic bifidobacteria in the intestine. *Int Dairy J*, **8** : 513-525.

Plein K, Hotz J (1993). Therapeutic effects of *Saccharomyces boulardii* on mild residual symptoms in a stable phase of Crohn's disease with special respect to chronic diarrhea-a pilot study. *Z Gastroenterol*, **31** : 129-134.

Pool-Zobel BL, Neudecker C, Domizlaff I *et al.* (1996). *Lactobacillus*- and *Bifidobacterium*-mediated antigenotoxicity in the colon of rats. *Nutr Cancer*, **26** : 365-380.

Rautio M, Jousimies-Somer H, Kauma H, *et al.* (1999). Liver abcess due to a *Lactobacillus rhamnosus* strain indistinguishable from *L. rhamnosus* strain GG. *Clin Infect Dis*, **28** : 1159-1160.

Reid G (1999). The scientific basis for probiotic strains of *Lactobacillus*. *Appl Environm Microbiol*, **65** : 3763-3766.

Rembacken BJ, Snelling AM, Hawkey PM, Chalmers DM, Axon AT (1999). Nonpathogenic *Escherichia coli* versus mesalazine for the treatment of ulcerative colitis: a randomised trial. *Lancet*, **354** : 635-639.

Roberfroid MB, Gibson GR (1999). Introduction *In: Colonic Microbiota, Nutrition and health*. Gibson GR et Roberfroid M Eds. Kluwer Academic Publishers. Dordrecht. vii-viii.

Ruseler van Embden JGH, van Lieshout LMC, Gosselink MJ, Marteau P (1995). Inability of *Lactobacillus casei* strain GG, *L. acidophilus*, and *Bifidobacterium bifidum* to degrade intestinal mucus glycoproteins: clearing the way for mucosa-protective therapy. *Scand J Gastroenterol*, **30** : 675-680.

Salminen S, Isolauri E, Salminen E (1996). Clinical uses of probiotics for stabilizing the gut mucosal barrier: successful strains and future challenges. *Antonie van Leevenhoek,* **70** : 347-58.

Salminen S, Bouley C, Boutron-Ruault MC, *et al.* (1998 a). Functional food science and gastrointesinal physiology and function. *British J. Nutr,* **80** (supplément 1) : S147-S171.

Salminen S, Ouwehand AC, Isolauri E (1998 b). Clinical applications of probiotic bacteria. *Int Dairy J,* **8** : 563-572.

Salvioli G, Salati R, Bondi M, *et al.* (1982). Bile acid transformation by the intestinal flora and cholesterol saturation in bile. Effect of *Streptococcus faecium* administration. *Digestion,* **23** : 80-88.

Saxelin M, Rautelin H, Salminen S, Mäkelä P (1996 a). The safety of commercial products wtih viable *Lactobacillus* strains. *Infect Dis Clin Pratice,* **5** : 331-335.

Saxelin M, Chuang NH, Chassy B, Rautelin H (1996 b). Lactobacilli and bacteremia in Southern Finland, 1989-1992. *Clin Infect Dis,* **22** : 564-566.

Schaafsma G (1996). State of the art concerning probiotic strains in milk products. *IDF Nutr Newsl,* **5** : 23-4.

Schiffrin EJ, Rochat F, Link-Amster H *et al.* (1995). Immune-modulation of human blood cells following the ingestion of lactic acid bacteria. *J Dairy Sci,* **78** : 491-497.

Schiffrin EJ, Brassart D (1999). Intestinal microflora and the mucosal mechanisms of defense. *In:* Gibson GR et Roberfroid MB Eds. *Colonic microbiota, nutrition and health.* Kluiver academic Publishers. Dordrecht Netherlands, 201-212.

Singh J, Rivenson A, Tomita M *et al.* (1997). *Bifidobacterium longum,* a lactic acid-producing intestinal bacterium inhibits colon cancer and modulates the intermediate biomarkers of colon carcinogenesis. *Carcinogenesis,* **18** : 833-841.

Tannock GW (1997). Probiotic properties of lactic-acid bacteria: plenty of scope for fundamental R et D. *Trends in Biotechnology,* **15** : 270-274.

Tannock GW (1998). Studies of the intestinal microflora: a prerequisite for the development of probiotics. *Int Dairy J,* **8** : 527-533.

Wagner, Balish E (1998). Potential hazards of probiotic bacteria for immunodeficient patients. *Bull Inst Pasteur,* **96** : 165-170.

Wang XD, Soltesz V, Molin G, Andersson R (1995). The role of oral administration of oatmeal fermented by *Lactobacillus reuteri* R2LC on bacterial translocation after acute liver failure induced by subtotal liver resection in the rat. *Scand J Gastroenterol,* **30** : 180-185.

Wells JM, Robinson K, Chamberlain LM *et al.* (1996). Lactic acid bacteria as vaccine delivery vehicles. *Antonie van Leewenhoek,* **70** : 317-330.

Yasui H, Kiyoshima J, Ushijima H (1995). Passive protection against rotavirus-induced diarrhea of mouse pups born to and nursed by dams fed *Bifidobacterium breve* YIT 4064. *J Infect Dis,* **172** : 403-409.

5

Prébiotiques

Anne Franck

Introduction

Parmi les ingrédients susceptibles d'entrer dans la composition des aliments fonctionnels, les prébiotiques occupent une place de choix car ils combinent des bénéfices nutritionnels et des propriétés technologiques intéressantes. Certains prébiotiques et synbiotiques sont déjà largement utilisés comme ingrédients fonctionnels et ont permis de lancer avec succès de nouveaux produits et concepts sur le marché de l'alimentation fonctionnelle (Coussement, 1996).

1. Critères de reconnaissance en tant que prébiotiques

Le tube digestif de l'homme est un écosystème microbien complexe contenant plus de 400 espèces de bactéries différentes. Si l'intestin grêle ne contient en général qu'un nombre limité de bactéries (< 10^6 bactéries/g), le gros intestin ou côlon est fortement colonisé avec plus de 10^{12} bactéries/g de contenu intestinal. Les bactéries du côlon, anaérobies pour la plupart, produisent par fermentation différents métabolites qui peuvent affecter tant l'intestin lui-même que la physiologie systémique. Leurs effets sur la santé et le bien-être de l'hôte peuvent être positifs ou négatifs car la microflore intestinale comporte à la fois des espèces bénéfiques et d'autres indésirables, voire potentiellement pathogènes. Un tube digestif sain contient principalement des bactéries saccharolytiques utiles et un nombre limité de bactéries protéolytiques putréfiantes. En particulier, les bifidobactéries et les lactobacilles sont reconnus comme espèces favorables. L'équilibre de l'écosystème intestinal, essentiel au bien-être, peut être perturbé par la vieillesse, le stress, les médicaments (par exemple les antibiotiques) ainsi que le mode d'alimentation.

La modulation de la flore intestinale par l'intermédiaire de l'alimentation regroupe deux approches qui peuvent éventuellement être combinées (Salminen *et al.*, 1998). La première approche consiste en la prise orale de micro-organismes vivants, ou probiotiques, sélectionnés en raison de leur influence positive sur la santé. Ils sont très souvent incorporés à l'alimentation sous forme de laits fermentés. Leur efficacité repose en grande partie sur le choix de l'espèce et même de la souche bactérienne sélectionnée. Les probiotiques doivent en effet être administrés vivants et en quantité suffisamment importante, rester stables et viables pendant l'utilisation et le stockage et également survivre dans l'écosystème intestinal afin de pouvoir exercer une action positive sur l'hôte. Pour être actifs, les probiotiques doivent donc survivre aux conditions acides de l'estomac et à l'action des acides biliaires dans l'intestin grêle. Ces bactéries exogènes doivent également entrer en compétition avec la flore endogène pour les substances nutritives et les sites d'adhésion disponibles dans les intestins.

La seconde stratégie consiste à encourager sélectivement la croissance de bactéries endogènes bénéfiques en leur offrant un avantage compétitif par rapport aux autres micro-organismes présents dans l'écosystème colique. Ce résultat peut être obtenu par l'administration orale de prébiotiques qui servent de substrats d'énergie sélectifs pour les bactéries favorables. Les prébiotiques ont été définis comme étant des « ingrédients alimentaires non-digestibles qui influencent positivement l'hôte en stimulant sélectivement la croissance et/ou l'activité d'une bactérie ou d'un nombre limité de bactéries dans le côlon, en mesure d'améliorer la santé de l'hôte » (Gibson et Roberfroid, 1995). L'approche prébiotique est potentiellement plus avantageuse que l'approche probiotique car elle agit sur les bactéries commensales spécifiques de l'hôte qui, de plus, sont déjà bien établies dans le gros intestin. Les prébiotiques peuvent également être facilement incorporés dans pratiquement tous les produits alimentaires tandis que l'emploi des probiotiques se limite principalement aux produits laitiers frais.

Les mêmes auteurs (Gibson et Roberfoid, 1995) ont appelé synbiotique « un mélange de pro- et de prébiotiques qui influence favorablement l'hôte en améliorant la survie et l'implantation de suppléments alimentaires microbiens et vivants dans le tractus gastro-intestinal ». Dans ce cas, il est escompté que le probiotique métabolise sélectivement le prébiotique dans le milieu intestinal ce qui favoriserait sa croissance et sa survie.

Afin d'être reconnu comme prébiotique, un ingrédient alimentaire devrait :

- n'être, du moins partiellement, ni digéré, ni assimilé dans la partie supérieure du système gastro-intestinal ;
- être fermenté dans le côlon de façon sélective par un nombre limité de bactéries potentiellement favorables ;
- altérer la composition de la microflore colique en faveur d'une flore potentiellement plus saine ;
- éventuellement induire des effets systémiques qui peuvent être bénéfiques pour la santé de l'hôte.

Chaque ingrédient (partiellement) non digestible mais fermentescible qui arrive intact dans le côlon a potentiellement la capacité d'agir comme prébiotique. Afin de mettre en évidence la capacité à se comporter en tant que prébiotique et à stimuler de façon sélective la croissance de bactéries intestinales bénéfiques, différents modèles *in vitro* ainsi que des expériences sur des animaux peuvent donner des indications

Tableau 1 ■ Aperçu des principaux prébiotiques.

Prébiotique	Production industrielle	Structure chimique (*)	Lien osidique	Degré de polymérisation	Producteurs
Inuline	Extraction aqueuse de racines de chicorée	$G\text{-}F_n$	β (2- > 1)	3-60 (moyenne ± 10)	Orafti (B) Cosucra (B) Sensus (NL)
Oligofructose (ou fructo-oligosaccharides)	Hydrolyse enzymatique de l'inuline de chicorée	$G\text{-}F_n$ et F_n	β (2- > 1)	2-7 (moyenne ± 4,5)	Orafti (B)
	Synthèse enzymatique à partir de saccharose	ou $G\text{-}F_n$	β (2- > 1)	3-5 (moyenne ± 3,5)	Beghin-Meiji-Industries (F) Meiji Seika (J)
Oligosaccharides *trans*-galactosylés (ou galacto-oligosaccharides)	Synthèse enzymatique à partir de lactose	$G\text{-}Gal_n$	β (1- > 6) β (1- > 4)	3-6 (moyenne ± 3)	Yakult Honsha (J) Nissin Sugar (J) Snow Brand Milk (J) Borculo Domo Ingredients (NL)
Lactulose	Isomérisation du lactose	Gal-F	β (1- > 4)	2	Solvay (NL) Morinaga (J)
Oligosaccharides de soja	Extraction du soja	$Gal_n\text{-}G\text{-}F$	α (1- > 6) α (1- > 2)	3-4	Calpis (J)

(*) G = glucose ; Gal = galactose ; F = fructose ; n = nombre d'unités de fructose ou galactose liées.

préliminaires mais la sélectivité de la fermentation dans l'écosystème complexe du milieu intestinal doit cependant toujours être confirmée par des études avec des volontaires humains (Van Loo *et al.*, 1999).

La microflore intestinale protège l'hôte des bactéries exogènes indésirables ou pathogènes par une exclusion compétitive qui crée un effet de barrière, également dénommé résistance à la colonisation. En cas de perturbation ou de déséquilibre de la flore intestinale normale, le côlon devient vulnérable face aux micro-organismes pathogènes et à leurs toxines. Les prébiotiques peuvent aider à maintenir l'équilibre de la microflore intestinale ou à le rétablir plus rapidement en cas de déséquilibre (par exemple suite à un traitement aux antibiotiques). Ainsi, le risque de colonisation par des micro-organismes indésirables sera réduit (Salminen *et al.*, 1998).

2. *Aperçu des principaux prébiotiques*

2.1. Nature chimique et propriétés

Les prébiotiques identifiés actuellement et produits industriellement appartiennent aux hydrates de carbone non-digestibles, en particulier aux oligosaccharides non-digestibles (OND) et aux sucres non-assimilables (Crittenden, 1999). Le tableau 1 donne un aperçu des principaux prébiotiques actuellement disponibles. Ils sont obtenus soit par extraction à partir de plantes, éventuellement suivie d'une hydrolyse enzymatique, soit par synthèse principalement au départ de disaccharides. Ceux contenant du fructose (inuline et oligofructose) ou du galactose (lactulose et galacto-oligosaccharides) constituent de nouveaux ingrédients sélectivement fermentés par les bactéries du côlon, ce qui entraîne une modification de la composition microbienne en faveur d'une flore où dominent les bifidobactéries, une espèce considérée comme bénéfique à la santé. Ces oligosaccharides sont donc également appelés facteurs bifidogènes.

En plus de leur effet spécifique au niveau de la flore intestinale, les prébiotiques peuvent accroître l'absorption du calcium, moduler la physiologie intestinale par leurs propriétés de fibres alimentaires et même exercer des effets systémiques, par exemple comme modulateurs du métabolisme lipidique (Van Loo *et al.*, 1999). Leurs avantages nutritionnels potentiels sont résumés dans le tableau 2.

Tableau 2 ■ Bénéfices nutritionnels des prébiotiques.

Évidence scientifique forte	**Évidence scientifique prometteuse**
– Non-digestibilité et faible valeur calorique. – Convenant aux diabétiques. – Soulagement de la constipation et effet de charge. – Modulation de la flore intestinale, stimulant les bactéries bénéfiques (bifidobactéries) et inhibant les pathogènes (clostridies).	– Amélioration de la bio-disponibilité des minéraux (Ca, Mg). – Prévention d'infections et de désordres intestinaux. – Diminution des triglycérides sanguins. – Diminution du risque de cancer (du côlon). – Modulation de la réponse immunitaire.

Les prébiotiques améliorent en outre la qualité gustative de nombreux produits alimentaires grâce à leurs propriétés technologiques intéressantes (tableau 3).

Tableau 3 ■ Propriétés technologiques des prébiotiques.

Propriétés	**Oligosaccharides (*)**	**Inuline**
Aspect	Sirop visqueux et incolore ou poudre blanche	Poudre blanche
Goût	Légèrement sucré Synergie avec les édulcorants intenses	Neutre, sans arrière-goût
Pouvoir sucrant par rapport au saccharose	25-35 %	< 10 %
Solubilité dans l'eau (température ambiante)	Environ 80 % en poids	Environ 10 % en poids
Viscosité à 30 % en poids dans l'eau (10 °C)	Environ 5 mPa.s	Environ 100 mPa.s
Diminution de la température de congélation, à 10 % en poids	Environ – 0,6 °C	Environ – 0,3 °C
Autres	Remplacement du sucre Rétention d'humidité/humectant Activité de l'eau proche du sucre	Remplacement des matières grasses Pouvoir gélifiant (à haute concentration) Synergie aves les agents gélifiants Stabilisation des mousses et des émulsions

(*) Fructo-oligosaccharides, galacto-oligosaccharides, oligosaccharides de soja.

2.2. Inuline et oligofructose

Jusqu'à présent, l'inuline et l'oligofructose sont de loin les prébiotiques les plus étudiés, tant du point de vue nutritionnel que technologique (Roberfroid, 1997). En Europe, l'inuline et l'oligofructose sont en fait les seuls prébiotiques disponibles commercialement et utilisés en quantités industrielles (plusieurs milliers de tonnes par an) par l'industrie alimentaire.

2.2.1. Origine naturelle et production industrielle

L'inuline et l'oligofructose sont des fructanes de type β(2-1) qui se trouvent en quantité appréciable dans la nature. Après l'amidon, les fructanes sont les polysaccharides non-structurels naturels les plus répandus. Ils sont présents dans une grande variété de plantes y compris des céréales, des légumes et des fruits qui composent notre régime habituel, comme le blé, l'asperge, l'oignon, l'ail, le poireau, l'artichaut et la banane (Van Loo *et al.*, 1995). Sur base des données de consommation de nombreux aliments végétaux, leur consommation journalière moyenne a été estimée à environ 2 à 10 g par habitant en Europe et 1 à 4 g aux États-Unis. De nos jours, ils sont aussi utilisés sous forme pure comme ingrédients dans de nombreux produits alimentaires. Étant donné leur teneur élevée en inuline (> 15 %), le topinambour, le dahlia et la chicorée étaient au départ envisagés pour la production industrielle d'inuline mais pour diverses raisons les racines de chicorée (*Cichorium intybus*) sont presque exclusivement utilisées (De Leenheer, 1996). Les racines de chicorée, également traitées dans différents pays pour la production d'un substitut de café (après torréfaction), ressemblent à des betteraves sucrières allongées. Leur teneur en inuline est élevée (plus de 70 % sur matière sèche) et assez constante d'année en année.

L'inuline est fabriquée depuis une décennie par Orafti (Belgique), Cosucra (Belgique) et plus récemment aussi par Sensus (Pays-Bas). La production comprend l'extraction de l'inuline naturellement présente dans les racines de chicorée au cours d'un processus très similaire à l'extraction du saccharose des betteraves sucrières (diffusion dans l'eau chaude), suivie du raffinage faisant appel à des techniques utilisées par les industries du sucre et de l'amidon (par exemple sur échangeurs d'ions), puis de l'évaporation et du séchage par atomisation. L'oligofructose (ou fructo-oligosaccharides) peut être obtenu à l'aide de deux procédés de fabrication distincts qui fournissent des produits finis légèrement différents. Orafti (Belgique) produit l'oligofructose par hydrolyse enzymatique partielle de l'inuline de chicorée (utilisant une endo-inulinase spécifique), éventuellement suivie d'un séchage par atomisation, tandis que Meiji Seika (Japon) et Beghin-Meiji Industries (France) le synthétisent à partir de saccharose en recourant à une fructosyl-transférase (Bornet, 1994). Étant donné que les deux types de fructo-oligosaccharides sont similaires d'un point de vue structurel, avec des liaisons β(2-1) entre les unités de fructose, et pratiquement équivalents en taille (longueur de chaîne), les mêmes effets physiologiques ont été prédits et ensuite démontrés scientifiquement (Roberfroid, 1997).

2.2.2. *Propriétés technologiques*

L'inuline est un fructane polydispersé de type β(2-1) composé d'un mélange d'oligo- et de polysaccharides qui sont pratiquement tous constitués de chaînes linéaires d'unités de fructose possédant la structure GFn (avec G = unité glucosyle, F = unité fructosyle et n = nombre d'unités fructosyles liées entre elles) (De Leenheer et Hoebregs, 1994). Dans le cas de l'inuline de chicorée native (ou standard), le nombre d'unités de fructose liées entre elles varie de 2 à plus de 60 avec un degré de polymérisation (DP) moyen de l'ordre de 10. De l'inuline de chicorée dont la fraction de faible DP a été éliminée par un procédé physique et ayant un DP moyen d'environ 25 (dite à haute performance) est également disponible, par exemple pour améliorer la texture des produits alimentaires et remplacer les matières grasses. L'oligofructose obtenu à partir d'inuline contient des chaînes GFn et Fn avec n variant de 2 à 7, tandis que les fructo-oligosaccharides produits au départ de saccharose n'ont que des formes GFn avec n compris entre 2 et 4.

L'inuline de chicorée est disponible sous forme de poudres blanches et inodores, alors que l'oligofructose se présente sous forme de poudres ou de sirops incolores et visqueux (à 75 % de matière sèche), tous de grande pureté et dotés d'une composition chimique bien définie. L'inuline a un goût neutre, sans arrière-goût. La qualité standard est légèrement sucrée (environ 10 % de la saveur sucrée du saccharose), alors que l'inuline à haute performance n'est pas sucrée du tout. Elle se combine facilement à d'autres ingrédients, sans modifier les arômes délicats. L'inuline est modérément soluble dans l'eau (maximum 10 % à température ambiante) et elle apporte une faible viscosité. Elle possède d'autre part une remarquable capacité de remplacement des matières grasses. Parfaitement mélangée à de l'eau ou à un autre liquide aqueux, elle forme un gel opaque qui résulte en une structure crémeuse et tartinable, qui peut aisément être incorporée dans les aliments pour remplacer les graisses jusqu'à 100 % (technologie brevetée) (Franck, 1993). Pour remplacer les matières grasses, l'inuline à haute performance s'avère deux fois plus efficace que l'inuline standard. Des qualités instantanées, qui ne requièrent pas de cisaillement pour donner des gels homogènes et stables, ont également été développées en utilisant un procédé spécifique de séchage par atomisation. En outre, l'inuline agit en synergie avec la plupart des agents gélifiants et elle améliore la stabilité des mousses et des émulsions telles que les desserts aérés, les crèmes glacées, les pâtes à tartiner et les sauces. L'inuline peut donc remplacer d'autres agents stabilisants dans différents produits alimentaires (Franck et Coussement, 1997).

L'oligofructose est beaucoup plus soluble que l'inuline (près de 80 % dans l'eau à température ambiante). À l'état pur, il a une saveur sucrée d'environ 35 % par rapport au saccharose. Son profil sucrant s'approche étroitement de celui du sucre ; il a une saveur douce sans arrière-goût et met même en valeur les arômes fruités. En combinaison avec des édulcorants intenses comme l'aspartame et l'acésulfame K, il offre une sensation en bouche plus équilibrée et une saveur mieux soutenue. Des mélanges d'acésulfame K, d'aspartame et d'oligofructose présentent aussi un important effet de synergie quantitative (Wiedmann et Jager, 1997). L'oligofructose affiche une bonne stabilité aux procédés de fabrication habituels des aliments (par exemple durant les traitements thermiques) même si les liaisons β entre les unités de fructose peuvent être (partiellement) hydrolysées dans des conditions très acides. Du fructose est libéré au cours de ce processus, lequel est plus prononcé à bas pH, à température élevée et à faible teneur en matière sèche (ou à activité de l'eau élevée). L'oligofructose apporte par ailleurs du corps et une agréable sensation en bouche, il présente des propriétés humectantes, réduit l'activité de l'eau et garantit ainsi une meilleure stabilité microbiologique ; il affecte également les points d'ébullition et de congélation. Il possède donc des propriétés technologiques très similaires à celles du sucre et du sirop de glucose (Crittenden et Playne, 1996).

2.2.3. *Applications alimentaires*

L'inuline et l'oligofructose peuvent être utilisés, soit pour leurs avantages nutritionnels, soit pour leurs propriétés technologiques, mais ils sont souvent incorporés aux produits alimentaires pour offrir un double avantage : une qualité organoleptique améliorée et une composition nutritionnelle mieux équilibrée. L'utilisation d'inuline ou d'oligofructose comme fibres alimentaires est facile et confère souvent un goût et une texture améliorés (Franck et Coussement, 1997). Ils permettent aisément d'augmenter la teneur en fibres des pains, biscuits et autres produits de boulangerie, améliorent le croustillant et l'expansion des céréales extrudées et maintiennent plus longtemps le moelleux et la fraîcheur des gâteaux. Leur bonne solubilité permet même une incorporation de fibres dans les systèmes aqueux tels que les boissons, les produits laitiers et les pâtes à tartiner. L'inuline est également utilisée comme fibre alimentaires dans des comprimés et autres suppléments alimentaires. D'autre part, l'inuline et l'oligofructose sont de plus en plus utilisés spécifiquement dans les aliments fonctionnels, comme ingrédients prébiotiques qui stimulent le développement des bactéries intestinales bénéfiques. (Coussement, 1996 ; Walter, 1999).

Grâce à ses propriétés gélifiantes, l'inuline permet de formuler des aliments à faible teneur en graisses sans compromettre ni le goût, ni la texture (Franck, 1992). Ceci est particulièrement vrai pour les produits à tartiner tels que les margarines allégées et certains fromages. L'inuline permet le remplacement de quantités importantes de graisses et la stabilisation de l'émulsion, tout en fournissant une texture courte qui s'étale aisément. Elle donne d'excellents résultats dans les pâtes à tartiner à phase grasse continue (émulsions eau-dans-huile) d'une teneur en graisses variant de 20 à 60 %, ainsi que dans les formulations à phase aqueuse continue (émulsions huile-dans-eau) contenant 15 % de graisses ou moins. Dans d'autres produits laitiers, à faible teneur en matières grasses, tels que des boissons et des yoghourts, l'ajout de quelques pour-cent d'inuline procure une saveur équilibrée et une sensation en bouche crémeuse. Dans les mousses et autres desserts, l'inuline améliore la processabilité et la qualité gustative. Les produits qui en résultent conservent aussi plus longtemps leur structure typique (Franck et Coussement, 1997). Dans les glaces, l'inuline procure une réelle sensation de gras, d'excellentes propriétés de fonte, ainsi qu'une bonne stabilité aux chocs thermiques. Le remplacement des graisses peut s'appliquer également dans les substituts de repas, les produits de charcuterie, les sauces et les potages.

L'incorporation d'oligofructose (de 1 à 3 %) dans les yoghourts aux fruits allégés — souvent par le biais de la préparation de fruits — améliore la sensation en bouche et offre un effet de synergie en combinaison avec des édulcorants intenses, sans augmenter de manière significative la teneur en calories. L'oligofructose est également incorporés fréquemment dans d'autres produits laitiers (à faible teneur en calories), des glaces et des substituts de repas (Franck, 1999). Son incorporation dans des produits de biscuiterie-pâtisserie permet la substitution du sucre, l'enrichissement en fibres et une meilleure rétention d'humidité. Il apporte également du liant dans les barres aux céréales. Son utilisation est très aisée et ne requiert pas ou peu d'adaptation des procédés de production. Ainsi, l'oligofructose constitue un ingrédient idéal pour donner du volume et du corps avec moins de calories et pour apporter des avantages nutritionnels sans compromettre ni le goût ni la texture. Dans certains pays, l'oligofructose est également utilisé dans des laits infantiles et autres produits alimentaires pour bébés et jeunes enfants.

2.2.4. *Bénéfices nutritionnels*

Grâce à leur structure chimique spécifique (liaisons β(2-1)), que nos enzymes digestifs ne sont pas à même d'hydrolyser, l'inuline et l'oligofructose transitent dans la bouche, l'estomac et l'intestin grêle sans subir aucun changement significatif et sans être métabolisés. Ceci a été confirmé à l'aide de plusieurs modèles *in vitro* et animaux mais aussi et surtout par des études humaines avec des volontaires iléostomisés (Ellegard *et al.*, 1997). L'inuline et l'oligofructose parviennent donc intacts dans le gros intestin où ils sont fermentés facilement et complètement par la flore microbienne, principalement par les bactéries bénéfiques. Ils se transforment par conséquent en masse bactérienne, en acides gras à courte chaîne (AGCC) et en gaz (Delzenne et Roberfroid, 1994). La fermentation de l'inuline est un peu plus lente que celle de l'oligofructose, lui permettant ainsi d'être active dans une région plus distale du côlon (Roberfroid *et al.*, 1998). En raison de leur métabolisme particulier, l'inuline et l'oligofructose constituent des ingrédients pauvres en calories. Leur valeur calorique est en effet limitée à celle apportée par les AGCC produits par fermentation et absorbés par l'organisme. Des études scientifiques ont montré que l'inuline et l'oligofructose possèdent une valeur calorique d'environ 1,5 kcal/g (ou 6,3 kJ/g) (Roberfroid *et al.*, 1993). Du fait de leur non-digestibilité, l'inuline et l'oligofructose conviennent parfaitement aux diabétiques puisque leur ingestion n'affecte ni la glycémie, ni la sécrétion d'insuline ou de glucagon.

L'ingestion d'inuline ou d'oligofructose stimule de manière sélective la croissance spécifique des bactéries intestinales bénéfiques, principalement les bifidobactéries, en inhibant les micro-organismes défavorables, tels que les clostridies, dans le côlon humain (Gibson *et al.*, 1995 ; Kleessen *et al.*, 1997 ; Menne *et al.*, 2000). Ce sont donc des ingrédients alimentaires prébiotiques et bifidogènes — comme cela a été démontré par l'utilisation de modèles *in vitro*, par des expériences pratiquées sur des animaux et dans des études humaines d'intervention (Roberfroid *et al.*, 1998). Les études humaines portant sur l'effet prébiotique de l'inuline de chicorée et de l'oligofructose (de 5 à 20 g/j) ont impliqué globalement plus de 100 volontaires (hommes et femmes, jeunes adultes et personnes âgées) et utilisé différents protocoles (de 1 à 9 semaines de supplémentation, avec un régime alimentaire contrôlé ou un régime alimentaire libre). Elles ont toutes démontré un changement très important de composition de la flore intestinale, les bifidobactéries croissant significativement en nombre (avec généralement une augmentation d'un facteur 10) et devenant numériquement prédominantes, tandis que les bactéries potentiellement pathogènes (clostridies) décroissent en nombre. Des résultats similaires ont été obtenus dans des études humaines avec des fructo-oligosaccharides synthétiques produits à partir de saccharose (Bouhnik *et al.*, 1996 ; 1999). Le tableau 4 présente un aperçu des études réalisées avec des volontaires humains afin de démontrer l'effet prébiotique de l'inuline et de l'oligofructose. Un effet prébiotique peut donc déjà être revendiqué pour des doses de 5 g d'oligofructose par jour, ce qui est de loin inférieur au niveau susceptible de provoquer des effets intestinaux indésirables, tels que flatulence, ballonnement ou effet laxatif transitoire. Une stimulation sélective de la population bactérienne bifide dans le gros intestin est généralement considérée comme bénéfique pour le bien-être et la santé de l'hôte (Gibson et Roberfroid, 1995). Les implications potentielles de l'effet prébiotique dans la prévention et le traitement des infections et troubles intestinaux (par exemple les inflammations de l'intestin, le syndrome du côlon spasmique, la diarrhée du voyageur ou celle associée aux antibiotiques) font actuellement l'objet de recherches. L'oligofructose a déjà montré qu'il pouvait protéger des animaux nouveaux-nés contre l'entérocolite, en inhibant le développement de bactéries pathogènes et en prévenant les lésions intestinales (Catala *et al.*, 1999). L'oligofructose peut également aider au rétablissement d'une microflore intestinale normale après une diarrhée aiguë chez les porcs (Oli *et al.*, 1998).

Tableau 4 ■ Effet prébiotique de l'inuline et de l'oligofructose.

Référence bibliographique	**Dose Produit testé**	**Nb. de volontaires (M/F) * Âge Durée de supplémentation**	**Augmentation des bifidobactéries (log)**	**Signification statistique**
Gibson *et al.* (1995)	15 g/j Oligofructose	8 (M) 20-25 ans 2 semaines	0,7	P < 0,01
Gibson *et al.* (1995)	15 g/j Inuline	4 (M) 20 ans 2 semaines	0,9	P < 0,001
Bouhnik *et al.* (1996)	12,5 g/j Oligofructose	20 (10M/10F) 22-39 ans 12 jours	1,2	P < 0,01
Buddington *et al.* (1996)	4 g/j Oligofructose	12 (6M/6F) 20-34 ans 25 jours	0,8	P < 003
Kleessen *et al.* (1997)	20 et 40 g/j Inuline	10 (F) 68-89 ans 19 jours	0,9 et 1,3	P < 0,05
Kruse *et al.* (1999)	22-34 g/j Inuline	11 (5M/6F) 26-53 ans 8,5 semaines	1,1	P < 0,05
Bouhnik *et al.* (1999)	2,5-20 g/j Oligofructose	5 × 8 (18M/22F) 18-47 ans 1 semaine	0,1-1,5 selon la dose	p < 0,05 à partir de 5 g/j
Menne *et al.* (2000)	8 g/j Oligofructose	8 (5M/3F) 20-50 ans 2 et 5 semaines	0,9	P < 0,05
Rao *et al.* (ORAFTI report 1999)	5 g/j Oligofructose	8 (3M/5F) 20-40 ans 1 et 3 semaines	1,2	P < 0,001
Tuohy *et al.* (ORAFTI report 1999)	8 g/j Inuline	8 (4M/4F) 20-55 ans 1 et 2 semaines	0,2	P < 0,05

* M : de sexe masculin ; F : de sexe féminin.

Par ailleurs, des études portant sur des rats ont montré à plusieurs reprises que l'ingestion d'inuline ou d'oligofructose augmente de manière significative l'absorption par l'organisme de minéraux importants, tels que le calcium et le magnésium, améliore la minéralisation des os (densité minérale osseuse) et prévient la résorption osseuse postménopausique (Delzenne *et al.*, 1995 ; Franck, 1998). Ceci pourrait avoir des conséquences importantes pour la prévention de l'ostéoporose. Une absorption accrue de calcium vient d'être confirmée chez des volontaires humains (adultes et adolescents) recevant de l'inuline ou de l'oligofructose de chicorée dans leur régime alimentaire (Coudray *et al.*, 1997 ; Van den Heuvel *et al.*, 1999). D'autre part, l'inuline et l'oligofructose peuvent être classés comme fibres alimentaires solubles (Prosky, 1999 ; Roberfoid, 1993). Ce sont en effet des composants végétaux qui ne sont pas hydrolysés par les enzymes digestifs humains et qui induisent en outre des effets de fibres typiques sur la fonction intestinale, tels qu'une réduction du pH des selles, un soulagement de la constipation, une augmentation du poids et de la fréquence des selles (effet de charge). Leur indice de charge (augmentation du poids fécal en grammes exprimée par gramme de fibres ingéré) est de l'ordre de 2, ce qui est similaire aux autres fibres solubles telles que la pectine ou la gomme de guar (Roberfroid, 1997). Des études avec des rats et des hamsters ont en outre montré à plusieurs reprises une réduction très significative (– 40 %) des triglycérides sériques et hépatiques suite à l'ingestion d'inuline ou d'oligofructose (Fiordaliso *et al.*, 1995). Des taux de triglycérides sériques trop élevés ont été mis en avant comme facteur de risque des maladies cardiovasculaires. Une amélioration du métabolisme des lipides a également été observée dans des études humaines avec l'inuline (Davidson *et al.*, 1998 ; Jackson *et al.*, 1999). Par ailleurs, sur des modèles animaux, l'inuline et l'oligofructose diminuent significativement l'incidence de lésions précancéreuses (foyers de cryptes aberrantes) et de tumeurs coliques (Reddy *et al.*, 1997). Des recherches scientifiques et cliniques sont toujours en cours dans ce domaine très intéressant. Il faut également remarquer qu'un effet synergique de protection contre la carcinogenèse du côlon a été trouvé chez le rat pour la combinaison symbiotique d'inuline (à haute performance) et de bifidobactéries (*Bifidobacterium longum*), validant ainsi le concept de symbiotique (Rowland *et al.*, 1998).

Au fur et à mesure que davantage de données scientifiques deviennent disponibles, les avantages nutritionnels des prébiotiques que sont l'inuline et l'oligofructose continuent à surprendre les chercheurs et les nutritionnistes. C'est pourquoi l'inuline de chicorée et l'oligofructose sont souvent pris comme illustrations pratiques d'ingrédients alimentaires fonctionnels. Ils ont également provoqué beaucoup de changements dans le contexte réglementaire (Franck et Coussement, 1997). Dans tous les pays de l'Union européenne, ainsi qu'en Suisse et en Norvège, aux États-Unis, en Australie, au Canada, en Israël, au Japon et en Nouvelle-Zélande, l'inuline et l'oligofructose peuvent normalement être utilisés sans restrictions spécifiques comme ingrédients dans les aliments et les boissons. Sur base des résultats d'un test comparatif (ring-test) inter-laboratoire, l'AOAC International (Association of Official Analytical Chemists) a adopté récemment la « méthode des fructanes » (méthode n° 997.08) qui permet de déterminer de manière spécifique la quantité précise d'inuline et/ou d'oligofructose présente dans les aliments (Hoebregs, 1997). La méthode implique le traitement de l'échantillon avec des enzymes amyloglucosidase et inulinase, suivi de la détermination des sucres libérés par chromatographie d'échange d'ions. Cette méthode peut se combiner avec la méthode AOAC standard de détermination des « fibres alimentaires totales » afin de déterminer la quantité totale de fibres à utiliser pour l'étiquetage nutritionnel des aliments.

2.3. Galacto-oligosaccharides

2.3.1. Formes commerciales disponibles

Les galacto-oligosaccharides, également appelés oligosaccharides *trans*-galactosylés, sont fabriqués à partir de lactose à l'aide d'une β-galactosidase présentant une activité de *trans*-galactosidase à haute concentration en lactose (Crittenden et Playne, 1996). Les sirops obtenus contiennent un mélange d'oligosaccharides, principalement avec 3 à 6 unités monomériques, de structure chimique G-Gal_n (avec G = unité glucosyle, Gal = unité galactosyle et n = nombre d'unités galactosyles liées). Les unités galactosyles sont essentiellement liées par des liaisons β(1-6) et β(1-4). Les produits disponibles sur le marché contiennent également une certaine quantité de monosaccharides (glucose et galactose) et de disaccharides (lactose) qui peuvent être partiellement éliminés par chromatographie. Des formes poudreuses sont également disponibles. Les trois sociétés Yakult Honsha, Nissin Sugar et Snow Brand Milk produisent des galacto-oligosaccharides au Japon alors qu'en Europe Borculo Domo Ingredients (Pays-Bas) a fait son entrée sur le marché très récemment. Certains galacto-oligosaccharides sont également présents en faible quantité dans des produits naturels tels que le lait humain par exemple.

2.3.2. Propriétés technologiques et applications

Les galacto-oligosaccharides présentent une solubilité élevée, une saveur modérément sucrée (environ 30 % du pouvoir sucrant du saccharose) et une faible viscosité. Ils abaissent l'activité de l'eau et le point de congélation des aliments, offrent une bonne stabilité à l'acidité et à la chaleur et témoignent de propriétés de rétention d'humidité. Ils agissent dans les aliments comme des ingrédients de charge, contribuant à la texture et à la sensation en bouche (Sako *et al.*, 1999). Dans certains pays, les galacto-oligosaccharides sont considérés comme étant des fibres alimentaires. En Asie, ils sont déjà incorporés dans différents produits alimentaires tels que des produits laitiers, des laits infantiles et des édulcorants de table, tandis qu'ils ne sont pas encore disponibles sur le marché aux États-Unis. En Europe, les galacto-oligosaccharides arrivent actuellement sur le marché. Leur principal avantage par rapport aux fructo-oligosaccharides, une meilleure résistance à l'hydrolyse acide, pourrait compenser leur handicap au niveau du prix sur des marchés spécifiques tels que celui des boissons acides non alcoolisées.

2.3.3. Bénéfices nutritionnels

Les galacto-oligosaccharides ne sont ni hydrolysés, ni absorbés dans l'intestin grêle mais ils sont fermentés rapidement dans le côlon proximal, en particulier par les bifidobactéries (Bouhnik *et al.*, 1997). Des expériences de fermentation *in vitro* avec des flores fécales humaines ainsi que des recherches sur des rats ont indiqué que les galacto-oligosaccharides augmentent particulièrement la production d'acétate et de propionate, tandis que les fructanes de type inuline augmentent davantage la production d'acétate et de butyrate (Gibson et Wang, 1994 ; Campbell *et al.*, 1997 ; Djouzi et Andrieux, 1997). L'ingestion de galacto-oligosaccharides favorise la prolifération des bifidobactéries chez des rats associés à une flore humaine (Rowland et

Tanaka, 1993). Trois études humaines portant sur l'effet prébiotique ont également été réalisées avec des oligosaccharides *trans*-galactosylés : deux d'entre elles ont révélé un effet bifidogène à la dose de 15 ou de 10 g/j, administrée pendant une ou trois semaines (Bouhnik *et al.*, 1997 ; Ito *et al.*, 1990) alors que la troisième n'a pas montré d'effet avec 7,5 et 15 g/j pendant trois semaines (Alles, 1998). Des études humaines bien contrôlées, examinant l'impact des galacto-oligosaccharides sur une série de bactéries intestinales, devraient permettre de confirmer un effet prébiotique sélectif. D'autre part, Chonan et Watanuki (1995) ont rapporté une augmentation de l'absorption du calcium chez des rats auxquels on avait administré des galacto-oligosaccharides, mais à ce jour l'on ne dispose d'aucune preuve scientifique confirmant un tel effet chez l'homme. Il n'y a pas non plus d'indication d'un impact des galacto-oligosaccharides sur le métabolisme lipidique chez des volontaires humains.

2.4. Oligosaccharides de soja

2.4.1. Formes commerciales disponibles

Contrairement aux autres oligosaccharides non digestibles, les oligosaccharides de soja, le raffinose et le stachyose, sont obtenus directement de la matière première sans étape enzymatique. Ils sont extraits de graines de soja, conjointement avec du glucose, du fructose et du saccharose, et sont ensuite concentrés pour obtenir un sirop visqueux (Crittenden et Playne, 1996). Les oligosaccharides de soja sont produits au Japon par Calpis sous la forme d'un sirop contenant 75 % en poids de matière sèche et environ 35 % en poids d'oligosaccharides sur matière sèche (Crittenden, 1999). Ils comportent principalement le trisaccharide raffinose (α-Gal-(1-6)-α-G-(1-2)-β-F) et le tétrasaccharide stachyose (α-Gal-(1-6)-α-Gal-(1-6)-α-G(1-2)-β-F) (avec Gal = unité galactosyle, G = unité glucosyle et F = unité fructosyle). Les oligosaccharides de soja sont déjà sur le marché au Japon où ils sont incorporés à des boissons et des édulcorants de table, mais ils ne sont pas encore disponibles, ni autorisés pour l'utilisation dans des produits alimentaires en Europe et aux États-Unis.

2.4.2. Bénéfices nutritionnels

Le raffinose et le stachyose sont essentiellement résistants à l'hydrolyse dans l'estomac et dans l'intestin grêle et parviennent donc intacts dans le côlon, comme cela a été démontré sur des rats (Kato *et al.*, 1991). Dans le gros intestin, ils semblent agir comme facteurs bifidogènes, stimulant la croissance des bifidobactéries, lorsqu'ils sont ingérés par des volontaires humains à une dose journalière de 10 g (Hayakawa *et al.*, 1990). Une étude plus approfondie de leur effet potentiel sur la flore intestinale humaine est recommandée. Le raffinose a également permis de réduire le taux de cholestérol sanguin chez des rats (Tortuero *et al.*, 1997).

2.5. Autres oligosaccharides non digestibles

Une série d'autres oligosaccharides non digestibles ont été développés récemment, essentiellement au Japon, tout d'abord comme substituts de sucre à faible teneur en calories (Crittenden et Playne, 1996). Ils sont principalement produits par voie enzymatique, soit par hydrolyse de polysaccharides naturels, soit par synthèse à partir de sucres. Les produits disponibles sur le marché contiennent souvent des mélanges d'oligosaccharides composés de différentes unités monosaccharidiques et de différentes liaisons osidiques. Les isomalto-oligosaccharides, les xylo-oligosaccharides, les gentio-oligosaccharides et les palatino-oligosaccharides en sont quelques exemples. Des recherches préliminaires, utilisant souvent des modèles *in vitro* et des expériences avec des animaux, ont été menées pour mettre en évidence leurs propriétés physiologiques potentielles. Certains oligosaccharides sont, au moins partiellement, hydrolysés et absorbés dans l'appareil gastro-intestinal supérieur. Des travaux scientifiques approfondis sont encore requis, particulièrement avec des volontaires humains, avant qu'ils ne puissent être confirmés en tant que prébiotiques et ingrédients alimentaires fonctionnels (Van Loo *et al.*, 1999).

2.6. Lactulose

2.6.1. Production industrielle

Le lactulose (4-O-β-D-galactopyranosyl-D-fructose) est un disaccharide synthétique dérivé du lactose par isomérisation (Montgomery et Hudson, 1929). Produit notamment par Solvay (Pays-Bas) et par Morinaga (Japon), il est essentiellement utilisé comme produit pharmaceutique, en particulier comme laxatif pour le traitement de la constipation chronique, ainsi que dans le cas d'encéphalopathie hépatique. Il pourrait être autorisé à l'avenir pour l'utilisation dans les produits alimentaires.

2.6.2. Aspects physiologiques

Le lactulose n'est pas digéré dans l'intestin grêle de l'homme mais il est fermenté rapidement par la microflore du côlon (Crittenden, 1999). C'est pourquoi sa teneur en calories est faible. Une étude humaine, dans laquelle le lactulose était administré à la dose de 20 g/j pendant 4 semaines, a montré un accroissement significatif du nombre de bifidobactéries et de lactobacilles, alors que les populations de clostridies et de coliformes étaient diminuées (Ballongue *et al.*, 1997). La production accrue d'acides gras à courte chaîne, principalement de l'acétate et du lactate, a résulté en outre en une diminution du pH fécal, tandis que les concentrations de propionate et de butyrate étaient réduites. Dans la même étude, le lactulose a permis de réduire l'activité d'enzymes génotoxiques dans les matières fécales des volontaires. Ces données confirment que le lactulose est un bon candidat prébiotique à étudier plus avant dans des études nutritionnelle d'intervention chez l'homme. Son application dans le traitement de l'encéphalopathie hépatique se base sur sa capacité à réduire la quantité d'ammoniaque absorbée dans les intestins (Mizota, 1996). Le lactulose a également permis de réduire l'incidence de translocation bactérienne chez des rats souffrant d'infections intestinales (Özaslan *et al.*, 1997) et de diminuer le nombre de foyers de cryptes aberrantes (lésions pré-néoplastiques) dans le côlon de rats lorsqu'il a été ingéré en combinaison avec des bifidobactéries (*Bifidobacterium longum*), confirmant à nouveau la validité du concept synbiotique (Challa *et al.*, 1997). D'autre part, le lactulose administré à des patients qui avaient subi l'ablation d'adénomes coliques a réduit la récurrence des adénomes après une année (Ponz de Leon et Roncucci,

1997). En raison de son action osmotique, qui peut entraîner un transfert d'eau dans le gros intestin, et en raison de sa fermentation rapide et de la production importante de gaz, le lactulose administré à fortes doses peut provoquer un malaise intestinal (flatulence et ballonnement) ou même de la diarrhée (Crittenden, 1999).

3. *Innocuité et statut réglementaire*

Les prébiotiques sont des ingrédients ou des additifs alimentaires qui ne peuvent en principe pas être utilisés dans les produits alimentaires sans que leur innocuité n'ait été démontrée pour l'usage proposé. En Europe, de nouveaux composés peuvent être approuvés selon les réglementations « additifs alimentaires » ou « novel foods ». Dans d'autres pays, des systèmes comparables existent. Actuellement, seuls quelques composés prébiotiques ont été autorisés comme ingrédients alimentaires en Europe. L'inuline et l'oligofructose ont été tous deux classés comme ingrédients alimentaires et non comme additifs (directive UE 95/2/CE article 1.5.i – EU Standing Committee on Foods, juin 1995). Ils étaient déjà employés en quantités importantes avant l'entrée en vigueur de la législation européenne sur les « novel foods ». Plusieurs pays européens ont évalué leur innocuité et leur usage est désormais autorisé sans restriction dans les produits alimentaires en Europe et dans la plupart des autres pays. Les galacto-oligosaccharides (oligosaccharides *trans*-galactosylés) ont récemment obtenu l'approbation « novel foods » aux Pays-Bas, permettant en principe leur utilisation dans toute l'Europe. Un tel statut n'a pas encore été obtenu pour d'autres oligosaccharides non-digestibles (dont l'usage est essentiellement limité au Japon).

Comme la non-digestibilité représente la principale caractéristique des fibres alimentaires, la question se pose de savoir s'il faut ou non classer les oligosaccharides non-digestibles en tant que fibres alimentaires. Aujourd'hui, la définition même des fibres alimentaires fait toujours l'objet de discussions. L'acceptation des composés non-digestibles d'origine végétale exerçant des effets sur la fonction et la flore intestinales en tant que fibres alimentaires fait cependant l'objet d'un consensus de plus en plus large. Les oligosaccharides non-digestibles répondent en principe à ces critères. Actuellement néanmoins, seuls l'inuline et l'oligofructose ont obtenu les confirmations réglementaires du statut de fibres dans la plupart des pays (Prosky, 1999).

4. *Perspectives futures*

Afin d'obtenir davantage de données scientifiques sur l'effet prébiotique de (nouveaux) ingrédients alimentaires, il est indispensable de compléter les techniques microbiologiques de comptage traditionnelles par de nouvelles méthodes moléculaires permettant de mieux caractériser l'ensemble de la microflore intestinale (Salminen *et al.*, 1998).

Il n'en reste pas moins vrai que les prébiotiques sont des candidats idéaux à considérer en tant qu'ingrédients alimentaires fonctionnels pour lesquels des allégations nutritionnelles et santé pourraient être autorisées. Les allégations portant sur les effets prébiotiques doivent respecter les réglementations d'étiquetage générales. C'est pourquoi, en principe, en Europe mais également dans beaucoup d'autres pays, aucune autorisation spécifique n'est requise pour faire une allégation d'effet « prébiotique » ou « bifidogène ». Une telle allégation, qui se limite souvent à indiquer l'effet de stimulation de la microflore intestinale bénéfique, doit se baser sur un dossier scientifique solide et ne pas tromper le consommateur. Dans certains pays, comme en France, une autorisation spécifique émanant des autorités peut être obtenue ; dans d'autres pays, un « code de bonne conduite » a été élaboré et doit être respecté par tous ceux qui mentionnent des allégations santé se rapportant à des produits alimentaires.

Conclusion

La solide évidence scientifique disponible au sujet des effets et avantages physiologiques de l'inuline et de l'oligofructose chez des volontaires humains explique pourquoi ces ingrédients sont déjà largement utilisés en Europe, alors que d'autres prébiotiques potentiels requièrent encore davantage de recherche scientifique avant de pouvoir revendiquer des effets bénéfiques pour la santé et le bien-être (Van Loo *et al.*, 1999).

À côté de leurs effets favorables à la santé et au bien-être, certains prébiotiques offrent des propriétés technologiques qui permettent d'améliorer la qualité organoleptique de toute une gamme de produits alimentaires dans lesquels ils sont déjà utilisés avec succès. Tout ceci au bénéfice du consommateur.

Références bibliographiques

Alles MS (1998). *Effect of transgalacto-oligosaccharides on composition and activity of the intestinal microflora, in physiological effects of consumption of fructo-oligosaccharides and transgalacto-oligosaccharides.* Ph D Thesis, Agriculture University of Wageningen, the Netherlands, 49-73.

Ballongue J, Schumann C, Quignon P (1997). Effects of lactulose and lactitol on colonic microflora and enzymatic activity. *Scandinavian Journal of Gastroenterology*, **32** (suppl 222) : 41-44.

Bornet FRJ (1994). Undigestible sugars in food products. *American Journal of Clinical Nutrition*, **59** (suppl) : 763S-769S.

Bouhnik Y, Flourié B, Riottot M *et al.* (1996). Effects of fructo-oligosaccharides ingestion on fecal bifidobacteria and selected metabolic indexes of colon carcinogenesis in healthy humans. *Nutr Cancer*, **26** : 21-29.

Bouhnik Y, Flourié B, D'Agay-Abensour L *et al.* (1997). Administration of transgalacto-oligosaccharides increases fecal bifidobacteria and modifies colonic fermentation metabolism in healthy humans. *Journal of Nutrition*, **127** : 444-448.

Bouhnik Y, Vahedi K, Achour L *et al.* (1999). Short-chain fructo-oligosaccharide administration dose-dependently increases fecal bifidobacteria in healthy humans. *Journal of Nutrition*, **129** : 113-116.

Buddington RK, Williams CH, Chen S, Witherly SA (1996). Dietary supplement of neosugar alters the fecal flora and decreases activities of some reductive enzymes in human subjects. *Am J Clin Nutr*, **63** : 709-716.

Campbell JM, Fahey GC, Wolf BW (1997). Selected indigestible oligosaccharides affect large bowel mass, cecal and fecal short-chain fatty acids, pH and microflora in rats. *Journal of Nutrition*, **127** : 130-136.

Catala I, Butel MJ, Bensaada M *et al.* (1999). Oligofructose contributes to the protective role of bifidobacteria in experimental necrotising enterocolitis in quails. *Journal of Medical Microbiology*, **48** : 89-94.

Challa A, Rao DR, Chawan CB, Shackelford L (1997). Bifidobacterium longum and lactulose suppress azoxymethane-induced colonic aberrant crypt foci in rats. *Carcinogenesis*, **18** : 517-521.

Chonan O, Watanuki M (1995). Effect of galacto-oligosaccharides on calcium absorption in rats. *Journal of Nutritional Science and Vitaminology*, **41** : 95-104.

Coudray C, Bellanger J, Castiglia-Delavaud C *et al.* (1997). Effect of soluble or partly soluble dietary fibres supplementation on absorption and balance of calcium, magnesium, iron and zinc in healthy young men. *European Journal of Clinical Nutrition*, **51** : 375-380.

Coussement P (1996). Pre- and synbiotics with inulin and oligofructose. *Food Tech Europe*, **Jan** : 102-104.

Crittenden RG, Playne MJ (1996). Production, properties and applications of food-grade oligosaccharides. *Trends in Food Science and Technology*, **7** : 353-361.

Crittenden G (1999). Prebiotics. *In*: Tannock G, Wymondham. *Probiotics: A critical review*. Horizon Scientific Press, UK, 141-156.

Davidson MH, Maki KC, Synecki C *et al.* (1998). Effects of dietary inulin on serum lipids in men and women with hypercholesterolemia. *Nutrition Research*, **18** (3) : 503-517.

De Leenheer L, Hoebregs H (1994). Progress in the elucidation of the composition of chicory inulin. *Starch*, **46** (5) : 193-196.

De Leenheer L (1996). Production and use of inulin: Industrial reality with a promising future. *In*: Van Bekkum H, Röper H and Voragen AGJ. *Carbohydrates as organic raw materials III*. VCH Publ Inc, New York, 67-92.

Delzenne NM, Roberfroid MR (1994). Physiological effects of non-digestible oligosaccharides. *Lebensm Wiss u Technol*, **27** : 1-6.

Delzenne N, Aertssens J, Verplaetse N *et al.* (1995). Effect of fermentable fructo-oligosaccharides on energy and nutrients absorption in the rat. *Life Science*, **57** (17) : 1579-1587.

Djouzi Z, Andrieux C (1997). Compared effects of three oligosaccharides on metabolism of intestinal microflora in rats inoculated with a human faecal flora. *British Journal of Nutrition*, **78** (2) : 313-324.

Ellegard L, Andersson H, Bosaeus I (1997). Inulin and oligofructose do not influence the absorption of cholesterol, or the excretion of cholesterol, Ca, Mg, Zn, Fe, or bile acids but increases energy excretion in ileostomy subjects. *European Journal of Clinical Nutrition*, **51** : 1-5.

Fiordaliso M, Kok N, Desager JP *et al.* (1995). Dietary oligofructose lowers triglycerides, phospholipids and cholesterol in serum and very low density lipoproteins of rats. *Lipids*, **30** (2) : 163-167.

Franck A (1993). Rafticreming: The new process allowing to turn fat into dietary fiber. *In*: Maarssen. *FIE Conference Proceedings 1992*. Expoconsult Publishers, Düsseldorf, 193-197.

Franck A, Coussement P (1997). Multi-functional inulin. *Food Ingredients and Analysis International*, Oct : 8-10.

Franck A (1998). Prebiotics stimulate calcium absorption: A review. *Milchwissenschaft*, **53** (8) : 427-429.

Franck A (1999). Prebiotic sweeteners blends. *Food Marketing and Technology*, **13** (1) : 22-24.

Gibson GR, Wang X (1994). Enrichment of bifidobacteria from human gut contents by oligofructose using continuous culture. *FEMS Microbiology Letters*, **118** : 121-128.

Gibson GR, Beatty ER, Wang X, Cummings JH (1995). Selective stimulation of bifidobacteria in the human colon by oligofructose and inulin. *Gastroenterology*, **108** : 975-982.

Gibson GR, Roberfroid MB (1995). Dietary modulation of the human colonic microbiota – Introducing the concept of prebiotics. *Journal of Nutrition*, **125** : 1401-1412.

Hayakawa K, Mizutani J, Wada K *et al.* (1990). Effects of soybean-oligosaccharides on human faecal microflora. *Microbial Ecology in Health and Disease*, **3** : 293-303.

Hoebregs H (1997). Fructans in foods and food products, ion-exchange chromatographic method: Collaborative study. *Journal of AOAC International*, **80** (5) : 1029-1037.

Ito M, Deguchi Y, Miyamori A *et al.* (1990). Effects of administration of galacto-oligosaccharides on the human faecal microflora, stool weight and abdominal sensation. *Microbial Ecology in Health and Disease*, **3** : 285-292.

Jackson KG, Taylor GRJ, Clohessy AM, Williams CM (1999). The effect of the daily intake of inulin on fasting lipid, insulin and glucose concentrations in middle-aged men and women. *British Journal of Nutrition*, **82** (2) : 23-30.

Kato Y, Ikeda N, Iwanami T *et al.* (1991). Change of soybean-oligosaccharides in the digestive tract. *Nippon Eiyo Shokuryo Gakkaishi*, **44** : 29.

Kleessen B, Sykura B, Zunft HJ, Blaut M (1997). Effects of inulin and lactose on fecal microflora, microbial activity, and bowel habit in elderly constipated persons. *American Journal of Clinical Nutrition*, **65** : 1397-1402.

Kruse HP, Kleessen B, Blaut M (1999). Effects of inulin on faecal bifidobacteria in human subjects. *British Journal of Nutrition*, **82** : 375-382.

Menne E, Guggenbuhl N, Roberfroid M (2000). Human nutrition and metabolism - Research communication. *Journal of Nutrition*, **130** : 1197-119

Mizota T (1996). Lactulose as a growth promoting factor for Bifidobacterium and its physiological aspects. *Bulletin of the International Dairy Federation*, **313** : 43-48.

Montgomery E, Hudson CS (1929). Transformation of lactose to a new disaccharide, lactoketose. *Science*, **69**, 556-557.

Oli MW, Petschow BW, Buddington RK (1998). Evaluation of fructo-oligosaccharide supplementation of oral electrolyte solutions for treatment of diarrhea. Recovery of the intestinal bacteria. *Digestive Disease Science*, **43** : 138-147.

Özaslan C, Türkçapar AG, Kesenci M *et al.* (1997). Effect of lactulose on bacterial translocation. *European Journal of Surgery*, **163** : 463-467.

Ponz de Leon M, Roncucci L (1997). Chemoprevention of colorectal tumours: Role of lactulose and of other agents. *Scandinavian Journal of Gastroenterology*, **32** (suppl 222) : 72-75.

Prosky L (1999). Inulin and oligofructose are part of the dietary fiber complex. *Journal of AOAC International*, **82** (2) : 223-226.

Reddy BS, Hamid R, Rao CV (1997). Effect of dietary oligofructose and inulin on colonic preneoplastic aberrant crypt foci inhibition. *Carcinogenesis*, **18** (7) : 1371-1374.

Roberfroid MB (1993). Dietary fiber, inulin, and oligofructose: A review comparing their physiological effects. *Critical Reviews in Food Science and Nutrition*, **33** (2) : 103-148.

Roberfroid MB, Gibson GR, Delzenne N (1993). The biochemistry of oligofructose, a nondigestible fiber: An approach to calculate its caloric value. *Nutrition Reviews*, **51** (5) : 137-146.

Roberfroid MB (1997). Health benefits of non-digestible oligosaccharides. *Adv Exp Med Biol*, **427** : 211-219.

Roberfroid MB, Van Loo J, Gibson GR (1998). The bifidogenic nature of chicory inulin and its hydrolysis products. *Journal of Nutrition*, **128** : 11-19.

Rowland IR, Tanaka R (1993). The effects of transgalactosylated oligosaccharides on gut flora metabolism in rats associated with a human faecal microflora. *Journal of Applied Bacteriology*, **74** : 667-674.

Rowland IR, Rumney CJ, Coutts JT, Lievense L (1998). Effect of Bifidobacterium longum and inulin on gut bacterial metabolism and carcinogen induced aberrant crypt foci in rats. *Carcinogenesis*, **2** : 281-285.

Sako T, Matsumoto K, Tanaka R (1999). Recent progress on research and applications of non-digestible galacto-oligosaccharides. *International Dairy Journal*, **9** : 69-80.

Salminen S, Bouley C, Boutron-Ruault MC *et al.* (1998). Functional food science and gastrointestinal physiology and function. *British Journal of Nutrition*, **80** (suppl 1) : S147-S171.

Tortuero F, Fernandez E, Ruperez P, Moreno M (1997). Raffinose and lactic acid bacteria influence caecal fermentation and serum cholesterol in rats. *Nutrition Research*, **17** : 41-49.

Van den Heuvel E, Muys T, van Dokkum W, Schaafsma G (1999). Oligofructose stimulates calcium absorption in adolescents. *American Journal of Clinical Nutrition*, **69** : 544-548.

Van Loo J, Coussement P, De Leenheer L *et al.* (1995). On the presence of inulin and oligofructose as natural ingredients in the Western diet. Critical Reviews in *Food Science and Nutrition*, **35** (6) : 525-552.

Van Loo J, Cummings J, Delzenne N *et al.* (1999). Functional food properties of non-digestible oligosaccharides: A consensus report from the ENDO project (DGXII AIRII – CT94-1095). *British Journal of Nutrition*, **81** : 121-132.

Walter T (1999). Bread goes prebiotic. *International Food Ingredients*, **2** : 20-21.

Wiedmann M, Jager M (1997). Synergistic sweeteners. *Food Ingredients and Analysis International*, nov-dec : 51-56.

6

Fibres alimentaires et amidons résistants

Martine Champ et Fabienne Guillon

1. Définitions et classifications

La définition des fibres alimentaires a largement évolué au cours des 2 dernières décennies. Cette évolution est liée à des motifs scientifiques, techniques et économiques. En effet, les définitions des fibres peuvent reposer sur des caractéristiques chimiques ou nutritionnelles ; elles peuvent aussi être dictées par des contraintes analytiques. Enfin des groupes agroalimentaires peuvent trouver un intérêt économique à faire orienter la définition dans un sens favorable à leurs produits. Ainsi dans la définition proposée par Trowell *et al.*, en 1972, les fibres étaient définies comme : « la portion de l'aliment qui est dérivée des parois cellulaires de plantes et très peu digérée par les êtres humains ».

Désormais, il est proposé d'inclure dans la définition des fibres alimentaires : les polysaccharides non amylacés (quelle qu'en soit l'origine : végétale, algale, bactérienne ou fongique), les amidons résistants, la lignine mais également les oligosaccharides résistants. Ces composés sont, à l'exception de la lignine, des glucides qui ne sont pas digérés dans l'intestin grêle par les enzymes endogènes de l'homme.

La raison de l'inclusion de la lignine dans la définition des fibres alimentaires réside dans le fait que celle-ci est fortement associée aux polysaccharides de certaines parois végétales (parois secondaires). En conséquence, la plupart des méthodes analytiques ne permettent pas de la dissocier de la fraction polysaccharidique des fibres.

Le problème des amidons résistants est très particulier. En effet, la définition des amidons résistants qui a été unanimement retenue il y a quelques années est purement physiologique : « l'amidon résistant est la somme de l'amidon et des produits de dégradation de l'amidon non absorbés dans le tube digestif des individus sains » (Asp, 1992). Or, la digestion de l'amidon est soumise à beaucoup de paramètres totalement indépendants de la source d'amidon elle-même. Plusieurs méthodes de dosage ont alors été proposées qui permettent de « prédire » la digestibilité iléale d'un amidon chez un individu « moyen ». Lorsque ces méthodes ont été validées, elles l'ont été sur la base de données de digestibilité iléale obtenues chez des sujets iléostomisés (donc difficiles à considérer comme réellement « sains »). Nous avons tenté nous mêmes de valider notre propre méthode (Champ *et al.*, 1999) sur la base de digestibilités iléales obtenues sur des volontaires sains par une méthode d'intubation mais cette méthode n'est pas non plus exempte de critiques.

Enfin les oligosaccharides résistants sont définis à la fois sur des critères physiologiques (ils sont résistants à l'hydrolyse par les enzymes du tube digestif de l'homme) mais également chimique (degré de polymérisation). La frontière entre oligosaccharides et polysaccharides est totalement arbitraire mais la limite est généralement fixée à 10 résidus (< 10, FAO, 1998 ; = 10, Asp *et al.*, 1992). Le degré minimum de polymérisation proposé dans le livre récemment édité par Cho *et al.* en 1999 est de 3. Cette limite permet d'inclure dans la définition des oligosaccharides résistants et donc par extension des fibres alimentaires, les oligosaccharides aux propriétés prébiotiques dont le degré de polymérisation est souvent compris entre 3 et 10.

Si l'on admet donc la définition la plus large, les principaux constituants des fibres alimentaires sont :

- les composants des parois végétales ;
- des hydrocolloïdes d'origines algale, microbienne ou issus de plantes (exsudats, graines ou racines) ;
- les amidons et oligosaccharides résistants.

La structure et/ou la composition de ces molécules, ainsi que leur origine, est présentée dans le tableau 1.

Les fibres alimentaires regroupent donc des poly- et oligosaccharides aux propriétés physiques et chimiques extrêmement variées. Il en résulte une grande diversité de propriétés physiologiques malgré une caractéristique commune : toutes ces fibres parviennent au niveau du côlon où elles sont plus ou moins fermentées.

2. *Teneur en fibres alimentaires des aliments*

Des fibres alimentaires sont présentes naturellement dans tous les produits végétaux puisqu'on en trouve dans les feuilles, les fruits, les racines et tubercules et enfin les grains et graines.

Ces mêmes fibres (pectines, par exemple) ou sources de fibres (ex : son de blé) peuvent être isolées par fractionnement et/ou purification et réintroduites à des aliments, le plus souvent par les industries agroalimentaires.

À ces fibres naturellement présentes dans les aliments s'ajoutent d'autres fibres extraites et purifiées qui peuvent être introduites dans l'aliment en tant qu'ingrédients (> 5 %) ou additifs (< 5 %). Beaucoup de ces agents polysaccharidiques ou oligosaccharidiques sont utilisés, pour leurs propriétés technofonctionnelles ou leur finalité nutritionnelle, dans les industries agroalimentaires. Les agents technofonctionnels les plus utilisés sont encore les produits épaississants-gélifiants (tableau 2). Cependant, d'autres applications plus récentes, telles que les substituts de matière grasse sont en pleine expansion. Ainsi, des hémicelluloses d'amande ou de soja, la cellulose microcristalline, des fibres de pois, de betterave ou d'avoine, des pectines,

Tableau 1 ■ Classification et caractéristiques chimiques des principales fibres alimentaires (Dreher, 1999 ; Lineback, 1999).

Classe	Composants	Structure	Principales origines
Polysaccharides des parois végétales			
	Cellulose	β-D-glucane (liaisons en 4)	Tous végétaux non fractionnés
	Hémicelluloses	Xylanes (incluant des arabinoxylanes et des (4-o-méthyl)glucuronoxylanes) β-D-glucanes (liaisons en 3 et 4) Xyloglucanes (D-glucanes liés en 4 avec des chaînes latérales)	 Avoine, orge
	Substances pectiques	Galacturonanes et rhamnogalacturonanes Arabinanes Galactanes et arabinogalactanes I	Plupart des végétaux non fractionnés
Hydrocolloïdes d'origines algale, microbienne ou issus de plantes			
Extraits d'algues	Carraghénanes	Polymères sulfatés composés de galactose et d'anhydrogalactose	Algues rouges et principalement *Condrus crispus*
	Alginates	Polymère d'acides D-mannuronique et L-guluronique	Algues brunes (Phæophyceae) : *Macrocystis pyrifera, Laminaria Hyperborea, Laminaria digitata, Ascophyllum nodosum*
Produits de fermentation bactérienne			
	Gomme xanthane	Squelette cellulosique avec des chaînes latérales (1 glucose/2) composées de trioses	*Xanthomonas campestral*
	Gomme gellane	Squelette linéaire composé de 4 oses : 1,3-β-D-glucose, acide 1,4-β-D-glucuronique, 1,4-β-D-glucose et 1,4-α-D-rhamnose	*Pseudomonas elodea*

Tableau 1 (suite) ■ Classification et caractéristiques chimiques des principales fibres alimentaires (Dreher, 1999 ; Lineback, 1999).

Classe	Composants	Structure	Principales origines
Exsudats de plantes			
	Gomme arabique	Polysaccharide complexe composé de galactose, rhamnose, arabinopyranose, arabinofuranose, acide glucuronique et acide 4-o-méthylglucuronique – sel contenant des ions calcium, magnésium et potassium (Arabinogalactane type II)	Plusieurs espèces d'acacia
	Gomme karaya	Polysaccharide dont la chaîne centrale est constituée d'acide galacturonique, de L-rhamnose et de D-galactose avec quelques chaînes latérales contenant de l'acide D-glucuronique	Sterculia (arbre poussant en Inde centrale et du Nord)
	Gomme tragacanthe	Mélange de polysaccharides : acide tracacanthique et arabinogalactane	Astragale (buisson ; ordre : légumineuses)
Extraits de graines			
	Gomme guar	Galactomannane	Endosperme de *Cyamopsis tetragonolobus*
	Gomme de caroube (locust bean)	Polysaccharide neutre constitué de mannose et de galactose (rapport 4:1)	Endosperme de *Cerotona siliqua*
	Psyllium	Polysaccharide composé d'arabinose, xylose et acide galacturonique	Téguments de *Plantago ovata* (ispaghule)
Extrait de racines			
	Poudre de konjac	Glucomannane acétylé	Racine de l'*Amorphophallus konjac*

Tableau 1 (suite) ■ Classification et caractéristiques chimiques des principales fibres alimentaires (Dreher, 1999 ; Lineback, 1999).

Classe	Composants	Structure	Principales origines
Cellulose modifiée et pectine			
Gommes cellulosiques	Carboxy-méthylcellulose Méthylcellulose Hydroxypropyl-méthylcellulose		
Pectines (de fruits)		Squelette d'acide galacturonique avec quelques unités rhamnose et chaînes latérales constituées principalement de L-arabinose et de D-galactose	Pelures de citrus et marc de pomme
Amidons résistants		Polymère de glucoses liés en α-1,4 et α-1,6	
	AR 1 : amidon physiquement inaccessible		Légumes secs (haricots, pois chiche, lentilles…)
	AR 2 : amidons natifs (type B, en particulier)		Pomme de terre crue, banane immature amidons et sources d'amidons riches en amylose (ex : Eurylon®, Hylon7®)
	AR 3 : amylose rétrogradée		Sources d'amidons riches en amylose
Oligosaccharides résistants			
	Fructo-oligosaccharides	Oligosaccharides constitués principalement de fructose (Glucosyl $(fructosyl)_n$ fructose)	Chicorée (Raftilose®) ou synthèse enzymatique à partir du saccharose (Actilight®, Neosugar®)
	α-galactosides (raffinose, stachyose, verbascose)	Saccharose-$(galactose)_n$ n = 1 à 3	Légumes secs (haricots, pois chiche, lentilles…)

l'inuline, le polydextrose ou très fréquemment des mélanges binaires ou tertiaires de fibres ou de fibres et d'amidon ou de maltodextrines sont commercialisés (aux États-Unis) comme ingrédient de substitution aux matières grasses (Cho et Prosky, 1999).

Tableau 2 ■ Utilisation des polysaccharides pour leur propriétés gélifiantes (*d'après* Guillon et Thibault, 1996).

Polysaccharides	**Conditions**	**Texture du gel**	**Applications**
Pectines HM*	saccharose et pH < 3	« tartinable »	confitures, gelées acides et confiseries
Pectines FM*	ions calcium	cassant	desserts laitiers
Alginates	sous forme sodium + ions potassium ions calcium et acide	cassant, non thermoréversible gel élastique	desserts et laits gélifiés produits restructurés, absorbants, immobilisation d'enzymes par inclusion
Caroube	+ κ-carraghénanes + ions potassium	gel élastique cohésif et thermoréversible	desserts
Carraghénanes kappa	ions potassium	gel cassant, rigide et thermoréversible	desserts, flans, « petfoods »
Carraghénanes iota	ions potassium ou calcium	gel souple, élastique et thermoréversible	desserts appertisés
Xanthane	+ caroube	élastique, très cohésif et thermoréversible	« pets foods »

*HM : pectines hautement méthylées ; FM : pectines faiblement méthylées.

Si comme c'est fréquemment le cas pour les desserts lactés, les sauces, les soupes, les boissons, les produits boulangers ou à base de viande, ces agents technofonctionnels sont introduits en tant qu'additif, ils ne contribuent que peu à l'apport en fibres alimentaires totales des individus. En effet on peut estimer que moins de 2 g de fibres sont apportés par portion d'aliment. D'après les tables de composition des aliments, l'apport en ce type d'ingrédient, semble en effet négligeable. Pour exemple, les crèmes dessert industrielles contiendraient (en moyenne) : des traces ou 0,2 g de fibres/100 g d'aliments frais, et la crème pâtissière : 0,3 g de fibres pour 100 g d'aliment frais (Favier *et al.*, 1995). Il y a cependant sur le marché, des aliments de ce type dont la teneur en carraghénane, par exemple, est très supérieure à ces chiffres.

Lorsque les fibres sont utilisées en tant qu'ingrédient, leur contribution à l'apport quotidien peut devenir très significatif mais il n'existe pas, à notre connaissance, de données de consommation d'ingrédients technofonctionnels.

En dehors des qualités technofonctionnelles, beaucoup de sources de fibres ou fibres purifiées sont exploitées pour leurs bénéfices nutritionnels. À titre indicatif,

Tableau 3 ■ Exemples d'ingrédients à « finalité nutritionnelle » (RIA, 1999).

Polysaccharides	**Nom du produit Référence**	**Entreprise**	**Caractéristiques**	**Allégation dans le message publicitaire**
Fibre d'acacia	Fibregum	CNI	Fibre soluble issue de la gomme d'acacia Goût neutre Peu visqueuse Résistance en milieu acide, même à haute température	
Fibres d'acacia	Valfibre	Valmar	Composées à 80 % de fibres hydrosolubles Faible viscosité	Faible valeur calorique (±2 kcal/g)
Fibres de soja	Fibrarich	Vaessen-Schoemaker Chemische Industrie	Développées pour les aliments diététiques et les snacks	
Fibre de caroube		Carob General Applications	Fibre insoluble à 80-90 % Multiples utilisations	Pouvoir hypocholestérolémiant
Fibres de pommes	Pomelite	Val de Vire	Fibres solubles, notamment	Fibres solubles régulent l'absorption des sucres, évitent les creux et contribuent au rassasiement
Pectines	Herbapekt SF50	Herbafood Nahrungsmittel	Pectines de faible viscosité Possibilité de supplémenter de 5 à 10 %	
Inuline	Frutafit Raftiline	Sensus Orafti	Fibre soluble Utilisations : biscuit, yaourt, crème glacée	Faible valeur calorique Propriétés prébiotiques L'inuline contribue à baisser le taux de cholestérol et à augmenter l'absorption des minéraux

Tableau 3 (suite) ■ Exemples d'ingrédients à « finalité nutritionnelle » (RIA, 1999).

Polysaccharides	**Nom du produit Référence**	**Entreprise**	**Caractéristiques**	**Allégation dans le message publicitaire**
Oligofructose	Raftilose	Orafti Active Food Ingredients		Favoriserait l'absorption du calcium Contribue à une meilleure activité de la flore microbienne Améliore l'excrétion fécale Réduit le taux de lipides sanguins
Galacto-Oligosaccharide	Elix'or	Borculo Domo Ingrédients	Fibre soluble obtenue par action d'une β-galactosidase bactérienne sur du lactose	Les GOS permettent de maintenir un bon équilibre de la flore intestinale Valeur calorique : 2,1 cal/g Semblent favoriser l'absorption des minéraux

des exemples d'ingrédients « à finalité nutritionnelle » sont présentées dans le tableau 3 (RIA, 1999). Les industriels qui commercialisent ces ingrédients avancent des allégations « santé » qui ne sont pas encore autorisées en France. Si le nombre d'allégations autorisées augmentent dans les prochaines années, il est vraisemblable que l'apport en fibres par ce biais pourrait croître significativement dans l'alimentation des européens.

Tableau 4 ■ Teneur en fibres alimentaires et en eau de quelques aliments (en g/100 g de portion comestible) (Dreher, 1999).

Aliment	**Teneur en eau**	**Teneur en fibres alimentaires***		
		Tot.	**Insol.**	**Sol.**
Pain « français »	29,2	2,7	1,9	0,8
Pain de mie blanc	37,1	1,9	1,3	0,6
Pain de mie complet	39,7	8,1	7,0	1,1
Biscuits (brownies)	12,8	2,5	1,7	0,8
Biscuits (au beurre)	4,7	2,4	1,6	0,8
Croissants	20,4	2,3	1,4	0,9
Corn flakes (natures)	2,8	2,0	1,7	0,3
Riz soufflé	6,5	1,4	1,0	0,4
Muesli	5,0	12,0		
Son de blé (céréales petit-déjeuner)	2,9	35,3	32,8	2,5
Son d'avoine	10,0	22,2	11,7	10,5
Riz précuit, cuit	77,0	0,5		
Riz brun, précuit	73,1	1,7		
Pâtes (macaronis cuits)	69,6	2,0	1,7	0,3
Pommes de terre chips	2,4	3,8	1,9	1,9
Pommes de terre bouillies	79,5	1,3	1,0	0,3
Haricots blancs (appertisés)	72,6	7,7		
Lentilles cuites	66,5	5,3	4,7	0,6
Amandes	3,3	11,2		
Cacahuètes	1,6	8,0	7,5	0,5
Avocats	77,3	3,9	2,6	1,3
Haricots verts appertisés	2,1	1,4	0,7	
Chou bouilli	94,0	1,7	1,1	0,6
Carottes cuites	90,5	2,7	1,2	1,5
Concombre pelé	96,2	0,6	0,5	0,1
Laitue (Iceberg)	96,0	0,7	0,5	0,2
Épinards cuits	93,7	2,2	1,8	0,4
Courgettes	94,5	0,9	0,8	0,1
Tomates crues	94,5	1,2	0,8	0,4
Pomme (Red Delicious), pelée	84,6	1,5	1,3	0,2
Banane	75,7	1,7	1,2	0,5
Kiwi	83,0	3,4		
Orange	86,0	1,8	0,7	1,1
Poires	84,5	3,0	2,0	1,0
Pruneaux secs	26,2	7,3	3,1	4,2

* Quantifiées principalement par la méthode AOAC (1995).

Le tableau 4 présente quelques valeurs de teneur en fibres d'aliments consommés en France. Ces aliments sont des sources naturelles de fibres car il n'existe pas encore de table faisant apparaître les teneurs en fibres d'aliments « industriels » dans lesquels les fibres ou les sources de fibres sont ajoutées pour leurs propriétés fonctionnelles ou technofonctionnelles. Le tableau 4 révèle que des aliments fréquemment qualifiés de sources de fibres, tels que les fruits et légumes frais, ne contiennent que très peu de fibres (dans leur grande majorité, $\leqslant$ 3 % de la matière fraîche de l'aliment). Les aliments en question sont en effet riches en eau et si la « matière sèche » de l'aliment est effectivement riche en fibres, l'apport en fibres d'une portion est relativement faible. Si les teneurs en fibres sont ramenées à la teneur en matière sèche de l'aliment, on constate alors que les aliments les plus concentrés en fibres sont : les sons (pour petit-déjeuner, principalement), les légumes, les fruits frais et secs, les légumes secs, le muesli et certains pains complets. Dans ces mêmes aliments, les fibres insolubles sont souvent plus abondantes que les fibres solubles ; les exceptions sont, selon ce tableau, les carottes, les oranges et les pruneaux secs.

Les valeurs du tableau 4 ont été principalement obtenues par la méthode AOAC (1995) (dosage des fibres totales, insolubles et solubles). Il existe beaucoup d'autres méthodes pour doser les fibres. Parmi celles qui sont les plus utilisées, la méthode décrite par Englyst *et al.* (1994) est probablement celle qui fournit les résultats les plus éloignés de la méthode « AOAC ». En effet cette méthode permet de quantifier les « polysaccharides non amylacés » ; elle exclue donc, à l'inverse de la méthode AOAC, les amidons résistants et la lignine (tableau 5).

Tableau 5 ■ Teneur en fibres alimentaires de quelques aliments (en g/100 g de portion comestible) (FAO-WHO, 1998).

Aliment	**Teneur en eau**	**Teneur en fibres alimentaires**	
		Polysaccharides[1] non amylacés	**Fibres totales[2]**
Banane	75,1	1,1	1,6
Pois secs	13,3	4,7	na
Haricots secs	11,3	17,0	40,0
Lentilles (vertes)	10,8	8,9	na
Arachides	6,3	6,2	8,0
Pommes de terre	79,0	1,3	1,8
Blé	14,0	9,0	12,6
Maïs	12,0	na	11,0
Riz	11,8	2,0	3,5
Avoine	8,9	6,8	10,3

1. PNA : Non Starch Polysaccharides (Englyst et al., 1994) ;
2. FTot. : Total Dietary Fibre (AOAC, 1995).

3. *Devenir fermentaire des fibres alimentaires et amidons résistants*

Les fibres alimentaires ont en commun le fait qu'elles parviennent dans le côlon (ou gros intestin) qui héberge une flore bactérienne très abondante et variée (10^{10}-10^{12} bactéries par gramme de contenu frais). Ces bactéries possèdent un équipement enzymatique qui leur est spécifique et qui leur permet d'utiliser des substrats non digérés par les enzymes endogènes du tube digestif (Blottière *et al.*, 1999). L'adaptation de la microflore à un nouvel ingrédient ou additif oligo- ou polysaccharidique peut se faire : 1) par la prolifération d'espèces bactériennes minoritaires mais dont l'équipement enzymatique est susceptible de permettre l'utilisation du substrat, et/ou 2) par l'adaptation des enzymes des bactéries préexistantes au nouveau substrat. Le mécanisme principal mis en jeu pour cette adaptation n'est pas encore clairement identifié.

À l'exception de la lignine, les différents composants glucidiques des fibres alimentaires sont plus ou moins fermentescibles. Certains des polysaccharides algaux ou appartenant à des parois végétales lignifiées sont peu fermentescibles, les oligosaccharides sont à l'inverse très rapidement fermentés. Dans tous les cas, la fermentation des fibres aboutit à la formation de gaz (gaz carbonique, hydrogène et chez 50 % des sujets, méthane) mais également d'acides gras à chaîne courte (acétate, propionate, butyrate, principalement). Les proportions de gaz et d'acides gras à chaîne courte produits au cours de la fermentation dépend de la nature du glucide fermenté, mais aussi de la microflore colique de l'individu qui la consomme.

Tableau 6 ■ Caractéristiques fermentaires des fibres alimentaires.

Substrats riches en	**Caractéristique fermentaire**	***Réf.***
Cellulose	très grande proportion d'acétate (63-100 %)	*1, 2*
Amidons résistants	grande proportion de butyrate, peu d'acétate (36 %)	*1*
β-glucanes d'avoine	grande proportion de butyrate, peu d'acétate (37 et 42 % respectivement)	*1*
Son d'avoine	proportion de butyrate modérée (20-26 %)	*3,4*
Son de blé	proportion de butyrate modérée (13-22 %)	*2,4,5*
Fructo-oligosaccharides à courte chaîne	grande proportion de butyrate, peu d'acétate (33 et 40 %, respectivement ; culture continue réalisée à pH 5,8)	*6*
Inuline	grande proportion de propionate, peu d'acétate (36 et 54 %, respectivement)	*1*
Pectines	grande proportion d'acétate (74-90 %)	*7,8*
Galactomannane	grande proportion de propionate (> 40 %)	*9*

1 : Botham *et al.* (1998) ; 2 : Ehle *et al.* (1982) ; 3 : Fardet *et al.* (1997) ; 4 : Bourquin *et al.* (1992) ; 5 : Salvador *et al.* (1993) ; 6 : Michel *et al.* (1998) ; 7 : Barry *et al.* (1995) ; 8 : Titgemeyer *et al.* (1991) ; 9 : Tomlin *et al.* (1989).

D'une façon générale, les fibres complexes fermentent en produisant une majorité d'acétate (75-60 %), moins de propionate (30-10 %) et une faible quantité de butyrate (20-5 %). Les spécificités fermentaires (fermentations *in vitro* réalisées en présence de flore fécale humaine) d'un certain nombre de fibres sont présentées dans le tableau 6. Elles sont exprimées relativement à un profil fermentaire « moyen » tel que décrit ci-dessus.

Au niveau de la fibre elle-même, le profil fermentaire semble dépendre particulièrement de la structure des molécules (type de liaison, organisation tridimensionnelle) et des propriétés qui en découlent. La nature des oses constitutifs pourrait ne pas jouer un rôle capital dans le profil fermentaire. En effet, Botham *et al.* (1998) ont constaté, en comparant les profils fermentaires *in vitro* de plusieurs polymères de glucanes, que la cellulose (polymère de glucoses liés en β 1-4) produisait presque exclusivement de l'acétate tandis que l'amidon de pois (polymère de glucoses liés en α 1-4 et α 1-6) générerait beaucoup moins d'acétate (47 %) mais plus de butyrate (36 %) et plus de propionate (15 %).

Les substrats les plus forts générateurs de butyrate sont pour la plupart des fibres qui fermentent rapidement. Le déterminisme de la production des différents acides gras à chaîne courte est cependant loin d'être élucidé. La forte proportion de butyrate parfois observée lors de la fermentation des sons de blé n'est pas encore très claire mais il est souvent suggéré que ce profil serait lié à la fraction amylacée non négligeable généralement présente dans les sons.

4. Principales propriétés physiologiques des fibres alimentaires et amidons résistants

De très nombreux articles de synthèse et ouvrages ont été publiés (en anglais et en français), ces dix dernières années sur ce thème : Blottière *et al.* (1999) ; FAO/WHO (1998) ; Guillon *et al.* (1998) ; Rémésy (1996) ; Cherbut *et al.* (1995) ; Schweizer et Edwards (1992) ; Southgate *et al.* (1990) (la liste n'est bien entendu pas exhaustive). Trois des chapitres du présent livre traiteront plus en détail de certains des aspects abordés dans ce chapitre (métabolisme lipidique et carcinogenèse).

Les propriétés physiologiques des fibres alimentaires, au sens large, sont très variées (tableau 7). Elles sont susceptibles d'être efficaces sur :

- des paramètres métaboliques tels que la réponse glycémique (et insulinique) au repas, la réponse lipémique au repas mais aussi, à long terme, sur la lipémie basale ;
- des paramètres physiologiques tels que la satiété, l'excrétion fécale ou l'activité motrice de l'intestin ; ces deux derniers facteurs sont liés en partie aux caractéristiques fermentaires des fibres (fermentescibilité, production de gaz, profil des acides gras à chaîne courte) ;
- les caractéristiques de la flore colique, notamment à travers d'éventuels effets prébiotiques.

La plupart de ces effets sont multifactoriels et certains effets des fibres alimentaires ne sont pas encore totalement élucidés.

Tableau 7 ■ Principales propriétés physiologiques des fibres alimentaires et amidons résistants.

Propriétés physiologiques	**Fibres les plus efficaces**	**Exemples**
Effet sur la satiété et la vidange gastrique		
Contrôle de la glycémie et de l'insulinémie	Fibres visqueuses	Gomme de guar
Métabolisme du cholestérol et des triglycérides	Fibres visqueuses et/ou à fort pouvoir séquestrant	β-glucanes psyllium
Fermentation colique production de gaz	Fibres très fermentescibles	Fructo-oligosaccharides
production de butyrate (AGCC)	Généralement, fibres à fermentation rapide	Fructo-oligosaccharides Amidons résistants
contrôle de la fonction cellulaire au niveau de l'épithélium colique		
Excrétion fécale/activité motrice	Fibres à forte capacité de gonflement Fibres « rigides »	Psyllium Son de blé
Effet prébiotique	Généralement, fibres à fermentation rapide	Fructo-oligosaccharides Amidons résistants (?)*
Faible capacité énergétique (2 kcal/g environ)		

* Kleessen *et al.* (1997).

Grossièrement, les fibres solubles et visqueuses (gomme de guar, β-glucanes d'avoine ou d'orge) ont généralement des effets sur les réponses glycémiques et lipémiques en phase post-prandiale. Le mode d'action des fibres visqueuses sur la réponse glycémique est relativement simple. Il a été particulièrement étudié sur les gommes de guar. Celles-ci, lorsqu'elles sont peu ou pas hydrolysées, présentent une viscosité importante susceptible de diminuer la réponse glycémique (et insulinique) d'un repas complexe (incorporation à environ 6 % de la matière sèche du repas). Ces fibres visqueuses agissent par 3 mécanismes dont les effets s'ajoutent : ralentissement de la vidange gastrique, diminution de la vitesse de digestion de l'amidon et ralentissement de l'absorption (Leclère *et al.*, 1994). En dehors de la gomme de guar, les β-glucanes, fréquemment incorporés dans des produits céréaliers sous forme de son d'avoine ou de farine complète sont généralement efficaces pour abaisser la réponse glycémique. D'après une étude américaine, les fibres de céréales seraient plus efficaces que les fibres de fruits et légumes dans le cadre d'une prévention contre la diabète de type II (diabète non insulinodépendant).

Les mécanismes invoqués pour la baisse de réponse glycémique sous l'effet de fibres visqueuses (ralentissement de la vidange gastrique, effet sur la digestion et l'absorption des nutriments) peuvent expliquer les propriétés hypolipémiantes de ces mêmes fibres. Le spectre des fibres efficaces sur la réponse lipémique est cependant plus large que les seules fibres visqueuses. En effet, d'autres fibres peuvent agir sur le cycle entéro-hépatique du cholestérol et des sels biliaires réduisant leur absorption et augmentant ainsi leur excrétion fécale. Ceci a pour effet de réduire le cholestérol sanguin. Les fibres susceptibles d'agir par ce mécanisme ont le pouvoir de piéger ces molécules organiques. Beaucoup de ces fibres possèdent des groupements ionisables (fonction carboxylique en particulier). Parmi les fibres agissant vraisemblablement par ce mécanisme, il y a le psyllium. Les sources de β-glucanes (fibres d'avoine, farines complètes) sont reconnues, depuis 1997 et 1998, respectivement par la *Food and Drug Administration* américaine pour avoir des effets favorables dans la prévention des maladies cardiovasculaires (cf. paragraphe 6.). Ces deux fibres sont en effet capables d'abaisser la LDL cholestérolémie (à jeun) des patients hypercholestérolémiques (tableau 8). L'allégation précise cependant que cet apport de fibres doit se faire dans le cadre d'un régime pauvre en graisses saturées et en cholestérol. Des études cliniques montrent une chute de la cholestérolémie de 0,5 % à 2 % par gramme de fibres solubles consommées par jour.

Tableau 8 ■ Effet des fibres alimentaires sur la cholestérolémie plasmatique chez l'homme.

Nature des fibres	**Dose (g/j)**	**Durée (semaines)**	**Cholestérolémie (mmol/l) basale**	**finale**	**Changement (%)**	**Référence***
Son de blé	15	3	4,39	4,55	NS	Sanders et Reddy, 1992
Son de blé	20	6	6,56	6,56	0	Anderson *et al.*, 1992
Son d'avoine	87	6	4,80	4,44	– 8,0	Swain *et al.*, 1990
Psyllium	10	8	6,39	5,45	– 15	Anderson *et al.*, 1988
Psyllium	12	6	6,51	5,96	– 8,4	Anderson *et al.*, 1992
Gomme guar	10	4	6,44	5,82	– 9,7	Anderson *et al.*, 1988
Gomme guar	12	8	7,4	6,5	– 12	Kristen *et al.*, 1989
Gomme guar	15	4	6,23	5,58	– 10	Superko *et al.*, 1988

* Citées par Stark et Madar, 1994.

L'hypothèse d'un effet inhibiteur de l'acide propionique sur la synthèse du cholestérol a également été avancée pour certaines des fibres alimentaires ; elle semble cependant ne jamais pouvoir expliquer à elle seule l'efficacité d'une fibre alimentaire.

En ce qui concerne les effets sur le côlon, ils sont liés soit à la structure physique des fibres, soit à leurs caractéristiques fermentaires. Une accélération du transit cæco-colique peut ainsi être obtenue grâce à (figure 1) :

– une excitation des mécanorécepteurs présents au niveau de la sous muqueuse colique, par des particules rigides (son de blé grossier par exemple) ;

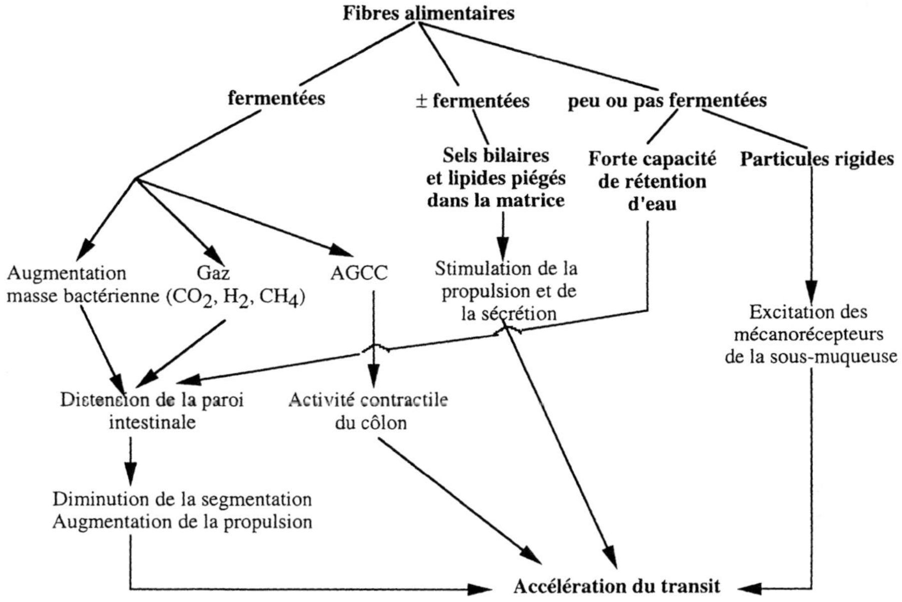

Figure 1 ■ Mécanismes d'action des fibres alimentaires sur le transit colique.

- une distension de la paroi colique sous l'effet de gaz produits en grande quantité (α-galactosides), d'une forte capacité d'hydratation des résidus parvenant au côlon ou une forte augmentation de la masse bactérienne ;
- une production intense d'acides gras à chaîne courte (butyrate, en particulier).

Une augmentation de l'excrétion fécale peut être obtenue avec des fibres peu fermentescibles mais à forte capacité de rétention d'eau mais également avec des fibres très fermentescibles qui contribuent à augmenter significativement la masse bactérienne colique.

Les fibres dont la production de butyrate est importante pourraient être particulièrement intéressantes dans la prévention et le traitement de maladies touchant le côlon proximal ou distal. Il s'agit en particulier du cancer colique et certaines maladies inflammatoires telles que la rectocolite hémorragique ou la maladie de Crohn. Des études épidémiologiques ont montré que des régimes pauvres en matière grasse et riches en fibres réduisaient l'incidence des cancers coliques. En 1992, l'étude menée par les chercheurs de l'École de médecine de Harvard a montré que les hommes qui consommaient 12 g de fibres par jour avaient deux fois plus de risque d'être atteints de lésions précancéreuses au niveau colique que des hommes dont la consommation quotidienne de fibres était de 30 g.

Le mécanisme exact expliquant cette réduction du risque cancéreux n'est pas encore totalement éclairci. Les fibres insolubles diluent les composés carcinogènes présents dans le côlon et accélèrent le transit colique réduisant le temps de contact avec la muqueuse colique. D'autres fibres qui produisent beaucoup de butyrate au cours de leur fermentation auraient des effets préventifs. En effet des études sur modèles animaux (rats chez lesquels un cancer est induit par voie chimique ou souris

Min développant spontanément des cancers de l'intestin) indiquent un effet préventif des fructo-oligosaccharides (fort générateur de butyrate) (Pierre *et al.*, 1997 ; Perrin *et al.*, 2000).

Ces fibres ainsi que les amidons résistants sont très étudiés à l'heure actuelle en raison de leur profil fermentaire (riche en butyrate). La catégorie des polymères de fructose est composée d'oligosaccharides et de polysaccharides dont les vitesses de fermentation sont variables et qui en conséquence sont susceptibles de fermenter à différents niveaux du côlon. Les amidons résistants ont également des caractéristiques variées qui expliquent des cinétiques de fermentation plus ou moins rapides. Il existe, jusqu'à présent, 3 catégories d'amidon résistant :

- les amidons natifs de type B représentés par l'amidon de pomme de terre natif et les amidons riches en amylose (Eurylon ou Hylon 7). Il faut souligner que l'amidon de pomme de terre perd très rapidement ses propriétés lorsqu'il est chauffé en présence d'eau (60 °C, environ) ce qui n'est pas le cas des amidons riches en amylose qui gélatinisent à des températures très supérieures (120 °C, environ). Ces amidons sont dits de type 2 (Englyst *et al.*, 1992) ;
- les amidons dits « physiquement inaccessibles » qui sont emprisonnés dans des cellules végétales. Ce type d'amidon résistant est particulièrement présent dans les légumes secs « entiers ». Leur paroi cellulaire est en effet plus résistante que dans la plupart des autres aliments et résiste bien à la plupart des traitements culinaires. Seuls, les broyages, une mastication efficace, un « mixage » efficace dans l'estomac ou l'action des bactéries intestinales peuvent permettre de perméabiliser le membrane pour laisser l'amidon accessible aux enzymes amylolytiques. Ces amidons sont dits AR 1 ;
- les amidons rétrogradés sont des amidons, souvent riches en amylose (> 30 %, voire 70 %), qui ont subi un traitement hydrothermique qui a permis à l'amidon de gélatiniser puis une conservation au froid (+ 4° ou – 20 °C) ou à température ambiante qui a engendré une recristallisation (appelée rétrogradation) partielle de l'amidon. Ces amidons sont les amidons résistants de type 3.

Des travaux récents vont vraisemblablement conduire à la constitution d'une quatrième catégorie d'AR. Il s'agit des amidons modifiés chimiquement (réticulation) dont la biodisponibilité a été fortement réduite par la modification chimique.

Ces amidons ont semble-t-il en commun de produire des proportions importantes de butyrate. Ils sont en revanche plus ou moins fermentescibles. La question qui se pose actuellement est de savoir s'il est possible d'obtenir des amidons dont la fermentation pourrait se situer à différents niveaux du côlon en fonction de la prévention ou du traitement recherché. L'avancement de ces recherches est limité, pour le moment, par la difficulté à faire des investigations pas ou peu invasives sur le côlon humain.

La plupart des recherches sur l'amidon résistant ont été réalisées sur des amidons natifs de type B (spectre de diffraction des rayons X), tels que l'amidon de pomme de terre cru ou des amidons natifs riches en amylose (Eurylon 7 ou Hylon 7). Cependant seuls les amidons résistants se trouvant naturellement dans l'alimentation ou susceptibles d'y être introduits facilement, sans détérioration des qualités organoleptiques de l'aliment, sont susceptibles d'être consommés en quantité significative. Plusieurs amidons du type RS3 (amidons rétrogradés) sont déjà commercialisés mais seules leurs propriétés technofonctionnelles sont, pour le moment, mises en avant.

Une étude de prévention secondaire est en cours à l'heure actuelle en Angleterre. Elle porte sur des patients ayant subi une résection de polypes colorectaux dont un groupe reçoit une supplémentation en amidon résistant. Les résultats de cette étude devraient permettre de tirer des conclusions quand à l'intérêt des amidons résistants dans la prévention des cancers coliques.

5. Consommations et recommandations nutritionnelles concernant les fibres ou les aliments riches en fibres

Il existe en France encore peu de chiffres (publiés) sur les consommations en fibres alimentaires mais les récentes enquêtes Suvimax, Inca... devraient rapidement permettre de combler cette lacune. Il faut avant d'interpréter et de comparer ce type de chiffres, s'attacher à la nature de l'enquête et surtout à la méthode d'analyse des fibres qui a été utilisée pour produire ces chiffres. D'après les données présentées sur le tableau 9 (et extraites d'un tableau de Cho *et al.*, 1999), les méthodes analytiques utilisées sont principalement les méthodes de Southgate, Englyst et AOAC qui quantifient respectivement, les glucides indisponibles, les polysaccharides non amylacés et les fibres totales. Selon les chiffres de Le Quintrec et Gendre (1986), la consommation des français se situerait entre 17,9 et 24,6 g de fibres par jour. Cette consommation est voisine de celle des britanniques ou des japonais. Selon les chiffres de ce tableau, les italiens, les suisses et les hollandais auraient une consommation en fibres supérieure à la moyenne européenne tandis que les suédois auraient une consommation plus faible et voisine de celle des États-Unis. L'analyse de Kasper *et al.* (1980) en Allemagne indique des différences de comportement alimentaire entre diverses classes de population, les étudiants ayant la plus forte consommation de fibres et les administratifs, la plus faible. Il est cependant probable qu'exprimés par rapport à l'apport calorique total ces consommations deviennent plus similaires.

Le document intitulé « Dietary fibre intakes in Europe » et édité en 1993 par la Commission européenne sous l'impulsion du COST 92 fait la synthèse de beaucoup de données obtenues sur le plan européen. Il apparaît clairement que les données disponibles sont obtenues par des méthodologies différentes de calcul des consommations mais également d'analyse des aliments. Les recommandations nutritionnelles concernant la consommation des fibres alimentaires des différents pays doivent être réalisées sur la même base analytique. Les valeurs fournies en g de NSP (polysaccharides non amylacés) sont ainsi toujours logiquement inférieures aux valeurs exprimées en g de fibres alimentaires ou fibres totales (TDF). On constate (tableau 10) qu'elles varient légèrement d'un pays à l'autre. Ainsi les grandes associations Sud Africaine préconisent des consommations de 30 à 40 g de fibres par jour. L'ouvrage de Dupin édité en 1992 propose une quantité journalière moyenne de 37 g de fibres totales (ou 22 g de NSP), en accord avec les propositions de l'OMS. Plusieurs pays européens dont le Danemark et la Suède proposent une consommation beaucoup plus faible, à savoir, de 25 à 30 g de fibres par jour. Les Pays-Bas et les États-Unis ont des recommandations exprimées en g de fibres/MJ ou /2 000 kcal. La recommandation de l'*American Health Foundation* est enfin exprimée en âge + 5 à + 10 pour les enfants et jeunes de 3 à 20 ans qui correspond donc à un maximum de 30 g de fibres alimentaires pour un jeune de 20 ans.

Tableau 9 ■ Consommation en fibres alimentaires de quelques pays.

Pays	Nature de l'enquête	Méthode d'analyse	Quantité Consommée (g/j)	Référence
France	Enquêtes/foyer	Glucides indisponibles PNA et Glucides indisponibles	15,9 (année 1989) 16,5 (année 1982)	Baghéri et Debry (1990)[1]
	Consommation/pers. Eurostat 1970-80	Glucides indisponibles (Southgate)	17,9-24,6	Le Quintrec et Gendre (1986)[2]
	Enquêtes individuelles Enquêtes/foyers Balance alim. et production	Glucides indisponibles PNA, Gluc. indispon. Gluc. indispon.	18,2 (13,6-22,8) 15,9-17,5 25,3	Plusieurs références[1] Bright-See, MacKeown-Eyssen (1984)[1]
Belgique	Enquêtes individuelles/24 h	Fibres totales	21,0 (H), 19,0 (F)	Joossens *et al.* (1989)[1]
Grande-Bretagne	Questionnaire fréquence de consommation	PNA (Englyst) Glucides indisponibles (Southgate)	15,5-16,4 (H, 40-69 ans) 14,3-15,1 (F, 25-69 ans) 23,2-25,3 (H, 40-69 ans) 21,6-23,3 (F, 25-69 ans)	Emmett *et al.* (1993)[2]
Royaume-Uni	Enregistrement/7 jours	Glucides indisponibles (Southgate)	19 ± 7 (1980-83) 21 ± 9 (1990)	O'Neill et Fehili (1999)[2]
Allemagne	Enregistrement/3 mois	Glucides indisponibles (Southgate)	24,8 ± 8,4 (étudiants) 22,0 ± 5,5 (trav. manuels) 21,7 ± 5,5 (enseignants) 17,6 ± 4,6 (administratifs)	Kasper *et al.* (1980)[2]
Pays-Bas	Étude Zutphen et questionnaire fréquence de consommation	Glucides indisponibles (Southgate) (Southgate)	33,2 (1960) 31,5 (1985) (1996) 16 ± 6 (F, 15 ans) (Uppsalla)	Kromhout *et al.* (1990)[2]
Suisse	Enregistrement/24 h	Glucides indisponibles (Southgate)	33 (H) 30 (F)	Beer-Borst *et al.* (1994)[2]

Tableau 9 (suite) ■ Consommation en fibres alimentaires de quelques pays.

Pays	**Nature de l'enquête**	**Méthode d'analyse**	**Quantité Consommée (g/j)**	**Référence**
Italie	Questionnaire fréquence de consommation	Glucides indisponibles (Southgate) et AOAC, Fibres totales	32,4	Turrini *et al.* (1995)[2]
États-Unis	USDA – Enquête 89-91 Enfants et adolescents	AOAC, Fibres totales	15,6 (20 ans)	Mueller *et al.* (1997)[2]
Japon	Enquête nutritionnelle Aomori	Glucides indisponibles (Southgate)	23,7 ± 8,4	Nakaji *et al.* (1993)[2]
		AOAC, Fibres totales	22,2 ± 8,5	

1. Cité dans l'ouvrage édité par Cummings et Frølich (1993) ;
2. Cité par Cho et al. (1999) ;
PNA : polysaccharides non amylacés (NSP en anglais) ;
AOAC : méthode AOAC ;
H, F, G, F : hommes, femmes, garçons, filles.

Tableau 10 ■ Recommandations nutritionnelles concernant les fibres alimentaires (d'après Cho *et al.*, 1999).

Pays	**Consommation recommandée**	**Base***	**Origine de la recommandation**
Niveau mondial	16-24 g 27-40 g	NSP TDF	Rapport WHO : « Diet, nutrition and the prevention of chronic diseases »
Europe			
Allemagne	30 g	FA	Société allemande de nutrition
Danemark	25-30 g	TDF	Agence nationale de l'alimentation/ Conseil de la nutrition
Espagne	30 g	TDF	Littérature (chiffres non officiels)
France	25-30 g	FA	Gastroentérologues (non publié)
Pays-Bas	3 g/MJ (24-30 g)	FA	Conseil de la nutrition – Tables hollandaises 1989
Royaume-Uni	18 g	NSP	Department of Health Committee on Aspects of Food Policy
Suède	25-30 g	FA	Agence nationale de l'alimentation/ Conseil de la nutrition
Amérique			
États-Unis	25 g/2 000 kcal (adultes)	FA	Food and Drug Administration
	Entre 3 et 20 ans, Âge + 5 à + 10	FA	American Health Foundation
Colombie	15-20 g	NSP	Ministère de la Santé (1992)
Afrique			
Afrique du Sud	30-40 g	TDF	Heart Foundation, Cancer Association, Association of Health, Department of health (non officiel)
Asie			
Japon	20-30 g	TDF	Ministère de la Santé et du Bien-être

* FA : Fibres alimentaires (méthode non précisée) ; TDF : Fibres totales (AOAC, 1995) ; NSP : Polysaccharides non amylacés (Englyst *et al.*, 1982).

Pour contrôler efficacement l'adéquation entre les recommandations et les consommations effectives, il devient indispensable de prendre en compte les aliments contenant des fibres ajoutées pour leurs propriétés technofonctionnelles et fonctionnelles (santé).

6. *Allégations nutritionnelles*

Les allégations fonctionnelles n'ont en France encore aucun statut réglementaire défini. Pour le *Codex alimentarius*, le terme allégation s'entend de toute mention qui affirme, suggère ou implique qu'une denrée possède des caractéristiques particulières liées à son origine, ses propriétés nutritives, sa nature, sa production, sa transformation, sa composition ou tout autre qualité (1991). D'après les textes réglementaires sur l'étiquetage nutritionnel, les allégations nutritionnelles sont « toute représentation et tout message publicitaire qui énonce, suggère ou implique qu'une denrée alimentaire possède des propriétés particulières de par l'énergie qu'elle fournit, fournit à un taux réduit ou accru ou ne fournit pas, et/ou de par les nutriments qu'elle contient, contient en proportion réduite ou accrue ou ne contient pas ».

L'allégation nutritionnelle fonctionnelle est définie comme une allégation qui décrit le rôle physiologique d'un nutriment dans la croissance, le développement et les fonctions normales de l'organisme. Il est cependant impératif que l'allégation n'implique pas que le nutriment possède un effet thérapeutique ou préventif. D'autre part, une valeur nutritionnelle doit avoir été fixée par le *Codex alimentarius*. Les allégations relatives à la santé devraient bientôt être autorisées par le *Codex alimentarius* ; elles seront de 2 types : 1) les allégations relative à l'amélioration d'une fonction et 2) les allégations qui décriront comment un aliment, mis en perspective dans un régime d'ensemble, peut contribuer à la réduction d'un risque de maladie.

En Europe, les allégations médicinales sont interdites. En effet, l'étiquetage ne doit pas faire état de propriétés de prévention, de traitement et de guérison d'une maladie humaine ni évoquer ces propriétés. Cette règle a été transposée en 1984 en droit français. Le Code de la consommation interdit la publicité comportant des allégations fausses ou de nature à induire en erreur, et ce, sous peine d'amendes pouvant être portée à 50 % des dépenses publicitaires. Le Code de la santé publique prévoit la possibilité de remettre des autorisations à des allégations de type préventif ou curatif portant sur des aliments. Cette autorisation est délivrée par le ministre chargé de la Santé après consultation d'une commission d'experts.

Au cours de ces dernières années la *Food and Drug Administration* (FDA) américaine a autorisé les allégations santé (health claims) sur 3 catégories de fibres alimentaires ou d'aliments riches en fibres alimentaires (tableau 11). La FDA a tout d'abord autorisé la mention suivante « les aliments pauvres en graisse et riches en fibres contenant des graines, des fruits et des légumes peuvent réduire le risque de quelques types de cancer, une maladie multifactorielle ». Plus récemment, les aliments contenant des sources de fibres solubles d'avoine (son d'avoine, fibres d'avoine) peuvent revendiquer des effets hypo(LDL)-cholestérolémiant. Enfin, en 1998, la FDA a autorisé la mention « réduit le risque cardiovasculaire » sur les produits contenant du psyllium. Bien évidemment, pour chacun de ces types d'aliment des quantités minimales de fibres doivent être respectées.

En France, l'allégation « facilite le transit intestinal » est possible sous certaines conditions pour les aliments dont la teneur en fibres à base de son de blé est supérieure ou égale à 13 % (Avis CEDAP, 1987). D'autre part, il existe depuis peu une allégation fonctionnelle pour les fructo-oligosaccharides. Elle porte sur les propriétés à faciliter la croissance des bifidobactéries dans le tractus digestif. Le Comité scientifique de l'alimentation de la Communauté européenne (DGXXIV, Bruxelles) a également accordé le droit de considérer les fructo-oligosaccharides (Actilight®) comme des ingrédients bifidogènes.

Le *Codex alimentarius* impose des normes concernant les teneurs en fibres introduites dans les aliments. Ainsi « Source de fibres » signifie que l'apport en fibres est au minimum de 3 g/100 g d'aliment. La mention « Riche en fibres » équivaut à un apport minimal de 6 g de fibres par 100 g ou 23 g/100 kcal (tableau 11).

La Commission interministérielle (française) d'étude des produits destinés à une alimentation particulière (CEDAP) a rendu en janvier 1995 un avis sur les allégations relatives à la teneur en éléments nutritifs mais aucune décision n'a encore été prise

Tableau 11 ■ Allégations concernant les fibres alimentaires.

Allégations sur la teneur en fibres		
Source de	Teneur ≥ 5 %/100 kcal de l'apport de référence	CEDAP*
Riche en	Teneur ≥ 10 %/100 kcal de l'apport de référence	CEDAP
Teneur accrue en	Teneur augmentée d'au moins 25 % en poids par rapport au produit de référence et ≥ 5 %/100 kcal de l'apport de référence	CEDAP
Source de (Source)	3 g/100 g ou 1,5 g/100 kcal	*Codex alimentarius*
Riche en (High)	6 g/100 g ou 3 g/100 kcal	*Codex alimentarius*
Allégation fonctionnelle		
Fructo-oligosaccharides facilitent la croissance des bifidobactéries dans le tractus digestif		CNHPF**
Allégations « santé »		
Psyllium	Réduction du risque cardiovasculaire	FDA***
Sources de fibres solubles d'avoine (son d'avoine, farine d'avoine.)	Hypo(LDL)-cholestérolémiant	FDA
Régimes riches en produits céréaliers (complets), des fruits ou des légumes	« Les aliments pauvres en graisse et riches en fibres contenant des graines, des fruits et des légumes peuvent réduire le risque de quelques types de cancer, une maladie multifactorielle. »	FDA

* Commission interministérielle d'étude des produits destinés à une alimentation particulière ;
** Conseil national d'hygiène publique de France ;
***Food and Drug Administration.

pour les fibres. Pour la CEDAP, il existe des mentions précises en fonction de l'apport en nutriments : « Source de » = teneur ≥ 5 % des valeurs nutritionnelles de référence (VNR) dans une quantité de produit représentant 100 kcal, « Riche en « = teneur ≥ 10 %/100 kcal de l'apport de référence et enfin « Teneur accrue en » = teneur augmentée d'au moins 25 % en poids par rapport au produit de référence et ≥ 5 %/100 kcal de l'apport de référence. Les fibres posent de toute évidence le problème de la définition d'un aliment de référence.

Conclusions

Les fibres alimentaires sont naturellement présentes dans les produits végétaux non fractionnés mais elles sont également introduites dans les produits manufacturés pour améliorer les propriétés nutritionnelles ou technofonctionnelles des aliments.

Au niveau technofonctionnel, les principales propriétés recherchées sont l'amélioration de la texture des produits laitiers ou à base de viande, de la stabilité des produits à haute ou basse température, la stabilité des produits appertisés. Les fibres sont de plus en plus utilisées en tant que substitut de matière grasse.

Si les effets potentiels des fibres sur la santé sont probablement déjà identifiés, il est vraisemblable que, dans les années à venir, de nouvelles fibres apparaîtront sur le marché. Elles pourront être sélectionnées en fonction de leurs caractéristiques physicochimiques que l'on sait désormais corréler avec de potentiels effets physiologiques. Il n'en demeure pas moins que ces fibres devront faire l'objet d'études *in vitro* puis *in vivo* avant de pouvoir faire l'objet d'allégations fonctionnelles.

La *Food and Drug Administration* américaine a depuis plusieurs années autorisé des allégations « santé ». Elles concernent les régimes riches en fibres et notamment en céréales complètes, les aliments contenant de l'avoine riche en β-glucanes ou du psyllium. La France est jusqu'à présent beaucoup plus prudente et seule une allégation fonctionnelle concernant les fructo-oligosaccharides est à l'heure actuelle autorisée.

Références bibliographiques

Anonyme (1999). Ingrédients « santé » : une forme pétillante. *RIA*, Spécial FIE 99. HS Juillet-août : 97-108.

AOAC International (1995). Total, soluble and insoluble dietary fiber in foods. AOAC official method 991.43. *Official Methods of Analysis*, 16th Ed.

Asp NG (1992). Resistant starch. Proceedings from the second plenary meeting of EURESTA: European FLAIR Concerted Action N° 11 on physiological implications of the consumption of resistant starch in man. *Eur J Clin Nutr*, **46 Suppl. 2** : S1.

Asp NG, Schweizer TF, Southgate DAT, Theander O (1992). Dietary fibre analysis. *In*: Schweizer TF, Edwards CA. *Dietary fibre – a component of food*. ILSI Human Nutrition Reviews. Springer-Verlag, London, 57-101.

Barry JL, Hoebler C, Macfarlane GT, Mathers J, Reed KA, Mortensen PB, Norgaard I, Rowland IR, Rumney CJ (1995). Estimation of the fermentability of dietary fibre *in vitro*: a european interlaboratory study. *Brit J Nutr*, **74** : 303-322.

Blottière HM, Champ M, Hoebler C, Michel C, Cherbut C (1999). Les acides gras à chaîne courte : de la production colique aux effets gastro-intestinaux. *Sci Aliments*, **19** : 269-290.

Botham RL, Ryden P, Robertson JA, Ring SG (1998). Structural features of polysaccharides and their influence on fermentation behaviour. *In*: Guillon F, Amadò R, Amara-Collaço MT, Andersson H, Asp NG, Bach Knudsen KE, Champ M, Mathers J, Robertson JA, Rowland I, Van Loo J. *Functional properties of non-digestible carbohydrates*. Ed. Inra, Nantes, 46-51.

Bourquin LD, Titgemeyer EC, Garleb KA, Fayen GC (1992). Short-chain fatty acid production and fiber degradation by human colonic bacteria: effects of substrate and cell wall fractionation procedures. *J Nutr*, **122** : 1508-1520.

Champ M, Martin L, Noah L, Gratas M (1999). Analytical methods for resistant starch. *In*: Cho SS, Prosky L, Dreher M. *Complex carbohydrates in foods*. Marcel Dekker, Inc., New York, USA, 169-187.

Cherbut C (1995). Fermentation et fonction digestive colique. *Cah Nutr Diét*, **30** : 143-147.

Cherbut C, Barry JL, Lairon D, Durand M (1995). *Dietary fibre. Mechanisms of action in human physiology and metabolism.* John Libbey Eurotex, Paris.

Cho SS, O'Sullivan K, Rickard S (1999). Worldwide dietary fiber intake: Recommendations and actual consumption patterns. *In*: Cho SS, Prosky L, Dreher M. *Complex carbohydrates in foods,* Marcel Dekker, Inc., New York, USA, 411-429.

Cho SS, Prosky L, Dreher M (1999). *Complex carbohydrates in foods*. Marcel Dekker, Inc., New York, USA.

Cho SS, Prosky L (1999). Application of complex carbohydrates to food product fat mimetics. *In*: Cho SS, Prosky L, Dreher M. *Complex carbohydrates in foods.* Marcel Dekker, Inc., New York, USA, 71-111.

Cummings JH, Frølich W (1993). *Fibre intakes in Europe. A survey conducted by members of the Management Committee of COST 92. Metabolic and physiological aspects of dietary fibre in food.* Commission of the European Communities, Luxembourg.

Dreher M (1999). Food sources and uses of dietary fiber. *In*: Cho SS, Prosky L, Dreher M. *Complex carbohydrates in foods.* Marcel Dekker, Inc., New York, USA, 327-371.

Dupin H, Abraham J, Giachetti I (1992). *Apports nutritionnels conseillés pour la population française*. Tec & Doc Lavoisier, Paris.

Ehle FR, Robertson JB, van Soest PJ (1982). Influence of dietary fibers on fermentation in the human large intestine. *J Nutr*, **112** : 158-166.

Englyst HN, Kingman SM, Cummings JH (1992). Classification and measurement of nutritionally important starch fractions. *Eur J Clin Nutr*, **46 Suppl. 2** : S33-S50.

Englyst HN, Quigley ME, Hudson GJ (1994). Determination of dietary fibre as non-starch polysaccharides with gas-liquid chromatographic, high-performance liquid chromatographic measurement of constituent sugars. *Analyst*, **119** : 1497-1509.

FAO/WHO (1997). *Carbohydrates in human nutrition.* FAO Food and Nutrition Paper 66. Report of a Joint FAO/WHO Expert Consultation, Rome Avril 1997. FAO, Rome.

Fardet A, Guillon F, Hoebler C, Barry JL (1997). *In vitro* fermentation of beet fibre and barley bran, of their insoluble residues after digestion and of ileal effluents. *J Sci Food Agric*, **75** : 315-325.

Favier JC, Ireland-Ripert J, Toque C, Feinberg M (1995). *Répertoire général des aliments.* Tec & Doc Lavoisier, Inra, Ciqual-Regal, Paris.

Guillon F, Amadò R, Amara-Collaço MT, Andersson H, Asp NG, Bach Knudsen KE, Champ M, Mathers J, Robertson JA, Rowland I, Van Loo J (1998). *Functional properties of non-digestible carbohydrates.* Inra, Nantes.

Guillon F, Thibault JF (1996). Les fibres alimentaires – additifs ou ingrédients alimentaires ? *Actualités en diététique*, **22** : 897-903.

Joosens JV, Geboers J, Kesteoot H (1989). Nutrition and cardiovascular mortality in Belgium. *Acta Cardiologica*, **XLIV** : 157-182.

Kasper H, Rabast U, Ehl M (1980). Studies on the extent of dietary fiber intake in West Germany. *Nutr Métabol,* **24** : 102-109.

Kleessen B, Stoof G, Proll J, Schmiedl D, Noack J, Blaut M (1997). Feeding resistant starch affects fecal and cecal microflora and short-chain fatty acids in rats. *J Anim Sci*, **75** : 2453-2462.

Lairon D, Barry JL (1993). France. *In*: Cummings JH, Frølich W. *Fibre intakes in Europe. 1993. A survey conducted by members of the Management Committee of COST 92. Metabolic and physiological aspects of dietary fibre in food.* Commission of the European Communities, 49-52.

Le Quintrec Y, Gendre JP (1986). Consumption of dietary fiber in France. *In*: Spiller GA. *CRC Handbook of dietary fiber in human nutrition.* CRC Press Inc., Boca Raton, FL, 425-432.

Leclère CJ, Champ M, Boillot J, Guille GM, Lecannu G, Molis C, Bornet F, Krempf M, Delort-Laval J, Galmiche JP (1994). Role of viscous guar gums in lowering the glycemic response after a solid meal. *Amer J Clin Nutr*, **59** : 914-921.

Lineback DR (1999). The chemistry of complex carbohydrates. *In*: Cho SS, Prosky L,

Dreher M. *Complex carbohydrates in foods.* Marcel Dekker, Inc., New York, USA, 115-129.

Michel C, Kravtchenko TP, David A, Guéneau S, Kozlowski F, Cherbut C (1998). *In vitro* prebiotic effects of Acacia gums onto the human intestinal microbiota depends on both botanical origin and environmental pH. *Anaerobe*, **4** : 257-266.

Perrin P, Pierre F, Patry Y, Champ M, Berreur M, Pradal G, Bornet F, Méflah K, Ménanteau J (2000). Only fibers promoting a stable butyrate-producing colonic ecosystem decrease the rate of aberant crypt foci in rats. *Gut*, sous presse.

Pierre F, Perrin P, Champ M, Bornet F, Meflah K, Ménanteau J (1997). Short-chain fructooligosaccharides reduce the occurrence of colon tumors and develop gut-associated lymphoid tissue in Min Mice. Cancer Research, **57** : 225-228.

Rémésy C (1996). Intérêt nutritionnel des fibres et des micronutriments apportés par les fruits et légumes. *Actualités en diététique*, **22** : 883-895.

Salvador V, Cherbut C (1992). Régulation du transit digestif par les fibres alimentaires. *Cah Nutr Diét*, **27 :** 290-297.

Salvador V, Cherbut C, Barry JL, Bertrand D, Bonnet C, Delort-Laval J (1993). Sugar composition of dietary fibre and short-chain fatty acid production during *in vitro* fermentation by human bacteria. *Brit J Nutr*, **70** : 189-197.

Selvendran RR, Robertson JA (1990). The chemistry of dietary fibre: an holistic view of the cell wall matrix. *In*: Southgate DAT, Waldron K, Johnson IT, Fenwick GR. *Dietary fibre: chemical and biological aspects.* Royal Society of Chemistry Special Publication N° 83. Royal Society of Chemistry, 27-43.

Southgate DAT, Waldron K, Johnson IT, Fenwick GR (1990). *Dietary fibre: chemical and biological aspects.* Royal Society of Chemistry Special Publication N° 83, Royal Society of Chemistry, Cambridge.

Stark A, Madar Z (1994). Chapter 9. Dietary fiber. *In*: Goldberg I. *Functional foods. Designer foods, pharmafoods, nutraceuticals.* Chapman & Hall, New York, 183-201.

Titgemeyer EC, Bourquin LD, Fahey GC, Garleb KA (1991). Fermentability of various fiber sources by human fecal bacteria *in vitro*. *Am J Clin Nutr*, **53** : 1418-1424.

Tomlin J, Taylor JS, Read NW (1989). The effects of mixed faecal bacteria on a selection of viscous polysaccharides *in vitro*. *Nutr Reports Intern*, **39** : 121-135.

Trowell H (1972). Dietary fibre and coronary heart disease. *Revue Européenne d'Études Cliniques et Biologiques*, **17** (4) : 345-349.

Deuxième partie

Métabolisme lipidique

7

Modulation nutritionnelle du métabolisme des triglycérides

Nathalie M Delzenne

1. Introduction

Jusqu'il y a peu de temps, la triglycéridémie n'était pas considérée en tant que telle comme un facteur de propension aux maladies cardiovasculaires ; la plupart des études épidémiologiques mentionnaient qu'une triglycéridémie élevée était corrélée avec une faible concentration sérique en cholestérol associé aux lipoprotéines de haute densité (cholestérol-HDL) qui expliquait à elle seule l'association qui existait entre la triglycéridémie à jeun et l'incidence des maladies cardiovasculaires chez l'homme. Des données récentes, issues d'analyse épidémiologiques à large échelle, supportent l'hypothèse qu'une élévation des taux sériques de triglycérides, tant à jeun qu'en période postprandiale, affecte *per se* le développement de la plaque athéromateuse (Groot *et al.*, 1991 ; Karpe, 1997 ; Hokanson et Austin, 1996) ; les lipoprotéines riches en TAG[1] que constituent les chylomicrons et les résidus de lipoprotéines de très faible densité seraient elles-mêmes des particules athéromateuses, ou participeraient à la formation de LDL[2] et de HDL[3] de faible densité (Williams *et al.*, 1997). L'hypertriglycéridémie peut être congénitale, mais peut également faire partie du désordre métabolique du diabétique non insulinodépendant et de l'obèse, participant ainsi au syndrome X responsable de l'incidence élevée des maladies cardiovasculaires dans les pays industrialisés ou les régions à croissance économique rapide.

L'alimentation influence de manière importante la triglycéridémie, non seulement *via* la proportion en lipides totaux de la ration alimentaire, mais également *via* l'influence sur le métabolisme des lipoprotéines, de certains nutriments ou composants particuliers de l'alimentation. Ce chapitre décrit, sans établir une liste exhaustive, le type de nutriments susceptibles d'agir sur ce paramètre et les mécanismes biochi-

1. TAG : triglycérides.
2. LDL : low density lipoprotein.
3. HDL : high density lipoprotein.

miques qui sous-tendent cet effet, au vu des données expérimentales et épidémiologiques décrites à ce jour. Il se focalisera plus particulièrement sur l'influence des glucides et lipides de l'alimentation.

2. *Métabolisme des triglycérides : généralités*

Les triglycérides circulent dans le sang au sein de lipoprotéines ; même s'ils sont des constituants intrinsèques de tous les types de lipoprotéines, ils représentent la fraction lipidique majeure des chylomicrons et des « *Very Low Density Lipoproteins* » (VLDL). Les chylomicrons sont formés dans la cellule intestinale à partir d'apolipoprotéine B48, de cholestérol, de triglycérides et de phospholipides. Ils véhiculent, via la lymphe, les lipides d'origine alimentaire. Le foie (et dans une moindre mesure l'intestin) sécrète les VLDL ; les VLDL naissantes se constituent grâce à l'association avec l'apolipoprotéine B100 (chez l'homme). Le profil des apolipoprotéines au sein des chylomicrons et des VLDL évolue (adjonction d'autres types d'apolipoprotéines, telles que des apolipoprotéines C ou E à partir des HDL) au cours de leur devenir métabolique. Lors de leur trajet dans la circulation sanguine, les chylomicrons et les VLDL s'appauvrissent en triglycérides, suite à l'action de la lipoprotéine lipase, liée de manière covalente (lien héparan/sulfate) aux capillaires sanguins. Cette enzyme hydrolyse les triglycérides en acides gras et monoglycérides, un processus enzymatique nécessitant comme cofacteur l'apolipoprotéine C. Les acides gras pénétrant dans les tissus peuvent y servir de substrats énergétiques (β-oxydation hépatique ou musculaire), y être stockés après réestérification sous forme de triglycérides (tissu adipeux), ou servir de précurseurs de synthèse de constituants lipidiques membranaires ou intracellulaires (phospholipides, sphingolipides...) aux fonctions majeures diverses (rôle structurel, signalisation...). Les résidus des chylomicrons sont captés par le foie, après reconnaissance de l'apolipoprotéine E ; les résidus des VLDL (appelés IDL pour « *Intermediate Density Lipoprotein* ») subissent l'action de la lipase hépatique, qui, les appauvrissant d'avantage en TAG, produit des LDL (« *Low Density Lipoprotein* »).

En période postprandiale, la disparition rapide des chylomicrons de la circulation (quelques minutes) est due principalement à l'augmentation sélective de l'activité de la lipoprotéine lipase du tissu adipeux (activation par l'insuline), aux dépens des autres tissus (Goldberg, 1996). Les VLDL contribuent également à l'élévation postprandiale de la triglycéridémie ; ce phénomène pourrait résulter d'une augmentation de la demi-vie des VLDL plasmatiques, liée à la compétition entre VLDL et chylomicrons pour la lipoprotéine lipase (Roche, 1999). Le foie joue un rôle clé dans le métabolisme des VLDL, et la figure 1 illustre la complexité des voies métaboliques menant de l'acide gras hépatique à la sécrétion des triglycérides intégrés dans les VLDL. Les acides gras libres plasmatiques constituent le substrat principal pour la synthèse de triglycérides dans le foie ; la capture hépatique des résidus de chylomicrons ou des IDL, et la synthèse de novo des acides gras à partir des glucides constituant des sources alternatives (Karpe 1997).

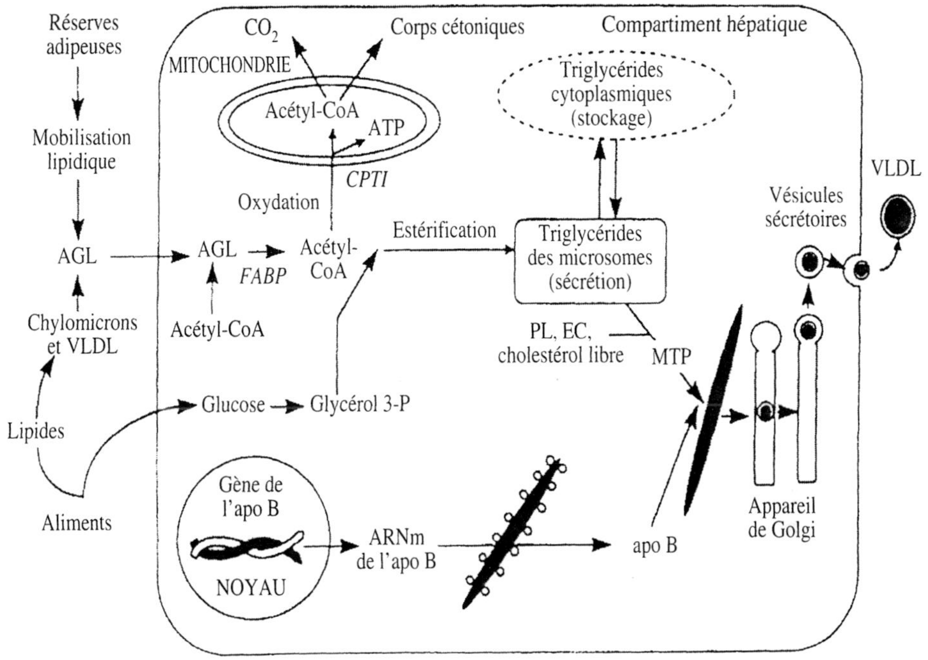

Figure 1 ■ Métabolisme des triglycérides (d'après Bauchart *et al.*, 1997).

AGNE : acides gras non estérifié venant du tissu adipeux ; AGL : acides gras libres cytoplasmiques ; Apo B : apolipoprotéine B ; CPT1 : carnitine palmitoyltransférase 1 ; EC : cholestérol estérifié ; FABP : « Fatty Acid Binding Protein » ; MTP : « Microsomal Transfer Protein » ; PL : phospholipides.

• ***L'hypertriglycéridémie : un facteur de risque de maladies cardiovasculaires non négligeable***

On parle d'hypertriglycéridémie lorsque la concentration plasmatique des TAG excède 2,3 mmol/l (200 mg/dl) chez l'adulte et 1,6 mmol/l (140 mg/dl) chez les sujets de moins de 20 ans.

Un nombre croissant d'études démontrent que l'hypertriglycéridémie, particulièrement en période postprandiale, est un risque important de développement de maladies cardiovasculaires. Des études épidémiologiques prospectives, et des études cliniques de cas, révèlent que l'importance et la durée de l'hypertriglycéridémie postprandiale sont deux facteurs clés dans l'évolution de l'athérosclérose, tant chez la femme que chez l'homme (Meyer *et al.*, 1996 ; Roche, 1999). Plusieurs mécanismes ont été proposés pour expliquer cette relation (Roche et Gibney, 1996). Bien que les particules riches en TAG ne soient pas classiquement considérées comme athérogènes, l'hypertriglycéridémie postprandiale pourrait promouvoir la genèse de résidus de chylomicrons, qui, eux, sont athérogènes. Il est en effet important de noter que la réponse lipémique postprandiale représente une période durant laquelle la composition et le devenir métabolique des lipoprotéines riches en cholestérol (LDL et HDL) se conditionne. L'hypertriglycéridémie postprandiale s'accompagne de modifications d'autres facteurs sériques impliqués dans la genèse ou l'évolution de l'athéromatose : une prépondérance de LDL de faible densité (fortement athérogènes), une faible concentration en cholestérol-HDL, une propension à la coagulation plus élevée, liée à une augmentation de l'activité d'un facteur clé dans la cascade de coagulation, le facteur VII (Roche, 1999).

3. Influence des composants de l'alimentation sur la triglycéridémie

3.1. Glucides

3.1.1. Définition de la digestibilité et de la fermentescibilité des glucides

Les glucides alimentaires représentent les macronutriments majoritaires, et par-là même la source principale d'énergie pour l'homme. Toutefois, comme le représente la figure 2, le devenir des glucides alimentaires dans le tractus gastro-intestinal est influencé par la structure chimique et physicochimique des molécules (degré de polymérisation et de ramification des chaînes, nature des monomères, configuration α- ou β- des liens entre monomères...). Les polymères de glucose tels que l'amidon, dans lesquels les unités glucosyles sont reliées par des liens α, sont de bons substrats pour les α-amylases salivaires et pancréatiques, qui permet au produit d'hydrolyse, en l'occurrence le glucose, de rejoindre la circulation portale et systémique. Toutefois, l'amidon voit sa digestibilité influencée par le rapport amylose/amylopectine : l'augmentation de ce rapport amoindrit l'index glycémique (indice de l'élévation de la glycémie postprandiale) des aliments qui le contiennent. De plus, certains procédés ou manipulation d'aliments riches en amidon (par exemple, lent refroidissement après cuisson) peuvent modifier la structure tridimensionnelle de l'amidon (phénomène de « rétrogradation ») et donner naissance à un amidon dit « résistant », qui échappe partiellement à la digestion par les amylases. Cet amidon se comporte alors comme d'autres glucides non digestibles, et peut à l'instar de l'inuline par exemple, être fermenté par les bactéries intestinales. L'inuline est un fructane, constitué d'un mélange d'oligomères et polymères d'unités fructosyles reliées par des liens β-, qui échappe complètement à l'hydrolyse par les enzymes digestives pancréatiques et intestinales, et se retrouve intact au niveau du cæco-colon, où elle est fermentée par les bactéries anaérobies (Roberfroid et Delzenne, 1998). Les produits de cette fermentation sont, outre les gaz, des acides carboxyliques à chaîne courte (acétate, propionate, lactate, butyrate...), qui sont soit utilisés comme source énergétique par les colonocytes (c'est le cas du butyrate), soit rejoignent la veine porte et sont distribués aux différents tissus, où ils sont utilisés comme substrats métaboliques.

En résumé, les glucides peuvent se classer en digestibles, c'est-à-dire hydrolysés par les enzymes salivaires, pancréatiques et/ou intestinales, ou non digestibles, s'ils échappent à ces hydrolases ; en revanche, les glucides non digestibles peuvent s'avérer fermentescibles ou non fermentescibles, suivant qu'ils constituent des substrats potentiels des enzymes bactériennes de la flore colique. Notons que certains constituants de l'alimentation, regroupés sous le vocable de « fibres alimentaires », peuvent être classés suivant les mêmes critères de digestibilité/fermentescibilité, ces caractéristiques leur conférant des propriétés dans le tractus gastro-intestinal, et des effets systémiques analogues à ceux décrits pour les glucides dont le devenir dans le tractus intestinal est similaire.

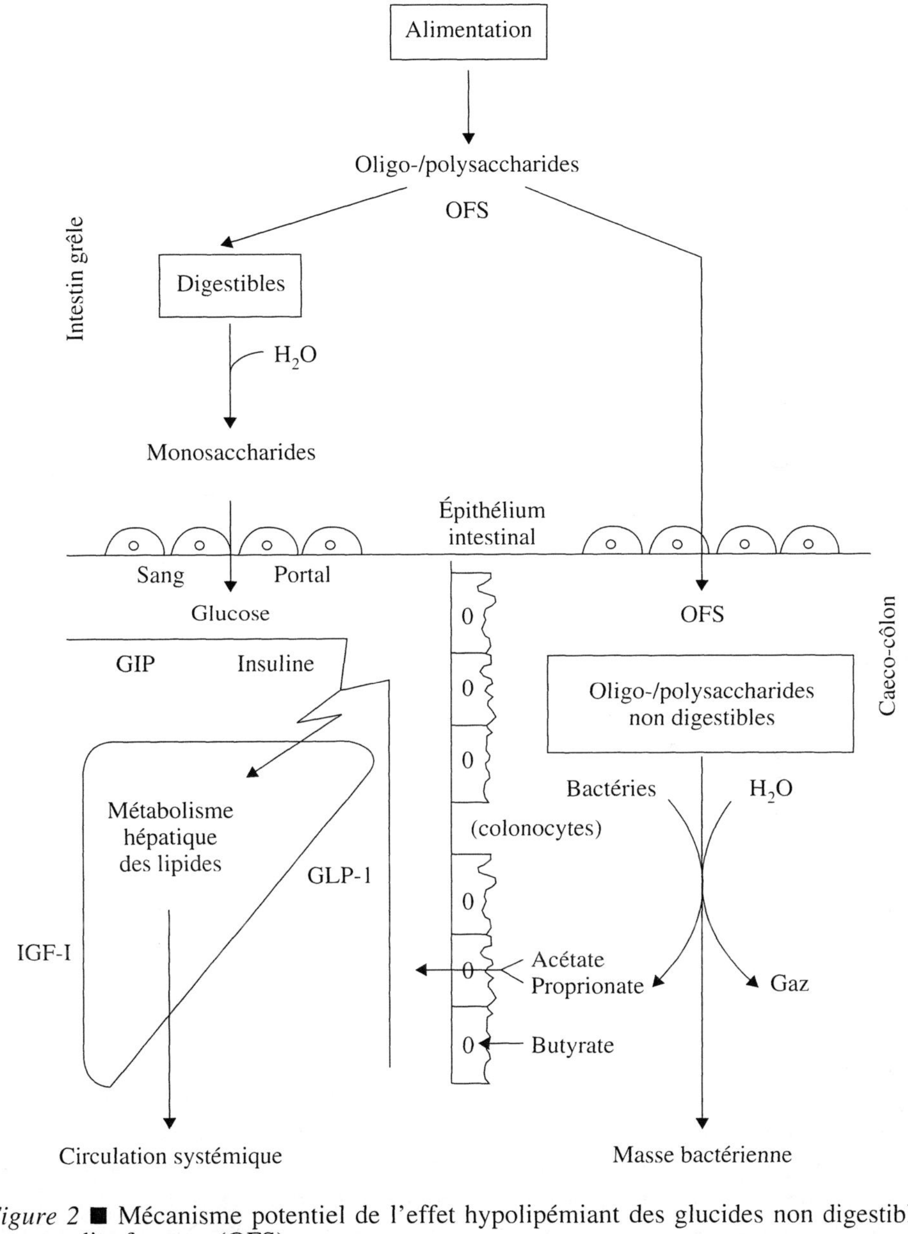

Figure 2 ■ Mécanisme potentiel de l'effet hypolipémiant des glucides non digestibles de type oligofructose (OFS).

Pourraient être impliqués dans les effets systémiques des glucides fermentescibles : les acides à chaîne courte (acétate, propionate, butyrate) ; le glucagon-like peptide 1 (GLP-1) ; le glucose-dependent insulinotropic peptide (GIP) ; l'insulin-like growth factor 1 (IGF-1) ; et/ou une modification de la glycémie et de l'insulinémie.

3.1.2. *Glucides digestibles*

Traditionnellement, une nourriture pauvre en lipides et riche en glucides est préconisée dans la prévention des maladies cardiovasculaires, car cette mesure permet de diminuer le taux de cholestérol plasmatique ; elle contribue également à une perte de poids, notamment de la masse grasse abdominale (dont l'importance conditionne le développement du syndrome X, et notamment l'hypertriglycéridémie), ce qui permet d'améliorer la résistance à l'insuline ; cependant, plusieurs études suggèrent que la réduction de l'apport en lipides ne permet pas de protéger l'individu contre les maladies cardiovasculaires. Certains auteurs suggèrent même qu'une alimentation pauvre en lipides et riche en glucides génère une augmentation de la concentration plasmatique en TAG et une diminution de la concentration en HDL (Zock et Katan, 1999). Y aurait-il un effet néfaste de certains glucides ? Dans quelles conditions ?

L'addition de saccharose à un seul repas riche en lipides amplifie, par rapport au repas contenant seulement des lipides, la réponse postprandiale en TAG ; le fructose serait le principal responsable de cet effet (Grant *et al.*, 1994 ; Jeppersen *et al.*, 1994). Plusieurs hypothèses ont été émises : 1. Une augmentation de la capacité d'absorption des lipides ; 2. Une augmentation de la production des VLDL ; 3. Une diminution du catabolisme des lipoprotéines riches en triglycérides, cette dernière hypothèse étant la plus probante lorsqu'on envisage un effet aigu du fructose (Jeppersen *et al.*, 1994).

L'effet de l'ingestion chronique de concentrations importantes de fructose ou d'autres glucides digestibles (tels que le saccharose) induit la synthèse hépatique des TAG et la sécrétion des VLDL. Bien que la synthèse de novo des acides gras soit généralement considérée comme minoritaire chez l'homme, plusieurs données suggèrent qu'elle prend de l'importance lors de l'ingestion d'une nourriture hypercalorique et hyperglucidique. Les glucides digestibles stimulent la lipogenèse en augmentant le flux de glucose et/ou de fructose à travers la voie glycolytique, augmentant par là même la disponibilité de l'acétylCoA (Frayn et Kingman, 1995). Ce phénomène s'accompagne également de l'induction des enzymes lipogéniques, le glucose et l'insuline augmentant la transcription des gènes codant les enzymes lipogéniques, dans différents modèles *in vitro* et *in vivo* chez le rongeur (Girard *et al.*, 1997). Des études menées chez le rat suggèrent également que l'augmentation de la synthèse hépatique des TAG observée lors de l'administration d'une nourriture riche en fructose résulte d'une augmentation de la concentration en acides gras libres circulants (Vrana *et al.*, 1974).

L'insulinorésistance liée au diabète non insulinodépendant et au syndrome X, et le phénotype « athérogène » des lipoprotéines chez certains individus représentent une large population chez qui le risque accru de maladies cardiovasculaires est lié notamment à l'hypertriglycéridémie (Reaven, 1996 ; Jeppersen *et al.*, 1995 ; Daly *et al.*, 1997). Chez ces populations à haut risque, Chen *et al.* (1993, 1995) ont montré que l'administration, durant deux semaines, d'une alimentation contenant 30 % et 55 % d'énergie sous forme de lipides et de glucides digestibles, respectivement, menait à une augmentation de la triglycéridémie tant en période postprandiale qu'à jeun.

Une réserve majeure doit être introduite quant à l'interprétation des données relatives à un effet hypertriglycéridémiant des glucides digestibles. La plupart des études d'intervention sur lesquelles se base cette analyse ont été réalisées chez des patients pour lesquels on a maintenu un apport calorique constant, ce qui est rarement le cas lorsqu'on veut moduler, par la nutrition et les conditions de vie, les paramètres liés à l'incidence des maladies cardiovasculaires. Les conditions dans lesquelles l'alimentation est introduite semblent en effet conditionner la réponse métabolique. Ullman *et al.* (1991) ont montré que l'introduction graduelle d'une nourriture riche en glucides prévient l'hypertriglycéridémie. D'autre part, l'administration d'huile de poisson, si elle s'accompagne d'une réduction de l'apport global en lipides, permet de prévenir une augmentation des TAG plasmatiques mesurés à jeun (Roche et Gibney, 1996). L'exercice physique améliore également la triglycéridémie, et devrait être pris en compte lors de l'évaluation de l'effet hypertriglycéridémiant des glucides digestibles alimentaires (Tsetsonis *et al.*, 1997). Enfin, il est à déplorer que peu d'études prennent en compte la présence dans la nourriture de fractions (notamment glucidiques) non digestibles et fermentescibles d'origine végétale, qui peuvent moduler les effets métaboliques des autres nutriments, comme nous allons l'illustrer ci-dessous. Turley *et al.* (1998) ont en effet démontré que le remplacement d'acides gras saturés par des glucides présents dans les légumes, les graines ou les fruits permet d'éviter l'hypertriglycéridémie observée lors du remplacement par des glucides ajoutés dans la ration alimentaire. Parks et Hellerstein (2000) ont très récemment publié une revue dans laquelle ils mettent en évidence les questions qui restent posées, incluant la quantité de glucides qui mène à une hypertriglycéridémie, les facteurs (temps, présence d'autres aliments) qui la modulent, la contribution de la lipogenèse dans l'hypertriglycéridémie liée aux glucides, et l'appréciation du risque lié à l'intensité de l'hypertriglycéridémie postprandiale générée par les glucides digestibles.

3.1.3. Glucides non digestibles

De nombreux glucides non digestibles sont capables de diminuer la triglycéridémie chez l'animal, alors que les effets chez l'homme sont moins clairs.

Les glucides non digestibles largement fermentés dans le cæco-colon semblent avoir les effets les plus probants sur le métabolisme des triglycérides : les fructanes de type inuline, que l'on retrouve dans les oignons, les salsifis, l'ail, la chicorée etc., diminuent, chez le rat, la capacité de synthèse des triglycérides hépatiques à partir d'acétate et d'acides gras, en diminuant l'expression et l'activité des enzymes clés de la lipogenèse. Cet effet métabolique permet d'empêcher l'accumulation de triglycérides dans le foie, provoquée par l'alimentation (un régime riche en saccharose ou en fructose), ou présente suite au développement d'une obésité génétique (chez le rat fa/fa Zucker) (Roberfroid et Delzenne, 1998 ; Daubioul *et al.*, 2000). Les effets des fructanes chez l'homme sont plus controversés : plusieurs auteurs n'ont pu mettre en évidence un effet de l'ajout de fructanes dans la nourriture sur la triglycéridémie chez les volontaires sains ou présentant une intolérance au glucose (Pedersen *et al.*, 1997 ; Luo *et al.*, 1998 ; Alles *et al.*, 1999). En revanche, plusieurs études ont permis de mettre en évidence une diminution d'environ 20 % de la triglycéridémie à jeun par l'ajout de fructanes dans l'alimentation durant plusieurs semaines (Delzenne et Williams, 1999).

D'autres glucides non digérés et fermentés sont capables de pouvoir réduire la triglycéridémie, tant chez l'homme que chez l'animal ; il s'agit des amidons dits « résistants. Ainsi, le remplacement d'amidon dont la digestibilité est de 62 % (contenu en amidon résistant 22 %) par l'amidon dont la digestibilité est de 40 %

(teneur en amidon résistant 77 %) réduit la triglycéridémie, et la masse adipeuse, chez le rat normal et diabétique (Leremetzger *et al.*, 1996). Des quantités variables d'amidons résistants de différents types (amidon de maïs, de pomme de terre, ou fraction amylose de l'amidon) diminue la triglycéridémie chez le rat (De Deckere *et al.*, 1995). Chez l'homme, une alimentation enrichie en amidon de maïs à teneur élevée en amylose permet de réduire la triglycéridémie à jeun de l'ordre de 17 à 28 %.

La gomme de guar diminue également la triglycéridémie chez le rat, en modifiant la composition lipidique des VLDL sécrétées par le foie (Gondal *et al.*, 1996). Les résultats obtenus chez l'homme recevant une nourriture riche en fibres solubles sont souvent difficilement interprétables, car les études sont souvent vouées à l'analyse de l'effet de ces fibres sur le cholestérol circulant, les données relatives à la triglycéridémie ou le métabolisme des acides gras étant ponctuelles. Une seule étude relate l'effet protecteur du son d'avoine sur la triglycéridémie induite par une alimentation riche en glucides digestibles chez des individus atteints d'hypertriglycéridémie congénitale (Noakes *et al.*, 1996). En revanche, certaines études relatent qui plus est que l'addition de son de blé dans un repas riche en lipides augmente la triglycéridémie postprandiale chez l'homme ou la femme, un phénomène qui pourrait trouver une explication dans des changements, suite à l'administration prolongée de fibres solubles, de la morphologie intestinale et la sécrétion d'enzymes, en réponse à l'effet inhibiteur de ces mêmes fibres sur les processus de digestion et d'absorption (Dubois *et al.*, 1995 ; Redard *et al.*, 1990 ; Wolever *et al.*, 1997).

Comment des nutriments non digérés sont-ils susceptibles d'influencer le métabolisme des triglycérides ? L'effet sur la digestion des triglycérides alimentaires est controversé : comme nous l'avons expliqué ci-dessus, l'administration de fibres solubles peut paradoxalement augmenter la triglycéridémie après un repas riche en lipides (Dubois *et al.*, 1995 ; Redard *et al.*, 1990 ; Wolever *et al.*, 1997). L'administration chronique de fructanes amplifie l'augmentation de la triglycéridémie après un gavage à l'huile de mais chez le rat (Daubioul *et al.*, 2000).

En revanche, lorsque la triglycéridémie est tributaire de la sécrétion de VLDL par le foie (par exemple lors de l'administration d'un régime riche en glucides digestibles ou à jeun), les glucides non digestibles fermentescibles (fructanes, amidons résistants) diminuent la triglycéridémie, en réduisant notamment la capacité de synthèse endogène des acides gras dans le foie (Fiordaliso *et al.*, 1995 ; Kok *et al.*, 1996). La diminution de l'activité des enzymes lipogéniques dans le foie pourrait résulter d'une diminution de la glycémie et/ou de l'insulinémie observée chez l'animal recevant les glucides non digestibles/fermentescibles (Kok *et al.*, 1998 a, b ; Morand *et al.*, 1994) ; en effet, l'induction des enzymes lipogéniques par le glucose est potentialisée par l'insuline. Les produits de la fermentation bactérienne de ces glucides, à savoir les acides carboxyliques à chaîne courte (acétate, propionate...) atteignent le foie, où ils pourraient jouer le rôle de régulateur métabolique (Demigné *et al.*, 1999). Toutefois, il est difficile aujourd'hui de pouvoir clairement prouver leur implication dans la régulation de synthèse hépatique des triglycérides, attendu que le propionate inhibe la synthèse des acides gras et du cholestérol *in vitro*, alors que l'acétate est, lui, un substrat lipogénique (Nishina *et al.*, 1990 ; Lin *et al.*, 1995).

3.2. Lipides

Si l'on parle de réduire la quantité totale de lipides dans l'alimentation, il faut toutefois noter que le devenir des acides gras dans l'organisme, leur distribution et leurs effets physiologiques sont tributaires de leurs caractéristiques chimiques à savoir la longueur de la chaîne hydrocarbonées, le degré de saturation c'est-à-dire la présence et le nombre de doubles liaisons carbone/carbone, la localisation et l'isomérie (*cis-trans*) de ces doubles liaisons. Si, habituellement, on prend en compte la position du carbone par rapport au COOH terminal pour donner la nomenclature des acides gras, on parle plus communément, en nutrition, d'acides gras polyinsaturés *n*-3 ou *n*-6, faisant référence à la position de la double liaison par rapport au $-CH_3$ terminal. Cette caractéristique structurelle leur confère en effet des propriétés particulières. À cet égard, il est suggéré, lorsque l'on conseille de réduire l'apport en acides gras saturés, de maintenir un rapport entre acides gras polyinsaturés *n*-3 et *n*-6 approprié ; la triglycéridémie postprandiale est en effet réduite si l'apport en acides gras polyinsaturés *n*-3 est plus important (Sanders *et al.*, 1997).

C'est dans les années 1970 que des études épidémiologiques ont relaté la faible incidence de maladies cardiovasculaires chez les esquimaux du Groenland en comparaison aux populations nordiques continentales (Bang *et al.*, 1970 ; Dyeberg *et al.*, 1975). La même constatation est réalisée dans différentes populations consommant beaucoup de poissons (Torres *et al.*, 2000). Pour exercer un effet hypotriglycéridémiant, les acides *n*-3 provenant d'huiles de poissons semblent plus efficaces que les acides gras polyinsaturés *n*-3 d'origine végétale, tels que l'acide α-linolénique (Harris, 1997). Une étude récente, basée sur la comparaison de villages ruraux et côtiers du Portugal, montre que la concentration sérique en acides polyinsaturés *n*-3, à savoir docosahexaénoïque (DHA) et eicosapentanoïque (EPA) est plus élevée, alors que la concentration en acide arachidonique (AA) est plus basse dans les populations proches de la côte et cet effet est corrélé avec la diminution de la triglycéridémie (Torres *et al.*, 2000). Une méta-analyse, réalisée sur base de 26 essais cliniques, démontre que la supplémentation avec l'huile de poisson, riche en acide docosahexaénoïque (DHA) et eicosapentanoïque (EPA) diminue la triglycéridémie d'environ 30 %, particulièrement chez les patients atteints de diabète non insulinodépendant (Friedberg *et al.*, 1998). Une controverse persiste quant à la question de savoir qui, du DHA ou du EPA, a l'effet hypotriglycéridémiant le plus marqué (Froyland *et al.*, 1997). Le DHA serait plus efficient que le EPA dans l'effet hypotriglycéridémiant, comme le démontrent des études menées chez des volontaires recevant une supplémentation en fractions purifiées d'esters éthyliques de ces deux acides durant 5 semaines (Hansen *et al.*, 1998). Des études expérimentales chez le rat suggèrent que l'effet hypotriglycéridémiant de l'huile de poisson peut être modulé par la nature des protéines présentes dans l'alimentation (Demonty *et al.*, 1998).

De manière intéressante, il semblerait que la modification du contenu en cholestérol du lait pourrait également avoir un impact sur la triglycéridémie : chez des volontaires sains, la consommation de lait standard et de lait modifié apportent, respectivement, 428 et 248 mg cholestérol/jour sans modifier la quantité et la proportion des acides gras ingérés ; cet effet s'accompagne d'une réduction significative des triglycérides-VLDL (Jacques *et al.*, 1999).

Quel(s) mécanisme(s) sont évoqués pour expliquer l'effet hypotriglycéridémiant des acides gras polyinsaturés *n*-3 ? Les études menées chez l'homme et l'animal suggèrent que l'effet principal est une atténuation de la réponse triglycéridémique post-prandiale, liées à une augmentation de la « clearance » *via* une activation de la lipoprotéine lipase dans les tissus périphériques, à une augmentation de la « clearance » hépatique des résidus de lipoprotéines riches en triglycérides, et à une diminution de la sécrétion de VLDL (Williams, 1998).

3.3 Effet des autres constituants de l'alimentation

3.3.1. Protéines

Anderson *et al.* (1995) ont récemment publié une méta-analyse concernant les effets des protéines de soja sur la composition en lipides sanguins chez l'homme (Anderson *et al.*, 1995). Une alimentation apportant quotidiennement 47 g de protéines de soja permet une réduction de la triglycéridémie de 0,15 mmol/l. Rappelons que la nature des protéines peut moduler l'effet hypotriglycéridémiant des acides gras polyinsaturés, au moins chez le rat.

3.3.2. Phyto-œstrogènes

Une méta-analyse récente révèle que l'augmentation des TAG sériques est un facteur de risque de maladies cardiovasculaires chez la femme. La teneur en TAG mesurée chez la femme ménopausée atteint des valeurs proches de celles mesurées chez de jeunes hommes atteints d'hyperlipémie. Des études à court terme suggèrent qu'une alimentation riche en graines de soja (60 g/j durant un mois) peut diminuer la triglycéridémie chez la femme préménopausée. On ne sait pas encore à ce jour quel constituant (ou association de constituants) de la graine de soja est responsable de l'effet observé, et l'on cite les isoflavones et les lignanes comme médiateurs potentiels (Casidy et Griffin, 1999).

3.3.3. Minéraux

C'est principalement *via* l'analyse des effets métaboliques liés aux déficiences que l'on suggère un rôle potentiel de certains ions, tels que le cuivre, ou le magnésium, dans la régulation de la lipémie. La déficience en magnésium provoque, chez l'homme et l'animal, une hypertriglycéridémie, qui pourrait être liée à une augmentation de la production de VLDL et/ou à une altération du catabolisme des lipoprotéines riches en triglycérides (Nassir *et al.*, 1995). Un effet bénéfique du magnésium peut-il apparaître chez l'homme ? Peu de données sont disponibles à ce jour.

Conclusions

Les données de la littérature relatives à l'impact de la triglycéridémie sur les maladies cardiovasculaires s'étayent de jour en jour. Cet article démontre, au vu d'études expérimentales chez l'homme et l'animal, que des constituants de l'alimentation (macro- et micronutriments) pourraient jouer un rôle important dans la régulation de ce paramètre. Toutefois, de grandes controverses demeurent quant à l'implication de certains nutriments, notamment les glucides digestibles, sur le métabolisme lipidique chez l'homme, la lipogenèse étant classiquement considérée comme une voie mineure pour la synthèse hépatique des triglycérides. À cet égard, l'utilisation d'isotope stable sera sans conteste un moyen d'approcher et de quantifier l'importance réelle de nutriments à vocation « lipogénique » et « antilipogénique » chez l'homme. La définition d'aliment fonctionnel dans le cadre de la régulation de la lipémie, et notamment de la triglycéridémie, requiert la démonstration des effets des nutriments « clés » décrits dans ce chapitre dans les populations atteintes de dyslipidémies, principalement dans l'évolution du syndrome X, panel des altérations métaboliques qui accompagnent la résistance à l'insuline.

Références bibliographiques

Alles MS, de Roos N, Carel Bakx J, *et al.* (1999). Consumption of oligofructosaccharides does not favorably affect blood glucose and serum lipid concentrations in patients with type 2 diabetes *Am J Clin Nutr,* **69** : 64-69.

Anderson JW, Johnstone BM, Cook-Newell ME (1995). Meta-analysis of the effects of soy protein intake on serum lipids. *New England Journal of Medicine,* **333** : 276-282.

Bang HO and Dyeberg J (1972). Plasma lipids and lipoproteins in Green landinc Westcoast Eskimos *Acta Media Scandinavica,* **192** : 85-94.

Bauchart D, Gruffat D, Graulet B, Durand D (1997). Production et stockage des triglycérides par le foie. *Cah Nutr Diet,* **32** (4) : 324-241.

Cassidy A, Griffin B (1999). Phyto-oestrogens: a potential role in the prevention of CHD ? *Proc Nutr Soc,* **58** : 193-199.

Chen YDL, Coulston AM, Zhou MY, *et al.* (1995). Why do carbohydrate diets accentuate post-prandial lipemia in patients with NIDDM *Diabetes Care,* **18** : 10-16.

Chen YDL Swami S, Skowronski R, *et al.* (1995). Effects of variations in dietary fat and carbohydrate intake on postprandial lipemia in patients with non insulin dependent diabetes mellitus. *J Clin Endocrinol Metab,* **76** : 345-351.

Daly ME, Vale C, Wlaker M, *et al.* (1997). Dietary carbohydrates in insulin sensitivity: a reveiw of the evidence and clinical implications *Am J Clin Nutr,* **66** : 1072-1085.

Daubioul C, Taper H, De Wispelaere L, Delzenne N (2000). Dietary oligofructose lessens hepatic steatosis but does not prevent hypertriglyceridemia in obese Zucker rats. *J Nutr,* **130** : 1314-1319.

De Deckere EA, Kloots W, van Amelsvoort JM (1995). Both raw and retrograded starch decrease serum triacylglycerol concentration and fat accretion in the rat. *Br J Nutr,* **73** : 287-298

Delzenne N, Williams C (1999). *Actions of non-digestible carbohydrates on blood lipids in humans and animals in Colonic microbiota, nutrition and health.* Eds Gibson G, Roberfroid M. Kluwer Academic Publishers, the Netherlands, 213-232.

Demigné C, Remesy C, Morand C (1999). Short chain fatty acids in Colonic microbiota, nutrition and health. Eds Gibson G, Roberfroid M. Kluwer Academic Publishers, the Netherlands, 55-70.

Demonty L, Deshaies Y, Jacques H (1998). Dietary proteins modulate the effects of fish oil on triglyceridemia in the rat. *Lipids,* **33** (9) : 913-21

Dubois C, Armand M, Senft M *et al.* (1995). Chronic oat bran intake alters postprandial lipemia and lipoproteins in healthy adults. *Am J Clin Nutr,* **61 :** 325-333.

Dyeberg, J, Bang HO, Hjorne N (1975). Fatty acid composition of the plasma lipids in

Green land Eskimos. *Am J Clin Nutr,* **28** : 958-966.

Fiordaliso M, Kok N, Desager JP *et al.* (1995). Oligofructose-supplemented diet lowers serum and VLDL concentrations of triglycerides, phospholipids and cholesterol in rats. *Lipids*, **30** : 163-167.

Friedberg CE, Janssen MJ, Heine RJ, Grobbee DE (1998). Fish oil and glycemic control in diabetes. A meta-analysis. *Diabetes Care,* **21** (4) : 494-500.

Froyland L, Madsen L, Vaagenes H, *et al.* (1997). Mitochondrion is the principal target for nutritional and pharmacological control of triglyceride metabolism. *J Lipid Res*, **38** : 1851-1858.

Girard J, Ferré P, Foufelle F (1997). Mechanisms by which carbohydrates regulate expression of genes for glycolytic and lipogenic enzymes. *Ann Rev Nutr*, **17** : 325-352.

Goldberg IJ (1996). Lipoprotein lipase and lipolysis: central roles in lipoprotein metabolism and atherogenesis. *J Lipid Res*, **37** : 693-707.

Gondal JA, MacArthy P, Myers AK, Preuss HG (1996). Effects of dietary sucrose and fibers on blood pressure in hypertensive rats. *Clin Nephrol*, **45** (3) : 163-8.

Grant KI, Marais MP, Dhansay MA (1994). Sucrose in a lipid-rich meal amplifies the post-prandial excursion of serum and lipoprotein triglyceride and cholesterol concentrations by decreasing triglyceride clearance. *Am J Clin Nutr*, **59** : 853-860.

Groot PHE, Van Stiphout WA, Krauss XH, *et al.* (1991). Post-prandial lipoprotein metabolismin normolipidaemic men with and without coronary heart disease. *Arteriosclerosis and Thrombosis,* **11** : 653-662.

Hansen JB, Grimsgaard S, Nilsen H, *et al.* (1998) Effects of highly purified eicosapentaenoic acid and docosahexaenoic acid on fatty acid absorption, incorporation into serum phospholipids and postprandial triglyceridemia. *Lipids*, **33** (2) : 131-8.

Harris WS (1997). *n*-3 fatty acids and serum lipoproteins: human studies. *Am j Clin Nutr*, **65** (5 Suppl) : 1645S-1654S.

Hokanson JE, Austin MA (1996). Plasma triglyceride level is a risk factor for cardiovascular disease independent of high density lipoprotein cholesterol level: a meta-analysis of population based prospective studies. *J Cardiovascular Risk*, **3** : 213-219.

Jacques H, Gascon A, Arul J, Boudreau A, *et al.* (1999). Modified milk fat reduces plasma triacylglycerol concentrations in normolipidemic men compared with regular milk fat and nonhydrogenated margarine. *Am J Clin Nutr,* **70** (6) : 983-91.

Jeppesen J, Chen Y-DI, Zhou M-Y, *et al.* (1994). Post-prandial triglyceride and retinylester responses to oral fat: effects of fructose. *Am J Clin Nutr,* **61** : 787-791.

Karpe F (1997). Post prandial lipid metabolism in relation to coronary heart disease. *Proc Nutr Soc,* **56** : 671-678.

Kok N, Morgan L, Williams C *et al.* (1998). Insulin, GLP-1 and GIP and IGF-1 as putative mediators of the hypolipidemic effect of oligofructose in rats. *J Nutr,* **128** : 1099-1103.

Kok N, Roberfroid M, Delzenne N (1996). Dietary OFS modifies the impact of fructose on hepatic triacylglycerol metabolism. *Metabolism*, **45** : 1547-1550.

Kok N, Roberfroid M, Delzenne N (1996). Involvement of lipogenesis in the lower VLDL secretion induced by oligofructose in rats. *Br J Nutr,* **76** : 881-890.

Kok N, Taper H, Delzenne N (1998). Oligofructose modulates lipid metabolism alterations induced by a fat-rich diet in rats. *J Applied Toxicol,* **18** (1) : 47-53.

Lin Y, Vonk RJ, Sloof MJ *et al.* (1995). Differences in propionate-induced inhibition of cholesterol and triacylglycerol synthesis between human and rat hepatocytes in primary culture. *Br J Nutr*, **74** : 197-207.

Luo J, Rizkalla SW, Alamovitch C *et al.* (1996). Chronic consumption of short-chain fructooligosaccharides by healthy subjects decreased basal hepatic glucose production but had no effect on insulin-stimulated glucose metabolism. *Am J Clin Nutr,* **63** : 639-645.

Luscombe ND, Noakes M, Clifton PM (1999). Diets high and low in glycemic index versus high monounsaturated fat diets: effects on glucose and lipid metabolism in NIDDM. *Eur J Clin Nutr,* **53** (6) : 473-8.

Meyer E, Westerveld HT, de Ruyter-Meijstek FC, *et al.* (1996). Abnormal postprandial apolipoprotein B48 and triglycerides responses in normolipidemic women with greater than 70 % stenotic coronary heart disease: a case-control study. *Atherosclerosis,* **124** : 221-235.

Nassir F, Mazur A, Gionnanoni F, *et al.* (1995). Magnesium deficiency modulates hepatic lipogenesis and apolipoprotein gene expression in the rat. *Biochem Biophys Acta,* **1257** : 125-132.

Nishina P, Freeland R (1990). Effects of propionate on lipid biosynthesis in isolated hepatocytes. *Hepatology,* **16** : 1350-1356.

Noakes M, Clifton PM, Nestel J *et al.* (1996). Effect of high amylose starch and oat bran on metabolic variables and bowel function in subjects with hypertriglyceridemia. *Am J Clin Nutr,* **64** : 944-951.

Parks EJ, Hellerstein MK (2000). Carbohydrate-induced hypertriacylglycerolemia: historical perspective and review of biological mechanisms. *Am J Clin Nutr,* **71** : 412-433.

Pedersen A, Sandström B, Van Amelsvoort JMM (1997). The effect of ingestion of inulin on blood lipids and gastrointestinal symptoms in healthy females. *Br J Nutr,* **78** : 215-222.

Reaven GM (1996). Hypertriglyceridemia: the central feature of syndrome X Cardiovascular Risk Factor. **6** : 29-35.

Redard CL, Davis PA, Schneeman BO (1990). Dietary fiber and gender: effect on postprandial lipemia. *Am J Clin Nutr,* **52** : 837-845.

Reiser S, Powell AS, Scholfield DJ *et al.* (1998). Blood lipids, lipoproteins, apoproteins and uric acid in man fed diets containing fructose or high-amylose cornstarch. *Am J Clin Nutr,* **49** : 832-839.

Roberfroid M, Delzenne N (1998). Dietary fructans. *Ann Rev Nutr,* **18** : 117-143.

Roche HM, Gibney MJ (1996). Postprandial triacylglycerolemia – the effect of low-fat treatment with and without fish oil supplementation. *Eur J Clin Nut,* **50** : 617-624.

Roche HM (1999). Dietary carbohydrates and triacylglycerol metabolism. *Proc Nutr Soc,* **58** : 201-207.

Sanders TA, Oakley FR, Miller GJ, *et al.* (1997). Influence of *n*-6 versus *n*-3 polyunsaturated fatty acids in diets low in saturated fatty acids on plasma lipoproteins and hemostatic factors. *Arterioscler Thromb Vasc Biol,* **17** (12) : 3449-60.

Segasothy M, Phillips PA (1999). Vegetarian diet: panacea for modern lifestyle diseases? *QJM.* **92** (9) : 531-44.

Striffler JS, Polansky MM, Anderson RA (1999). Overproduction of insulin in the chromium-deficient rat. *Metabolism,* **48** (8) : 1063-8.

Takase S, Goda T, Watanabe M (1994). Monostearylglycerol-starch complex: its digestibility and effects on glycemic and lipogenic responses. *J Nutr Sc Vitaminol,* **40** : 23-36.

Torres IC, Mira L, Ornelas CP, Melim A (2000). Study of the effects of dietary fish intake on serum lipids and lipoproteins in two populations with different dietary habits. *Br J Nutr,* **83** : 371-379.

Tsetonis NV, Hardman AE, Mastana SS (1997). Acute effects of exercise on postprandial lipemia: a comparative study in trained and untrained middle-aged women. *Am J Clin Nutr,* **65** : 525-533.

Turley ML, Skeaff CM, Mann JI, Cox B (1998). The effect of a low-fat, high-carbohydrate diet on serum high density lipoprotein cholesterol and triglyceride. *Eur J Clin Nut,* **52** (10) : 728-732.

Ullmann D, Connor WE, Hatcher LF, *et al.* (1991). Will a high-carbohydrate, low fat diet lower plasma lipids and lipoproteins without producing hypertriglyceridemia? *Arteriosclerosis and Thrombosis,* **11** : 1059-1067.

Vrana A, Fabry P, Slabochova Z (1974). Effects of dietary fructose on free fatty acid release from adipose tissue and serum free fatty acid concentration in rats. *Nutrition and Metabolism,* **17** : 74-83.

Williams CM (1997). Post-prandial lipid metabolism: effects of dietary fatty acids. *Proc Nut Soc,* **56** : 579-592.

Williams CM (1998). Dietary interventions affecting chylomicron and chylomicron remnant clearance. *Atherosclerosis,* **141** : S87-92.

Wolever TM, Hegele RA, Connelly PW *et al.* (1997). Long term effect of soluble fiber food on postprandial fat metabolism in dyslipidemic subjects with apoE3 and apoE4 genotypes. *Am J Clin Nutr,* **66** : 584-590.

Zock PL, Katan MB (1999). Ways to reduce saturated fat intake. *Br J Nutr,* **81** : 421-423.

8

Modulations nutritionnelles du métabolisme du cholestérol et des lipoprotéines

Denis Lairon et Françoise Chanussot

Introduction

Les maladies cardiovasculaires sont, avec les cancers, les principales causes de mortalité prématurée dans les pays industrialisés. Parmi les marqueurs et facteurs de risques reconnus de l'artériosclérose, on trouve l'hypercholestérolémie et le cholestérol LDL élevé, le cholestérol HDL abaissé, l'hypertriglycéridémie à jeun et postprandiale, l'hypertension et l'hyperinsulinémie (Assmann *et al.*, 1999). Des facteurs comportementaux comme une alimentation déséquilibrée, le tabagisme et la sédentarité constituent, avec des facteurs individuels de susceptibilité d'ordre génétique et l'âge, des facteurs de risque importants.

Ainsi, une alimentation riche en lipides saturés et/ou en cholestérol élève la cholestérolémie et le cholestérol LDL. À une augmentation de 1 % de la cholestérolémie est associée une augmentation de 2 % du risque d'artériosclérose (Law *et al.*, 1994 ; Lawrence, 1998).

En fait, l'alimentation des pays industrialisés depuis les années 1960-1970 est caractérisée par une prépondérance d'aliments d'origine animale, riches en triglycérides (38-45 % de l'énergie), en particulier saturés, et en cholestérol (200-800 mg/j) et relativement pauvre en glucides complexes (amidon) et surtout en fibres alimentaires (15-17 g/j).

Au contraire, l'alimentation de nos lointains ancêtres à l'âge de la pierre (– 35-15 000 ans) était pauvre en lipides (20-25 % de l'énergie) et riche en fibres alimentaires (40 g/j et plus) et en molécules bioactives végétales. En fait, ce mode d'alimentation est *a priori* le plus représentatif de l'environnement nutritionnel qui a contribué à sélectionner le génome humain il y 4-5 millions d'années. Aussi, malgré la grande adaptabilité de notre espèce, il est logique que les déséquilibres que nous connaissons, et qui ne datent que de quelques générations, constituent à présent des facteurs de risque importants.

Le premier moyen de rétablir des apports nutritionnels adéquats et de réduire des facteurs de risque cardiovasculaire est d'adopter une alimentation proche de celle recommandée par les experts nationaux (Dupin, 1992) et internationaux. Il s'agit de réduire l'apport en lipides totaux (moins de 30-35 % de l'énergie), en lipides saturés (moins de 10 % de l'énergie) et en cholestérol (moins de 300 mg/j) et augmenter l'apport en glucides complexes et en fibres.

Un moyen complémentaire qui peut permettre d'atteindre plus facilement de tels objectifs est la consommation d'aliments fonctionnels dont la composition spécifique doit permettre de moduler positivement des paramètres mesurables représentatifs du métabolisme et potentiellement à terme, réduire la fréquence de la morbidité et de la mortalité prématurée due à l'artériosclérose.

Après un bref rappel sur le métabolisme du cholestérol et des lipoprotéines, nous développerons plus en détail trois exemples d'actualité concernant des composants pouvant servir de base à de tels aliments fonctionnels comme les fibres alimentaires, les phytostérols et les lécithines de soja.

• ***Rappel sur le métabolisme du cholestérol et des lipoprotéines***

Le cholestérol présent dans les différents compartiments de l'organisme provient de la synthèse cellulaire ou a une origine exogène (alimentation). Le foie et l'intestin sont les sites principaux de synthèse, celle-ci étant régulée au niveau cellulaire par l'arrivée du cholestérol exogène transporté par les lipoprotéines. Le cholestérol d'origine alimentaire, après absorption intestinale, se retrouve dans la circulation générale sous forme estérifiée dans les chylomicrons et les particules résiduelles de chylomicrons.

Le cholestérol est alors transféré rapidement dans les VLDL, qui sont essentiellement d'origine hépatique. Après transformation des VLDL en LDL, le cholestérol, toujours sous sa forme estérifiée, est transféré dans les HDL. Une autre origine importante du cholestérol des HDL est le cholestérol de stockage des cellules périphériques, notamment des cellules de l'endothélium vasculaire, d'où il est normalement extrait lors du processus d'efflux. Les HDL se chargent alors en cholestérol libre et assurent le transport inverse du cholestérol. Les données expérimentales et épidémiologiques indiquent que le cholestérol HDL à jeun est associé à une diminution du risque cardiovasculaire et que le cholestérol LDL et la triglycéridémie à jeun sont associés à une augmentation de ce risque (Assmann *et al.*, 1999).

Le cholestérol non estérifié et estérifié des HDL est finalement capté par le foie, comme le cholestérol des LDL, par des processus spécifiques impliquant des types de récepteurs hépatiques distincts. Le cholestérol est finalement métabolisé dans le foie, par oxydation en sels biliaires, qui sont sécrétés dans la bile, seul lieu d'élimination des stérols de l'organisme.

Le développement d'aliments fonctionnels susceptibles d'être actifs dans ces différents processus constitue donc un enjeu considérable dans la stratégie d'intervention ou de prévention du risque de la maladie cardiovasculaire pouvant être associée aux dysrégulations du métabolisme du cholestérol (Diplock *et al.*, 1999).

1. Fibres alimentaires et métabolisme lipidique

1.1. Définitions, sources et ingestion des fibres alimentaires

Une définition classique des fibres a été proposée par Truswell et Beynen, 1992 : les fibres alimentaires sont les composants de l'alimentation qui ne sont pas digérés par les enzymes du tube digestif (estomac et intestin grêle) de l'homme. Les fibres subissent en revanche et de façon variable l'action fermentaire des bactéries dans le côlon. Une nouvelle classification des glucides a été récemment proposée pour intégrer les fibres dans une approche plus globale (Cummings *et al.*, 1996). La méthode de dosage des fibres alimentaires de référence au plan international est la méthode de l'AOAC mesurant les fibres alimentaires totales et les fibres solubles (Prosky *et al.*, 1988).

Dans l'alimentation, les fibres sont en fait des mélanges de molécules d'origine végétale, qui sont soit des constituants de la paroi des cellules végétales (cellulose, hémicelluloses, pectines, lignine), soit des constituants de réserve (gommes, alginates, inuline). Une fraction non digérée de l'amidon, dit amidon résistant, est maintenant inclue dans ce groupe. Les principales sources de fibres sont les céréales complètes et les légumes secs, et à un degré moindre, les fruits et légumes. Plus récemment, des oligosaccharides indigestibles ont été isolés (inuline) ou élaborés comme les fructo-oligosaccharides.

Les fibres alimentaires constituent un groupe très hétérogène. Les fibres alimentaires sont des polysaccharides, à l'exception de la lignine. Ce sont des molécules complexes et de grande taille qui sont des polymères organisés en chaînes linéaires ou ramifiées. Leur structure chimique détermine leurs propriétés physicochimiques et leurs effets physiologiques. Ainsi, des gommes faites de molécules de très grande taille peuvent être coupées en molécules plus petites qui donneront des solutions moins visqueuses ou bien des fibres insolubles peuvent être rendues partiellement solubles par un traitement à haute température.

Selon des critères physicochimiques, on distingue des fibres insolubles (cellulose, lignine, certaines hémicelluloses) et des fibres solubles (certaines hémicelluloses, glucanes, pectines, gommes, fibres d'algues, inuline). De ce fait, les fibres, selon leur nature soluble ou insoluble, pourront exercer des effets physiologiques et métaboliques variables. Schématiquement, les fibres solubles ont la capacité de se solubiliser dans le bol alimentaire et les contenus digestifs en donnant des solutions plus ou moins visqueuses ou des gels tandis que les fibres insolubles restent en suspension et concourent à augmenter le volume des contenus digestifs.

L'une des conséquences du bouleversement récent de nos habitudes alimentaires a ainsi été une très forte diminution de l'ingestion de fibres alimentaires. De 31 g de fibres ingérées en moyenne par jour en France en 1900, nous sommes tombés à 16-17,5 g dans les années 1980 (Lairon et Barry, 1993). Ceci est vrai pour de très nombreux pays industrialisés. Partout, la chute est particulièrement marquée pour les fibres d'origine céréalière.

1.2. Fibres alimentaires, métabolisme lipidique et athérosclérose

Comme nous l'avons rapporté dans l'introduction de ce chapitre, l'alimentation influence plusieurs facteurs de risque des maladies cardiovasculaires. Les résultats de trois décennies de recherches expérimentale, clinique et épidémiologique ont permis d'établir que les fibres alimentaires sont un des facteurs alimentaires impliqués.

1.2.1. Données épidémiologiques sur le risque cardiovasculaire

Plusieurs études épidémiologiques ont montré l'existence d'une corrélation négative entre l'ingestion de fibres et l'incidence d'accidents ou de la mortalité cardiovasculaire, dans des groupes de sujets de 30 à 79 ans, suivis pendant 5 à 20 ans.

Dans une des premières études, la mortalité cardiovasculaire était 4 fois plus faible chez des hommes qui ingèrent 37 g et plus de fibres par jour que chez ceux ingérant moins de 20 g (Kromhout *et al.*, 1982). Dans une autre étude, une augmentation de l'ingestion de fibres de 6 g/jour s'est traduite par une réduction de 25 % de la mortalité cardiovasculaire. Une étude américaine (Rimm *et al.*, 1996) impliquant 43 750 sujets masculins de 40 à 75 ans suivis pendant 6 ans, a montré une corrélation inverse entre ingestion de fibres et risque cardiovasculaire après ajustement en analyse multivariée ; une ingestion quotidienne d'environ 30 g de fibres donne un risque relatif de 0,6 comparé à une ingestion de 10 ou 17 g. Des données concordantes ont été obtenues dans une cohorte de jeunes hommes (Ludwig *et al.*, 1999). Une étude comparable vient d'être réalisée chez 68 782 femmes de 37 à 64 ans suivies pendant 10 ans (Wolk *et al.*, 1999). Les femmes consommant le plus de fibres (22,9 g/j) ont un risque d'accidents coronariens réduit de 34 % par comparaison à celles ingérant le moins de fibres (11,5 g/j) après ajustement pour d'autres variables. Dans ces deux dernières études, les fibres d'origine céréalière sont principalement impliquées et une augmentation d'ingestion de fibres totales de 10 g/j s'accompagne d'une réduction du risque coronarien de 19 %, en analyse multivariée.

Les données épidémiologiques disponibles sont ainsi très convergentes et mettent en évidence une association négative forte entre l'ingestion des fibres alimentaires et la morbidité et mortalité coronarienne.

1.2.2. Données expérimentales sur le métabolisme du cholestérol et des lipoprotéines

De très nombreuses études cliniques ont été réalisées chez l'homme, ainsi que des études expérimentales chez l'animal, pour étudier si, et comment, les fibres peuvent modifier certains facteurs de risque et tout particulièrement des paramètres comme la cholestérolémie et le cholestérol LDL plasmatique à jeun. Des synthèses bibliographiques ont été publiées récemment (Jenkins *et al.*, 1993 ; Lairon, 1996). Les études cliniques concernent le plus souvent des sujets adultes hypercholestérolémiques et/ou diabétiques de type II.

Le son de blé à des doses de 10 à 60 g/j ne présente pas fréquemment d'effet hypocholestérolémiant mais réduit parfois l'hypertriglycéridémie. Le germe de blé exerce en revanche un effet bénéfique sur ces deux paramètres.

Le son d'avoine ou les flocons d'avoine, riches en fibres solubles (20-25 % de fibres), en particulier en β-glucanes, montrent de façon assez systématique des effets hypocholestérolémiants, avec des doses quotidiennes de 10 à 140 g (Anderson et Gustafson, 1988 ; Davidson *et al.*, 1991 ; Ripsin *et al.*, 1992). Chez les sujets hyperlipémiques, cette réduction (– 13 à – 26 %) est essentiellement due à une baisse significative du cholestérol LDL (– 14 à – 24 %). L'hypertriglycéridémie est quelquefois abaissée. Des résultats globalement comparables ont été obtenus avec des ß-glucanes isolés de différentes céréales comme l'avoine, le seigle, l'orge.

Les haricots blancs riches en pectines ont été très étudiés. Par exemple, une ingestion chronique de 115 g/j abaisse la cholestérolémie de 19 % et le cholestérol LDL de 23 % chez des sujets hypercholestérolémiques. Les fibres de soja présentent des effets variables et de faible amplitude. Les gommes de guar (extraites du haricot « blackgram ») ont fait l'objet de dizaines d'études (Gatti *et al.*, 1984 ; Glore *et al.*, 1994). Il en résulte que la prise chronique de 13-19 g/j se traduit dans la plupart des cas par une réduction significative (– 8 à – 17 %) de l'hypercholestérolémie, concernant essentiellement les LDL. Les triglycérides ne sont généralement pas affectés.

Les pectines isolées ont aussi été l'objet de nombreuses études (Glore *et al.*, 1994 ; Lairon, 1996). Dans la majorité des études effectuées chez des sujets hyperlipémiques, des diminutions significatives (– 4 à – 19 %) de la cholestérolémie ont été observées avec des doses journalières de 6 à 15 g.

Le psyllium, extrait de l'enveloppe des graines de *Plantago Ovata*, réduit significativement et de façon très systématique l'hypercholestérolémie (– 10 à – 15 %), à raison de 10-11 g/jour (Lairon, 1996 ; Allgood *et al.*, 1999).

Il est intéressant de souligner que dans nombre de ces études, les sujets suivaient déjà des régimes pauvres en lipides et en cholestérol. Plusieurs études réalisées à long terme (jusqu'à 2 ans) confirment les effets obtenus après un ou quelques mois.

À partir d'une synthèse d'études (Lairon, 1996) et de deux méta-analyses d'études contrôlées (Ripsin *et al.*, 1992 ; Glore *et al.*, 1994 ; Brown *et al.*, 1999), on peut conclure que les sources de fibres alimentaires solubles (et connues pour donner des solutions visqueuses) abaissent significativement la cholestérolémie et le cholestérol LDL à jeun. L'amplitude des diminutions observées chez des sujets hypercholestérolémiques est globalement de l'ordre de – 5 à – 15 % pour le son d'avoine, les pectines, la gomme de guar et le psyllium, pour des doses journalières de 2 à 10 g/j. Les deux méta-analyses citées rapportent des amplitudes d'effet moindres ce qui est du à la prise en compte de nombreuses études réalisées sur des sujets normocholestérolémiques. Sauf dans quelques études où un effet dose a pu être mis en évidence (Davidson *et al.*, 1991), des doses faibles de fibres solubles (2-5 g/j) sont souvent aussi efficaces que des doses plus importantes (10-20 g/j).

Des résultats beaucoup moins consensuels ont été obtenus avec des amidons résistants ou des oligosaccharides. En effet, si quelques études expérimentales faites chez l'animal pouvaient laisser penser que ces sources de fibres pouvaient avoir quelque effet sur le métabolisme lipidique, les études chez l'homme n'ont pas apporté de résultats convaincants (Alles *et al.*, 1999).

1.2.3. Mécanismes d'action des fibres sur le métabolisme des lipides

L'existence de plusieurs mécanismes d'action des fibres alimentaires sur le métabolisme lipidique a été montré (Lairon, 1996). Ces mécanismes sont vraisemblablement complémentaires, mais leur relative importance reste encore à établir définitivement chez l'homme. Ceci est compliqué par le fait que selon leur nature et leurs propriétés, les diverses sources de fibres agissent plus par certains mécanismes que d'autres. Ces mécanismes sont résumés dans le schéma de la figure 1.

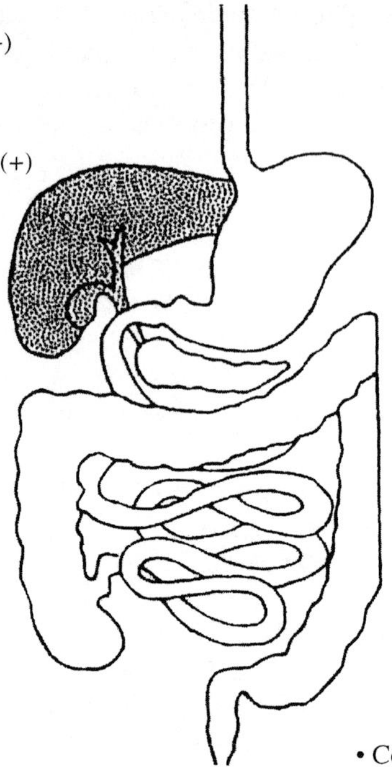

Figure 1 ■ Sites d'action des fibres alimentaires sur le métabolisme des lipides.

1.2.3.1. Modification de l'absorption et du métabolisme des sels biliaires

Diverses fibres insolubles ou solubles ont la capacité de lier les sels biliaires *in vitro* (Vahouny *et al.*, 1981 ; Gallaher et Schneeman, 1986 ; Langkilde *et al.*, 1993). Des augmentations de l'excrétion fécale des sels biliaires ont en effet été observées après ingestion de diverses fibres. La demande accrue en cholestérol pour la synthèse hépatique des sels biliaires rendrait compte de l'effet hypocholestérolémiant observé fréquemment, bien que la relation ne soit pas systématique (Everson *et al.*, 1992 ; Horton *et al.*, 1994 ; Marlett *et al.*, 1994). Les transformations bactériennes des acides biliaires primaires en secondaires sont modifiées par la présence de fibres. Des changements dans la nature des sels bilaires retournant au foie par le cycle entéro-hépatique, suite à la fermentation intracolique stimulée, pourrait modifier la synthèse hépatique du cholestérol.

1.2.3.2. Interférences avec l'absorption des lipides et du cholestérol

Diverses observations rapportent des modifications de la vidange gastrique et de la viscosité des contenus gastro-intestinaux par certaines fibres solubles (Eastwood, 1995). Diverses fibres peuvent ainsi affecter le processus d'émulsification des lipides dans l'estomac et l'intestin grêle (Pasquier *et al.*, 1996 a, b) ainsi que l'activité des lipases (Lairon *et al.*, 1985 ; Hendrick *et al.*, 1992) et enfin, l'étape d'absorption proprement dite (Gee *et al.*, 1983), en agissant directement sur la fonctionnalité des entérocytes. Chez l'animal, des diminutions de l'absorption des lipides et du cholestérol alimentaires ont été rapportées en présence de fibres (Vahouny *et al.*, 1988). Chez l'homme, des fibres peuvent augmenter l'excrétion iléale et fécale des lipides (Sandberg *et al.*, 1983 ; Zhang *et al.*, 1992 ; Marlett *et al.*, 1994) et en conséquence, diminuer la quantité de cholestérol et de triglycérides transportée par les chylomicrons d'origine intestinale et abaisser la cholestérolémie après la prise d'un repas (Cara *et al.*, 1992 ; Sandström *et al.*, 1994 ; Dubois *et al.*, 1995).

1.2.3.3. Modifications métaboliques liées à la fermentation colique

Des études *in vitro* avaient suggéré que le propionate (acide gras volatil produit dans le côlon par la fermentation des fibres) peut inhiber la synthèse intra-hépatique du cholestérol (Chen *et al.*, 1984). Cependant, l'importance de ce phénomène n'a jamais pu être démontrée chez l'homme. En revanche, la démonstration d'un effet hypocholestérolémiant du son d'avoine d'une amplitude comparable chez des sujets iléostomisés à celui observé chez des sujets ayant un côlon normal (Zhang *et al.*, 1992) ne laisse plus de rôle fonctionnel à ce mécanisme potentiel. Ceci conduit à considérer que des sources de fibres qui n'auraient pas d'effet direct sur les processus d'absorption des lipides et des sels biliaires dans l'intestin grêle ne sont pas de bonnes candidates pour l'exercice d'un effet significatif sur le métabolisme des lipides (Gallaher *et al.*, 1993).

1.2.3.4. Modifications hormonales et métaboliques

Des hormones comme l'insuline et le glucagon régulent le métabolisme lipidique. Or, des études d'intervention nombreuses ont établi que l'addition de fibres alimentaires, en particulier solubles et visqueuses (pectines, gomme de guar, psyllium, son d'avoine), réduisent l'hyperglycémie et l'hyperinsulinémie postprandiale chez des sujets sains ou diabétiques. L'ingestion chronique de régimes riches en glucides et en fibres a montré des effets bénéfiques chez des sujets diabétiques non insulinodépendants (glycémie, hémoglobine glyquée) et chez des sujets diabétiques insulinodépendants (diminution des besoins en insuline). Très souvent, des diminutions parallèles de la cholestérolémie et du cholestérol LDL sont observées dans ces études.

Une récente étude épidémiologique (Ludwig *et al.*, 1999) vient de montrer chez 2 900 hommes âgés de 18 à 30 ans que l'ingestion des fibres alimentaires est négativement associée au poids corporel, au rapport taille/hanches, à l'insulinémie et à la triglycéridémie à jeun.

Les mécanismes complémentaires impliqués pouvant expliquer ces effets des fibres solubles et visqueuses sont : i) un ralentissement de la vidange gastrique, de la digestion de l'amidon et de l'absorption du glucose par l'intestin grêle ; ii) une diminution de l'insulinémie postprandiale qui pourrait logiquement diminuer la synthèse du cholestérol et des acides gras précurseurs des triglycérides ; et iii) une augmentation de la sensibilité périphérique à l'insuline réduisant l'insulinorésistance associée à l'hyperlipidémie.

1.3. Aliments riches en fibres recommandés

Les données issues de la recherche des dernières décennies conduisent ainsi à considérer qu'une alimentation riche en fibres est souhaitable car adaptée à notre physiologie. Pourtant, la consommation moyenne actuelle de fibres en France (et les autres pays industrialisés) est estimée seulement à 15-17 g/j, dont 50 % proviennent des aliments céréaliers, 32 % des légumes, 16 % des fruits et 3 % des légumes secs.

Sur la base des données expérimentales et épidémiologiques, il est recommandé de consommer au minimum 25 g/j, ou mieux, 30 g/j de fibres. Une alimentation riche en fibres et pauvre en lipides chez l'adulte permet d'abaisser d'environ 15 % la cholestérolémie et le cholestérol LDL par comparaison à une alimentation riche en lipides et pauvre en fibres (Sandström *et al.*, 1992 ; Mekki *et al.*, 1997 ; Marckmann *et al.*, 1994). Bien que dans le cas des enfants peu de données soient disponibles, il semble cependant raisonnable de proposer l'ingestion journalière de « âge + 5 g » de fibres. Dès l'adolescence, les apports recommandés pour l'adulte devraient s'appliquer.

De nombreux aliments sont naturellement riches en fibres mais ils apportent surtout des fibres insolubles (céréales complètes, légumes secs, fruits, légumes). Puisque les fibres solubles sont les plus actives sur le métabolisme des lipides et le statut insulinémique, il apparaît alors important d'élaborer des préparations alimentaires qui sont spécifiquement enrichies en certaines sources de fibres solubles et dont les effets bénéfiques ont été démontrés chez l'homme (son d'avoine, β-glucanes, psyllium, pectines, gomme de guar). On peut ainsi citer parmi les plus connus le pain et ses dérivés, les biscuits, les flocons à base de céréales, les pâtes alimentaires.

De tels développements seraient en bon accord avec les cibles identifiées dans le Consensus européen sur les aliments fonctionnels (Diplock *et al.*, 1999). On doit alors rappeler à ce stade que la *Food and Drug Administration* (FDA) américaine a accordé en 1997 au son d'avoine et en 1998 au psyllium une allégation santé du type « les fibres solubles du son d'avoine (du psyllium), dans le cadre d'une alimentation pauvre en lipides saturés et cholestérol, peut réduire le risque de maladie coronarienne ». Un produit bénéficiant de cette allégation doit apporter au moins 0,75 g de fibres solubles par portion. Ces allégations ont fait partie des toutes premières accordées par la FDA pour des constituants alimentaires.

Alors que l'on trouve une très grande variété de produits alimentaires enrichis en fibres solubles aux États-Unis ou en Europe du Nord, peu de produits alimentaires de ce type sont à présent disponibles en France où à notre connaissance, il n'a pas été délivré jusqu'à présent d'allégation fonctionnelle ou santé pour de nouvelles préparations alimentaires enrichies en fibres solubles.

2. *Phytostérols et métabolisme lipidique*

2.1. Définition, sources et propriétés des phytostérols

Le cholestérol est un des composants essentiels que l'on trouve chez les animaux, en tant que molécule constitutive des membranes des cellules animales et précurseur des hormones stéroïdiennes. Les végétaux en sont dépourvus. En revanche, ils contiennent des molécules très voisines du cholestérol, que l'on regroupe sous l'ap-

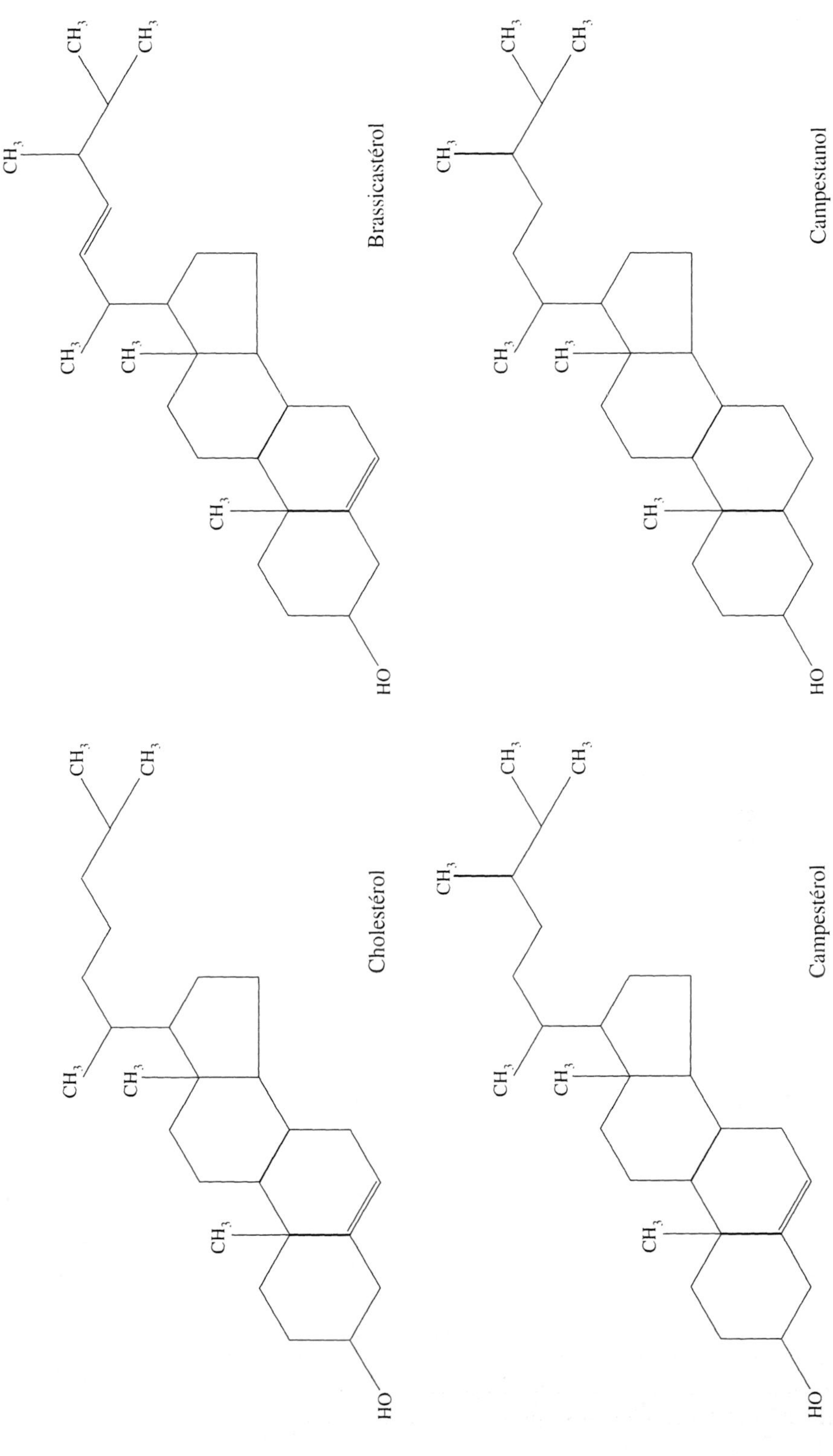

Figure 2 ■ Structure des stérols et stanols.

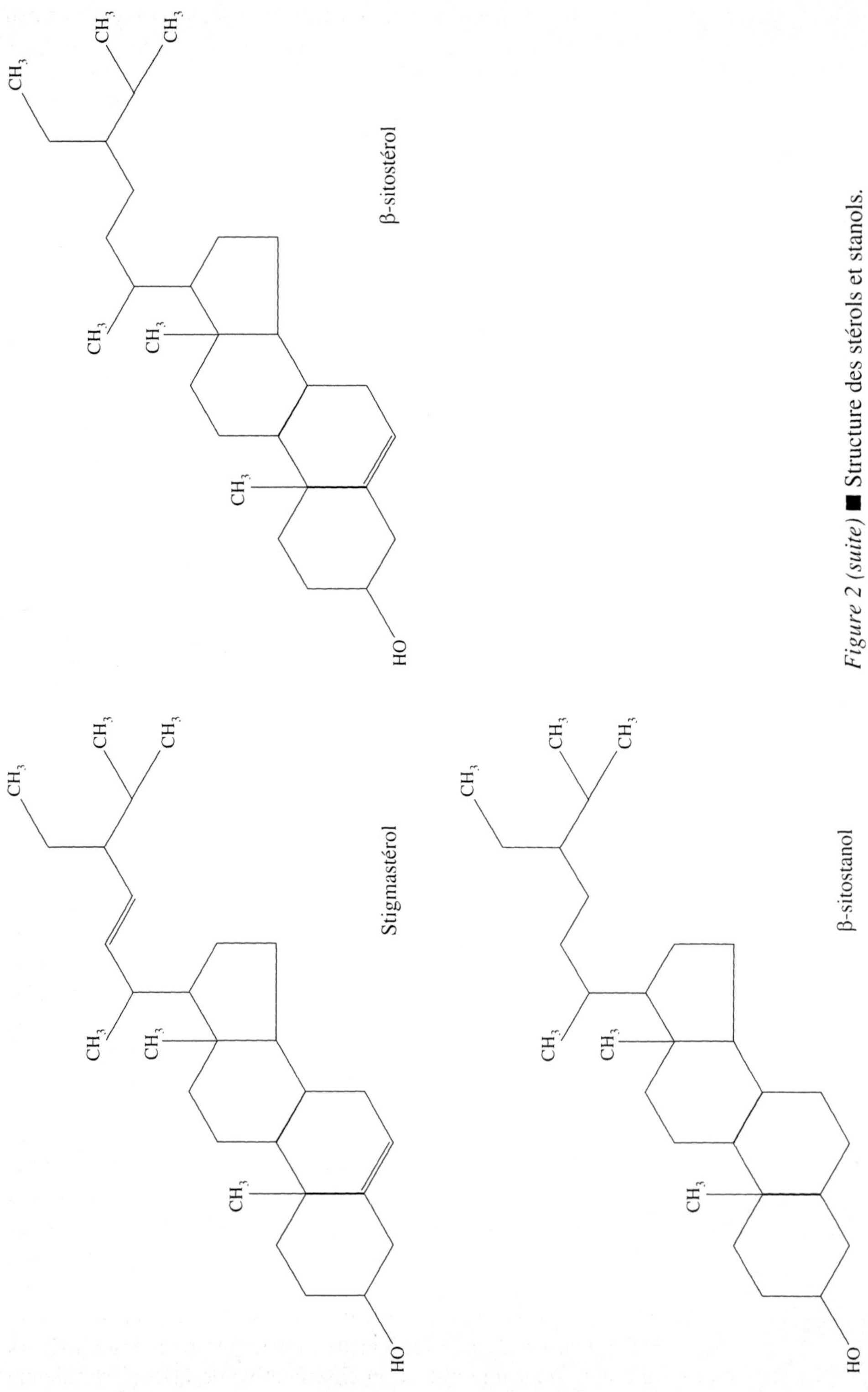

Figure 2 (suite) ■ Structure des stérols et stanols.

pellation générique de phytostérols (figure 2). Ces stérols végétaux diffèrent très peu du cholestérol. Les espèces moléculaires les plus représentées naturellement sont des dérivés du cholestérol portant une fonction méthyle (campestérol, stigmastérol, brassicastérol) ou éthyle (β-sitostérol) sur la chaîne latérale, qui peuvent additionnellement avoir perdu la double liaison présente sur le cycle (campestanol et sitostanol, respectivement).

Les phytostérols sont naturellement apportés par les aliments d'origine végétale et par ordre décroissant, les huiles végétales, les céréales complètes, les légumes secs, les fruits et les légumes. Selon leur origine botanique, la composition relative des phytostérols est différente. Ainsi, les phytostérols extraits du bois (tall oil) contiennent plus de sitostanols (environ 10-25 %) que ceux extraits du soja. Une alimentation typique dans les pays industrialisés apporte de 100 à 250 mg/j de phytostérols et 300-500 mg/j de cholestérol. Aussi, à l'exception des populations ayant des régimes traditionnels à base végétale ou des végétariens, l'ingéré journalier est assez faible.

On savait depuis les années 1970 qu'apportés à forte dose, ces composants peuvent inhiber l'absorption intestinale du cholestérol et parallèlement, induire une diminution de la cholestérolémie. Jusqu'à ces dernières années on n'avait pas trouvé de moyen pratique d'élever notablement la consommation des phytostérols, et donc le rapport stœchiométrique phytostérol/cholestérol. Adopter une alimentation de type végétarien était un moyen efficace mais qui jouait surtout sur une très forte baisse de l'ingestion du cholestérol. Enrichir spécifiquement des préparations alimentaires en phytostérols naturels était a priori possible mais cette approche s'est heurté pendant longtemps à l'insolubilité de ces molécules en phase aqueuse et leur relative faible solubilité dans les lipides. De nouvelles stratégies développées récemment redonnent un nouvel intérêt à cette démarche, en particulier par les margarines enrichies en phytostérols estérifiés.

2.2. Effets hypocholestérolémiants des phytostérols

Les premières études d'intervention dans ce domaine ont été réalisées dans les années 1970 avec des stérols végétaux sous forme libre et en particulier, le sitostérol et le sitostanol (Pollack, 1953 ; Sugano *et al.*, 1976, 1977). Des doses de 3 g/j réduisait significativement de 10-20 % la cholestérolémie de sujets hypercholestérolémiques (Lees *et al.*, 1977 ; Denke, 1994 ; Glueck, 1991 ; Becker *et al.*, 1993 ; Pelletier *et al.*, 1995). Des doses journalières plus modérées (0,7, 1,5 ou 1,6 g) ont aussi montré leur effet hypocholestérolémiant (Heinemann *et al.*, 1986 ; Sugano *et al.*, 1977). Des données suggéraient que le sitostanol pourrait être plus actif que le sitostérol (Vanhanen et Miettinen, 1992).

Une nouvelle série de publications est apparue plus récemment qui rapporte les résultats obtenus lors d'études d'intervention chez l'homme avec des phytostérols estérifiés de bois ou de soja et apportés sous forme de margarines enrichies à base d'huile de colza ou de tournesol. De ces études réalisées chez des hommes ou des femmes hypercholestérolémiques (Vanhanen *et al.*, 1993 ; Gylling *et al.*, 1995, 1997 ; Miettinen *et al.*, 1995 ; Jones *et al.*, 1998, 1999 ; Westrate et Meijer, 1998 ; Hallikainen et Uusitupa, 1999) ou encore des diabétiques (Gylling et Miettinen, 1994), il ressort que l'ingestion de ces margarines enrichies pendant plusieurs semaines jusqu'à un an, entraînait une réduction significative de la cholestérolémie

(– 8, – 10 %) et du cholestérol LDL (– 13, – 15 %), sans affecter ni la triglycéridémie ni le cholestérol HDL à jeun. Lors d'une étude faite chez 153 sujets hypercholestérolémiques, des baisses de la cholestérolémie et du cholestérol LDL ont été observées chez 88 % des sujets (Gylling *et al.*, 1999). Il est particulièrement intéressant de souligner que des effets hypocholestérolémiants du même ordre de grandeur ont été obtenus chez des sujets ayant une alimentation habituelle ou bien à teneur réduite en lipides et cholestérol.

2.3. Mécanismes d'action des phytostérols

On ne dispose actuellement que de relativement peu de données sur les mécanismes d'action précis des phytostérols, essentiellement à cause de la grande complexité des phénomènes physicochimiques et enzymatiques se déroulant dans le tube digestif au cours du processus de digestion. Cependant, des données convergentes obtenues chez l'animal et lors de quelques études chez l'homme établissent que les phytostérols, qui ne sont pas, sauf exception, absorbés ou seulement de façon marginale (moins de 5 %), réduisent l'absorption intestinale du cholestérol. L'absorption intestinale du cholestérol biliaire et du cholestérol alimentaire serait inhibée à un degré comparable (35 et 38 %, respectivement) chez l'homme à la dose de 3 g/j. Des données du même ordre ont été obtenues chez l'animal. En conséquence, l'excrétion fécale du cholestérol est augmentée significativement et l'apparition du cholestérol dans la lymphe est réduite. Des résultats contradictoires ont été obtenus pour ce qui est de l'excrétion fécale des sels biliaires.

Les solubilités du sitostérol et du cholestérol dans les lipides et les micelles qui permettent l'absorption intestinale sont comparables. Aussi, par sa présence dans le contenu intestinal, il peut entrer en compétition avec le cholestérol pour la dispersion dans les structures lipidiques et en particulier, diminuer la solubilité micellaire du cholestérol et donc réduire son taux de captation (Ikeda *et al.*, 1983, 1989). Une interaction moléculaire directe dans les structures effectivement impliquées dans le processus d'absorption intestinale semble indispensable pour obtenir une compétition efficace (Ostlund *et al.*, 1999). Le cholestérol étant absorbé partiellement (de 30 à 80 % selon les sujets) et les phytostérols ne l'étant pas, la situation ne peut que devenir de plus en plus défavorable au cholestérol au fur et à mesure que le processus de digestion-absorption progresse. On peut ainsi baser le mécanisme d'inhibition de l'absorption du cholestérol sur un phénomène de compétition entre des molécules à structure voisine (Ikeda *et al.*, 1988 a, b ; Miettinen *et al.*, 1990 ; Heinemann *et al.*, 1991, 1993 ; Miettinen et Vanhanen, 1994 ; Gylling et Miettinen, 1996). Plusieurs études suggèrent que le sitostanol, plus hydrophobe, serait plus efficace pour inhiber l'absorption intestinale du cholestérol que le sitostérol et induire un effet hypocholestérolémiant. Cependant, on ne dispose pas à l'heure actuelle de connaissances suffisantes sur les mécanismes fins mis en jeu pour expliquer cette possible différence. Une étude récente vient de montrer chez l'homme que l'addition de sitostanol n'entraîne une baisse notable de l'absorption intestinale du cholestérol (– 37 %) que lorsque celui-ci est ingéré sous forme associée avec des phospholipides (Ostlund *et al.*, 1999). Cette observation confirme la complexité des mécanismes mis en jeu et l'importance de l'état physicochimique du milieu et souligne les besoins de recherche existant encore en ce domaine.

La réduction de l'absorption intestinale du cholestérol et de sa resécrétion dans la lymphe sous forme de chylomicrons (Ikeda et Sugano, 1978 ; Hassan et Pampone, 1979) conduit à une moindre captation de cholestérol sous forme de résidus de chylomicrons par le foie en période postprandiale. En conséquence, le pool régulateur de cholestérol libre dans le foie est diminué, ce qui conduit à la fois à une stimulation de la synthèse endogène de cholestérol (Vanhanen *et al.*, 1994), à une diminution de la sécrétion hépatique du cholestérol dans les VLDL et à une surexpression des récepteurs à apo B, E hépatiques des LDL favorisant l'élimination des LDL du plasma. Le bilan global de ces divers phénomènes est une diminution du cholestérol des LDL circulantes.

Signalons enfin que quelques études réalisées chez l'animal permettent de montrer que le développement de l'athérosclérose est diminué lors de l'enrichissement des régimes en phytostérols (Pollak, 1953 ; Murphy *et al.*, 1973 ; Moghadasian *et al.*, 1997 ; Ntanios *et al.*, 1998). Chez l'homme, la réponse aux phytostérols peut être influencée par le phénotype de l'apo E (Vanhanen, 1993).

2.4. Phytostérols dans des aliments fonctionnels

L'extraction à échelle industrielle des phytostérols du bois, puis du soja, combinée à leur estérification par des acides gras à chaîne longue qui leur confère une très grande solubilité dans les lipides, a totalement modifié la situation en donnant naissance à une nouvelle génération d'aliments fonctionnels, les margarines enrichies en phytostérols estérifiés de bois (Raisio Benecol) ou de soja (Unilever).

Par ce nouveau moyen, il devient possible et facile d'ingérer de 1 à 3 g/j de phytostérols, dans le cadre d'une alimentation « prudente » à teneur réduite en lipides et cholestérol.

En ingestion quotidienne chronique, ceci permet d'obtenir comme nous l'avons rapporté ci-dessus, des baisses significatives de la cholestérolémie et du cholestérol LDL de l'ordre de 10 % et 15 %, respectivement. Il n'a pas été observé d'effet délétère sur le taux de cholestérol HDL.

Cet effet est très significatif pour trois raisons. Premièrement, cette diminution est du même ordre de grandeur que celle induite par la cholestyramine, spécialité pharmaceutique réduisant l'absorption intestinale des stérols. Deuxièmement, la compilation de plusieurs études d'intervention a permis de conclure que globalement, une réduction de 1 % de la cholestérolémie est associée à une réduction de 1 à 2 % du risque relatif de morbidité et mortalité cardiovasculaire. Par exemple, une baisse de 12,6 % de la cholestérolémie induite par l'ingestion chronique de cholestyramine s'est accompagnée d'une réduction de 19 % du risque cardiovasculaire. Troisièmement, la très grande majorité des sujets répondent à la supplémention, qu'ils soient normo- ou hypercholestérolémiques, enfants ou adultes, hommes ou femmes.

Le fait d'utiliser comme vecteur des margarines à base d'acides gras monoinsaturés ou polyinsaturés n'est pas en soi un réel problème, si l'on considère que leur consommation ne peut être recommandée que chez des personnes hypercholestérolémiques devant adopter une alimentation globale à teneur réduite en lipides.

On doit noter qu'une consommation importante de phytostérols ne doit être proscrite que chez un nombre extrêmement limité de personnes (29 réparties en 18 familles en 1992) qui ont une teneur élevée en phytostérols sanguins (sitostérolémie) à cause d'un défaut de régulation de l'absorption des stérols. Ces personnes sont à haut risque cardiovasculaire. Une mention spéciale dans les informations nutritionnelles présentes dans l'étiquetage pourrait être souhaitable.

Introduite en Finlande en 1995, la margarine enrichie Benecol a déjà été consommée par environ 1 million de personnes (65 millions d'unités) sans que des effets adverses aient été rapportés.

En première intention de traiter l'hypercholestérolémie, une alimentation pauvre en lipides, en particulier saturés, et en cholestérol est systématiquement recommandée. Ces préparations enrichies en phytostérols estérifiés peuvent donc être utilement associées à ce type de régime, voire en association avec un traitement médicamenteux qui s'avérerait nécessaire. On peut supposer qu'une consommation importante de ces produits pourrait réduire notablement la consommation de médicaments hypocholestérolémiants. Il ne semble cependant pas justifié de recommander une consommation habituelle de ces margarines enrichies par des personnes normocholestérolémiques.

L'ensemble de ces considérations a permis au comité d'expertise et d'évaluation concerné (Section alimentation et nutrition du Conseil supérieur d'hygiène publique de France) d'accepter en 1999 l'allégation fonctionnelle suivante pour une telle margarine enrichie, considérée comme un « nouvel aliment » : « additionné de stérols végétaux qui entraînent une diminution significative de la cholestérolémie en complément d'un régime adapté ». Il s'agit du deuxième exemple d'allégation accordée en France (après l'effet bifidogène des fructo-oligosaccharides). Une allégation relative à la prévention du risque cardiovasculaire (allégation santé) n'est cependant pas acceptable à l'heure actuelle, en l'absence de données d'observations. Il serait ainsi très souhaitable qu'une étude prospective soit mise en place parallèlement à la commercialisation de ces nouveaux aliments, pour en évaluer l'effet à terme sur le risque cardiovasculaire.

3. *Lécithine de soja et métabolisme du cholestérol*

3.1. Définitions et propriétés

La lécithine de soja, sous-produit de la fabrication des protéines et de l'huile de soja, est un extrait de phospholipides particulièrement riche en phosphatidylcholines (PC). Cet extrait, obtenu sous forme de poudre, de granulés ou de pâte, contient de 20 à 92 % de PC. Aussi, au cours de cette présentation, utilisera-t-on la dénomination lécithine pour définir l'un ou l'autre de ces produits agroalimentaires, tandis que la dénomination PC sera réservée aux études à caractère biologique et métabolique.

La lécithine de soja a pris une place importante dans l'alimentation des pays occidentaux. Elle est en effet déjà très largement utilisée comme additif alimentaire, à un taux n'excédant pas 0,5 %. Elle est ainsi incorporée dans nombre de produits alimentaires à haute technologie (De Saint Blanquat, 1984 ; Dupuy *et al.*, 1994 ; De Saint Blanquat et Pascal, 1988), du fait de ses propriétés émulsifiantes. En tant que forme d'apport de choline, les PC, notamment les PC de soja, ont fait l'objet aux États-Unis d'une autorisation par le Conseil de l'alimentation et de la nutrition. Les recommandations américaines portent sur le fait que la choline, par l'intermédiaire des PC, participe au métabolisme basal, à la transmission neuronale, à la signalisation transmembranaire. Selon des études plus récentes, la lécithine de soja peut être recommandée à titre de macronutriment lipidique, en raison de ses propriétés potentiellement bénéfiques dans le domaine du métabolisme des lipides et notamment du cholestérol.

3.2. Rappels de la structure et du rôle physiologique des phosphatidylcholines

Les phosphatidylcholines font partie de la famille des phospholipides, molécules amphiphiles ayant une partie hydrophobe constituée par les deux chaînes d'acides gras, et une partie polaire ou hydrophile constituée par le groupement ester phosphorique. La base qui estérifie est la choline. Les acides gras constituants les PC de soja comportent une majorité d'acides gras polyinsaturés de la série (*n*-6), avec environ 65 % d'acide linoléique, 6 à 8 % d'acide linolénique et 10 à 15 % d'acide oléique. Ces caractéristiques conditionnent le rôle des PC lors de l'absorption digestive des lipides et notamment du cholestérol, dans la fonction de transport et d'échange du cholestérol aux niveaux sanguin, cellulaire et biliaire et dans la construction des membranes biologiques.

3.3. Effets nutritionnels et métaboliques de la lécithine de soja

Au cours des années 1980, des études ont été réalisées pour évaluer d'éventuels effets nutritionnels et métaboliques de la lécithine de soja à titre de macronutriment et comme supplément nutritionnel dont le taux variait de quelques grammes jusqu'à 20 g/j.

3.3.1. Données expérimentales sur le métabolisme du cholestérol et des lipoprotéines

L'effet hypocholestérolémiant des lécithines polyinsaturées n'a pas été clairement établi chez l'homme (Williams *et al.*, 1984 ; Tompkins et Parkin, 1980 ; Knuiman *et al.*, 1989). Ainsi, la lécithine de soja administrée comme supplément diététique n'a pas d'effet sur la concentration des lipoprotéines (Rapport FAO/OMS, 1976) ou en revanche, peut induire un effet hypocholestérolémiant (Le Blanc *et al.*, 1998 ; Expert Panel, 1993 ; Schaefer, 1997 ; Canty et Zeisel, 1994). Une telle hétérogénéité des résultats est explicable par le fait que la seule supplémentation nutritionnelle est probablement insuffisante pour entraîner une réduction du taux de cholestérol des lipoprotéines de basse densité (LDL), à cause de la surcharge calorique lipidique induite par le supplément. Par ailleurs, la lécithine administrée au cours de ces études était la plupart du temps un produit ne comportant que 25 % de PC, molécules qui s'avèrent particulièrement actives et dont l'apport était vraisemblablement insuffisant pour observer un changement notable du profil lipoprotéique.

Nous avons montré récemment que la lécithine de soja apportée sous forme d'un supplément de 3 g/jour d'un extrait purifié à 92 % de PC de soja pourrait être efficace dans le traitement des hypercholestérolémies modérées, en accroissant le taux de cholestérol libre plasmatique et en favorisant le transport inverse du cholestérol (Polichetti *et al.*, 1998). Cet effet est à relier à l'augmentation du taux des lipoprotéines de haute densité (HDL) riches en apo AI, à la diminution du taux des HDL contenant à la fois apo AI et apo AII, à la non augmentation de l'activité de la lécithine cholestérol acyle transférase (LCAT) et à une diminution du taux d'apo E, apoprotéine directement impliquée dans le développement du processus d'athérosclérose (Polichetti *et al.*, 1998).

Aussi, des études en modélisations animales et *in vitro* ont permis de rechercher les conditions d'une efficacité optimale des régimes comportant des PC de soja, en termes de réduction de la cholestérolémie et du taux de cholestérol des LDL.

3.3.2. Mécanismes d'action de la lécithine de soja sur le métabolisme du cholestérol

L'effet hypocholestérolémiant de la lécithine de soja alimentaire a été clairement mis en évidence dans de nombreux modèles expérimentaux (Jimenez *et al.*, 1990) et dans notre groupe, chez le rat normolipidémique (Polichetti *et al.*, 1996). Dans ce dernier modèle, un tel effet a été obtenu très rapidement en substituant en totalité les triacylglycérols de la ration par la lécithine de soja pendant 2 semaines. L'effet bénéfique de celle-ci s'est traduit par une diminution du taux de cholestérol contenu dans les lipoprotéines athérogènes (LDL et lipoprotéines de très basse densité : VLDL), et par une augmentation du taux de cholestérol-HDL (Polichetti *et al.*, 1996), bien que cette dernière ne soit pas toujours décrite (Jimenez *et al.*, 1990). Par ailleurs, nous avons observé un effet hypocholestérolémiant très significatif de la lécithine de soja chez le lapin New Zealand rendu hypercholesterolémique par l'administration d'un régime hyperlipidique et contenant du cholestérol (Polichetti *et al.*, 2000). Ce modèle est très utilisé dans les études nutritionnelles sur l'athérosclérose, du fait de la réponse pathologique exacerbée du lapin aux lipides et au cholestérol du régime (Kritchevsky, 1991). Dans ces conditions, la lécithine de soja, venant en substitution totale aux triacylglycérols de la ration, provoque dès 10 semaines de traitement, une diminution très significative du taux des β-VLDL. Rappelons que chez le lapin hypercholestérolémique, les β-VLDL sont les principales lipoprotéines qui transportent le cholestérol et qui résultent directement du métabolisme des lipoprotéines postprandiales, chylomicrons et particules rémanentes des chylomicrons (Polichetti *et al.*, 2000). Par ailleurs, l'effet hypocholestérolémiant obtenu est optimal avec les lécithines polyinsaturées, par comparaison avec des triglycérides polyinsaturés de soja, qui eux-mêmes présentent un effet hypocholestérolémiant basal par rapport aux triacylglycérols saturés. La lécithine agit donc bien à la fois par un effet spécifique de sa tête polaire, le groupement phosphorylcholine, et par ses acides gras polyinsaturés de la série (*n*-6). D'autres études décrivent un effet hypocholestérolémiant de la lécithine de soja chez des animaux rendus préalablement hypercholestérolémiques, tels que le singe et le hamster (Wilson *et al.*, 1998). Tous ces résultats sont d'autant plus significatifs que les études ont été réalisées avec une lécithine de soja purifiée contenant des teneurs élevées de PC (jusqu'à 92 %).

3.3.2.1. Diminution de l'absorption intestinale du cholestérol

Les lécithines alimentaires entraînent une inhibition de l'absorption intestinale du cholestérol chez l'homme (Beil et Grundy, 1980) et chez le rat (Hollander et Morgan, 1980). Lorsque les lécithines utilisées sont des préparations non purifiées de PC, elles peuvent contenir des phytostérols, qui exercent eux-mêmes un effet inhibiteur sur l'absorption du cholestérol alimentaire (Ostlund *et al.*, 1999). Par ailleurs, une explication avancée pour expliquer l'effet des PC est le contrôle de l'absorption du cholestérol alimentaire par le cholestérol d'origine biliaire (Sehayek *et al.*, 1998). En effet, nous avons montré chez le rat comme chez le lapin nourris avec de la lécithine de soja (Polichetti *et al.*, 1996, 2000) une augmentation très significative du taux de cholestérol biliaire, qui entraîne ainsi une diminution de l'absorption du cholestérol alimentaire. Une conséquence est, chez le lapin hypercholestérolémique, une diminution hautement significative du taux de cholestérol des β-VLDL, lipoprotéines résultant des lipoprotéines postprandiales. Cette observation est essentielle, puisque les lipoprotéines postprandiales sont décrites comme directement reliées à l'hyperlipidémie et à la formation de la plaque d'athérome chez le lapin (Daugherty *et al.*, 1985 ; Territo *et al.*, 1989 ; Juhel *et al.*, 1997).

Tableau 1 ■ Efflux cellulaire du cholestérol par les cellules ECV en culture.

Contrôle	100 ± 3
HDL humaines natives	212 ± 4^{a}
PC soja	$197 \pm 18^{d,e}$
DMPC	$136 \pm 27^{c,f}$
Apo AI	98 ± 7^{b}
Apo AI/PC soja	108 ± 7^{b}
Apo AI/DMPC	$83 \pm 8^{b,e}$

L'efflux du cholestérol a été calculé en pourcentage de la charge préalable cellulaire en cholestérol, sur une base de la valeur contrôle de 100 %. Les cultures cellulaires ont été réalisées en deux étapes.
Dans une première étape, les cellules ont été chargées en cholestérol pendant 48 h avec des LDL (50 µg Apo B-LDL/puits) en présence de cholestérol radiomarqué $[C-^{14}]$.
Dans la seconde étape, le test d'efflux a été effectué par incubation des cellules pendant 1 h en absence de lipides (contrôle) ou en présence de HDL humaines natives (150 µg Apo AI-HDL/puits), de phosphatidylcholines (PC) de soja ou de dimyrystoylphosphatidylcholine (DMPC) (430 µg/puits), d'apo AI seule (150 µg), ou de réassociations des PC de soja ou de DMPC (430 µg) avec 150 µg d'apo AI (n = 6 pour chacune de ces conditions).
Les différences ont été calculées par analyse de variance Anova et les significations à 95 % sont indiquées par a : vs contrôle ; b : vs HDL natives ; c ; vs PC de soja ; d : vs apo AI ; e : vs réassociations apo AI/PC de soja ; f : vs réassociations apo AI/DMPC.

3.3.2.2. Augmentation de l'efflux cellulaire du cholestérol par les cellules périphériques

Des résultats obtenus récemment par notre groupe montrent une augmentation significative de l'efflux cellulaire du cholestérol par des cellules endothéliales de la lignée ECV, incubées avec des PC de soja, en comparaison à la dimyrystoylPC ou à un contrôle sans phospholipides (tableau 1). Cet efflux est comparable à celui obtenu lors d'incubations des cellules avec des HDL humaines natives, l'extraction cellulaire du cholestérol (Jian *et al.*, 1997) résultant finalement d'une interaction directe des 2 composantes PC et apo AI avec la membrane cellulaire (Rothblat *et al.*, 1999 ; Fournier *et al.*, 1996). Ce processus d'efflux pourrait être directement impliqué dans la régression probable ou l'inhibition du développement de l'athérosclérose au niveau des cellules de l'endothélium vasculaire. Une telle hypothèse a été vérifiée avec le modèle du hamster, où les lésions d'athérosclérose régressent sous l'effet de régimes enrichis en lécithine de soja (Wilson *et al.*, 1998).

3.3.2.3. Contrôle des interactions entre lipoprotéines : stimulation du système HDL et diminution des particules athérogènes

Dans un paragraphe précédent, nous avons avancé l'hypothèse de l'amplification du transport inverse du cholestérol par les HDL, sous l'effet de l'administration de la lécithine alimentaire de soja chez l'homme et chez l'animal.

Un tel changement est à relier à des modifications biodynamiques des lipoprotéines et notamment des HDL. En effet, Martins *et al.* (1989) et Williams *et al.* (1984) ont montré que les lécithines alimentaires entraînent le transfert de PC résultant de l'absorption des lécithines jusqu'aux HDL circulantes. Nous avons observé précédemment l'effet hypocholestérolémiant des lécithines alimentaires, notamment lorsqu'elles sont substituées aux triglycérides. L'impact des lécithines sur les enzymes de transfert du cholestérol estérifié (CETP) et de transfert des phospholipides (PLTP) reste cependant à élucider.

Ainsi, les résultats déjà obtenus suggèrent fortement un effet bénéfique de la lécithine de soja alimentaire, par l'amplification des HDL et par la non augmentation ou la diminution des particules athérogènes VLDL et LDL (Chanussot *et al.*, 1999).

3.3.2.4. Stimulation de l'oxydation du cholestérol en sels biliaires et augmentation de la sécrétion des stérols biliaires

Avec un régime enrichi en lécithine de soja, la synthèse et la sécrétion dans la bile des sels biliaires sont accrues chez le rat normolipidémique et le lapin hypercholestérolémique (Polichetti *et al.*, 1996, 2000). Cette augmentation de la sécrétion des sels biliaires est corrélée positivement à l'augmentation d'activité des 2 enzymes Na^+K^+-ATPase et $Ca^{2+}Mg^{2+}$-ATPase (Benkoël *et al.*, 1998, 1999, 2000) directement impliquées dans les processus sécrétoires biliaires. Par ailleurs, nous avons observé une augmentation de la sécrétion biliaire des PC provenant pour une part importante des HDL (Polichetti *et al.*, 1996), les autres phospholipides étant préférentiellement des lipides structuraux peu sécrétés dans la bile. Le processus de sécrétion biliaire étant sous la dépendance conjointe des phospholipides et des sels biliaires, il en résulte une stimulation de la sécrétion du cholestérol biliaire par les régimes enrichis en lécithine de soja.

Ces résultats essentiels montrent ainsi que la lécithine de soja alimentaire est capable d'entraîner une augmentation de la sécrétion biliaire du cholestérol, en relation avec une diminution de la cholestérolémie. Les résultats obtenus chez le lapin ont par ailleurs montré que la lécithine de soja alimentaire n'entraînait ni une accumulation de cholestérol dans le foie, ni un accroissement de la néosynthèse de cholestérol par l'hydroxy méthyle glutaryl Coenzyme A réductase (HMG CoA réductase) aux niveaux hépatique et intestinal (Polichetti *et al.*, 2000). Un tel résultat signifie que le cholestérol mobilisé sous l'effet de la lécithine provenait pour une part importante du cholestérol préformé des lipoprotéines. On doit donc admettre que la captation par le foie du cholestérol des HDL et des lipoprotéines pro-athérogènes, soit directement, soit par l'intermédiaire d'un transfert préalable sur les HDL, est fortement stimulée par la lécithine de soja alimentaire. Le résultat global de ces processus est une augmentation de l'élimination des stérols de l'organisme (figure 3).

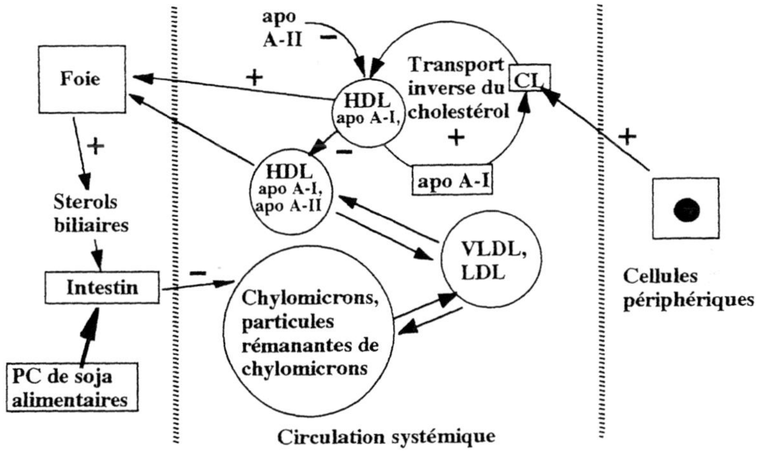

Figure 3 ■ Effets de la lécithine de soja sur le métabolisme du cholestérol et des lipoprotéines.

CL : cholestérol libre ; PC : phosphatidylcholines ; VLDL : lipoprotéines de très basse densité ; LDL : lipoprotéines de basse densité ; HDL : lipoprotéines de haute densité ; + : stimulation par les PC de soja ; – : inhibition par les PC de soja.

Ainsi, l'évaluation fondée sur les résultats de recherche clinique, sur les résultats de données expérimentales animales et de modélisations *in vitro* permet de situer l'intérêt nutritionnel de la lécithine de soja dans le traitement ou la prévention de l'athérosclérose, en réduisant des facteurs de risque comme des taux élevés de cholestérol plasmatique et de cholestérol LDL. La lécithine de soja, par sa composante phosphatidylcholine, pourrait agir de façon bénéfique en établissant un nouvel équilibre entre les lipoprotéines pro-athérogènes dont le taux serait limité, et les HDL, dont le niveau serait accru. Le renforcement du système HDL permettrait ainsi d'amplifier l'efflux du cholestérol par les cellules de l'endothélium vasculaire, par un effet inhibiteur de la formation ou de la progression de la plaque d'athérome et une amplification du transport inverse du cholestérol vers le foie. Une conséquence serait l'augmentation de l'oxydation du cholestérol en sels biliaires et une augmentation finale de la sécrétion biliaire, qui contribueraient ainsi largement à accroître l'élimination des stérols de l'organisme.

3.4. Concept de nouveaux aliments fonctionnels enrichis en lécithine de soja

Dans les pays occidentaux, les recommandations diététiques visent à réduire la consommation de lipides, de façon à réduire le risque de maladie cardiovasculaire (Expert Panel, 1993 ; Schaefer, 1997). Toutefois, les aliments riches en graisses (en particulier animales) sont également riches en lécithines. Une conséquence défavorable est donc une diminution probable de la consommation des lécithines (Canty et Zeisel, 1994). Ce problème est d'autant plus crucial qu'aucune donnée à ce jour ne permet de faire une telle évaluation. D'une part, les tables de composition des aliments ne précisent pas le taux de PC, d'autre part, aucune étude de consommation alimentaire n'a été réalisée. Cependant, la conclusion de nombreuses études entreprises avec la lécithine administrée comme supplément alimentaire est que ce produit serait potentiellement efficace dans le traitement des dyslipidémies, facteurs de risque du développement de l'athérosclérose.

Des rapports établis par l'Organisation mondiale de la santé et l'Organisation mondiale pour l'alimentation et les produits agroalimentaires montrent que l'homme tolère bien la lécithine, de sorte que la dose journalière admissible est théoriquement sans limite (Rapport FAO/OMS, 1976). Cependant, la dose maximale a été fixée à 3,5 g de choline/jour. Une consommation journalière de 10 g de lécithine de soja, en apportant 5 g d'acides gras insaturés, serait suffisante à elle seule pour couvrir les besoins en acides gras essentiels nécessaires pour assurer le renouvellement membranaire et maintenir la fluidité des membranes nécessaire à la vie des cellules. Par ailleurs, en tant que forme d'apport de choline, les PC, notamment les PC de soja ont fait l'objet aux États-Unis d'une autorisation par le Conseil de l'alimentation et de la nutrition, de suppléments diététiques s'établissant autour de 500 mg de choline/jour chez l'adulte, soit une dose journalière recommandée d'un supplément de 12 g de lécithine comportant 25 % de PC. Les recommandations portent sur le fait que la choline, par l'intermédiaire des PC, participe au métabolisme basal, à la transmission neuronale, à la signalisation transmembranaire et aux transport et métabolisme des lipides et du cholestérol. Cette dernière fonction pourrait être particulièrement importante et des travaux ont conclut en l'efficacité des PC telles que les PC de soja, à la fois par leur base choline et par les acides gras polyinsaturés de la série (*n*-6) qu'elles contiennent (Le Blanc *et al.*, 1998).

L'ensemble des résultats expérimentaux et de recherche clinique constitue ainsi une base préliminaire de données permettant d'avancer le concept de nouveaux aliments fonctionnels enrichis en lécithine de soja et qui substitueraient partiellement les triglycérides de ces aliments. Toutefois, des études complémentaires dans le domaine de la consommation des phosphatidylcholines, des études d'intervention nutritionnelle et des tests d'efficacité ciblés en modélisations animales et *in vitro* s'avèrent indispensables pour permettre l'élaboration et une formulation définitive de nouveaux aliments fonctionnels à base de lécithine de soja.

Conclusion

Les connaissances actuelles conduisent à rechercher une diminution de l'hypercholestérolémie, même modérée, pour réduire le risque cardiovasculaire et en particulier, les accidents coronariens prématurés (avant 65 ans). En première intention, des mesures diététiques doivent être prises. Classiquement, il s'agit d'une alimentation pauvre en lipides, en particulier saturés, et en cholestérol. L'efficacité de cette seule démarche est modérée. Elle peut être notablement augmentée par la présence dans l'alimentation d'aliments riches en certaines fibres solubles et en stérols végétaux dont les effets hypocholestérolémiants sont établis. L'efficacité des lécithines de soja, très probable sur la base des données expérimentales déjà obtenues, reste à valider définitivement chez l'homme.

Références bibliographiques

Alles MS, de Roos NM, Bakx JC *et al.* (1999). Consumption of fructooligosaccharides does not favorably affect blood glucose and serum lipid concentrations in patients with type 2 diabetes. *Am J Clin Nutr*, **69** : 64-69.

Allgood LD, Turner J, Oeltgen PR, Daggy BP (1999). Effects of psyllium on glucose and serum lipid responses in men with type 2 diabetes and hypercholesterolemia. *Am J Clin Nutr*, **70** : 466-473.

Anderson JW, Gustafson NJ (1988). Hypocholesterolemic effects of oat and bean products. *Am J Clin Nutr*, **48** : 749-753.

Assmann G, Cullen P, Jossa F *et al.* (1999). Coronary heart disease: reducing the risk: the scientific background to primary and secondary prevention of coronary heart disease. A worldwide view. International task force for the prevention of coronary heart disease. *Arterioscler Thromb vasc Biol*, **19** : 1819-1824.

Becker M, Staab D, von Bergmann K (1993). Treatment ot severe familial hyper-cholesterolemia in childhood with sitosterol and sitostanol. *J Pediatr*, **22** : 292-296.

Beil FU, Grundy SM (1980). Studies on plasma lipoproteins during absorption of exogenous lecithin in man. *J Lipid Res*, **21** : 525-536.

Benkoël L, Chanussot F, Dodero F *et al.* (1998). Modification of Ca^{2+}, Mg^{2+}-ATPase and F-actin distribution in hepatocytes of cyclosporine A treated rats. Effect of soyabean lecithion and triacylglycerol. *Cell Mol Biol*, **44** : 1221-1227.

Benkoël L, Chanussot F, Dodero F *et al.* (1999). Effect of dietary lipids on hepatic Na^+, K^+-ATPase in cyclosporine A treated rats: immunocytochemical analysis of α1 subunit by confocal laser scanning microscopy imaging. *Dig Dis Sci*, **44** : 1643-1649.

Benkoël L, Chanussot F, Dodero F *et al.* (2000). Effect of dietary lipids (soyabean lecithin and triacylglycerol) on hepatic F-actin microfilaments in cyclosporine A treated rats: image analysis by confocal laser scanning microscopy. *Dig Dis Sci*, **45** : 1096-1102.

Brown L, Rosner B, Willett WW, Sacks FM (1999). Cholesterol-lowering effects of dietary fiber: a meta-analysis. *Am J Clin Nutr*, **69** : 30-42.

Canty DJ, Zeisel SH (1994). Lecithin and choline in human health and disease. *Nutr Rev*, **52** : 327-339.

Cara L, Dubois C, Borel P *et al.* (1992). Effects of oat bran, rice bran, wheat fiber, and wheat germ on postprandial lipemia in healthy adults. *Am J Clin Nutr*, **55** : 81-88.

Chanussot F, Domingo N, Polichetti E (1999). Le transport inverse du cholestérol, des cellules périphériques vers le foie, et effet anti-athérogène des HDL. *Cah Nutr Diét*, **34** : 311-318.

Chen WJL, Anderson JW, Jennings D (1984). Propionate may mediate the hypocholesterolemic effects of plant fibres in cholesterol fed rats. *Proc Soc Exp Biol Med*, **175** : 215-218.

Cummings JH, Roberfroid MB, Andersson H *et al.* (1996). A new look at dietary carbohydrate: chemistry, physiology and health. *Eur J Clin Nutr*, **51** : 417-423.

Daugherty AL, Lange LG, Sobel BE, Schonfeld G (1985). Aortic accumulation and plasma clearance of ß-VLDL and HDL: effects of diet-induced hypercholesterolemia in rabbits. *J Lipid Res*, **26** : 955-963.

Davidson MH, Dugan LD, Burns JH *et al.* (1991). The hypocholesterolemic effect of beta-glucan in oatmeal and oat bran: a dose-controlled study. *J Am Med Ass*, **265** : 1833-1839.

Denke MG (1994). Lack of efficacy of low-dose sitostanol therapy as an adjunct to a cholesterol-lowering diet in men with moderate hypercholesterolemia. *Am J Clin Nutr*, **61** : 392-396.

De Saint Blanquat G (1984). Effets nutritionnels des agents émusifiants utilisés en alimentation humaine. *Méd Nutr*, **20** : 379-395.

De Saint Blanquat G, Pascal G (1988). Lécithines : aspects nutritionnels. *Méd Nutr*, **24** : 217-223.

Diplock AT, Aggett PJ, Ashwell M *et al.* (1999). Scientific Concepts of Functional Foods in Europe: Consensus document. *Brit J Nutr*, **81** : S1-S27.

Dubois C, Armand M, Senft M *et al.* (1995). Chronic oat bran intake alters postprandial lipemia and lipoproteins in healthy adults. *Am J Clin Nutr*, **61** : 325-333.

Dupin H (1992). *Apports nutritionnels conseillés à la population française*. Tec & Doc Lavoisier, Paris.

Dupuy P, Sautier C, Stievenard S (1994). Le soja en alimentation humaine. *Cah Nutr Diét*, **29** : 47-53.

Eastwood M (1995). Physicochemical properties of dietary fibre in the foregut. *In*: Cherbut C, Barry JL, Lairon D, Durand M. *Dietary fibre. Mechanism of action in human physiology and metabolism.* John Libbey Eurotext, Paris, 17-28.

Everson GT, Daggy BP, McKinley C, Story JA (1992). Effects of psyllium hydrophylic muciloid on LDL-cholesterol and bile acid synthesis in hypercholesterolemic men. *J Lipid Res*, **33** : 1183-1192.

Expert Panel (1993). Summary of the second report of the National Cholesterol Education Program (NCEP) Expert Panel on detection. Evaluation and treatment of high blood cholestérol in adults (adult treatment panel II). *J Am Med Ass*, **269** : 3015-3023.

Fournier N, de la Llera Moya M, Burkey BF *et al.* (1996). Role of HDL phospholipid in efflux of cell cholesterol to whole serum: studies with human apo AI transgenic rats. *J Lipid Res*, **37** : 1704-1711.

Gallaher D, Schneeman BO (1986). Intestinal interaction of bile acids, phospholipids, dietary fibers and cholestyramine. *Am J Physiol*, **250** : G420-426.

Gallaher D, Hassel CA, Lee KJ, Gallaher CM (1993). Viscosity and fermentability as attributes of dietary fiber responsible for the hypocholesterolemic effect in hamsters. *J Nutr*, **123** : 244-252.

Gatti E, Catenazzo G, Camisasca E *et al.* (1984). Effects of guar-enriched pasta in the treatment of diabetes and hyperlipidemia. *Ann Nutr Metab*, **28** : 1-10.

Gee JM, Blackburn NA, Johnson IT (1983). The influence of guar gum on intestinal cholesterol transport in the rat. *Brit J Nutr*, **50** : 215-224.

Glore SR, Van Treeck D, Khenans AW, Guild M (1994). Soluble fiber and serum lipids: a litterature review. *J Am Diet Ass*, **94** : 425-436.

Glueck CJ (1991). Relationships of serum plant sterols (phytosterols) and cholesterol in 595 hypercholesterolemic subjects and familial aggregation of phytosterols, cholestérol, and premature coronary heart disease in hyperphytosterolemic probands and their first-degree relatives. *Metabolism*, **40** : 842-848.

Gylling H, Miettinen TA (1994). Serum cholestérol and cholesterol and lipoprotein metabolism in hypercholesterolaemic NIDDM patients before and during sitostanol ester-margarine treatment. *Diabetologia*, **37** : 773-780.

Gylling H, Miettinen TA (1996). Effects of inhibiting cholesterol absorption and synthesis on cholesterol and lipoprotein metabolism in hypercholesterolemic non-insulin-dependent diabetic men. *J Lipid Res*, **37** : 1776-1785.

Gylling H, Puska P, Vartiainen E *et al.* (1999). Serum sterols during stanol ester feeding in a mildly hypercholesterolemic population. *J Lipid Res*, **40** : 593-600.

Gylling H, Radhakrishnan R, Miettinen TA (1997). Reduction of serum cholesterol in postmenopausal women with previous myocardial infarction and cholesterol malabsorption induced by dietary sitostanol ester margarine. *Circulation*, **9** : 4226-4231.

Gylling H, Siimes MA, Miettinen TA (1995). Sitostanol ester margarine in dietary treatment of children with familial hypercholesterolemia. *J Lipid Res*, **36** : 1807-1812.

Hallikainen MA, Uusitupa MIJ (1999). Effects of 2 low-fat sanol ester-containing margarines on serum cholesterol concentrations as part of a low-fat diet in hypercholesterolemic subjects. *Am J Clin Nutr*, **69** : 403-410.

Hassan AS, Pampone AJ (1979). Intestinal absorption and lymphatic transport of cholesterol and β-sitostanol in the rat. *J Lipid Res*, **26** : 646-653.

Heinemann T, Leiss O, von Bergmann K (1986). Effect of low-dose sitostanol on serum cholesterol in patients with hypercholesterolemia. *Atherosclerosis*, **61** : 219-223.

Heinemann T, Kullak-Ublick G-A, Pietruck B, von Bergmann K (1991). Mechanisms of action of plant sterols on inhibition of cholesterol absorption. Comparison of sitosterol and sitostanol. *Eur J Clin Pharmacol*, **40S** : S59-S63.

Heinemann T, Axtmann G, von Bergmann K (1993). Comparison of intestinal absorption of cholesterol with different plant sterols in man. *Eur J Clin Invest*, **23** : 827-831.

Hendrick JA, Tadokoro T, Emenhiser C *et al.* (1992). Various dietary fibers have different effects on lipase-catalyzed hydrolysis of tributyrin *in vitro*. *J Nutr*, **122** : 269-277.

Hollander D, Morgan D (1980). Effect of plant sterols, fatty acids and lecithin on cholesterol absorption *in vivo* in the rat. *Lipids*, **15** : 395-400.

Horton JD, Cuthbert JA, Spady DK (1994). Regulation of hepatic 7 alpha-hydroxylase expression by dietary psyllium in the hamster. *J Clin Invest*, **93** : 2084-2092.

Ikeda I, Sugano M (1978). Comparison of absorption and metabolism of β-sitosterol and β-sitostanol in rats. *Atherosclerosis*, **30** : 227-237.

Ikeda I, Sugano M (1983). Some aspects of mechanism of inhibition of cholesterol absorption by β-sitosterol. *Biochim Biophys Acta*, **732** : 651-658.

Ikeda I, Tanabe Y, Sugano M (1989). Effects of sitosterol and sitostanol on micellar solubility of cholesterol. *J Nutr Sci Vitaminol*, **35** : 361-369.

Ikeda I, Tanaka K, Sugano M *et al.* (1988 a). Inhibition of cholesterol absorption in rats by plant sterols. *J Lipid Res*, **29** : 1573-1582.

Ikeda I, Tanaka K, Sugano M *et al.* (1988 b). Discrimination between cholesterol and sitosterol for absorption in rats. *J Lipid Res*, **29** : 1583-1591.

Jenkins DJA, Spadafora PJ, Jenkins AL, Rainey-Macdonald CG (1993). Fiber in treatment of hyperlipidemia. *In*: Spiller GA. *Handbook of dietary fiber in human nutrition*. CRC Press, Boca Raton, Ca, 419-433.

Jian B, de la Llera Moya M, Royer G *et al.* (1997). Modification of the cholesterol efflux properties of human serum by enrichment with phospholipid. *J Lipid Res*, **38** : 734-744.

Jimenez MA, Scarino ML, Vignolini F, Mengheri E (1990). Evidence that polyunsaturated lecithin induces a reduction in plasma cholesterol level and favorable changes in lipoprotein composition in hypercholesterolemic rats. *J Nutr*, **120** : 659-667.

Jones PJH, Howell T, MacDougall DE *et al.* (1998). Short-term administration of tall oil phytosterols improves plasma lipid profiles in subjects with different cholesterol levels. *Metabolism*, **47** : 751-756.

Jones PJH, Ntanios FY, Raeini-Sarjaz M, Vanstone CA (1999). Cholesterol-lowering efficacy of a sitostanol-containing phytosterol mixture with a prudent diet in hyperlipidemic men. *Am J Clin Nutr*, **69** : 1144-1150.

Juhel C, Dubois C, Senft M *et al.* (1997). Postprandial lipaemia is exacerbated in fat-cholesterol fed rabbits: relationship to atheroma deposition. *Brit J Nutr*, **78** : 301-311.

Knuiman JT, Beynen AC, Katan MB (1989). Lecithin intake and serum cholesterol. *Am J Clin Nutr*, **49** : 266-268.

Kritchevsky D (1991). Dietary fat and experimental atherosclerosis. *Int J Tissue Reactions*, **13** : 59-65.

Kromhout D, Bosschieter EB, De Lezenne Coulander C (1982). Dietary fibre and 10-year mortality from coronary heart disease, cancer and all causes. *Lancet*, **2** : 518-22.

Lairon D (1996). Dietary fibers: effects on lipid metabolism and mechanisms of action. *Eur J Clin Nutr*, **50** : 125-133.

Lairon D, Barry JL (1993). Dietary fibre intake in France. *In*: Cummings JH. *Dietary fiber intake in Europe, COST 92 Action*. Printing Office, Brussels, 49-52.

Lairon D, Lafont H, Vigne JL *et al.* (1985). Effects of dietary fibers and cholestyramine on the activity of pancreatic lipase *in vitro*. *Am J Clin Nutr*, **42** : 629-38.

Langkilde AM, Andersson H, Bosaeus I (1993). Sugar-beet increases cholesterol and reduces bile acid excretion from the small bowel. *Brit J Nutr*, **70** : 757-766.

Law MR, Weld NJ, Thompson SG (1994). By how much and how quickly does reduction in serum cholesterol concentration lower risk of ischaemic heart disease? *Brit Med J*, **308** : 367-372.

Lawrence A (1998). Cholesterol reduction yields clinical benefit. Impact of statin trials. *Circulation*, **97** : 946-952.

Le Blanc MJ, Gavino V, Perea A *et al.* (1998). The role of dietary choline in the beneficial effects of lecithin on the secretion of biliary lipids in rats. *Biochim Biophys Acta*, **1393** : 223-234.

Lees AM, Mok HY, Lees RS *et al.* (1977). Plant sterols as cholesterol-lowering agents: clinical trials in patients with hypercholesterolemia and studies of sterol balance. *Atherosclerosis*, **28** : 325-338.

Ludwig DS, Pereira MA, Kroenke CH *et al.* (1999). Dietary fiber, weight gain, and cardiovascular disease risk factors in young adults. *J Am Med Ass*, **282** : 1539-1546.

Marckmann P, Sandström B, Jespersen J (1994). Low-fat, high-fiber diet favorably affects several independant risk markers of ischemic heart disease: observations on blood lipids, coagulation and fibrinolysis from a trial of middle-aged danes. *Am J Clin Nutr*, **59** : 935-939.

Marlett JA, Hosig KB, Vollendorf NW *et al.* (1994). Mechanism of serum cholesterol reduction by oat bran. *Hepatology*, **20** : 1450-1457.

Martins IJ, Lenzo NP, Redgrave TG (1989). Phosphatidylcholine metabolism after transfer from lipid emulsions injected intravenously in rats. Implications for high-density lipoprotein metabolism. *Biochim Biophys Acta*, **1005** : 217-224.

Mekki N, Dubois C, Charbonnier M *et al.* (1997). Effects of lowering fat and increasing dietary fiber on fasting and postprandial plasma hypercholesterolemic subjects consuming a mixed Mediterranean-Western diet. *Am J Clin Nutr*, **66** : 1443-1451.

Miettinen TA, Tilvis RS, Kesaniemi YA (1990). Serum plant sterols and cholesterol absorption and synthesis in volunteers of a randomly selected male population. *Am J Epidemiol*, **131** : 20-31.

Miettinen TA, Vanhanen H (1994). Dietary sitostanol related to absorption, synthesis and serum level of cholesterol in different apolipoprotein E pheno-types. *Atherosclerosis*, **106** : 217-226.

Miettinen TA, Puska P, Gylling H *et al.* (1995). Reduction of serum cholesterol with sitostanol-ester margarine in a mildly hypercholesterolemic population. *New Engl J Med*, **333** : 1308-1312.

Moghadasian MH, McManus BM, Pritchard PH, Frohlich JJ (1997). Tall oil derived phytosterols reduce atherosclerosis in apo E-deficient mice. *Arterioscler Thromb Vasc Biol*, **17** : 119-126.

Murphy EA, Rowsell HC, Mustard JF (1973). The effects of sitosterol on serum cholesterol, platelet economy, thrombogenesis and atherosclerosis in the rabbit. *Atherosclerosis*, **17** : 257-268.

Ntanios FY, Jones PJH, Frohlich JJ (1998). Dietary sitostanol reduces plaque formation but not lecithin cholesterol acyl transferase activity in rabbits. *Atherosclerosis*, **138** : 101-110.

Ostlund RE, Spilburg CA, Stenson WF (1999). Sitostanol administered in lecithin micelles potently reduces cholesterol absorption in humans. *Am J Clin Nutr*, **70** : 826-831.

Pasquier B, Armand M, Castelain C *et al.* (1996 a). Emulsification and lipolysis of triacylglycerols are altered by viscous soluble dietary fibres in acidic gastric medium *in vitro*. *Biochem J*, **314** : 269-275.

Pasquier B, Armand M, Guillon F *et al.* (1996 b). Viscous soluble dietary fibers alter emulsification and lipolysis of triacylglycerols in duodenal medium in *vitro*. *J Nutr Biochem*, **7** : 293-302.

Pelletier X, Belbraouet S, Mirabel D *et al.* (1995). A diet moderately enriched in phytosterols lowers plasma cholesterol concentrations in normocholesterolemic humans. *Ann Nutr Metab*, **39** : 291 -295.

Pollak OJ (1953). Successful prevention of experimental hypercholesterolemia and cholesterol atherosclerosis in the rabbit. *Circulation*, **7** : 696-701.

Polichetti E, Diaconescu N, Lechène de la Porte P *et al.* (1996). Cholesterol-lowering effect of soyabean lecithin in normolipidaemic rats by stimulation of biliary lipid secretion. *Brit J Nutr*, **75** : 471-481.

Polichetti E, Janisson A, Iovanna C *et al.* (1998). Stimulation of the apo AI-high density lipoprotein system by dietary soyabean lecithin in humans. *J Nutr Biochem*, **9** : 659-664.

Polichetti E, Janisson A, Lechène de la Porte P *et al.* (2000). Dietary polyenylphosphatidylcholine decreases cholesterolemia in hypercholesterolemic rabbits: role of the hepato-biliary axis. *Life Sci*, in press.

Prosky L, Asp NG, Schweitzer TF *et al.* (1988). Determination of insoluble, soluble and total dietary fiber in foods and food products: interlaboratory study. *J Assoc Off Anal Chem*, **71** : 1017-1023.

Rapport FAO/OMS (1976). Lécithine, **5** : 263-266.

Rimm EB, Ascherio A, Giovannucci E *et al.* (1996). Vegetable, fruit, and cereal fiber intake and risk of coronary heart disease among men. *J Am Med Ass*, **275** : 447-451.

Ripsin CM, Keenan JM, Jacobs DR *et al.* (1992). Oat products and lipid lowering. A meta-analysis. *J Am Med Ass*, **267** : 3317-3325.

Rothblat GH, de la Llera Moya M, Atger V *et al.* (1999). Apolipoprotein, membrane cholesterol domains, and the regulation of cholesterol efflux. *J Lipid Res*, **40** : 781-796.

Sandberg AS, Ahderinne R, Andersson H *et al.* (1983). The effect of citrus pectin on the absorption of nutrients in the small intestine. *Hum Nutr Clin Nutr*, **37C** : 171-183.

Sandström B, Marckmann P, Bindslev N (1992). An eight-month controlled study of a low-fat high-fibre diet: effects on blood lipids and blood pressure in healthy young subjects. *Eur J Clin Nutr*, **46** : 95-109.

Sandström B, Hansen LT, Sorensen AM (1994). Pea fiber lower fasting and post-prandial blood triglyceride concentrations in humans. *J Nutr*, **124** : 2386-2396.

Schaefer EJ (1997). Effects of dietary fatty acids on lipoproteins and cardiovascular disease risk: summary. *Am J Clin Nutr*, **65** (S) : 1655-1656S.

Sehayek E, Ono JG, Shefer S *et al.* (1998). Biliary cholesterol excretion: a novel mechanism that regulates dietary cholesterol absorption. *Proc Natl Acad Sci USA*, **95** : 10194-10199.

Sugano M, Kamo F, Ikeda 1, Morioka H (1976). Lipid-lowering activity of phytostanols in rats. *Atherosclerosis*, **24** : 301-309.

Sugano M, Moyioka H, Ikeda I (1977). A comparison of hypocholesterolemic activity of β-sitosterol and β-sitostanol in rats. *J Nutr*, **107** : 2011 -2019.

Territo MC, Berliner JA, Almanda L *et al.* (1989). β-VLDL pretreatment of endothelial monolayers increase monocyte adhesion. *Arteriosclerosis*, **9** : 824-828.

Tompkins RK, Parkin LG (1980). Effects of long-term ingestion of soya phospholipids on serum lipids in humans. *Am J Surg*, **140** : 360-364.

Truswell AS, Beynen AC (1992). Dietary fibre and plasma lipids: potential for prevention and treatments of hyperlipidaemias. *In*: Schweitzer TF, Edwards CA. *Dietary Fibre-A Component of Food*, Springer-Verlag, London, 295-332.

Vahouny GV, Tombes A, Cassidy MM *et al.* (1981). Dietary fibers.VI. Binding of fatty acids and monoolein from mixed micelles containing bile salts and lecithin. *Proc Soc Exp Biol Med,* **166** : 12-16.

Vahouny GV, Satchithanandam S, Chen I *et al.* (1988). Dietary fiber and intestinal adaptation: effects on lipid absorption and lymphatic transport in the rat. *Am J Clin Nutr*, **47** : 201-206.

Vanhanen HT, Miettinen TA (1992). Effects of unsaturated and saturated dietary plant sterols on their serum contents. *Clin Chim Acta*, **205** : 97-107.

Vanhanen HT, Blomqvist S, Ehnholm C *et al.* (1993). Serum cholesterol, cholesterol precursors, and plant sterols in hypercholesterolemic subjects with different apoE phenotypes during dietary sitostanol ester treatment. *J Lipid Res*, **34** : 1535-1544.

Vanhanen HT, Kajander J, Lehtovirta H, Miettinen TA (1994). Serum levels, absorption efficiency, faecal elimination and synthesis of cholesterol during increasing doses of dietary sitostanol esters in hypercholesterolaemic subjects. *Clin Sci*, **87** : 61-67.

Weststrate JG, Meijer GW (1998). Plant sterol-enriched margarines and reduction of plasma total- and LDL cholesterol concentrations in normocholesterolaemic and mildly hypercholesterolaemic subjects. *Eur J Clin Nutr*, **52** : 334-343.

Williams KJ, Werth VP, Wolf JA (1984). Intravenously administered lecithin liposomes : a synthetic antiatherogenic lipid particle. *Persp Biol Med*, **27** : 417-431.

Wilson TA, Meservey CM, Nicolosi RJ (1998). Soy lecithin reduces plasma lipoprotein cholesterol and early atherogenesis in hypercholesterolemic monkeys and hamsters: beyond linoleate. *Atherosclerosis*, **140** : 147-153.

Wolk A, Manson JE, Stampfer MJ *et al.* (1999). Long-term intake of dietary fiber and decreased risk of coronary heart disease among women. *J Am Med Ass*, **281** : 1998-2004.

Zhang JX, Hallmans G, Andersson H *et al.* (1992). Effect of oat bran on plasma cholesterol and bile acid excretion in nine subjects with ileostomies. *Am J Clin Nutr*, **56** : 99-105.

9

Importance nutritionnelle des acides gras polyinsaturés

Georges Durand, Philippe Guesnet, Sylvie Chalon, Jean-Marc Alessandri, Salwa Rizkalla et Yvon Lebranchu

Introduction

Les acides gras sont constitués d'une chaîne hydrocarbonée, comportant, très généralement, de 12 à 22 atomes de carbone. Cette chaîne présente un groupement méthyle (CH_3) à l'une de ses extrémités et un groupement carboxyle (COOH) à l'autre (figure 1). Les acides gras peuvent présenter, le long de la chaîne, aucune, une ou plusieurs doubles liaisons éthyléniques, ou doubles liaisons. Les acides gras qui ne comportent pas de double liaison sont dits saturés, ceux qui en comportent une seule sont dits mono-insaturés et ceux qui en comportent au moins deux sont dits polyinsaturés.

De façon générale, les doubles liaisons disposées le long de la chaîne hydrocarbonée des acides gras polyinsaturés (AGPI) présentent une stéréo-isomérie de type *cis* et sont systématiquement distantes les unes des autres de trois atomes de carbone (structure vinyl-éther). Toutefois, les AGPI contenus dans certaines matières grasses échappent à cette règle, car ils comportent des insaturations de forme géométrique *trans* (cas particulier des corps gras chauffés) ou distantes entre elles de plus de trois atomes de carbone (huile de pignons de pin par exemple) (Sébédio *et al.*, 1988 ; Wolff et Sébédio, 1991 ; Wolf, 1997).

Il existe deux familles d'acides gras polyinsaturés (AGPI), distinctes sur les plans physicochimique et physiologique. Ce sont la famille dite ω6 ou *n*-6 et la famille ω3 ou *n*-3. La première terminologie (ω6 ou ω3) se réfère à la position de la première double liaison par rapport à l'extrémité méthyle ; la seconde (*n*-6 ou *n*-3) compte les atomes de carbone dans le sens opposé, c'est-à-dire à partir de l'extrémité carboxyle de la chaîne, *n* représentant le nombre total d'atomes de carbone de la chaîne. Autrement dit, pour les AGPI de la famille ω6 ou *n*-6, la première double liaison se situe au niveau du 6e carbone à compter du groupement méthyle terminal (position 6-7) ou au niveau du (*n*-6)^e carbone, à compter du groupement carboxyle (position 12-13). Pour les AGPI de la famille *n*-3, la première double liaison se situe au niveau du 3e carbone de l'extrémité méthyle (position 3-4), c'est-à-dire au (*n*-3)^e carbone de l'extrémité carboxyle (position 15-16). La terminologie en *n*-6 ou *n*-3 est cohérente avec la terminologie dite en Δ qui est utilisée en enzymologie des acides gras ; c'est celle qui est aujourd'hui la plus courante et qui sera utilisée dans ce chapitre.

1. Nature, source, rôles biochimiques et physiologiques généraux des deux familles d'acides gras polyinsaturés

1.1. Structure et nomenclature

Seuls les végétaux et les insectes possèdent les deux enzymes de désaturation qui peuvent faire passer, l'une de l'acide oléique (18:1 *n*-9) à l'acide linoléique (18:2 *n*-6) par une Δ12 désaturase, l'autre de l'acide linoléique à l'acide α-linolénique (18:3 *n*-3) par une Δ15 désaturase. Les acides linoléique et α-linolénique sont les précurseurs métaboliques respectifs des familles *n*-6 et *n*-3 (figure 1).

Acide linoléique **(famille n-6 ou ω 6): 18:2n-6 ou acide octadécadiénoïque (9 *cis*, 12 *cis*)**

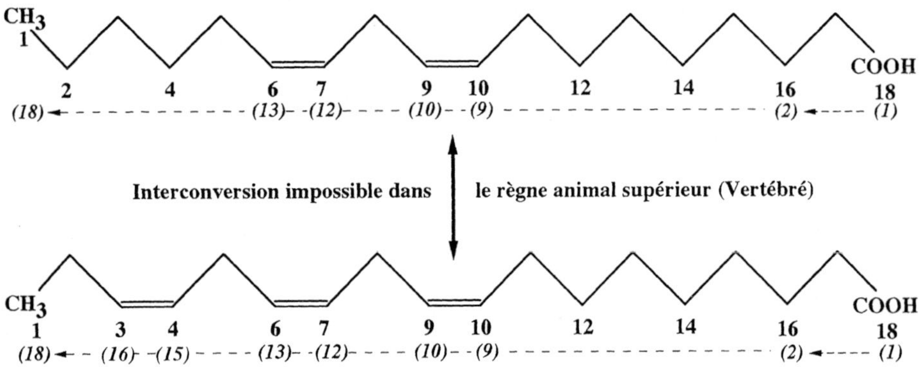

Acide α-linoléique **(famille n-3 ou ω 3): 18:3n-3 ou acide octadécatriénoïque (9 *cis*, 12 *cis*, 15 *cis*)**

Figure 1 ■ Structure et nomenclature des précurseurs des deux familles d'AGPI (la numérotation apparaissant en italique est celle qui se réfère à l'extrémité carboxylique, donc à la nomenclature en *n*-6 ou *n*-3).

Chefs de file incontournables, ces acides gras conduisent, après leur absorption, à la synthèse spécifique de dérivés actifs à plus longue chaîne par un processus de désaturations et d'élongations successives, les doubles liaisons et atomes de carbone supplémentaires étant ajoutés vers l'extrémité carboxylique (figure 2). La voie métabolique de biosynthèse requiert l'action séquentielle de trois désaturases microsomales intervenant respectivement en position Δ6, Δ 5 et Δ 4. Au cours de ces dernières années, il a été démontré que l'étape de Δ4 désaturation fait intervenir l'activité d'une élongase et de la Δ6 désaturase microsomale, suivie d'une étape de rétroconversion péroxysomale (Voss *et al.*, 1991). Les principaux AGPI dérivés à longue chaîne ainsi formés sont les acides dihomo-γ-linolénique (20:3 *n*-6) et arachidonique (20:4 *n*-6) pour la famille n-6, et les acides eicosapentanoïque (20:5 *n*-3 ou EPA) et docosahexaénoïque (22:6 *n*-3 ou DHA) pour la famille *n*-3. Leur teneur tissulaire est fixée à la fois par la quantité et par la proportion d'AGPI précurseurs présents dans l'alimentation et par leur proportion respective, compte tenu d'un phénomène d'inhibition compétitive entre les deux familles. La voie de désaturation-élongation ne touche qu'une faible proportion des AGPI précurseurs ingérés, le reste étant oxydé ou accumulé dans les tissus adipeux (Cunnane *et al.*, 1997). Cependant la quantité transformée constitue un apport fondamental pour la synthèse d'AGPI à chaîne longue nécessaires à l'édification et à la physiologie membranaires.

1.2. Sources alimentaires des acides gras polyinsaturés

Tout au long de sa vie, l'homme doit trouver dans son alimentation les deux AGPI précurseurs. Ces derniers sont fournis par les végétaux, mais également par les matières grasses animales (tableau 1).

Tableau 1 ■ Principaux AGPI – Sources alimentaires et structures cibles chez le mammifère.

Acides gras	Formule	Sources alimentaires / Membranes cellulaires cibles
AGPI *n*-6		
– Acide linoléique ou octadécadiénoïque (*9, 12*)*	18:2 *n*-6	Majorité des huiles végétales / toutes les membranes, sauf celle du cerveau et de la rétine.
– Acide dihomo-γ-linolénique ou eicosatriénoïque (*8, 11, 14*)	20:3 *n*-6	Faible teneur dans toutes les membranes.
– Acide arachidonique ou eicosatétraénoïque (*5, 8, 11, 14*)	20:4 *n*-6	Viandes, abats, œuf / toutes les membranes.
– Acide docosapentaénoïque (*4, 7, 10, 13, 16*)	22:5 *n*-6	Membranes des animaux déficients en AGPI n-3.
AGPI *n*-3		
– Acide α-linolénique ou octadécatriénoïque (*9, 12, 15*)	18:3 *n*-3	Huiles de colza et de soja / absence ou traces dans toutes les membranes.
– Acide eicosapentanoïque (*5, 8, 11, 14, 17*) ou EPA	20:5 *n*-3	Produits de la mer (poissons, crustacés) / faible teneur dans toutes les membranes Lipides circulants.
– Acide docosahexaénoïque (*4, 7, 10, 13, 16, 19*) ou DHA	22:6 *n*-3	Viandes, abats, œuf, produits de la mer/ toutes les membranes, mais surtout cerveau et rétine.

* Position des insaturations sur la chaîne carbonée (nomenclature en Δ).

Les huiles végétales constituent la forme principale d'apport en ces acides gras, puisqu'elles couvrent entre 30 et 40 % des apports quotidiens en AGPI de l'homme. L'acide linoléique est présent dans l'ensemble des huiles végétales, comme les huiles de tournesol, de maïs, d'arachide (Bourre, 1990). En revanche, en ce qui concerne l'acide α-linolénique, deux huiles végétales de consommation courante se distinguent par leur richesse en cet acide gras : ce sont les huiles de colza et de soja. Ces huiles sont conseillées pour l'assaisonnement, mais sont inutilisables pour la friture, en raison de leur instabilité à la chaleur (dégradation du 18:3 *n*-3). Si les matières grasses alimentaires d'origine végétale apportent exclusivement les AGPI précurseurs, celles qui sont d'origine animale apportent à la fois les précurseurs et les dérivés à longue chaîne (cf. tableau 1). Ainsi les viandes, les abats et l'œuf apportent les dérivés des deux familles d'AGPI (acides arachidonique et DHA), alors que les lipides d'origine marine, provenant du poisson et des fruits de mer apportent essentiellement les deux représentants majeurs des AGPI à longue chaîne de la famille n-3, l'EPA et le DHA (20:5 *n*-3 et 22:6 *n*-3).

1.3. Rôles biochimiques et physiologiques généraux

Les AGPI, précurseurs ou dérivés à longue chaîne, jouent différents rôles physiologiques selon la nature des mécanismes mis en jeu :

- comme constituants fondamentaux des phospholipides membranaires, ils modulent l'activité des enzymes, des transporteurs et des récepteurs des membranes biologiques, directement ou indirectement, *via* une modification des caractéristiques physico-chimiques de ces membranes (rôle structural) (Stubbs et Smith, 1985). Le DHA se distingue par sa concentration exceptionnellement élevée dans les membranes du système nerveux central (synaptosomes, cellules en bâtonnet de la rétine) ;
- les trois dérivés comportant 20 atomes de carbone (20:3 *n*-6, 20:4 *n*-6, 20:5 *n*-3) sont les précurseurs de molécules dénommées, de ce fait, « eicosanoïdes », dont l'activité est de type hormonal. Ces molécules regroupent les prostaglandines, prostacyclines, thromboxanes et leucotriènes ; elles agissent à des concentrations extrêmement faibles. Elles régulent des fonctions aussi essentielles que la reproduction, la physiologie cardiaque, la coagulation sanguine, l'inflammation, la physiologie des glandes endocrines et exocrines. La nature du précurseur est un élément de première importance, car les molécules qui en dérivent présentent souvent des effets antagonistes. Ainsi, la synthèse de thromboxanes et de leucotriènes à partir de l'acide eicosapentanoïque (EPA 20:5 *n*-3) conduit à une inhibition des phénomènes d'agrégation plaquettaire, de coagulation et d'inflammation, à l'opposé des effets produits par les eicosanoïdes issus de l'acide arachidonique ;
- la peroxydation radicalaire de l'acide arachidonique et du DHA *in situ* dans les phospholipides membranaires conduit à la synthèse de multiples molécules endoperoxydées dénommées isoprostanes et neuroprostanes, molécules dont on commence seulement à entrevoir les rôles physiologiques (fonctions plaquettaires, prolifération cellulaire, etc.) (Rokach *et al.*, 1997) ;
- l'oxydation peroxysomale de l'acide arachidonique, mais également celle de l'EPA et du DHA, provoque la formation d'AGPI possédant 14 atomes de carbone que l'on retrouve liés de façon covalente à plusieurs protéines membranaires rétiniennes impliquées dans le processus de transduction lumineuse (Williard *et al.*, 1998).

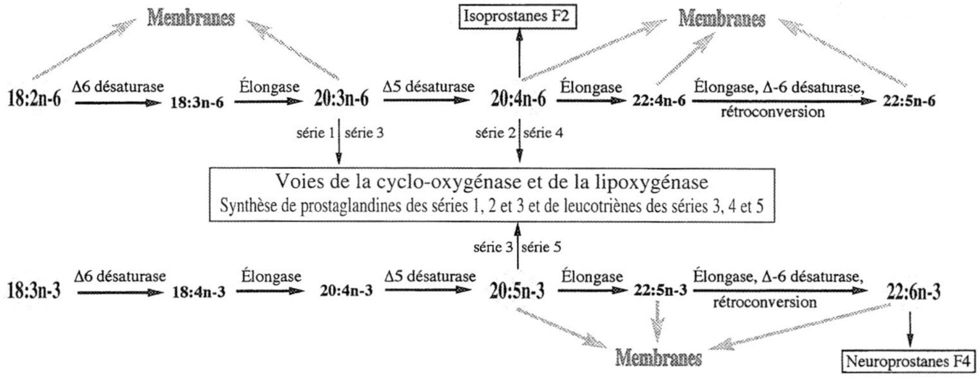

Figure 2 ■ Métabolisme général des acides gras polyinsaturés.

2. *Acides gras polyinsaturés et physiologie du système nerveux central*

2.1. Relations avec les désordres psychiatriques

La composition en phospholipides du tissu nerveux se caractérise par des taux élevés en AGPI *n*-6 (en particulier l'acide arachidonique) et en AGPI *n*-3 (en particulier l'acide docosahexaénoïque). Des données récentes indiquent que le statut en AGPI constitue l'un des facteurs environnementaux capables d'affecter le fonctionnement du système nerveux central (SNC). Les arguments principaux sont, d'une part la mise en évidence d'anomalies comportementales chez des animaux recevant des régimes déséquilibrés en AGPI, d'autre part la détection de taux anormaux d'AGPI chez des humains souffrant de différentes maladies du SNC.

Récemment, plusieurs groupes se sont intéressés au statut en AGPI de sujets souffrant de maladies neurologiques ou psychiatriques (revue récente de Yoshida *et al.*, 1998). L'une des difficultés majeures de l'interprétation de ces données épidémiologiques est la comparaison des résultats obtenus chez les sujets malades avec ceux émanant d'une population dite normale. En effet, il semble que les taux d'AGPI *n*-6 et surtout d'AGPI *n*-3 puissent varier de manière importante en fonction de différents groupes humains. Une étude récente indique, en effet, que la fraction d'AGPI *n*-3 contenue dans les acides gras totaux des phospholipides plasmatiques peut varier du simple au triple entre différentes populations d'adultes (Holman, 1997). Il est important de constater, dans cette étude, que le pourcentage d'AGPI *n*-3 est beaucoup plus hétérogène que celui des AGPI *n*-6.

En considérant comme sujets témoins un groupe de 100 adultes américains du Minnesota consommant un régime omnivore, des diminutions légères des taux d'AGPI *n*-6 (de 10 à 15 %) et plus importantes d'AGPI *n*-3 (de 20 à 35 %) ont été mises en évidence dans diverses maladies du SNC telles que l'anorexie nerveuse, la maladie de Huntington, la sclérose multiple, la rétinite pigmentaire (Holman, 1997).

Il est intéressant de constater qu'un certain nombre de données concernent des maladies psychiatriques telles que la schizophrénie, la dépression, et les troubles de l'attention chez l'enfant (ADHD), pour lesquelles on peut observer à la fois un déficit en AGPI et une implication des systèmes de neurotransmission monoaminergique (en particulier dopaminergique et sérotoninergique). Dans ces maladies, des anomalies du statut en AGPI ont été détectées au niveau périphérique (plasma ou érythrocytes).

2.1.1. *Schizophrénie*

La schizophrénie est une maladie mentale sévère qui touche environ 1 % de la population, et dans laquelle on trouve des symptômes dits positifs et/ou négatifs (Carpenter *et al.*, 1988). Les données les plus récentes définissent la schizophrénie comme une maladie neurodéveloppementale, c'est-à-dire débutant pendant la période de mise en place des fonctions cérébrales, bien que les premiers symptômes n'apparaissent en général que chez l'adolescent ou le jeune adulte.

Les altérations physiologiques accompagnant cette maladie sont multiples. En effet, des anomalies biochimiques ou génétiques ont pu être détectées au niveau périphérique (plasma ou urine) ; de plus, des anomalies anatomiques, métaboliques ou neurochimiques ont été mises en évidence au niveau du SNC (en particulier grâce à des études d'imagerie cérébrale). Des dysfonctionnements des systèmes dopaminergiques pourraient jouer un rôle prépondérant dans les manifestations de la maladie (Davis *et al.*, 1991).

Les travaux d'Horrobin ont été les premiers à relier schizophrénie et anomalies du statut en AGPI. Une diminution du taux de certains AGPI, en particulier l'acide linoléique, a été décrite dans le plasma de sujets schizophrènes comparés à des contrôles (Horrobin *et al.*, 1989 ; Kaiya *et al.*, 1991). Cependant, les données les plus nombreuses et les plus convergentes concernent les dosages au niveau des membranes érythrocytaires. En effet, plusieurs études ont mis en évidence l'existence de deux populations de schizophrènes : l'une dont les taux érythrocytaires d'AGPI sont identiques à ceux des sujets témoins, l'autre présentant des diminutions significatives des taux de certains AGPI *n*-6 et *n*-3, en particulier l'acide arachidonique et l'acide docosahexaénoïque (Glen *et al.*, 1994 ; Peet *et al.*, 1994, 1995).

Plusieurs mécanismes peuvent être à l'origine de ce déficit membranaire en AGPI. L'hypothèse émise et défendue par Horrobin est que l'activité de la phospholipase A2 est augmentée chez certains schizophrènes, induisant ainsi une extraction accrue de l'acide arachidonique et de l'acide docosahexaénoïque membranaires (Horrobin *et al.*, 1994 ; Horrobin 1997, 1998). L'existence d'effets directs du déficit en AGPI sur la schizophrénie est renforcée par le fait que la supplémentation alimentaire en AGPI *n*-3 est capable d'améliorer les symptômes de la maladie (Mellor *et al.*, 1995 ; Peet *et al.*, 1996). Ainsi, une telle supplémentation associée à des traitements pharmacologiques pourrait apparaître comme une perspective intéressante, qui demanderait à être évaluée par différents groupes travaillant sur la schizophrénie.

2.1.2. *Dépression*

La dépression est une maladie complexe qui implique notamment les systèmes de neurotransmission sérotoninergiques, et plus particulièrement les récepteurs et le transporteur (site d'action d'antidépresseurs) de la sérotonine (Meltzer, 1990).

Plusieurs études ont mis en évidence un déficit plasmatique et/ou érythrocytaire en AGPI au cours de la dépression (Hibbeln et Salem, 1995 ; Adams *et al.*, 1996 ; Peet *et al.*, 1998 ; Edwards *et al.*, 1998). Par exemple, des diminutions significatives des taux d'AGPI *n*-6 et surtout d'AGPI *n*-3 (diminution d'environ 45 % des acides α-linolénique et docosahexaénoïque) ont été mesurées dans les érythrocytes de patients déprimés, conduisant ainsi à une augmentation globale du rapport des AGPI *n*-6/AGPI *n*-3. Cependant, aucune hypothèse n'est encore avancée quant à la survenue de ces anomalies.

2.1.3. *Troubles de l'attention* (Attention Deficit and Hyperactivity Disorders ADHD)

Les signes majeurs de l'ADHD, qui touche préférentiellement les garçons, sont un manque d'attention, une impulsivité accrue et une hyperactivité (American Psychiatric Association, 1994). Décrite comme la maladie psychiatrique la plus répandue chez l'enfant, l'ADHD semble associée à certaines anomalies de la neurotransmission dopaminergique (Castellanos, 1997).

Les premiers travaux reliant ADHD et AGPI ont comparé les taux plasmatiques d'AGPI chez 48 enfants non traités souffrant d'hyperactivité à des sujets témoins appariés en âge (Mitchell *et al.*, 1987). Ils ont mis en évidence une diminution des concentrations d'acide docosahexaénoïque, d'acide arachidonique et d'acide dihomo-γ-linolénique (20:3 *n*-6).

Des études plus récentes ont confirmé le déficit plasmatique en AGPI chez des sujets atteints, et observé le même résultat au niveau érythrocytaire (Stevens *et al.*, 1995). Les mécanismes qui pourraient rendre compte des anomalies du statut en AGPI au cours de l'ADHD sont encore inconnus.

2.2. Déficience en AGPI *n*-3 dans les modèles expérimentaux

Ainsi, un certain nombre de données cliniques montrent que des déficits périphériques (plasmatiques, érythrocytaires) en AGPI *n*-6 et surtout en AGPI *n*-3 peuvent accompagner plusieurs maladies du SNC dont la schizophrénie, la dépression et l'ADHD. L'origine de ces anomalies reste à déterminer. Plusieurs hypothèses peuvent être proposées, parmi lesquelles un déficit d'apport alimentaire ou d'absorption des AGPI, une mauvaise incorporation membranaire ou une extraction accrue (hypothèse d'Horrobin) de ces AGPI. Par ailleurs, il reste à démontrer que les anomalies périphériques de la composition en AGPI reflètent bien les mêmes anomalies au niveau des membranes neuronales. Les mécanismes pouvant expliquer les effets du déficit en AGPI sur les signes des maladies psychiatriques que nous avons évoquées restent à élucider. Dans ces trois maladies, des altérations des systèmes de neurotransmission monoaminergique, en particulier dopaminergique et/ou sérotoninergique, qui jouent un rôle majeur dans la modulation des fonctions cérébrales, ont été mises en évidence. De plus, notre équipe a apporté un certain nombre d'arguments, chez l'animal, qui démontrent des effets du statut en AGPI sur la neurotransmission dopaminergique. Il est donc possible que, chez l'humain, certains troubles comportementaux soient liés à des altérations des processus de neurotransmission monoaminergique, ces altérations pouvant être induites ou, plus vraisemblablement, aggravées par un déséquilibre en AGPI. Une telle hypothèse peut être étudiée en utilisant des modèles animaux dans lesquels les relations entre manipulations alimentaires, paramètres neurochimiques et paramètres comportementaux peuvent être déterminées, puis confrontées aux études cliniques.

La déficience alimentaire en AGPI *n*-3 entraîne chez le rat et le singe une altération de la vision (électrorétinogramme, acuité visuelle) et des perturbations comportementales (Neuringer *et al.*, 1988 ; Bourre *et al.*, 1989). Ces dernières consistent notamment en une réduction de l'activité exploratoire, une altération du processus d'extinction et une diminution des capacités d'apprentissage discriminatif (Reisbick et Neuringer, 1997). Ces anomalies comportementales correspondent à celles qui ont été décrites en cas de lésions expérimentales des systèmes dopaminergiques mésocortical et mésolimbique (Simon *et al.*, 1980 ; Taghzouti *et al.*, 1985 ; Le Moal et Simon, 1991). Nous avons alors émis l'hypothèse que ces systèmes de neurotransmission pouvaient être impliqués dans les perturbations comportementales induites par la déficience en question.

En utilisant le modèle expérimental du rat soumis à différentes manipulations alimentaires, nous avons en effet démontré que des apports déséquilibrés en AGPI *n*-3 (déficience chronique en acide α-linolénique, surcharge chronique en AGPI *n*-3 à longue chaîne) induisent des effets sur plusieurs paramètres de la neurotransmission dopaminergique (Delion *et al.*, 1994, 1996 ; Chalon *et al.*, 1998 ; Zimmer *et al.*, 1998, 1999 a, 2000).

En utilisant le modèle de déficience chronique en acide α-linolénique, nous avons mis en évidence des anomalies du métabolisme dopaminergique et de certaines cibles moléculaires de la dopamine dans deux régions cérébrales, le cortex frontal (Delion *et al.*, 1994, 1996 ; Zimmer *et al.*, 1998, 1999 a) et le noyau accumbens (Zimmer *et al.*, 1999 b), où sont localisées respectivement les terminaisons mésocorticales et mésolimbiques.

Les anomalies métaboliques principales sont :

- une diminution de la libération de dopamine basale, associée à une augmentation de la libération des métabolites (Dopac, HVA), dans le cortex frontal ;
- une augmentation de la libération de dopamine basale associée à une diminution de la libération des métabolites, dans le noyau accumbens ;
- une diminution du pool de réserve de la dopamine (contenu dans les vésicules de stockage) dans les deux régions (Zimmer *et al.*, 1998) ;
- une augmentation de l'activité tyrosine hydroxylase (enzyme limitante de la synthèse de dopamine) dans les corps cellulaires des neurones dopaminergiques localisés au niveau de l'aire tegmentale ventrale (Zimmer *et al.*, 1999 a).

Les anomalies des cibles moléculaires de la dopamine concernent d'une part les récepteurs dopaminergiques D2 (diminution dans le cortex frontal, augmentation dans le noyau accumbens), d'autre part le transporteur vésiculaire des monoamines (diminution dans les deux zones cérébrales).

L'ensemble de ces résultats démontre que la déficience chronique en AGPI *n*-3 affecte les systèmes de neurotransmission dopaminergique mésocortical et mésolimbique, et nous a permis de proposer un mécanisme pouvant rendre compte des anomalies détectées (Zimmer, 1999 b) :

- la déficience en AGPI *n*-3 induit un déficit (diminution du nombre et/ou de la fonctionnalité) des vésicules de stockage contenant la dopamine dans le cortex frontal et le noyau accumbens. Ce déficit pourrait être dû à des anomalies de la structure membranaire des vésicules induites par la modification de sa composition en AGPI. Ces anomalies pourraient entraîner des perturbations physicochimiques, telles qu'une fragilité des membranes ou une altération de leur fluidité pouvant affecter le processus de mise en réserve de la dopamine ;

- la diminution de la mise en réserve de la dopamine dans les vésicules pourrait perturber l'ensemble du métabolisme de ce neurotransmetteur dans le cortex frontal et dans le noyau accumbens. Dans cette région limbique, l'augmentation du taux de dopamine pourrait être due, d'une part à la levée de l'inhibition exercée par le cortex frontal, d'autre part à l'augmentation de la synthèse (augmentation de l'activité tyrosine hydroxylase dans l'aire tegmentale ventrale) ;
- les anomalies du taux de récepteurs de la dopamine pourraient être liées aux anomalies de la structure des membranes dans lesquelles ils sont enchâssés. Cependant, on ne peut exclure un effet direct des AGPI ou de leurs dérivés au niveau du génome, conduisant à une modification de l'expression de ces récepteurs.

Étant donné le rôle joué par les systèmes dopaminergique mésocortical (terminaisons dans le cortex frontal) et mésolimbique (terminaisons notamment dans le noyau accumbens) dans les processus comportementaux, les anomalies neurochimiques que nous avons mises en évidence peuvent expliquer la réactivité comportementale accrue et les difficultés d'apprentissage décrites dans ce type de déficience (Neuringer *et al.*, 1988 ; Wainwright, 1992 ; Francès *et al.*, 1995).

2.3. Conclusion

Ainsi, nos travaux chez l'animal constituent les premiers arguments expérimentaux démontrant des modifications de processus neurochimiques induites par les AGPI *n*-3. La juxtaposition des ces résultats avec certaines données obtenues chez l'homme indique que le déséquilibre en AGPI pourrait participer à des manifestations cliniques de maladies cérébrales impliquant les systèmes de neurotransmission monoaminergique ou autres. Ceci ouvre la voie à de nombreuses perspectives en matière de prévention et de traitements complémentaires des maladies du SNC, en considérant qu'une amélioration du statut nutritionnel pourrait atténuer les troubles du fonctionnement cérébral.

3. *Acides gras polyinsaturés et qualité de la vision*

La réception de la lumière par la rétine met en œuvre une organisation moléculaire observée chez la plupart des espèces disposant d'un système visuel (Fliesler et Anderson, 1983). Elle est constituée par l'association étroite, précoce et spécifique, entre le rétinal, la rhodopsine et les phospholipides des disques membranaires. L'un des acides gras les plus insaturés de l'organisme, l'acide docosahexaénoïque (22:6 *n*-3 ou DHA), est présent en concentration très élevée dans les phospholipides membranaires de la rétine. Cette organisation structurale suggère que le DHA joue un rôle crucial dans le développement et le maintien de la fonction visuelle. Tout comme le rétinal (dérivé de la vitamine A), le DHA (dérivé de l'acide α-linolénique) est apporté par l'alimentation. Si les effets de la carence alimentaire en vitamine A sont identifiés (détérioration des segments externes des bâtonnets conduisant à l'héméralopie), les mécanismes par lesquels le DHA module le fonctionnement des membranes photoréceptrices font encore l'objet de nombreuses hypothèses. La relation entre l'apport alimentaire en DHA et la qualité de la vision peut être examinée dans les situations de carence provoquée expérimentalement chez l'animal en croissance, et dans les études nutritionnelles portant sur l'allaitement au biberon d'enfants nés prématurément ou nés à terme.

3.1. Apport alimentaire en acides gras *n*-3 et qualité de la vision

3.1.1. Carences provoquées chez l'animal

Les carences alimentaires en acides gras polyinsaturés de la série *n*-3, provoquées chez le rat (Wheeler *et al.,* 1975, Bourre *et al.,* 1989) ou le singe (Neuringer *et al.,* 1986), ont mis en évidence l'existence d'une relation entre la disponibilité de ces acides gras et la qualité de la réponse électrorétinographique. L'électrorétinogramme (ERG) mesure la réponse électrique des cellules excitables, mesurée à la surface de la rétine après exposition à un flash lumineux. L'onde négative de l'ERG (onde a) est générée par les cellules photoréceptrices elles-mêmes, tandis que l'onde positive (onde b) est issue de l'activation des neurones de la rétine interne.

Chez le rat en croissance, un régime à base d'huile de tournesol, très pauvre en 18:3 *n*-3, induit, après 2 générations, la diminution de 64 % de la teneur rétinienne en DHA par rapport à celle de rats ingérant 200 mg de 18:3 *n*-3 pour 100 g d'aliment à base d'huile de soja (Bourre *et al.,* 1989). Parallèlement, la carence en acides gras *n*-3 provoque la diminution de 45 % de l'amplitude maximale de l'onde b de l'ERG mesuré à l'âge de 4 semaines, ainsi que la diminution de 38 % de l'amplitude de l'onde a (Bourre *et al.,* 1989). L'effet de la carence en AGPI *n*-3 est également mis en évidence chez le jeune singe Rhésus, né de mère alimentée 2 mois avant l'accouplement avec un régime à base d'huile de carthame, très pauvre en AGPI *n*-3. À partir du sevrage, les jeunes sont maintenus sous ce régime pendant 22 mois (Neuringer *et al.,* 1984, 1986). Dès la naissance, le statut tissulaire en DHA s'effondre, la diminution atteignant 50 % dans la phosphatidyléthanolamine de la rétine par rapport au groupe témoin qui reçoit un régime à base d'huile de soja. L'acuité visuelle est mesurée en utilisant la capacité des primates à orienter préférentiellement leur regard vers une figure faite de rayures blanches et noires, plutôt que vers une plage grise. Des rayures de largeurs et de fréquences différentes sont utilisées pour déterminer la limite de résolution spatiale à partir de laquelle il n'y a plus de regard préférentiel. Cette valeur définit le seuil d'acuité visuelle. Il dépend à la fois de la sensibilité de la rétine au contraste, principalement localisée dans la fovéa chez les primates (soit une surface d'environ 1 mm^2), et du traitement de l'information visuelle reçue par le cortex occipital. Cette méthode permet donc d'évaluer le fonctionnement global de l'axe rétino-cortical. Les tests montrent que l'acuité visuelle est plus faible, de 25 % à 4 semaines et de 50 % à 12 semaines, chez les singes carencés en AGPI *n*-3 (Neuringer *et al.,* 1984, 1986). En outre, les mesures électrorétinographiques effectuées à l'âge de 21 mois montrent que l'obtention de l'amplitude maximale après une série de flashes, requiert un temps de récupération rétinienne à l'obscurité presque 2 fois plus long chez les singes carencés que chez les témoins (Neuringer *et al.*, 1986). De plus, le pic de l'onde b se déclare après un temps de latence significativement plus élevé et avec une moins grande amplitude chez les singes carencés que chez les singes témoins (Connor *et al.*, 1992).

Dans tous les cas de carence en AGPI *n*-3 chez le rat ou le singe, l'effondrement de la teneur rétinienne en 22:6 *n*-3 est compensée par l'augmentation concomitante de la teneur en 22:5 *n*-6. Cette substitution par un acide gras ayant une structure analogue, mais qui contient une double-liaison de moins, ne permet en aucune façon le maintien des performances visuelles optimales.

3.1.2. Réversibilité

Une réduction drastique de la teneur rétinienne en DHA, telle qu'on la provoque chez l'animal carencé en AGPI *n*-3 au cours de la période périnatale, s'accompagne d'altérations mesurables de la fonction visuelle, sans pour autant modifier les caractéristiques morphologiques de la rétine. La réversibilité du processus a récemment été mise en évidence chez le cobaye.

Comme chez le rat et le singe, l'absence spécifique d'AGPI *n*-3 dans l'alimentation du cobaye provoque la chute de la teneur rétinienne en DHA, et l'augmentation spectaculaire de la teneur en 22:5 *n*-6. Un régime à base d'huile de carthame, distribué pendant 16 semaines à des cobayes sevrés, induit ainsi la diminution de 58 % de la teneur rétinienne en DHA par comparaison avec un groupe témoin recevant un aliment à base d'huile de canola, riche en 18:3 *n*-3 (Weisinger *et al.*, 1999). Dans le même temps, l'analyse des différentes sous-composantes des ondes a et b de l'ERG révèle une perte significative de la sensibilité des cellules en bâtonnet chez les cobayes carencés, qui pourrait s'expliquer par une diminution de l'efficacité de la cascade des événements membranaires impliqués dans la phototransduction (Weisinger *et al.*, 1999). Le remplacement du régime « carthame » par le régime « canola » permet aux cobayes carencés de récupérer, après 10 semaines de réalimentation, 75 à 85 % de la teneur rétinienne en DHA, ainsi que la totalité des paramètres électrorétinographiques. Toutefois, la supplémentation doit être précoce, avant que le développement de l'organisme atteigne une « phase critique », et elle doit être maintenue au-delà de la durée nécessaire à la seule récupération de la teneur rétinienne en DHA. Ces conditions expliqueraient que les altérations de la qualité de la vision induites par la carence alimentaire périnatale peuvent apparaître irréversibles : une expérience de réalimentation chez le singe carencé dès l'embryogenèse, puis supplémenté à partir de l'âge de 10 mois avec une huile de poisson riche en EPA et en DHA, montre que, même après 9 mois de supplémentation avec l'huile de poisson, les altérations de l'ERG induites par la carence persistent, bien que le statut rétinien en DHA soit redevenu normal (Neuringer *et al.*, 1988, 1990).

Ainsi, le statut rétinien en DHA n'est pas un paramètre suffisant *per se* pour évaluer la qualité de la fonction visuelle : tout dépend de la phase de développement à partir de laquelle ce statut a été atteint. Dans le cas de carence sévère en *n*-3, la période de déclenchement de la carence et sa durée sont des paramètres déterminants pour définir les conditions du rétablissement des fonctions visuelles par réplétion alimentaire. Dans cette perspective, l'efficacité biologique du DHA préformé, apporté par les huiles de poisson, apparaît meilleure que celle de son précurseur (18:3 *n*-3) apporté par les huiles végétales (Bourre *et al.,* 1997).

3.1.3. Effets de l'allaitement artificiel sur la maturation de l'acuité visuelle de l'enfant

L'utilisation de formules lactées en nutrition infantile permet de rechercher chez l'homme l'effet de nutriments spécifiques, en particulier les lipides, sur le développement postnatal des fonctions cérébrales et de l'acuité visuelle. La comparaison entre l'allaitement au sein, qui apporte des acides gras préformés tel que le DHA, et l'allaitement au biberon, qui apporte exclusivement les précurseurs fournis par les huiles végétales, fait l'objet d'un premier type d'expérimentation. Dans ce cas, les groupes d'enfants ne sont pas constitués au hasard, mais selon une répartition qui dépend du choix et des possibilités de la mère. Ceci peut conduire à l'introduction de facteurs confondants, tels que tabagisme de la mère, âge postconceptionnel, poids à la naissance, environnement socio-économique, etc., dont certains sont susceptibles de déterminer aussi bien le choix de la mère d'allaiter (ou non), que d'interférer avec le développement périnatal de l'enfant. En outre, les 2 types de lait, maternel ou artificiel, diffèrent par de nombreux constituants autres que les acides gras. Le deuxième type d'expérimentation consiste à comparer entre eux des groupes d'enfants allaités au biberon avec des formules différentes, dont seule la composition lipidique varie. La répartition au hasard (randomisation) est alors théoriquement possible, et les différences obtenues entre les groupes peuvent en principe être attribuées aux seuls effets des acides gras. Toutefois, dans aucune de ces expérimentations le statut à la naissance ne peut être contrôlé, ce qui rend aléatoire l'un des déterminants des variations postnatales du statut lipidique des enfants (Guesnet *et al.,* 1999).

Deux méthodes sont principalement utilisées pour évaluer l'acuité visuelle des jeunes enfants. La première est fondée sur le principe du regard préférentiel décrit plus haut, l'autre consiste à mesurer le potentiel d'action au niveau du cortex occipital (Potentiel évoqué visuel, ou PEV). Le PEV est provoqué par l'observation d'un écran vidéo sur lequel apparaissent des figures contrastées blanches et noires changeant alternativement de couleur selon une fréquence variable. Chaque alternance produit une réponse électrique des neurones de l'aire visuelle, qui peut être enregistrée au moyen d'électrodes en forme de disque placées au niveau du cortex occipital. La diminution de la taille des motifs engendre la diminution de l'amplitude du PEV, de sorte qu'il est possible de déterminer (par extrapolation à amplitude nulle) un seuil d'acuité, lequel est différent de celui obtenu par la méthode du regard préférentiel. L'acuité PEV se développe plus rapidement que l'acuité comportementale, dont la maturation implique le système cortical situé au-delà de l'aire visuelle primaire. Le développement de l'acuité PEV est ainsi achevé vers la première année, tandis que l'acuité comportementale suit une phase supplémentaire de développement jusqu'à l'âge de 3 ans (Neuringer *et al.,* 1994).

La méthode du PEV a été appliquée chez des enfants prématurés d'environ 10 semaines, de très faible poids à la naissance (moins de 1,5 kg), allaités avec du colostrum humain ou un lait de remplacement (Birch *et al.,* 1992). Ces enfants n'avaient donc pas bénéficié du dernier trimestre de nutrition intra-utérine, au cours duquel le développement des photorécepteurs et du cortex visuel s'accélère. Le lait de remplacement contenait, soit de l'huile de maïs (très pauvre en 18:3 *n*-3), soit de l'huile de soja (riche en 18:3 *n*-3), soit un mélange d'huile de soja et d'huile de poisson (riche en EPA et en DHA). La répartition des enfants dans ces 3 groupes était faite au hasard. Une première détermination, effectuée lorsque les enfants parvenaient à l'âge postconceptionnel de 36 semaines, montrait que l'acuité PEV était, en moyenne, significativement moins élevée chez les enfants allaités avec la formule commerciale à base d'huile de maïs que chez les enfants recevant la formule expérimentale « soja/poisson », la formule « soja » conduisant à un score intermédiaire. À l'âge postconceptionnel de 57 semaines (4 mois post-terme), seuls les enfants ayant reçu la formule « soja/poisson » présentaient une acuité PEV équivalente à celle des enfants allaités avec le lait humain. L'acuité déterminée à 4 mois après terme par la méthode du regard préférentiel était également significativement plus élevée dans le groupe « soja/poisson » que dans le groupe « maïs ». En outre, cette étude était la première à comparer (de façon non-randomisée) l'acuité visuelle en fonction du type d'allaitement chez des enfants nés à terme. À l'âge de 4 mois les enfants allaités avec la formule pauvre en AGPI *n*-3 présentaient, tout comme les prématurés, un retard de maturation d'acuité visuelle par rapport à des enfants du même âge allaités avec le lait humain (Birch *et al.,* 1992). L'étude de Carlson, conduite chez le prématuré supplémenté ou non avec une huile de poisson, établit ensuite une corrélation positive entre la teneur en DHA des hématies et la maturation du regard préférentiel jusqu'à l'âge de 4 mois après terme (Carlson *et al.,* 1993a). Au-delà, le niveau d'acuité devient indépendant du type d'allaitement reçu. Il apparaît ainsi que le DHA exerce principalement son action sur la vitesse de maturation postnatale de l'acuité visuelle. Dans toutes ces expérimentations, le statut en DHA des hématies était de 2 à 3 fois moins élevé chez les enfants allaités avec le lait de remplacement que chez les enfants allaités avec le lait humain, sauf lorsque la formule contenait de l'huile de poisson. Il faut préciser que l'utilisation d'huiles de poisson traditionnelles riches en EPA n'est plus envisagée pour la supplémentation des laits de remplacement, en raison de l'effet négatif que cet acide gras exercerait sur la croissance des prématurés de très faible poids (Carlson *et al.,* 1992, 1993 b). En outre, l'EPA ne constitue pas un apport conséquent pour l'incorporation du DHA dans la rétine (Alessandri *et al.,* 1998).

3.1.4. DHA préformé ou son précurseur ?

Les études ultérieures ont cherché à déterminer si la maturation de l'acuité visuelle de l'enfant né à terme nécessite un apport en DHA préformé, ou si l'apport en précurseur 18:3 *n*-3 suffit à lui seul à assurer le développement précoce de la vision. Des différentes données, parfois contradictoires, il ressort que les formules contenant du 18:3 *n*-3 à raison d'au moins 2 % des acides gras totaux (soit environ 3 fois plus que sa teneur moyenne dans le lait humain) permettent, sans adjonction de DHA, une vitesse de maturation visuelle équivalente à celle obtenue avec le lait maternel (Innis *et al.,* 1994, 1996, 1997 ; Carlson *et al.,* 1996 ; Auestad *et al.,* 1997). Il faut noter toutefois que toutes ces études prennent comme lait de référence, pour l'allaitement au sein, le lait de femmes nord-américaines, dont la teneur moyenne en DHA est l'une des moins élevées des pays industrialisés (Innis, 1992). Il est donc possible que les apports élevés en 18:3 *n*-3 des laits de remplacement utilisés dans ces expérimentations suffisent à produire le même statut physiologique que celui qui est atteint avec des laits maternels assez pauvres en DHA. L'une de ces études indique tout de même un retard transitoire de la maturation visuelle à l'âge de 2 mois, retard qui peut être évité par l'adjonction dans le lait de remplacement de lécithine d'œuf contenant des acides gras polyinsaturés à longue chaîne, dont le DHA (Carlson *et al.,* 1996). D'autres expérimentations conduites chez l'enfant né à terme montrent que l'utilisation de formules contenant de 0,5 à 1,7 % de 18:3 *n*-3 (sans DHA) se traduit par un retard de la maturation visuelle par rapport à l'allaitement au sein (Birch *et al.,* 1993 ; Makrides *et al.,* 1993, 1995 ; Jorgensen *et al.,* 1996), retard qui peut être significatif jusqu'à l'âge de 7 mois (Jorgensen *et al.,* 1996). Dans l'une de ces études, le retard de maturation est évité lorsque la teneur en DHA du lait de remplacement est ajustée à 0,4 % des acides gras totaux par l'adjonction d'huile de poisson (Makrides *et al.,* 1995).

L'ensemble de ces études suggère que les AGPI *n*-3 favorisent, ne serait-ce que transitoirement, la maturation des fonctions visuelles pendant les premiers mois de la vie postnatale. De ce point de vue, l'efficacité biologique du DHA apparaît environ 5 fois plus grande que celle de son précurseur, le 18:3 *n*-3.

3.2. Relation moléculaire entre DHA et vision

Les études biophysiques effectuées *in vitro* sur des modèles de membranes reconstituées, suggèrent que la concentration élevée de DHA confère aux membranes photoréceptrices la plasticité nécessaire à l'initiation du processus de phototransduction (Dratz et Deese, 1986 ; Wiedmann *et al.,* 1988). Le premier événement induit par la réception du photon est l'isomérisation du 11-*cis* retinal en forme *trans*, ce qui provoque une série de changements de conformation extrêmement rapides de la rhodopsine. La forme active, la métarhodopsine II, provoque la diminution du taux cytosolique de GMPc par une cascade de médiateurs impliquant la transducine et la phosphodiestérase. La fermeture des canaux sodiques qui résulte de la baisse du GMPc génère une hyperpolarisation membranaire, transmise aux synapses des photorécepteurs, puis aux cellules neurales.

Le passage de la métarhodopsine I à la métarhodopsine II, provoqué par la photoisomérisation du 11 *cis*-rétinal, s'accompagne de l'allongement et de l'ouverture de la molécule. Un tel changement de conformation implique la déformation de la surface de la membrane directement au contact de la protéine, produisant une courbure négative de chacun des feuillets phospholipidiques. Cette courbure résulte du déséquilibre des forces qui régissent les caractéristiques de l'interface : les têtes polaires de la PE s'y condensent, tandis que les chaînes de DHA favorisent un élargissement de la surface de contact avec la rhodopsine (Brown, 1994). Cette propriété a été décrite par « l'effet ressort » du DHA (Dratz et Holte, 1992). Les caractéristiques structurales des phospholipides membranaires conditionnent l'énergie libre de courbure de l'interface, et modulent ainsi l'énergétique des changements conformationnels impliqués dans la phototransduction. En bref, la membrane des disques des photorécepteurs doit être relativement instable pour permettre le changement de conformation photo-induit. Selon ce modèle, le DHA faciliterait donc le processus visuel dès les premières étapes de la phototransduction.

3.3. Conclusion

L'apport alimentaire en acides gras exerce un effet déterminant sur la mise en place des principaux constituants membranaires du système visuel. À ce titre, les AGPI de la série *n*-3, notamment le DHA, jouent un rôle prépondérant. Dans les conditions physiologiques normales, l'apport en DHA préformé constitue un « bonus métabolique » pour la rétine, dont les mêmes cellules doivent assurer la qualité de la vision tout au long de la vie de l'organisme. Les données publiées depuis une dizaine d'années sur le développement de l'acuité visuelle du nouveau-né ne permettent pas d'affirmer avec certitude que l'apport en 18:3 *n*-3 suffit, à lui seul, à couvrir la totalité des besoins de la rétine en DHA au cours des premiers mois d'alimentation exclusivement lactée. Il est concevable que cette fonctionnalité spécifique du DHA s'exerce dans d'autres situations physiologiques dans lesquelles la vulnérabilité du système visuel risque de s'accroître, notamment au cours du vieillissement.

4. Acides gras polyinsaturés, métabolisme glucidique et diabète

4.1. Place des huiles de poisson chez le diabétique

Les huiles de poisson, riches en AGPI *n*-3 à longue chaîne, jouent un rôle protecteur contre les maladies cardiovasculaires. L'intérêt des huiles de poisson dans la prévention du processus d'athérosclérose a suscité plusieurs études dans des populations particulières, telles que les patients présentant un diabète sucré.

L'extrapolation des données obtenues chez le sujet sain ou dyslipoprotéinémique aux patients atteints de troubles de la glycorégulation demande une certaine prudence : la biosynthèse et la composition des acides gras est probablement anormale chez ces patients. Chez les diabétiques, les mécanismes de désaturation, nécessaires à la synthèse des acides gras polyinsaturés dans les microsomes, sont altérés (Eck *et al.*, 1979 ; Axelford, 1989). L'insulinothérapie corrige l'hypo-activité des Δ6 et Δ9 désaturases et restaure un pool d'acides gras normal, excepté pour l'acide arachidonique (Takahashi *et al.*, 1984 ; Axelford, 1989).

Les taux inadéquats de métabolites désaturés en Δ6 peuvent peut-être expliquer les anomalies du fonctionnement des membranes plasmiques, du métabolisme des lipides, de l'hémostase et de la microcirculation rencontrées dans le diabète (Horrobin, 1989).

4.2. AGPI *n*-3 à longue chaîne chez le diabétique non insulinodépendant

4.2.1. Métabolisme lipidique

L'effet hypotriglycéridémiant est aussi bien observé avec de fortes (4 à 7,5 g/jour) (Friday *et al.*, 1989 ; Schectman *et al.*, 1988) que avec de faibles doses (1,8-3 g/j) (Luo *et al.*, 1998 ; Rivellese *et al.*, 1996) d'AGPI *n*-3. Toutes les études publiées ont montré une diminution remarquable des taux de VLDL et de triglycérides, atteignant, par exemple dans l'étude de Friday *et al.* (1989), 56 % pour les VLDL et 42 % pour les triglycérides, après 8 g/j de traitement par les AGPI *n*-3 pendant 2 mois.

Concernant l'effet des AGPI *n*-3 sur les LDL et HDL chez des patients diabétiques non insulinodépendants, quelques d'études ont signalé une augmentation du cholestérol LDL (Kasim *et al.*, 1988). Cette augmentation est toutefois compensée par une élévation parallèle du cholestérol HDL, notamment du HDL2, ce qui pourrait limiter le pouvoir athérogène des LDL (Mori *et al.*, 1989).

Le mécanisme de l'augmentation du cholestérol LDL chez certains patients recevant des AGPI *n*-3 pourrait résulter de la production hépatique de particules de VLDL de plus petite taille, plus pauvres en triglycérides et préférentiellement transformées en LDL (Packard *et al.*, 1984).

Pour des doses modérées (de l'ordre de 3 g/j), les AGPI *n*-3 sont rapidement intégrés dans les lipides membranaires et normalisent la composition chimique de la membrane cellulaire (Popp-Snijders *et al.*, 1986 ; Luo *et al.*, 1998), souvent anormale chez le diabétique (Kamada *et al.* 1986). Une étude (Popp-Snijders *et al.*, 1987) a montré que cette modification des lipides membranaires est associée à une amélioration de la sensibilité à l'insuline.

4.2.2. Métabolisme glucidique et contrôle glycémique

Il apparaît, à la lumière de très nombreuses études, que les AGPI *n*-3 peuvent entraîner une aggravation de l'hyperglycémie chez le diabétique non insulinodépendant (Friday *et al.*, 1989 ; Glauber *et al.*, 1988 ; Kasim *et al.*, 1988 ; Vessby *et al.*, 1992) et de l'hémoglobine glycosylée (Schectman *et al.*, 1988). Les glycémies à jeun et postprandiales s'élèvent de 20 à 30 % avec les fortes posologies (Friday *et al.*, 1989), accompagné d'une diminution de la réponse insulinémique postprandiale (Glauber *et al.*, 1988). De même la consommation d'un régime hypolipidique riche en poisson (apportant 4-5 g d'AGPI *n*-3 pour un apport alimentaire total de 1 600 Kcal) fait monter la glycémie à jeun. On observe un véritable balancement entre la baisse des triglycérides et l'élévation de la glycémie. Ceci s'observe en l'absence d'utilisation des hypoglycémiants oraux ou dans les diabètes mal équilibrés. L'explication n'est pas connue, mais plusieurs hypothèses ont été avancées : influence de l'apport calorique complémentaire des huiles de poisson ? Rôle des acides gras libres non utilisés pour la synthèse des triglycérides ?

Le mécanisme en cause pourrait être une augmentation de la production hépatique de glucose (Glauber *et al.*, 1988), tandis que l'insulinémie postprandiale est abaissée (Ginsberg *et al.*, 1981), probablement par inhibition de la sécrétion endogène au niveau de la cellule bêta (Ginsberg *et al.*, 1981).

En revanche, la prise chronique de faible dose d'AGPI *n*-3 (inférieure ou égale à 3 g/jour) n'a aucun effet néfaste sur le contrôle glycémique. Dans une étude contrôlée avec cross-over, Luo *et al.* (1998) ont montré que 2 mois de traitement par 6 g/j d'huile de poisson (apportant 1,8 g d'AGPI *n*-3) chez des patients atteints de diabète non insulinodépendant, de sexe masculin, n'avait aucun effet néfaste sur le contrôle glycémique et sur la sensibilité à l'insuline pendant un clamp euglycémique hyperinsulinémique et qu'il diminuait la triglycéridémie. De même Rivellese *et al.* (1996) n'observaient aucun effet sur la glycémie, l'insulinémie ou sur l'HbA1c, après 6 mois de traitement par 1,7-2,7 g d'AGPI *n*-3/jour. À des doses supérieures (4 g d'AGPI *n*-3), Schectman *et al.* (1988) n'observaient pas de modification de la glycémie, ni de la concentration en peptide C. Dans ces études où les AGPI *n*-3 sont apportés à faibles doses, l'effet hypotriglycéridémiant persiste, tandis que la glycémie, ainsi que la production hépatique de glucose, restent stable.

Il semble donc y avoir unanimité concernant l'effet hypotriglycéridémiant des huiles de poisson chez les diabétiques hyperlipidémiques, alors que les résultats sur la glycémie demeurent contradictoires. L'effet d'une prise chronique d'huiles de poisson sur la glycémie à jeun semble être lié à la posologie, à la gravité du diabète et aux traitements parallèles.

Par ailleurs, des résultats expérimentaux montrent que les huiles de poisson peuvent prévenir l'installation d'une insulinorésistance chez des rats qui reçoivent un régime riche en graisses (Storlien *et al.*, 1987 ; Hainault *et al.*, 1993) ou en saccharose (Luo *et al.*, 1996 ; Klimes *et al.*, 1994). Les altérations induites dans les adipocytes par un régime riche en lipides (Hainault *et al.*, 1993) ou en saccharose (Luo *et al.* 1996 ; Fluteau-Nadler *et al.*, 1996) sont totalement corrigées par l'inclusion d'AGPI *n*-3 dans les lipides des régimes : c'est le cas de la réponse à l'insuline, ainsi que de la régression de l'expression des gènes de GLUT4, de la synthèse des acides gras et de l'enzyme malique. La consommation d'huile de poisson augmente également l'expression du gène de la lipoprotéine lipase qui pourrait être impliqué dans la diminution de la triglycéridémie chez le rat (Quignard-Boulanger *et al.*, 1995).

4.3. AGPI *n*-3 à longue chaîne chez le diabétique insulinodépendant

L'ingestion d'AGPI *n*-3 peut suffire à améliorer l'index d'athérogénicité (cholestérol total/HDL) chez des diabétiques insulinodépendant (Van Acker et De Leeuw, 1989). Un effet hypotriglycéridémiant marqué, sans modification de l'hémoglobine glycosylée, a été aussi mis en évidence avec une prise journalière de 3 g d'AGPI *n*-3 durant 10 semaines ; le cholestérol total restait inchangé, mais le HDL cholestérol augmentait (Rillaerts *et al.*, 1989).

Aux posologies modérées (< 3 g/j), la prise des AGPI *n*-3 entraîne une élévation des HDL2, une augmentation de l'apoprotéine A1, tandis que l'équilibre glycémique et les besoins d'insuline restent inchangés (Bagdade *et al.*, 1990).

Chez des diabétiques insulinodépendants atteint d'une néphropathie avec une albuminurie supérieure à 30 mg/j, la prise des AGPI *n*-3 entraîne une diminution de la perméabilité vasculaire rénale à l'albumine, ainsi qu'une diminution de la tension artérielle (Jensen, 1991).

Les AGPI *n*-3 abaissent le fibrinogène de façon dose-dépendante, de 10 à 15 % suivant les études (Rillaerts *et al.*, 1989). Les AGPI *n*-3 agissent en diminuant la viscosité sanguine et en augmentant la déformabilité des hématies (Fasching *et al.*, 1991). Ce phénomène passe-t-il par la modification des phospholipides membranaires avec intégration de l'EPA et du DHA ? Ceci reste à démontrer.

Avec des posologies élevées d'AGPI *n*-3 (6 à 8 g/jour), un effet défavorable sur la régulation du diabète a été trouvé, les besoins quotidiens en insuline augmentant à long terme (Rillaerts *et al.*, 1989). Une augmentation du temps de saignement a été aussi signalée avec des doses supérieures à 3 g/j (De Leeuw, 1991). Des hémorragies aux points d'injection d'insuline et au niveau de la rétine sont alors possibles. L'évolution de la rétinopathie diabétique pourrait être freinée par la supplémentation en acide linoléique (Howard-Williams *et al.,* 1985). Aucune étude comparable n'a été menée avec l'acide α-linolénique.

Les AGPI *n*-3 ont été proposés pour le traitement des pathologies causées par le diabète ou associées à celui-ci. Ainsi, les études s'accordent à montrer une baisse des chiffres de la tension artérielle chez les sujet normaux, les sujets hypertendus et les diabétiques non insulinodépendants (Kasim *et al.,* 1988 ; Borkman *et al.,* 1989 ; Hendra *et al.,* 1990). De même, une diminution de l'agrégation plaquettaire et une inhibition de la formation de thromboxane ont été mises en évidence après une supplémentation modérée en ces acides gras (Hendra *et al.*, 1990).

4.4. Conclusion

Le diabétique est un patient à haut risque, chez lequel l'hypertriglycéridémie est un véritable facteur de risque cardiovasculaire et chez lequel le risque thrombotique est élevé. Chez ces patients, il semble utile d'envisager un apport modéré quotidien en AGPI *n*-3 (inférieur à 2 g/j), en raison de leurs propriétés hypotriglycéridémiantes et bénéfiques sur la microvascularisation. La présence d'AGPI *n*-3 dans les matières grasses alimentaires usuelles pourrait ouvrir de nouvelles perspectives dans la prévention du diabète et ses complications cardiovasculaires, contribuant ainsi au développement du concept d'aliment fonctionnel.

5. *Acides gras polyinsaturés n-3, inflammation et immunité*

Au cours de ces dernières années, de nombreux travaux ont mis en lumière les effets anti-inflammatoires et immunomodulateurs des huiles de poisson, contrairement aux huiles d'origine végétale riches en acide linoléique (18:2 *n*-6), précurseur de l'acide arachidonique (20:4 *n*-6). Ces effets ont été mis en évidence essentiellement par des études épidémiologiques et cliniques, suggérant qu'un régime riche en huile de poisson diminue la fréquence des maladies inflammatoires et auto-immunes et prolonge la survie des greffons allogéniques. Les mécanismes moléculaires soustendant ces effets biologiques ont, par la suite, fait l'objet de nombreux travaux.

5.1. AGPI *n*-3 et inflammation

Les acides gras polyinsaturés (AGPI) sont de puissants modulateurs de l'inflammation. Schématiquement, les AGPI *n*-6 ont des effets pro-inflammatoires liés à la libération de cytokines et les AGPI *n*-3 ont des effets inverses (Grimble et Tappia, 1995). Les AGPI *n*-3 ont donc fait l'objet de nombreuses investigations en raison de leurs propriétés anti-inflammatoires, en particulier au niveau de l'endothélium vasculaire (Simopoulos, 1991 ; Leaf et Weber, 1988). Les AGPI *n*-3 peuvent modifier des fonctions cellulaires : l'incorporation de ces AGPI dans les phospholipides tissulaires est associée à des modifications de synthèse de cytokines, de libération d'eicosanoïdes et de médiateurs, tels que le PAF, le monoxyde d'azote (NO) et de l'expression membranaire de molécule d'adhérence.

5.1.1. AGPI n-3 et production de cytokines

Les effets des AGPI *n*-3 ont été étudiés *in vivo* chez l'homme et l'animal recevant des régimes alimentaires supplémentés en ces acides gras ; ils l'ont également été *in vitro*, à l'aide de cultures cellulaires dont le milieu nutritif avait été supplémenté en ces mêmes acides gras.

La supplémentation en AGPI *n*-3 de régimes alimentaires de volontaires humains pendant 6 semaines diminue la capacité de leurs cellules sanguines mononucléées à produire de l'IL-1 et du TNFα après stimulation *in vivo* par des liposaccharides (LPS) (Endres *et al.*, 1989). Le maximum de réduction est observé 10 semaines après l'arrêt de traitement, le retour à la normale se faisant 10 semaines plus tard. Une telle réduction de la production d'IL-1 et de TNFα chez des sujets recevant des régimes enrichis en AGPI *n*-3 a été mise en évidence par d'autres auteurs, tant chez des volontaires sains (Molvig *et al.*, 1991 ; Cooper *et al.*, 1993 ; Meydani *et al.*, 1993), que chez des patients atteints de polyarthrite rhumatoïde (Kremer *et al.*, 1990).

La diminution de libération des cytokines-IL II-1 β, TNFα, IL-6 et Gm-CSF après 3 mois de supplémentation en AGPI *n*-3 est plus prononcée chez les femmes ; cet effet est associé à une augmentation des taux plasmatiques en acide eicosapentanoïque (EPA) et en acide docosahexaénoïque (DHA), et à une diminution du rapport acide arachidonique/acide eicosapentanoïque, plus marquées chez les femmes âgées (Meydani *et al.*, 1991).

Les études effectuées chez des modèles animaux ont fait apparaître une inhibition de la production d'IL-1 β, de TNFα et d'IL-6 sous l'influence de LPS par les macrophages péritonéaux de la souris (Renier *et al.*, 1993 ; Yacoob et Calder, 1995), par les cellules de Kupfer (Billiar *et al.*, 1988) et les macrophages péritonéaux du rat (Tappia *et al.*, 1995). Les AGPI *n*-3 diminuent aussi la sécrétion d'IL-1 β des cellules mononucléees (Robinson *et al.*, 1995 ; Robinson *et al.*, 1996) et la production de TGF-β des cellules rénales de souris (Chandrasekar *et al.*, 1995). Ces études ont mis en évidence une inhibition à un niveau prétranslationnel (Chandrasek *et al.*, 1995). Il existe néanmoins quelques études discordantes faisant état d'une augmentation de production d'IL-1 et de TNFα par les macrophages péritonéaux de souris (Hardardottir *et al.*, 1991 ; Blok *et al.*, 1992) ou d'un effet dissocié, avec augmentation de l'IL-1 et diminution de TNFα (Lokesh *et al.*, 1990).

De nombreuses études ont rapporté les effets *in vitro* des AGPI *n*-3. Pour notre part, nous avons étudié les effets de l'EPA et du DHA sur la production d'IL-6 par des cultures monocouches de cellules endothéliales humaines issues de cordons ombilicaux (HUVEC) stimulées par du TNFα, de l'IL-4, du LPS et des lymphocytes allogéniques : l'addition d'AGPI *n*-3 à ces cultures cellulaires diminue de façon dose-dépendante la production d'IL-6, quel que soit le stimulus, contrairement à l'addition d'acide arachidonique (Khalfoun *et al.*, 1994). Des résultats similaires ont été obtenus par d'autres auteurs, qui ont mis en évidence une diminution de production d'IL-6 et d'IL-8 par des cellules endothéliales en présence de 10 μM de DHA (De Caterina *et al.*, 1994). D'autres auteurs encore ont montré que l'adjonction de 50 à 100 μg/mg d'AGPI *n*-3 issus d'huile de poisson inhibe totalement la production de PDGF, cette inhibition étant diminuée en présence d'antioxydants (Fox et Dicorleto, 1988).

Une diminution du taux d'ARN messagers lymphocytaires de PDGF par les AGPI *n*-3 a aussi été observée chez l'homme (Kaminski *et al.*, 1993). De plus, une diminution de la libération par les plaquettes et les macrophages humains de facteurs mitogéniques sous l'influence des AGPI *n*-3 a été mise en évidence (Smith *et al.*, 1989). Enfin d'autres auteurs ont montré que le DHA augmentait sélectivement le taux d'ARN messager de l'inhibiteur de l'activateur du plasminogène (PAI-1) dans l'endothélium, principale source de production de cette molécule (Kariko *et al.*, 1995).

5.2. AGPI *n*-3 et synthèse d'eicosanoïdes, de « *platelet activating factor* » (PAF) et de monoxyde d'azote (NO)

5.2.1. Synthèse d'eicosanoïdes et de PAF

La production et les fonctions biologiques des cytokines peuvent être régulées par les eicosanoïdes (Mizel, 1989). En effet, la production de plusieurs cytokines, telles que l'IL-1 et le TNFα, est diminuée en présence de prostaglandines E2 (Dinarello, 1989) et les leucotriènes peuvent, soit augmenter, soit diminuer la production de cytokines (Rola-Pleszczynski, 1985). Certains effets des AGPI *n*-3 sur l'inflammation peuvent donc être liés à une interférence avec la production d'eicosanoïdes. Le DHA inhibe l'activité de la cyclooxygénase, bloquant ainsi la formation de prostaglandines et de thromboxanes (Corey *et al.*, 1983). L'EPA est le substrat préféré de la lipoxygénase et de la cycloxygénase quand il se substitue à l'AA dans le régime alimentaire, générant ainsi des eicosanoïdes de la série 3, et diminuant ainsi la production de LTB4, dont la puissante activité pro-inflammatoire module les réponses immunitaires (Von Schaky *et al.*, 1985).

L'addition de DHA, mais pas celle d'EPA, diminue de 40 à 50 % la production de PAF par des cellules leucémiques éosinophiles (Eol-1) stimulées par du calcium ionophore (Shikano *et al.*, 1993). Une inhibition similaire de libération de PAF par des polynucléaires neutrophiles a aussi été mise en évidence (Horii *et al.*, 1991).

5.2.2. Modulation de la production de NO

L'EPA potentialise de façon dose dépendante la production *in vitro* de NO par la NO synthase des cellules musculaires lisses (Shini *et al.*, 1993). Une augmentation de production de NO sous l'action de l'EPA et du DHA a également été observée chez le rat à l'aide d'un modèle d'anneau aortique (Lawson *et al.*, 1991) et dans des macrophages de souris (Renier *et al.*, 1993 ; Yacoob et Calder, 1995) et de rat (Chaet *et al.*, 1994) recevant un régime alimentaire supplémenté en AGPI *n*-3.

5.2.3. AGPI n-3 et molécules d'adhérence

Le processus inflammatoire implique l'adhérence des leucocytes circulants à l'endothélium et leur migration transendothéliale. Nous avons montré que l'EPA et le DHA diminuaient l'adhésion lymphocytaire à des cultures monocouches de cellules endothéliales humaine, stimulées par le TNFα, l'IL-4 ou le LPS (Khalfoun *et al.*, 1996).Une telle diminution de l'adhérence leucocytaire à l'endothélium activé d'une lignée de cellules monocytaires humaines et de monocytes humains a été rapportée, tant avec le DHA (Weber *et al.*, 1995) qu'avec l'EPA (Eastman *et al.*, 1993). Toutefois, une augmentation des capacités d'adhérence de polynucléaires prétraités par des AGPI *n*-3 a aussi été observée (Bates *et al.*, 1993), ce qui suggère une action anti-adhésive sélective des AGPI *n*-3 au niveau de l'endothélium.

Par ailleurs, le DHA réduit l'expression de VCAM-1, une molécule endothéliale d'adhérence induite par les cytokines (Khalfoun *et al.*, 1996 ; Weber *et al.*, 1995). Cet effet nécessite l'incorporation de DHA dans les phospholipides membranaires et n'est pas inhibé par les inhibiteurs de la cyclo-oxygénase et de la lipoxygénase, suggérant qu'il est indépendant de la production d'eicosanoïdes. De plus, le DHA inhibe l'expression d'ARN messagers induits par le TNFα et diminue la translocation nucléaire de NF-hB, indiquant une régulation au niveau transcriptionnel (Weber *et al.*, 1995).

5.3. AGPI *n*-3 et fonctions immunitaires

5.3.1. AGPI n-3 et prolifération lymphocytaire

Les AGPI *n*-3 inhibent de façon dose dépendante la prolifération de lymphocytes humains (Mertin *et al.*, 1974 ; Khalfoun *et al.*, 1996) ou animaux (Calder *et al.*, 1992 ; Calder et Newsholme, 1992) stimulés par des mitogènes, tels que la phytohemaglutinine A (PHA) ou la concanavaline A (con A). De même, ils inhibent la prolifération de lymphocytes humains stimulés par un anticorps anti-CD3 (Khalfoun, 1996) ou par la tuberculine (Calder et Newsholme, 1992).

Une diminution des réponses prolifératives lymphocytaires a également été mise en évidence chez des hommes ou des animaux alimentés à l'aide de régimes supplémentés en AGPI *n*-3 (Endres *et al.*, 1993 ; Fowler *et al.*, 1993). L'incorporation de DHA et d'EPA dans les membranes lymphocytaires peut modifier l'expression de certaines protéines membranaires, diminuer les capacités d'adhérence et moduler les réponses prolifératives (Sanderson et Calder, 1998).

5.3.2. AGPI n-3, expression des antigènes et production des cytokines lymphocytaires

Il a été montré qu'un triglycéride contenant de l'EPA inhibe la capacité des cellules spléniques murines à présenter l'antigène KLH à des lignées T (Fujikawa *et al.*, 1992). Les AGPI *n*-3 diminuent aussi l'expression, induite par l'interféron gamma, des antigènes de classe II du CMH des macrophages péritonéaux de souris et de rat, en inhibant leur transcription (Khair-El-Din *et al.*, 1995). Ils inhibent aussi l'expression, induite par l'interféron gamma, des antigènes DP et DR du CMH des monocytes humains et leur capacité à présenter l'antigène tétanique (Hughes et Pinder, 1997).

L'addition d'EPA ou de DHA à des cultures de lymphocytes stimulés par des mitogènes diminue la sécrétion d'IL-2. Cette diminution de la sécrétion d'IL-2 est l'une des causes, mais l'une seulement, de l'inhibition de la prolifération lymphocytaire par les AGPI *n*-3 (Calder, 1995).

5.3.3. AGPI n-3 et cytotoxicité

Une diminution de l'activité NK (Natural Killer) a généralement été observée chez la souris et le rat recevant un régime riche en AGPI *n*-3 (Meydani *et al.*, 1988 ; Berger *et al.*, 1993). Chez l'homme, l'injection intraveineuse de triglycérides contenant de l'EPA ou du DHA inhibe l'activité NK (Yamashita *et al.*, 1986). Il en va de même de l'administration orale prolongée de DHA chez des volontaires sains (Kelley *et al.*, 1999).

5.3.4. AGPI n-3 et hypersensibilité retardée

Les quelques résultats rapportés dans la littérature sont contradictoires, montrant soit la diminution (Yoshino et Ellis, 1987 ; Kelley *et al.*, 1989) soit l'augmentation (Alexander *et al.*, 1986 ; Peck *et al.*, 1991), soit enfin l'absence d'effet (Bennett *et al.*, 1987 ; Yoshino et Ellis, 1989) des AGPI *n*-3 sur les réactions d'hypersensibilité retardée. Il est possible que ces différences soient dues à des formes circulantes différentes : en effet, il a été montré que l'administration parentérale d'AGPI *n*-3 supprime les réponses d'hypersensibilité, alors que l'administration entérale reste sans effet (Taki *et al.*, 1992).

5.4. Conclusion

Au total, les AGPI *n*-3 ont des effets anti-inflammatoires en inhibant d'une part la libération de cytokines telles que l'IL-1, le TNFα et l'IL-6, et, d'autre part, l'expression de molécules d'adhérence endothéliales régulant le passage transendothélial, telles que VCAM-1. Les AGPI *n*-3 ont aussi des propriétés immunosuppressives, inhibant l'activation et la prolifération des lymphocytes T, ainsi que les fonctions de cytoxicité. Ces effets, bien qu'observés essentiellement *in vitro* ou *in vivo* dans des modèles expérimentaux, pourraient expliquer l'action souvent bénéfique des régimes riches en AGPI *n*-3 dans la prévention de l'athérogénèse et de certaines pathologies inflammatoires.

6. *Acides gras polyinsaturés et cancer*

Les études épidémiologiques, très souvent fondées sur la comparaison entre des populations séculairement implantées dans un territoire et des populations récemment immigrées, suggèrent que les taux d'incidence des différents types de cancer sont liés davantage à des facteurs environnementaux qu'à des caractères génétiques (Riboli *et al.*, 1996). Parmi les facteurs environnementaux, l'alimentation semble jouer un rôle prépondérant et, parmi les constituants du régime alimentaire, les lipides semblent être impliqués au premier chef dans le développement de la maladie. D'un point de vue quantitatif, il a été montré que des animaux recevant des régimes riches en lipides développent plus rapidement des tumeurs que ceux qui sont soumis à des apports plus faibles (Carroll, 1991), indépendamment de la composition en acides gras des lipides utilisés.

Cependant, une plus grande attention est actuellement portée à la nature des acides gras qui entrent dans la ration, et tout particulièrement aux effets composés des acides gras polyinsaturés, selon qu'ils appartiennent à la série *n*-6 (AGPI *n*-6) ou à la série *n*-3 (AGPI *n*-3).

6.1. Acides gras polyinsaturés de la série *n*-6, stimulants potentiels du développement tumoral

L'incidence de la plupart des cancers (pulmonaires, coliques, mammaires, etc.) s'est accrue en même temps que l'ingestion d'acides gras polyinsaturés *n*-6, au premier rang desquels figure évidemment l'acide linoléique. Des études expérimentales ont montré, en effet, qu'à taux équivalent de lipides dans le régime, l'acide linoléique, contenu en très forte proportion dans des huiles végétales abondamment consommées dans les pays occidentaux (tournesol, maïs...), favorise la croissance tumorale (Jurkowski et Cave, 1985 ; Cannizo et Broitman, 1989 ; Rose *et al.*, 1995), accroît la carcinogenèse dans des modèles animaux (Yetiv, 1988) et la formation de métastases (Carroll, 1997).

De quelle(s) façon(s) les AGPI *n*-6 sont-ils susceptibles de favoriser la croissance tumorale ? Le mécanisme habituellement évoqué est relatif au niveau élevé de synthèse d'eicosanoïdes issus de l'acide arachidonique (eicosanoïdes de la série 2), et plus particulièrement de PGE2, résultant d'une teneur accrue en cet acide gras chez les animaux recevant un régime excessivement riche en acide linoléique, son précurseur (Horrobin, 1986). De nombreuses études ont montré que PGE2 stimule la prolifération cellulaire (Okuyama *et al.*, 1997) en favorisant l'expression de l'oncogène c.myc (Bandyopadhyay G *et al.*, 1988 ; Handler *et al.*, 1990). Des données récentes viennent à l'appui de ces observations, en confirmant que les AGPI *n*-6 augmentent l'expression de la cyclooxygénase dans la glande mammaire saine (Badawi *et al.*, 1998) et que cette enzyme est surexprimée dans les cellules cancéreuses (Hwang *et al.*, 1998). Par ailleurs, l'inflammation persistante associée à la surproduction d'eicosanoïdes dérivés du 20:4 *n*-6 sous l'effet des lipoxygénases est souvent à l'origine d'une transformation tumorale. Aussi, des molécules qui présentent une activité anti-inflammatoire, en inhibant la lipoxygénation de l'acide arachidonique, s'avèrent-elles inhibitrices de la carcinogenèse (Marnett, 1992 ; Rao *et al.*, 1995). Dans ce contexte, une étude récente montre que l'acide 5-hydroxyeicosatetraénoïque (5-HETE), produit par l'effet de la 5-lipoxygénase sur l'acide arachidonique, stimule la prolifération de cellules cancéreuses de la prostate et s'avère un facteur puissant de la survie de ces dernières (Ghosh et Myers, 1998). Finalement, le 20:4 *n*-6 favoriserait la tumorigenèse par les molécules dont il est la source : celles qui sont issues de l'activité de la cyclooxygénase (PGE2 notamment) et celles qui sont issues de l'activité de la lipoxygénase (leucotriènes notamment).

Le 18:2 *n*-6, lui-même à l'origine du 20:4 *n*-6, serait ainsi indirectement impliqué. Toutefois, ses propres produits d'oxydation ont été directement mis en cause (Keler *et al.*, 1992), mais ces résultats n'ont pas été confirmés.

À l'inverse, l'acide dihomo-γ-linolénique (20:3 *n*-6) n'est pas, en lui-même, considéré comme stimulant de la croissance tumorale. Plusieurs publications le désignent au contraire comme un agent inhibiteur de ce phénomène du fait que, très oxydable comme tous les AGPI, il est la source de lipoperoxydes toxiques pour les cellules tumorales (cf. ci-après). Cependant, il faut bien considérer que, *in vivo*, il est le précurseur direct du 20:4 *n*-6, ce qui ramène aux commentaires précédents et invite à la circonspection quant à cet acide gras.

6.2. Acides gras polyinsaturés de la série *n*-3, inhibiteurs potentiels du développement tumoral

6.2.1. Comme concurrents de l'acide arachidonique

À l'inverse, les AGPI *n*-3 à longue chaîne (EPA et DHA), dont les sources les plus communes sont les huiles de poisson, sont généralement considérés comme inhibiteurs de la croissance tumorale (Cave, 1994 ; Welsh, 1992 ; Rose *et al.*, 1995). Par quels mécanismes ces acides gras peuvent-ils exercer leur effet inhibiteur ? Tout d'abord, ils sont précurseurs d'eicosanoïdes de la série 3, qui ne présentent pas d'effet mitogène (Marnett, 1994 ; Noguchi *et al.*, 1995). Par ailleurs, en inhibant les Δ6 et Δ5 désaturases, ils réduisent la synthèse de l'acide arachidonique à partir de l'acide linoléique et, par voie de conséquence, la production d'eicosanoïdes de la série 2 en en tarissant la source.

Quelques travaux suggèrent que l'acide α-linoléique (18:3 *n*-3) est capable d'inhiber la croissance de certains cancers (Okuyama *et al.*, 1997), cette capacité pouvant s'expliquer par le fait que cet acide gras : 1) est la source des AGPI *n*-3 à chaîne longue ; 2) restreint la synthèse d'acide arachidonique, en concurrençant l'acide linoléique vis-à-vis des Δ6 et Δ5 désaturases.

6.2.2. *Comme sources de lipoperoxydes*

Une autre notion met en jeu l'effet antitumoral des lipoperoxydes d'acides gras polyinsaturés issus de l'oxydation non enzymatique ou, en d'autres termes, de la peroxydation radicalaire. Les cellules tumorales s'avèrent en effet particulièrement sensibles à l'activité peroxydante des radicaux libres (Welsch, 1987 ; Begin *et al.*, 1988 ; Horrobin, 1990 ; Gonzales, 1995 ; Chajes *et al.*, 1995). Bien que ces cellules soient bien armées pour s'opposer à l'activité de ces molécules agressives en présentant une avidité particulière pour la vitamine E (Mbawuike *et al.*, 1982), une surexpression de la glutathion peroxydase (Schonberg *et al.*, 1997) et de la DT-diaphorase (Workman, 1994), les défenses antioxydantes de ces cellules peuvent se trouver débordées : il se forme alors, par action des radicaux libres sur les AGPI, des lipoperoxydes qui exercent à leur encontre un effet cytotoxique (Padma et Das, 1996).

En d'autres termes, l'incorporation d'AGPI dans les cellules tumorales, et particulièrement celle des plus oxydables d'entre eux, les AGPI *n*-3, conduit à augmenter la sensibilité de ces dernières au stress oxydatif (Begin *et al.*, 1987 ; Vartak *et al.*, 1997). Ce faisant, elle accroît leur susceptibilité aux thérapies qui produisent des radicaux libres : hyperthermie (Spector et Burns, 1987), drogues à capacité prooxydante (Burns et North, 1986 ; Bougnoux *et al.*, 1994) et irradiation (Vartak *et al.*, 1997). Ces données sont appuyées par des études qui montrent que la cytotoxicité des AGPI à l'encontre des tumeurs cancéreuses, *in vitro* et *in vivo*, est abolie lorsque le milieu ou l'alimentation contiennent de la vitamine E en quantité importante (Chajes *et al.*, 1995 ; Lhuillery *et al.*, 1996, 1997 ; Finstad *et al.*, 1998), alors que les agents prooxydants, comme les quinones, sont des agents cytotoxiques (Workman, 1994 ; Cornwell *et al.*, 1988).

6.2.3. *Comme régulateurs de sécrétions hormonales*

Un autre aspect de l'intervention possible des AGPI *n*-3 sur la cancérogenèse pourrait s'exercer par l'intermédiaire des sécrétions hormonales qu'ils sont capables de moduler (Widmaier, 1997). Cela pourrait concerner les tumeurs hormono-dépendantes (sein, prostate). À titre d'exemple, il a été montré (Gazzah *et al.*, 1993) que la déficience en AGPI *n*-3 diminue la synthèse de mélatonine, dont le rôle dans la régulation de la synthèse des hormones sexuelles est connu. Cependant, l'étude des effets des acides gras, considérés individuellement, sur les sécrétions hormonales n'ont donné lieu qu'à un nombre encore restreint de travaux.

6.2.4. EPA (20:5 n-3) et DHA (22:6 n-3) sont-ils équivalents ?

Bien que l'EPA et le DHA inhibent l'un et l'autre la formation des eicosanoïdes issus de l'acide arachidonique (eicosanoïdes de la série 2), leur effet, de ce point de vue, est toutefois distinct. En effet, alors que le 20:5 *n*-3 inhibe à la fois la cyclooxygénase et la lipoxygénase (Karmali, 1987), le 22:6 *n*-3 n'inhibe efficacement que la cyclooxygénase (Corey *et al.*, 1980). Par ailleurs, contrairement au 20:5 *n*-3, le 22:6 *n*-3 est un constituant des phospholipides des membranes cellulaires, et sa teneur dans ces phospholipides est susceptible de moduler divers aspects de la physiologie des cellules : par exemple, en réduisant la teneur du cholestérol dans les membranes, ou en modifiant certaines activités enzymatiques (Brown *et al.*, 1994). Dans cet ordre d'idée, en dehors des notions de formation de lipoperoxydes et d'inhibition de la formation d'eicosanoïdes de la série 2, les travaux de l'équipe de Laura Jenski montrent que le 22:6 *n*-3, et lui seul parmi les AGPI *n*-3, est cytotoxique pour les cellules tumorales en culture, lorsque, apporté en forte quantité, il est incorporé dans la phosphatidylcholine (PC) dans des proportions supérieures à la normale (Zerouga *et al.*, 1996 ; Kaframy *et al.*, 1996). Par une toute autre voie, il a été montré que l'inhibition de la biosynthèse de PC induit, *in vitro*, l'apoptose de cellules tumorales (Miquel *et al.*, 1998). Tout se passe donc comme si l'enrichissement de la PC en DHA, que l'on peut obtenir par une forte surcharge alimentaire en cet acide gras, conduisait à une certaine inactivation de ce phospholipide, connu comme agent régulateur de la prolifération cellulaire.

6.3. Conclusion

Il ressort des travaux publiés au cours de ces quinze dernières années une concordance certaine sur les effets des AGPI sur le développement tumoral, à savoir que :

– tous les acides gras polyinsaturés pourraient être considérés comme inhibiteurs de la croissance tumorale en tant que sources de composés peroxydés, particulièrement cytotoxiques pour les cellules tumorales. Encore faudrait-il que ces composés puissent se former, c'est-à-dire que l'apport alimentaire en molécules antioxydantes, tout particulièrement en vitamine E, reste modéré ;

– les AGPI *n*-6, qui sont à l'origine de l'acide arachidonique, lui-même à l'origine des eicosanoïdes de la série 2, sont considérés comme favorisant la croissance tumorale ;

– les AGPI *n*-3, et plus particulièrement les AGPI *n*-3 à longue chaîne, présentent les avantages :

  - de s'opposer à la formation des eicosanoïdes de la série 2,
  - d'être des générateurs privilégiés de lipoperoxydes, compte tenu de leur haut niveau d'insaturation. En plus de ces capacités communes, le DHA présente la particularité d'être cytotoxique pour les cellules tumorales, lorsqu'il est incorporé en surcharge dans la phosphatidylcholine de leurs phospholipides membranaires.

Ainsi, les AGPI *n*-3 pourraient être recommandés :

– comme agent préventif de la tumorigenèse ;

– comme adjuvants des traitements thérapeutiques du cancer.

Conclusion

Les acides gras polyinsaturés exercent dans la cellule, soit directement, soit indirectement par le biais de leurs métabolites, des fonctions nombreuses aux niveaux membranaire, cytoplasmique et génomique.

Au niveau membranaire, les concentrations relatives des plus importants d'entre eux (acides linoléique, arachidonique, docosahexaénoïque) dans les phospholipides sont susceptibles de moduler les propriétés physico-chimiques des membranes, pouvant influer ainsi sur les capacités de transport et les activités des enzymes qui sont associées à ces dernières. Au niveau cytosolique, les AGPI interviennent comme messagers, soit sous forme de diglycérides, soit sous forme de leurs dérivés oxydés, ces derniers pouvant être issus d'oxydations enzymatiques des acides gras à 20 C (eicosanoïdes) ou d'oxydations radicalaires. Il convient de noter que les teneurs relatives des AGPI dans les membranes, et, sous forme de leurs dérivés, dans les espaces intermembranaires et cytosoliques ne sont pas indépendantes, puisque ce sont les AGPI membranaires qui, libérés sous l'effet de(s) la phospholipase(s) A2, servent de substrats aux enzymes transformatrices ou aux radicaux libres. Par ailleurs, et sans que nous nous étendions davantage ici sur le sujet, on ne peut omettre de citer le rôle, aujourd'hui fort documenté, des AGPI sur le plan génomique.

En un mot, les AGPI sont des éléments majeurs de la structure et de la physiologie cellulaires.

Mais ils présentent la particularité d'être représentés par deux familles concurrentes, les familles dites « *n*-6 » et « *n*-3 », et une bonne physiologie suppose un équilibre harmonieux entre les AGPI de ces deux familles pour chaque type cellulaire ; cet équilibre se marque par des rapports optimaux entre acides gras dans les lipides membranaires ($\sum$ AGPI *n*-6/$\sum$ AGPI *n*-3, 20:4 *n*-6/22:6 *n*-3, 22:5 *n*-6/22:6 *n*-3...). L'obtention de ces rapports optimaux nécessite un apport alimentaire équilibré entre les deux familles. Cet apport est constitué pour la plus grande part par les précurseurs respectifs des deux familles, les acides linoléique et α-linolénique, les recommandations actuelles des nutritionnistes préconisant une valeur du rapport acide linoléique/acide α–linolénique voisine de 5. Normalement, l'organisme sait synthétiser, à partir de ces précurseurs, les AGPI à chaîne longue dont il a besoin, en particulier l'acide arachidonique et l'acide docosahexaénoïque (= DHA). Dans l'alimentation actuelle de nos sociétés occidentales, la synthèse de 20:4 *n*-6 à partir du 18:2 *n*-6 est fréquemment excessive par rapport à celle de ses concurrents de la famille *n*-3, les 20:5 *n*-3 et 22:6 *n*-3 (EPA et DHA) à partir du 18:3 *n*-3 : de sorte qu'un apport direct de ces derniers, contenus en abondance dans les lipides de poisson et autres animaux marins, est recommandé.

L'intérêt tout particulier des AGPI *n*-3 à chaîne longue (EPA + DHA) est apparu il y a environ 30 ans, avec les travaux de Bang et Dyerberg, montrant qu'un apport alimentaire régulier de ces acides gras permet de prévenir les maladies cardiovasculaires. Depuis cette époque, de multiples travaux ont montré que cette prévention s'exerce en s'opposant à l'agrégation plaquettaire, à l'hypertriglycéridémie, à l'arythmie cardiaque, à l'hypertension artérielle, en améliorant les échanges ioniques membranaires...

Cependant, depuis les années 1970, l'intérêt porté par les nutritionnistes et les cliniciens aux AGPI *n*-3 à longue chaîne, et au DHA en particulier, s'est étendu à bien d'autres secteurs que la physiologie cardiovasculaire. Tout d'abord, de nombreuses publications ont attiré l'attention sur l'exceptionnelle richesse en DHA des phospholipides des structures nerveuses centrales (régions cérébrales et rétine), et démontré l'importance, logiquement attendue, de cet acide gras sur leur physiologie. De la modulation physiologique des différentes régions cérébrales par le DHA, étudiée chez des modèles animaux mais aussi chez l'enfant (qualité de la vision), les recherches sont rapidement passées à l'aspect pathologique, examinant les relations entre le statut en DHA et des pathologies telles que la maladie d'Alzheimer, la schizophrénie, la dépression, les troubles de l'attention (ADHD = *Attention Deficit and Hyperactivity Disorders*), etc. Les expérimentations entreprises depuis quelques années sur la capacité des huiles de poisson à atténuer ces affections neurologiques ont conduit à des résultats encourageants.

L'intérêt de l'apport alimentaire en AGPI *n*-3 à chaîne longue, apportés très généralement sous forme d'huile de poisson, s'est également avéré, au cours de ces dix dernières années, dans divers autres domaines pathologiques, tels que diabète, maladies inflammatoires et cancer, sous les angles préventif et curatif. Aussi, par l'ampleur et la multiplicité de leurs capacités régulatrices et thérapeutiques, ces acides gras s'inscrivent-ils au premier chef dans la liste des « aliments fonctionnels ».

Cependant, chez l'homme adulte sain, lorsque l'objectif est d'assurer une physiologie optimale et de prévenir les pathologies, quel apport journalier préconiser ? Si l'on passe en revue les travaux publiés sur la question, il apparaît que la quasi totalité de ces derniers s'adresse au nouveau-né (prématuré ou à terme) et à la femme enceinte ou allaitante. Ces travaux ont fourni des résultats cohérents, conduisant à des recommandations (250-300 mg/j de DHA pour la femme enceinte ou allaitante ; 0,25-0,50 % des calories totales pour le nouveau-né, dont 0,3 % de DHA). Mais, concernant l'homme adulte se trouvant dans des conditions physiologiques ordinaires, on reste dans l'expectative. Si la plupart des experts pensent qu'il est utile, voire nécessaire, d'ingérer des AGPI *n*-3 LC en consommant du poisson plusieurs fois par semaine, les quantités restent à préciser.

Les recommandations les plus récentes (Simopoulos *et al.*, 1999), mais qui n'ont pas valeur officielle et peuvent paraître élevées, indiquent 650 mg/jour d'EPA + DHA, soit environ 2 g/j d'une huile de poisson ordinaire.

Si les triglycérides de poisson, consommés *in situ* ou extraits, restent la source la plus accessible d'AGPI *n*-3 à longue chaîne, d'autres sources apparaissent sur le marché, comme les lipides d'œuf riche en DHA, et également des triglycérides unicellulaires, qui peuvent ou pourraient être utilisés comme agents de supplémentation.

Références bibliographiques

Adams PB, Lawson S, Sanigorski A, Sinclair AJ (1996) Arachidonic acid to eicosapentaenoic acid ratio in blood correlates positively with clinical symptoms of depression. *Lipids*, **31** : S157-S161.

Alessandri JM, Goustard B, Guesnet P, Durand G (1998). Docosahexaenoic acid concentrations in retinal phospholipids of piglets fed an infant formula enriched with long-chain polyunsaturated fatty acids: effects of egg phospholipids and fish oils with different ratios of eicosapentaenoic acid to docosahexaenoic acid. *Am J Clin Nutr*, **67** : 377-385.

Alexander JW, Saito H, Ogle CK, Trocki O (1980). The importance of lipid type in the diet after burn injury. *Ann Surg*, **204** : 1-8.

American Psychiatric Association (1994) Diagnostic and Statistical Manual for Mental Disorders, American Psychiatric Press, Washington.

Auestad N, Montalto MB, Hall RT, *et al.* (1997). Visual acuity, erythrocyte fatty acid composition, and growth in term infants fed formulas with long chain polyunsaturated fatty acids for one year. *Pediatr Res*, **41** : 1-10.

Axelford L (1989). Omega-3 fatty acids in diabetes mellitus. Gift from the sea ? *Diabetes*, **38** : 539-543.

Badawi A, El-Sohemy A, Stephen L *et al.* (1998). The effect of dietary n-3 and n-6 polyunsaturated fatty acids on the expression of cyclo-oxygenase 1 and 2 and levels of p 21 ras in rat mammary gland. *Carcinogenesis*, **19** : 905-910.

Bagdade JD, Buchanan WE, Levy RA *et al.* (1989). Effects of omega-3 fish oil on plasma lipids, lipoproteins composition, and postheparin lipoprotein lipase in women with IDDM. *Diabetes*, **39** : 426-431.

Bandyopadhyay G, Imagwa W, Wallace D, Nabdi S (1998). Proliferative effects of insulin and epidermal growth factor on mouse mammary epithelial cells in primary culture. *J Biol Chem*, **263** : 7567-7573.

Bardon S, Le MT, Alessandri JM (1996). Metabolic conversion and growth effects of n-6 and n-3 polyunsaturated fatty acids in the T-47D breast cancer line. *Canc Lett*, **99** : 51-58.

Bates EJ, Ferranje A, Harvey DP, Poulos A (1993). Polyunsaturated fatty acids increase neutrophil adherence and integrin receptor expression. *J Leukoc Biol*, **53** : 420-426.

Begin M, Ells G, Horrobin D (1988). Polyunsaturated fatty acid-induced cytotoxicity against tumor cells and its relationship to lipid peroxydation. *J Nat Cancer Inst*, **80** : 188-194.

Bennett M., Uauy R, Grundy SM (1987). Dietary fatty aciod effects on T-cell-mediated immunity in mice infected with Mycoplasma pulmonis or given carcinogens by injection. *Am J Pathol*, **126** : 103-113.

Berger A, German JB, Chiang BI *et al.* (1993). Influence of feeding unsaturated fats on growth and immune status of mice. *J Nutr*, **123** : 225-233.

Billiar TR, Bankey PE, Svingen BA *et al.* (1988). Fatty acid intake and kupffer cell function: fish oil alters eicosanoid and monokine production to endotoxin stimulation. *Surgery*, **104** : 343-349.

Birch E, Birch D, Hoffman D, *et al.* (1993). Breast-feeding and optimal visual development. *J Pediatr Ophthalmol Strabismus*, **30** : 33-38.

Birch E, Birch D, Hoffman D, Uauy R (1992). Dietary essential fatty acid supply and visual acuity development. *Invest Ophthalmol Vis Sci*, **33** : 3242-3253.

Blok WL, Vogels MT, Curtis JH *et al.* (1992). Dietary fish oil supplementation in experimental gram-negative infection and in cerebral malaria in mice. *J Infect Dis*, **165** : 898-903.

Borkman M, Chisholm DL, Furler SM *et al.* (1989) Effects of fish oil supplementation on glucose and lipid metabolism in NIDDM. *Diabetes*, **38** : 1314–1319.

Bougnoux P, Germain E, Chajes V *et al.* (1999). Cytotoxic drugs efficacy correlates with adipose tissue docosahexaenoic acid level in locally advanced breast carcinoma. *Br J Cancer*, **79** : 1765-1769.

Bourre J-M (1990). La diététique du cerveau. Editions Odile Jacob, Paris.

Bourre JM, François M, Youyou A *et al.* (1989) The effects of dietary a-linolenic acid on the composition of nerve membranes, enzymatic activity, amplitude of electrophysiological parameters, resistance to poisons and performance of learning task in rat. *J Nutr*, **119** : 1880-1892.

Bourre JM, Dumont OL, Piciotti MJ, *et al.* (1997). Comparison of vegetable and fish oil in the provision of n-3 polyunsaturated fatty acids for nervous tissue and selected organs. *J Nutr Biochem*, **8** : 472-478

Brown ER, Subbaiah PV (1994). Differential effects of eicosapentaenoic acid and docosahexaenoic acid an human skin fibroblasts. *Lipids*, **29** : 825-829.

Brown MF (1994). Modulation of rhodopsin function by properties of the membrane bilayer. *Chem Phys Lipids*, **73** : 159-180.

Burns C, Noerh J (1986). Adriamycin transport and sensitivity in fatty acid modified leukemic cells. *Biochim Biophys Acta*, **888** : 10-17.

Calder PC (1995). Fatty acids, dietary lipids and lymphocyte functions. *Biochem Soc Trans*, **23** : 302-309.

Calder PC, Bevan SJ, Newsholme EA (1992). The inhibition of T lymphocyte proliferation by fatty acids is via an eicosanoid independant pathway. *Immunol*, **75** : 108-115.

Calder PC, Newsholme EA (1992 a). Insaturated fatty acids suppress interleukin-2 production and transferrin receptor expression by concanavalin A - stimulated rat lymphocytes. *Mediat Inflamm*, **1** : 107-115.

Calder PC, Newsholme EA (1992 b). Polyunsaturated fatty acids suppress human peripheral blood proliferation and interleukin-2 production. *Clin Sci*, **82** : 695-700.

Cannizo F, Broitman S (1989). Post-promotional effect of dietary safflower oils on large bowel or pulmonary implants of CT-26 in mice. *Cancer Res*, **49** : 7289-4294.

Carlson SE, Cooke RJ, Werkman SH, Tolley EA (1992). First year growth of preterm infants fed standard compared to marine oil n-3 supplemented formula. *Lipids*, **27** : 901-907.

Carlson SE, Ford AJ, Werkman SH, *et al.* (1996). Visual acuity and fatty acid status of term infants fed human milk and formulas with and without docosahexaenoate and arachidonate from egg yolk lecithin. *Pediatr Res*, **39** : 882-888.

Carlson SE, Werkman SH, Peeples JM, *et al.* (1993 b). Arachidonic acid status correlates with first year growth in preterm infants. *Proc Natl Acad Sci (USA)*, **90** : 1073-1077.

Carlson SE, Werkman SH, Rhodes PG, Tolley EA (1993 a). Visual-acuity development in healthy preterm infants. Effect of marine-oil supplementation. *Am J Clin Nutr*, **58** : 35-42.

Carpenter WT, Heinrichs DW, Wagman AMI (1988). Deficit and nondeficit forms of schizophrenia: the concept. *Am J Psychiat*, **145** : 578-583.

Carroll K (1991). Dietary fats and cancer: case-control and cohort studies. *Prev Med*, **18** : 180-193.

Carroll K (1997). The rôle of dietary fat in breast cancer. *Curr Opin Lipidol*, **8** : 53-56.

Castellanos FX (1997). Toward a pathophysiology of attention-deficit/hyperactivity disorder. *Clin Pediatr*, **36** : 381-393.

Cave W (1994). Dietary fat affects on animal models of breast cancer. *Adv Med Biol*, **364** : 47-58.

Chaet MS, Garcia VF, Arya G, Ziegler NM (1994). Dietary fish oil enhances macrophage production of nitric oxide. *J Surg Res*, **57** : 65-68.

Chajes V, Satter W, Stranzl A, Kostner G (1995). Influence of n-3 fatty acids on the growth of human beast cancer cells *in vitro*: relationship to peroxides and vitamin E. *Breast Cancer Res Treat*, **34** : 199-212.

Chalon S, Delion-Vancassel S, Belzung C *et al.* (1998) Dietary fish oil induces changes in monoaminergic neurotransmission and behaviour in rats. *J Nutr*, **128** : 2512-2519.

Chandrasekar B, Troyer DA, Venkatraman JT, Fernandes G (1995). Dietary omega-3 lipids delay the onset and progression of autoimmune lupus nephritis by inhibiting transforming growth factor beta mRNA and protein expression. *J Autoimmunity*, **8** : 381-393.

Clandinin M, Claerhout D, Lien E (1998). Docosahexaenoic acid increases thyroid-stimulating hormone concentration in male and adrenal corticotrophic hormone concentration in female weanling rats. *J Nutr*, **128** : 1257-1261.

Connor W, Neuringer M, Reisbick S (1992). Essential fatty acids: the importance of n-3 fatty acids in the retina and brain. *Nutr Rev*, **50** : 21-29.

Cooper AL, Gibbons L, Horan MA *et al.* (1993). Effect of dietary fish oil supplementation on cytokine production in human volunteers. *Clin Nutr*, **12** : 321-328.

Corey EJ, Shih C, Cashman JR (1983). Docosahexaenoic acid is a strong inhibitor of prostaglandin but not leukotriene biosynthesis. *Proc Natl Acad Sci USA*, **80** : 3581-3584.

Corey RJ, Shih C, Cashman JR (1980). Docosahexaenoic acid is a strong inhibitor of prostaglandin but not leucotriene synthesis. *Proc Natl Acad Sci*, **80** : 3581-3584.

Cornell D, Jones K, Jiang Z *et al.* (1998). Cytotoxicity of tocopherols and their quinones in drug-sensitive and multidrug-resistant leukemia cells. *Lipids*, **33** : 295-301.

Cunnane S, Anderson M (1997). The majority of dietary linoleate in growing rats is β-oxidized or stored in visceral fat. *J Nutr*, **127** : 146-152.

Davis KL, Kahn RS, Ko G, Davidson M (1991) Dopamine in schizophrenia: a review and reconceptualization. *Am J Psychiat*, **148** : 1474-1486.

De Caterina R, Cybulsky MI, Clinton SK *et al.* (1994). The omega-3 fatty acid docosahexaenoate reduces cytokine-induced expression of proatherogenic and proinflammatory proteins in human endothelial cells. *Arterioscler Thromb*, **14** : 1829-1836.

Delion S, Chalon S, Guilloteau D *et al.* (1996). α-linolenic acid dietary deficiency alters age-related changes of dopaminergic and serotoninergic neurotransmission in the rat frontal cortex. *J Neurochem*, **66** : 1582-1591.

Delion S, Chalon S, Hérault J *et al.* (1994). Chronic dietary alpha-linolenic acid deficiency alters dopaminergic and serotoninergic neurotransmission in rats. *J Nutr*, **124** : 2466-2476.

Delion S, Chalon S, Hérault J, Guilloteau D, Besnard JC, Durand G (1994). Chronic dietary α-linolenic acid deficiency alters dopaminergic and serotoninergic neurotransmission in rats. *J Nutr*, **124** : 2466-2476.

Dinarello CA (1989). Biology of interleukin 1. *FASEB J*, **2** : 108-115. Docosahexaenoic and eicosapentaenoic acids inhibit human lympho-proliferative response *in vitro* but not the expression of T cell surface activation markers. *Scand J. Immunol*, **43** : 248-256.

Dratz EA, Deese AJ (1986). The role of docosahexaenoic acid (22:6 n-3) in biological membranes : examples from photoreceptors and model membrane bilayers. *In:* Simopoulos AP, Keiffer RR, Martin RE. *Health effects of polyunsaturated fatty acids in seafoods*. Academic Press, New york, 319-351.

Dratz EA, Holte LL (1992). The molecular spring model for the function of docosahexaenoic acid (22:6 n-3) in biological membranes. *In*: Sinclair AJ, Gibson RA. *Essential fatty acids and eicosanoids*, AOCS Press, Champaign, 122- 127.

Eastman A, Baker J, Kim DN (1993). Eicosapentaenoic acid reduces adhesion of monocytes to lipopolysaccharide induced endothelial cells *in vitro*. *J Immunol*, **150** : 140 A.

Eck MG, Wynn JO, Carter WJ, Fass FH (1979). Fatty acid desaturation in experimental diabetes mellitus. *Diabetes*, **28** : 479-485.

Edwards R, Peet M, Shay J, Horrobin DF (1998). Omega-3 polyunsaturated fatty acid levels in the diet and in red blood cell membranes of depressed patients. *J Affect Disorders*, **48** : 149-155.

Endres S, Ghorbani R, Kelley VE *et al.* (1989). The effect of dietary supplementation with n-3 polyunsaturated fatty acids on the syn thesis of interleukin-1 and tumor necrosis factor by mononuclear cells. *N Engl J Med*, **320** : 265-271.

Endres S, Meydani SN, Ghorbani R *et al.* (1993). Dietary supplementation with n-3 fatty acids suppresses interleukin 2 production and mononuclear cell proliferation. *J Leukoc Biol,* **54** : 599-603.

Fasching P, Ratheiser K, Waldhäusl W *et al.* (1991). Metabolic effects of fish-oil supplementation in patients with impaired glucose tolerance. *Diabetes*, **40** : 583–589.

Finstad H, Myhrstad W, Heimli H *et al.* (1998). Multiplication and death-type of leukemia cell lines exposed to very long-chain polyunsaturated faty acids. *Leukemia*, **12** : 921-929.

Fliesler SJ, Anderson RE (1983). Chemistry and metabolism of lipids in the vertebrate retina. *Prog Lipid Res,* **22** : 79-131.

Fluteau-Nadler S, Rizkalla SW, Kabir M *et al.* (1996). Regulation of glucose transporters in muscles and adipocytes of insulin resistant rats : effects of n–3 poly- and monounsaturated fatty acids. *Diabetologia,* **39** : Suppl. A173.

Fowler KH, Chapkin RS, Mc Murray DN (1993). Effects of purified dietary n-3 ethyl esters on murine T lymphocte function. *J Immunol,* **151** : 5186-5197.

Fox PL, Dicorleto PE (1988). Fish oils inhibit endothelial cell production of platelet derived growth factor like-protein. *Science,* **241** : 453-456.

Francès H, Monier C, Bourre JM (1995). Effects of dietary α-linolenic acid deficiency on neuromuscular and cognitive function in mice. *Life Sci*, **57** : 1935-1947.

Friday KE, Childs MT, Tsunehara *et al.* (1989). Elevated plasma glucose and lowered triglyceride levels from omega-3 fatty acid supplementation in type II diabetes. *Diabetes Care,* **12** : 276–281

Fritsche K, Johnston P (1990). Effect of dietary α-linolenic acid on growth, metastasis fatty acid profil and prostaglandin production of two murine mammary adenocarcinomas. *J Nutr*, **120** : 1601-1609.

Fujikawa M, Yamashita N, Yamazaki K *et al.* (1992). Eicosapentaenoic acid inhibits antigen-presenting cell function of murine splenocytes. *Immunology*, **75** : 330.

Gazzah N. Gharib A, Delton P *et al.* (1993). Effect of an n-3 fatty acid-deficient diet on the adenosine-dependent melatonin release in cultured rat pineal. *J Neurochem*, **61** : 1057-1063.

Ghosh J, Myers CE (1998). Inhibition of arachidonate 5-lipoxygenase tissues triggers massive apoptosis in human prostate cancer cells. *Proc Natl Acad Sci USA*, **95** : 13182-13187.

Ginsberg BH, Brown IJ, Simon I *et al.* (1981). Effect of the membrane lipid environment on the properties of insulin receptors. *Diabetes,* **30** : 773-780.

Glauber HS, Wallace P, Griver K, Brechtel G (1988). Adverse metabolic effects of omega-3 fatty acids in non insulin-dependent diabetes mellitus. *Ann Intern Med,* **108** : 663–668.

Glen AIM, Glen EMT, Horrobin DF *et al.* (1994) A red cell membrane abnormality in a subgroup of schizophrenic patients: evidence of two diseases. *Schizophr Res*, **12** : 53-61.

Gonzales M, Shemmel R, Dugan L *et al.* (1993). Dietary fish oil inhibits human breast carcinoma growth: a function of increased lipid peroxydation. *Lipids*, **28** : 827-832.

Grimble RF, Tappia PS (1995). Modulatory influence of unsaturated fatty acids on the biology of tumour necrosis factor. *Biochem Soc Trans*, **23** : 282-287.

Guesnet P, Pugo-Gunsam P, Maurage C *et al.* (1999). Blood lipid concentrations of docosahexaenoic and arachidonic acids at birth determine their relative postnatal changes in term infants fed breast milk or formula. *Am J Clin Nutr*, **70** : 292-298.

Hainault I, Carlotti M, Hajduch E *et al.* (1993). Fish oil il high lard diet prevents obesity, hyperlipidemia, and adipocyte insulin resistance in rats. *Ann N Y Acad Sci,* **638** : 98-101.

Handler J, Danilowicz R, Eling T (1990). Mitogenic signaling by epidermal growth factor (EGF), but not platelet-derived growth factor, requires arachidonic acid metabolism in BALB/c 3T3 cells. Modulation of EGF-dependent c-myc expression by prostaglandins. *J Biol Chem*, **265** : 3669-3673.

Hardardottir I, Kinsella JE (1991). Tumor necrosis factor production by murine resident peritoneal macrophages is enhanced by dietary n-3 polyunsaturated fatty acids. *Biochim Biophys Acta,* **1095** : 187-195.

Hendra TJ, Britton ME, Roper DR *et al.* (1990). Effects of fish oil supplements in NIDDM subjects. Controlled study. *Diabetes Care,* **13** : 821–829.

Hibbeln JR, Salem N (1995). Dietary polyunsaturated fatty acids and depression: when cholesterol does not satisfy. *Am J Clin Nutr,* **62** : 1-9.

Hirose M, Masuda A, Ito N *et al.* (1990). Effects of perilla oil, soybean oil and safflower oil on 7, 12-dimethylbenz(a)-anthracene (DMBA) and 1,2 dimethylhydrozine (DMH)-induced mammary gland and colon carcinogenesis in female Sprague Dawley rat. *Carcinogenesis,* **11** : 731-735.

Holman RT (1997). ω3 and ω6 essential fatty acid status in human health and disease. *In*: S. Yehuda, Mostofsky DI (Eds). *Handbook of essential fatty acid biology: biochemistry, physiology, and behavioral neurobiology.* Totowa, NJ, Humana Press Inc, 139-182.

Horii T, Satouchi K, Kobayashi Y *et al.* (1991). Effect of dietary linoleate on platelet-activating factor production in rat peritoneal polymorphonuclear leukocytes. *J Immunol,* **147** : 1607-1613.

Horrobin D (1986). The rôle of essential fatty acids and prostaglandins in breast cancer. *In*: Reddy BS and Cohen LA (Eds). *Diet, nutrition and cancer: a critical evaluation.* CRC press Inc Boca Ratton, 101-124.

Horrobin D (1990). Essential fatty acids, lipid peroxydation and cancer. *In*: *Omega-6 essential fatty acids: pathophysiology and roles in clinical medicine.* Ed Alan R Riss, 351-377.

Horrobin DF (1989). Essential fatty acids and the complications of diabetes mellitus. *Wien klin Wochenschr,* **101** : 289-293.

Horrobin DF (1998) The membrane phospholipid hypothesis as a biochemical basis for the neurodevelopmemtal concept of schizophrenia. *Schizophr Res,* **30** : 193-208.

Horrobin DF (1998). The roles of essential fatty acids in the development of diabetic neuropathy and other complications of diabetes mellitus. *Prostaglandins Leukot. Essent. Fatty Acids,* **31** : 181-197.

Horrobin DF, Glen AIM, Vaddadi K (1994). The membrane hypothesis of schizophrenia. *Schizophr Res,* **13** : 195-207.

Horrobin DF, Manku MS, Morse-Fisher N *et al.* (1989). Essential fatty acids in plasma phospholipids in schizophrenics. *Biol Psychiat,* **25** : 562-568.

Horrobin DF (1997). Fatty acids, phospholipids, and schizophrenia. *In*: Yehuda S, Mostofsky MI (Eds). *Handbook of essential fatty acid biology: biochemistry, physiology, and behavioral neurobiology.* Totowa, NJ, Humana Press Inc, 245-256.

Howard-Williams J, Patel P, Jelfs RD *et al.* (1985). Polyunsaturated fatty acids and diabetic retinopathy. *Br J Ophtalmol,* **69** : 15-18.

Hughes DA, Pinder AC (1997). n-3 polyunsaturated fatty acids modulate the expression of fonctionnally associated molecules on human monocytes and inhibit antigen presentation *in vitro. Clin Exp Immunol,* **110** : 516-523.

Hwang D, Scollard D, Byrne J, Levine E (1998). Expression of cyclo-oxygenase-1 and cyclo-oxygenase-2 in human breast cancer. *J Natl Cancer Inst,* **90** : 455-460.

Innis SM (1992). Human milk and formula fatty acids. *J Pediatr,* **120** : S56-S61.

Innis SM, Akrabawi SS, Diersen-Schade DA *et al.* (1997). Visual acuity and blood lipids in term infants fed human milk or formulae. *Lipids,* **32** : 63-72.

Innis SM, Nelson CM, Lwanga D *et al.* (1996). Feeding formula without arachidonic acid and docosahexaenoic acid has no effect on preferential looking acuity or recognition memory in healthy full-term infants at 9 mo of age. *Am J Clin Nutr,* **64** : 40-46.

Innis SM, Nelson CM, Rioux MF, King DJ (1994). Development of visual acuity in relation to plasma and erythrocyte w6 and w3 fatty acids in healthy term gestation infants. *Am J Clin Nutr,* **60** : 347-352.

Ip C, Birt D, Rogers A, Mettlin C (1986). *Dietary fat and cancer.* Alan R Riss Inc, New-York.

Jensen T (1991). Dietary supplementation with omega 3 fatty acids in insulin-dependent diabetes mellitus. *World Rev Nutr Diet,* **66** : 417-424.

Jorgensen MH, Hernell O, Lund P *et al.* (1996). Visual acuity and erythrocyte docosahexaenoic acid status in breast-fed and formula-fed term infants during the first four months of life. *Lipids,* **31** : 99-105.

Jurkowski J, Cave W (1985). Dietary effects of menhaden oil on the metabolism and membrane lipid composition of rat mammary tumors. *J Natl Cancer Inst,* **74** : 1145-1150.

Kafrawy O, Zerouga M, Stillwell W, Jenski LJ (1998). Docosahexaenoic acid in phosphatidylcholine mediates cytotoxicity more effectively than other w3 and w6 fatty acids. *Cancer Letters,* **132** : 23-29.

Kaiya H, Horrobin DF, Manku MS, Morse-Fisher N (1991). Essential and other fatty acids in schizophrenic individuals from Japan. *Biol Psychiat,* **30** : 357-562.

Kamada T, Yamashita T, Baba M *et al.* (1986). Dietary sardine oil increases erythrocyte membrane fluidity in diabetic patients. *Diabetes,* **35** : 604-611.

Kamano K, Okuyama H, Konishi R, Nagasawa H (1989). Effects of a linoleate and high α-linolenate diet on spontaneous mammary tumorigenesis in mice. *Anticancer Res,* **9** : 1903-1908.

Kaminski WE, Jendraschek E, Kiefl R, Von Schacky C (1993). Dietary omega-3 fatty acids lower levels of platelet-derived growth mRNA in human mononuclear cells. *Blood,* **81** : 1871-1879.

Karmali RA (1987). Fatty acids: inhibition. *Am J Clin Nutr,* **45** : 225-229.

Kasim SE, Stern B, Khilnani S, Mclin P *et al.* (1988) Effects of omega-3 fish oils on lipid metabolism, glycemic control, and blood pressure in type II diabetic patients. *J Clin Endocrinol Metab,* **67** : 1-4.

Keler T, Barker C, Sorof S (1992). Specific growth stimulation by linoleic acid in hepatoma cell lines transfected with the target protein of a liver carcinogen. *Proc. Natl. Acad Sci USA,* **89** : 4830-4834.

Kelley DS, Taylor PC, Nelson GJ *et al.* (1999). Docosahexaenoic acid ingestion inhibits natural killer cell, activity and production of inflamatory mediators in young healthy men. *Lipids,* **34** : 317-324.

Kelley VE, Kirkman RL, Bastos M *et al.* (1989). Enhancement of immunosuppression by substitution of fish oil for olive oil as a vehicle for cyclosporine. *Transplantation,* **48** : 98-102.

Khair-El-Din TA, Sicher SC, Vasquez MA *et al.* (1995). Docosahexaenoic acid, a major constituent of fetal serum and fish oil diets, inhibits IFN γ induced la expression by murine macrophages *in vitro. J Immunol,* **154** : 1296-1306.

Khalfoun B, Bardos P, Le Branchu Y (1996). Docosahexaenoic and eicosapentaenoic acids inhibit *in vitro* human lymphocyte-endothelial cell interactions. *Transplantation,* **62** : 1649-1657.

Khalfoun B, Thibault G, Bardos P, Le Branchu Y (1996). *In vitro* effects of Docosahexaenoic and Eicosapentaenoic acids on human endothelial cell production of Interleukin 6 and lymphocyte-endothelial cell interactions. *In*: Davignon J, Fruchart JC, Ordavas JM. John Libbey, Paris, 65-82.

Khalfoun B, Thibault G, Lacord M *et al.* (1996). Docosahexaenoic and eicosapentaenoic acids inhibit human lympho-proliferative response *in vitro* but not the expression of T cell surface activation markers, *Scand J Immunol,* **43** : 248-256.

Khalfoun B, Valentin JF, Sizaret PY *et al.* (1994). *In vitro* inhibitory effect of docosahexaenoic and eicosapentaenoic acids on human endothelial cell production of interleukin-6. *Endothelium,* **2** : 183-190.

Klimes I, Sebokova E, Minchenko A *et al.* (1994). Glut 4 gene expression and Glut 4 protein levels in muscle of high sucrose-fed rats : effect of dietary fish oil. *J Nutr Biochem,* **5** : 389-396.

Kremer J, Lawrence D, Jubiz W *et al.* (1990). Dietary fish oil and olive oil supplementation in patients with rheumatoid arthristis: clinical and immunological effects. *Arthristis Rheum,* **33** : 810-820.

Lawson DL, Mehta JL, Saldeen K *et al.* (1991). Omega-3 polyunsaturated fatty acids augment endothelium-dependent relaxation by enhanced release of EDRF and vasodilatators prostaglandins. *Eicosanoids*, **4** : 217-223.

Le Moal M, Simon R (1991). Mesocorticolimbic dopaminergic networks: functional and regulatory roles. *Physiol Rev*, **71** : 155-234.

Leaf A, Weber PC (1988). Cardiovascular effects of n-3 fatty acids. *N Engl J Med*, **318** : 549-557.

Lhuillery C, Cognault S, Germain E *et al.* (1996). n-3 polyunsaturated fatty acids and breast cancer. *In: Breast cancer-advances in biology and therapeutics*, 59-65.

Lhuillery C, Gognault S, Germain E *et al.* (1997). Suppression of the promoter effects of polyunsaturated fatty acids by the absence of dietary vitamin E in experimental mammary carcinoma. *Cancer Lett*, **114** : 233-234.

Lokesh BR, Sayers TJ, Kinsella JE (1990). Interleukin-1 and tumor necrosis factor synthesis by mouse peritoneal macrophages is enhanced by diatry n-3 polyunsaturated fatty acids. *Immunol Lett*, **23** : 281-285.

Luo J, Rizkalla SW, Boillot J *et al.* (1996). Dietary (n-3) polyunsaturated fatty acids improve adipocyte insulin action and glucose metabolism in insulin-resistant rats : relation to membrane fatty acids. *J. Nutr*, **126** : 1951-1958.

Luo J, Rizkalla SW, Vidal H *et al.* (1998). Moderate intake of n-3 fatty acids for 2 months has no detrimental effect on glucose metabolism and could ameliorate the lipid profile in type 2 diabetic men. *Diabetes Care*, **21** : 717-724.

Makrides M, Neumann M, Simmer K *et al.* (1995). Are long-chain polyunsaturated fatty acids essential nutrients in infancy ? Lancet, **345** : 1463-1468.

Makrides M, Simmer K, Goggin M, Gibson RA (1993). Erythrocyte docosahexaenoic acid correlates with the visual response of healthy, term infants. *Pediatr Res*, **33** : 425-427.

Marnett L (1992). Aspirin and potential role of prostaglandins in colon cancer. *Cancer Res*, **52** : 5572-5589.

Marnett L, Honn K (1994). Overview of articles on eicosanoids and cancer. *Cancer Metast Rev*, **13** : 237-239.

Mbawuike I, Rizzoni W, Rose M *et al.* (1982). Effect of K3 and T3 sarcomas on tissue concentrations of vitamin E. *Nutr Cancer*, **4** : 140-145.

Mellor J, Laugharne JD, Peet M (1995). Schizophrenic symtom and dietary intake of n-3 fatty acids. *Schizophr Res*, **18** : 85-86.

Meltzer HY (1990). Role of serotonin in depression. *Ann NY Acad Sci*, **600** : 486-499.

Mertin J, Hughes D, Stewart Wynne E (1974). PHA transformation in MS: inhibition by linoleic acid. *Lancet*, 1005-1006.

Meydani SN, Endres S, Woods MM *et al.* (1991). Oral (n-3) fatty acid supplementation suppresses cytokine production and lymphocyte proliferation: comparaison between young and older women. *J Nutr*, **121** : 547-555.

Meydani SN, Lichtenstein A, Cornwall S *et al.* (1993). Immunological effects of national cholesterol education panel step-2 diets with and without fish derived n-3 fatty acid enrichment. *J Clin Invest*, **92** : 105-113.

Meydani SN, Yogeeswaran G, Liu S *et al.* (1988). Fish oil and tocopherol-induced changes in natural killer cell-mediated cytotoxicity and PgE2 synthesis in young and old mice. *J Nutr*, **118** : 1245-1252.

Miquel K, Pradines A, Tercé F *et al.* (1998). Competitive inhibition of choline phosphotransferase by geranylgeraniol and farnesol inhibits phosphatidylcholine synthesis and induces apoptosis in human lung adenocarcinoma A549 cells. *J Biol Chem*, **273** : 26179-26186.

Mitchell EA, Aman MG, Turbott SH, Manku M (1987). Clinical characteristics and serum essential fatty acid levels in hyperactive children. *Clin Pediatr*, **26** : 406-411.

Mizel SB (1989). The interleukins. *FASEB*, **3** : 2379-2388.

Molvig J, Pociot F, Worsaae H *et al.* (1991). Dietary supplementation with omega 3 polyunsaturated fatty acids decreases mononuclear cell proliferation and interleukin-1 b content but not monokine secretion in healthy and insulin-dependent diabetic individuals. *Scand J Immunol*, **34** : 399-410.

Mori TA, Vandongen R, Masarei JR *et al.* (1989) Dietary fish oil increases serum lipids in insulin-dependent diabetes compared with healthy controls. *Metabolism,* **38** : 404-409.

Munoz S, Silva R, Lamarque A *et al.* (1995). Protective capability of dietary Zizyplus mistol seed oil, rich in 18:3 n-3, on the development of two murine mammary gland adenocarcinomas with or low metastatic potential. *Prostaglandins Leukot Essent Fatty acids,* **53** : 135-138.

Nakayama M, Ju H, Sugano M *et al.* (1993). Effect of dietary fat and cholesterol on dimethylbenz(a)-anthracene-induced tumorigenesis in Sprague Dawley rats. *Anticancer Res,* **13** : 691-698.

Neuringer M, Anderson GJ, Connor WE (1988). The essentiality of n-3 fatty acids for the development and function of the retina and brain. *Ann Rev Nutr,* **8** : 517-541.

Neuringer M, Connor WE, Barstad L *et al.* (1990). Supplementation with docosahexaenoic acid (22:6 n-3) fails to correct electroretinogram abnormalities produced by w3 fatty acid deficiency in rhesus monkeys. *Invest Ophthalmol Visual Sci,* **31** : 426 (abstr.).

Neuringer M, Connor WE, Lin DS *et al.* (1986). Biochemical and functional effects of prenatal and postnatal n-3 fatty acid deficiency on retina and brain in Rhesus monkeys. *Proc Natl Acad Sci USA,* **83** : 4021-4025.

Neuringer M, Connor WE, Van Petten C, Barstad L (1984). Dietary omega-3 fatty acid deficiency and visual loss in infant Rhesus monkeys. *J Clin Invest,* **73** : 272-276.

Neuringer M, Reisbick S, Janowsky J (1994). The role of n-3 fatty acids in visual and cognitive development: current evidence and methods of assessment. *J Pediatr,* **125** : S39-S47.

Noguchi M, Rose D, Earashi M, Miyasaki I (1995). The role of fatty acids and eicosanoid synthesis inhibitors in breast carcinoma. *Oncology,* **52** : 265-271.

Okuyama H, Koayashi T, Watanabe S (1997). Dietary fatty acids. The n-6/n-3 balance and chronic ederly disease. Excess linoleic acid and relative n-3 deficiency syndrome seen in Japan. *Prog Lipid Res,* **35** : 409-457.

Packard CJ, Munro A, Lorimer AR *et al.* (1984). Metabolism of apolipoprotein B in large triglyceride-rich very low density lipoproteins of normal and hypertriglyceridemic subjects *J Clin Invest,* **74** : 2178-2192.

Padma M, Das UN (1996). Effect of cis-unsaturated fatty acids on cellular oxidant stress in macrophage tumor (AK-5) cells *in vitro. Cancer Lett,* **109** : 63-75.

Peck MD, Ogle CK, Alexander JW (1991). Composition of fat in enteral diets can influence outcome in experimental peritonitis. *Ann Surg,* **214** : 74-82.

Peet M, Laugharne JD, Horrobin DF, Reynolds GP (1994). Arachidonic acid: a common link in the biology of schizophrenia. *Arch Gen Psychiat,* **51** : 665-666.

Peet M, Laugharne JD, Mellor J, Ramchand CN (1996). Essential fatty acid deficiency in erythrocyte membranes from chronic schizophrenic patients, and the clinical effects of dietary supplementation. *Prostaglandins Leukot Essent Fatty Acid,* **55** : 71-75.

Peet M, Laugharne JD, Rangarajan N, Horrobin D, Reynolds G (1995). Depleted red cell membrane essential fatty acids in drug-treated schizophrenic patients. *J Psychiat Res,* **29** : 227-232.

Peet M, Murphy B, Shay J, Horrobin DF (1998). Depletion of omega-3 fatty acid levels in red blood cell membranes of depressive patients. *Biol Psychiat,* **43** : 315-319.

Popp-Snijders C, Schouten JA, Heine RJ *et al.* (1987). Dietary supplementation of omega-3 polyunsaturated fatty acids improves insulin sensitivity in non insulin dependent diabetes. *Diabetes Res,* **4** : 141-147.

Popp-Snijders C, Schouten JA, Van Blitterswijk WJ, Van der Veen EA (1986). Changes in membrane lipid composition of human erythrocytes after dietary supplementation of n-3 polyunsaturated fatty acids. Maintenance of membrane fluidity *Boichim Biophys Acta,* **854** : 31-37.

Quignard-Boulanger A, Fluteau-Nadler S, Rizkalla SW *et al.* (1995). Effects of n–3 polyunsaturated fatty acids on lipid storage-related enzymes in adipose tissue of sucrose-fed insulin resistant rats. *Proceedings, Human and Animal Nutrition Aberdeen.*

Rao C, Rivenson A, Simi B, Reddy B (1995). Chemoprevention of colon carcinogenesis by dietary curcumin, a naturally occuring plant phenolic compound. *Cancer Res*, **55** : 259-266.

Reisbick S, Neuringer M (1997). Omega-3 fatty acid deficiency and behaviour: a critical review and directions for future research. *In*: Yehuda S, Mostofsky DI (Eds). *Handbook of essential fatty acid biology: biochemistry, physiology, and behavioral neurobiology.* Totowa, NJ, Humana Press Inc, 397-425.

Renier G, Skamene E, Desanctis J, Radzioch D (1993). Dietary n-3 polyunsaturated fatty acids prevent the development of atherosclerosic lesions in mice-modulation of macrophage secretary activity. *Arterioscler Thromb,* **13** : 1515-1524.

Riboli E, Decloitre F (1996). Introduction à l'étude des relations entre alimentation et cancer. *In : Alimentation et cancer : évaluations des données scientifiques.* Tec & Doc Lavoisier, 7-17.

Rillaerts EG, Engelmann GJ, Van camp KM, De Leeuw L (1989). Effect of omega-3 fatty acids in the diet of type I diabetic subjects on lipid values and hemorheological parameters. *Diabetes,* **38** : 1412-1416.

Rivellese AA, Maffettone A, Iovine C *et al.* (1996). Long-term effects of fish oil on insulin resistance and plasma lipoproteins in NIDDM patients with hypertriglyceridemia. *Diabetes Care,* **19** : 1207–1213.

Robinson D, Urakase M, Huang R *et al.* (1996). Dietary marine lipids suppress continuons expression of interleukine 1 beta gene transcription. *Lipids,* **31** : 523-531.

Robinson DR, Knoell CT, Urakaze *et al.* (1995). Suppression of autoimmune disease by ω-3 fatty acids. *Biochem Soc Trans,* **23** : 287-291.

Rokach J, Khanapure S, Hwang S, Adiyaman M, Lawson J, Fitzgerald G (1997). The isoprostanes: a perspective. *Prostanglandins,* **54** : 823-851.

Rola-Pleszczynski M (1985). Immunoregulation by leukotrienes and other lipoxygenase metabolites. *Immunol Today,* **6** : 302-307.

Rose D, Connolly J, Rayburn J, Coleman M (1995). Influence of diets containing eicosapentaenoic or docosahexaenoic acids on growth and metastasis of breast cancer cells in nude mice. *J Natl Cancer Inst,* **87** : 587-592.

Sanderson P, Calder PC (1998). Dietary fish oil diminishes lymphocyte adhesion to macrophage and endothelial cell monolayers. *Immunology,* **94** : 79-87.

Schectman G, Kaul S, Kissebah AH (1988). Effect of fish oil concentrate on lipoprotein composition in NIDDM. *Diabetes,* **37** : 1567–1573.

Schonberg S, Rudra P, Noding R *et al.* (1997). Evidence that changes in Se-glutathion peroxydase levels effect the sensitivity of human tumor cell lines to n-3 fatty acids. *Carcinogenesis,* **18** : 1897-1904.

Sébédio J-L, Grandgirard A, Prévost J (1988). Linoleic acid isomers in heat-treated sunflower oils. *JAOCS,* **65** : 362-366.

Shikano M, Masuzawa Y, Yazama K (1993). Effect of docosahexaenoic acid on the generation of platelet-activating factor by eosinophilic leukemia cells, Eol-1. *J Immunol,* **150** : 3525-3533.

Shini VB, Durante W, Catovsky S, Vanhoutte PM (1993). Eicosapentaenoic acid potentiates the production of nitric oxide evoked by interleukin-1 in cultured vascular smooth muscle cells. *J Vasc Res,* **30** : 209-217.

Simon H, Scatton B, Le Moal M (1980). Dopaminergic A10 neurons are involved in cognitive functions. *Nature,* **286** : 150-151.

Simopoulos AP (1991). Omega-3 fatty acids in health and disease and in growth and development. *Am J Clin Nutr,* **54** : 438-463.

Simopoulos AP, Leaf A, Salem N (1999). Essentiality of recommanded dietary intakes for omega-6 and omega-3 fatty acids. *Ann Nutr Metab,* **43** : 127-130.

Smith DL, Willis AL, N'Guyen N *et al.* (1989). Eskimo plasma constituents, dihomo-α-linolenic acid, eicosapentaenoic acid and docosahexaenoic acid inhibit the release of atherogenic mitogens. *Lipids,* **361** : 118-122.

Spector A, Burns C (1987). Biological and therapeutic potential of membrane lipid modification of tumors. *Cancer Res,* **47** : 4529-4537.

Stevens LJ, Zentall SS, Deck JL *et al.* (1995) Essential fatty acid metabolism in boys with attention-deficit hyperactivity disorder. *Am J Clin Nutr,* **62** : 761-768.

Storlien LH, Kraegen EW, Chisholm DJ *et al.* (1987). Fish oil prevents insulin resistance induced by high fat feeding. *Science,* **237** : 885-888.

Stubbs C, Smith A (1985). The modification of mammalian membrane polyunsaturated fatty acid composition in relation to membrane fluidity and function. *Biochim Biophys Acta,* **779** : 89-137.

Taghzouti K, Simon H, Louilot A *et al.* (1985) Behavioral study after local injection of 6-hydroxydopamine in the nucleus accumbens of the rat. *Brain Res,* **344** : 9-20.

Takahashi R, Morita I, Saito Y *et al.* (1984). Increased arachidonic acid incorporation into platelet phospholipids in Type 2 (non insulin-dependent) diabetes. *Diabetologia,* **26** : 134-137.

Taki H, Morinaga SI, Yamazaki K *et al.* (1992). Reduction of delayed-type hypersensitivity by the injection of n-3 polyunsaturated fatty acids in mice. *Transplantation,* **54** : 511-514.

Tappia PS, Man WJ, Grimble RF (1995). Influence of unsaturated fatty acids on the production of tumor necrosis factor and interleukin 6 by rat peritoneal macrophages. *Mol Cell Biochem,* **143** : 89-98.

Van Acker K, De Leeuw (1989). Invloed van visverbruik op de lipidenspiegels bij insulino-dependente diabetes mellitus patienten. *Tijdschrift voor Voeding en Dietetiek,* **15** : 5-11.

Vartak S, Robbins M, Spector A (1987). Polyunsaturated fatty acids increase the sensitivity of 36B10 rat astrocytome cells to radiation-induced cell kill. *Lipids,* **32** : 283-292.

Vessby B, Karlström B, Boberg M *et al.* (1992). Polyunsaturated fatty acids may impair blood glucose control in Type 2 diabetic patients. *Diabetic Medicine,* **9** : 126-133.

Von Schacky C, Fischer S, Weber PC (1985). Long-term effects of dietary marine omega-3 fatty acids upon plasma and cellular lipids, platelet function, and eicosanoid formation in humans. *J Clin Invest,* **76** : 1621-1631.

Voss A, Reinhart M, Sankarappa S, Sprecher H (1991). The metabolism of 7,10,13,16,19-docosapentaenoic acid to 4,7,10,13,16,19-docosahexaenoic acid in rat liver is independant of a 4-desaturase *J Biol Chem,* **266** : 19995-20000.

Wainwright P (1992). Do essential fatty acids play a role in brain and behavioral development ? *Neurosci Behav Rev,* **16** : 193-205.

Weber C, Erl W, Pietsch A *et al.* (1995). Docosahexaenoic acid selectively attenuates induction of vascular cell adhesion molecule-1 and subsequent monocytic adhesion to human endothelial cells stimulated by TNF. *Arterioscler Thromb Vasc Biol,* **15** : 622-628.

Weisinger HS, Vingrys AJ, Bui BV, Sinclair AJ (1999). Effects of dietary n-3 fatty acid deficiency and repletion in the guinea pig retina. *Invest Ophthalmol Vis Sci,* **40** : 327-338

Welsch C (1987). Enhancement of mammary tumorigenesis by dietary fat: review of potential mecanisms. *Am J Clin Nutr,* **45** : 192-202.

Welsch C (1992). Relationship between dietary fat and experimental mammary tumorigenesis. A review and critic. *Cancer Res* (suppl.), **52** : 2040S-2048S.

Wheeler TG, Benolken RM, Anderson RE (1975). Visual membranes: specificity of fatty acid precursors for the electrical response to illumination. *Science,* **188** : 1312-1314.

Widmaier P (1997). Fatty acid regulation of endocrine activity. *In: Handbook of essential fatty acid biology: biochemistry, physiology and behavioral neurobiology.* Eds J. Yehuda and D.I. Mostofsky, Humana Press Inc Totowa, New Jersey, 115-135.

Wiedmann TS, Pates RD, Beach JM *et al.* (1988). Lipid protein interactions mediate the photochemical function of rhodopsin. *Biochemistry,* **27** : 6469-6474.

Williard D, Kaduce T, Harmon S, Spector A (1998). Conversion of eicosapentaenoic acid to chain-shortened omega-3 fatty acid metabolites by peroxisomal oxidation. *J Lipid Res,* **39** : 978-986.

Wolff R (1997). New tools to explore lipid metabolism. *Inform,* **8** : 116-119.

Wolff R, Sébédio J-L (1991). Geometrical isomers of linolenic acid in low-calorie spreads marketed in France. *JAOCS,* **68** : 719-725.

Workman P (1994). Enzyme-directed bioreductive drug development revisited: a commentary on recent progress and future prospects with emphasis on quinone anticancer agents and quinone metabolizing enzymes, particularly DT-diaphorase. *Oncol Res,* **6** : 461-475.

Yagoob P, Calder P (1995). Effects of dietary lipid manipulation upon inflammatory mediator production by murine macrophages. *Cell Immunol,* **163** : 120-128.

Yamashita N, Yokoyama A, Hamazaki T, Yano S (1986). Inhibition of natural killer cell activity of human lymphocytes by eicosapentaenoic acid. *Biochem Biophys Res Commun,* **138** : 1058-1067.

Yetiv J (1988). Clinical applications of fish oils. *J Am Med Assoc,* **260** : 665-670.

Yoshida S, Sato A, Okuyama H (1998) Pathophysiological effects of dietary essential fatty acid balance on neural systems. *Jpn J Pharmacol,* **77** : 11-22.

Yoshino S, Ellis EF (1987). Effect of a fish-oil-supplemented diet on inflammation and immunological processes in rats. *Int Arch Allergy Appl Immunol,* **84** : 233-240.

Yoshino S, Ellis EF (1989). Stimulation of anaphylaxis in the mouse footpad by dietary fish oil fatty acids. *Prostaglandins leukot Essent Fatty Acids,* **36** : 165-170.

Zerouga M, Stillwell W, Stone J *et al.* (1996). Phospholipid class as a determinant in docosahexaenoic acid's effect on tumor and viability. *Anticancer Res,* **16** : 2863-2868.

Zimmer L, Hembert S, Durand G *et al.* (1998) Chronic n-3 polyunsaturated fatty acid diet-deficiency acts on dopamine metabolism in the rat frontal cortex : a microdialysis study. *Neurosci Lett,* **240** : 177-181.

Zimmer L, Durand G, Breton P *et al.* (1999 a). Prominent role of n-3 polyunsaturated fatty acids in cortical dopamine metabolism. *Nutritional Neuroscience,* **2** : 257-265.

Zimmer L, Delion-Vancassel S, Durand G *et al.* (2000) Modification of dopamine neurotransmission in the nucleus accumbens of rats deficient in n-3 polyunsaturated fatty acids. *J Lipid Res,* **41** : 32-40.

Zimmer L (1999 b). *Nutrition et neurotransmission : Effets d'une déficience alimentaire en acides gras polyinsaturés (n-3) sur le système dopaminergique mésocorticolimbique.* Thèse en Sciences de la Vie et de la Santé, Université François Rabelais, Tours.

10

Prévention nutritionnelle de l'obésité

Jaroslaw Kolanowski

Introduction

L'obésité, dont la prévalence a augmenté considérablement dans la plupart de pays non seulement dits « industrialisés » mais également dans ceux en voie de développement (OMS, 1998), constitue aujourd'hui un problème majeur de santé publique. En effet, l'obésité est responsable directement ou indirectement d'une morbidité et d'une mortalité considérablement accrue, en raison de nombreuses complications métaboliques, cardiovasculaires, respiratoires et endocriniennes (OMS, 1998 ; Basdevant *et al.,* 1988). Elle entraîne également des répercussions psychologiques préjudiciables à l'épanouissement personnel, à l'insertion sociale et professionnelle, de même que pour la vie affective et familiale.

Puisque le traitement de l'obésité, dont la nécessité semble s'imposer de manière évidente, est une tâche extrêmement difficile et souvent vouée à l'échec, la réduction efficace du risque lié à l'obésité est évidemment essentielle. Pour être efficace, cette stratégie de réduction du risque doit être basée sur une analyse objective des causes de l'obésité. Celles-ci sont sans doute fort complexes, et impliquent non seulement une nutrition inappropriée et une sédentarité de plus en plus rependue. En effet, les études épidémiologiques récentes (OMS, 1998 ; Stam-Moraga *et al.,* 1999) indiquent que le poids corporel des individus est inversement proportionnel au degré de leur activité physique, et que la signification statistique de cette relation est bien plus forte que la relation que l'on peut démontrer entre la surcharge de poids et l'importance des apports alimentaires. Même si la prédisposition héréditaire rend certains sujets particulièrement vulnérables aux facteurs de l'environnement comme la suralimentation, la sédentarité ou le stress (Bouchard et Perusse, 1993 ; Bouchard, 1994 ; Pérusse, 1997 ; Comuzzie et Alison, 1998 ; Bouchard, 1998), il est évident que les anomalies génétiques ne peuvent pas expliquer cette véritable explosion épidémique de l'obésité au cours de deux dernières décennies (Flegal *et al.*, 1998 ; Hill et Peters, 1998 ; Stam-Moraga *et al.,* 1998).

La réduction du risque et le traitement de l'obésité doivent donc obligatoirement impliquer un changement profond du style de vie, comportant d'une part une augmentation de l'activité physique, donc de la dépense d'énergie, et, d'autre part, une alimentation saine et équilibrée avec une réduction modérée mais réelle des apports énergétiques. Ce dernier aspect est d'autant plus important que la dépense d'énergie est en générale supérieure chez les sujets obèses par rapport à celle de sujets de poids normal (Basdevant *et al.*, 1998). L'introduction des nouveaux aliments, ayant une faible densité énergétique, et dotés d'une influence positive sur certaines complications métaboliques ou cardiovasculaires de l'obésité, leur conférant donc les propriétés des « aliments fonctionnels », pourrait constituer un réel progrès dans la prévention et le traitement de l'obésité. Ces aliments devraient avoir une composition particulière en différents macronutriments vu que, pour une valeur énergétique similaire, les différents nutriments n'ont pas la même influence sur le bilan d'énergie, donc sur la régulation du poids corporel (Horton *et al.*, 1995 ; Saris *et al.*, 1998). De plus, ils n'ont pas la même influence sur la régulation de la faim et de la satiété, donc sur le comportement alimentaire (Rolls et Hill, 1998).

Après un bref rappel de la définition et de l'épidémiologie de l'obésité, cette revue sera consacrée pour l'essentiel à l'analyse de l'impact des différents nutriments sur la régulation du comportement alimentaire et du poids corporel, afin d'en dégager l'intérêt potentiel de certains types d'aliments fonctionnels dans la prévention et le traitement de l'obésité.

1. Définition de l'obésité

Il est actuellement généralement admis que l'indice de masse corporelle (IMC), qui représente le rapport entre le poids corporel en kg et le carré de la taille en m (donc exprimé en kg/m^2) constitue une estimation relativement objective de la surcharge adipeuse du corps. Si les valeurs normales pour la population adulte sont comprises entre 18,5 et 24,9 kg/m^2, le surpoids est caractérisé par un IMC entre 25,0 et 29,9 kg/m^2, alors que l'obésité avérée commence à partir de l'IMC de 30 kg/m^2. Selon la classification officielle admise par l'Organisation mondiale de la santé (OMS, 1998), l'obésité de grade I, appelée aussi modérée ou commune, correspond à l'IMC entre 30,0 et 34,9 kg/m^2, l'obésité de grade II ou sévère se situe entre l'IMC de 35,0 et 39,9 kg/m^2, alors qu'à partir de l'IMC de 40,0 kg/m^2 on parle de l'obésité de grade III, appelée aussi massive ou morbide.

La définition de l'obésité chez l'enfant et chez les adolescents est nettement plus difficile, puisque la composition corporelle normale et le degré de l'adiposité varient physiologiquement au cours de la croissance. On estime en général, que l'obésité de l'enfant se définit par des valeurs supérieures au 97 centile de la distribution de l'IMC pour chaque classe d'âge (Basdevant *et al.*, 1998).

Il est également important de rappeler que l'accumulation abdominale ou « viscérale » du tissu adipeux a un impact bien plus délétère sur les complications métaboliques, cardiovasculaires ou respiratoires de l'obésité, qu'une adiposité périphérique (par rapport à la cavité abdominale). Parmi les différentes mesures anthropométriques utilisées pour caractériser la répartition de la surcharge adipeuse, une simple mesure du périmètre abdominal semble refléter le mieux l'accumulation de la graisse abdominale. On estime actuellement que les circonférences de tour de taille supérieures à 85 ou 90 cm chez la femme, et dépassant 100 à 102 cm chez l'homme, définissent l'obésité abdominale (OMS, 1998 ; Basdevant *et al.*, 1998).

2. Épidémiologie de l'obésité

L'étude américaine NHANES III (*National Health and Nutrition Examination Survey*) indique que 54 % d'adultes aux États-Unis ont un IMC supérieur à 25 kg/m^2, alors que 22 % sont atteints d'obésité avérée (IMC égale ou supérieur à 30 kg/m^2) (Flegal *et al.*, 1998). De plus, la prévalence de l'obésité a presque doublé au cours de deux dernières décades, notamment chez les enfants et les adolescents (Troiano *et al.*, 1995). Si l'on considère le 85e centile de l'IMC comme limite supérieure du poids normal, près de 25 % d'enfants présentent un surpoids aux États-Unis (Flegal *et al.*, 1998). L'évolution des habitudes alimentaires aux États-Unis indique que jusqu'il y a 20 ans environ le pourcentage de l'apport d'énergie sous forme de lipides augmentait progressivement de 30 à 40 %, concomitamment à la diminution de la part de glucides dans l'apport énergétique total. Cette tendance fut renversée depuis deux décennies, puisque depuis les années quatre vingt le pourcentage d'énergie apportée sous forme de lipides a diminué légèrement, de 36 à 34 %, mais tenant compte de l'augmentation de l'apport total d'énergie, la consommation de lipides a même augmenté de 102,6 à 105,4 g/jour chez les hommes, et de 63,1 à 69 g/jour chez les femmes (McDowell *et al.*, 1994). Comme autre facteur impliqué dans l'augmentation récente de la prévalence de l'obésité aux États-Unis, on cite une diminution significative de l'activité physique, de même que l'arrêt fréquent de tabagisme, qui, selon certains auteurs (Flegal *et al.*, 1995), intervient pour 25 % dans l'accroissement récent de la prévalence de l'obésité.

Comme indiqué dans le rapport récent de l'Organisation mondiale de la santé (OMS, 1998), l'obésité a pratiquement doublé dans la plupart des pays au cours de ces vingt dernières années, la prévalence moyenne de l'obésité avérée étant de 15 % de la populations adultes pour l'ensemble des pays européens. Plusieurs études réalisées en Angleterre ont objectivé une augmentation de deux fois de la prévalence de l'obésité entre 1980 et 1991 (Popkin et Doak, 1998). L'augmentation de deux fois de la prévalence de l'obésité en Grande-Bretagne entre 1970 et 1990 est survenue malgré une diminution concomitante de l'apport d'énergie de 13,4 à 10,4 MJ/jour (Prentice, 1996). Il semble donc évident que la réduction de la dépense d'énergie constituait dans ce pays un facteur essentiel de l'augmentation de la prévalence de l'obésité. Cette conclusion s'applique probablement également à l'évolution de la prévalence de l'obésité en Belgique. En effet, une corrélation négative hautement significative fut démontrée pour la population adulte de la Belgique entre le poids corporel et le niveau d'activité physique (Stam-Moraga *et al.*, 1999), alors que la relation entre le poids corporel et l'apport total d'énergie n'était même pas significative. Par ailleurs, la prévalence globale de l'obésité évaluée dans cette étude était de 12,1 % pour les hommes, et de 18,4 % pour les femmes âgés de 25 à 74 ans. Cette prévalence augmente de manière significative avec l'âge, tout en étant inversement proportionnelle au degré d'éducation (Stam-Moraga *et al.*, 1999). Quant à l'impact des différents nutriments qui fut également évalué dans cette étude, une corrélation négative fut démontrée entre la prévalence de l'obésité et le pourcentage de l'énergie apportée sous forme de glucides. De plus, une corrélation positive hautement significative avait été objectivée entre le poids corporel et le rapport entre l'énergie apportée sous forme de lipides par rapport à l'énergie glucidique (Stam-Moraga *et al.*, 1999). La comparaison des différentes études épidémiologiques réalisées en Belgique entre 1977 et 1992 indique, que durant cette période la prévalence de l'obésité a augmenté chez les hommes de 40 à 45 ans de 9,2 à 14,5 %, particulièrement dans le groupe d'hommes ayant un faible niveau d'éducation (Stam-Moraga *et al.*, 1998).

La prévalence de l'obésité en France semble moins importante par rapport aux autres pays européens, tout au moins chez les adultes. En effet, les différentes études réalisées en France entre 1991 et 1997 (Basdevant *et al.*, 1998) indiquent des valeurs de prévalence de l'obésité entre 6,3 et 9,6 % pour les hommes, et entre 6,8 et 10,5 % pour les femmes. Il y a néanmoins les régions, comme le Bas-Rhin ou Lille où cette prévalence est de 2 à 3 fois plus élevée. Par ailleurs, la prévalence de l'obésité chez les enfants et les adolescents a doublé en France au cours de deux dernières décennies, ce qui indique une augmentation future de la prévalence de l'obésité parmi la population adulte (Basdevant *et al.*, 1998).

En dehors d'un lien causal possible entre la consommation importante de lipides et l'augmentation de la prévalence de l'obésité, qui fut suggéré par de nombreuses études (Lissner et Heitmann, 1995 ; Horton *et al.*, 1995 ; Prentice, 1996 ; Lissner, 1996 ; Pagliassotti *et al.*, 1997), un apport insuffisant en fibres semble également favoriser la propension vers l'obésité (Alfieri *et al.*, 1995).

3. Préférences gustatives chez les sujets obèses, et impact des différents nutriments sur le comportement alimentaire

Contrairement à certaines idées reçues, les sujets obèses sont en général bien plus attirés par les aliments riches en lipides, que par le goût sucré. Mais, l'addition du sucre augmente nettement la palatabilité des aliments riches en lipides (Drewnowski *et al.*, 1992 ; Drewnowski, 1994, 1995 ; Mela, 1996). Les aliments ayant une haute palatabilité et une haute densité énergétique, tels les aliments riches en lipides, sont relativement peu satiétogènes et n'affectent pas le rassasiement, d'où leur fréquente surconsommation (Drewnowski, 1994 ; Rolls et Hill, 1998). La préférence des obèses pour les graisses, et l'absence d'une attirance particulière pour le goût sucré, ont été également rapportées par Saris *et al.* (1998).

Bien que plusieurs observations contradictoires ont été rapportées dans la littérature quant à l'influence des glucides sur le comportement alimentaire (Rolls et Hill, 1998), on admet aujourd'hui qu'aussi bien le glucose que les amidons digestibles exercent un effet satiétogène relativement plus puissant que les lipides (Stubbs, 1996 ; Rolls *et al.*, 1994 ; Flatt, 1996 ; Astrup et Rabben, 1996). Il est indéniable que l'ingestion de glucose déclenche la satiété, et qu'une précharge en glucose diminue l'importance du repas suivant (Rolls et Hill, 1998), alors que les lipides sont dépourvus d'un tel effet satiétogène (Hill, 1999). Cependant, il faut au moins 50 g de glucose pour qu'un tel effet satiétogène puisse se produire (Anderson, 1995), ce qui explique qu'un grignotage fréquent de quantités plus faibles de glucides ne contribue pas à une réduction de l'apport global de l'énergie, et l'augmente même de manière sensible.

L'effet satiétogène de glucides simples, tout comme celui qui suit l'ingestion des amidons digestibles, résulte d'une influence directe (métabolique) ou indirecte (*via* une modification des neurotransmetteurs) du glucose sur l'activité des neurones de centres hypothalamiques impliqués dans la régulation du comportement alimentaire et du poids corporel. Quant aux effets satiétogènes des amidons « résistants » (donc difficilement digestibles) et des fibres, ils résultent surtout d'une sensations de plénitude gastrique, lié d'une part à la distension de la paroi gastrique par un volume plus important de repas et, d'autre part, au ralentissement de la vidange gastrique (Rolls et Hill, 1998). Par ailleurs, les amidons résistants apportent moins d'énergie, et leur indice glycémique est très bas. Cependant, et probablement en raison de son faible pouvoir hyperglycémiant, l'effet satiétogène des amidons résistants est aussi plus faible que celui induit par l'ingestion de sucres ou des amidons digestibles (Raben *et al.*, 1994). Par ailleurs, l'impact des différentes formes d'amidons sur la satiété fait encore l'objet de nombreuses controverses (Rolls et Hill, 1998). L'ingestion de fibres renforce également la satiété, et cet effet est même nettement plus prolongé que l'effet satiétogène des glucides simples ou des amidons (Delargy *et al.,* 1995), alors que la consommation des fibres par les sujets obèses est en général très réduite (Alfieri *et al.,* 1995).

Bien que l'effet satiétogène des protéines soit le plus prononcé, l'impact des glucides sur la satiété est bien plus puissant que celui de lipides (Hill, 1999). Les acides gras n'étant pas utilisés comme substrat énergétique par les neurones hypothalamiques, les nutriments lipidiques n'ont pas d'influence directe sur l'activité neuronale des centres qui déterminent la faim et la satiété. Le pouvoir satiétogène de lipides, bien plus faible que celui de glucides (Rolls et Shide, 1994 ; Rolls, 1996 ; Prentice, 1996 ; Hill, 1999) résulte en fait surtout d'une stimulation du système périphérique de la satiété, tel que la stimulation de la sécrétion de cholecystokinine. Il a été en effet rapporté que l'ingestion de lipides ne diminue pas l'importance du repas suivant (Rolls *et al.,* 1994 ; Rolls et Shide, 1994 ; Hill, 1999). La faible influence de lipides sur le rassasiement est en grande partie liée à une haute densité énergétique des aliments riches en graisse, ce qui augmente l'apport d'énergie pour une même taille de repas (Rolls et Shide, 1994 ; Stubbs *et al.,* 1995 a ; Gibson, 1966 ; Prentice, 1996 ; Bell *et al.,* 1998).

4. *Impact de l'utilisation métabolique de glucides et de lipides sur la régulation du poids corporel*

En dehors des différents pouvoirs satiétogènes des glucides et lipides, l'impact de l'utilisation métabolique de ces macronutriments sur la régulation du bilan d'énergie, donc du poids corporel, est également différent. En effet, contrairement aux lipides, la capacité de l'organisme de stocker les glucides est très limitée (Hill et Prentice, 1995 ; Flatt, 1996 ; Rolls et Hill, 1998), et leur ingestion est suivie d'une élévation significative de la thermogenèse et de l'oxydation de glucides. Par rapport à la thermogenèse très faible qui suit l'ingestion de lipides (de 0 à 4 % de la valeur énergétique de lipides ingérés), la thermogenèse postprandiale induite par l'ingestion de glucides est nettement plus importante, puisqu'elle peut varier de 5 à 15 % (Westerterp *et al.,* 1999). Ceci s'explique par le fait qu'en dehors de la thermogenèse dite « facultative » (liée à la stimulation du système nerveux sympathique), le coût énergétique de l'oxydation de glucose est de 7 %, celui de sa transformation en glycogène de 5 %, alors que le coût de la lipogenèse à partir de glucides est proche de 25 % (Schwartz *et el.*, 1992 ; Rolls et Hill, 1998, Saris *et al.*, 1998). Vu l'importance relative de ces différentes voies métaboliques, la thermogenèse postprandiale induite par l'ingestion de glucides est de 10 % en moyenne, dont près de la moitié correspond à la thermogenèse facultative, liée au découplage des phosphorylations oxydatives, et implique l'augmentation de l'oxydation des acides gras libérés par lipolyse (Schutz *et al.*, 1989). Cet impact différent des glucides et lipides sur la dépense d'énergie explique en partie une plus forte accumulation de réserves adipeuses, donc une augmentation plus importante du poids corporel après la surconsommation de lipides par rapport à l'apport accru en glucides (Schutz *et al.*, 1989 ; Horton *et al.*, 1995 ; Rolls et Hill, 1998).

Il n'est dès lors pas surprenant que le poids corporel est en général positivement corrélé avec le pourcentage d'énergie apporté comme lipides, et inversement corrélé avec la teneur relative de l'alimentation en glucides, aussi bien de type simple que complexe (Gibson, 1996 ; Stam-Moraga *et al.*, 1999). Un autre facteur impliqué dans l'augmentation du poids corporel sous un régime riche en graisses, est une haute densité énergétique des aliment riches en lipides ce qui favorise l'augmentation de l'apport de l'énergie, d'autant plus que la teneur élevée en lipides augmente la palatabilité des aliments ingérés (Rolls et Shide, 1994 ; Stubbs *et al.*, 1995b ; Prentice, 1996 ; Bell *et al.*, 1998). L'observation qu'une alimentation ayant une faible teneur relative en glucides est associée à l'élévation du poids corporel s'explique sans doute par le fait que la teneur d'une telle alimentation en lipides est par définition excessive (Rolls et Hill, 1998 ; Stam-Moraga *et al.*, 1999). Il est par ailleurs évident qu'une consommation excessive de glucides peut rendre le bilan d'énergie positif et favoriser l'obésité, puisque le régime hyperglucidique réduit l'oxydation des lipides (Horton *et al.*, 1995), même si la lipogenèse *de novo* est peu importante (Hill et Prentice, 1995).

Si le régime riche en lipides augmente le poids corporel, c'est essentiellement en raison d'un apport accru d'énergie, puisque l'ingestion de lipides n'augmente pas leur oxydation (Schutz *et al.*, 1989 ; Stubbs *et al.*, 1995 a ; Hill, 1999). La seule possibilité d'augmenter l'oxydation de lipides consiste en une augmentation de l'activité physique (Trambley *et al.*, 1992 ; Tramblay et Buemann, 1995), qui est en général très réduite chez les personnes ayant une propension vers l'excès pondéral. Outre l'effet défavorable d'une alimentation riche en lipides sur le contrôle du poids corporel, l'apport important en lipides peut favoriser les complications métaboliques fréquemment associées à l'obésité. En effet, il a été démontré qu'un apport accru en lipides peut induire l'état d'insulinorésistance (Frayn, 1993), de même que les anomalies de lipides sanguins de type athérogène (Griffin et Zampelas, 1995).

L'impact de ces différentes modifications métaboliques induites par les macronutriments sur l'élaboration des formules diététiques censées de réduire le risque ou de corriger l'excès pondéral est évident. Il est confirmé par de nombreuses observations qu'une alimentation pauvre en graisses, dont le pourcentage d'énergie apporté sous forme de glucides est par définition élevé, favorise la perte pondérale (Schlundt *et al.*, 1993 ; Shah *et al.*, 1994 ; Jeffery *et al.*, 1995 ; Stubbs *et al.*, 1995b ; Raben *et al.*, 1997 ; Tourbo et Astrup, 1997). Il a été en effet récemment démontré que même si l'apport d'énergie est constant, la dépense d'énergie est supérieure lors d'une alimentation riche en glucides mais pauvre en lipides, par rapport à la dépense d'énergie sous un apport alimentaire isoénergétique mais relativement riche en lipides (Westerterp *et al.*, 1999). D'autres observations indiquent qu'une alimentation pauvre en lipides permet de stabiliser le poids corporel après un amaigrissement préalablement obtenu par des restrictions énergétiques sévères (Schlundt *et al.*, 1993 ; Jeffery *et al.*, 1995 ; Toubro et Astrup, 1997 ; Klem *et al.*, 1997).Certains auteurs estiment néanmoins que la composition du régime en différents macronutriments n'a pas d'impact réel sur l'évolution pondérale, le degré d'amaigrissement étant lié selon eux exclusivement au degré de restriction de l'apport d'énergie (Golay *et al.*, 1996).

Un autre aspect intéressant de l'influence des macronutriments sur le bilan d'énergie, qui peut contribuer à l'élaboration de certains « aliments fonctionnels » utiles dans la prévention nutritionnelle et le traitement de l'obésité, est lié à l'impact que peuvent avoir certaines formes particulières de macronutriments sur le bilan d'énergie. Il s'agit d'un domaine de la nutrition où les preuves scientifiques formelles sont nettement moins bien établies, et qui fait l'objet de nombreuses controverses. Alors que l'on considère en général que la thermogenèse induite par l'ingestion de glucides est similaire quelle que soit la nature de glucides ingérés (Rolls et Hill, 1998), certaines observations indiquent que le saccharose et le fructose seraient plus thermogènes que le glucose ou les amidons digestibles (Schwartz *et al.*, 1992 ; Blaak et Saris, 1996). En revanche aucune différence n'existe entre les effets métaboliques et thermogènes du glucose et des amidons (Saris *et al.*, 1998 ; Rolls et Hill, 1998). Malgré l'effet thermogène plus prononcé de fructose par rapport au glucose, il n'y a pas de différences entre ces deux monosaccharides quant à leur impact sur la régulation du poids corporel, puisque l'effet de fructose inhibant l'oxydation de lipides et plus puissant que celui de glucose (Saris *et al.*, 1998). Il ne semble donc pas que l'utilisation des formes particulières de glucides puisse avoir un impact réel sur la régulation du poids corporel. Cependant, le remplacement des sucres par les édulcorants artificiels et non caloriques, tel l'aspartame, semble favoriser la perte pondérale, donc l'effet amaigrissant d'un régime hypocalorique, sans doute en raison d'une diminution de l'apport énergétique global (Drewnowski, 1995 ; Blackburn *et al.*, 1997).

Quant à l'impact que peut avoir la qualité de graisses ingérées sur le contrôle du poids corporel, certaines observations suggèrent que différentes formes de graisses n'ont pas nécessairement une même influence sur le bilan d'énergie. Par exemple, l'oxydation de l'acide oléique est nettement plus intense et rapide que l'oxydation de l'acide stéarique (Saris *et al.*, 1998). Ceci pourrait expliquer l'observation que l'effet thermogène de lipides est inversement proportionnel au rapport entre les acides gras polyinsaturés et saturés du régime (Jones, 1992). De plus, l'effet thermogène des acides gras est inversement proportionnel à la longueur de leur chaîne. En dehors de l'impact différent de différents types de graisses sur le bilan d'énergie, il a été rapporté que, au moins chez le rat, l'apport important en graisses saturées, contrairement à l'apport riche en acides gras polyinsaturés de type *n*-3, favorise l'accumulation préférentielle de la graisse viscérale (Hill *et al.*, 1993). De plus, l'apport alimentaire accru en acides gras saturés diminue la sensibilité en insuline, alors que l'alimentation riche en acides gras polyinsaturés de type *n*-3 atténue l'insulinorésistance (Vessby, 1995). Un tel effet métabolique pourrait résulter, au moins en partie, du fait que l'ingestion d'acides gras saturés élève bien plus les taux circulants d'acides gras libres que l'apport alimentaire riche en acides gras polyinsaturés de type *n*-3 (Frayn, 1993). Si ce type d'acides gras peut avoir aussi une influence favorable de type anti-athérogène sur la paroi artérielle (Nestel *et al.*, 1997), il peut en revanche augmenter l'oxydation des lipoprotéines LDL, donc les rendre plus athérogènes.

5. *Intérêt potentiel des aliments fonctionnels dans la réduction du risque et le traitement de l'obésité*

L'analyse des influences que les différents macronutriments peuvent avoir sur le comportement alimentaire et sur le bilan d'énergie suggère en effet que certains types d'aliments, ou certains nouveaux produits diététiques élaborés par l'industrie alimentaire et pharmaceutique, peuvent correspondre aux critères d'un « aliment fonctionnel » efficace dans la réduction du risque et le traitement de l'obésité (Seidel, 1999). Si on se réfère à la définition actuellement admise d'un aliment fonctionnel (Diplock *et al.*, 1999) ou d'un « alicament » (Louisot, 1999), un tel aliment doit influencer de manière bénéfique pour la santé certaines fonctions spécifiques de l'organisme, en dehors de sa contribution à l'équilibre nutritionnel (Pascal, 1999).

Vu sous cet angle, certains aliments ou nutriments pourraient être considérés comme « fonctionnels » dans le cadre de la réduction du risque voire du traitement de l'obésité à condition d'être dotés d'une au moins des influences spécifiques suivantes :

- un effet satiétogène spécifique diminuant l'apport d'énergie ;
- une diminution de la densité énergétique de repas ;
- une diminution de l'apport alimentaire en lipides digestibles et assimilables ;
- une atténuation des anomalies métaboliques liées à l'obésité ;
- une augmentation de la dépense d'énergie.

Pour être réellement efficace un aliment fonctionnel devrait évidemment réunir plusieurs de ces propriétés, ce qui est plutôt difficilement concevable. Si aucun aliment étudiés jusqu'à présent ne peut être considéré comme réellement fonctionnel en terme d'un effet spécifique inhibant la faim ou renforçant la satiété, les formules alimentaires caractérisées par une teneur très faible en lipides mais relativement riches en glucides et en fibres peuvent être considérées comme relativement plus satiétogènes que les aliments riches en lipides mais pauvres en glucides (Rolls et Hill, 1998). Apportant moins d'énergie dans un même volume, les aliments relativement riches en glucides mais pauvres en lipides devraient favoriser la perte de poids et pourraient correspondre de ce fait aux autres critères d'aliments fonctionnels pour la prévention et le traitement de l'obésité. En effet, un aliment ayant une telle composition nutritionnelle, devrait non seulement induire l'amaigrissement mais favoriser également la correction de troubles métaboliques comme l'insulinorésistance ou dyslipidémie, tout en augmentant la thermogenèse postprandiale. L'efficacité d'une telle approche nutritionnelle du traitement de l'obésité fut démontrée dans plusieurs études (Raben *et al.*,1994 ; Rolls et Shide, 1994 ; Delargy *et al.*, 1995, Stubbs *et al.*, 1995 ; Klem *et al.*, 1997 ; Bell *et al.*, 1998).

Même si le rôle de fibres comme un nutriment utile dans la réduction du risque, la prévention et le traitement de l'obésité est contesté par certains auteurs (Bennet et Cerda, 1996), plusieurs observations plaident en faveur de l'incorporation de fibres, surtout solubles, dans les aliments fonctionnels destinés à prévenir ou à atténuer l'excès pondéral. En effet, les aliments riches en fibres déclenchent le rassasiement et prolongent la durée de la satiété (Delargy *et al.*, 1995). De plus, certaines fibres solubles peuvent atténuer l'effet hyperglycémiant de repas glucidiques, et favoriser l'abaissement des taux de cholestérol et de triglycérides (Raben *et al.*, 1994 ; Rolls et Hill, 1998 ; Roberfroid, 1998 ; Roberfroid et Delzenne, 1998). Les effets métaboliques de l'oligofructose et de l'inuline semblent particulièrement intéressants dans le traitement diététique des anomalies qui forment le syndrome métabolique associé fréquemment à l'obésité (Roberfroid, 1999). De plus, le remplacement partiel des sucres alimentaires par les édulcorants artificiels comme l'aspartame, peut être utile pour limiter l'apport énergétique et favoriser l'amaigrissement (Blackburn *et al.*, 1997). Néanmoins, les collations sucrées semblent favoriser nettement moins la prise de poids que celles contenant des lipides (Rolls *et al.*, 1999).

Le rôle des aliments fonctionnels ayant une faible teneur en lipides, en tant qu'approche nutritionnelle efficace de la prévention et du traitement de l'obésité, apparaît évident. En effet, une alimentation modérément hypocalorique mais très pauvre en lipides est considérée comme plus efficace dans le traitement à long terme de l'obésité que les régimes sévèrement hypocaloriques (Ryttig *et al.*, 1997). En dehors de l'intérêt des aliments dont la teneur en graisses est très réduite, l'utilisation des lipides riches en acides gras mono- et polyinsaturés pourrait présenter plusieurs avantages pour la prévention et le traitement de l'obésité et de ses complications. En effet, en plus des avantages métaboliques des acides gras polyinsaturés déjà discutés dans le paragraphe précédent, l'oxydation de l'acide oléique est beaucoup plus intense que celle de l'acide stéarique, et il a été rapporté que l'effet thermogène de lipides est réduit quand le rapport entre les graisses polyinsaturées sur saturées est bas (Jones *et al.*, 1992), et que les acides gras à chaîne moyenne sont plus thermogènes que les acides gras à chaîne longue (Saris *et al.*, 1998). Il a été également suggéré qu'une forme conjuguée de l'acide linoléique peut avoir une influence favorable sur la sensibilité à l'insuline, et sur la tolérance glucidique chez les rats génétiquement obèses et diabétiques (Houseknecht *et al.*, 1998).

L'incorporation des substituts de macronutriments dans la composition des aliments fonctionnels afin de réduire le risque de l'obésité pourrait être justifiée, tant en ce qui concerne les substituts de glucides que de lipides (Diplock *et al.*, 1999). Quant aux substituts de glucides, il peut s'agir de certains glucides naturels ou préparés industriellement, comme les polyols, polydextroses ou inuline, de même que des dérivés de monosaccharides, tels le mannitol, le sorbitol ou le xylol. En dehors de leur goût sucré moins prononcé, les polysaccharides de substitution sont difficilement assimilables, alors que leur fermentation dans le côlon peut avoir une influence favorable sur les complications métaboliques de l'obésité (Saris *et al.*, 1998 ; Roberfroid, 1999). L'intérêt des substituts de graisses, tels les polyesters de saccharose, semble aussi évident. N'étant pas digérés ni absorbés, ces substituts de graisses alimentaires inhibent également la digestion et l'assimilation intestinale de graisses naturelles contenues dans l'alimentation, ce qui rend le bilan d'énergie négatif et favorise l'amaigrissement. Leur utilisation peut néanmoins induire une malabsorption des vitamines liposolubles (Saris *et al.*, 1998). Quant à l'impact possible de certains aliments fonctionnels sur le comportement alimentaire (Bellisle *et al.*, 1998), il est discuté spécifiquement dans un autre chapitre de cet ouvrage. Notons enfin qu'on a attribué un pouvoir thermogène spécifique à un certain nombre d'additifs alimentaires, mais en dehors du pouvoir thermogène de la caféine, une telle propriété métabolique n'a jamais été démontré scientifiquement pour aucun des ingrédients alimentaires de consommation courante.

L'ensemble de ces considérations suggère qu'un aliment pourrait correspondre à la définition d'un aliment fonctionnel utile dans la réduction du risque et le traitement nutritionnel de l'obésité et de ses complications, à condition d'avoir une faible densité énergétique, d'apporter l'essentiel d'énergie sous forme de glucides, alors que la teneur en lipides, très réduite, devrait être relativement riche en acides gras mono- et polyinsaturés, surtout de type *n*-3. De plus, ces aliments devront être riches en fibres solubles, et leur contenu en lipides et en glucides pourrait être partiellement constitué des substituts de ces macronutriments.

Références bibliographiques

Alfieri MAH, Pomerleau J, Grace DM, Anderson L (1995). Fiber intake of normal weight, moderately obese and severely obese subjects. *Obes Res,* **3** : 541-547.

Anderson GH (1995). Sugars, sweetness, and food intake. *Am J Clin Nutr,* **61** : 930S-937S.

Astrup A, Raben A (1996). Glucostatic control of intake and obesity. *Proc Nutr Soc,* **55** : 485-495.

Basdevant A, Laville M, Ziegler O (1998). Guide pratique pour le diagnostic, la prévention, le traitement des obésités en Frances. *Cah Nutr Diétét,* **33** (Suppl. 1) : 10-42.

Bell EA, Castellanos VA, Pelkman CL *et al.* (1998). Energy density of foods affects energy intake in normal-weight women. *Am J Clin Nutr,* **67** : 412-420.

Bellisle F, Blundell JE, Dye L *et al.* (1998). Functional food science and behaviour and psychological functions. *Brit J Nutr,* **80** (Suppl. 1) : S173-S193.

Bennet WG, Cerda JJ (1996). Benefits of dietary fiber, myth or medicine ? *Postgrad Med,* **99** : 153-156.

Blaak EE, Saris WHM (1996). Posprandial thermogenesis and substrate utilisation after ingestion of different dietary carbohydrates. *Metabolism,* **45** : 1235-1242.

Blackburn GL, Kanders BS, Lavin PT *et al.* (1997). The effect of aspartame as part of a multidisciplinary weight-control program on short-and long-term control of body weight. *Am J Clin Nutr,* **65** : 409-41.

Bouchard C (1994). Genetics of obesity: overview and research directions. *In*: Bouchard C. *The genetics of obesity.* CRC Press, Boca Raton (FL, USA), 223-233.

Bouchard C (1998). The genetics of human obesity. *In*: Bray GA, Bouchard C, James WPT. *Handbook of obesity.* Marcel Dekker, New York, 157-190.

Bouchard C, Perusse L (1993). Genetics of obesity. *Ann Rev Nutr,* **13** : 337-354.

Comuzzie AG, Allison DB (1998). The search for human obesity genes. *Science,* **280** : 1374-1377.

Delargy HJ, Burley VJ, O'Sullivan KR *et al.* (1995). Effects of different soluble: insoluble fibre ratios at breakfast on 24 h pattern of dietary intake and satiety. *Eur J Clin Nutr,* **49** : 754-766.

Diplock AT, Aggett PJ, Ashwell M *et al.* (1999). Scientific concepts of functional foods in Europe: consensus document. *Brit J Nutr*, **81** (Suppl. 1) : S1-S27.

Drewnowski A (1994). Human preference for sugar and fat. *In*: Fernstrom JD, Miller GD. *Appetite and body weight regulation: sugar, fat and macronutrient substitutes.* CRC Press, Boca Raton (FL, USA), 137-147.

Drewnowski A (1995). Intense sweeteners and the control of appetite. *Nutr Rev,* **53** : 1-7.

Drewnowski A, Kurth C, Holden-Wiltse J, Saari J (1992). Food preferences in human obesity: carbohydrates vs fats. *Appetite*, **18** : 207-221.

Flatt JP (1996). Glycogen levels and obesity. *Int J Obes*, **20** : S1-S11.

Flegal KM, Troiano RP, Pamuk ER *et al.* (1995). The influence of smoking cessation on the prevalence of overweight in the United States. *N Engl J Med,* **333** : 1165-1170.

Flegal KM, Carrol MD, Kuczmarski RJ *et al.* (1998). Overweight and obesity in the United States: prevalence and trends, 1960-1994. *Int J Obes*, 22 : 39-47.

Frayn KN (1993). Insulin resistance and lipid metabolism. *Curr Opin Lipidol*, **4** : 197-204.

Gibson SA (1996). Are high-fat, high sugar foods and diet conductive to obesity ? *Int J Food Sci Nutr,* **47** : 405-415.

Golay A, Allaz A-F, Morel Y *et al.* (1996). Similar weight loss with low- or high carbohydrate diets. *Am J Clin Nutr,* **63** : 174-178.

Griffin BA, Zampelas A (1995). Influence of dietary fatty acids on the atherogenic lipid phenotype. *Nutr Res Rev*, **8** : 1-26.

Hill AJ (1999). The effect of dietary composition on hunger, satiation and satiety. *In*: Guy-Grand B, Ailhaud G. *Progress in Obesity Research, 8,* John Libbey & Co, Londres, 209-213.

Hill JO, Peters JC (1998). Environmental contributions to the obesity epidemic. *Science*, **280** : 1371-1374.

Hill JO, Peters JC, Lin D *et al.* (1993). Lipid accumulation and body fat distribution is influenced by type of dietary fat fed to rats. *Int J Obes*, **17** : 223-236.

Hill JO, Prentice AM (1995). Sugar and body weight regulation. *Am J Clin Nutr,* **62** : 264S-274S.

Horton TJ, Drougas H, Brachey A *et al.* (1995). Fat and carbohydrate overfeeding in humans: different effects on energy storage. *Am J Clin Nutr,* **62** : 19-29.

Houseknecht KL, Vanden Heuvel JP, Moya-Camarena SY *et al.* (1998). Dietary conjugated linoleic acid normalizes impaired glucose tolerance in the Zucker diabetic fatty fa/fa rat. *Biochem Biophys Res Commun*, **244** : 678-682.

Jeffery RW, Hellerstedt WL, French SA, Baxter JE (1995). A randomized trial of counseling for fat restriction versus calories restriction in the treatment of obesity. *Int J Obes,* **19** : 132-137.

Jones PJH, Ridgen JE, Phang PT, Birmingham CL (1992). Influence of dietary fat polyunsaturated to saturated ratio on energy substrate utilization in obesity. *Metabolism*, **41** : 396-401.

Klem ML, Wing RR, McGuire MT *et al.* (1997). A descriptive study of individuals successful at long-term weight maintenance of substantial weight loss. *Am J Clin Nutr,* **66** : 239-246.

Lissner L (1996). Dietary fat and prevention of human obesity. *In:* Angel A, Anderson H, Bouchard C, Lau D, Leiter L, Mendelson R. *Progress in Obesity Research.* **7**, John Libbey & Co, Londres, 673-677.

Lissner L, Heitmann BH (1995). Dietary fat and obesity: Evidence from epidemiology. *Eur J Clin Nutr*, **49** : 79-90.

Louisot P (1999). Les « alicaments ». *Cah Nutr Diét*, **34** : 97-98.

McDowell MA, Briefel RR, Alaimo K *et al.* (1994). Energy and macronutrient itakes of persons ages 2 months and over in the United States: third National Health and Nutrition Examination Survey, phase 1, 1988-1991. Vital Health Stat 1 255.

Mela DJ (1996). Eating behaviour, food preferences and dietary intake in relation to obesity and body weight states. *Proc Nutr Soc,* **55** : 803-816.

Nestel PJ, Pomeroy SE, Sasahara T *et al.* (1997). Arterial compliance in obese subjects is improved with dietary plant n-3 fatty acid from flaxseed oil despite increased LDL oxidizability. *Arterioscler Thromb Vasc Biol*, **17** : 1163-1170.

Organisation Mondiale de la Santé (OMS) (1998). *Obesity: preventing and managing the global epidemic*. Report of a WHO Consultation on Obesity, World Health Organization, Genève.

Pagliassotti MJ, Gayles EC, Hill JO (1997). Fat and energy balance. *Ann NY Acad Sci*, **827** : 431-448.

Pascal G (1999). Les aliments à effet « santé ». *Cah Nutr Diét*, **34** : 103-107.

Pérusse L (1997). The human obesity gene map: the 1996 update. *Obesity Res*, **5** : 49-61.

Popkin BM, Doak CM (1998). The obesity epidemic is a worlwide phenomenon. *Nutr Rev*, **50** : 106-114.

Prentice AM (1996). Food and nutrient intake and obesity. *In*: Angel A, Anderson H, Bouchard C, Lau D, Leiter L, Mendelson R. *Progress in Obesity Research: 7*. John Libbey & Co, Londres, 451-457.

Raben A, Macdonald I, Astrup A (1997). Replacement of dietary fat by sucrose or starch: effects on 14 days ad libitum energy intake, energy expenditure and body weight in formerly obese and never-obese subjects. *Int J Obes*, **21** : 846-859.

Raben A, Tagliabve A, Christensen NJ *et al.* (1994). Resistant starch: the effect on postpandrial glycemia, hormonal response, and satiety. *Am J Clin Nutr,* **60** : 544-551.

Roberfroid MB (1998). Prebiotics and synbiotics: concepts and nutritional properties. *Br J Nutr*, **80** : S197-S202.

Roberfroid MB (1999). Concepts in functional foods: the case of inulin and oligofructose. *J Nutr*, **129** : 1398S-1401S.

Roberfroid MB, Delzenne NM (1998). Dietary fructans. *Ann Rev Nutr*, **18** : 117-143.

Rolls BJ (1996). Role of fat substitutes in obesity prevention and treatment. *In:* Angel A, Anderson H, Bouchard C, Lau D, Leiter L, Mendelson R. *Progress in Obesity Research: 7*. John Libbey & Co, Londres, 459-464.

Rolls BJ, Hill JO (1998). *Carbohydrates and weight management*. ILSI Press, Washington, DC.

Rolls BJ, Kim-Harris S, Fishman MW *et al.* (1994). Satiety after preloads with different levels of fat and carbohydrate: implications for obesity. *Am J Clin Nutr*, **60** : 476-487.

Rolls BJ, Shide DJ (1994). Dietary fat and control of food intake. *In*: Fernstrom JD, Miller GD. *Appetite and body weight regulation: sugar, fat, and macronutrient substitutes*. CRC Press, Inc, Boca Raton, Fl (USA), 167-177.

Ryttig KR, Flaten H, Rössner S (1997). Long-term effects of a very low calorie diet (Nutrilett) in obesity treatment. A prospective, randomized, comparison between VLCD and a hypocaloric diet + behaviour modification and their combination. *Int J Obes*, **21** : 574-579.

Saris WHM, Asp NGL, Björck I *et al.* (1998). Functional food sciences and substrate metabolism. *Br J Nutr*, **80** (Suppl. 1) : S47-S75.

Schlundt DG, Hill JO, Pope-Cordle J *et al* (1993). Randomised evaluation of a low fat ad libitum carbohydrate diet for weight reduction. *Int J Obes*, **17** : 623-629.

Schutz Y, Flatt JP, Jequier E (1989). Failure of dietary fat intake to promote fat oxydation: a factor favoring the development of obesity. *Am J Clin Nutr,* **50** : 307-314.

Schwarz JM, Schutz Y, Piolino V *et al.* (1992). Thermogenesis in obese women: effect of fructose vs glucose added to a meal. *Am J Physiol,* **262** : E394-E401.

Seidel JC (1999). Prevention of obesity - the role of food industry. *In*: Guy-Grand B, Ailhaud G. *Progress in Obesity Research, 8*. John Libbey & Co, Londres, 829-836.

Shah M, Mc Govern P, French S, Baxter J (1994). Comparison of a low-fat, ad libitum complex-carbohydrate diet with a low-energy diet in moderately obese women. *Am J Clin Nutr*, **59** : 980-984.

Stam-Moraga MC, Kolanowski J, Dramaix M *et al.* (1998). Trends in the prevalence of obesity among belgian men at work, 1977-1992. *Int J Obes*, **22** : 988-992.

Stam-Moraga MC, Kolanowski J, Dramaix M *et al.* (1999). Sociodemographic and nutritional determinants of obesity in Belgium. *Int J Obes*, **23** (suppl. 1) : 1-9.

Stubbs RJ (1996). Dietary macronutrients and glucostatic control of feeding. *Proc Nutr Soc*, **55** : 467-486.

Stubbs RJ, Harbron CG, Murgatroyd PR, Prentice AM (1995 a). Covert manipulation of dietary fat and energy density: Effect on substrate flux and food intake in men eating ad libitum. *Am J Clin Nutr*, **62** : 316-329.

Stubbs RJ, Ritz P, Coward WA, Prentice AM (1995 b). Covert manipulation of the ratio of dietary fat to carbohydrate and energy density: effect on food intake and energy balance in free-living men eating ad libitum. *Am J Clin Nutr*, **62** : 330-337.

Toubro S, Astrup A (1997). Randomized comparison of diets for maintaining obese subjects'weight after major loss: ad lib, low fat, high carbohydrate diet vs fixed energy intake. *Br Med J*, **314** : 29-34.

Tremblay A, Buemann B (1995). Exercise-training, macronutrient balance and body weight control. *Int J Obes*, **19** : 79-86.

Tremblay A, Despres JP, Thierault G *et al* (1992). Overfeeding and energy expenditure in humans. *Am J Clin Nutr*, **53** : 857-862.

Troiano RP, Flegal KM, Kuczmarski RJ *et al.* (1995). Overweight prevalence and trends for children and adolescents - the National health and nutrition examination surveys, 1963 to 1991. *Arch Pediatr Adolesc Med*, **149** : 1085-1091.

Vessby B (1995). Nutrition, lipids and diabetes mellitus. *Curr Opin Lipidol*, **6** : 3-7.

Westerterp KR, Wilson SAJ, Rolland V (1999). Diet induced thermogenesis measured over 24 h in a respiration chamber: effect of diet composition. *Int J Obes*, **23** : 287-292.

11

Apports alimentaires, aliments fonctionnels et diabète sucré

Jean-Paul Thissen et Michel Hermans

1. Introduction : diabète et nutrition

La maladie diabétique regroupe une série d'affections métaboliques qui ont en commun la présence d'une hyperglycémie. Cette dernière peut résulter d'un déficit sécrétoire d'insuline, et/ou d'une résistance à ses effets. La présence d'un diabète expose à la survenue ultérieure de complications chroniques, essentiellement d'ordre vasculaire et neurologique, qui peuvent être prévenues par un diagnostic précoce, un traitement adéquat et un contrôle glycémique optimal. L'intervention des apports alimentaires dans le diabète peut s'exercer à de multiples niveaux. Le plus connu concerne le rôle d'un régime d'évitement des sucres rapides et/ou de diminution des apports caloriques en tant que volet diététique de la thérapeutique générale. À côté de ces aspects, les apports alimentaires peuvent influencer la survenue d'un diabète, et ce dès la conception (*via* les apports maternels) et ensuite pendant les différentes phases de la vie. L'influence et le poids relatif de l'alimentation dans ce processus sont déterminés par le type de diabète concerné.

2. Critères et classification du diabète sucré

Les critères de diagnostic actuels du diabète, proposés par l'*American Diabetes Association* en 1997 ont été établis par un Comité international d'experts. Ils remplacent les critères et la classification de 1979 du *National Diabetes Data Group* des *National Institutes of Health* entérinés par l'Organisation mondiale de la santé (OMS) en 1980. Sur la base des anciens critères, le diagnostic de diabète reposait sur la présence d'une glycémie à jeun ≥ 140 mg/dl, et/ou d'une glycémie 120 mn après épreuve d'hyperglycémie par voie orale (HPO) ≥ 200 mg/dl, avec éventuellement signes cliniques d'hyperglycémie et/ou d'insulinopénie. La classification de 1979 distinguait également deux types principaux de diabète, le diabète insulinodépendant et le diabète non insulinodépendant. Les nouvelles recommandations pour le diagnostic et la classification du diabète sont les suivantes (Report of the Expert Committee on the Diagnosis and Classification of Diabetes Mellitus, 1997 ; Engelgau *et al.*, 1997 ; National Diabetes Data Group, 1979).

2.1. Critères

Une glycémie à jeun de 110 mg/dl a été choisie comme limite supérieure de la tolérance glucidique normale, de même qu'une valeur < 140 mg/dl à la 2e heure d'une HPO (75 g glucose). Les critères diagnostiques actuels établissent de trois manières la présence d'un diabète sucré : > 126 mg/dl à jeun, > 200 mg/dl à la 2e heure d'une HPO ou > 200 mg/dl non à jeun. Chacune doit être confirmée ultérieurement (un autre jour). Il est conseillé de privilégier le diagnostic de diabète sur la mesure de la glycémie à jeun (≥ 126 mg/dl). Le Comité d'experts a également identifié un groupe intermédiaire de sujets chez lesquels les valeurs glycémiques, bien qu'inférieures aux nouvelles limites, sont considérées comme excessives, ces sujets présentant une homéostasie glucidique anormale. Ils consistent en un groupe présentant une intolérance glucidique (IGT) « classique » (≥ 140 et < 200 mg/dl à la 2e heure d'une HPO), et un groupe présentant « seulement » une hyperglycémie à jeun ≥ 110 et < 126 mg/dl.

L'épreuve d'HPO n'est plus recommandée en routine pour diagnostiquer un diabète. Il n'y a d'ailleurs pas d'argument scientifique formel qui ait établi sa supériorité sur la glycémie à jeun. Plusieurs études épidémiologiques ont clairement établi que l'association entre la valeur à jeun ou à la 120e mn d'une HPO et la présence de complications microvasculaires (par exemple une rétinopathie) était marquée et d'égale intensité, ce qui permet d'utiliser indifféremment la glycémie à jeun de ≥ 126 mg/dl ou celle de ≥ 200 mg/dl à la 120e mn d'une HPO. Étant donné qu'une mesure à jeun est aisée, peu invasive, économique et rapide, et qu'en outre, la reproductibilité de l'HPO n'est pas parfaite, la première approche est dès lors logiquement proposée comme méthode de choix. Il faut cependant garder à l'esprit que le dépistage d'une population (sans histoire connue de diabète) à l'aide des seuls dosages à jeun de la glycémie amènera à terme à une estimation légèrement inférieure de la prévalence totale du diabète que celle qui aurait été obtenue par une combinaison des dosages à jeun et post-HPO. En revanche, le nombre absolu de sujets diagnostiqués en tant que diabétiques devrait augmenter, de par la facilité de la méthode diagnostique privilégiée.

2.2. Classification

La classification de 1997 supprime les expressions de diabète insulinodépendant et non insulinodépendant. Ces termes, sources de confusion, étaient basés sur une classification thérapeutique plutôt qu'étiologique. La classification actuelle définit le diabète de type 1, le diabète de type 2 et les autres diabètes d'étiologies spécifiques (1997) :

- le *diabète de type 1* (*ex*-insulinodépendant) est caractérisé par une destruction des cellules β. Il aboutit à une déficience absolue en insuline. Il en existe deux formes : une forme auto-immune, la plus fréquente, dans laquelle une immunité cellulaire anormale détruit les cellules β, et une forme idiopathique, plus rare ;

- le *diabète de type 2* (*ex*-non insulinodépendant) est caractérisé par la combinaison d'une résistance à l'insuline et d'un déficit (généralement plus relatif qu'absolu) de la sécrétion insulinique. Les sujets diabétiques de type 2 forment donc un groupe hétérogène, des patients massivement insulinorésistants (avec peu de déficit sécrétoire) aux sujets insulinorequérants (avec insulinorésistance relative).
- les *autres formes spécifiques* de diabètes (*ex*-secondaires) comportent un ensemble hétérogène d'affections du pancréas exocrine, d'endocrinopathies, de diabètes médicamenteux ou chimiques, et d'affections génétiques, en particulier au niveau de la cellule β (diabète MODY [*Maturity Onset Diabetes of the Young*] et diabète mitochondrial).

3. Rôle de l'alimentation dans la survenue d'un diabète sucré : études d'observation

Les facteurs nutritionnels peuvent affecter différemment la survenue d'un diabète selon qu'il s'agisse de diabète de type 1, de type 2 ou de diabète secondaire. Ces facteurs nutritionnels agissent :

- par effet toxique sur la cellule β pancréatique (*facteur diabétogène primaire*) ;
- par effet délétère sur la réponse des tissus insulinosensibles à l'action de l'insuline (*facteur diabétogène secondaire*) ;
- par effet protecteur sur la cellule β pancréatique (*facteur antidiabétogène primaire*) ;
- par effet stimulant sur la réponse des tissus insulinosensibles à l'action de l'insuline (*facteur antidiabétogène secondaire*).

Dans chaque catégorie, le mécanisme d'action des facteurs nutritionnels représente :

- l'effet délétère direct d'un composé normalement absent (toxine alimentaire) ;
- l'effet délétère direct ou indirect (permissif) d'une diminution des taux et/ou des apports d'un ou de plusieurs nutriment(s) normalement présent(s) ;
- l'effet protecteur d'une supplémentation (physiologique ou supraphysiologique) d'un nutriment normalement présent ;
- l'effet protecteur à dose physiologique ou supraphysiologique d'un nutriment normalement absent (pour raisons bioécologéographiques et/ou socioculturelles) de l'alimentation (en remplacement ou en apport complémentaire d'un autre nutriment).

Plusieurs études d'observation ont permis d'individualiser certains facteurs alimentaires incriminés dans le développement d'un diabète de type 1, de type 2 et d'autres formes, tel le diabète tropical.

3.1. Diabète de type 1

Exposition au lait de vache

Le rôle du lait de vache dans la survenue d'un diabète de type 1 est débattu. Des agents environnementaux tels que virus et protéines alimentaires paraissent impliqués dans le déclenchement de la réponse immunitaire de destruction des cellules β-pancréatiques. Le rôle pathogène des protéines du lait de vache a été suspecté sur la base des observations suivantes :

- diminution de l'incidence de diabète dans des modèles animaux de diabète de type 1 par l'élimination complète et précoce de ces protéines, surtout avant sevrage ;
- présence fréquente chez l'homme de titres élevés d'anticorps dirigés contre des protéines du lait de vache, p. ex., β-lactoglobuline et albumine bovine sérique (ABS), contemporaine de l'installation d'un diabète de type 1 ;
- existence d'une réactivité croisée entre les anticorps anti-ABS et certaines protéines de la membrane des cellules β (Martin *et al.,* 1991) ;
- homologie entre l'ABS et certaines protéines du complexe majeur d'histocompatibilité ;
- association entre la consommation de lait au cours de l'enfance, le développement d'une auto-immunité anticellule β et la conversion vers un diabète de type 1 de relatifs de diabétiques de type 1 présentant des anticorps contre les protéines du lait de vache (Virtanen *et al.,* 1998).

Une corrélation inverse a été observée entre la durée de l'allaitement maternel ou l'âge d'introduction des aliments lactés d'origine bovine et les titres d'anticorps anti-protéines de lait de vache. Il existe également une corrélation cette fois positive entre la consommation de lait de vache au cours du jeune âge et les titres de ces mêmes anticorps (Virtanen *et al.,* 1994).

Différents mécanismes ont été proposés pour expliquer ces associations. L'hypothèse selon laquelle une croissance accélérée, favorisée par la consommation de lait de vache, serait associée à l'augmentation du risque de développement d'un diabète de type 1 n'a pu être confirmée. Un suivi pondéral dès le bas âge d'un registre finlandais d'enfants devenus diabétiques a permis de montrer que l'introduction du lait de vache et une croissance rapide dans la petite enfance étaient des facteurs de risque indépendants de développement d'un diabète (Hypponen *et al.,* 1999).

L'hypothèse d'une communauté d'épitopes antigéniques est généralement retenue, et attribue à l'exposition au lait bovin un rôle de *facteur environnemental déclenchant.* Il existe en effet une réactivité entre des anticorps anti-lait de vache et certaines protéines de la membrane des cellules β. Des taux élevés d'immunoglobulines IgG anti-ABS (en majorité anti-ABBOS, peptide candidat de l'épitope réactif) ont été documentés chez des enfants diabétiques de type 1 au moment du diagnostic et dans les mois suivants. Ils disparaissent habituellement endéans un à deux ans. Ces anticorps, qui étaient rarement retrouvés chez des sujets contrôles, et généralement à titre peu élevé (Karjalainen *et al.,* 1992), représentent un facteur de risque indépendant de l'exposition au lait de vache, de la durée d'allaitement maternel ou de la présence d'anticorps anti-îlots (Dahlquist *et al.,* 1992). D'autres protéines du lait ont été incriminées, notamment la β-caséine. Dans une proportion significative de sujets diabétiques de type 1 récemment diagnostiqués, une réponse immunitaire de type T était observée contre l'α- et la β-caséine, la β-lactoglobuline et l'ABS. Des anticorps anti-α et -β-caséine étaient retrouvés chez les sujets HLA DR3 (+), allèle étroitement associé au développement du diabète de type 1 (Sarugeri *et al.*, 1999). Il existe plusieurs variants de la β-caséine bovine (A1, A2, B). La digestion des variants A1 et B produit de la β-casomorphine-7 dotée de propriétés immunosuppressives (à l'inverse de celle du variant commun A2 ou de la caséine humaine). L'exposition à cette forme A1 bovine a été associée à un risque accru de diabète (Elliott *et al.*, 1999).

La muqueuse intestinale est une barrière à fonction immunomodulatrice, et une revue récente de la littérature et des méta-analyses suggèrent que l'auto-immunité contre certains composants du lait de vache ne serait pas spécifique au diabète de type 1, mais refléterait une prédisposition génétique à développer une auto-immunité dirigée contre les protéines alimentaires en général. L'allaitement maternel étant à même de transmettre différents facteurs de croissance, des cytokines, d'autres agents immunomodulateurs, voire de l'insuline, ceux-ci pourraient être impliqués dans la maturation fonctionnelle de la muqueuse intestinale (Harrison, Honeyman, 1999).

L'association entre l'exposition au lait de vache et la survenue d'un diabète a néanmoins été contestée. Bodington *et al.* n'ont pu objectiver de différence entre des sujets diabétiques de type 1 et des sujets contrôles (appariés pour l'âge, le sexe et l'origine ethnique) quant à l'introduction temporelle de lait de vache à un âge précoce, ni quant à la durée écourtée de l'allaitement maternel (Bodington *et al.*, 1994). Norris *et al.* n'ont pas observé d'association entre la présence d'anticorps anti-cellules β et l'exposition au lait de vache, ni à des aliments contenant des dérivés lactés, des céréales, des fruits, des légumes ou des protéines d'origine carnée (Norris *et al.*, 1996). Dans une méta-analyse d'études cas-contrôles, un effet modeste de l'exposition à des substituts d'allaitement maternel était toutefois retrouvé, en particulier pour ceux à base de lait de vache administrés avant l'âge de 3 mois (Norris, Scott, 1996). Chez des enfants relatifs au 1er degré de diabétiques de type 1 à haut risque de diabète, il n'a pas été possible de documenter une association prospective entre la durée de l'allaitement maternel ou l'introduction de lait de vache et le développement d'une auto-immunité anti-îlots (Couper *et al.*, 1999).

3.2. Diabète de type 2

Le diabète de type 2 résulte d'une interaction entre des facteurs génétiques et des facteurs d'environnement. Il existe en effet incontestablement une susceptibilité génétique au diabète. Celle-ci se marque tant au niveau de la sensibilité à l'insuline qu'au niveau de la capacité de sécrétion des cellules β. Les facteurs environnementaux sont multiples. Parmi ceux-ci, les facteurs diététiques jouent un rôle majeur dans le développement du diabète, juste à côté de l'activité physique. L'obésité particulièrement androïde augmente le risque de diabète. À côté de l'effet extrêmement puissant du poids, la composition de l'alimentation semble également jouer un rôle indépendant, bien que modéré, dans la propension à développer un diabète. Cependant, bien plus que toute autre manipulation de l'apport nutritionnel, la prévention de l'obésité représente la mesure hygiénodiététique la plus efficace pour prévenir le diabète sucré.

Les facteurs de risque du diabète sucré comportent notamment l'obésité, la distribution androïde du tissu adipeux (avec ou sans obésité), la résistance à l'insuline, l'intolérance glucidique (IGT) ou l'élévation de la glycémie à jeun et postprandiale (Edelstein *et al.*, 1997 ; Marshall *et al.*, 1997). Dans la plupart des populations, le taux de conversion de l'IGT en diabète sucré est de l'ordre de 3 à 5 % par an, mais peut atteindre jusqu'à 14 % dans certaines ethnies. La présence de diabète sucré dans la famille, de diabète gestationnel ainsi que l'appartenance à certaines ethnies (Indiens Pima, Polynésiens de Nauru, Hispaniques, Mexicains-Américains) (Edelstein *et al.*, 1997) confèrent également un risque accru de diabète, et la prévalence de diabète sucré est 4-5 fois plus élevée dans la population amérindienne que dans la population américaine caucasienne. Il est admis que cette élévation de prévalence est secondaire aux modifications du style de vie, notamment l'augmentation de l'apport en graisses et la réduction de l'activité physique en présence d'un génotype de susceptibilité.

Il n'est donc pas surprenant que de nombreuses études aient tenté de corréler le risque de développer un diabète sucré avec certaines caractéristiques de l'alimentation. Leurs conclusions sont loin d'être concordantes, notamment en raison des différences entre les groupes ethniques étudiés, entre les niveaux de risque absolu des individus, et enfin, entre les outils utilisés pour évaluer l'apport nutritionnel et la sensibilité à l'insuline. Plusieurs études ne montrent d'ailleurs aucune influence de l'alimentation sur le risque de diabète.

Puisque le diabète de type 2 implique par définition la présence d'une double anomalie (*résistance à l'insuline* et *incapacité de la cellule β* à compenser par une hypersécrétion cette résistance), il existe de nombreuses possibilités et niveaux d'implication pour des facteurs nutritionnels aux différents stades de la maladie. L'essentiel de la littérature concerne le rôle de facteurs nutritionnels dans la survenue de la surcharge pondérale ou de l'obésité qui accompagne généralement le diabète de type 2, et/ou dans la pathogénie de l'insulinorésistance. En revanche, il n'existe pas de données permettant d'impliquer formellement des facteurs nutritionnels dans la décompensation de la cellule β qui s'installe au stade clinique de la maladie. Dans le cadre d'autres formes de prévention (secondaire, tertiaire) du diabète de type 2, certains facteurs nutritionnels (micro- et macronutriments) peuvent également jouer un rôle dans la genèse et le traitement des complications de la maladie (en particulier les complications de nature macroangiopathique).

3.2.1. *Hypothèse fœtale*

La taille et le poids de naissance sont en grande partie sous la dépendance de déterminants non génétiques. Des anomalies des apports alimentaires maternels au cours de la grossesse peuvent entraîner un retard de croissance et de développement fœtal, se traduisant notamment par la naissance *à terme* de nouveau-nés hypotrophes (« *small-for-date* » des auteurs anglo-saxons). Un faible poids de naissance ainsi que d'autres marqueurs de croissance fœtale anormale chez des nouveau-nés *à terme* ont été associés à un accroissement de la prévalence à l'âge adulte d'une intolérance glucidique, d'un diabète de type 2 ou encore de stigmates d'un syndrome X métabolique, en particulier hypertension artérielle et vasculopathie. Ceci a mené à la formulation de l'hypothèse « fœtale » selon laquelle des adaptations *in utero* destinées à compenser un environnement fœtal défavorable pour la croissance induisent des modifications métaboliques permanentes potentiellement délétères à l'âge adulte, notamment en terme de prédisposition au diabète de type 2 et au syndrome X métabolique (Barker, Clark, 1997). Chez des Indiens Pima, le poids de naissance était corrélé positivement avec le poids et la taille adultes. Les adultes Pima avec faible poids de naissance étaient plus « maigres » et plus insulinorésistants que les adultes avec poids de naissance normal, alors que ceux qui avaient un poids de naissance élevé étaient plus obèses, mais moins insulinorésistants. Il semble que la moindre sensibilité à l'insuline de ces Pima « maigres » à faible poids de naissance soit à la base du risque très élevé de la partie de cette ethnie vivant aux USA de développer un diabète à l'âge adulte (Dabelea *et al.*, 1999).

Divers mécanismes ont été proposés, notamment des altérations du développement neuro-endocrine fœtal, induisant une modification de la programmation à long terme des niveaux d'équilibres homéostatiques des grands axes hormonaux, tel que l'axe corticotrope. Ces anomalies incluraient une résistance à l'insuline (génétiquement ?) déterminée, induisant :1) un retard de la composante de la croissance fœtale médiée par les effets de l'insuline, ; 2) une résistance à l'insuline à l'âge adulte. Le bas poids de naissance, la résistance à l'insuline (menant éventuellement chez des sujets prédisposés avec fonction β défectueuse à une intolérance glucidique ou à un diabète de type 2), et l'hypertension artérielle seraient *l'expression phénotypique d'un génotype commun d'insulinorésistance* (Phillips, 1998).

L'insuline est un facteur de croissance fœtal, et des anomalies de l'insulinosécrétion fœtale (en réponse à la glycémie de la mère) pourraient ainsi entraîner un retard de croissance *in utero*. Ces anomalies de sécrétion fœtale ou de réponse à l'insuline peuvent être monogéniques (anomalies de la détection de la glycémie, de la sécrétion ou de la réponse périphérique) ou polygéniques. Une étude scandinave a montré l'association d'un faible poids de naissance avec d'autres marqueurs de syndrome X métabolique, tels que l'activité de l'inhibiteur de l'activateur du plasminogène (PAI-1), l'insulinémie spécifique et la pro-insulinémie, mais pas avec le diamètre abdominal, la triglycéridémie et le HDL-cholestérol (Byberg *et al.*, 2000). Dans un ordre d'idée parallèle, des anomalies de développement du réseau vasculaire fœtal ont été impliquées dans la genèse de l'hypertension artérielle et du risque de macroangiopathie. Il apparaît ainsi qu'une combinaison d'influences génétiques et environnementales (maternelles) puisse être sous-jacente à la prédisposition que présentent certains individus à l'âge adulte de développer un diabète de type 2 et/ou des stigmates de syndrome X métabolique (Hattersley, Tooke, 1999).

3.2.2. Lait de vache

Comme dans le diabète de type 1, l'exposition précoce au lait de vache a également été impliquée dans la survenue d'un diabète de type 2. Cette association a été documentée chez les Amérindiens Pima, les sujets exclusivement allaités de manière artificielle ayant un poids supérieur (après ajustement pour l'âge et le sexe) à celui des autres modes d'allaitement, et ceux allaités exclusivement au lait maternel ayant un risque diminué de développement d'un diabète de type 2, après ajustement pour l'âge, le sexe, la période de naissance dans l'année, la présence de diabète chez les parents et le poids de naissance (Pettitt *et al.*, 1997). Le mécanisme de cette association par ailleurs peu documentée n'est pas déterminé.

3.2.3. *Excès pondéral*

L'indice de masse corporelle (IMC) ou encore le gain pondéral particulièrement au niveau abdominal sont les déterminants les plus puissants du risque de diabète sucré (Edelstein *et al.,* 1997 ; Marshall *et al.,* 1997). Une étude réalisée chez les indiens Pima (Hanson *et al.*, 1995) montre qu'un gain pondéral supérieur à 3 kg/an est associé à un risque de diabète de 57/1 000 personnes-années, alors qu'un perte pondérale est associée à un risque de 17/1 000 personnes-années seulement. Il n'existe aucun effet des fluctuations du poids sur l'incidence du diabète. La prévention du diabète passe donc par la prévention de l'obésité. La réduction aiguë de l'apport calorique améliore la sensibilité à l'insuline avant même la réduction du poids.

3.2.4. *Apports lipidiques*

L'apport en graisses totales est le facteur diététique associé au risque de diabète le plus souvent retrouvé (Marshall *et al.,* 1994). Les régimes riches en lipides (surtout saturés) sont associés à la survenue d'obésité et d'insulinorésistance et prédisposent au développement d'un diabète de type 2, alors que les régimes riches en hydrates de carbone exercent un effet protecteur, *via* notamment leur contenu en fibres alimentaires.

De nombreuses études ont mis en évidence une corrélation positive entre l'apport en graisses et le risque de développer un diabète (San Luis Valley (Marshall *et al.,* 1994), San Antonio Heart Study). Étant donné la haute densité énergétique de la graisse, une alimentation « lipidique » est spontanément associée à un apport calorique élevé. Il est fort possible que cette corrélation traduise en fait le risque de développer une obésité. Cependant, d'autres études montrent que l'association entre l'apport en graisses et le risque de diabète est indépendante de l'apport en calories (San Luis Valley). Cette association pourrait s'expliquer par l'effet des graisses *per se* sur la sensibilité à l'insuline. Il existe en effet une association entre un apport élevé en graisses et l'hyperinsulinémie, marqueur simple de résistance à l'insuline (Maron *et al.,* 1991 ; Mayer *et al.,* 1993 ; Parker *et al.,* 1993). Lorsque la sensibilité à l'insuline est évaluée par des techniques plus sophistiquées, on retrouve une corrélation négative entre l'apport en graisse et la sensibilité à l'insuline chez des sujets sains. Ces corrélations disparaissent si l'obésité, fortement corrélée à la résistance à l'insuline, est incluse dans l'analyse. En effet, il existe de façon attendue une forte association entre l'obésité et l'apport en graisses (Lovejoy, DiGirolamo, 1992). De même, chez des sujets obèses et donc à risque de diabète, un apport élevé en graisses aggrave la résistance à l'insuline, mais à nouveau probablement par le biais d'une augmentation du poids (Mayer-Davis *et al.,* 1997). Chez des personnes âgées, il semble également exister une relation inverse entre un apport élevé en graisses et la sensibilité à l'insuline, et ce indépendamment du poids (Feskens *et al.,* 1994). Deux mécanismes pourraient expliquer un effet de l'apport en graisses sur la sensibilité à l'insuline, indépendamment de toute élévation pondérale. Tout d'abord, un apport élevé en graisses augmente le taux d'acides gras libres circulants. Or, des taux élevés d'acides gras libres pourraient diminuer au niveau des cellules β la sécrétion d'insuline induite par le glucose (« lipotoxicité ») et parallèlement inhiber la captation périphérique de glucose induite par l'insuline et la glycémie (compétition de substrats - cycle de Randle) et activer la gluconéogenèse hépatique. Ensuite, un apport élevé en graisses semble pouvoir diminuer le nombre des transporteurs du glucose (Glut-4) au niveau du muscle.

3.2.5. Nature des apports lipidiques

La nature des lipides dont la consommation est associée au risque de diabète sucré est discutée. Plusieurs travaux montrent une association négative entre l'apport en graisses végétales et le risque de diabète indépendamment de l'apport calorique (*Health Physician Follow up Study, Nurses'Health Study* (Colditz *et al.*, 1992)). Cette observation pourrait être rapprochée de l'effet de certains acides gras sur la sensibilité à l'insuline. En effet, les graisses végétales se caractérisent par leur contenu relativement élevé en acides gras polyinsaturés (AGPI). Or, la sensibilité à l'insuline chez l'homme semble être corrélée à la richesse en AGPI des phospholipides contenus dans les membranes des cellules musculaires (Borkman *et al.*, 1993 ; Storlien *et al.*, 1996). Puisque le profil musculaire des acides gras reflète l'apport alimentaire chronique, la relation entre l'apport en AGPI et la sensibilité à l'insuline peut raisonnablement être établie. Cependant, l'effet de la consommation de AGPI sur la sensibilité à l'insuline n'a pas été établi dans des études prospectives. Certaines études suggèrent une relation positive entre l'apport en graisses saturées et le risque de diabète sucré (Feskens *et al.*, 1995 ; Marshall *et al.*, 1994 ; Marshall *et al.*, 1997). À ce jour, aucune étude n'a comparé l'effet d'une alimentation riche en acides gras saturés (AGS) *vs.* acides gras insaturés (AGI) sur le taux de conversion d'une IGT en diabète. L'effet des diètes riches en acides gras monoinsaturés (AGMI) sur le risque de diabète semble variable selon la nature des acides gras qui sont en contrepartie réduits. Si l'alimentation est enrichie en AGMI avec réduction concomitante des AGS, la sensibilité à l'insuline augmente chez le sujet sain. Cependant, plusieurs études mettent en évidence une relation négative entre l'apport en AGMI et la sensibilité à l'insuline (Feskens *et al.*, 1994 ; Maron *et al.*, 1991 ; Mayer *et al.*, 1993 ; Parker *et al.*, 1993). Chez le rat, la nature des graisses consommées peut affecter l'action de l'insuline en altérant la fluidité membranaire et la transduction de l'insuline (Storlien *et al.*, 1991). Dans certains modèles animaux, une alimentation enrichie en AGS par rapport en AGPI favorise l'insulinorésistance. L'insulinorésistance induite par ces diètes peut être diminuée par un régime riche en acides gras *n*-3 à longue chaîne (communément appelés acides gras ω-3, consommés de manière importante par les populations Eskimo d'Alaska et du Groënland) (Vessby, 1995). Il a été également suggéré que l'incorporation de ces acides gras dans les phospholipides membranaires puisse exercer des effets β-sécrétagogues, et insulinosensibilisants (Lardinois *et al.*, 1987). Ceci ne semble pas se vérifier chez l'homme où les ω-3 n'exercent que peu d'effet sur l'homéostasie glucidique. Il a même été démontré que la supplémentation en acides gras de la famille ω-3 détériorait le contrôle glycémique dans le diabète de type 2, de manière dose-dépendante et réversible. Les mécanismes postulés pour expliquer cet effet délétère sont (i) un effet inhibiteur sur la sécrétion β, et (ii) une augmentation de la production hépatique de glucose. Il ne semble pas y avoir de diminution de la sensibilité périphérique à l'insuline sous suppléments d'huiles de poisson. À noter que chez les sujets normaux, une diète enrichie en poisson ou l'administration de suppléments d'huiles de poisson réduit la triglycéridémie à jeun et en postprandial.

3.2.6. Fibres

La corrélation négative entre un apport élevé en fibres et le risque de développer un diabète est clairement établie. Le terme fibres représente des glucides fort différents sur le plan chimique, mais qui partagent la propriété d'être fort peu digérés. Ces nutriments apportent de la masse et du volume, tout en étant faiblement caloriques et non hyperglycémiants. Les fibres d'intérêt appartiennent à 3 groupes :

- polysaccharides non amylacés solubles ;
- amidons résistants ;
- fructo-oligosaccharides.

Cet effet protecteur des fibres résulte d'une triple action. D'abord, une alimentation riche en fibres constitue une alimentation à faible densité énergétique et fort satiétogène (Wang *et al.,* 1998). La propension à développer une obésité est donc moindre avec un tel régime, quelle que soit la nature des fibres. Ensuite, certaines fibres solubles de type gomme, guar, pectine et mucilage modifient le transit intestinal et retardent l'absorption de glucides. Cette propriété est à mettre en rapport avec la capacité de ces fibres à former des gels. Ce type d'alimentation se caractérise par un pouvoir hyperglycémiant réduit et donc un faible index glycémique ou IG (cf. *infra*). Cette propriété est partagée par les fructo-oligosaccharides, qui se comportent de ce point de vue comme des fibres solubles, mais pas par les céréales comme le blé et le riz qui ne contiennent que peu ou pas de fibres solubles. Enfin, certaines fibres (fructo-oligosaccharides, amidons résistants) pourraient affecter le métabolisme glucidique en libérant par fermentation des acides gras à courte chaîne. Ceux-ci, notamment le propionate, sont susceptibles d'améliorer la glycémie à jeun à court terme, en modulant le métabolisme hépatique (Thorburn *et al.,* 1993 ; Venter *et al.,* 1990).

Deux études réalisées dans le cadre de la *Health Professionals Follow Up Study* (Salmeron *et al.,* 1997b ; Salmeron *et al.,* 1997a) montrent qu'une alimentation caractérisée par un IG élevé et un apport faible en fibres céréalières (insolubles) est associée à un doublement du risque de diabète, qui persiste après ajustement pour l'indice de masse corporelle, l'activité physique, l'histoire familiale de diabète et l'apport calorique total. Dans ces études, le risque de diabète est réduit de 22 % si l'apport en fibres passe de 12 à 24 g/j. Dans des populations à risque comme les Pima, une augmentation de l'apport en fibres d'un écart-type est associée également à une réduction du diabète de 39 %. Dans des populations à risque de diabète (San Luis Valley) ou non (Lovejoy et DiGirolamo, 1992), la sensibilité à l'insuline est associée positivement à l'apport en fibres. De même, un régime enrichi en amidon lentement digéré, c'est-à-dire à faible IG, retarde le développement de insulinorésistance dans différents modèles animaux.

L'apport en fibres paraît étroitement corrélé avec l'apport en thiamine, et ce dernier est partiellement corrélé avec la tolérance au glucose. Il a été suggéré sur la base des résultats de l'étude de Hoorn (Pays-Bas) qu'une partie de l'association entre l'apport en fibres et la tolérance au glucose soit attribuable à un apport concomitant en thiamine, le mécanisme de cette association n'étant pas connu (Bakker *et al.,* 1998).

3.2.7. Glucides

Le rôle de la consommation de glucides (à l'exception des fibres) dans le développement du diabète est complexe. La notion selon laquelle un apport élevé en glucides est associé au risque de développer un diabète n'est pas établie chez l'homme et résulte d'observations surtout animales. En effet, des régimes riches en saccharose (> 60 % de l'apport calorique) et en fructose (> 34 %) diminuent la sensibilité à l'insuline chez l'animal. Il n'y a cependant aucune raison de penser que les effets observés avec le saccharose soient limités au saccharose *per se* et ne soient pas produits par toute alimentation caractérisée par un IG élevé (Wolever et Miller, 1995). Cependant, cet effet est nettement moins prononcé chez l'homme, notamment en raison de la proportion plus faible de ces sucres dans l'alimentation humaine par rapport à l'alimentation animale, et du substratum génétique différent. Cet effet des régimes riches en saccharose chez l'animal semble être secondaire au fructose libéré par la digestion du saccharose. Cet effet du saccharose ne se rencontre chez l'homme qu'avec des apports de supérieurs à 30 % de l'apport énergétique. Bien qu'élevée, cette valeur est retrouvée chez ceux qui ingèrent des quantités importantes de limonades. En outre, la consommation de fructose notamment sous la forme de sirop de maïs riche en fructose n'a cessé d'augmenter aux États-Unis depuis 1975 (Daly *et al.*, 1997). Bien qu'une étude réalisée chez l'homme montre qu'un apport élevé en glucides (et en pâtisseries) soit associé au risque de développer un diabète chez des personnes âgées (Feskens *et al.*, 1991), la majorité des travaux montrent cependant qu'une alimentation riche en glucides (et donc pauvre en graisses) augmente au contraire la sensibilité à l'insuline, peut-être en favorisant la perte pondérale. En tous les cas, il ne semble pas que les futurs diabétiques se caractérisent par une consommation plus importante de saccharose que ceux qui ne le deviendront pas (Stern *et al.*, 1982), malgré la croyance populaire que la consommation de sucre soit un facteur de risque de diabète. Comme déjà signalé, il existe des arguments directs et indirects qui indiquent qu'une alimentation à IG faible améliore la sensibilité à l'insuline, et pourrait ainsi prévenir la survenue d'un diabète sucré. De tels régimes exercent également un effet favorable sur les autres facteurs de risques cardiovasculaires, comme le profil lipidique.

3.2.8. Légumineuses

La consommation de certains aliments spécifiques confère une apparente protection contre le développement du diabète sucré. C'est le cas des légumineuses (haricots, pois, fèves, lentilles, soja...). Cette relation a été rapportée notamment chez des personnes âgées aux Pays-Bas (Feskens *et al.*, 1991). Cet effet est probablement la résultante de plusieurs mécanismes. De par la nature de l'amidon et la présence de nombreux antinutriments, les légumineuses constituent un aliment à IG faible. Ensuite, ces aliments sont relativement pauvres en graisses, de toute façon de nature végétale. Enfin, les légumineuses sont riches en fibres. La conjonction de ces différentes propriétés explique l'effet favorable des légumineuses tant dans la prévention du diabète que dans l'amélioration du contrôle glycémique des diabétiques (cf. *infra*).

3.2.9. Micronutriments

Une réduction du risque de développer un diabète de type 2 a été également associée à des apports élevés en calcium, magnésium et potassium (Colditz *et al.*, 1992).

Un abaissement des taux de vitamine D a également été documenté en association avec la présence d'une IGT ou d'un diabète de type 2 (Boucher *et al.*, 1995 ; Scragg *et al.*, 1995). Une carence en vitamine D pourrait être en outre associée à une plus haute prévalence de déterminants d'un syndrome métabolique X (Boucher, 1998). Bien que le mécanisme de l'association ne soit pas démontré, il semble qu'un apport insuffisant en vitamine D contribue à réduire la capacité sécrétoire de la cellule β, laquelle possède des récepteurs pour cette hormone.

En conclusion, la consommation de certains aliments spécifiques semble diminuer le risque de diabète. C'est le cas des graisses végétales, des fibres, des légumineuses et en général d'une alimentation à faible IG. L'effet de ces aliments est d'améliorer la sensibilité à l'insuline, directement ou indirectement en limitant le développement de l'obésité, principale cause d'insulinorésistance. À l'inverse, la consommation de graisses, particulièrement saturées, semble associée à une augmentation du risque de diabète, notamment parce qu'elles favorisent l'obésité. Ceci doit conduire à encourager la consommation d'une alimentation à faible densité énergétique et à faible IG. La réduction de l'IG peut être obtenue en choisissant des granules d'amidon peu digestibles, de l'amidon peu gélatinisé, un rapport élevé amylose/amylopectine et un amidon riche en fibres et en inhibiteurs de la digestion (anti-amylases).

3.3. Diabètes tropicaux

Le terme de diabète tropical couvre de nombreuses formes de la maladie et est potentiellement source de confusion. En effet, l'accroissement de la prévalence du diabète de type 2 dans les régions tropicales et sous-tropicales rend le terme caduc. Le terme de diabète tropical réfère généralement à une forme de diabète souvent associée à une malnutrition ancienne ou contemporaine. L'OMS a défini ces diabètes tropicaux vrais sous le vocable MRDM (*Malnutrition Related Diabetes Mellitus*), qui recouvre 2 formes principales (Abu-Bakare *et al.*, 1986 ; Rao, 1988) :

- le diabète PDPD (*Protein-Deficient Pancreatic Diabetes*) parfois dénommé diabète de type J (pour Jamaïque) ;
- le diabète FCPD (*Fibrocalculous Pancreatic Diabetes*) parfois dénommé diabète de type Z.

Les critères OMS définissant un MRDM comportent :

- une hyperglycémie selon les normes révisées de diabète ;
- une installation de la maladie avant l'âge de 30 ans ;
- la présence d'un indice de masse corporelle (IMC) < 19 $kg{\cdot}m^{-2}$;
- l'absence de cétose ;
- des antécédents de malnutrition dans l'enfance et/ou une situation socioéconomique défavorable ;
- des besoins journaliers en insuline > 60 unités.

Les critères additionnels définissant la forme FCPD comportent :

- des épisodes répétés de douleurs abdominales depuis l'enfance ;
- des arguments radiologiques et/ou échographiques de calcifications pancréatiques (en l'absence d'autre étiologie de pancréatite chronique calcifiante (éthylisme, maladie calculeuse biliaire, etc.).

À côté du rôle éventuel de la malnutrition et des toxines, il semble que comme dans le cas du diabète de type 1 et de type 2, une prédisposition génétique puisse moduler l'installation d'un diabète tropical.

3.3.1. Malnutrition

La malnutrition protéino-calorique est endémique dans de nombreuses régions tropicales. Comme il existe une relation forte entre la prévalence du diabète de type 2 et un IMC élevé, certains auteurs ont naïvement postulé qu'une diminution chronique des apports alimentaires puisse exercer un effet de prévention de la survenue du diabète. Cependant, l'observation d'une prévalence significative de diabète en-dessous du seuil inférieur d'IMC montre que la sous-nutrition ne confère pas ce type d'avantage métabolique. Au contraire, il a été postulé qu'une proportion significative des diabètes rencontrés sous les tropiques résulterait de la malnutrition elle-même, sur la base d'arguments tels que l'association entre carence sévère protéino-calorique et diminution de la réponse de la cellule β. Parallèlement aux mécanismes postulés dans l'hypothèse fœtale, quatre mécanismes par lesquels une sous-nutrition pourrait exercer des effets diabétogènes ont été avancés (Rao, 1988) :

- rôle étiologique primaire (dysfonction, hypoplasie, trouble régénératif et/ou fibrose de la cellule β) ;
- rôle étiologique secondaire (potentialisation de la réponse aux agents diabétogènes (cyanogènes ou autres) ; facilitation de l'expression d'un diabète latent ; susceptibilité à l'insulite auto-immune postvirale ou idiopathique) ;
- rôle étiologique tertiaire (modification de l'expression clinique d'un diabète d'étiologie conventionnelle, ou de ses complications) ;
- rôle étiologique quaternaire (amplification par impact socio-économique chez l'individu en état de malnutrition).

Un apport insuffisant en antioxydants pourrait également favoriser le développement d'un diabète associé à une pancréatite chronique calcifiante. Ainsi, Segal *et al.* rapportent que les taux de la forme oxydée de vitamine C (déhydroascorbate), reflet d'un accroissement du stress oxydatif, sont élevés dans deux régions à fort endémisme de pancréatite chronique calcifiante associée au diabète et à la malnutrition (Soweto (RSA) et Madras (Inde du Sud)). Ces auteurs suggèrent qu'un apport alimentaire inadéquat en antioxydants puisse prédisposer à cette pathologie (Segal *et al.*, 1995 ; Yadav *et al.*, 1991).

3.3.2. Toxines

Il est rapidement apparu que de nombreuses régions où existait à l'état endémique une malnutrition protéino-calorique ne semblaient pas présenter de cas de diabète tropical tels que définis plus haut, et en contrepartie, que de nombreux sujets présentant un PDPD n'avaient pas d'antécédents de malnutrition. L'attention s'est alors portée vers la présence éventuelle de toxines alimentaires, notamment des glycosides cyanogènes présents en quantité significative dans certains éléments de base de l'alimentation en milieu tropical, en particulier le manioc (McMillan et Geevarghese, 1979). La distribution géographique du MRDM coïncide en effet avec la répartition des groupes ethniques utilisant régulièrement le manioc ou d'autres aliments riches en substances cyanogènes (igname, sorgho et millet).

Ces composés cyanogènes (notamment la *linamarine* et la *lotaustraline*) sont normalement détoxifiés par l'organisme, principalement par conversion en thiocyanate, étape qui requiert du soufre, dérivé essentiellement des acides aminés de type méthionine, cystine et cystéine (Kamalu, 1995 ; McMillan et Geevarghese, 1979 ; Rao, 1988). La déficience en ces derniers au cours de la malnutrition protéino-calorique entraîne une accumulation d'acide hydrocyanique, aux propriétés β-toxiques. Le rôle permissif de la malnutrition protéino-calorique dans la toxicité associée au manioc a été évoqué suite à une étude montrant l'innocuité de l'exposition aux cyanogènes en présence d'apports adéquats en macronutriments (Teuscher *et al.*, 1987).

Il faut noter que l'exposition à ces toxines dépend des variétés de manioc utilisées, et du mode de préparation, à même d'éliminer une proportion significative des cyanogènes (Akanji *et al.,* 1990 ; Rao, 1988). Parmi les autres toxines alimentaires qui ont été suspectées dans la genèse des diabètes tropicaux, on peut citer d'autres cyanogènes tels que retrouvés dans la bière Kaffir (impliqués dans la sous-variété « K » de PDPD) et des agents chélateurs de cations divalents à potentiel β-toxique, tels que l'ergothioneine (Epand, 1982). L'hypothèse de la toxicité des cyanogènes alimentaires a toutefois été contestée dans une série de publications plus récentes (Rao, 1993 ; Swai *et al.,* 1992), ayant porté sur des populations d'Afrique de l'Est, chez lesquelles une exposition significative à ces toxiques en présence de malnutrition n'avait pas d'effet sur la prévalence du diabète MRDM. Dans une étude « cas-contrôle » ayant une puissance statistique suffisante, aucune association n'a pu être démontrée entre la consommation de manioc et la pancréatite (Narendranathan et Cheriyan, 1994).

3.4. Diabète secondaire à une pancréatite aiguë ou chronique

Les diabètes secondaires à une pancréatite d'origine éthylique constituent un autre exemple de facteur alimentaire toxique particulier (éthanol) étroitement associé au risque de développement d'un diabète sucré. Le mécanisme commun des diabètes associés aux formes chroniques de pancréatite résulte de l'atrophie pancréatique et de la réduction concomitante de la masse insulaire totale de cellules (Layer et DiMagno, 1999).

4. Prévention nutritionnelle du diabète : études d'intervention

4.1. Diabète de type 1

4.1.1. Vitamine D

Des données animales suggèrent que la vitamine D soit à même d'exercer des effets immunomodulateurs protecteurs dans des modèles de diabète auto-immun. Ainsi, les formes actives de la vitamine D et certains analogues peuvent en modulant les réponses auto-immunitaires à la base de l'insulite β prévenir la survenue d'un diabète chez la souris NOD (Cantorna, 2000 ; Casteels *et al.*, 1998). Chez l'humain, une étude multicentrique européenne a récemment montré qu'une supplémentation en vitamine D dans l'enfance était associée à un risque moindre de développement d'un diabète de type 1, par un mécanisme non encore précisé (The EURODIAB Substudy 2 Study Group, 1999).

4.1.2. Nicotinamide

La niacine comprend l'acide nicotinique et le nicotinamide (vitamine B_3, niacinamide ou PP). L'administration de nicotinamide a été associée à un ralentissement de la perte de la sécrétion insulinique résiduelle chez des diabétiques de type 1 récemment diagnostiqués, et à une diminution du risque de développer un diabète de type 1 chez des sujets à risque élevé (relatifs de diabétiques de type 1 avec auto-immunité anti-cellules β) (Elliott et Chase, 1991). Bien que l'administration d'acide nicotinique à des fins hypolipidémiantes ait été associée à une diminution de la sensibilité à l'insuline, le nicotinamide paraît exercer des effets protecteurs sur la cellule β, tant chez l'animal que chez l'humain (Behme, 1995). L'utilisation systématique et prolongée de cette supplémentation a toutefois été proposée sur la base d'une méta-analyse ayant démontré la capacité du nicotinamide, en association à une insulinothérapie intensive, à préserver une fonction β résiduelle chez des diabétiques de type 1 récemment diagnostiqués, cette administration ne s'accompagnant pas d'effets secondaires (Pozzilli *et al.*, 1996). Plusieurs études à grande échelle sont en cours visant à déterminer l'efficacité à long terme de son administration (seule ou en association à un immunomodulateur conventionnel) en prévention primaire et secondaire du diabète de type 1 (Lampeter *et al.*, 1998 ; Pozzilli, 1998).

Plusieurs mécanismes expliquant l'effet protecteur ont été avancés. La destruction des cellules β par auto-immunité humorale et cellulaire dans le diabète de type 1 est associée à la génération locale de radicaux libres, à une activation de l'enzyme poly(ADP-ribose)-polymérase (PARP) et à une déplétion cellulaire en NAD. L'administration de nicotinamide exerce des effets neutralisants sur les radicaux libres, inhibe la PARP, et protège de la déplétion cellulaire en NAD. Il pourrait également agir en modulant les processus apoptotiques associés à la destruction des cellules β et/ou en exerçant un effet immunomodulateur propre (Gale, 1996 ; Kolb et Burkart, 1999).

4.2. Diabète de type 2

Il existe plusieurs arguments pour suggérer qu'une intervention précoce sous la forme de mesures hygiénodiététiques puisse prévenir l'installation d'un diabète sucré de type 2. Ceci a été bien établi pour la pratique régulière d'une activité physique, associée ou non à une modification de l'alimentation. Dans la plupart de ces études, l'alimentation a été globalement modifiée dans le sens d'un réduction de l'apport calorique avec diminution de l'apport en graisses et augmentation de l'apport en fibres. Ces études avaient généralement pour but de favoriser la perte de poids. Deux grandes études, l'une suédoise et l'autre chinoise, ont établi que des modifications de l'hygiène de vie (modifications de l'alimentation et augmentation de l'activité physique) réduisaient le risque de développer un diabète. Ces études ont été réalisées chez des patients à risque, notamment en raison d'une IGT, d'une obésité ou d'une histoire familiale de diabète. Ces études interventionnelles ont duré 5 à 6 ans. Les variables-cibles considérées étaient le poids, la tolérance glucidique (glycémie à jeun ou postprandiale) et d'autres facteurs de risque cardiovasculaire (pression artérielle, profil lipidique).

4.2.1. *Étude de Da Qing*

Cette étude randomisée a été réalisée dans la ville de Da Qing, à proximité de laquelle la découverte et l'exploitation de gisements pétrolifères a amené une augmentation rapide du pouvoir d'achat, et, en corollaire des modifications rapides du mode de vie à caractère d'industrialisation. On a pu observer une réduction après intervention hygiénodiététique de l'incidence cumulée de diabète de type 2 chez des sujets avec IGT, qui passe en 6 ans de 68 % dans le groupe contrôle à 44 % dans le groupe traité (Pan *et al.*, 1997). Cet effet correspond à une réduction du risque de diabète d'environ 31 %. L'effet préventif s'observait sans diminution significative du poids, y compris chez des sujets sans excès de poids. La pratique régulière d'activités physiques exerçait le même effet préventif, mais n'était pas additif à celui du traitement diététique. Les résultats de cette étude ne sont pas directement généralisables à nos populations, où la majorité des diabétiques sont obèses et où l'incidence cumulée de diabète est moins élevée que dans la population chinoise. Signalons par ailleurs que le taux d'abandon était particulièrement bas dans cette étude.

4.2.2. *Étude de Malmö*

Même si cette étude n'est pas randomisée et contrôlée, son intérêt est d'avoir étudié une population d'hommes obèses avec IGT, population plus proche de la nôtre que celle de Da Quing (Eriksson, Lindgarde, 1991). Dans cette étude, un régime associé à une augmentation des activités physiques diminuait l'incidence cumulée du diabète (de 29 % à 11 %). Plus de 50 % des sujets IGT voyaient leur tolérance glucidique normalisée. Alors que les individus contrôles prenaient 0,5-1,7 % de poids au cours de l'étude, ceux traités perdaient en moyenne de 2,3-3, 7 %. Chez les premiers, la tolérance glucidique se détériorait dans 67 % de cas, et s'améliorait chez les seconds dans 76 %. Parallèlement le groupe traité voyait une amélioration de la pression artérielle et du profil lipidique, d'où réduction du risque cardiovasculaire. Ces deux études démontrent à la fois la faisabilité et l'efficacité de la prévention du diabète par des modifications du style de vie.

4.2.3. *Autres études interventionnelles*

Une étude récente réalisée chez des sujets obèses avec histoire familiale de diabète montre qu'une réduction de l'apport calorique et lipidique réduit le poids à 6 mois, mais non à deux ans. Dans cette étude, une perte de poids de 4,5 kg réduisait le risque de diabète de 30 %. Ce risque était négativement corrélé à la perte de poids (Wing *et al.*, 1998). Une autre étude toujours en cours, réalisée en Finlande chez des sujets avec excès pondéral et IGT, montre qu'un programme diététique et d'activités physiques induit après un an une diminution significative du poids avec amélioration de la tolérance glucidique (Eriksson *et al.*, 1999). Dans l'étude « Oslo Diet & Exercise », une réduction de l'apport en graisses jointe à une augmentation de l'activité physique chez des sujets IGT permet de réduire le poids, la glycémie à jeun, tout en améliorant la sensibilité à l'insuline et la fonction β. Cet effet n'était observé que chez les sujets ayant suivi le programme diététique, avec ou sans exercice. D'autres études n'ont cependant pu démontrer d'effet préventif (Melander, 1996).

Dans certains cas, la perte pondérale peut être obtenue par des moyens non-diététiques. La gastroplastie représente l'intervention chirurgicale la plus pratiquée pour favoriser la perte de poids en cas d'obésité morbide. Elle réduit par un facteur 30 le taux de conversion de l'IGT vers le diabète pendant les 5 années qui suivent l'intervention (Long *et al.*, 1994). L'amélioration de la tolérance glucidique est associée à la réduction du périmètre abdominal (reflet de la graisse viscérale) et des taux circulants d'insuline (Colman *et al.*, 1995).

Peu d'études enfin ont investigué la possibilité qu'un aliment ou nutriment *spécifique* puisse prévenir le diabète sucré. Des études observationnelles ont suggéré une association entre la consommation de légumes et la réduction de l'incidence de diabète sucré. Une étude randomisée en double aveugle n'a toutefois pu démontrer d'effet protecteur d'un supplément de β-carotène (50 mg 1 j/2, soit l'équivalent de deux carottes) dans une population de 20 000 médecins américains suivis pendant 12 ans, malgré l'élévation des concentrations plasmatiques de β-carotène par un facteur 4 (Liu *et al.*, 1999).

5. *Traitement diététique du diabète sucré de type 2*

Les buts du traitement diététique du diabète de type 2 sont :

- la normalisation ou l'abaissement de la glycémie ;
- la normalisation ou l'abaissement des lipides circulants ;
- la normalisation ou l'abaissement de la pression artérielle ;
- le contrôle du poids et de la composition corporelle à long terme ;
- le contrôle des complications (néphropathie).

La prise en charge des facteurs de risque cardiovasculaire se justifie amplement chez les patients diabétiques dont les trois-quarts décéderont d'une maladie cardiovasculaire. En effet, le risque de complications vasculaires coronaires, cérébrales, ou artérielles périphériques est trois à quatre fois plus élevé chez le sujet diabétique que chez le sujet sain.

L'objectif du traitement est de minimiser le risque de complications aiguës (hypoglycémie, acidocétose, hyperosmolarité) et chroniques (macro- et micro-angiopathie) tout en assurant une qualité de vie et une longévité maximale. Bien que le traitement diététique représente un élément essentiel de la prise en charge du diabète, son implémentation demeure difficile pour la plupart des patients diabétiques. Pour normaliser la glycémie, le traitement diététique peut agir en restaurant la capacité sécrétoire de la cellule β et/ou la sensibilité à l'insuline des tissus cibles ou en diminuant le pouvoir hyperglycémiant de l'alimentation.

5.1. Perte pondérale

Chez la majorité des patients diabétiques, l'insulinorésistance résulte directement d'un excès pondéral, le plus souvent de topographie androïde. L'accumulation de graisse viscérale est en effet directement responsable d'une diminution de la sensibilité à l'insuline. Le premier objectif sera dès lors de *réduire la masse de graisse viscérale*. Comme la lipolyse est intense au niveau de ce tissu adipeux, toute réduction de la graisse viscérale est susceptible d'améliorer la sensibilité à l'insuline et, indirectement, le contrôle glycémique. L'efficacité indiscutable d'une perte pondérale même modérée (5 % du poids) sur la glycémie justifie l'acharnement à encourager une perte de poids chez tous les patients diabétiques obèses. Outre l'amélioration de la glycémie, la perte de poids réduit également l'hypertension artérielle, améliore le profil lipidique et donc le profil de risque cardiovasculaire. Il n'est pas nécessaire de normaliser le poids pour voir la glycémie s'améliorer. En effet, une perte pondérale de 5-10 %, indépendamment du poids de départ, améliore déjà significativement la glycémie, la dyslipidémie et la tension artérielle.

La normalisation de la glycémie résulte d'une amélioration de la sensibilité à l'insuline des tissus périphériques, mais aussi d'une restauration de la sécrétion d'insuline par la cellule β. Ce dernier effet pourrait s'expliquer par une diminution des concentrations circulantes de glucose et d'acides gras qui exercent un effet toxique sur la cellule β (concepts de « glucotoxicité » et de « lipotoxicité »). Il pourrait également être la conséquence d'une restauration de la sensibilité au glucose de la cellule β elle-même. L'effet du régime hypocalorique sur la glycémie s'observe souvent bien avant une perte pondérale significative. En effet, la restriction calorique, indépendamment de toute perte pondérale, est déjà susceptible d'améliorer la sensibilité à l'insuline et la glycémie.

La perte pondérale peut être induite dans la majorité des cas par une restriction calorique modérée de l'ordre de 500 kcal/j par rapport aux besoins. Ce déficit calorique est susceptible d'engendrer une perte pondérale de 2 à 4 kg par mois. La réduction de l'apport calorique doit s'effectuer surtout aux dépens des graisses et de l'alcool. La première phase de perte de poids (5-10 %) doit être suivie d'une phase de stabilisation, extrêmement difficile à obtenir. Sauf dans le cas d'une gastroplastie, la perte pondérale n'est que transitoire chez la majorité des patients. Une alimentation pauvre en graisses et suffisante en protéines et en fibres ainsi que la pratique régulière d'activités physiques peuvent néanmoins limiter le risque de *reprise* pondérale. Cependant dans la majorité des cas, il faudra se contenter du contrôle du poids plutôt que de la perte pondérale. Sous peine de se solder par un échec, le traitement diététique devra donc viser d'autres objectifs que la perte pondérale chez la majorité des patients diabétiques obèses. Le traitement diététique devra en effet s'attacher à améliorer le contrôle de la glycémie et du profil lipidique. Dans certains cas, des moyens pharmacologiques et chirurgicaux devront être mis en route pour obtenir une perte pondérale.

5.2. Apport en protéines

Les patients diabétiques ont vraisemblablement des besoins protéiques identiques à ceux des sujets sains. Dans les pays occidentaux, l'apport en protéines couvre 10-20 % de l'apport calorique quotidien et les protéines animales y contribuent pour

± 65 %. Bien que cet apport soit clairement plus élevé que l'apport recommandé pour les sujets sains (0,8 g/kg/24 h), il n'existe aucun argument permettant de décourager cette pratique. La seule réserve tient au fait qu'un apport élevé en protéines, surtout d'origine animale, est souvent associé à un apport élevé en graisses. Ceci est peu souhaitable compte tenu de l'existence d'un excès pondéral chez bon nombre de ces patients. La seule indication de réduire l'apport en protéines chez le patient diabétique est la néphropathie au *stade microalbuminurique*. Même dans ce cas, l'apport ne sera pas réduit à des valeurs inférieures aux apports recommandés (0,8 g/kg/j soit 10 % de l'apport calorique ou 40-60 g/j) sous peine de favoriser une malnutrition. En effet, alors que les bénéfices de la restriction protéique sur l'évolution de la néphropathie demeurent controversés, le risque de malnutrition est lui bien réel. À ce jour, les bénéfices de la restriction protéique ont surtout été démontrés dans la néphropathie associée au *diabète de type 1*. Lorsque le diabète est associé à une insulinopénie sévère, comme c'est le cas dans le diabète de type 1 déséquilibré ou de type 2 très insulinopénique, les conséquences métaboliques d'un excès ou d'une carence en protéines sont exacerbées. En effet, en cas d'apport excessif en protéines, la conversion accrue des acides aminés en glucose peut détériorer l'équilibre glycémique. À l'inverse, en cas de carence en protéines, la perte protéique induite par la restriction en protéines est potentialisée et le risque de malnutrition accru.

5.3. Rapport glucides-lipides

La restriction des glucides, proposée initialement dans le traitement du diabète, est basée sur le fait que seuls les glucides élèvent la glycémie. Cependant de tels régimes sont associés à une augmentation de l'apport en graisses. En effet, les données épidémiologiques montrent une relation inverse entre la consommation de glucides et celle de graisses. Or, un apport élevé en graisses est considéré comme non seulement athérogène, mais également comme favorisant l'obésité. Comme la majorité des patients diabétiques de type 2 présentent un excès pondéral et décèdent de maladies cardiovasculaires, des régimes pauvres en glucides (et donc riches en lipides) ne paraissent plus défendables. De plus, plusieurs travaux ont montré qu'un apport relativement élevé en glucides (50-60 % de l'apport calorique quotidien soit 200-250 g/j) ne constitue pas un frein à un bon contrôle de la glycémie. Ces observations ont donc conduit à relativiser la restriction de l'apport en glucides imposée depuis plus de cinquante ans aux patients diabétiques.

La répartition des calories entre glucides et lipides fait l'objet de nombreux débats. Si l'apport en protéines couvre 15 % des besoins énergétiques, les glucides et les lipides doivent se partager les 85 % restants. Si les experts s'accordent sur la nécessité de réduire les acides gras saturés et « *trans* » qui exercent une action hypercholestérolémiante, la question de savoir par quoi remplacer ces acides gras saturés reste très controversée. Une première possibilité est représentée par un régime hyperglucidique-hypolipidique (55 % glucides et 30 % de lipides avec rapport 1:1:1 entre les AGS, AGMI et AGPI). Cependant, ce type d'alimentation, idéale pour traiter l'hypercholestérolémie, peut chez le diabétique exacerber l'hypertriglycéridémie et détériorer le contrôle glycémique (Coulston *et al.*, 1987). En effet, un apport élevé en glucides peut augmenter la production hépatique de triglycérides et diminuer le cholestérol HDL (Blades et Garg, 1995). Certains travaux suggèrent cependant que l'effet hypertriglycéridémiant d'un régime hyperglucidique chez le diabétique disparaît si l'alimentation est riche en glucides à IG faible et enrichie en fibres surtout solubles (Anderson *et al.*, 1991 ; Riccardi et Rivellese, 1991).

L'autre possibilité est représentée par un régime hypoglucidique-hyperlipidique. Des travaux ont montré qu'une diminution de la ration glucidique au profit d'AGMI permettait d'éviter l'aggravation de l'hypertriglycéridémie et la détérioration de l'équilibre glycémique engendrée par le régime hyperglucidique (Garg *et al.*, 1988 ; Garg *et al.*, 1992). Bien que l'effet favorable de ce régime sur l'hypertriglycéridémie soit indiscutable, les effets sur la glycémie sont modestes et ne semblent pas s'accompagner de modifications significatives du contrôle glycémique global. L'amélioration discrète de la glycémie par un régime riche en AGMI semble à mettre sur le compte d'une réduction de la charge glucidique plus que sur le compte d'une amélioration de la sensibilité à l'insuline. Ce type de régime est néanmoins associé à un risque de prise pondérale. En effet, un régime riche en AGMI n'affecte pas le poids, pour autant que l'apport énergétique soit soigneusement contrôlé. Cependant, dans la pratique, une alimentation riche en graisses s'accompagne souvent d'un apport calorique spontané plus élevé. Cet effet pervers est secondaire à une augmentation de la densité calorique de l'alimentation (« hyperphagie associée aux graisses »). La propension d'un régime relativement enrichi en graisses à favoriser l'obésité demeure néanmoins controversée.

Bien que les conséquences à long terme de ce type de régime sur le poids, l'évolution du diabète, le profil lipidique et la mortalité cardiovasculaire n'aient pas été investiguées, ses ressemblances avec le régime « méditerranéen » permettent d'être relativement rassurant. Le rapport glucides : lipides dans l'alimentation diabétique doit donc être individualisé en fonction du contrôle glycémique et des objectifs en terme de lipides circulants et de poids corporel. Pour le patient diabétique qui ne présente ni dyslipidémie ni excès pondéral, les lipides ne devraient pas représenter plus de 30 % de l'apport calorique avec moins de 10 % d'AGS, un maximum de 10 % d'AGPI et le reste sous forme d'AGMI, les glucides couvrant dans ce cas 55 % de l'apport calorique quotidien. En cas d'hypertriglycéridémie, l'apport en AGMI peut être monté à 20 % avec une diminution parallèle des glucides à 45 %, les graisses couvrant cette fois 40 % de l'apport calorique. En cas d'excès pondéral, une réduction de l'apport en graisses sera proposée.

5.4. Choix des lipides

Afin de prévenir les maladies cardiovasculaires, l'apport en acides gras saturés et de configuration « *trans* » sera limité à 10 % de l'apport calorique quotidien tandis que celui de cholestérol sera réduit à 300 mg/j, voire respectivement moins de 7 % et moins de 200 mg/j en cas d'hypercholestérolémie.

Malgré leur pouvoir hypocholestérolémiant, les AGPI ne représenteront pas plus de 10 % de l'apport calorique. En effet, le diminution du LDL-C qu'ils induisent est associée à une réduction non souhaitée du HDL-C. En outre, le haut degré d'insaturation de ces acides gras les rend hautement oxydables. La diminution du HDL-C et la peroxydabilité accrue du LDL-C favorisent l'athérosclérose. Ainsi donc, malgré la réduction du LDL-C et leur effet favorable sur la sensibilité à l'insuline, ces acides gras exercent des effets collatéraux peu souhaitables pour réduire le risque athérogène. L'apport en AGMI sera en revanche encouragé. En effet, ces acides gras abondamment présents dans l'huile d'olive et d'arachide, réduisent également le LDL-C, mais sans altérer le HDL-C. Ils réduisent en outre la susceptibilité des LDL à l'oxydation. Ces acides gras devraient représenter au minimum 10 %, voire 20 % de l'apport calorique. Leur effets sur la sensibilité à l'insuline demeurent controversés. Dans le diabète de type 2, une alimentation enrichie en AGMI exerçait des effets plus bénéfiques sur le contrôle glycémique qu'une alimentation enrichie en hydrates de carbone complexes. Dans une étude ayant comparé ces 2 modalités, Parillo *et al.* ont observé une diminution des triglycérides et de la glycémie/insulinémie postprandiale avec une alimentation enrichie en AGMI chez des sujets sains ou diabétiques (Parillo *et al.*, 1992). En revanche, dans une étude ayant comparé chez des sujets normaux l'effet à court terme d'une supplémentation en AGS, AGPI et AGMI, il n'a pas été possible de démontrer une modification de la sécrétion β ou de la sensibilité à l'insuline (Fasching *et al.*, 1996). Chez des sujets IGT, Sarkkinen *et al.* ont comparé un régime riche en lipides et en AGMI à un régime pauvre en graisses et enrichi en AGPI sur la sensibilité à l'insuline et la 1re phase sécrétoire. Ces paramètres ne différaient pas selon les groupes, à l'exception de la « *glucose effectiveness* », plus élevée dans le groupe AGMI (Sarkkinen *et al.*, 1996).

Signalons enfin que les acides gras ω-3 exercent un effet hypotriglycéridémiant intéressant (– 30 %), bien qu'ils tendent à élever discrètement le LDL-C et, chez les diabétiques de type 2, la glycémie à jeun. En effet, il semble que ces acides gras inhibent la sécrétion d'insuline et augmentent la production hépatique de glucose (Puhakainen *et al.*, 1995). En revanche, ils n'altèrent pas la sensibilité des tissus périphériques à l'insuline. Ces effets ne sont pas observés avec une consommation d'acides gras ω-3 contenu dans le poisson, mais uniquement sous la forme de suppléments pharmacologiques (au-delà de 4 g d'acide eicosapentaénoïque/j).

5.5. Choix des glucides et index glycémique

Pendant plusieurs décennies, l'interdiction des glucides « simples » dits « rapides » ou encore « sucres » soit essentiellement les mono- et disaccharides, et leur remplacement par des glucides « complexes » dits « lents », essentiellement l'amidon, a constitué le principe de base du traitement diététique du diabète. La classification des glucides comme simples ou complexes en fonction du degré de polymérisation ne prédit cependant pas leurs effets sur la glycémie ou l'insulinémie. Contrairement à l'idée qui a longtemps prévalu, la longueur de la chaîne de polymère de glucose ne freine pas l'hydrolyse de l'amidon. Ainsi, le sucrose ou saccharose engendre une réponse glycémique identique à celle du pain. Comme la réponse glycémique engendrée par un aliment ne peut être prédite d'après la complexité de ses glucides, le concept d'*index glycémique* (IG) a été introduit pour comparer le pouvoir hyperglycémiant des différents aliments. L'IG est défini comme l'aire sous la courbe de la réponse glycémique induite par une quantité définie de glucides par rapport au niveau de la glycémie à jeun. L'IG d'un aliment spécifique est exprimé en pourcentage de la réponse glycémique engendrée par une même quantité de glucides d'un aliment de référence. Le glucose a été pris comme standard, et un IG de 100 lui a été attribué.

L'effet hyperglycémiant de l'amidon dépend de plusieurs facteurs. Le rapport entre amylose et amylopectine explique partiellement la différence entre l'effet hyperglycémiant des différents amidons. En effet, l'amylose est plus lentement digéré que l'amylopectine d'où un plus faible effet hyperglycémiant (van Amelsvoort, Weststrate, 1992). La majorité des amidons végétaux contient 20 % d'amylose et 80 % d'amylopectine. La source de l'amidon joue également un rôle dans l'effet hyperglycémiant. Ainsi, l'effet hyperglycémiant de l'amidon des lentilles est nettement moindre que celui du pain. Ceci est probablement secondaire à la présence de fibres et surtout d'antinutriments qui retardent l'absorption de l'amidon des légumineuses, lentilles notamment. Plus le contenu en fibres solubles est important, plus l'IG sera faible (Nishimune *et al.*, 1991).

Le mode de préparation de l'aliment influence le pouvoir hyperglycémiant de l'amidon. Ainsi, la purée de pommes de terre est plus hyperglycémiante que les pommes de terre en robe des champs. Enfin, les aliments co-ingérés avec l'amidon affectent également son IG. Les graisses ralentissent la vidange gastrique et donc étalent le pic glycémique. Cet effet pourrait être secondaire à la sécrétion de « Gastric Inhibitory Peptide » ou GIP qui peut agir en inhibant la motilité de l'estomac, mais aussi en exerçant un effet « incrétine », d'où la plus faible élévation de la glycémie et la plus forte élévation de l'insuline. La nature des acides gras co-ingérés module également l'IG. La réponse glycémique et insulinémique d'une charge glucidique est plus faible si elle est co-ingérée avec des AGPI plutôt qu'avec des AGMI ou des AGS (Rasmussen *et al.*, 1996). En pratique, l'effet hyperglycémiant d'un repas est proportionnel au contenu en glucides et à son IG. Ce concept de l'IG a cependant été longtemps controversé, en raison notamment des difficultés liées à son application dans la vie quotidienne où la plupart des aliments sont consommés au cours de repas mixtes. Des travaux ont confirmé l'applicabilité de l'IG dans le cadre de repas mixtes.

Dans l'alimentation du diabétique, la priorité doit être accordée à la quantité de glucides consommée. C'est la raison pour laquelle le sucrose peut se substituer, mais non s'ajouter aux autres glucides. En effet, comme le suggère la comparaison des IG du sucrose et du pain, le remplacement isoénergétique d'amidon par du sucrose en quantité modérée (25-45 g/jour c'est-à-dire 5–10 % de l'apport énergétique) et dans un repas mixte ne modifie pas la glycémie chez des diabétiques de type 1 et 2. Dans cette optique, la quantité de sucrose ne devrait pas dépasser 10 % de l'apport calorique. En effet, la prise d'une quantité élevée de sucrose ou fructose risque de favoriser l'assuétude au goût sucré qui constitue un encouragement à en consommer de manière exagérée. Le contenu relativement élevé en graisses d'aliments sucrés (chocolat, biscuits, pâtisseries) risquerait alors de rendre difficile le contrôle du poids.

Les glucides à IG faible seront privilégiés dans l'alimentation du diabétique. En effet, de nombreuses études ont montré qu'une alimentation riche en glucides à IG bas en remplacement de glucides à IG élevé améliore le contrôle glycémique des diabétiques. Une méta-analyse de 11 études met en évidence une réduction de l'HbA_{1c} de 9 %, de la glycémie nycthémérale moyenne de 16 %, des triglycérides de 9 % et du cholestérol de 6 %. Une alimentation à IG faible pourra être obtenue en privilégiant les amidons riches en amylose ainsi que les aliments riches en fibres solubles et en anti-nutriments. Certains travaux chez l'animal montrent en outre qu'une alimentation à IG élevé stimule la lipogenèse et augmente la taille des adipocytes, contrairement à un régime à faible IG. La consommation de glucides à IG élevé sera réservée aux situations où la glycémie tend à diminuer, comme c'est le cas au cours du repas ou avant l'activité physique. Elle pourra également être autorisée dans le cadre de repas mixtes glucido-lipidiques, où le pouvoir hyperglycémiant des aliments sera atténué par le ralentissement de la vidange gastrique causé par les graisses et les fibres.

5.6. Répartition, fractionnement et ralentissement de l'hyperglycémie postprandiale

Le fait que seuls les glucides élèvent la glycémie justifie leur *répartition* au cours du nycthémère. À l'instar d'une alimentation riche en fibres, le fractionnement de l'apport glucidique favorise une absorption lente des glucides, d'où une meilleure utilisation de la sécrétion insulinique résiduelle. Ce fractionnement se fait au cours des trois repas habituels, mais également au travers de deux à trois collations interprandiales. Celles-ci sont particulièrement utiles chez les diabétiques traités à l'insuline, pour compenser l'hyperinsulinémie relative qui survient deux à trois heures après injection sous-cutanée d'insuline rapide ordinaire. Leur utilisation est toutefois moins utile dans cette perspective en cas d'utilisation d'analogues de l'insuline à action ultra-rapide (Lispro et Humalog®). Des données montrent également l'amélioration du contrôle glycémique avec le fractionnement chez les diabétiques de type 2. Chez ces patients cependant, cet effet doit être mis en balance avec le risque de voir l'apport calorique quotidien augmenter chez des patients souvent en excès pondéral.

Les légumineuses constituent une source intéressante de glucides à faible IG. Celui-ci est dû à la présence de nombreux anti-nutriments (phytates, saponines, tanins, lectines), substances qui ralentissent l'hydrolyse de l'amidon. Certains anti-nutriments sont d'ailleurs utilisés dans le traitement du diabète de type 2. C'est le cas de l'acarbose qui inhibe les disaccharidases intestinales responsables de la digestion des glucides. Le rapport élevé entre amylose et amylopectine ainsi que la faible pénétration de l'eau au niveau du granule d'amidon contribuent également au faible index glycémique de cette classe d'aliments. L'éviction des sucres n'est donc pas nécessaire à l'obtention d'un contrôle glycémique optimal. Elle n'est même probablement pas souhaitable en raison d'une augmentation de l'apport en graisses et en amidon à IG élevé. Les limonades sucrées et jus de fruits constituent la seule interdiction.

5.7. Fructose

L'intérêt du fructose réside dans son plus faible IG et son plus grand pouvoir sucrant par rapport au sucrose. C'est la raison pour laquelle il a été proposé comme substitut du sucrose dans l'alimentation des diabétiques. Bien que les aliments à base de fructose produisent une plus faible élévation de la glycémie que leurs équivalents à base de sucrose, la différence est plus faible chez les sujets diabétiques de type 2 que chez les sujets contrôles. En outre, la consommation de quantités importantes de fructose (> 20 % de l'apport énergétique quotidien) induit une élévation de la cholestérolémie et/ou de la triglycéridémie. Enfin, peu d'études à long terme ont investigué chez les patients diabétiques les conséquences d'une alimentation modérément enrichie en fructose, notamment sur les complications du diabète (fructosylation des protéines ?).

Dans l'état actuel des connaissances, il semble que la substitution du sucrose par du fructose n'offre qu'un bénéfice modeste sur l'équilibre glycémique, mais n'altère pas le profil lipidique. La consommation actuelle de fructose aux États-Unis s'élèverait à 37 g/j soit 8 % de l'apport calorique. Les boissons non-alcoolisées représentent la principale source de fructose ajouté (40 % de la consommation de fructose aux États-Unis) tandis que les fruits et dérivés représentent la principale source naturelle de fructose (20-25 % de la consommation). Un grand buveur de limonades consomme donc une quantité importante de sucrose et de fructose. Il n'existe aucune raison de limiter la consommation d'aliments qui contiennent de façon spontanée du fructose, comme les fruits et certains légumes. L'indication de limiter les aliments enrichis en fructose comme certaines pâtisseries et crèmes glacées est discutable. Même si le fructose peut être considéré comme un substitut du sucrose, il se distingue nettement des autres édulcorants, notamment en raison de son apport calorique identique à celui du sucrose (4 kcal/g). En outre, l'utilisation du fructose comme édulcorant dans des aliments pour diabétiques conduit souvent à une augmentation du contenu en graisses, ce qui est peu favorable au contrôle du poids.

5.8. Fibres

L'effet des fibres sur la glycémie est en général modeste (Vuorinen-Markkola *et al.*, 1992). Seules les fibres solubles (*gommes, pectines, guar*) capables de former un gel, présentent un intérêt dans le contrôle de la glycémie. En effet, elles ralentissent l'absorption intestinale des glucides en augmentant la viscosité du bol alimentaire, d'où un étalement de la résorption intestinale des glucides. Ceci explique le faible IG des légumineuses, des fruits et des légumes verts. Ainsi, l'adjonction de guar à l'alimentation des diabétiques de type 2 (Tagliaferro *et al.*, 1985) induit une diminution des élévations glycémiques postprandiales et une amélioration de la sensibilité à l'insuline en aigu. En chronique, la prise de guar (15 g/j) induit une diminution de la réponse glycémique d'un repas test et une réduction de 0,5 % de l'hémoglobine glycatée ainsi qu'une amélioration du profil lipidique chez les diabétiques de type 2 (Groop *et al.*, 1993). Ceci n'a toutefois pas été retrouvé chez des diabétiques de type 1, où l'addition de 15 g de guar par jour pendant 3 mois ne semble pas modifier la sensibilité à l'insuline et le degré de contrôle glycémique (Bruttomesso *et al.*, 1991). Les fibres de soja exercent également un effet bénéfique sur le contrôle glycémique. La prise de 7 g de fibres de soja diminue l'effet hyperglycémiant du petit déjeuner plus que la prise d'une même quantité de cellulose (Librenti *et al.*, 1992). Cet effet sur la glycémie s'accompagne d'une réduction simultanée de la cholestérolémie. Les fibres insolubles (*cellulose, hémicellulose* présentes dans le son de blé) n'ont en revanche aucun effet sur la glycémie, ce qui explique que le pain gris a le même IG que le pain blanc. Néanmoins, certaines céréales riches en fibres hydrosolubles de type β-glucan (comme l'avoine) présentent l'avantage d'augmenter la viscosité du bol alimentaire, et par là de ralentir l'absorption postprandiale. Ainsi, une réduction de 50 % du pic glycémique est obtenue lors de l'absorption de céréales contenant 10 % de β-glucan. L'efficacité de l'adjonction d'hémicellulose soluble de son de maïs (10 g/j pendant 6 mois) a été investiguée chez des sujets diabétiques de type 2, obèses et contrôles. Une réduction de la courbe d'hyperglycémie provoquée et de l'insulinémie a été observée chez les obèses, de l'HbA_{1c} chez les diabétiques, et de la glycémie à jeun dans les 3 groupes, ce qui suggère un effet potentiellement bénéfique dans le contrôle du diabète de type 2 (Hanai *et al.*, 1997). Dans une autre étude randomisée contre placebo chez des diabétiques de type 2 hypertendus et dyslipidémiques, l'adjonction de fibres de konjac-mannan pendant 3 semaines dans le cadre d'un régime pauvre en lipides a permis d'améliorer le contrôle glycémique et de diminuer le cholestérol total, le rapport cholestérol total : HDL et les chiffres de pression artérielle systolique (Vuksan *et al.*, 1999). En raison de leurs effets favorables sur la glycémie et les autres facteurs de risques, les fibres solubles doivent être encouragées chez les diabétiques. L'apport des diabétiques en fibres n'a pas de raison de différer de celui recommandé pour tout sujet, à savoir 25-30 g/j, ce qui est loin de la consommation habituelle (proche de 10-15 g).

5.9. Fructo-oligosaccharides

Certains oligosaccharides non-digérés (fructo-oligosaccharides ou FOS) présentent des propriétés intéressantes pour l'alimentation des diabétiques. En effet, ces produits ne sont pas hydrolysés par les enzymes digestives et sont complètement fermentés par la flore colique. Leur apport calorique est faible (de l'ordre 2 kcal/g soit la moitié du sucrose). Ils ont cependant un pouvoir sucrant identique au sucrose et des propriétés physico-chimiques qui miment le saccharose dans une large gamme d'applications. Les FOS se comportent comme des fibres solubles. Certains travaux montrent qu'une supplémentation de FOS diminue la glycémie à jeun de patients diabétiques. Cet effet semble secondaire à une diminution de la production hépatique de glucose, comme cela a été mis en évidence chez des volontaires ingérant 20 g/j de FOS (Luo *et al.*, 1996). En revanche, d'autres études montrent que l'addition de 15 g/j de FOS pendant 20 j chez des diabétiques de type 2 ne modifient ni la glycémie à jeun ni le profil lipidique. Contrairement aux premières études, ces patients étaient déjà bien contrôlés sur le plan glycémique (Alles *et al.*, 1999). Les effets bénéfiques observés chez le rat l'ont été avec des doses par kg de poids corporel dix fois supérieures, intolérables chez l'homme en raison des effets secondaires digestifs. Comme les fibres, les FOS atteignent le cæcum intacts et sont entièrement fermentés en acides gras à chaînes courtes.

5.10. Mycoprotéines

Les mycoprotéines produites par fermentation continue de *Fusarium graminearum* (Schwabe) sont une alternative protéique de haute valeur nutritive, riche en fibres insolubles sous forme de chitine et de glucannes, pauvres en graisses (surtout insaturées), dépourvues de cholestérol et satiétogènes. L'absorption d'aliments à base de mycoprotéines réduit la réponse glycémique (– 13 % à 60 mn) et insulinémique (– 19 % à 60 mn) lors d'un test de tolérance glucidique chez des sujets sains, ce qui a fait postuler un intérêt diététique éventuel de ce type d'aliment protéique (Quorn®) dans le diabète (Turnbull et Ward, 1995). Les effets satiétogènes des aliments contenant des mycoprotéines, par ailleurs riches en fibres, ont été documentés chez des sujets normaux (Burley *et al.*, 1993). Nous avons déterminé les effets aigus sur la glycémie et l'insulinémie plasmatiques d'un remplacement isocalorique des protéines animales par des mycoprotéines au cours d'un repas mixte chez des sujets normaux et diabétiques de type 2. Chez les sujets normaux, les incréments glycémiques et la surface sous la courbe postprandiaux étaient légèrement plus élevés après Quorn®. Le remplacement des protéines animales par des mycoprotéines augmentait aussi la glycémie et l'insulinémie postprandiales chez les sujets diabétiques de type 2, et n'améliorait donc pas l'IG du repas. Le bénéfice métabolique de ce type de substitution n'est donc pas démontré en aigu (Hermans *et al.* 1995), et les effets à long terme sur la glycémie n'ont pas été démontrés.

5.11. Édulcorants

Les dérivés de sirop de maïs riches en glucose et fructose ne présentent pas d'avantages majeurs par rapport au sucrose en termes de contenu calorique et de réponse glycémique. Les polyols (*sorbitol, mannitol, lactitol, xilitol*) se caractérisent par un plus faible contenu calorique (2 kcal/g) et un faible IG. Ils présentent donc un certain intérêt chez les diabétiques (Natah *et al.*, 1997). Leur bénéfice est limité par leurs effets secondaires, notamment à fortes doses les diarrhées. Les édulcorants intenses comme l'aspartame, l'acésulfame K et la saccharine présentent l'avantage d'un grand pouvoir sucrant pour un apport calorique nul. Leur usage ne pose aucun problème sauf pour l'aspartame en cas de phénylcétonurie.

5.12. Vanadium

Le vanadium est un métal largement répandu dans la nature. Il existe à l'état de traces dans le corps humain, mais son caractère essentiel n'a pas encore été démontré. L'administration de vanadium à des rats diabétiques obèses et hyperinsulinémiques diminue de façon spectaculaire la glycémie. Cet effet est secondaire à une amélioration de la sensibilité à l'insuline. Pour peu que des études toxicologiques démontrent l'innocuité de l'administration prolongée des sels de vanadium, ce métal aura probablement un rôle dans le traitement du diabète de type 2. En effet, des formes organiques de vanadium semblent moins toxiques, plus facilement absorbées et seraient plus puissantes que les formes inorganiques. Ce type de traitement aurait l'avantage d'agir spécifiquement sur la résistance à l'insuline. Chez l'homme, les premières études montrent que les composés organiques exercent effectivement un effet insulinomimétique (Brichard et Henquin, 1995). Leur administration induit une réduction de la glycémie à jeun et du débit hépatique en glucose. Cet effet résulte d'une amélioration de la sensibilité à l'insuline au niveau du foie et du muscle.

5.13. Chrome

Un faisceau d'arguments suggère que le chrome puisse jouer un rôle dans l'homéostasie glucidique. La déficience en chrome chez l'animal induit une intolérance glucidique. De même, les patients nourris par alimentation parentérale au long cours développent un syndrome clinique d'insulinorésistance réversible par l'administration de chrome (Jeejeebhoy *et al.*, 1977). Enfin, le GTF ou « glucose tolerance factor », complexe protéique extrait de la levure de bière et contenant du chrome trivalent, prévient la détérioration de la tolérance glucidique liée à l'âge chez le rat.

D'autres complexes semblables (« *Low molecular weight chromium binding substance* » ou LMWCr), isolés dans le foie, potentialisent l'action de l'insuline sur le transport du glucose *in vitro* (Yamamoto *et al.*, 1987). Cet effet du chrome pourrait être médié par une augmentation de la liaison de l'insuline à son récepteur, ainsi que par une potentialisation de l'action de l'insuline sur l'activité tyrosine kinase de son récepteur (Davis et Vincent, 1997).

L'utilisation du chrome dans le traitement du diabète de type 2 reste néanmoins controversée pour plusieurs raisons. En effet, bien que la carence en chrome soit associée à une intolérance glucidique, le bénéfice d'un supplément en chrome sur le contrôle glycémique chez le patient diabétique demeure non prouvé. La plupart des études ne montrent aucun bénéfice d'un supplément en chrome sur la glycémie. Trois études contrôlées réalisées chez les diabétiques de type 2 n'ont mis aucun effet en évidence (Abraham *et al.*, 1992 ; Uusitupa *et al.*, 1983). Cependant, une étude récente réalisée à Pékin montre que l'administration de picolinate de chrome (200 ou 12 000 µg/j) améliore la glycémie à jeun et postprandiale ainsi que l'HbA_{1c} à 2 et 4 mois (Anderson *et al.*, 1997). Cet effet sur l'homéostasie glucidique n'était pas secondaire à une perte de poids. La généralisation de ces données aux diabétiques occidentaux est difficile notamment en raison de l'absence d'obésité des chinois étudiés et des différences d'alimentation entre les deux populations. D'autres études sont absolument nécessaires avant d'encourager la prise de ces suppléments par les patients diabétiques. De façon plus générale, la controverse tient également au fait qu'il n'existe aucun paramètre biochimique ou physiologique mesurable affecté par la carence en chrome. Il ne semble pas exister de diminution des taux de chrome dans le sérum, les cheveux et les globules rouges des diabétiques, ce qui ne plaide pas en faveur d'une carence en chrome chez ces patients (Rabinowitz *et al.*, 1980), même si les pertes urinaires de chrome sont majorées chez le diabétique et donc le risque théorique de carence en chrome plus important. Néanmoins, dans les cas de carence en chrome secondaire à une alimentation parentérale, le diagnostic de carence n'avait pu être établi que sur base des effets de l'administration de chrome sur la tolérance glucidique.

La forme chimique de chrome utilisée est aussi importante à considérer. En effet, l'absorption du chrome sous forme inorganique est négligeable (moins de 2 %). Sous forme de picolinate, l'absorption est meilleure (3 %), mais demeure néanmoins très faible par rapport à l'absorption sous forme de levure de bière (10-25 %). La toxicité du chrome, du moins trivalent, semble en revanche négligeable, aucun effet toxique n'ayant été mis en évidence dans 19 études randomisées et contrôlées au cours desquelles les patients ont reçu entre 175 et 1 000 µg/jour pendant des périodes allant de 6 à 64 semaines (Jeejeebhoy, 1999).

5.14. Magnésium

Comme pour le chrome, plusieurs arguments suggèrent que le magnésium puisse jouer un rôle dans l'homéostasie glucidique. La déficience en magnésium est clairement associée au diabète sucré et en particulier à l'insulinorésistance (Ma *et al.*, 1995). Aucune étude n'a cependant démontré qu'il existait une relation causale entre la carence en magnésium et la résistance à l'insuline. Pour certains, la déficience en Mg altère l'action de l'insuline. Le magnésium joue en effet un rôle essentiel dans le transport du glucose et dans l'activité de nombreuses enzymes impliquées dans son métabolisme. Pour d'autres, la déplétion en magnésium ne serait que la conséquence de l'insulinorésistance. En effet, l'insuline même à doses physiologiques stimule l'excrétion urinaire de magnésium (Djurhuus *et al.*, 1995). De même, la résistance du transport du glucose à l'action de l'insuline est associée à une résistance du transport du magnésium (Alzaid *et al.*, 1995). Dans ce cas, la déplétion en magnésium ne serait que le reflet de l'insulinorésistance et non l'inverse. En effet, la déplétion en magnésium a été mise en évidence dans plusieurs états d'insulinorésistance, autres que le diabète (hypertension artérielle, obésité).

Le diabète sucré est associé à un risque accru de déficience en magnésium. En effet, l'hypomagnésémie est plus fréquente chez les diabétiques que chez les sujets sains. De fait, l'excrétion urinaire de magnésium est souvent accrue chez le diabétique, surtout si le diabète est déséquilibré (glycosurie) et est renforcée par la prise de diurétiques. Dans certaines études, une déficience en magnésium a pu être démontrée sur base de taux tissulaires abaissés de magnésium (biopsie musculaire ou monocytes circulants).

Afin de mieux comprendre les relations entre déplétion en magnésium et insulinorésistance, plusieurs études ont tenté d'évaluer les effets de la supplémentation en magnésium sur le contrôle glycémique des patients diabétiques de type 2. Rares sont les études qui montrent un effet favorable de la supplémentation en magnésium sur l'équilibre glycémique des patients diabétiques (Eibl *et al.*, 1995) (Eriksson, Kohvakka, 1995). Une étude montre néanmoins que la supplémentation en magnésium augmente la clairance du glucose et la réponse de l'insuline lors d'une IVGTT (Paolisso *et al.*, 1989). Cependant, cette supplémentation équivalait environ à 10 fois la dose recommandée de magnésium. Il est donc possible qu'une dose élevée (30 mmoles/jour) et qu'une période prolongée (plus d'un mois) soient nécessaires pour observer un effet significatif. Les effets bénéfiques d'une supplémentation en magnésium chez les patients diabétiques ne sont pas encore suffisamment établis pour encourager l'utilisation de ces suppléments de façon systématique.

5.15. Vitamine C

La plupart des études mettent en évidence une diminution d'environ 30 % des concentrations d'acide ascorbique chez les patients diabétiques par rapport aux sujets contrôles (Will et Byers, 1996). Cette réduction ne semble pas secondaire à une diminution de l'apport alimentaire en vitamine C. Deux mécanismes semblent l'expliquer. D'une part, l'hyperglycémie et la glycosurie conséquente engendrent une excrétion accrue de vitamine C et par là une réduction des concentrations circulantes d'acide ascorbique. D'autre part, il a été évoqué que le stress oxydatif des diabétiques pourrait consommer une plus grande quantité de vitamine C pour neutraliser les radicaux libres.

La supplémentation de diabétiques en vitamine C ne modifie pas la glycémie, mais diminue les concentrations intracellulaires de sorbitol, réduit la fragilité capillaire et améliore le flux sanguin dans l'avant-bras (Will et Byers, 1996). Une supplémentation supérieure à 2 g/j pourrait aussi réduire les lipides circulants chez les diabétiques. Par ailleurs, il ne semble pas exister de relation entre le taux d'HbA_{1c} et l'apport en vitamine C (Shoff *et al.*, 1993). La question de savoir quel est le besoin en vitamine C des diabétiques demeure ouverte, tout comme les bénéfices que pourrait apporter une supplémentation dans cette population.

Conclusion

Au terme de cette revue des interactions entre les apports nutritionnels et les différentes formes de diabète sucré, il est clair qu'il existe une place élective pour des aliments susceptibles de prévenir l'éclosion de ces maladies, d'en améliorer le contrôle et d'en prévenir les complications ou manifestations associées. Ces aliments fonctionnels sont sans nul doute promis à un grand avenir au terme d'études prospectives rigoureuses, dont certaines ont déjà commencé, en particulier dans le diabète de type 2 et le syndrome X.

Références bibliographiques

Report of the Expert Committee on the Diagnosis and Classification of Diabetes Mellitus (1997). *Diabetes Care*, **20** : 1183-1197.

Abraham AS *et al.* (1992). The effects of chromium supplementation on serum glucose and lipids in patients with and without non-insulin-dependent diabetes. *Metabolism*, **41** : 768-771.

Abu-Bakare A *et al.* (1986). Tropical or malnutrition-related diabetes: a real syndrome ? *Lancet*, **1** : 1135-1138.

Akanji AO *et al.* (1990). Plasma glucose and thiocyanate responses to different mixed cassava meals in non-diabetic Nigerians. *Eur J Clin Nutr*, **44** : 71-77.

Alles MS *et al.* (1999). Consumption of fructo-oligosaccharides does not favorably affect blood glucose and serum lipid concentrations in patients with type 2 diabetes. *Am J Clin Nutr*, **69** : 64-69.

Alzaid AA *et al.* (1995). Effects of insulin on plasma magnesium in non-insulin-dependent diabetes mellitus: evidence for insulin resistance. *J Clin Endocrinol Metab*, **80** : 1376-1381.

Anderson JW *et al.* (1991). Metabolic effects of high-carbohydrate, high-fiber diets for insulin-dependent diabetic individuals. *Am J Clin Nutr*, **54** : 936-943.

Anderson RA *et al.* (1997). Elevated intakes of supplemental chromium improve glucose and insulin variables in individuals with type 2 diabetes. *Diabetes*, **46** : 1786-1791.

Bakker SJ *et al.* (1998). The association of dietary fibres with glucose tolerance is partly explained by concomitant intake of thiamine: the Hoorn Study. *Diabetologia*, **41** : 1168-1175.

Barker DJ, Clark PM (1997). Fetal undernutrition and disease in later life. *Rev Reprod*, **2** : 105-112.

Behme MT (1995). Nicotinamide and diabetes prevention. *Nutr Rev*, **53** : 137-139.

Blades B, Garg A (1995). Mechanisms of increase in plasma triacylglycerol concentrations as a result of high carbohydrate intakes in patients with non-insulin- dependent diabetes mellitus. *Am J Clin Nutr*, **62** : 996-1002.

Bodington MJ *et al.* (1994). Cow's milk and type 1 childhood diabetes: no increase in risk. *Diabet Med*, **11** : 663-665.

Borkman M *et al.* (1993). The relation between insulin sensitivity and the fatty-acid composition of skeletal-muscle phospholipids. *N Engl J Med*, **328** : 238-244.

Boucher BJ (1998). Inadequate vitamin D status: does it contribute to the disorders comprising syndrome "X"?. *Br J Nutr*, **79** : 315-327.

Boucher BJ *et al.* (1995). Glucose intolerance and impairment of insulin secretion in relation to vitamin D deficiency in east London Asians. *Diabetologia*, **38** : 1239-1245.

Brichard SM, Henquin JC (1995). The role of vanadium in the management of diabetes. *Trends Pharmacol Sci*, **16** : 265-270.

Bruttomesso D *et al.* (1991). No effects of high-fiber diets on metabolic control and insulin-sensitivity in type 1 diabetic subjects. *Diabetes Res Clin Pract*, **13** : 15-21.

Burley VJ *et al.* (1993). Influence of a high-fibre food (myco-protein) on appetite: effects on satiation (within meals) and satiety (following meals). *Eur J Clin Nutr*, **47** : 409-418.

Byberg L *et al.* (2000). Birth weight and the insulin resistance syndrome: association of low birth weight with truncal obesity and raised plasminogen activator inhibitor-1 but not with abdominal obesity or plasma lipid disturbances. *Diabetologia*, **43** : 54-60.

Cantorna MT (2000). Vitamin D and autoimmunity: is vitamin D status an environmental factor affecting autoimmune disease prevalence? *Proc Soc Exp Biol Med*, **223** : 230-233.

Casteels K *et al.* (1998). 1,25-Dihydroxyvitamin D3 restores sensitivity to cyclophosphamide-induced apoptosis in non-obese diabetic (NOD) mice and protects against diabetes. *Clin Exp Immunol*, **112** : 181-187.

Colditz GA *et al.* (1992). Diet and risk of clinical diabetes in women. *Am J Clin Nutr*, **55** : 1018-1023.

Colman E *et al.* (1995). Weight loss reduces abdominal fat and improves insulin action in middle-aged and older men with impaired glucose tolerance. *Metabolism*, **44** : 1502-1508.

Coulston AM *et al.* (1987). Deleterious metabolic effects of high-carbohydrate, sucrose-containing diets in patients with non-insulin-dependent diabetes mellitus. *Am J Med*, **82** : 213-220.

Couper JJ *et al.* (1999). Lack of association between duration of breast-feeding or introduction of cow's milk and development of islet autoimmunity. *Diabetes*, **48** : 2145-2149.

Dabelea D *et al.* (1999). Birth weight, type 2 diabetes, and insulin resistance in Pima Indian children and young adults. *Diabetes Care*, **22** : 944-950.

Dahlquist G *et al.* (1992). An increased level of antibodies to beta-lactoglobulin is a risk determinant for early-onset type 1 (insulin-dependent) diabetes mellitus independent of islet cell antibodies and early introduction of cow's milk (see comments). *Diabetologia*, **35** : 980-984.

Daly ME *et al.* (1997). Dietary carbohydrates and insulin sensitivity: a review of the evidence and clinical implications. *Am J Clin Nutr*, **66** : 1072-1085.

Davis CM, Vincent JB (1997). Chromium oligopeptide activates insulin receptor tyrosine kinase activity. *Biochemistry*, **36** : 4382-4385.

Djurhuus MS *et al.* (1995). Insulin increases renal magnesium excretion: a possible cause of magnesium depletion in hyperinsulinaemic states. *Diabet Med*, **12** : 664-669.

Edelstein SL *et al.* (1997). Predictors of progression from impaired glucose tolerance to NIDDM: an analysis of six prospective studies. *Diabetes*, **46** : 701-710.

Eibl NL *et al.* (1995). Hypomagnesemia in type II diabetes: effect of a 3-month replacement therapy. *Diabetes Care*, **18** : 188-192.

Elliott RB, Chase HP (1991). Prevention or delay of type 1 (insulin-dependent) diabetes mellitus in children using nicotinamide. *Diabetologia*, **34** : 362-365.

Elliott RB *et al.* (1999). Type I (insulin-dependent) diabetes mellitus and cow milk: casein variant consumption. *Diabetologia*, **42** : 292-296.

Engelgau MM *et al.* (1997). Comparison of fasting and 2-hour glucose and HbA_{1c} levels for diagnosing diabetes. Diagnostic criteria and performance revisited. *Diabetes Care*, **20** : 785-791.

Epand RM (1982). The role of dietary ergothioneine in the development of diabetes mellitus. *Med Hypotheses*, **9** : 207-213.

Eriksson J, Kohvakka A (1995). Magnesium and ascorbic acid supplementation in diabetes mellitus. *Ann Nutr Metab*, **39** : 217-223.

Eriksson J *et al.* (1999). Prevention of Type II diabetes in subjects with impaired glucose tolerance: the Diabetes Prevention Study (DPS) in Finland. Study design and 1-year interim report on the feasibility of the lifestyle intervention programme. *Diabetologia*, **42** : 793-801.

Eriksson KF, Lindgarde F (1991). Prevention of type 2 (non-insulin-dependent) diabetes mellitus by diet and physical exercise. The 6-year Malmo feasibility study. *Diabetologia*, **34** : 891-898.

Fasching P *et al.* (1996). No effect of short-term dietary supplementation of saturated and poly- and monounsaturated fatty acids on insulin secretion and sensitivity in healthy men. *Ann Nutr Metab*, **40** : 116-122.

Feskens EJ *et al.* (1991). Carbohydrate intake and body mass index in relation to the risk of glucose intolerance in an elderly population. *Am J Clin Nutr*, **54** : 136-140.

Feskens EJ *et al.* (1994). Diet and physical activity as determinants of hyperinsulinemia: the Zutphen Elderly Study. *Am J Epidemiol*, **140** : 350-360.

Feskens EJ *et al.* (1995). Dietary factors determining diabetes and impaired glucose tolerance. A 20-year follow-up of the Finnish and Dutch cohorts of the Seven Countries Study. *Diabetes Care*, **18** : 1104-1112.

Gale EA (1996). Molecular mechanisms of beta-cell destruction in IDDM: the role of nicotinamide. *Horm Res*, **45**, Suppl 1 : 39-43.

Garg A *et al.* (1988). Comparison of a high-carbohydrate diet with a high-monounsaturated-fat diet in patients with non-insulin-dependent diabetes mellitus. *N Engl J Med*, **319** : 829-834.

Garg A *et al.* (1992). Comparison of effects of high and low carbohydrate diets on plasma lipoproteins and insulin sensitivity in patients with mild NIDDM. *Diabetes*, **41** : 1278-1285.

Groop PH *et al.* (1993). Long-term effects of guar gum in subjects with non-insulin-dependent diabetes mellitus. *Am J Clin Nutr*, **58** : 513-518.

Hanai H *et al.* (1997). Long-term effects of water-soluble corn bran hemicellulose on glucose tolerance in obese and non-obese patients: improved insulin sensitivity and glucose metabolism in obese subjects. *Biosci Biotechnol Biochem*, **61** : 1358-1361.

Hanson RL *et al.* (1995). Rate of weight gain, weight fluctuation, and incidence of NIDDM. *Diabetes*, **44** : 261-266.

Harrison LC, Honeyman MC (1999). Cow's milk and type 1 diabetes: the real debate is about mucosal immune function. *Diabetes*, **48** : 1501-1507.

Hattersley AT, Tooke JE (1999). The fetal insulin hypothesis: an alternative explanation of the association of low birthweight with diabetes and vascular disease. *Lancet*, **353** : 1789-1792.

Hermans MP, Selvais PL, Ketelslegers JM, Buysschaert M (1995). Replacement of beef with mycoproteins increases meal-related glucose and insulin excursions in NIDDM subjects. *Acta Clin Belg*, **50** : 6.

Hypponen E *et al.* (1999). Infant feeding, early weight gain, and risk of type 1 diabetes. Childhood Diabetes in Finland (DiMe) Study Group. *Diabetes Care*, **22** : 1961-1965.

Jeejeebhoy KN (1999). The role of chromium in nutrition and therapeutics and as a potential toxin. *Nutr Rev*, **57** : 329-335.

Jeejeebhoy KN *et al.* (1977). Chromium deficiency, glucose intolerance, and neuropathy reversed by chromium supplementation, in a patient receiving long-term total parenteral nutrition. *Am J Clin Nutr*, **30** : 531-538.

Kamalu BP (1995). The adverse effects of long-term cassava (Manihot esculenta Crantz) consumption. *Int J Food Sci Nutr*, **46** : 65-93.

Karjalainen J *et al.* (1992). A bovine albumin peptide as a possible trigger of insulin-dependent diabetes mellitus. *N Engl J Med*, **327** : 302-307.

Kolb H, Burkart V (1999). Nicotinamide in type 1 diabetes. Mechanism of action revisited. *Diabetes Care*, **22,** Suppl 2 : B16-B20.

Lampeter EF *et al.* (1998). The Deutsche Nicotinamide Intervention Study: an attempt to prevent type 1 diabetes. DENIS Group. *Diabetes*, **47** : 980-984.

Lardinois CK *et al.* (1987). Polyunsaturated fatty acids augment insulin secretion. *J Am Coll Nutr*, **6** : 507-515.

Layer P, DiMagno EP (1999). Early and late onset in idiopathic and alcoholic chronic pancreatitis. Different clinical courses. *Surg Clin North Am*, **79** : 847-860.

Librenti MC *et al.* (1992). Effect of soya and cellulose fibers on postprandial glycemic response in type II diabetic patients. *Diabetes Care*, **15** : 111-113.

Liu S *et al.* (1999). Long-term beta-carotene supplementation and risk of type 2 diabetes mellitus: a randomized controlled trial. *JAMA*, **282** : 1073-1075.

Long SD *et al.* (1994). Weight loss in severely obese subjects prevents the progression of impaired glucose tolerance to type II diabetes. A longitudinal interventional study. *Diabetes Care*, **17** : 372-375.

Lovejoy J, DiGirolamo M (1992). Habitual dietary intake and insulin sensitivity in lean and obese adults (see comments). *Am J Clin Nutr*, **55** : 1174-1179.

Luo J *et al.* (1996). Chronic consumption of short-chain fructo-oligosaccharides by healthy subjects decreased basal hepatic glucose production but had no effect on insulin-stimulated glucose metabolism. *Am J Clin Nutr*, **63** : 939-945.

Ma J *et al.* (1995). Associations of serum and dietary magnesium with cardiovascular disease, hypertension, diabetes, insulin, and carotid arterial wall thickness: the ARIC study. Atherosclerosis Risk in Communities Study. *J Clin Epidemiol*, **48** : 927-940.

Maron DJ *et al.* (1991). Saturated fat intake and insulin resistance in men with coronary artery disease. The Stanford Coronary Risk Intervention Project Investigators and Staff. *Circulation*, **84** : 2020-2027.

Marshall JA *et al.* (1997). High saturated fat and low starch and fibre are associated with hyperinsulinaemia in a non-diabetic population: the San Luis Valley Diabetes Study. *Diabetologia*, **40** : 430-438.

Marshall JA *et al.* (1994). Dietary fat predicts conversion from impaired glucose tolerance to NIDDM. The San Luis Valley Diabetes Study. *Diabetes Care*, **17** : 50-56.

Martin JM *et al.* (1991). Milk proteins in the etiology of insulin-dependent diabetes mellitus (IDDM). *Ann Med*, **23** : 447-452.

Mayer-Davis EJ *et al.* (1997). Dietary fat and insulin sensitivity in a triethnic population: the role of obesity. The Insulin Resistance Atherosclerosis Study (IRAS). *Am J Clin Nutr*, **65** : 79-87.

Mayer EJ *et al.* (1993). Usual dietary fat intake and insulin concentrations in healthy women twins. *Diabetes Care*, **16** : 1459-1469.

McMillan DE, Geevarghese PJ (1979). Dietary cyanide and tropical malnutrition diabetes. *Diabetes Care*, **2** : 202-208.

Melander A (1996). Review of previous impaired glucose tolerance intervention studies. *Diabet Med*, **13** : S20-S22.

Narendranathan M, Cheriyan A (1994). Lack of association between cassava consumption and tropical pancreatitis syndrome. *J Gastroenterol Hepatol*, **9** : 282-285.

Natah SS *et al.* (1997). Metabolic response to lactitol and xylitol in healthy men. *Am J Clin Nutr*, **65** : 947-950.

National Diabetes Data Group. (1979). Classification and diagnosis of diabetes mellitus and other categories of glucose intolerance. *Diabetes*, **28** : 1039-1057.

Nishimune T *et al.* (1991). Glycemic response and fiber content of some foods. *Am J Clin Nutr*, **54** : 414-419.

Norris JM *et al.* (1996). Lack of association between early exposure to cow's milk protein and beta-cell autoimmunity. Diabetes Autoimmunity Study in the Young (DAISY). *JAMA*, **276** : 609-614.

Norris JM, Scott FW (1996). A meta-analysis of infant diet and insulin-dependent diabetes mellitus: do biases play a role? *Epidemiology*, **7** : 87-92.

Pan XR *et al.* (1997). Effects of diet and exercise in preventing NIDDM in people with impaired glucose tolerance. The Da Qing IGT and Diabetes Study. *Diabetes Care*, **20** : 537-544.

Paolisso G *et al.* (1989). Improved insulin response and action by chronic magnesium administration in aged NIDDM subjects. *Diabetes Care*, **12** : 265-269.

Parillo M *et al.* (1992). A high-monounsaturated-fat/low-carbohydrate diet improves peripheral insulin sensitivity in non-insulin-dependent diabetic patients. *Metabolism*, **41** : 1373-1378.

Parker DR *et al.* (1993). Relationship of dietary saturated fatty acids and body habitus to serum insulin concentrations: the Normative Aging Study. *Am J Clin Nutr*, **58** : 129-136.

Pettitt DJ *et al.* (1997). Breastfeeding and incidence of non-insulin-dependent diabetes mellitus in Pima Indians. *Lancet*, **350** : 166-168.

Phillips DI (1998). Birth weight and the future development of diabetes. A review of the evidence. *Diabetes Care*, **21**, Suppl 2 : B150-B155.

Pozzilli P (1998). Prevention of insulin-dependent diabetes mellitus 1998 (see comments). *Diabetes Metab Rev*, **14** : 69-84.

Pozzilli P *et al.* (1996). Meta-analysis of nicotinamide treatment in patients with recent-onset IDDM. The Nicotinamide Trialists. *Diabetes Care*, **19** : 1357-1363.

Puhakainen I *et al.* (1995). Dietary supplementation with *n*-3 fatty acids increases gluconeogenesis from glycerol but not hepatic glucose production in patients with non-insulin-dependent diabetes mellitus. *Am J Clin Nutr*, **61** : 121-126.

Rabinowitz MB *et al.* (1980). Comparisons of chromium status in diabetic and normal men. *Metabolism*, **29** : 355-364.

Rao RH (1988). Diabetes in the undernourished: coincidence or consequence? *Endocr Rev*, **9** : 67-87.

Rao RH (1993). Is tropical pancreatic diabetes malnutrition related? *Diabetes Care*, **16** : 941-945.

Rasmussen O *et al.* (1996). Differential effects of saturated and monounsaturated fat on blood glucose and insulin responses in subjects with non-insulin-dependent diabetes mellitus. *Am J Clin Nutr*, **63** : 249-253.

Riccardi G, Rivellese AA (1991). Effects of dietary fiber and carbohydrate on glucose and lipoprotein metabolism in diabetic patients. *Diabetes Care*, **14** : 1115-1125.

Salmeron J *et al.* (1997 b). Dietary fiber, glycemic load, and risk of NIDDM in men. *Diabetes Care*, **20** : 545-550.

Salmeron J *et al.* (1997a). Dietary fiber, glycemic load, and risk of non-insulin-dependent diabetes mellitus in women (see comments). *JAMA*, **277** : 472-477.

Sarkkinen E *et al.* (1996). The effects of monounsaturated-fat enriched diet and polyunsaturated- fat enriched diet on lipid and glucose metabolism in subjects with impaired glucose tolerance. *Eur J Clin Nutr*, **50** : 592-598.

Sarugeri E *et al.* (1999). Cellular and humoral immunity against cow's milk proteins in type 1 diabetes. *J Autoimmun*, **13** : 365-373.

Scragg R *et al.* (1995). Serum 25-hydroxyvitamin D3 is related to physical activity and ethnicity but not obesity in a multicultural workforce. *Aust N Z J Med*, **25** : 218-223.

Segal I *et al.* (1995). Micronutrient antioxidant status in black South Africans with chronic pancreatitis: opportunity for prophylaxis. *Clin Chim Acta*, **239** : 71-79.

Shoff SM *et al.* (1993). Glycosylated hemoglobin concentrations and vitamin E, vitamin C, and β-carotene intake in diabetic and nondiabetic older adults. *Am J Clin Nutr*, **58** : 412-416.

Stern MP *et al.* (1982). Knowledge, attitudes, and behavior related to obesity and dieting in Mexican Americans and Anglos: the San Antonio Heart Study. *Am J Epidemiol*, **115** : 917-928.

Storlien LH *et al.* (1991). Influence of dietary fat composition on development of insulin resistance in rats. Relationship to muscle triglyceride and omega-3 fatty acids in muscle phospholipid. *Diabetes*, **40** : 280-289.

Storlien LH *et al.* (1996). Skeletal muscle membrane lipids and insulin resistance. *Lipids*, **31** : S261-S265.

Swai AB *et al.* (1992). Diabetes is not caused by cassava toxicity. A study in a Tanzanian community. *Diabetes Care*, **15** : 1378-1385.

Tagliaferro V *et al.* (1985). Moderate guar-gum addition to usual diet improves peripheral sensitivity to insulin and lipaemic profile in NIDDM. *Diabete Metab*, **11** : 380-385.

Teuscher T *et al.* (1987). Absence of diabetes in a rural West African population with a high carbohydrate/cassava diet. *Lancet*, **1** : 765-768.

The EURODIAB Substudy 2 Study Group. (1999). Vitamin D supplement in early childhood and risk for type I (insulin-dependent) diabetes mellitus. *Diabetologia*, **42** : 51-54.

Thorburn A *et al.* (1993). Carbohydrate fermentation decreases hepatic glucose output in healthy subjects. *Metabolism*, **42** : 780-785.

Turnbull WH, Ward T (1995). Mycoprotein reduces glycemia and insulinemia when taken with an oral glucose-tolerance test. *Am J Clin Nutr*, **61** : 135-140.

Uusitupa MI *et al.* (1983). Effect of inorganic chromium supplementation on glucose tolerance, insulin response, and serum lipids in noninsulin-dependent diabetics. *Am J Clin Nutr*, **38** : 404-410.

van Amelsvoort JM, Weststrate JA (1992). Amylose-amylopectin ratio in a meal affects postprandial variables in male volunteers. *Am J Clin Nutr*, **55** : 712-718.

Venter CS *et al.* (1990). Effects of dietary propionate on carbohydrate and lipid metabolism in healthy volunteers. *Am J Gastroenterol*, **85** : 549-553.

Vessby B (1995). Nutrition, lipids and diabetes mellitus. *Curr Opin Lipidol*, **6** : 3-7.

Virtanen SM *et al.* (1998). Cow's milk consumption, disease-associated autoantibodies and type 1 diabetes mellitus: a follow-up study in siblings of diabetic children. Childhood Diabetes in Finland Study Group. *Diabet Med*, **15** : 730-738.

Virtanen SM *et al.* (1994). Diet, cow's milk protein antibodies and the risk of IDDM in Finnish children. Childhood Diabetes in Finland Study Group. *Diabetologia*, **37** : 381-387.

Vuksan V *et al.* (1999). Konjac-mannan (glucomannan) improves glycemia and other associated risk factors for coronary heart disease in type 2 diabetes. A randomized controlled metabolic trial. *Diabetes Care*, **22** : 913-919.

Vuorinen-Markkola H *et al.* (1992). Guar gum in insulin-dependent diabetes: effects on glycemic control and serum lipoproteins. *Am J Clin Nutr*, **56** : 1056-1060.

Wang ZM *et al.* (1998). Six-compartment body composition model: Inter-method comparisons of total body fat measurement. *Int J Obes*, **22** : 329-337.

Will JC, Byers T (1996). Does diabetes mellitus increase the requirement for vitamin C ? *Nutr Rev*, **54** : 193-202.

Wing RR *et al.* (1998). Lifestyle intervention in overweight individuals with a family history of diabetes (see comments). *Diabetes Care*, **21** : 350-359.

Wolever TM, Miller JB (1995). Sugars and blood glucose control. *Am J Clin Nutr*, **62** : 212S-221S.

Yadav S *et al.* (1991). Selenium and diabetes in the tropics. *Pancreas*, **6** : 528-533.

Yamamoto A *et al.* (1987). Isolation of a biologically active low-molecular-mass chromium compound from rabbit liver. *Eur J Biochem*, **165** : 627-631.

Troisième partie

Défenses contre les espèces réactives

12

Antioxydants alimentaires : vitamines, oligoéléments et non-nutriments

Jean Nève

1. Introduction

Les travaux menés depuis quelques décades sur les dérivés activés de l'oxygène ont permis d'établir que ces espèces jouent un rôle fondamental dans plusieurs processus physiologiques vitaux comme la production d'énergie, la phagocytose, la synthèse de composés biochimiques essentiels ou la transduction du signal. Cependant, ils peuvent aussi se révéler dans certaines conditions d'une grande toxicité pour la cellule et ses composants et contribuer ainsi au développement ou à l'aggravation de pathologies aussi importantes que les maladies cardiovasculaires et les cancers. Les antioxydants, sujet de ce chapitre, sont des molécules d'origine exogène ou endogène dont la fonction est précisément de contrer les effets toxiques des dérivés activés de l'oxygène et de contribuer ainsi au maintien de l'intégrité cellulaire. En raison du fait que beaucoup de ces précieuses molécules sont largement apportés par l'alimentation, les chercheurs en nutrition ont depuis longtemps saisi tout l'intérêt que pouvait revêtir cette classe d'aliments dans le maintien de la bonne santé humaine et la stimulation des défenses de l'organisme contre ces pathologies qui de nos jours encore et malgré les considérables progrès thérapeutiques handicapent lourdement l'espérance de vie humaine. Le sujet qui va être développé dans la suite de ce travail est exemplaire à plus d'un titre car il illustre parfaitement toutes les vicissitudes et difficultés auxquelles on est confronté dans le développement d'un concept nouveau en nutrition humaine, largement axé sur la prévention. Le terme d'« aliment fonctionnel » va prendre ici tout son sens et va s'inscrire plus largement encore dans une vaste thématique qui va de l'alimentation globale au complément nutritionnel comme moyens de diminution des risques de maladies.

2. Stress oxydatif et défense antioxydante

2.1. Métabolisme oxydatif

La vie aérobie se caractérise par une exposition permanente de l'organisme à l'oxygène et, en particulier, aux espèces réactives qui en sont dérivées. Les plus connues d'entre-elles sont l'anion radicalaire superoxyde (O_2^-), le peroxyde d'hydrogène (H_2O_2) et les radicaux peroxydes (R-OO), l'oxyde nitrique (NO) et les peroxynitrites ($ONOO^-$), l'oxygène singulet ($^1O_2$) ou encore le radical hydroxyle (HO). Ces molécules, qui sont soit des radicaux libres (possédant un électron non apparié), soit des espèces non radicalaires, ont en commun un caractère oxydant et une réactivité chimique importante tandis que leur temps de vie est en général très court. Même si leur production peut être stimulée par divers agents extérieurs tels que des radiations ionisantes, divers toxiques, des agents chimiques et des polluants de l'environnement, on sait depuis quelques dizaines d'années qu'elles sont produites par les organismes vivants qui les utilisent pour des processus physiologiques fondamentaux tels la synthèse des prostaglandines ou des hormones thyroïdiennes ou encore la défense de l'organisme par le processus de flambée respiratoire des phagocytes résultant de l'activation de la NADPH oxydase et de la NO synthase. L'organisme humain a indubitablement besoin de radicaux libres pour mener à bien toute une série de voies métaboliques d'importance vitale. Parmi leurs fonctions dignes d'intérêt les plus récemment élucidées, citons l'implication du NO dans le relâchement de la musculature lisse vasculaire ou la participation de H_2O_2 dans la transduction du signal régulant l'expression des gènes par l'intermédiaire du facteur nucléaire κB.

Pour contrecarrer les effets des oxydants, l'organisme dispose d'un système de défense complexe constitué par des antioxydants. Certains d'entre-eux sont des enzymes spécifiques à la métabolisation de certains dérivés telles les superoxydes dismutases (à Cu-Zn ou à Mn), la catalase (à Fe) ou les glutathion peroxydases (à Se). Ces enzymes antioxydantes contiennent précisément des oligoéléments essentiels dans leurs centres actifs, directement apportés par l'alimentation. D'autres antioxydants importants sont de nature non enzymatique, parmi lesquels on recense les tocophérols (vitamine E), les caroténoïdes et la vitamine A ainsi que la vitamine C, tous également d'origine alimentaire. De nombreuses autres molécules exogènes ou endogènes exercent aussi un effet antioxydant significatif.

Toute la problématique du domaine résulte dans l'installation d'un état appelé « stress oxydatif » ou l'équilibre sensé exister entre les pro-oxydants et les antioxydants est rompu en faveur de ces premiers. En raison du challenge oxydant qui semble exister de manière permanente dans de nombreux types cellulaires, il est important de préciser que les problèmes ne se posent que lorsque l'excès d'oxydants amène au développement de processus pathologiques bien caractérisés. On estime à l'heure actuelle que le stress oxydatif porte une responsabilité variable dans le développement de maladies aussi importantes que les affections cardiovasculaires, les cancers ou encore les affections neurologiques dégénératives. Concernant les maladies cardiovasculaires, il semble en effet que ce soit l'oxydation des LDL liée à la peroxydation de ses acides gras, qui soit un des facteurs déterminants de l'athérogenèse. Par ailleurs, certains antioxydants sont capables de limiter la prolifération cellulaire des cellules musculaires lisses dans l'intima de la paroi artérielle. Par rapport à la carcinogenèse, plusieurs mécanismes ont été évoqués dont l'induction directe par les dérivés oxygénés de ruptures ou de liaisons croisées de l'ADN ainsi que d'aberrations chromosomiques. Dans un autre ordre d'idées, l'oxydation des bases de l'ADN peut causer des mutations, délétions ou amplifications de gènes. Les antioxydants ont par ailleurs diverses propriétés bénéfiques telles la stimulation des défenses immunitaires, la modulation du métabolisme de carcinogènes, l'arrêt de la croissance des cellules transformées ou la stimulation de mécanismes de réparation. Finalement, en ce qui concerne des maladies neurologiques dégénératives comme le Parkinson ou la maladie d'Alzheimer, il semble que le stress oxydatif induise la nécrose et l'apoptose des cellules neuronales.

2.2. Antioxydants alimentaires : nature, sources, propriétés

2.2.1. Vitamines

L'acide ascorbique ou vitamine C est un nutriment essentiel pour l'homme. On la retrouve en concentration relativement élevée dans les compartiments aqueux de l'organisme ; elle exerce diverses activités biologiques, notamment comme co-substrat de plusieurs oxygénases et d'oxydases, et les effets de sa carence sont bien établis (scorbut). C'est aussi un important antioxydant hydrosoluble capable d'interagir avec plusieurs dérivés de l'oxygène comme O_2^{-}, H_2O_2, $^1O_2$, NO et HO. Au plan chimique, sa forme ionisée (ascorbate) est donneur d'électrons (un réducteur) qui se transforme tout d'abord en intermédiaire radicalaire semidéhydroascorbate puis en déhydroascorbate (figure 1).

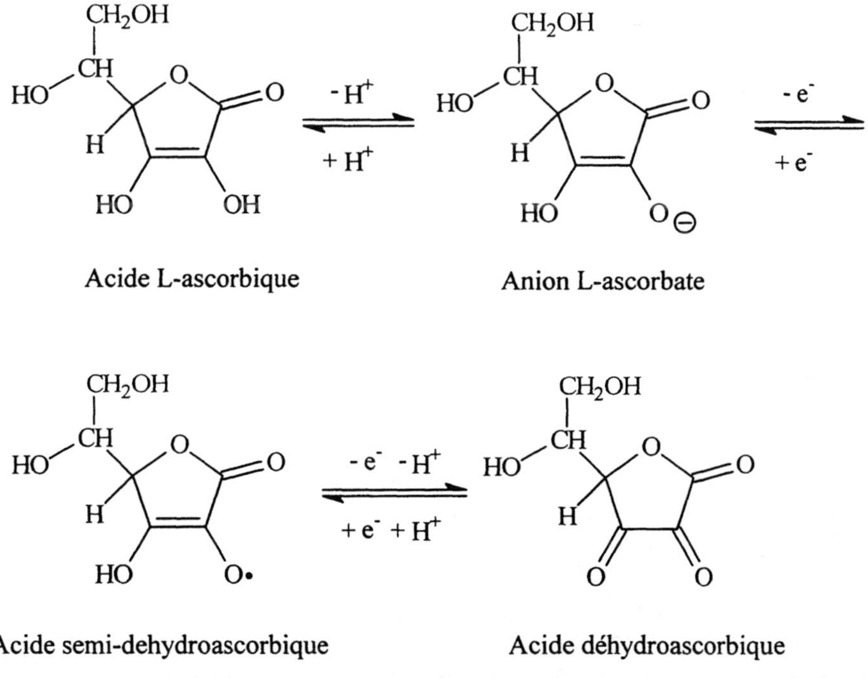

Figure 1 ■ L'acide L-ascorbique et ses produits d'oxydation.

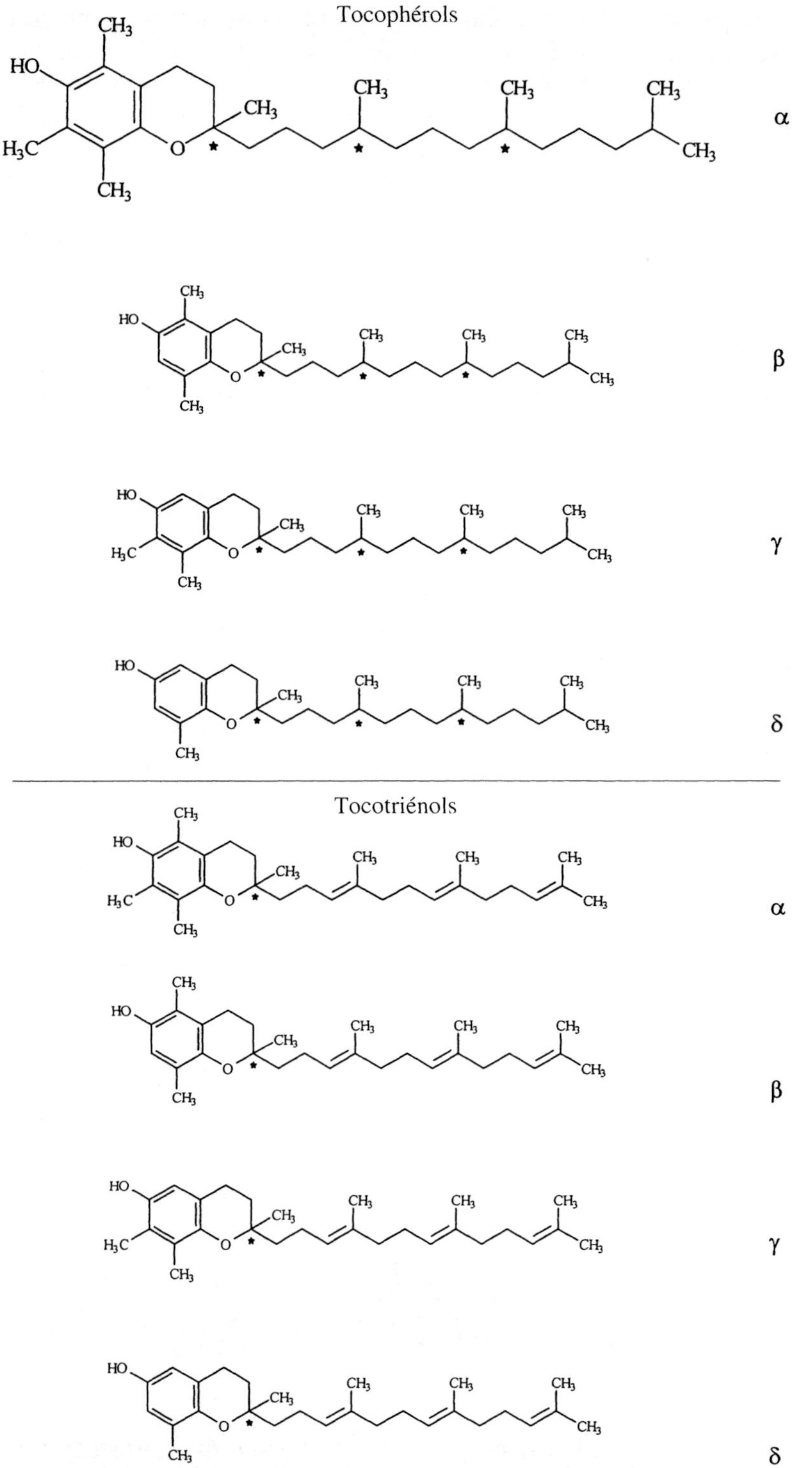

Figure 2 ■ Structures des tocophérols et des tocotriénols.

Le radical ascorbyle est relativement peu réactif et disparaît par disproportionation en terminant les chaînes radicalaires, ce qui redonne naissance à l'ascorbate et produit du déhydroascorbate. Ce dernier dérivé est lui-même immédiatement retransformé en ascorbate par des enzymes réductase ou par réduction chimique par le glutathion. Il a été démontré *in vitro* que la vitamine C serait capable de maintenir la vitamine E sous sa forme réduite active en réagissant avec le radical tocophéryle qui est formé lors de l'inhibition de la peroxydation lipidique membranaire par la vitamine E et migre à la surface des membranes lipidiques. Si ce fait expérimental se confirme *in vivo*, il démontre que les antioxydants agissent de manière complémentaire. Ce mécanisme a aussi été impliqué dans la protection des LDL contre l'oxydation, un événement majeur dans la genèse de l'athérosclérose. En revanche, le fait que l'acide ascorbique puisse aussi agir comme pro-oxydant a été avancé ; en effet, il semble que la vitamine en présence de métaux de transition tels le Fe ou le Cu pourrait initier une réaction de Fenton conduisant à la génération de radicaux HO. Cependant, la quantité de métaux de transition se trouvant sous forme libre dans l'organisme est très faible étant donné que ceux-ci sont liés à des protéines. Les principales sources alimentaires de vitamine C sont les fruits (agrumes, kiwi, cerises, melon) et les légumes (tomates, feuilles vertes, brocoli et choux) (Carr et Frei, 1999).

Le terme « vitamine E » constitue en fait un nom générique pour 8 composés proches, soit 4 tocophérols et 4 tocotriénols, qui possèdent à des degrés divers une activité vitaminique du même type (figure 2) : il s'agit en fait de dérivés ayant un cycle chromane et soit une chaîne latérale saturée de type phytyle pour les tocophérols, soit une chaîne latérale possédant 3 insaturations pour les tocotriénols.

Les termes α, β, γ et δ tiennent compte du nombre et de la position des substituants méthyle fixés sur le noyau chromane. Les tocophérols ayant 3 carbone asymétriques peuvent en fait exister sous forme de 8 stéréo-isomères (figure 3).

Si la biosynthèse naturelle des tocophérols produit les isomères de type RRR, la synthèse chimique donne naissance à des mélanges racémiques équimoléculaires de 8 stéréo-isomères (all-rac). L'α-tocophérol est de loin le plus abondant et le plus actif parmi ces dérivés. Pour des raisons d'uniformisation, on exprime les activités vitaminiques E en équivalents d-α-tocophérol, α-TE ; il faut alors noter que 1,0 mg RRR-α-tocophérol équivaut à 1,0 α-TE. Toutes les autres formes de vitamine E ont des puissances biologiques inférieures à 1,0 α-TE. D'une manière générale, ces dérivés sont hautement lipophiles et possèdent la particularité de se concentrer dans les membranes biologiques et les lipoprotéines. Leur fonction la plus importante est précisément une action antioxydante concentrée sur le phénomène de peroxydation lipidique qui touche les acides gras insaturés. En particulier, la vitamine E est capable d'arrêter les chaînes radicalaires (c'est un « chain-breaking antioxidant ») en faisant réagir son groupement phénol avec des radicaux peroxyles lipidiques (L-OO), intermédiaires radicalaires des chaînes de peroxydation, pour les transformer en hydroperoxydes lipidiques tout en donnant naissance à un radical tocophéryle. En fait, les radicaux peroxyles réagissent de 10^4 à 10^5 fois plus rapidement avec l'α-tocophérol qu'avec les lipides insaturés. Par ailleurs, le radical tocophéryle formé est peu réactif et peut être soit réduit par l'ascorbate et le glutathion, soit oxydé ultérieurement en quinone. Il est remarquable de signaler que la structure de la vitamine est directement responsable de la position unique qu'elle occupe dans les membranes : sa partie lipophile représentée par la chaîne phytyle et les groupes méthyles se trouve à l'inté-

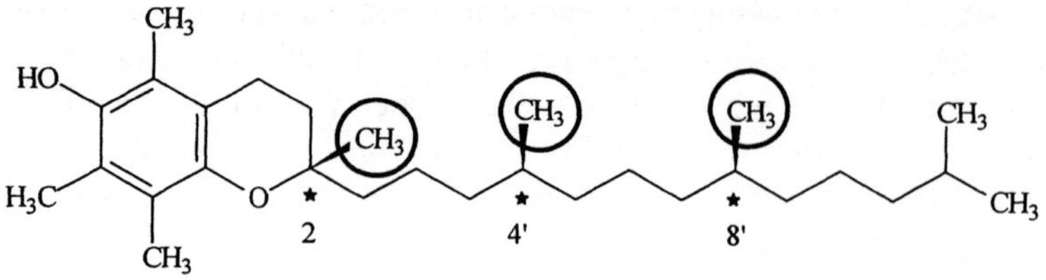

RRR

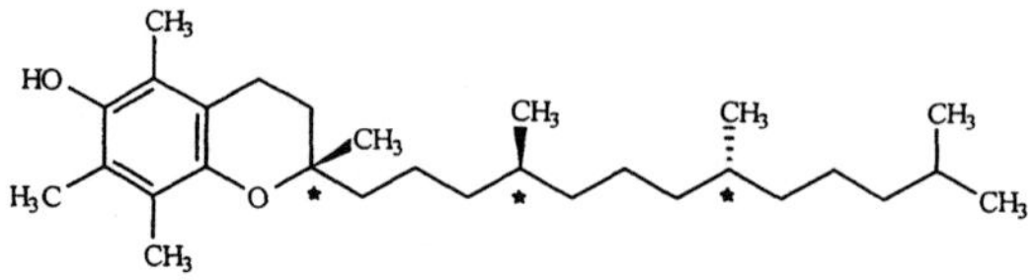

RRS

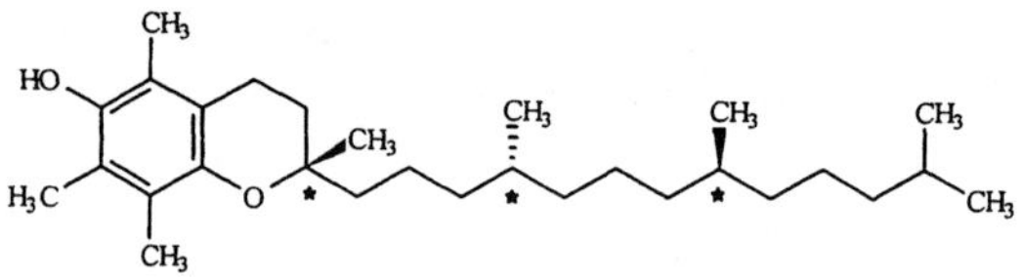

RSR

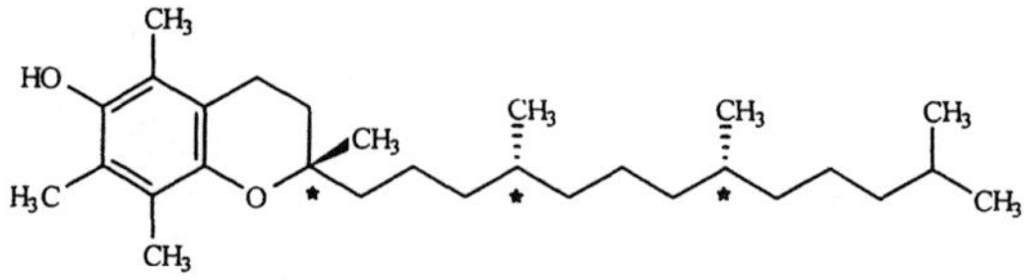

RSS

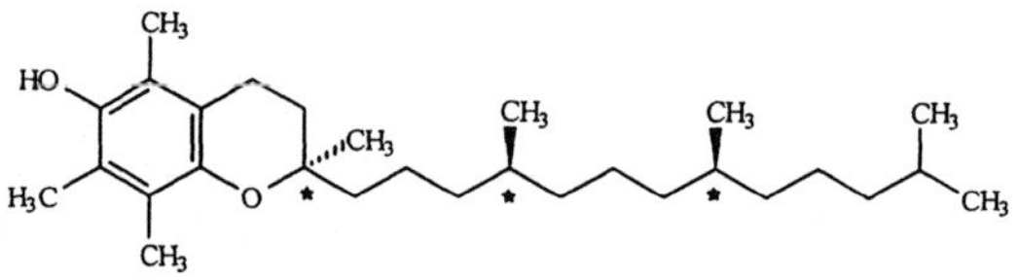

SRR

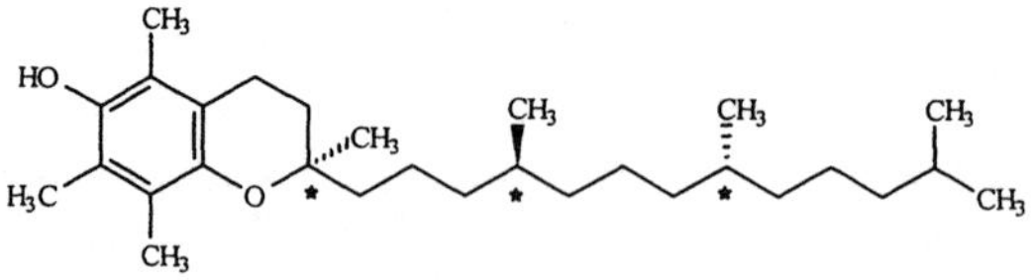

SRS

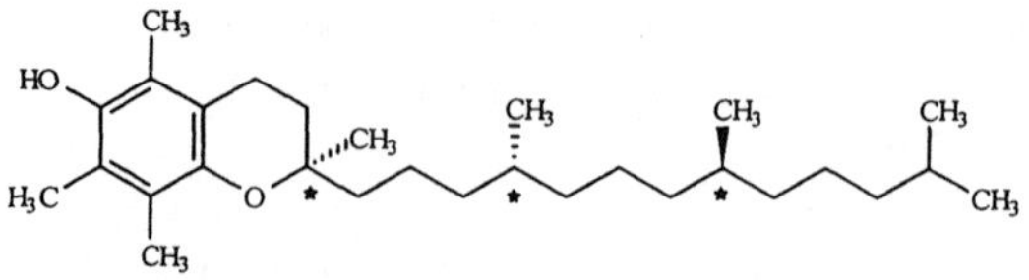

SSR

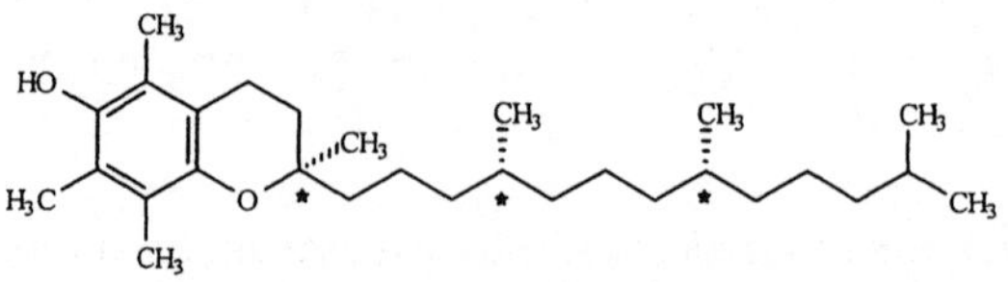

SSS

Figure 3 ■ Stéréo-isomères de l'α-tocophérol.

rieur des membranes tandis que le groupe phénol actif se trouve à la surface de celles-ci. Ce serait même à cet endroit que s'effectuerait la régénération du radical tocophéryle par l'acide ascorbique hydrosoluble. Tout aussi important est son rôle dans la protection des lipoprotéines, dont les LDL, contre la peroxydation lipidique qui est à la base de l'athérogenèse. À côté de ses propriétés de capture des radicaux peroxyles, la vitamine E pourrait également piéger l'oxygène singulet et réagir avec les oxydes d'azote. En plus de ses puissantes propriétés antioxydantes, la vitamine E a indubitablement des propriétés immunostimulantes (Meydani *et al.* 1997). Un apport complémentaire en vitamine E améliore l'immunité humorale et cellulaire et augmente l'efficacité de la phagocytose. Les principales sources alimentaires de vitamine E sont les huiles végétales et produits dérivés, le germe de blé, les noix et certains légumes à feuilles vertes.

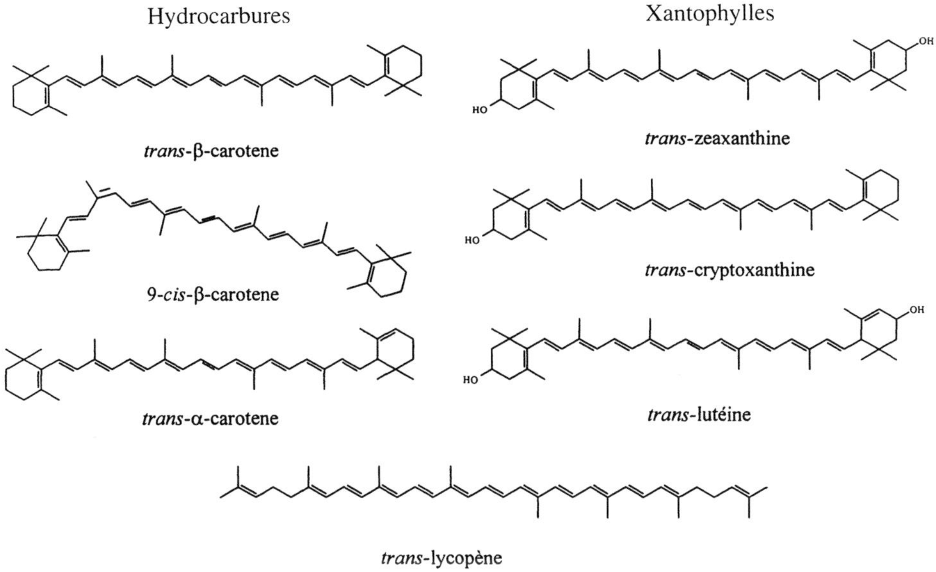

Figure 4 ■ Structures de quelques caroténoïdes.

Les caroténoïdes sont un groupe de plusieurs centaines de substances naturelles jouant le rôle de pigments de couleurs jaune à rouge dans beaucoup de fruits et de légumes. Le β-carotène est le caroténoïde le plus connu. Il peut être converti dans la muqueuse intestinale en deux molécules de rétinal (vitamine A) sous l'action d'une enzyme β-carotène 15,15'-dioxygénase. Cependant, beaucoup d'autres caroténoïdes, dont le lycopène, responsable de la coloration rouge des tomates, ne sont pas des précurseurs de la vitamine A. Leur structure de base comprend toujours un ensemble de doubles liaisons conjuguées, responsables de la couleur caractéristique. Ils possèdent en outre des groupes terminaux caractéristiques, dont le cycle β-ionone du β-carotène qui donnera naissance au rétinal. Deux groupes majeurs peuvent alors être distingués. D'une part, les xanthophiles qui sont des caroténoïdes porteurs de substituants oxygénés (dont la lutéine, la zeaxanthine et la cryptoxanthine) ; d'autre part, les carotènes qui ne contiennent pas d'oxygène, parmi lesquels on trouve l'α- et le β-carotène ainsi que le lycopène (Rao et Agarwal, 1999). La figure 4 reprend quelques structures importantes.

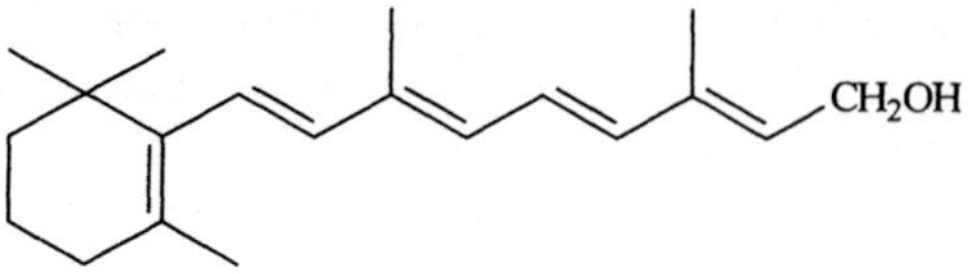

Rétinol

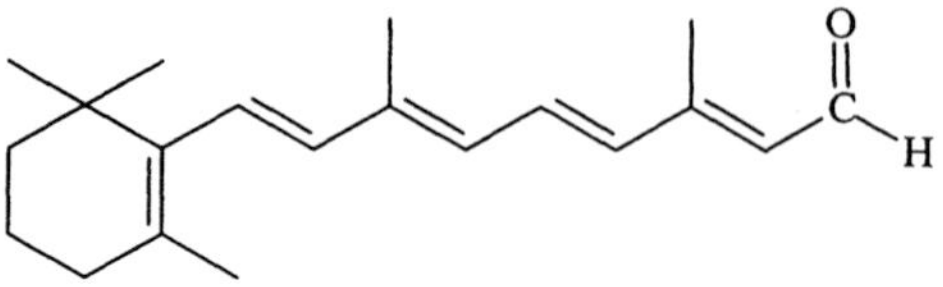

Rétinal

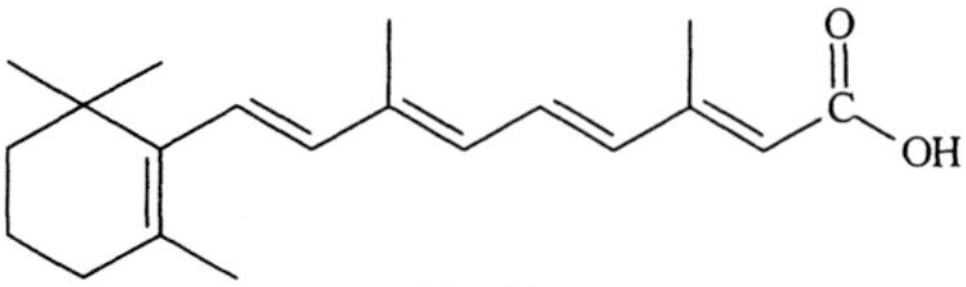

Acide rétinoïque

Figure 5 ■ Structures du rétinol et de ses formes oxydées.

Il est important de signaler que les isomères géométriques des caroténoïdes ont des rôles biologiques distincts. La plupart des caroténoïdes naturels sont sous forme linéaire ou « tout-*trans* », mais beaucoup d'isomères cis se rencontrent dans les milieux biologiques. Les caroténoïdes sont de puissants neutralisateurs de dérivés activés de l'oxygène tels l'oxygène singulet ($^1O_2$) et les radicaux peroxyles. En particulier, ils désactivent de manière très efficace $^1O_2$ principalement par un phénomène de « quenching » physique qui implique un transfert d'énergie de l'espèce oxygénée à l'état excité vers le caroténoïde qui donne alors naissance à une espèce excitée dont l'énergie est ensuite dissipée par des interactions vibrationnelles avec des constituants de l'environnement pour redonner naissance à un caroténoïde à l'état fondamental. Dans ce processus, le caroténoïde reste intact et peut ensuite rentrer dans un nouveau cycle de désactivation. Les caroténoïdes semblent être les plus puissants désactivateurs de $^1O_2$ d'origine naturelle et cette particularité est liée à la longueur de la chaîne polyène. À cet égard, le lycopène apparaît comme un des dérivés les plus efficaces en raison de sa longue chaîne polyène ouverte et de l'absence de substituants oxygénés (Gerster, 1997). Il semble que $^1O_2$ puisse aussi réagir chimiquement avec les caroténoïdes, mais ce mécanisme est moins important quantitativement que le quenching direct et il a comme conséquence une destruction de la molécule. Par ailleurs, les caroténoïdes peuvent également réagir chimiquement avec les radicaux peroxyles et, dans certaines conditions, agir en provoquant la terminaison des chaînes de peroxydation lipidique (Edge *et al.*, 1997). Les caroténoïdes tout comme la vitamine E sont des antioxydants lipophiles présents dans les compartiments lipidiques comme les lipoprotéines. À cet égard, ils contribuent également à la protection de ces particules contre la peroxydation et par là à la réduction du risque cardio-vasculaire. Au plan alimentaire, ils sont présents dans les fruits et les légumes tels les carottes (α- et β-carotènes), les tomates et les melons (lycopène), les agrumes (β-cryptoxanthine), les épinards et les endives (β-carotène et lutéine) et le maïs (zeaxanthine) (Palace *et al.*, 1999 ; Rock, 1997).

Le terme « vitamine A » représente lui aussi un ensemble de molécules proches et biologiquement interconnectées parmi lesquelles on trouve le rétinol (forme alcool) et ses formes oxydées, le rétinal (forme aldéhyde) et l'acide rétinoïque (forme acide). Ces structures sont reprises dans la figure 5 où le rétinol apparaît sous forme tout-*trans*.

Le terme général « rétinoïdes » comprend à la fois les trois formes naturelles citées ci-avant qui ont toutes, mais à des degrés divers, une activité vitaminique A, et un ensemble grandissant d'analogues synthétiques avec ou sans activité vitaminique A, dont l'intérêt thérapeutique ne fait que croître. Les besoins physiologiques en vitamine A sont couverts soit par l'absorption de divers rétinoïdes préformés (dont les esters rétinyl) que l'on trouve généralement dans les produits d'origine animale, soit par la consommation des caroténoïdes précédemment décrits et mieux représentés dans le règne végétal. L'activité vitaminique A est couramment définie sous l'appellation d'« équivalents-rétinol » (rétinol-équivalents, RE) : 1 RE est défini comme 1 µg de tout-*trans* rétinol, ce qui équivaut à 6 µg de β-carotène tout-trans ou 12 µg d'autres caroténoïdes provitamine A. La vitamine A possède de nombreuses propriétés biologiques et s'avère essentielle pour la croissance et le développement, la reproduction, la vue, la différentiation cellulaire et la défense immunitaire. Il s'agit aussi d'un antioxydant liposoluble qui, à l'instar de la vitamine E, apparaît comme capable d'orienter son cycle hydrocarboné vers la région polaire de la couche lipidique et sa chaîne polyène vers la partie médiane non polaire de la bicouche. La vitamine A est capable d'arrêter les chaînes de peroxydation (c'est un « chain-breaking » antioxydant) en se combinant avec les radicaux peroxyles. Elle semblerait même plus efficace que la vitamine E dans certains systèmes où l'agent initiant les dommages radicalaires est présenté depuis l'intérieur de la bicouche et non depuis l'environnement aqueux. Cette particularité pourrait être liée à la courte chaîne polyène de la vitamine A, lui permettant d'avoir une meilleure mobilité dans la phase membranaire. En revanche, l'incapacité relative du rétinol à capter des radicaux en solution aqueuse de manière aussi efficace que la vitamine E pourrait être due au fait qu'il ne possède pas de groupement phénolique. Les dérivés vitaminiques A autres que le rétinol auraient aussi une certaine activité antioxydante, mais moins puissante. L'ordre de grandeur suivant a pu être obtenu dans certains systèmes : rétinol ≥ rétinal >> palmitate de rétinol > acide rétinoïque (Palace *et al.*, 1999). Les principales sources alimentaires de vitamine A préformée sont le foie et les huiles de foie de poisson, le lait entier et fortifié (à la vitamine A) et les œufs. Il n'est pas facile de définir de manière précise la part de vitamine A fournie par les caroténoïdes dont certains sont des provitamines A, mais elle semblerait inférieure au tiers de la quantité totale fournie par l'alimentation (Palace *et al.*, 1999).

2.2.2. Oligoéléments

Le sélénium est un élément minéral essentiel contenu à l'état de traces dans l'organisme. Présent sous diverses formes chimiques dans l'alimentation, il est activement métabolisé puis incorporé de manière tout à fait originale (*via* un codon spécifique) sous forme de sélénocystéine dans plusieurs sélénoprotéines où il constitue un centre catalytique actif. La plus ancienne de celles-ci est la glutathion peroxydase (GSH-Px), une enzyme présente dans le cytosol et la matrice mitochondriale des cellules et spécialisée dans la métabolisation de H_2O_2 et des peroxydes organiques en phase aqueuse. Des isoformes plus spécifiques de cette enzyme furent plus récemment découvertes dont la GSH-Px plasmatique (forme glycosylée de l'enzyme cellulaire, d'origine rénale), la GSH-Px membranaire (monomère de l'enzyme cellulaire tétramérique, contenue dans les membranes et spécialisée dans la métabolisation des hydroperoxydes phospholipidiques), et la GSH-Px gastro-intestinale (présente dans le foie et le colon et protégeant directement le tractus gastrointestinal contre les effets néfastes des dérivés actifs de l'oxygène). Parmi les autres sélénoprotéines à propriétés partiellement ou totalement antioxydantes, on trouve également la sélénoprotéine P, une protéine plasmatique représentant de 60 à 80 % du sélénium plasmatique et contenant pas moins de 10 résidus sélénocystéine et la thiorédoxine réductase, spécialisée dans la réduction thiorédoxine-dépendante de nombreux substrats biologiques, et qui contient un centre redox actif sélénocystéine couplée à une cystéine. Il semblerait que celui-ci soit capable de régénérer l'ascorbate à partir du déhydroascorbate et dès lors de contribuer au maintien du pool actif en vitamine C. Ce fait penche une nouvelle fois pour une complémentarité des antioxydants. Quelque soit l'enzyme séléniée, il est important de signaler que l'activité enzymatique est directement dépendante des réserves corporelles et de l'apport alimentaire en sélénium et donc, plus ou moins fortement réduite en cas de carence d'apport en cet oligo-élément essentiel. Le sélénium possède de multiples autres propriétés biologiques en relation ou non avec son pouvoir antioxydant ; il a notamment montré une importante activité immunostimulante (Peretz *et al.*, 1991 ; Nève, 1997). Les principales sources alimentaires de sélénium sont les aliments riches en protéines d'origine animale (viandes, poissons, œufs, lait), les céréales et certains légumes et fruits secs. Remarquons que l'apport alimentaire total en sélénium est extrêmement variable d'une région géographique à l'autre et est également fortement fonction des habitudes alimentaires.

Le zinc est un est un autre oligoélément essentiel qui participe à de nombreuses fonctions relatives à la croissance, au développement sexuel, à la cicatrisation, à la lutte anti-infectieuse et à la défense immunitaire, au goût, à la vision nocturne, etc. C'est un stabilisateur de membranes biologiques et il contribue au maintien de leur structure et de leur fonctionnalité. Il possède des propriétés antioxydantes documentées dans divers modèles, mais les mécanismes responsables ce cette activité restent peu clairs. Il ne possède pas directement de propriétés redox mais est un élément important dans de nombreuses protéines, à la fois au plan fonctionnel (il constitue le centre actif de plus de 200 enzymes) et structurel (notamment par l'intermédiaire de la constitution avec la cystéine et l'histidine des fameux « doigts des zinc »). Du point de vue antioxydant, il semble protéger les fonctions thiol des protéines contre l'oxydation. Ce fait a été démontré en ce qui concerne de nombreuses protéines membranaires ainsi que pour les métallothionéines.

2.2.3. Antioxydants non nutriments

Les flavonoïdes sont des polyphénols naturels contenus sous forme de dérivés glucosidiques dans de nombreux fruits et légumes et dans certaines boissons telles le thé, le vin et la bière. Il en existe de nombreuses structures (plusieurs milliers de composés dans la nature) que l'on peut classer en différents groupes selon leur structure de base et les substituants : flavones (tangérétine, apigénine, lutéoline), flavonols (quercétine, myricétine, campférol), flavanones (naringénine, hespérétine), isoflavones (génistéine, daidzéine) et flavanols ou catéchines (épicatéchine, épigallocatéchine, taxifoline) (Lien *et al.*, 1999 ; Rice-Evans *et al.*, 1997). La figure 6 reprend quelques unes des structures de base.

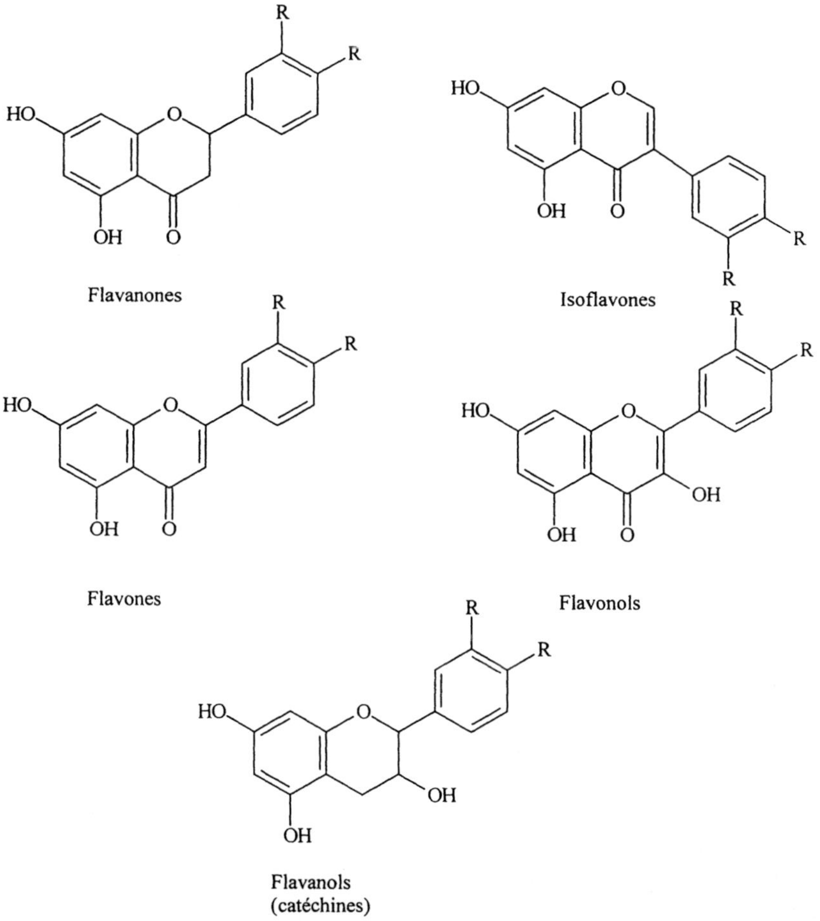

Figure 6 ■ Structures de quelques flavonoïdes.

La variété et la complexité des structures rendent l'étude de ces dérivés difficile ; ces produits ont une biodisponibilité différente et semblent rapidement métabolisés (formation de dérivés glycuronés ou sulfatés avec les fonctions phénol) et inactivés ou excrétés. Les aglycons (structures sans sucre) ont des propriétés antioxydantes démontrées dans divers modèles et en rapport avec les substituants oxygénés de ces dérivés (fonctions phénol et cétone). Le thé dont on vante beaucoup les mérites à l'heure actuelle (voir ci-après), est une boisson contenant de nombreux composés polyphénoliques. En fait, il existe plusieurs types de thés connus sous les noms de thé vert, oolong et noir. Ces variétés correspondent à des traitements différents des feuilles de thé (*Camelia Sinensis*) qui provoquent des modifications chimiques des polyphénols contenus dans ces feuilles sous l'action plus ou moins prolongée de l'enzyme polyphénol oxydase. C'est ainsi que les polyphénols du thé vert sont de type flavanols ou catéchines (épicatéchine, épigallocatéchine, gallate d'épicatéchine et gallate d'épigallocatéchine) tandis que celui-ci contient aussi des acides phénoliques (acide gallique). Le thé noir contient des phénols de type bisflavanols, théaflavines (monogallate et digallate) et théarubigènes qui sont pour la plupart des produits d'oxydation des flavanols des feuilles de thé par l'enzyme polyphénol oxydase (Weisburger, 1998 ; Ahmad et Mukhtar, 1999). Le vin rouge a fait l'objet de nombreuses études. Il contiendrait plusieurs constituants bénéfiques dont des polyphénols antioxydants. Cette boisson a souvent été avancée comme une explication possible du « paradoxe français » (« French paradox ») qui rend compte de la relativement faible mortalité cardiovasculaire alors que la consommation alimentaire en graisses saturées est assez élevée par rapport à celle d'autres pays développés. Dans le même ordre d'idées, on évoque quelquefois le « Far East paradox » qui tenterait d'expliquer le contraste entre la faible incidence de maladies cardiovasculaires et la forte consommation de tabac chez les japonais et les chinois par l'effet protecteur du thé vert.

D'autres composés phénoliques naturels d'origine alimentaire semblent également exercer un effet antioxydant. L'huile d'olive contient des phénols (orthodiphénols tels l'hydroxytyrosol, tyrosol, oleuropéine, acide caféïque et vanillique, etc.) qui contribuent au contenu antioxydant des rations alimentaires riches en cette huile réputée bénéfique (Visioli et Galli, 1998). Des plantes aromatiques, notamment le romarin, l'origan, la sauge, la menthe et le thym contiennent des antioxydants potentiels tels le carnosol ou le carvacrol. Les raisins, le vin rouge et les baies contiennent des phénols de type resvératrol (3,5, 4'-trihydroxy-*trans*-stilbène). Peu de données existent cependant sur l'impact exact qu'ont ces produits *in vivo*.

3. *Modulation de la défense antioxydante*

La défense antioxydante de l'organisme peut indubitablement être influencée par la voie de l'alimentation. La minimisation du stress oxydatif résulte à la fois d'une optimalisation de l'apport alimentaire en antioxydants et d'une minimisation de la quantité de pro-oxydants fournis par cette même voie. La solution globale à ce problème se révèle bien plus complexe qu'elle ne paraît à première vue. La nature même des sources alimentaires à privilégier, leur contenu en antioxydants, la biodisponibilité de ceux-ci, les concentrations adéquates, etc., sont autant de facteurs déterminant le succès de l'intervention. S'il s'avère indispensable de mener de larges études pour établir l'efficacité de l'augmentation de l'apport nutritionnel en antioxydants, il est tout aussi important de fixer les critères sur lesquels les effets seront jugés. Le problème du choix des marqueurs biologiques n'est pas nouveau ; il s'étend des marqueurs les plus simples tels les indicateurs d'exposition (concentrations en antioxydants dans les aliments ou les milieux biologiques) jusqu'aux marqueurs les plus sévères comme l'incidence des maladies ou la mortalité en passant par des indices biologiques fonctionnels (stimulation d'activités enzymatiques dépendantes des antioxydants, diminution de la susceptibilité à l'oxydation de milieux biologiques représentatifs tels les LDL ou les érythrocytes), de dommages oxydatifs aux lipides, protéines ou acides nucléiques (hydroperoxydes lipidiques et produits de dégradation, F_2-isoprostanes, groupes carbonyl des protéines, adduits, bases oxydées de l'ADN, etc.), ou encore cliniques (étendue des lésions athéromateuses) (McCall et Frei 1999).

3.1. Rôle de l'alimentation

Les aliments étant les sources principales d'antioxydants, il est important non seulement de quantifier les apports via les milieux alimentaires mais également de connaître les formes chimiques des antioxydants et la biodisponibilité de celles-ci. De nombreuses études d'apport ont été menées dans divers groupes de population montrant d'importantes fluctuations liées à divers facteurs tels le type d'alimentation, la localisation géographique, la saison considérée, etc. Ces valeurs globales peuvent être rapportées aux « apports nutritionnels recommandés » tels qu'établis par certaines grandes Instances nationales ou internationales (RDA : Recommended Dietary Allowances ou ANC : Apports Nutritionnels Recommandés). Ceux-ci se définissent comme étant « les niveaux d'ingestion des nutriments essentiels qui sont jugés adéquats pour couvrir les besoins en un nutriment donné d'un groupe d'individu ou d'une population normale ». Nous verrons plus loin (paragraphe 4.1) que ces normes d'ingestion sont considérées comme pouvant prévenir les déficiences d'apport en nutriments, mais qu'elles ne tiennent pas compte des données les plus récentes concernant la réduction du risque d'affections chroniques. En effet, les concentrations en antioxydants qui sont efficaces dans la réduction du risque de maladies chroniques sont en général plus élevées que les ANC.

La plupart des enquêtes alimentaires convergent pour indiquer que, sur la base des valeurs actuelles des ANC, les apports alimentaires en antioxydants sont globalement adéquats au sein des populations en bonne santé vivant dans les pays industrialisés. De nombreuses nuances doivent cependant être apportées à cette conclusion en apparence rassurante. Il est en effet des cas où la fixation même des ANC, qui peut varier selon les critères retenus par les experts pour leur élaboration, permet de tirer des conclusions totalement différentes quant à l'état de satisfaction ou non des besoins nutritionnels. Le cas du sélénium est un des plus frappants à cet égard. En effet, les normes retenues par certains groupes d'experts varient de 80-100 μg de sélénium/j à 21-40 μg/j en passant par 55-70 μg/j pour l'adulte. Ce qui veut dire, par exemple, que si l'on prend la plupart des populations européennes qui ont des apports s'échelonnant de 40 à 70 μg/j, ceux-ci sont considérés comme insuffisants par certains et nettement suffisants par d'autres. En outre, les grandes enquêtes alimentaires démontrent également que les apports alimentaires en certains antioxydants sont suboptimaux voire franchement déficients, dans certains groupes de population tels les prématurés, les femmes enceintes et allaitantes, les enfants en croissance, les personnes âgées, les personnes originaires de certains pays ou régions particulièrement défavorisées au plan agroalimentaire ou socio-économique, les fumeurs, les sujets atteints de certaines pathologies, etc.

À côté de l'aspect quantitatif, la biodisponibilité des antioxydants dans la matrice alimentaire est fondamentalement importante. Celle-ci dépend à la fois de facteurs liés à l'aliment lui-même et de facteurs liés à l'hôte. Un premier facteur lié à l'aliment et bien documenté est la quantité totale d'antioxydant dans une ration ; pour les nutriments qui sont résorbés par diffusion passive, la proportion d'antioxydant résorbé diminue lorsque leur quantité augmente. Ce cas est particulièrement bien illustré pour la vitamine C. Un deuxième facteur abondamment documenté est l'importance de la forme moléculaire ou isomérique des antioxydants : c'est ainsi que les esters ne sont pas résorbés de la même manière que les formes libres ou que certains isomères sont mieux résorbés que d'autres. Un troisième exemple d'influence est la nature de la matrice alimentaire elle-même. C'est ainsi que le β-carotène qui se trouve sous forme de complexe pigment-protéines dans les légumes verts est moins biodisponible que celui qui se trouve sous forme de gouttelettes lipidiques dans d'autres légumes ou fruits.

Parmi les facteurs liés à l'hôte, on relève des facteurs génétiques, le statut habituel en nutriments et la présence de modificateurs d'absorption. C'est ainsi que pour assurer une bonne résorption des vitamines liposolubles et des caroténoïdes, une quantité suffisante de matières grasses doit être présente dans l'alimentation. D'autres exemples plus spécifiques abondent. Une étude épidémiologique montrant un effet protecteur du lycopène (contenu en grande quantité dans les tomates) contre le cancer de la prostate a permis d'établir que l'effet était surtout dû aux tomates fraîches, à la sauce tomate et aux pizza tandis que le jus de tomate n'était pas protecteur (Giovannucci *et al.*, 1995). Le lycopène provenant du jus de tomate a une faible biodisponibilité, mais la cuisson des tomates dans de l'huile augmente de manière substantielle la résorption intestinale.

3.2. Études épidémiologiques

La démonstration des effets protecteurs des antioxydants est basée sur diverses approches. Les « études écologiques », où l'incidence des affections dans diverses populations est corrélée à des paramètres nutritionnels, sont intéressantes pour suggérer des associations mais restent insuffisantes pour les démontrer. Elles nécessitent en plus des « études cas-contrôles » dans lesquelles les apports ou les indicateurs d'apport en antioxydants d'individus atteints par ces affections sont comparés à ceux de sujets en bonne santé. Ces études sont avantageusement complétées par des « études prospectives » dans lesquelles les données importantes sont saisies avant le diagnostic de la maladie. La multiplication de tels travaux a donné un certain nombre de résultats fiables pour tous les nutriments antioxydants et les flavonoïdes (Faggiotto *et al.*, 1998 ; Flagg *et al.*, 1995 ; Hercberg *et al.*, 1998 ; Schwenke, 1998 ; van de Vijver *et al.*, 1997).

En ce qui concerne le cancer, il est établi de manière tout à fait convaincante qu'une consommation régulière de fruits et de légumes diminue le risque de cancer. Un recensement des études effectué en 1992 a montré que 128 sur 156 études alimentaires ont été en faveur d'un effet protecteur des fruits et légumes. La diminution du risque qui était variable d'un site à l'autre pouvait atteindre 50 %. Les réductions les plus importantes sont celles concernant les cancers épithéliaux du tractus gastrointestinal et respiratoire, tels les cancers du poumon, de l'estomac et du pancréas (tableau 1).

Tableau 1 ■ Consommation régulière de fruits et de légumes et incidence des cancers (*d'après* Block *et al.*, 1992).

Site	**Nombre d'études**	**Risque diminué**	**Risque augmenté**
Tous sites	170	132	6
Poumons	25	24	0
Larynx	4	4	0
Bouche	9	9	0
Œsophage	16	15	0
Estomac	19	17	1
Colon - Rectum	27	20	3
Vessie	5	3	0
Pancréas	11	9	0
Col utérus	8	7	0
Ovaires	4	3	0
Seins	14	8	0
Prostate	14	4	0
Autres	8	6	0

Ces effets bénéfiques furent tout naturellement reliés à l'apport en antioxydants individuels dont les fruits et légumes sont particulièrement riches. Plusieurs travaux confirmèrent de manière convaincante l'effet protecteur d'apports alimentaires élevés en caroténoïdes (particulièrement en β-carotène) pour les cancers du poumon et du tractus aérodigestif supérieur. Cette confirmation fut moins nette pour les cancers du sein et du col de l'utérus et incertain pour les autres sites. Un apport élevé en vitamine C paraît particulièrement actif dans la protection contre les cancers du tractus aérodigestif supérieur (estomac, œsophage, bouche et pharynx), du pancréas et du col de l'utérus ; ses effets sont moins bien démontrés vis-à-vis du cancer du colon et insuffisamment établis pour les autres sites. La vitamine E est la moins efficace, avec un faible effet vis-à-vis des cancers de l'estomac, des poumons et du col de l'utérus. Pour le sélénium, les études par sites sont peu nombreuses et seul un effet faible vis-à-vis du cancer du colon se dégage.

En ce qui concerne les maladies cardiovasculaires (MCV), l'évidence d'une protection par l'ensemble des trois vitamines antioxydantes est assez nette, particulièrement pour la vitamine E. Celle-ci a été magistralement démontrée dans deux très grandes études prospectives souvent citées. La « *Nurses'Health Study* », qui portait sur près de 90 000 infirmières américaines, a montré une réduction significative de 34 % des MCV chez les femmes qui avaient consommé des suppléments de vitamine E contenant plus de 67 α-tocophérol équivalents pendant plus de 2 ans. La « *Health Professionals, Follow-Up Study* », qui englobait près de 40 000 hommes, a montré qu'un apport élevé en vitamine E était associé à une réduction de 41 % du risque de MCV. Parmi les sujets qui consommaient le plus de β-carotène, la réduction du risque de maladie coronarienne était de 22 et de 25 %, respectivement ; pour la vitamine E, elle atteignait 34 et 39 %, tandis que pour la vitamine C, les effets étaient plus mitigés. À nouveau, la réduction la plus importante du risque était retrouvée chez les sujets prenant des suppléments contenant plus de 67 α-tocophérol équivalents pendant plus de 2 ans. L'absence d'influence nette de la vitamine C dans ces deux grandes études est en contradiction avec certaines études précédentes dont la « first *National Health and Nutrition Examination Survey*, NHANES I », où une consommation journalière de plus de 50 mg de vitamine C fut associée à une réduction de 50 % de la mortalité cardiovasculaire. Pour les caroténoïdes, plusieurs études démontrent une diminution du risque de MCV chez les sujets qui ont les apports ou les concentrations plasmatiques les plus élevés en β-carotène (Klipstein-Grobusch, 1999). On ne dispose cependant que de peu de données concernant les autres caroténoïdes. De même, les données concernant l'influence possible des flavonoïdes restent fragmentaires (Faggiotto *et al.*, 1998 ; Van de Vijver *et al.*, 1998).

Les autres pathologies chroniques ont été moins étudiées. L'incidence des cataractes a pu être de manière assez constante inversement reliée avec les apports alimentaires en vitamines antioxydantes, particulièrement en vitamines C et E. Dans un sous groupe de la « *Nurses'Health Study* », il a été clairement montré que l'utilisation de suppléments de vitamine C pendant une période d'au moins 10 ans réduisait de 70 % la prévalence des opacités du cristallin (Jacques *et al.*, 1997). Cet effet est compatible avec une protection par les antioxydants des protéines du cristallin sujettes aux attaques oxydatives par les ultra-violets. Dans une même sphère, l'incidence de la dégénérescence maculaire a pu être inversement reliée aux apports en certains caroténoïdes. Ce fait est une nouvelle fois compatible avec la présence dans la rétine de certains caroténoïdes qui protègent la rétine contre les dommages photo-induits. De nombreux autres travaux ont concerné les affections neurologiques dégénératives (Parkinson, Alzheimer), les affections rhumatismales inflammatoires, le diabète, etc. Un intérêt pour les antioxydants se manifeste également récemment dans le domaine de la protection contre le stress photo-oxydatif cutané induit par l'exposition solaire ou aux ultra-violets (Fuchs, 1998).

De plus en plus de travaux tentent à l'heure actuelle de cerner les effets protecteurs de certains aliments plus particuliers qui contiennent des antioxydants nutriments ou non nutriments. C'est ainsi que plusieurs travaux se concentrent sur le thé, mais il n'est pas toujours facile de tirer des conclusions générales à ce sujet (Ahmad et Mukhtar, 1999 ; Katan, 1997 ; Weisburger, 1998). Bushman (1998) a récemment revu les données actuelles concernant le rôle protecteur du thé vert contre les cancers humains. En consultant le tableau 2, on peut dire que les effets protecteurs contre les cancers d'une consommation régulière de thé ne sont pas encore suffisamment démontrés malgré des observations favorables (Bushman, 1998). En revanche, les éléments manquent encore pour prétendre que la consommation régulière de thé protège contre les affections cardiovasculaires (van het Hof *et al.*, 1997 ; van het Hof *et al.*, 1999). Cette thématique a connu plusieurs développements contradictoires (Katan, 1997).

Quelques autres travaux portent sur les tomates et produits à base de tomates dont les vertus particulières seraient dues aux teneurs élevées en lycopène, un caroténoïde sans propriétés provitaminiques A, mais qui serait responsable d'un effet protecteur efficace contre le cancer (Rao et Agarwal, 1998 ; Rao et Agarwal, 1999 ; Stahl et Sies, 1996 ; Gerster, 1997). Il en va de même pour l'huile d'olive dont les polyphénols contribueraient à l'effet bénéfique de cette huile dans la diminution du risque de maladies cardiovasculaires (Visoli et Galli, 1998).

Tableau 2 ■ Consommation de thé et risque de cancer (*d'après* Bushman JL, 1998).

Site	Risque diminué	Risque augmenté	Pas d'effet
Colon	3	1	1
Rectum	1	2	1
Vessie	2	0	0
Estomac	6	3	1
Pancréas	2	1	0

3.3. Études d'intervention

Les divers travaux évoqués ci-avant ont ouvert la voie à des travaux plus ambitieux, les « essais d'intervention randomisés contrôlés » dans lesquels les nutriments sont administrés en double aveugle et contre placebo à un grand nombre d'individus pendant des périodes de temps assez longues et en prenant comme critère de jugement des paramètres aussi exigeants que l'incidence des maladies et la mortalité. Les études qui concernent les personnes en apparente bonne santé étant de loin les plus intéressantes dans un contexte de prévention des maladies, elles seront surtout abordées ici. De nombreux travaux fort intéressants concernent également l'effet thérapeutique de certains antioxydants, soit qu'ils soient utilisés comme agent principal, soit comme adjuvant à des traitements établis. Ces travaux ne seront pas abordés ici.

Les premières grandes études furent menées en Chine (« *Linxian Intervention Trials* ») et rapportées dès 1993 par Blot *et al.* Elle se déroulèrent dans une région où l'incidence des cancers de l'estomac est particulièrement élevée. Deux essais furent réalisés. Dans le premier (« *General Population Trial* »), près de 30 000 adultes de 40 à 60 ans reçurent divers nutriments ou un placebo de manière telle à tester les effets des combinaisons : rétinol et zinc ; riboflavine et niacine ; acide ascorbique et molybdène, ou encore β-carotène (15 mg), sélénium (50 μg) et alpha-tocophérol (30 mg). Les investigateurs observèrent après 5 ans une réduction significative de la mortalité totale (moins 9 %), principalement celle due aux cancers (moins 13 %), surtout le cancer de l'estomac (moins 21 %), chez les sujets recevant la combinaison antioxydante β-carotène, sélénium et vitamine E (Li *et al.*, 1993 ; Blot *et al.*, 1993). Dans le second (« *Dysplasia Trial* »), environ 3 300 adultes de 40 à 69 ans présentant une dysplasie de l'œsophage (signe précurseur de cancer) reçurent une supplémentation avec un mélange minéralo-vitaminique, comprenant entre-autres 15 mg de β-carotène, 60 mg d'α-tocophérol, 180 mg d'acide ascorbique, 50 μg de sélénium (Mark *et al.*, 1996). Après 6 ans, le groupe recevant les nutriments montra une réduction de la mortalité globale de 7 % quelque soit le sexe des sujets, avec un effet prononcé pour les morts par accident cérébrovasculaire, particulièrement chez les hommes (réduction de 60 %). On nota aussi une diminution significative de la pression sanguine chez les sujets traités, plus importante chez les hommes que chez les femmes. Ces résultats très encourageants furent néanmoins obtenus dans une population défavorisée au plan alimentaire et le second essai ne permet pas d'identifier le ou les produits responsables des résultats observés.

Une étude publié en 1994 par Heinonen *et al.* est en revanche franchement contrariante, particulièrement pour l'effet du β-carotène chez les fumeurs. Elle concerne un essai de prévention du cancer du poumon et d'autres cancers chez des fumeurs par l'α-tocophérol et β-carotène (ATBC = « *α-Tocopherol β-carotène Cancer Prevention Study* ») (Heinonen et Albanes, 1994). Pendant en moyenne 6 ans ont été suivis près de 29 000 finlandais de sexe masculin, âgés de 50 à 69 ans, tous fumeurs de longue date et consommateurs d'alcool. Ils ont reçu journellement un des quatre traitements suivants : 50 mg d'α-tocophérol seul, 20 mg de β-carotène seul, les deux vitamines, ou un placebo. Contrairement à ce que l'on pouvait attendre, aucun des micronutriments ne fut efficace dans la réduction du cancer du poumon. Au contraire, les investigateurs ont même observé une incidence plus élevée du cancer du poumon (augmentation de 18 %) et une mortalité totale plus importante (augmentation de 8 %) chez les sujets recevant le β-carotène (due surtout à une augmentation des morts consécutives à un cancer du poumon ou a une atteinte cardiaque ischémique). Si moins de cas de cancers de la prostate et de cancers colo-rectaux furent diagnostiqués chez les sujets recevant de la vitamine E, on nota cependant une augmentation de la mortalité par hémorragie cérébrale. Parmi les griefs formulés à l'encontre de cette étude, on cite les risques déjà élevés de cancer du poumon chez ces sujets au départ, la durée relativement courte de l'essai, le nombre faible de certains événements pathologiques (dont les hémorragies cérébrales) et les doses de β-carotène employées que certains trouvent trop élevées et d'autres trop faibles.

Deux autres études plus récentes nuancent un peu ces données. L'étude sur l'efficacité du β-carotène et le la vitamine A dans le cancer du poumon et les maladies cardiovasculaires (CARET = « *Beta-carotene and Retinol Efficacy Trial* »), menée par Omenn *et al.* et publiée en 1996, concernait près de 18 300 hommes et femmes, fumeurs, anciens fumeurs ou travailleurs exposés à l'asbeste (environ 4 000 sujets) qui reçurent pendant 4 ans une combinaison journalière de 30 mg de β-carotène et de 25 000 UI de vitamine A sous forme de palmitate de rétinol, tous deux sous forme synthétique et fournis par Hoffman-La Roche (Omenn *et al.*, 1996). L'hypothèse de départ était de tester l'effet des caroténoïdes sur l'incidence du cancer du poumon. L'analyse des résultats après en moyenne 3,3 ans d'intervention ne montra aucun bénéfice. Au contraire, le risque relatif de cancer du poumon était très légèrement augmenté (1,28) et le taux de mortalité était plus élevée (augmentation de 17 %), particulièrement par cancer du poumon (risque relatif : 1,46) et par maladie cardiovasculaire (risque relatif : 1,26). Il faut noter que cette étude en défaveur du β-carotène, a aussi porté sur des sujets à haut risque de cancer du poumon et que les doses administrées étaient relativement fortes. L'essai amena à la conclusion que les fumeurs et les travailleurs exposés à l'asbeste ne devraient pas prendre de β-carotène et de vitamine A. De manière étonnante, on ne parla pas d'arrêt du tabac (Wheatley, 1998). Une étude qui suivit fut cependant plus réconfortante : elle porta sur l'efficacité de l'aspirine et du β-carotène dans la prévention primaire des maladies cardiovasculaires et du cancer (« *Physicians'Health Study* »). Publiée en 1996 par Hennekens *et al.*, elle concernait plus de 22 000 médecins mâles en bonne santé, âgés de 40 à 84 ans, dont une certaine proportion de fumeurs (11 %) ou d'anciens fumeurs (39 %), qui reçurent 50 mg de β-carotène tous les deux jours. Le but de l'essai était d'investiguer les effets protecteurs du β-carotène sur les cancers et les maladies cardiovasculaires. Après 12 ans, aucun effet favorable ou défavorable de la supplémentation en β-carotène ne put être identifié (Hennekens *et al.*, 1996).

Les questions que se posent les chercheurs suite à ces travaux portent sur une multitude d'aspects dont l'importance est difficile à évaluer : la sélection des sujets (en apparente bonne santé ou à risque de pathologies, habituellement biens nourris ou dénutris), la composition des préparations de micronutriments (nature, types de combinaisons) et leurs caractéristiques (origine naturelle ou synthétique des nutriments, biodisponibilité, formulations galéniques), leur dose (nutritionnelle, supranutritionnelle, pharmacologique), la durée de l'intervention, etc. (Wheatley, 1998). Certaines études en cours ont déjà tenu compte de ces enseignements et proposent des protocoles avant tout basés sur des doses moins élevées d'antioxydants et sur des populations à risque normal de pathologies. C'est ainsi qu'on attend avec intérêt les premiers résultats des études américaines « *Women's Health Study* » (40 000 femmes américaines en bonne santé chez qui on évalue depuis 1992 les effets de 50 mg de β-carotène, 436 mg de vitamine E et 100 mg d'aspirine, dispensés tous les deux jours) et « *Women's Antioxidant and Cardiovascular Study* » (8 000 femmes américaines à risque cardiovasculaire accru recevant tous les deux jours 50 mg de β-carotène, 436 mg de vitamine E et 500 mg de vitamine C).

Tout récemment, vient d'être publiée l'étude de Clark *et al.* qui a la particularité de ne tester l'effet protecteur que d'un seul micronutriment, le sélénium (Clark et al, 1996 ; Clark *et al.*, 1998). Un total de 1 312 sujets ayant des antécédents de carcinome des cellules basales ou squameuses de la peau ont été suivis pendant 7 ans et ont reçu pendant en moyenne 4,5 années un supplément journalier de 200 µg de sélénium ou un placebo. Si ce traitement n'a pas affecté l'incidence de cancer cutané, il a réduit de manière significative la mortalité totale par cancer, l'incidence totale de cancer et les incidences des cancers des poumons, colo-rectaux et de la prostate. L'effet était tout particulièrement spectaculaire pour le cancer de la prostate puisque la réduction de l'incidence de ca cancer atteignit 60 % chez les sujets traités au sélénium. Cette étude démontre de manière magistrale l'effet protecteur du sélénium contre la cancérogenèse, mis en évidence maintes fois dans des études expérimentales et épidémiologiques, et ouvre la voie à des programmes de prévention plus ambitieux.

Plus proche de nous, l'étude française SUVIMAX (« Supplémentation en Vitamines et en Minéraux Antioxydants »), commencée en 1996, teste l'effet de doses nutritionnelles d'antioxydants (6 mg de β-carotène, 15 mg d'α-tocophérol, 120 mg de vitamine C, 100 µg de sélénium et 20 mg de zinc) chez 14 000 adultes en bonne santé (Hercberg *et al.*, 1998). Cet essai préconise des doses modérées de micronutriments, notamment en raison de la synergie attendue des divers principes actifs. Bien que cette étude ne soit pas encore terminée, les résultats d'un pré-test réalisé avec la formule SUVIMAX viennent d'être publiés en 1997 par Girodon *et al.* (1997). Cette étude a été réalisée auprès de 81 sujets âgés, héberges dans un centre gériatrique français. Après deux ans de traitement journalier, les sujets recevant soit uniquement les oligoéléments (zinc et sélénium), soit la formule complète avaient eu significativement moins d'infections respiratoires et urogénitales que les sujets recevant un placebo. La réduction du nombre d'infections était plus sensible chez les sujets recevant les seuls oligoéléments (2 à 3 fois moins d'infections que les placebo).

4. *Divers moyens d'action*

4.1. Apports nutritionnels recommandés et protection de la santé

Comme indiqué ci-avant, il est impossible dans le cadre de ce chapitre de faire un relevé critique exhaustif de la couverture des apports en nutriments antioxydants, d'autant plus que de nombreux points d'ombre ou contradictions subsistent quant à la définition même des apports optimaux. En simplifiant à l'extrême, on admet aujourd'hui que les quantités de ces micronutriments ingérées sont globalement insuffisantes non pas tant pour satisfaire les besoins de base de l'organisme, mais bien pour apporter ce « plus » qui offrirait une protection optimale. Les apports nutritionnels conseillés (ANC) renseignement sur la quantité de nutriment qu'il faut idéalement ingérer pour prévenir tout signe de déficience tout en laissant une certaine latitude qui tient compte des différences individuelles et de biodisponibilité. Il est important de souligner que ces valeurs basales correspondent généralement aux besoins de sujets adultes en apparente bonne santé, mais il existe également des données qui tiennent compte de l'âge des sujets et de leur état physiologique (croissance, grossesse, allaitement). En revanche, ces normes ne sont pas transposables aux sujets ayant des besoins accrus comme par exemple les fumeurs ou les personnes atteintes de divers troubles ou pathologies. L'effet du tabac sur les vitamines oxydantes a été très bien documenté. Les fumeurs ont très clairement des statuts déficients en carotènes et en vitamine C qui s'explique d'une part par le stress oxydatif induit par le tabac et d'autre part par des styles de vie moins sains (Marangon *et al.*, 1998).

Tableau 3 ■ Estimation des apports quotidiens optimaux en antioxydants.

Nutriment antioxydant	Apport alimentaire usuel	Apport nutritionnel conseillé	Apport protecteur expérimental [a]	Apport dans rations optimales[b]	Apports/conc sanguines optimales[c]
Vitamine C	60-80 mg	60 mg	> 100 mg	220 mg	145 mg
Vitamine E	5-7 mg	8-10 mg	> 23-100	23	23
β-Carotène	1,5-3 mg	ND	> 4 mg	5,7 mg	3,2 mg
Sélénium	< 50 μg	55-70 μg	100-200 μg	ND	60-100 μg

a : quantités qui pourraient protéger des maladies chroniques, selon les données expérimentales actuelles;
b : quantités dans des menus correspondant aux recommandations pour une prévention des maladies ;
c : quantités qui donnent des concentrations sanguines jugées optimales ;
ND : inconnu ou non déterminé.

Il est clair aussi que ces données n'intègrent pas les nouveaux concepts de promotion de la santé et de prévention des maladies chroniques, qui se sont imposés depuis ces dernières années à la suite de multiples études décrites en partie ci-avant. Plusieurs auteurs proposent dès lors une révision de ces normes dans le sens repris au tableau 3 (Carr et Frei, 1999 ; Lachance, 1996).

4.2. Moyens d'action

L'atteinte des objectifs précédents, c'est-à-dire l'accroissement des apports alimentaires en antioxydants, peut s'effectuer de différentes manières allant de l'alimentation saine ou protectrice à l'utilisation systématique de compléments nutritionnels tout en passant par le développement d'aliments fonctionnels, modifiés ou non.

4.2.1. Alimentation saine

Des grandes enquêtes épidémiologiques ont montré qu'il existait indéniablement des types d'alimentation associés à un risque significativement plus faible de maladies chroniques. Parmi ceux-ci, le régime méditerranéen dans sa globalité emporte l'unanimité bien que décliné sous diverses formes dans les différentes cultures des pays méditerranéens. Celui-ci se caractérise principalement par un apport calorique relativement faible, une consommation importante et variée de céréales, de légumineuses, de fruits et légumes (crus/cuits, frais/secs), une faible consommation de viande rouge, sauf un peu de viande ovine, du poisson, très peu de lait et de beurre, mais plutôt des fromages frais ou de yogourts, de l'huile d'olive et enfin, du vin rouge consommé modérément au cours des repas. Ce type d'alimentation est associé à un risque significativement plus faible de maladies cardiovasculaires, mais l'effet sur l'incidence des cancers est moins net. Parmi les éléments protecteurs de ces régimes se trouvent très certainement des antioxydants dont la vitamine E et la vitamine C. L'effet des caroténoïdes et des dérivés phénoliques n'est pas établi en raison de la méconnaissance de leur biodisponibilité réelle, mais les tomates et surtout le lycopène qu'elles contiennent, semblent une partie importante de ce régime. Il va de soi que de nombreuses autres influences interviennent dans l'effet protecteur de ces régimes dont la teneur importante en acide folique et en potassium ou la composition favorable en acides gras (les polyinsaturés sont favorisés aux dépens des saturés). L'huile d'olive serait particulièrement bénéfique en raison d'une part de sa composition en acide gras monoinsaturés (acide oléique) et, d'autre part, de la présence de nombreux composés polyphénoliques (qui font la spécificité de l'huile d'olive) et qui ont des propriétés antioxydantes. Le vin rouge agirait quant à lui par un effet propre de l'alcool, mais peut-être également *via* des polyphénols antioxydants dont la biodisponibilité reste néanmoins incertaine.

C'est cet équilibre nutritionnel qui est de plus en plus valorisé par les nutritionnistes et les diététiciens dans leurs conseils alimentaires. Ceux-ci vont résolument à l'encontre de l'uniformisation des modes de vie et des régimes alimentaires à laquelle on assiste dans le monde moderne. Des politiques nutritionnelles globales sont progressivement mises en route. Au plan thérapeutique lui-même, plusieurs succès ont déjà été enregistrés qui démontrent que des syndromes pathologiques ou des maladies peuvent être corrigés par des interventions alimentaires. Le régime est actuellement un des éléments importants pour le traitement de l'hypertension, des dyslipidémies et du diabète sucré. Pour en rester dans le domaine des antioxydants, l'essai DASH (*Dietary Approaches to Stop Hypertension*) mérite quelque attention. En effet, une modification sensible des habitudes alimentaires incluant entre-autres conseils la prise journalière de 4 à 5 portions de légumes et de 4 à 5 portions de fruits s'est révélée capable de stopper l'hypertension (Blackburn, 1997).

4.2.2. Aliments fonctionnels, y compris la fortification

La définition de l'aliment fonctionnel implique que celui-ci influence de manière adéquate et favorable une ou plusieurs fonctions de l'organisme en rapport avec le maintien d'un état de bien être et de santé ou d'une réduction du risque de maladie. À partir de ce moment, il est clair que tout aliment représentant une source appréciable de vitamines, de minéraux ou de tout autre composé antioxydant peut rentrer dans cette catégorie si, du moins, les adjectifs « adéquate » et « favorable » sont respectés. La définition de l'aliment fonctionnel va cependant plus loin encore que celle de l'aliment naturel (non modifié) puisqu'elle implique également le fait que l'aliment puisse être modifié d'une manière ou d'une autre, par exemple : en ajoutant ou en retirant un composant et/ou en modifiant la biodisponibilité d'un ou plusieurs composants.

Tableau 4 ■ Denrées alimentaires fournissant un apport en antioxydant équivalent aux doses préconisées (*d'après l'étude Suvimax*).

• **Béta-carotène, 6 mg**	= 100 g carottes, 110 g persil, 140 g épinards, 220 g cressonnette, 730 g tomates, 750 g laitue
• **Vitamine C, 120 mg**	= 150 g kiwis, 190 g fraises, 226 g citrons, 240 g oranges, 330 g groseilles, 400 g mandarines, 1 kg pommes
• **Vitamine E, 15 mg**	= 55 g amandes, 165 g arachides, 240 g noix, 290 g pistaches, 810 g avocats, 880 g choux
• **Sélénium, 100 µg**	= 166 g huîtres, 200 g anguille de mer, 280 g cabillaud, 350 g poulet, 380 g hachis, 700 g riz complet
• **Zinc, 20 mg**	= 250 g foie de veau, 670 g steak, 870 g jambon cuit, 500 g sardines, 880 g coquilles Saint-Jacques, 2 kg caviar

En ce qui concerne l'aliment non modifié, tout devra être mis en oeuvre pour non seulement acquérir une bonne connaissance de l'aliment c'est-à-dire de sa composition et de la valeur nutritive précise de ses composants en ce inclus leur biodisponibilité, mais aussi pour préserver et conserver leur valeur nutritive, voire même l'améliorer. À cet égard, la technologie alimentaire va revêtir une importance considérable (cf. paragraphe 6.1.). Comme indiqué ci-avant, des études d'observation ont largement démontré qu'il existe une association inverse entre la consommation de fruits et de légumes et l'incidence de maladies chroniques comme le cancer et les affections cardiovasculaires. Beaucoup d'études ont également montré que cet effet protecteur pourrait être du aux nutriments antioxydants et quelques études d'intervention ont confirmé l'activité des antioxydants au plan biologique et quelquefois même clinique. Un des moyens d'action simple serait de privilégier certains types d'aliments riches en antioxydants. C'est ainsi que des journalistes scientifiques sensibilisés par l'étude française SUVIMAX (voir ci-avant) ont dressé un tableau qui, sur une base strictement quantitative, reprenait les quantités de tel ou tel aliment qu'il suffirait d'ingérer pour avoir un apport en antioxydant correspondant à celui préconisé par les scientifiques et nutritionnistes de l'étude SUVIMAX (Guggenbühl, 1999). Le tableau 4 reprend ces données.

En réalité, relativement peu d'études se sont véritablement attachées à tester l'effet de régimes particuliers ou de modifications des habitudes alimentaires. Les critères d'activité mesurés sont le plus souvent biologiques. C'est ainsi qu'on a montré qu'un régime déplété en certains antioxydants (par exemple, les carotènes alimentaires) augmentait les indicateurs de peroxydation lipidique et, qu'au contraire, une augmentation des apports en certains fruits et/ou légumes provoquait une élévation des concentrations corporelles en antioxydants (β-carotène et vitamine C) et modifiait favorablement les valeurs des indicateurs de peroxydation lipidique, comme par exemple la sensibilité des LDL à l'oxydation, l'exhalation d'éthane, l'excrétion urinaire des bases oxydées ou encore la capacité antioxydante totale de fluides biologiques (Miller *et al.*, 1998). De tels résultats ont aussi été obtenus avec d'autres aliments réputés antioxydants comme le vin rouge (Cao *et al.*, 1998). Le tableau 5 fait une synthèse intéressante de plusieurs études qui montrent quels seraient les apports efficaces en fruits et légumes par rapport aux apports usuels et aux apports recommandés actuellement par les diététiciens nutritionnistes. On voit que les apports jugés efficaces selon des critères biologiques sont supérieurs à ceux actuellement recommandés et bien au-dessus des quantités réellement consommées (qui sont déjà illusoires pour certains groupes de population).

Tableau 5 ■ Apport journalier en fruits et légumes aux USA (*d'après* Cao *et al.*, 1998).

Situation	**Fruits**	**Légumes**	**Total**
Habituelle*	2-3	2-3	4-6
Recommandée**	2-3	3-5	5-8
Efficace***	5-6	5-6	10-12

* Les apports incluent aussi les jus, les sauces et l'ail ;
** Recommandations alimentaires pour les Américains (US Dept Agriculture et Santé) ;
*** Apport expérimental augmentant la capacité antioxydante de l'organisme.

Les modifications de l'aliment en vue d'augmenter son impact sur la défense antioxydante de l'organisme peuvent quant à elles porter sur de nombreux aspects dont par exemple l'enrichissement en antioxydants ou la réduction, voire la modification de certaines matières grasses défavorables. Les OGM (Organismes génétiquement modifiés), tant décriés de nos jours, pourraient peut-être contribuer à augmenter l'apport en certains antioxydants. Un article récent relate en effet la réussite d'une intervention génomique réalisée sur certaines graines considérées comme des sources de vitamine E. L'α-tocophérol, synthétisé par les organismes photosynthétiques, se trouve néanmoins en concentration mineure dans certaines huiles végétales tandis que le γ-tocophérol, un précurseur biosynthétique moins actif, y est contenu en concentrations plus élevées. En clonant puis en surexprimant l'activité de l'enzyme γ-tocophérol méthyltransférase, des chercheurs ont pu modifier la composition de l'huile végétale en faveur de l'α-tocophérol, plus actif au plan biologique (Shintani et DellaPenna, 1998).

Le problème de l'enrichissement ou « fortification » des aliments est trop vaste que pour être traité de manière exhaustive dans ce travail. Le sujet n'est cependant pas neuf et résulte de l'essor qu'ont connu les aliments préparés industriellement. Les exemples de fortification abondent : addition de niacine aux farines, de vitamine D au lait partiellement écrémé et aux margarines, d'iode au sel de cuisine, de vitamines du groupe B aux céréales du petit déjeuner. Les résultats de ces interventions sont bien connus et ont permis d'augmenter l'apport en certains nutriments. Quelquefois même, des actions indirectes sont tentées, par exemple l'ajout de sélénium dans les engrais pour cultures ainsi que l'ont pratiqué avec succès les Finlandais. Ce n'est que depuis plus récemment que la fortification des aliments est considérée comme un moyen possible d'augmenter les apports en nutriments antioxydants, avec comme objectif la réduction du risque de maladies chroniques. À titre d'exemple, une étude randomisée contrôlée récente démontre l'intérêt au plan de la santé publique (amélioration de la fonction cognitive, diminution du nombre d'infections) de la distribution de biscuits fortifiés en nutriments (2,1 mg de β-carotène/j, ainsi que du fer et de l'iode) et de boisson enrichie en vitamine C (90 mg/j) à des enfants provenant de communautés rurales pauvres en Afrique du sud (van Stuijvenberg E *et al.*, 1999).

4.2.3. Compléments nutritionnels

Cette thématique est à nouveau très vaste et nécessiterait de nombreuses nuances qu'il est impossible d'apporter ici. Les travaux menés sur les antioxydants ont fait fleurir dans de nombreux pays des compléments nutritionnels dont la composition fait en sorte qu'ils peuvent porter l'étiquette de « préparations antioxydantes ». Le tableau 6 en donne un exemple tiré des produits existant sur le marché belge.

Tableau 6 ■ Exemples de compléments nutritionnels antioxydants disponibles sur le marché belge.

Nom déposé	Firme	Se µg	Vit E mg	Vit C mg	Vit A ou Carotènes mg RE	Autres composants
Selenium-ACE	Wassen-Revogan	100	30	90	0,45	–
Quatral	Nycomed-Christiaens	100	30	100	0,8	Zn, 15 mg
Symbion	Merck	100	30	180	1,2	Zn, 15 mg Mn, 5 mg
Seleen	Pharma Nord	100	15	90	0,75	Zn, 15 mg Vit B6, 2 mg

Certaines de ces préparations ont fait l'objet d'études de biodisponibilité et d'efficacité biologique, tandis que d'autres basent leurs propriétés sur les données de la littérature. L'état des connaissances actuelles concernant l'efficacité clinique de ces préparations a été discuté ci-avant (sub 3.3.) l. S'il est vrai que le marché belge est loin de représenter la situation qui prévaut dans les autres pays (à plus forte raison parce que les compléments nutritionnels tombent sous le coup de législations très différentes d'un pays à l'autre), celui-ci doit s'adapter à des dispositions réglementaires bien précises qui, pour les compléments nutritionnels, imposent des restrictions au niveau des compositions qualitatives et quantitatives. Par la même occasion, une frontière très nette est établie entre le complément nutritionnel et le médicament. Les néologismes « alicament » (contraction de aliment et médicament) et son équivalent « nutraceutique » (nutriment et pharmaceutique), aussi appelé « *pharmafood* » en anglais, montrent que certains voudraient bannir les frontières entre ces deux domaines. Le problème des allégations qui sera débattu dans un autre chapitre de ce livre prend ici toute son ampleur.

Les grands essais d'intervention réalisés jusqu'ici et discutés ci-avant (sub 3.3.) ont permis de tirer un certain nombre d'enseignements qui pourraient être mis en application lors de l'élaboration d'un complément nutritionnel à visée antioxydante. La complémentarité et la synergie des antioxydants ainsi que l'équilibre des doses administrées ont déjà été évoqués et sont sous-tendus pas de multiples données, par exemple : la résorption de la vitamine E est diminuée en présence de fortes doses de β-carotène et de rétinol ou encore, la vitamine C contribue au maintien de la vitamine E sous sa forme réduite. De tels arguments sont en défaveur de l'utilisation de « mégadoses » et justifient les contrôles quantitatifs que certains pays tentent d'exercer sur les compléments nutritionnels dont les doses d'apports ne peuvent s'écarter trop des ANC. Il a en effet été démontré pour plusieurs des nutriments antioxydants que deux types d'effets tout à fait opposés pouvaient être obtenus en fonction de la dose administrée : par exemple, les caroténoïdes inhibent la carcinogenèse à faible dose d'apport, mais la stimulent à dose plus élevée ; la vitamine A, sous forme d'acide rétinoïque est essentielle pour la croissance et la différentiation cellulaire, mais devient tératogène à forte dose, ou encore, le sélénium est immunostimulant pour des apports modérés et immunodépresseur pour des apports plus conséquents, etc. L'environnement métabolique dans lequel les compléments nutritionnels sont administrés est aussi important. Rien ne sert de donner ces compléments nutritionnels si des erreurs flagrantes au plan nutritionnel ou de style de vie ne sont pas corrigées par ailleurs. Des régimes riches en graisses saturées, l'abus d'alcool et de tabac, des faibles consommations habituelles de fruits et de légumes, des rations alimentaires insuffisantes ou déséquilibrées, etc., sont autant d'élément défavorables à un effet bénéfique des compléments nutritionnels (Wheathley, 1998).

Un autre problème qui a trait aux compléments nutritionnels est celui du choix des formes chimiques, voire des isomères des antioxydants. Beaucoup d'essais d'intervention avec des caroténoïdes se sont faits avec du β-carotène synthétique sous forme d'isomère tout trans (voir sub 2.2.1.). Or, il se fait que le β-carotène naturel contient en plus de cet isomère 30 à 50 % de l'isomère 9-*cis* qui serait plus antioxydant que le tout-*trans*. Cette remarque est aussi valable pour la vitamine E : la forme synthétique (acétate d'α-tocophérol racémique) n'a pas la même biodisponibilité et donc la même efficacité que la forme naturelle, c'est-à-dire l'isomère RRR (voir sub 2.1.1.) (Burton *et al.*, 1998). Cette différence pourrait être due à une utilisation limitée par l'organisme des isomères 2S du all-rac—tocophérol (Kiyose *et al.*, 1997 ; Wheatley, 1998). Le sélénium peut aussi être administré sous diverses formes chimiques qui n'ont pas la même efficacité biologique : c'est ainsi que si l'on prend l'augmentation d'activité enzymatique glutathion peroxydase plaquettaire comme critère d'activité biologique, le sélénate et le sélénite de sodium semblent être plus efficaces que des formes levures enrichies en sélénium ou de type sélénomethionine (Nève, 1995). Un examen attentif des formes proposées à la vente et contenant des nutriments montre que de nombreux facteurs susceptibles de faire varier la réponse biologique existent allant de la forme chimique du nutriment à la forme galénique de la préparation tout en passant par la dose administrée et les conditions d'administration, le composition en autres principes actifs ou excipients, et les influences dues à l'individu lui-même (Nève, 1996). La simple analyse directe de ces préparations offre quelquefois des surprises de taille. C'est ainsi que l'analyse de lots de levures enrichies en sélénium servant à préparer divers compléments nutritionnels montre une teneur très variable en sélénium dit « soluble dans l'eau », c'est-à-dire en fait non inclus dans la cellule biologique, et présentant donc des propriétés différentes du sélénium incorporé et métabolisé par la levure (Nève, 1996). D'autres auteurs ayant analysé plusieurs préparations commerciales de β-carotène ont montré qu'elles contenaient en fait de 0 à 90 % de β-carotène tout trans et que seules certaines d'entre elles avaient une activité biologique sur l'inhibition de cellules cancéreuses (Cole et Prasad, 1998).

5. *Aspects toxicologiques*

5.1. Vitamines

La vitamine C a fait l'objet de très nombreux rapports en raison de sa très large utilisation à doses supra-physiologiques, voire des mégadoses. Il semble qu'aucun effet secondaire ne se manifeste pour des doses journalières allant jusqu'à 6 g/j. L'organisme humain est capable de mettre en route des mécanismes homéostatiques très efficaces qui éliminent quasi tout risque toxique pour cette vitamine. En effet, la quantité de vitamine C résorbée est inversement proportionnelle à la dose ingérée. Les rapports sur une éventuelle toxicité sont anecdotiques. La possibilité de formation de calculs urinaires d'oxalate semble peu fondée et il en serait de même pour la possibilité d'induction d'une hyperuricosurie. En outre, les hautes doses d'acide ascorbique n'auraient qu'un effet limité sur la résorption du fer (Hathcock, 1997). Si on veut s'en tenir à des doses plus modérées, compatibles avec des interventions nutritionnelles, il apparaît que des doses journalières allant jusqu'à 5 à 6 fois l'ANC (soit de 500 à 600 mg/j) soient absolument sûres et dénuées de tout effet secondaire.

La vitamine E est également très peu toxique pour l'homme. Parmi les effets secondaires rapportés, les plus constants indiquent que de hautes doses de vitamine E pourraient affecter les paramètres de coagulation (temps de prothrombine) chez des individus chez lesquels coexiste une carence relative en vitamine K. La prudence recommande donc que l'on administre pas de fortes doses de vitamine E chez des sujets présentant des anomalies de coagulation. En revanche, ces doses semblent tout à fait inoffensives en l'absence d'anomalies de coagulation préexistantes. Plusieurs études concernant l'ingestion à long terme (plusieurs années) de doses de vitamine E de 100 à 250 mg voire même 500 mg n'ont pas relaté d'effets secondaires. Certains auteurs avancent même que des doses allant jusqu'à 1 000 mg de vitamine E par jour sont absolument sûres.

Les études toxicologiques concernant les caroténoïdes portent quasi exclusivement sur le β-carotène. Il n'est pas prouvé qu'elles soient transposables aux autres caroténoïdes. L'utilisation de ce carotène comme colorant alimentaire et cosmétologique et comme médicament a fait en sorte que de nombreuses études de toxicité soient menées qui n'ont conduit à aucun résultat défavorable. Des individus prenant des suppléments de plus de 30 mg de β-carotènes par jour ont développé une hypercarotinémie avec coloration de la peau, qui a complètement disparu à la suite de l'arrêt du traitement et n'a donné naissance à aucun effet secondaire durable (Hatchcock, 1997). Certains travaux ont montré une diminution des concentrations sériques en vitamine E chez des individus recevant pendant plusieurs mois des doses de 15 à 60 mg par jour, mais cette tendance n'a pas été confirmée dans d'autres études (Nierenberg *et al.*, 1997). Plus récemment, l'étude ATBC a montré que la supplémentation en β-carotène n'était pas bénéfique chez des grands fumeurs (voir sub 3.3.). Hormis chez cette catégorie de sujets, il semble donc que la supplémentation modérée en β-carotène (jusqu'à 25 mg/j) est absolument sûre (Rock, 1997). En ce qui concerne la vitamine A, ses effets toxiques sont parfaitement bien documentés pour des doses de l'ordre de 7 500 à 15 000 μg d'équivalents rétinol consommés sur des périodes de plusieurs mois. À ces doses, le vitamine peut induire des troubles hépatiques (cirrhose du foie) et des anomalies congénitales. La limite de sécurité actuellement admise et valable également pour les femmes enceintes et les personnes âgées, est de 3 000 μg RE/j (Hathcock, 1997). Notons qu'une supplémentation prolongée en β-carotène (jusqu'à 25 mg/j) ne modifie habituellement pas les concentrations sériques en rétinol (Nierenberg *et al.*, 1997). Seul l'essai ATBC (voir sub 3.3) a entraîné une faible augmentation du rétinol sérique (7 %) après presque 7 ans de supplémentation avec 20 mg/j de β-carotène (Albanes *et al.*, 1997)

5.2. Oligoéléments

L'apport alimentaire habituel en sélénium dans de nombreuses régions du monde varie de 20 à 30 μg/j dans les régions décrites comme séléniprives jusqu'à 100 μg et plus dans les régions riches en sélénium. L'augmentation de l'apport alimentaire en sélénium par apport de quantités de l'ordre de 2 à 3 fois les ANC (c'est-à-dire jusqu'à 150 à 200 μg/j) est considérée comme une intervention totalement sûre. Les cas rapportés d'intoxication chronique en sélénium sont très rares. Certains auteurs investiguant des populations ayant des apports élevés en sélénium n'ont pas mis en évidence de symptômes de toxicité chronique pour des apports aussi élevés que 1 500 μg/j. D'autres données provenant de régions sélénifères en Chine indiquent que 600 à 800 μg/j serait l'apport alimentaire maximal souhaitable. Diverses études de supplémentation indiquent que des doses allant de 200 à 800 μg par jour sur des périodes de temps de quelques semaines à quelques mois sont dénuées de tout effet secondaire.

Les apports alimentaires journaliers usuels en zinc s'échelonnent de 5 à 13 mg pour un grand nombre de populations de tous âges. Cet élément est très peu toxique.

Un des indicateurs les plus précoces d'une exposition exagér ée serait l'apparition de troubles métaboliques provoqués dans des fonctions dépendantes d'autres oligoéléments et démontrant une compétition possible entre ces éléments et le zinc. Ceci semble être tout particulièrement le cas pour le cuivre et le fer *via* un effet du zinc sur l'activité superoxyde dismutase et la ferritine sérique. Ces effets semblent se produire avec des doses de zinc de l'ordre de 50 à 60 mg/j.

5.3. Antioxydants non nutriments

Très peu de données existent quant à la toxicité de ces produits notamment en raison du fait que ce sont des constituants de l'alimentation habituelle. Ils n'ont jamais fait l'objet de rapports particuliers les liant à des problèmes de toxicité alimentaire. Leurs apports journaliers sont extrêmement variables et fonction du type d'alimentation. Certains auteurs avancent des apports alimentaires journaliers en composés phénoliques chez l'homme compris entre 100 et 1 000 mg. Il semble très difficile de transposer des tests réalisés *in vitro* à la situation réelle *in vivo*, notamment parce que beaucoup de ces dérivés sont peu résorbés ou intensivement métabolisés.

6. Aspects technologiques

Devant les potentialités offertes par les antioxydants, l'industrie alimentaire accorde une attention de plus en plus soutenue à la technologie des aliments dans le but de préserver leurs qualités nutritionnelles. Il s'agit non seulement de ne pas perdre le bénéfice qu'offre l'aliment en lui faisant subir des traitements défavorables aux antioxydants, mais il serait peut-être opportun de tenter d'accroître le pouvoir antioxydant de l'aliment. C'est ici que le mot « fonctionnel » que l'on peut adjoindre à « aliment » prend toute sa signification.

Paradoxalement, c'est l'oxydation qui, après la dégradation d'origine microbienne, est une des principales sources d'altération des aliments. Des nutriments aussi importants que les lipides insaturés, les protéines ou les vitamines peuvent être très rapidement dégradés par des processus d'oxydation. Les problème du combat contre l'oxydation n'est pas neuf pour l'industrie alimentaire, mais il prend depuis peu une nouvelle dimension.

6.1. Processus physiques

Le maintien de l'intégrité structurelle des aliments permet de diminuer le contact des produits oxydables avec l'oxygène. Des processus comme l'écrasement, l'extraction et le chauffage modifient les caractéristiques structurales des aliments en libérant les antioxydants qui se trouvent normalement localisés dans des liposomes ou des membranes. Ceci les rend plus sensibles à l'oxydation et aux interactions avec d'autres constituants, mais, d'un autre côté, ils peuvent gagner en biodisponibilté. Par ailleurs, le chauffage peut inactiver les oxydases des aliments. Il est difficile de généraliser l'influence de tel ou tel phénomène physique sur la biodisponibilité des antioxydants, mais il est des cas où des effets favorables sont observés. Parmi quelques exemples intéressants : le lycopène est plus biodisponible dans le jus de tomate chaud que froid ; ce même lycopène est plus disponible à partir de pâte de tomates que de tomates fraîches (Gärtner *et al.*, 1997) ; l'acide ascorbique est plus biodisponible dans les brocolis chauds que froids ; le β-carotène est plus biodisponible à partir d'épinards prédigérés enzymatiquement qu'à partir d'épinards en feuilles entières ou émincés, etc. Un exemple pratique appliqué à des antioxydants non nutriments est celui résultant du processus de vinification. Le vin rouge, qui semble particulièrement bénéfique dans la protection contre les maladies cardiovasculaires et même certains cancers, est obtenu en laissant en contact les peaux, les rafles et les pépins avec le moût, alors que ces parties sont éliminées dans la vinification menant au vin blanc. Or, il semble que c'est précisément dans ces parties, en particulier dans les pépins, que se logent les précieux polyphénols qui, pendant la macération, migrent en phase liquide. Autre conséquence de cette observation : les variétés de raisin sans pépin développées aujourd'hui sont plus faciles à manger, mais ont perdu une grande quantité d'éléments protecteurs. En revanche, les jus de raisin fabriqués avec écrasement des pépins contiennent des polyphénols en quantité importante (Guggenbühl, 1999). La problématique de l'huile d'olive est proche de celle du vin. D'emblée, sa composition en phénols est variable d'une huile à l'autre en fonction de facteurs d'influence complexe tels que les moyens de culture, le degré de maturation et le climat. L'obtention de l'huile pouvant se faire de différentes manières (première pression à froid, centrifugation avec lavage à l'eau chaude, etc.), la teneur en antioxydants de la fraction insaponifiable de l'huile en est fortement influencée (Visoli et Galli, 1998).

La température joue également un rôle important à la fois bénéfique (inactivation des oxydases et dégradation des structures cellulaires conduisant à une augmentation de la biodisponibilité), mais aussi défavorable pour les antioxydants. Elle peut entraîner des dégradations (beaucoup d'antioxydants tels les caroténoïdes, la vitamine E ou la vitamine C sont sensibles à une augmentation de température) ou des isomérisations (par exemple, transformation du trans β-carotène en forme *cis*, qui est moins bien résorbée et moins bien transportée dans l'organisme que la forme *trans*). La conservation à basse température (réfrigérateur) a aussi été démontrée comme étant bénéfique pour la conservation de certains antioxydants, par exemple de la teneur en vitamine C dans les fruits et les légumes frais.

L'élimination de l'oxygène du milieu alimentaire a un effet d'épargne sur les antioxydants. Elle peut s'effectuer par enlèvement d'air sous vide ou par séchage et emballage sous atmosphère inerte. De même, la protection contre le rayonnement lumineux qui peut induire des dégradations oxydatives peut se faire par emballage de l'aliment de manière adéquate. Cette protection peut également passer par l'élimination de substances photosensibilisantes (riboflavine, chlorophylle, hémoglobine et myoglobine) ou en incorporant des produits inactivant les espèces réactives de l'oxygène (β-carotène, α-tocophérol, chélateurs de métaux). Finalement, l'irradiation des aliments à des fins conservatrices peut affecter ses teneurs en antioxydants sensibles tels la vitamine C ou la vitamine E. Les effets de l'irradiation sont variables en fonction de l'aliment sélectionné, du nutriment étudié, de la force et de la durée de l'irradiation.

6.2. Processus chimiques

L'inactivation des enzymes polyphénol oxydases est une préoccupation déjà ancienne de l'industrie agroalimentaire en raison du fait que les polyphénols oxydés sont responsables des colorations brunes indésirables qu'acquièrent les fruits et les légumes coupés et du développement de couleurs et de saveurs désagréables dans les aliments réfrigérés. Elle se réalise par un traitement thermique rapide (le blanchiment) qui préserve la fraîcheur de l'aliment. Les processus d'extrusion à chaud détruisent aussi les oxydases.

Des antioxydants peuvent aussi être ajoutés aux aliments pour des raisons technologiques. C'est fréquemment le cas pour la vitamine C dans la protection des matrices hydrophiles et pour la vitamine E dans les matrices hydrophobes. Des modifications chimiques permettent de changer la distribution de l'antioxydant : par exemple, le palmitate d'ascorbyle peut être considéré comme une vitamine C liposoluble.

Conclusions

Ce chapitre reflète de manière incomplète une masse de données scientifiques qui, d'une manière générale, montrent que les antioxydants d'origine alimentaire contribuent au maintien de la bonne santé de l'homme. Comme le soulignait Diplock *et al.* (1998) dans un travail critique récent sur ce sujet, les recherches dans le domaine sont loin d'être terminées, mais des priorités peuvent dès à présent être établies et le travail peut continuer à progresser de manière nettement plus rationnelle que par le passé. Les antioxydants constituent à coup sûr une des pistes qui permettront de relever un des défis du début du nouveau millénaire, l'amélioration de la santé humaine par la diminution du risque de maladie.

Références bibliographiques

Ahmad N, Mukhtar H (1999). Green tea polyphenols and cancer : biologic mechanisms and practical implications. *Nutr Rev*, **57** : 78-83.

Albanes D, Virtamo J, Taylor P *et al.* (1997). Effect of supplemental β-carotene, cigarette smoking and alcohol consumption on serum carotenoids in the α-Tocopherol, β-carotène cancer prevention study. *Am J Clin Nutr*, **66** : 366-372.

Blackburn G (1997). Functional foods in the prevention and treatment of disease: significance of the Dietary Approaches to Stop Hypertension Study. *Am J Clin Nutr*, **66** : 1067-1071.

Block G, Patterson B, Subar A (1992). Fruit, vegetables, and cancer prevention: a review of the epidemiological evidence. *Nutrition and cancer*, **18** :1-29.

Blot W, Li JY, Taylor P *et al.* (1993). Nutrition intervention trials in Linxian, China: Supplementation with specific vitamin/mineral combinations, cancer incidence, and disease-specific mortality in the general population. *J Natl Cancer Institute*, **85** : 1483-1491.

Burton G, Traber G, Acuff R *et al.* (1998). Human plasma and tissue α-tocopherol concentrations in response to supplementation with deuterated natural and synthetic vitamine E. *Am J Clin Nutr*, **67** : 669-684.

Bushman JL (1998). Green tea and cancer in humans: A review of the literature. *Nutrition and cancer*, **31** : 151-159.

Byers T, Perry G (1992). Dietary carotenes, vitamin C, and vitamin E as protective antioxidants in human cancers. *Annu Rev Nutr*, **12** : 139-159.

Cao G, Booth S, Sadowski A, Prior R (1998). Increases in human plasma antioxidant capacity after consumption of controlled diets high in fruit and vegetables. *Am J Clin Nutr*, **68** : 1081-1087.

Cao G, Russell R, Lischner N, Prior R (1998). Serum antioxidant capacity is increased by consumption of strawberries, spinach, red wine or vitamin C in elderly women. *J Nutr*, **128** : 2383-2390.

Carr A, Frei B (1999). Toward a new recommended dietary allowance for vitamin C based on antioxidant and health effects in humans. *Am J Clin Nutr*, **69** : 1086-1107.

Clark L, Combs GF, Turnbull B *et al.* (1996). Effects of selenium supplementation for cancer prevention in patients with carcinoma of the skin. *JAMA*, **276** : 1957-1963.

Clark L, Dalkin B, Krongrad A *et al.* (1998). Decreased incidence of prostate cancer with selenium supplementation: results of a double-blind cancer prevention trial. *Brit J Urol*, **81** : 730-734.

Cole W, Prasad K (1998). Heterogeneity of commercial β-carotène preparations: correlation with biological activities. *In*: Prasad K, Cole C. *Cancer and nutrition*, OOS Press, 99-104.

Diplock AT, Charleux JL, Crozier-Willi G *et al* (1998). Functional food science and defense against reactive oxygen species. *In*: Bellisle F, Diplock AT, Hornstra G *et al.* Functional food science in Europe. *Brit J Nutr*, **80** (S1) : S77-S112.

Edge R, McGarvey D, Truscott T (1997). The carotenoids as antioxidants - a review. *J Photochem Photobiol B: Biol*, **41** : 189-200.

Faggiotto A, Poli A, Catapano A (1998). Antioxidants and coronary artery disease. *Curr Opin Lipidol*, **9** : 541-549.

Flagg E *et al.* (1995). Epidemiologic studies of antioxidants and cancer in humans. *J Am Coll Nutr*, **14** : 419-427.

Fuchs J (1998). Potentials and limitations of the natural antioxidants RRR-alpha-tocophérol, L-ascorbic acid and β-carotene in cutaneous photoprotection. *Free Rad Biol Med*, **25** : 848-873.

Gärtner C, Stahl W, Sies H (1997). Lycopene is more bioavailable from tomato paste than from fresh tomatoes. *Am J Clin Nutr*, **66** : 116-122.

Gerster H (1997). The potential role of lycopene for human health. *J Am Coll Nutr*, **16** : 109-126.

Giovannuci E, Ascherio A, Rimm EB *et al.* (1995). Intake of carotenoids and retinol in relation to risk of prostate cancer. *J Natl Cancer Institute*, **87** : 1767-1776.

Girodon F, Lombard M, Galan P *et al.* (1997). Effect of micronutrient supplementation on infection in institutionalized elderly subjects: a controlled trial. *Ann Nutr Metab*, **41** : 98-107.

Guggenbühl N (1999). *Le Soir* (hebdomadaire belge), 2-3 janvier.

Guggenbühl N (1999). Les bienfaits du vin, une affaire de pépins? *Le Soir* (hebdomadaire belge), 3-4 avril.

Hathcock J (1997). Vitamins and minerals: efficacy and safety. *Am J Clin Nutr*, **66** : 427-437.

Heinonen O, Albanes D (1994). The effect of vitamin E and beta carotene on the incidence of lung cancer and other cancers in male smokers. *N Engl J Med*, **330** : 1029-1035.

Hennekens C, Buring J, Manson J *et al.* (1996). Lack of effect of long term supplementation with β-carotene on the incidence of malignant neoplasms and cardiovascular diseases. *N Engl J Med*, **334** : 1145-1150.

Hercberg S, Galan P, Preziosi P *et al.* (1998). The potential role of antioxidant vitamins in preventing cardiovascular diseases and cancer. *Nutrition*, **14** : 513-520.

Hercberg S, Preziosi P, Briançon S *et al.* (1998). A primary prevention trial using nutritional doses of antioxidant vitamins and minerals in cardiovasculaer diseases and cancers in a general population: the SUVIMAX study. *Controlled Clinical Trials*, **19** : 336-351.

Jacques P, Taylor A, Hankinson S *et al.* (1997). Long term vitamin C supplement use and prevalence of early age-related lens opacities. *Am J Clin Nutr*, **66** : 911-916.

Katan M (1997). Flavonoïds and heart disease. *Am J Clin Nutr,* **65** :1542-1543.

Kiyose C, Muramatsu R, Kameyama Y *et al.* (1997). Biodiscremination of α-tocopherol stereoisomers in humans after oral administration. *Am J Clin Nutr*, **65** : 785-789.

Klipstein-Grobusch K, Geleijnse J, den Breeijen J *et al.* (1999). Dietary antioxidants and risk of myocardial infarction in the elderly: the Rotterdam study. *Am J Clin Nutr*, **69** : 261-266.

Lachance P (1996). Future vitamin and antioxidant RDAs for health promotion. *Prevent Med*, **25** : 46-47.

Li JY, Taylor PR, Li B *et al.* (1993). Nutrition intervention trials in Lixian, China: multiple vitamin/mineral supplementation, cancer incidence, and disease-specific mortality among adults with esophageal dysplasia. *J Natl Cancer Institute*, **85** : 1492-1498.

Lien E, Ren S, Bui H, Wang R (1999). Quantitative structure-activity relationship analysis of phenolic antioxidants. *Free Rad Biol Med,* **26** : 285-294.

Marangon K, Herberth B, Lecomte E *et al.* (1998). Diet, antioxidant status and smoking habits in French men. *Am J Clin Nutr*, **67** : 231-239.

Mark S, Wang W, Fraumeni J *et al.* (1996). Lowered risks of hypertension and cerebrovascular disease after vitamin/mineral supplementation. The Lixian nutrition intervention trial. *Am J Epidemiol*, **143** : 658-664.

McCall M, Frei B (1999). Can antioxidant vitamins materially reduce oxidative damage in humans? *Free Rad Biol Med*, **26** : 1034-1053.

Meydani S, Merydani M, Blumberg J *et al.* (1997). Viamin E supplementation and *in vivo* immune response in healthy human elderly subjects. *JAMA*, **277** : 1380-1386.

Miller E, Appel L, Risby T (1998). Effects of dietary patterns on measures of lipid peroxidation. *Circulation*, **98** : 2390-2395.

Nève J (1995). Human selenium supplementation as assessed by changes in blood selenium concentration and glutathione peroxidase activity. *J Trace Elements Med Biol*, **9** : 65-73.

Nève J (1996). Pharmaceutical forms containing trace elements for humans. *In*: Nève *et al.. Therapeutic Uses of Trace Elements.* Plenum Press, New York, 13-20.

Nierenberg D, Dain B, Mott L *et al.* (1997). Effects of 4 y of oral supplementation with β-carotene on serum concentration of retinol, tocopherol and five carotenoids. *Am J Clin Nutr*, **66** : 315-319.

Omenn G, Goodman G, Thornquist M *et al.* (1996). Effects of a combination of β-carotene and vitamin A on lung cancer and cardiovascular disease. *N Engl J Med*, **334** : 1150-1155.

Palace VP, Khaper N, Qin Q, Singal P (1999). Antioxidant potentials of vitamin A and carotenoids and their relevance to heart disease. *Free Rad Biol Med*, **26** : 746-761.

Papas AM (1999). *Antioxidant status, diet, nutrition and health.* CRC Press, Boca Raton, London, New York, Washington DC.

Peretz A, Nève J, Duchateau J *et al.* (1991). Effects of selenium supplementation on immune parameters in gut failure patients on home parenteral nutrition. *Nutrition*, **7** : 215-221.

Rao AV, Agarwal S (1998). Bioavailability and *in vivo* antioxidant properties of lycopene from tomato products and their possible role in the prevention of cancer. *Nutrition and Cancer*, **31** : 199-203.

Rao AV, Agarwal S (1999). Role of lycopene as antioxidant carotenoid in the prevention of chronic diseases: a review. *Nutr Res*, **19** : 305-323.

Rice-Evans C, Miller N, Paganga G (1997). Antioxidant properties of phenolic compounds. *Trends Plant Sci*, **2** : 152-159.

Rock C (1997). Carotenoids : biology and treatment. *Pharmacol Ther,* **75** : 185-197.

Schwenke D (1998). Antioxidants and atherogenesis. *J Nutr Biochem*, **9** : 424-445.

Shintani D, DellaPenna D (1998). Elevating the vitamin E content of plants through metabolic engineering. *Science*, **282** : 2098-2100.

Stahl W, Sies H (1996). Lycopene: a biologically important carotenoid for humans? *Arch Biochem Biophys*, **336** : 1-9.

van de Vijver L, Kardinaal A, Grobbee E *et al.* (1997). Lipoprotein oxidation, antioxidants and cardiovascular risk: epidemiologic evidence. *Prostag Leukotrienes Ess Fatty Acids*, **57** : 479-487.

van het Hof K, de Boer H, Wiseman S *et al.* (1997). Consumption of green or black tea does not increase resistance of LDL to oxidation in humans. *Am J Clin Nutr*, **66** : 1125-1129.

van het Hof K, Wiseman S, Yang C, Tijburg L (1999). Plasma and lipoprotein levels of tea catechins following repeated tea consumption. *Proc Soc Expl Biol Med*, **220** : 203-209.

van Stuijvenberg E, Kvalsvig J, Faber M *et al.* (1999). Effect of iron-, iodine-, and β-carotene-fortified biscuits on the micronutrient status of primary school children: a randomized controlled trial. *Am J Clin Nutr*, **69** : 497-503.

Visioli F, Galli C (1998). Olive oil phenols and their potential effects on human health. *J Agric Food Chem*, **46** : 4292-4296.

Weisburger J (1998). Chemoprevention of cancer by tea. *In*: Prasad KN, Cole WC. *Cancer and nutrition*, 167-171.

Wheatley C (1998). Vitamin trials and cancer: what went wrong? *J Nutr Environ Med*, **8** : 277-288.

13

Modulation nutritionnelle du métabolisme des xénobiotiques

Roger K. Verbeeck et Nathalie M. Delzenne

1. Introduction

Cette revue est consacrée principalement à l'influence des composants non énergétiques de l'alimentation sur l'activité des enzymes de phase 1 responsables de l'apparition (par oxydation ou réduction) ou de la révélation (par hydrolyse) de fonctions chimiques, et de phase 2 responsables de la conjugaison de la majorité des xénobiotiques ou de leurs métabolites (p. ex. les glucuronosyl et sulfo-transférases). L'influence de l'état nutritionnel (jeûne, restriction calorique) et des macronutriments fera l'objet d'une discussion restreinte. Afin d'éviter une introduction trop longue, nous invitons les lecteurs à consulter les revues suivantes, relatives aux différents aspects de la nutrition et du métabolisme des xénobiotiques (Ioannides, 1999 ; Walter-Sack et Klotz, 1996 ; Anderson et Kappas, 1991). Cette revue exemplifiera l'importance et la complexité des interactions entre alimentation et métabolisme des xénobiotiques et illustrera les conséquences potentielles pour la santé, bénéfiques ou néfastes, de telles interactions.

2. Métabolisme du médicament : généralités

Le métabolisme des xénobiotiques, bien qu'il puisse révéler des fonctions et générer par-là des molécules plus réactionnelles que le composé parent, demeure dans la majorité des cas un mécanisme de défense voué à la réduction du risque de toxicité des xénobiotiques auxquels les êtres vivants sont continuellement exposés. Plusieurs « barrières » enzymatiques sont à franchir pour qu'un médicament pris par voie orale atteigne sa cible ou son lieu de stockage. En effet, de nombreux organes (muqueuse intestinale, foie, poumons...) sont doués d'activité enzymatique capable d'effectuer la métabolisation des xénobiotiques, et de transformer ces derniers en molécules dont la polarité et les caractéristiques physicochimiques favorisent *in fine* l'excrétion rénale et biliaire. Dans de nombreux cas, les xénobiotiques subissent des réactions successives que l'on répertorie classiquement en réactions de phase I et de phase II (tableau 1). Les réactions de phase I, ou fonctionalisation, incluent des oxydations, réductions et hydrolyses de fonctions chimiques, permettant ainsi l'ajout ou la révélation de groupements (-OH, -SH, $-NH_2$ ou -COOH) qui augmentent, modestement, la polarité. Les réactions de phase II incluent la conjugaison de fonctions initialement présentes ou générées par la phase I, avec des groupements ou molécules suivantes : acide glucuronique, sulfate, glutathion, acétyle, méthyle, acides aminés ; cette conjugaison module la polarité et le poids moléculaire des composés.

Table 1 ■ Types de réactions et enzymes qui participent au métabolisme des xénobiotiques.

Réactions de phase I	Réactions de phase II
Oxydation	*Transfert de groupes*
Monooxygénases cytochromes P-450 dépendantes	Glucuronyltransférases
Xanthine oxydase	Sulfotransférases
Peroxydases	Glucosyltransférase
Amine oxydase	Glutathion-S-transférase
Monoamine oxydase	Thioltransférases
Dioxygénases	Synthèses des amides (transacylases)
	O-Méthyltransférases
Réduction	S- Méthyltransférases
Réductases cytochrome P450 dépendantes	N-Méthyltransférases
Cétoréductase	N-acétyltransférases
Glutathionperoxydase	Acyltransférases
Hydrolyse	
Époxide hydrolase	
Carboxylestérases	
Amidases	
Autres	
Alcool déshydrogénase	
Aldéhyde déshydrogénase	
Superoxyde dismutase	

Les systèmes enzymatiques responsables des transformations de phase I et II sont complexes. La famille du cytochrome P450, hétéroprotéines comprenant un noyau hémique, est de loin le système enzymatique le plus important dans le métabolisme de phase I, la plupart des molécules atteignant notre organisme étant soumises à la fonctionalisation via ce système enzymatique. Cette classe d'enzymes est codée par une superfamille de gènes ; aujourd'hui, plus de 30 gènes codant pour des isoenzymes CYP450 différentes ont été identifiés chez l'homme (Nelson *et al.*, 1996).

Pour de nombreux xénobiotiques ou métabolites de phase I, la glucuronoconjugaison est la voie majeure d'élimination (Miners et Mackenzie, 1991). La famille des gènes des UDP glucuronosyltranférases (UGT) humaines permet la synthèse de 20 isoenzymes connues à ce jour (Mackenzie *et al.*, 1997). À côté des systèmes

CYP450 et UGT, d'autres enzymes telles que les réductases, hydrolases, sulfotransférases, acétyltransferases, etc. sont également impliquées dans la biotransormation de nombreux xénobiotiques. Une description détaillée des réactions métaboliques a fait l'objet de deux publications récentes bien documentées (Ortiz de Montellano, 1999 ; Burchell, 1999).

Tableau 2 ■ Isoenzymes CYP450 humaines : substrats-types, inhibiteurs et inducteurs.

Isoenzyme	Substrats	Inhibiteurs	Inducteurs
CYP1A1	Benzo [a] pyrène Acétylaminofluorène	Furanocoumarines	Crucifères (choux) Caroténoïdes
CYP1A2	Éthoxyrésorufine Caféine Aflatoxine B_1	Jus de pamplemousse Énoxacine Fluvoxamine	Caroténoïdes Ail Viandes au feu de bois
CYP2A6	Coumarines N-nitrosodiéthylamine	Jus de pamplemousse Methoxypsoralène	Phénobarbital
CYP2B6	Phénobarbital 7-éthoxycoumarine	Chloramphénicol	Phénobarbital[a] Flavonoïdes[a], psoralènes[a]
CYP2C8	Warfarine Phénytoine	Cimétidine Amiodarone	Phénobarbital
CYP2C9	Aminopyrène Tolbutamide	Sulfophénazole	Rifampicine
CYP2C19	Méphénytoïne	Cimétidine	
CYP2D6	Débrisoquine Désipramine Propranolol	Quinidine	
CYP2E1	Éthanol Chlorzoxazone Aniline	Isothiocyanates Sulforaphane Composés organosulfurés	Éthanol Isoniazide
CYP3A4	Cyclosporine Érythromycine Nifedipine	Furanocoumarines Ketoconazole Cimetidine	Rifampicine Phénobarbital Dexaméthasone

[a] inhibiteur/inducteur du CYP2B chez le rat

Le taux de métabolisation de nombreux agents thérapeutiques ou xénobiotiques peut varier largement d'un individu à l'autre. La raison de ces différences interindividuelles parfois importantes vient des caractéristiques génétiques, de la présence de pathologies, de l'âge, des facteurs de l'environnement, etc. (Vessell, 1984 ; Ingelman-Sundberg *et al.*, 1999). L'induction et l'inhibition enzymatique sont deux facteurs importants contribuant aux variabilités intra- et interindividuelles de l'efficacité thérapeutique et des interactions potentielles entre les médicaments (Ronis et Ingelman-Sundberg, 1999 ; Guengerich, 1999). L'induction enzymatique peut être définie comme une augmentation de l'activité enzymatique résultant d'une augmentation de la concentration intracellulaire de l'enzyme. Cette augmentation de concentration résulte très souvent d'une augmentation de l'expression du gène correspondant. L'induction régie par le substrat, par exemple, a évolué, sans doute par réponse adaptative, de manière à faire face efficacement aux xénobiotiques lipophiles toxiques présents dans l'alimentation. L'inhibition enzymatique, d'autre part, mène à une réduction de l'activité de l'enzyme et peut par-là mener à une augmentation de la concentration plasmatique du xénobiotique. Dans le cas d'un médicament, la conséquence directe de l'inhibition enzymatique est le surdosage, et s'avère cliniquement plus sévère que les effets liés à une induction enzymatique qui mène souvent à une diminution de l'efficacité thérapeutique. Le tableau 2 présente les isoenzymes CYP450 les plus importantes chez l'homme, avec les principaux substrats, inducteurs et inhibiteurs.

De nombreuses études sur l'influence du statut nutritionnel et des composants de l'alimentation sur le métabolisme des xénobiotique ont été menées, bien avant l'identification des isoenzymes CYP450 et des autres systèmes enzymatiques. La connaissance des interactions nutriments/métabolisme a cependant permis d'entrevoir l'importance de ces interactions en santé humaine (Ioannides, 1999).

Bien que de nombreuses molécules issues de la biotransformation soient « biologiquement inactives » ou moins actives que le composé parent, dans certains cas, les métabolites formés s'avèrent paradoxalement plus réactionnels que le composé parent et interagissent avec les macromolécules essentielles – protéines, ADN, ARN-générant des altérations cellulaires responsables de la manifestation de toxicité sévère (effet cancérigène, immunotoxicité, nécrose...). Les exemples abondent dans la littérature, montrant que l'activation métabolique joue un rôle crucial dans l'activation des pro-cancérigènes en cancérigènes. Dès 1947, Miller rapporta que le foie de rats traités au N, N-diméthyl-4-aminobenzène contenait un métabolite fortement lié aux protéines (Miller et Miller, 1947). Il démontra plus tard que ces adduits résultaient de la métabolisation du colorant azoïque, et qu'une corrélation existait entre le nombre d'adduits et l'effet cancérigène du composé (Miller et Miller, 1953). Les métabolites réactionnels sont plus communément formés via le système de phase I ; la glucuronoconjugaison est généralement considérée comme une voie de détoxification ; des glucuronides (ré)actifs, tels que les acylglucuronides, constituent une exception (Mulder, 1992).

La toxicité hépatique apparaissant lors d'un surdosage d'un analgésique courant, l'acétaminophène (paracétamol) est un exemple bien documenté du rôle de l'activation métabolique oxydative sur la toxicité des médicaments. L'acétaminophène est principalement métabolisé en glucuronide et en dérivés sulfatés inactifs. Seule une faible part de la dose d'acétaminophène est oxydé en N-acétyl-p-benzoquinone imine, composé très réactionnel, qui peut ultérieurement être détoxifié par conjugaison au glutathion (Nelson, 1982). Lors d'un surdosage, la voie de détoxification par le glutathion est saturée, et le métabolite réactionnel se lie de manière covalente aux macromolécules hépatiques, menant à une hépatotoxicité sévère (Mitchell *et al.*, 1973 ; Jollow *et al.*, 1973). La voie de métabolisation du paracétamol chez l'homme est présentée à la figure 1. L'ingestion concomitante d'autres xénobiotiques, incluant les composés de l'alimentation, peut influencer le métabolisme de l'acétaminophène

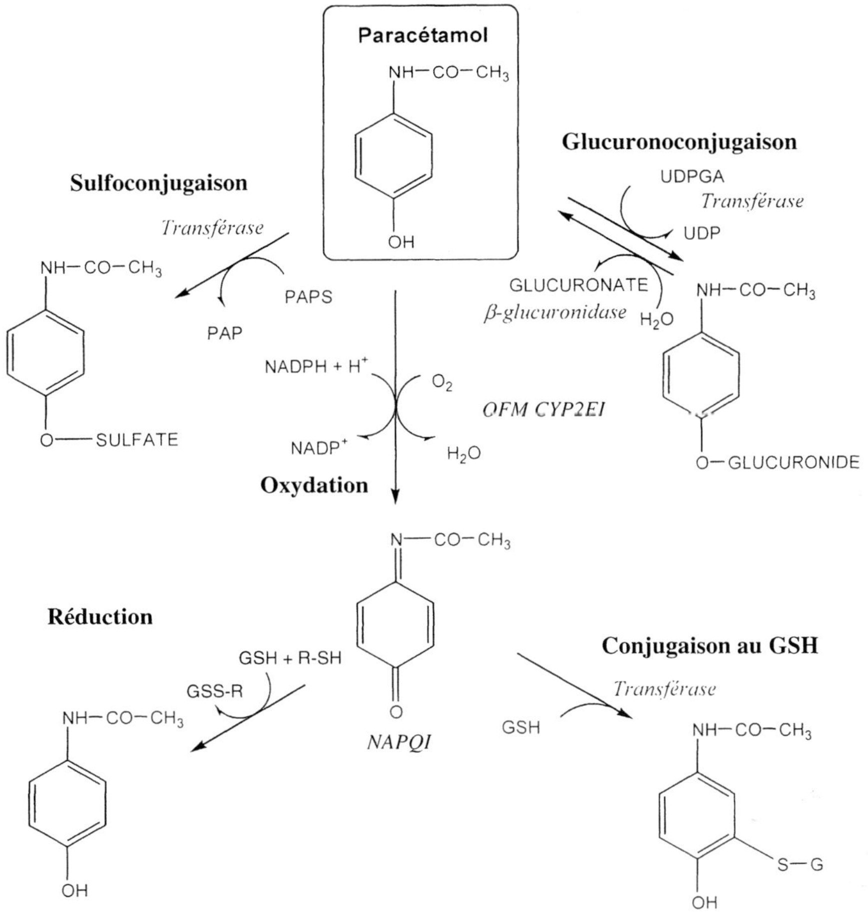

Figure 1 ■ Schéma métabolique de l'acétaminophène (paracétamol) chez l'homme.

L'éthanol est à la fois un substrat et un inducteur du CYP2E1, isoenzyme la plus importante de la famille des CYP450, et qui contribue à la formation du métabolite toxique N-acétyl p-benzoquinone imine (NAPQI). De plus, l'ingestion chronique d'alcool déplète les stocks de glutathion. Les deux mécanismes contribuent à la susceptibilité accrue à la toxicité de l'acétaminophène chez un individu consommant régulièrement de l'alcool. Le cresson, en revanche, inhibe le CYP2E1, et diminue par là la formation du NAPQI.

et modifier par-là même la susceptibilité de l'individu à l'effet hépatotoxique de l'analgésique. Ainsi, une hépatotoxicité sévère a été relatée chez un individu prenant habituellement 1 à 2 verres de vin par jour, et qui, atteint d'un état grippal, avait pris des doses modérées de paracétamol (Slattery *et al.*, 1996). La consommation chronique d'éthanol avait induit l'isoforme CYP 2E1, menant à une augmentation de la teneur en métabolite réactionnel du paracétamol, le NAPQI, se liant aux macromolécules essentielles du parenchyme hépatique. Le seul traitement possible fut la transplantation hépatique. La consommation de cresson, d'autre part, diminue la production du métabolite NAPQI, un ou plusieurs composants de cet aliment provoquant l'inhibition du métabolisme oxydatif (Chen *et al.*, 1996). Cet exemple illustre clairement à quel point le comportement alimentaire peut moduler, favorablement ou défavorablement, la susceptibilité aux effets potentiellement toxiques d'un xénobiotique.

La plupart des études visant à éclaircir le rôle de l'alimentation sur le métabolisme des xénobiotiques ont été menées chez l'animal (rats et souris), et l'extrapolation à l'homme est parfois difficile, de par les variations interespèces des isoformes, des taux métaboliques, et de la résistance aux xénobiotiques. Les quelques exemples précités illustrent la nécessité de rechercher les interactions possibles entre les composants de l'alimentation (macronutriments, micronutriments, phytochimiques...) et le métabolisme des xénobiotiques chez l'homme.

3. *Influence des composants de l'alimentation sur le métabolisme des xénobiotiques*

3.1. Macronutriments

La capacité de métabolisation des médicaments dépend du rapport protéines/glucides et de l'apport énergétique de l'alimentation. Lorsque l'apport énergétique est réduit de 3 000 à 1 500-1 800 Kcal/jour chez des volontaires, avec un maintien de l'apport en protéine constant, la capacité d'oxydation du foie, mesurée classiquement par la clairance plasmatique de l'antipyrine, est significativement réduite (Krishnaswamy *et al.,* 1984). De manière analogue, une étude comparant l'effet d'une alimentation pauvre en protéine (12 %), en lipides (10 %), et en énergie (1900 Kcal/j), à celui d'une nourriture occidentale apportant 3 400 Kcal/jour, dont 22 % de protéines et 35 % de lipides, sur la clairance de l'antipyrine, démontre que celle-ci est augmentée par un apport énergétique et protéique élevé (Wissel *et al.,* 1987). Le métabolisme de phase I et phase II des médicaments est perturbé chez les enfants et les adultes souffrants de malnutrition (Krishnaswamy, 1987 ; Mehta, 1990). Le métabolisme de l'antipyrine peut être stimulé chez des patients atteints de malnutrition par l'administration parentérale d'acides aminés et de dextrose (Pantuck *et al.,* 1985).

Des études expérimentales chez l'animal corroborent le fait qu'un apport adéquat en protéine soit nécessaire pour maintenir une activité métabolique oxydative efficiente. L'administration au rat d'une nourriture déficiente en protéine mène à une diminution de l'activité CYP450 dépendante (Campbell et Hayes, 1976). Plus récemment, Butler et Dautermann (1989) ont montré que chez des rats recevant une nourriture contenant différentes teneurs en protéines (8 %, 12 % et 22 %), les concentrations en CYP450 totaux, et dans une moindre mesure, l'activité ethoxycoumarin O-deethylase augmentent avec l'apport en protéine.

L'influence de l'apport énergétique sur la glucuronoconjugaison chez l'homme est moins documentée, mais des résultats indiquent que l'activité des enzymes de phase II est moins influencée que celle des enzymes CYP dépendantes (Walter-Sack et Klotz, 1996). Chez le rat, la composition de l'alimentation peut moduler la glucuronoconjugaison à deux niveaux : l'activité des UDP glucuronosyltranférases (UGT), et la disponibilité du cofacteur, l'acide UDP-glucuronique (UDPGA). Si la nourriture contient peu de protéines, l'activité UGT hépatique est supérieure à celle observée chez des animaux recevant une nourriture normo- ou hyperprotéique (Merrill et Bray 1982). L'huile de poisson augmente également l'activité UGT du foie de rat (Mounier *et al.*, 1986). Le jeûne réduit la disponibilité de l'UDPGA et diminue par là même la glucuronoconjugaison du paracétamol *in vivo* chez le rat (Price and Jollow,

1988). Dans plusieurs modèles animaux, des nourritures enrichies en lipides augmentent l'incidence de cancer. Les lipides sont supposés influencer le profil des isoenzymes CYP450, menant à une activation des procancérigènes. La teneur, de même que la nature des acides gras constitutifs de la fraction lipidique influence l'activité CYP dépendante (Hietanen *et al.*, 1975).

3.2. Micronutriments

Chez l'animal de laboratoire, la déficience en vitamines peut mener à une diminution (pour les vitamines A, C et E) ou une augmentation (pour la thiamine) de l'activité CYP450 dépendante (Carpenter et Howard, 1974 ; Kuenzig *et al.*, 1977 ; Miranda *et al.*, 1979 ; Peterson *et al.*, 1983 ; Periquet *et al.*, 1986 ; Yang et Yoo, 1988 ; Grosse et Wade, 1971). De manière analogue, la déficience en minéraux influence l'activité CYP450 mais les effets dépendent du type de micronutriment considéré. Par exemple, la déficience en zinc amenuise l'activité CYP450 chez le rat (Xu et Bray, 1992), alors que la déficience en cuivre est associée à une augmentation de l'activité CYP dépendante pour certains substrats, et à une inhibition pour d'autres (Hammermueller *et al.*, 1987 ; Arce et Keen, 1992).

Chez l'homme, l'effet des vitamines et des minéraux sur le métabolisme des xénobiotiques est moins connu. Cependant, on a démontré que l'administration de vitamine C réduit la sulfatation de certaines hormones stéroïdiennes, telles que l'ethinylestradiol ou d'autres médicaments (Houston et Levy, 1975 ; Back *et al.*, 1981 ; Dunne *et al.*, 1984). La vitamine C, qui est inactivée par sulfoconjugaison, entre en compétition et par-là même inhibe la sulfoconjugaison de ces molécules. De plus, l'administration de la vitamine C inhibe le métabolisme de l'antipyrine, un composé métabolisé par plusieurs isoformes du CYP450 (Houston, 1977). Un autre exemple est l'effet d'une supplémentation en pyridoxine ou en acide folique, les deux vitamines diminuant la concentration plasmatique de phénytoïne, partiellement en augmentant son métabolisme (Hansson et Sillanpaa, 1976 ; Furlanut *et al.*, 1978).

3.3. Substances phytochimiques

La plupart des mammifères trouvent dans la nourriture une source d'apport journalier en substrats énergétiques, et en nutriments essentiels (comprenant vitamines et minéraux). Cependant, le monde végétal véhicule un nombre impressionnant de composés dépourvus de valeur nutritionnelle, si l'on se base sur les critères énergétiques. Certaines de ces « substances phytochimiques » ont cependant la propriété de modifier le métabolisme des xénobiotiques. Il est généralement admis que le système enzymatique responsable du métabolisme des médicaments a évolué grâce aux interactions entre le monde animal et le monde végétal (Schuler, 1996). L'animal ayant commencé à consommer des végétaux durant l'évolution, les plantes ont favorisé l'expression de gènes leur permettant de synthétiser des substances toxiques pour leurs prédateurs (phytochimiques). Afin de se protéger de ces nouveaux composés toxiques, l'animal s'est adapté et a lui-même promu l'expression de gènes lui permettant de faire face à la diversité versatile des substances phytochimiques. Celles-ci dès lors, sont majoritairement métabolisées par des enzymes connues aujourd'hui pour leur activité de métabolisme vis-à-vis des médicaments (CYP450, UGT...) ;

dès lors, les substances phytochimiques ont le potentiel d'interférer avec la biotransformation des médicaments et des cancérigènes.

3.3.1. *Indoles*

Les légumes de la famille des crucifères (choux, brocoli, choux de Bruxelles, cresson...) contiennent des concentrations non négligeables d'indoles, tels que l'indole-3-carbinol et l'indole-3-carbonitrile, qui sont de puissants inducteurs des isoenzymes CYP1A chez le rat et chez l'homme (McDannell *et al.*, 1987 ; Vang *et al.*, 1991 ; Kall et Clausen, 1995 ; Kall *et al.*, 1996). Le phenéthylisothiocyanate, un des dérivés isothiocyanates présent dans les choux, augmente l'activité CYP2B1 chez le rat (Guo *et al.*, 1992). Cependant, ce même composé exerce un puissant effet inhibiteur de l'activité CYP2E1 chez le rat (Huang *et al.*, 1993) et est sans doute responsable de la diminution de la 6-hydroxylation du clorzoxazone chez l'homme suite à l'ingestion de cresson (Leclercq *et al.*, 1998). L'effet de la consommation de légumes de la famille des crucifères sur l'activité de la sous-famille des isoformes dépendantes du CYP3A est moins probant. L'administration d'indole-3-carbinol au rat dans la nourriture (0,2 %) durant trois jours augmente le taux et l'activité du CYP3A2 (Stresser *et al.*, 1994 ; Wortelboer *et al.*, 1992). Lorsque le phenéthylisothiocyanate est administré per os (1 mmol/kg) aux rats, l'activité CYP3A est réduite pour une période de 12 h (Guo *et al.*, 1992). Un autre constituant des crucifères, le sulforaphane, est un puissant inhibiteur de l'activité CYP2E1 murine *in vitro* (Barcelo *et al.*, 1996).

3.3.2. *Flavonoïdes*

Les flavonoïdes sont très répandus dans les aliments d'origine végétale et constituent dès lors des constituants importants de l'alimentation. Des études *in vivo* et *in vitro* ont démontré l'effet inducteur ou inhibiteur des flavonoïdes vis-à-vis de certaines isoenzymes CYP450. Par exemple, la flavone et ses dérivés hydroxylés inhibent *in vitro* les isoenzymes CYP1A1 et CYP1A2 humaines (Zai *et al.*, 1998). Paradoxalement, l'administration, dans la nourriture (0,3 %) durant deux semaines de flavone et de tangérétine augmente l'activité CYP1A1, CYP1A2 et CYP2B chez le rat (Canivenc-Lavier *et al.*, 1996a, b). La flavanone, dans certaines conditions, stimule l'activité CYP2B sans affecter l'activité CYP1A. Ces données démontrent clairement la difficulté d'extrapoler les résultats obtenus *in vitro* aux effets générés *in vivo* par les flavonoïdes, qui, au sein des fruits et légumes, sont associés de manière complexe entre eux et avec d'autres nutriments. Ce problème est particulièrement bien illustré par le cas du jus de pamplemousse, qui affecte le métabolisme, l'efficacité et la toxicité d'un grand nombre de médicaments chez l'homme. Il y a environ 10 ans, il fut démontré que l'ingestion concomitante de jus de pamplemousse et de nifédipine augmentait de manière significative ses concentrations plasmatiques (Bailey *et al.*, 1998). Après administration orale, la felodipine subit une élimination présystémique par métabolisation par le CYP3A4 dans les cellules intestinales et hépatiques (Edgar *et al.*, 1985). Des études ultérieures, menées avec d'autres médicaments métabolisés par le CYP3A4, tels que la félodipine, le midazolam, le triazolam, la terfénadine et la cyclosporine, ont démontré que l'ingestion de jus de pamplemousse augmente significativement leur biodisponibilité orale (Bailey *et al.*, 1998). Le jus de pamplemousse n'ayant aucun effet sur la cinétique de ces médicaments après injection intraveineuse, et n'altérant pas l'activité CYP3A4 hépatique, mesurée par le test respiratoire à l'érythromycine, la biodisponibilité orale est sans doute affectée par un effet du jus de pamplemousse sur l'activité CYP3A4 intestinale. Les flavonoïdes, tels que la naringine et la quercétine inhibent le CYP3A4 *in vitro* (Guengerich et Kim, 1990 ; Miniscalco *et al.*, 1992) ; cependant, leur administration directe chez l'homme n'a pas permis de reproduire les effets du jus de pamplemousse sur la félodipine et la nifédipine (Bailey *et al.*, 1993 ; Rashid *et al.*, 1993). Plusieurs furanocoumarines, incluant le 6',7'-dihydroxybergamottin, ont été isolées du jus de pamplemousse et identifiées comme de puissants inhibiteurs du CYP3A4 *in vitro* (Schmiedlin-Ren *et al.*, 1997 ; Edwards *et al.*, 1996 ; Fukuda *et al.*, 1997 ; He *et al.*, 1998). L'inhibition de l'activité entérocytaire du CYP3A4 par le 6',7'-dihydroxybergamottin pourrait dès lors contribuer largement à la modification de la biodisponibilité, par le jus de pamplemousse, d'un grand nombre de substrats du CYP3A4 pris par voie orale. Cependant, Edwards *et al.* (1999) ont démontré la présence, dans le jus de pamplemousse, d'un (ou plusieurs) inhibiteur (s), non identifiés à ce jour, de la P-glycoprotéine intestinale, protéine chargée de l'efflux vers la lumière intestinale de nombreux xénobiotiques ; cet effet serait en grande partie responsable des interactions entre le jus de pamplemousse et la cyclosporine. La recherche fouillée des interactions entre médicaments et jus de pamplemousse illustre la difficulté de compréhension des mécanismes impliqués dans les interactions entre aliments et xénobiotiques. De plus, ces interactions ne sont pas toujours prévisibles, au vu de la grande variabilité des teneurs en substances phytochimiques des fruits et légumes, variabilité inhérente aux conditions de culture (sol, humidité, température...), au moment de la récolte, au stockage, etc.

L'effet des substances phytochimiques sur les réactions de phase II est moins décrit ; certaines données expérimentales ont toutefois été obtenues chez l'animal. L'ajout de flavonoïdes, tels que la flavone, la tangérétine et la flavanone, dans la nourriture induit les activités p-nitrophénol UGT et la glutathion transférase (GST). La quercétine, un autre flavonoïde fréquemment rencontré dans les fruits et les légumes, n'affecte pas ces activités (Canivenc-Lavier *et al.*, 1996a). Elle est cependant un puissant inhibiteur de la sulfoconjugaison du p-nitrophénol, un substrat marqueur de la phénolsulfotransférase humaine (Walle *et al.*, 1996).

3.3.3. Furocoumarines (ou psoralènes)

Les Furanocoumarines (ou psoralènes), tels que le méthoxsalène ou le 6',7'-dihydroxybergamottin, sont présents dans le céleri, les figues, et le jus de pamplemousse. L'administration de méthoxsalène aux rats augmente les activités CYP1A et CYP2B (Gwang 1996). Comme nous l'avons déjà mentionné, le 6',7'-dihydroxybergamottin est un puissant inhibiteur du CYP3A4 *in vitro* (Schmiedlin-Ren *et al.*, 1997 ; Edwards *et al.*, 1996 ; Fakuda *et al.*, 1997 ; He *et al.*, 1998) et *in vivo* (Edwards *et al.*, 1999) chez l'homme. Il pourrait constituer le médiateur principal des interactions entre le jus de pamplemousse et les médicaments dont la biodisponibilité orale est principalement dépendante de l'activité CYP3A4 des entérocytes. Des études menées sur microsomes humains, ont démontré que le 6',7'-dihydroxybergamottin et d'autres furanocoumarines, tels que le 8-méthoxypsoralène (psoralène) et le 5-méthoxypsoralène (bergaptène), sont non seulement des inhibiteurs du CYP3A4, mais également d'autres isoformes du CYP450 telles que les CYP 1A2, 2A6, 2C9, 2C19, 2D6, 2E1 (He *et al.*, 1998).

3.3.4. *Composés organosulfurés*

Les composés organosulfurés, tels que le sulfure de diallyle, sont présents à forte concentration dans l'ail. Des études menées chez des rats recevant un supplément en composés organosulfurés dans leur nourriture ont permis de mettre en évidence une augmentation des activités CYP1A et CYP2B (Brady *et al.*, 1991 ; Haber *et al.*, 1994 ; Dragnev *et al.*, 1995) et une inhibition du CYP2E1 (Kwak *et al.*, 1994 ; Reicks et Crankshaw 1996). Le sulfure de diallyle est oxydé par le CYP2E1 en dérivés sulfoxyde et sulfone. La diallyle sulfone est ultérieurement métabolisée par le CYP2E1 en métabolite réactif, qui inactive l'enzyme et génère un époxyde, qui peut être détoxifié par conjugaison avec le glutathion (Jin et Baillie, 1997).

Les composés de type *méthylènedioxyphényl*, tels que le safrole, l'estragole, la myristicine et l'eugénol, sont retrouvés dans de nombreuses épices telles que le poivre noir, la cannelle, les clous de girofle, la noix de muscade, etc., et sont des inducteurs des CYP1A1, CYP1A2 et CYP2B (Ioannides *et al.*, 1981 ; Ioannides *et al.*, 1985 ; Rompelberg *et al.*, 1993 ; Yamada *et al.*, 1993)

3.3.5. *Capsaïcine*

La capsaïcine, présentes dans les piments rouges et les poivrons est un inhibiteur puissant du CYP2E1. Il possède en outre des propriétés anti-cancérigènes (Surh *et al.*, 1995). L'administration intrapéritonéale de terpénoïdes naturels, tels que le camphre, le menthol ou la pinène aux rats augmente sélectivement les taux d'apoprotéines et le taux d'ARNm de la sous-famille CYP2B dans le foie (Austin *et al.*, 1988).

4. *Conséquences de la modulation du métabolisme des xénobiotiques par l'alimentation sur l'efficacité thérapeutique et la toxicité des médicaments*

Les taux d'élimination métabolique peuvent varier considérablement entre les individus (variabilité inter-sujets) et même pour un même individu, en fonction du temps (variabilité intra-sujet). La variabilité inter-sujets dans le métabolisme des médicaments est causée par : (1) le polymorphisme génétique, (2) l'induction ou l'inhibition d'enzymes résultant de la prise concomitante d'autres médicaments ou de facteurs environnementaux (par exemple, les composants de l'alimentation), (3) la physiologie, et (4) certaines pathologies. Les inductions ou inhibitions enzymatiques sont couramment impliquées dans la perte ou l'amenuisement de l'efficacité thérapeutique ou l'apparition d'effets secondaires. Une nourriture riche en crucifères (par exemple les choux de Bruxelles) augmente l'élimination d'un anti-coagulant oral, la warfarine (Ovesen *et al.*, 1988). L'augmentation de la clairance plasmatique de la warfarine et la haute teneur en vitamine K de ces aliments peut antagoniser l'effet anti-coagulant du médicament et mener à un échec thérapeutique. L'interaction entre le jus de pamplemousse et les médicaments subissant un effet de premier passage, car métabolisés par le CYP3A4 intestinal, a été décrite préalablement. La consommation de jus de pamplemousse augmente de 240 % à 900 % les concentrations plasmatiques de certains médicaments (Spence, 1997 ; Fuhr, 1998). De telles augmentations peuvent non seulement générer des effets secondaires importants, mais même aboutir à une issue fatale. Ce fut le cas d'une intoxication fatale à la terfénadine décrite chez un homme de 29 ans, issue que l'on attribue à la consommation de jus de pamplemousse (Spence, 1997). La terfénadine est une molécule H_1-antihistaminique, utilisé comme médicament dans les rhinites allergiques et autres syndromes allergiques, qui, administré par voie orale, subit un effet de premier passage intestinal et hépatique (McTavish *et al.*, 1990). L'effet de premier passage est si important que seules des traces de terfénadine se retrouvent dans la circulation systémique. L'activité H_1-antihistamine est due à la biotransformation de la terfénadine en métabolite actif. La terfénadine elle-même est cardiotoxique et peut provoquer des arythmies ventriculaires sévères, des torsades de pointe. La réduction du métabolisme de premier passage de la terfénadine, liée à l'ingestion de jus de pamplemousse ou à la prise de puissants inhibiteurs du CYP3A4 tels que le kétoconazole, un anti-fongique, mène à une augmentation des taux de terfénadine circulant et peut provoquer chez des patients sensibles, de dangereux épisodes d'arythmie.

5. *Métabolisme des xénobiotiques, alimentation et risque de cancer*

Des études épidémiologiques indiquent que 10 à 70 % de tous les cancers humains dans les pays industrialisés sont liés à l'alimentation (Doll et Peto 1981). Certains conditionnements et certains modes de préparation ou de conservation des aliments introduisent des mutagènes et/ou des cancérigènes tels que les aflatoxines, les nitrosamines, des hydrocarbures aromatiques polycycliques, des hydrazines, et des amines hétérocycliques (Skog and Jägerstad, 1998). Par ailleurs, on attribue à de nombreux composants de l'alimentation des effets anti-mutagènes et anti-cancérigènes (Wattenberg, 1992). Par exemple, des études épidémiologiques et expérimentales suggèrent que la consommation de certains aliments végétaux permet de réduire le risque de cancer. Des constituants de certains fruits et légumes pourraient empêcher les cancérigènes d'atteindre et/ou de réagir avec leur cible tissulaire. De tels agents bloquants inhibent la cancérogenèse en réduisant les voies métaboliques d'activation ou en induisant l'activité des enzymes qui détoxifient le cancérigène. L'isothiocyanate et les glucosinolates (légumes de la famille des crucifères), les composés organosulfurés (ail et apparentés) et les monoterpènes font partie des ces agents bloquants d'origine naturelle, capables d'inhiber l'activation du cancérigène. Les isothiocyanates et organosulfurés peuvent également prévenir la cancérogenèse en induisant l'activité des enzymes de phase II telles que les glutathion S-transférases (GST) et les UGT qui catalysent des réactions de détoxification. Par conséquent, l'inhibition de voies métaboliques activatrices ou l'induction de voies métaboliques de détoxication contribuent à la réduction du risque de cancérisation, alors que l'induction de voies activatrices ou l'inhibition de voies de détoxication s'avère néfaste (figure 2).

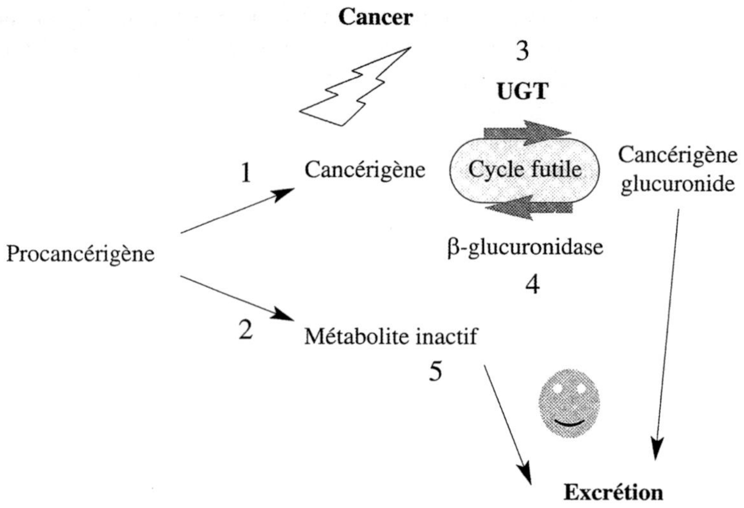

Figure 2 ■ Les composés chémoprotecteurs peuvent exercer leur effets par : (1) inhibition de l'enzyme impliquée dans la transformation du procancérigène en cancérigène, (2) induction de la ou des enzyme(s) impliquées dans la transformation du procancérigène en métabolite(s) inactifs, (3) induction de la ou des enzyme(s) impliquées dans la transformation du cancérigène en métabolite(s) inactifs et/ou, (4) inhibition de la β-glucuronidase prévenant l'hydrolyse du cancérigène glucuronide inactif en cancérigène.

Un autre exemple de chémorécepteur est le glucarate de calcium, qui agirait majoritairement en modulant le métabolisme des xénobiotiques (Heerdt *et al.*, 1995). Le glucarate de calcium inhibe la β-glucuronidase, enzyme hydrolytique spécifique des liens entre l'acide glucuronique et les xénobiotiques (Swank *et al.*, 1994). Lorsqu'il est ingéré, le glucarate de calcium est soumis à l'acidité gastrique et forme l'acide D-glucarique, qui est en équilibre avec le D-glucaro-6,3-lactone et le D-glucaro-1,4-lactone. Ce dernier est un inhibiteur puissant de la β-glucuronidase (Levy et Conchie, 1966). De nombreux cancérigènes chimiques, dont les hydrocarbures aromatiques polycycliques, les nitrosamines, et les amines aromatiques sont détoxifiées par conjugaison avec l'acide glucuronique. Cependant, les glucuronoconjugués peuvent subir une déconjugaison catalysée par la β-glucuronidase. L'activité cancérigène de ces molécules résulte donc d'un équilibre dynamique déterminé par les activités UGT et β-glucuronidase (Kauffman, 1994). L'inhibition de l'activité β-glucuronidase par le glucarate, augmenterait le taux d'excrétion du glucuronoconjugué inactif et diminuerait l'exposition d'un individu au cancérigène (figure 2). L'hypothèse d'un rôle clé de la β-glucuronidase en cancérogenèse, de même que l'utilisation potentielle du glucarate de calcium et d'autres inhibiteurs de la β-glucuronidase, a été testée dans de nombreux modèles de cancérogenèse chez l'animal. Chez des souris sensibles, 100 % des animaux développent des adénomes pulmonaires après exposition au benzo [a] pyrene. Cependant, chez des souris recevant une nourriture enrichie en glucarate de calcium, l'incidence des adénomes est réduite de 56 % et le nombre de tumeurs par souris est diminué de 88 % (Walaszek *et al.*, 1986a). En deçà de la réduction de l'incidence et de la fréquence tumorale, une diminution significative de l'activité β-glucuronidase sérique suggère une corrélation entre la cancérogenèse et l'activité de cette hydrolase. Des études chez le rat révèlent que le glucarate de calcium inhibe aussi significativement la cancérogenèse intestinale (Dwivedi *et al.*, 1989) et la formation de cancer mammaire (Walaszek *et al.*, 1986b ; Walaszek et Hanausek-Walaszek, 1987).

Conclusions

Les aliments d'origine végétale ont évolué et contiennent des milliers de composés qui agissent comme agent de protection contre l'infection ou les prédateurs pour la plante ; l'homme est susceptible de consommer plus de 10 000 de ces composés ou de leurs métabolites. De nombreuses substances phytochimiques sont capables d'induire ou d'inhiber les enzymes du métabolisme des xénobiotiques. L'exposition à ces agents peut contribuer significativement à la variabilité inter-individuelle de la réponse thérapeutique vis-à-vis de nombreux médicaments. De plus, des études épidémiologiques ont montré que des composants de l'alimentation peuvent protéger ou prédisposer à la genèse ou l'évolution de pathologies telles que le cancer ou les maladies cardiovasculaires (Cohen, 1987). Bien que les mécanismes exacts régissant l'influence des habitudes alimentaires sur l'incidence des maladies ne soient pas élucidés, la modulation des activités des enzymes de phase I et II constituerait un mécanisme important, comme cela a été démontré pour le sulforaphane.

D'après les études épidémiologiques, les recommandations pronent une augmentation de la consommation journalière de fruits et légumes. Parmi les aliments protecteurs dans le développement de cancer, l'ail (composés organophosphorés) et le choux (isothiocyanates) occupent une place importante. La recherche de substances phytochimiques susceptibles de prévenir des pathologies telles que le cancer s'avère florissante et prometteuse, et fera le lit du développement d'aliments fonctionnels contenant ou supplémentés en substances phytochimiques à vocation préventive ou thérapeutique.

Les interactions entre aliments et métabolisme des xénobiotiques s'avèrent donc un domaine d'avenir dans le développement d'aliments fonctionnels, principalement a) dans le cadre de l'effet adjuvant sur l'activité thérapeutique de certains médicaments, permettant notamment la réduction de la dose administrée, b) dans la réduction potentielle du risque toxique aigu ou chronique (cancer). L'amélioration des connaissances dans le domaine des interactions entre les composants de l'alimentation et le métabolisme des xénobiotiques s'avère également indispensable, afin d'éviter la manifestation d'effets toxiques, qui n'avaient pu être soupçonnées lors de la procédure classique d'évaluation de la toxicité potentielle des xénobiotiques.

Références bibliographiques

Anderson KE, Kappas A (1991). Dietary regulation of cytochrome P450. *Annual Reviews of Nutrition*, **11** : 141-167.

Arce DS, Keen CL (1992). Reversible and persistent consequences of copper deficiency in developing mice. *Reproductive Toxicology*, **6** : 211-221.

Austin CA, Shephard EA, Pike SF *et al.*, (1988). The effect of terpenoid

compounds on cytochrome P-450 levels in rat liver. *Biochemical Pharmacology*, **37** : 2223-2229.

Back DJ, Breckenridge AM, MacIver M *et al.* (1981). Interaction of ethinyloestradiol with ascorbic acid in man. *British Medical Journal*, **282** : 1516.

Bailey DG, Arnold JMO, Munoz C, Spence JD (1993). Grapefruit juice-felodipine interaction: mechanism, predictability and effect of naringin. *Clinical Pharmacology and Therapeutics*, **53** : 637-642.

Bailey DG, Malcolm J, Arnold JMO, Spence DJ (1998). Grapefruit juice-drug interactions. *British Journal of Clinical Pharmacology*, **46** : 101-110.

Barcelo S, Gardiner JM, Gescher A, Chipman JK (1996). CYP2E1-mediated mechanism of anti-genotoxicity of the broccoli constituent sulforaphane. *Carcinogenesis*, **17** : 277-282.

Brady JF, Wang M-H, Hong J-Y, *et al.*, (1991). Modulation of rat hepatic microsomal monooxygenase activities and cytotoxicity by diallyl sulfide. *Toxicology and Applied Pharmacology*, **108** : 342-354.

Burchell B (1999). Transformation reactions: glucuronidation. *In: Handbook of Drug Metabolism*, pp. 153-173 [TF Woolf, editor]. New York: Marcel Dekker Inc.

Butler LE, Dauterman WC (1989). Selectivity of selected drug biotransformation enzymes to dietary protein levels in adult F334 male rats. *Journal of Biochemical Toxicology*, **4** : 71-72.

Campbell TC, Hayes JR (1976). The effect of quantity and quality of dietary protein on drug metabolism. *Federation Proceedings*, **35** : 2470-2474.

Canivenc-Lavier M-C, Bentejac M, Miller M-L *et al.*, (1996). Differential effects of nonhydroxylated flavonoids as inducers of bergamottin, a cytochrome P450 inhibitor, in grapefruit juice. *Drug Metabolism and Disposition*, **24** : 1287-1290.

Edwards DJ, Fitzsimmons ME, Schuetz EG *et al.*, (1999). 6',7'-Dihydroxybergamottin in grapefruit juice and Seville orange juice: effects on cyclosporine disposition, enterocyte CYP3A4 and P-glycoprotein. *Clinical Pharmacology and Therapeutics*, **65** : 237-244.

Fuhr U (1998). Drug interactions with grapefruit juice: extent, probable mechanism and clinical relevance. *Drug Safety*, **18** : 251-272.

Fukuda K, Ohta T, Oshima Y *et al.*, (1997). Specific CYP3A4 inhibitors in grapefruit juice: furocoumarin dimers as components of drug interaction. *Pharmacogenetics*, **7** : 391-396.

Furlanut M, Benetello P, Avogaro A, Dainese R (1978). Effects of folic acid on phenytoin kinetics in healthy subjects. *Clinical Pharmacology and Therapeutics*, **24** : 295-297.

Grosse W, Wade AE (1971). The effect of thiamine consumption on liver microsomal drug-metabolizing pathways. *Journal of Pharmacology and Experimental Therapeutics*, **176** : 758-765.

Guengerich FP (1990). Inhibition of drug metabolizing enzymes: molecular and biochemical aspects. *In: Handbook of Drug Metabolism*, pp. 203-227 [TF Woolf, editor]. New York: Marcel Dekker Inc.

Guengerich P, Kim DH (1990). In vitro inhibition of dihydropyridine oxidation and aflatoxin B_1 activation in human liver microsomes by naringenin and other flavonoids. *Carcinogenesis*, **11** : 2275-2279.

Guo Z, Smith TJ, Wang E *et al.*, (1992). Effects of phenethyl isothiocyanate, a carcinogenesis inhibitor, on xenobiotic-metabolizing enzymes and nitrosamine metabolism in rats. *Carcinogenesis*, **13** : 2205-2210.

Gwang JH (1996). Induction of rat hepatic cytochrome P4501A and P4502B by the methoxsalen. *Cancer Letters*, **108** : 115-120.

Haber D, Siess M-H, De Waziers I *et al.*, (1994). Modification of hepatic drug-metabolizing enzymes in rats fed naturally occurring allyl sulphides. *Xenobiotica*, **24** : 169-182.

Hammermueller JD, Bray TM, Bettger WJ (1987). Effect of zinc and copper deficiency on microsomal NADPH-dependent active oxygen generation in rat liver. *Journal of Nutrition*, **117** : 894-901.

Hansson I, Sillanpaa M (1976). Pyridoxine and serum concentrations of phenytoin and phenobarbitone. *Lancet*, **I** : 256.

He K, Iyer KR, Hayes RN *et al.*, (1998). Inactivation of cytochrome P450 3A4 by bergamottin, a component of grapefruit juice. *Chemical Research in Toxicology*, **11** : 252-259.

Heerdt AS, Young CW, Borgen PI (1995). Calcium glucarate as a chemopreventive agent in breast cancer. *Israel Journal of Medical Sciences*, **31** : 101-105.

Hietanen E, Laitinen M, Vainio H, Hanninen O (1975). Dietary fats and properties of endoplasmic reticulum. II. Dietary lipid induced changes in activities of drug metabolising enzymes in liver and duodenum of rats. *Lipids*, **10** : 467-472.

Hinson JA, Pumford NR, Nelson SD (1994). The role of metabolic activation in drug toxicity. *Drug Metabolism Reviews*, **26** : 395-412.

Houston JB (1977). Effect of vitamin C supplement on antipyrine disposition in man. *British Journal of Clinical Pharmacology*, **4** : 236-239.

Houston JB, Levy G (1975). Modification of drug biotransformation by vitamin C in man. *Nature*, **255** : 78-79.

Huang O, Lawson TA, Chung FL *et al.*, (1993). Inhibition by phenylethyl and phenylhexyl isothiocyanates of metabolism and DNA methylation by N-nitrosomethylamylamine in rats. *Carcinogenesis*, **14** : 749-754.

Ingelman-Sundberg M, Oscarson M, McLellan RA (1999). Polymorphic human cytochrome P450 enzymes: an opportunity for individualized drug treatment. *TiPS*, **20** : 342-349.

Ioannides C, Delaforge M, Parke DV (1981). Safrole: its metabolism, carcinogenicity and interactions with cytochrome P-450. *Food and Cosmetics Toxicology*, **19** : 657-666.

Ioannides C, Delaforge M, Parke DV (1985). Interactions of safrole and isosafrole and their metabolites with cytochrome P-450. *Chemico-Biological Interactions*, **53** : 303-311.

Loannides C (1999). Effect of diet on the expression of cytochromes P450. *Xenobiotica*, **29** : 109-154.

Jin L, Baillie TA (1997). Metabolism of the chemopreventive agent diallyl sulphide to glutathione conjugates in rats. *Chemical Research in Toxicology*, **10** : 318-327.

Jollow DJ, Mitchell JR, Potter WZ *et al.*, (1973). Acetaminophene-induced hepatic necrosis. II. Role of covalent binding *in vivo*. *Journal of Pharmacology and Experimental Therapeutics*, **187** : 195-202.

Kall MA, Clausen J (1995). Dietary effect on mixed function P450 1A2 activity assayed by estimation of caffeine metabolism in man. *Human and Experimental Toxicology*, **14** : 801-807.

Kall MA, Vang O, Clausen J (1996). Effects of dietary broccoli on human *in vivo* drug metabolizing enzymes: evaluation of caffeine, oestrone and chlorzoxazone metabolism. *Carcinogenesis*, **17** : 793-799.

Kauffman FC (1994). Regulation of drug conjugate production by futile cycling in intact cells. *In: Conjugation-Deconjugation Reactions in Drug Metabolism and Toxicity*, pp. 245-255 [FC Kauffman, editor]. Berlin: Springer Verlag.

Kim RB, Wilkinson GR (1996). Watercress inhibits human CYP2E1 activity *in vivo* as measured by chlorzoxazone 6-hydroxylation. *Clinical Pharmacology and Therapeutics*, **59** : 170.

Krishnaswamy K, Kalamegham R, Naidu NA (1984). Dietary influences on the kinetics of antipyrine and aminopyrine in human subjects. *British Journal of Clinical Pharmacology*, **17** : 139-146.

Krishnaswamy K (1987). Effects of malnutrition on drug metabolism and toxicity. *In:*

Nutritional Toxicology, pp. 105-128 [JN Hathcock, editor]. Orlando: Academic Press.

Kuenzig W, TkaczevskiV, Kamm JJ *et al.*, (1977). The effects of ascorbic acid deficiency on extrahepatic metabolism of drugs and carcinogens in the guinea pig. *Journal of Pharmacology and Experimental Therapeutics*, **201** : 527-533.

Kwak MK, Kim SG, Kwak JY *et al.*, (1994). Inhibition of cytochrome P4502E1 expression by organosulfur compounds allylsulfide, allylmercaptan, and allylmethylsulfide in rats. *Biochemical Pharmacology*, **47** : 531-539.

Leclercq I, Desager J-P, Horsmans Y (1998). Inhibition of chlorzoxazone metabolism, a clinical probe for CYP2E1, by a single ingestion of watercress. *Clinical Pharmacology and Therapeutics*, **64** : 144-149.

Levvy GA and Conchie G (1996) b-glucuronidase and the hydrolysis of glucuronides. *In:* Glucuronic Acid: Free and Combined, pp. 301-364 (GJ Dutton, editor). New York: Academic Press (1952).

Mackenzie PI, Owens IS, Burchell B *et al.*, (1997) The UDPglycosyltransferase gene superfamily: recommended nomenclature update based on evolutionary divergence. *Pharmacogenetics*, **7** : 255-269.

McDanell R, McLean AEM, Hanley AB *et al.*, (1987). Differential induction of mixed-function oxidase (MFO) in rat liver and intestine by diets containing processed cabbage: correlation with cabbage levels of glucosinolates and glucosinolate hydrolysis products. *Food and Chemical Toxicology*, **25** : 363-368.

McTavish D, Goa KL, Ferrill M (1990). Terfenadine: an updated review of its pharmacological properties and therapeutic efficacy. *Drugs*, **39** : 552-574.

Mehta S (1990). Malnutrition and drugs: clinical implications. *Developmental Pharmacology Therapeutics*, **15** : 159-165.

Merrill JC, Bray TM (1982). The effect of dietary protein quantity on the activity of UDP-glucuronosyltransferase and its physiological significance in drug metabolism. *Canadian Journal of Pharmacology and Physiology*, **60** : 1556-1561.

Miller EC, Miller JA (1947). The presence and significance of bound aminoazo dyes in the livers of rats fed p-dimethylaminoazobenzene. *Cancer Research*, **7** : 468-480.

Miller JA, Miller EC (1953). The carcinogenic aminoazo dyes. *Advances in Cancer Research*, **1** : 339-396.

Miners JO, Mackenzie PI (1991). Drug glucuronidation in humans. *Pharmacology and-Therapeutics*, **51** : 347-369.

Miniscalco A, Lundahl J, Regardh CG *et al.*, (1992). Inhibition of dihydropyridine metabolism in rat and human liver microsomes by flavonoids found in grapefruit juice. *Journal of Pharmacology and Experimental Therapeutics*, **261** : 1195-1199.

Miranda CL, Mukhtar H, Bend JR, Chhabra RS (1979). Effects of vitamin A deficiency on hepatic and extrahepatic mixed-function oxidase and epoxide-metabolizing enzymes in guinea pig and rabbit. *Biochemical Pharmacology*, **28** : 2713-2716.

Mitchell JR, Jollow DJ, Potter WZ *et al.*, (1973) Acetaminophene-induced hepatic necrosis. I. Role of drug metabolism. *Journal of Pharmacology and Experimental Therapeutics*, **187** : 185-194.

Mounié J, Faye B, Magdalou J *et al.*, (1986). Modulation of UDP glucuronosyltransferase activity in rats by dietary lipids. *Journal of Nutrition*, **116** : 2034-2043.

Mulder GJ (1992). Glucuronidation and its role in regulation of biological activity of drugs. *Annual Reviews of Pharmacology and Toxicology*, **32** : 25-49.

Nelson DR, Koymans L, Kamataki T *et al.*, (1996). P450 superfamily: update on new sequences, gene mapping, accession numbers and nomenclature. *Pharmacogenetics*, **6** : 1-42.

Nelson S (1982). Metabolic activation and drug toxicity. *Journal of Medicinal Chemistry* **25** : 753-765.

Nestle M (1998). Broccoli sprouts in cancer prevention. *Nutrition Reviews*, **56** : 127-130.

Ortiz de Montellano PR (1999). The cytochrome P450 oxidative system. *In: Handbook of Drug Metabolism*, pp. 109-130 [TF Woolf, editor]. New York: Marcel Dekker Inc.

Ovesen L, Lyduch S, Idorn ML (1988). The effect of a diet rich in Brussels sprouts on warfarin pharmacokinetics. *European Journal of Clinical Pharmacology*, **33** : 521-523.

Pantuck EJ, Pantuck CB, Weissman C. (1985). Stimulation of oxidative drug metabolism by parenteral refeeding of nutritionally depleted patients. *Gastroenterology*, **89** : 241-245.

Periquet B, Periquet A, Bailly A *et al.*, (1986). Effects of retinoic acid on hepatic cytochrome P450 dependent enzymes in rats under different vitamin A status. *International Journal of Vitamin and Nutrition Research*, **56** : 223-229.

Peterson FJ, Holloway DE, Diquette PH, Rivers JM (1983). Dietary ascorbic acid and hepatic mixed-function oxidase activity in the guinea pig. *Biochemical Pharmacology*, **32** :91-96.

Price VF, Jollow DJ (1984). Role of UDPGA flux in acetaminophene clairance and hepatotoxicity. *Xenobiotica*, **14** : 553-559.

Prochaska HJ, Santamaria AB, Talalay P (1992). Rapid detection of inducers of enzymes that protect against cancer. *Proceedings of the National Academy of Sciences USA*, **89** : 2394-2398.

Rashid J, McKinstry C, Renwick AG *et al.*, (1993). Quercetine, an *in vitro* inhibitor of CYP3A, does not contribute to the interaction between nifedipine and grapefruit juice. *British Journal of Clinical Pharmacology*, **35** : 460-463.

Raucy JL (1995). Risk assessment: toxicity from chemical exposure resulting from enhanced expression of CYP2E1. *Toxicology*, **105** : 217-223.

Reicks MM, Crankshaw DL (1996). Modulation of rat hepatic cytochrome P-450 activity by garlic organosulfur compounds. *Nutrition and Cancer*, **25** : 241-248.

Rompelberg CJM, Verhagen H, van Bladeren PJ (1993). Effects of the naturally occurring alkenylbenzenes eugenol and trans-anethole on drug-metabolizing enzymes in the rat liver. *Food and Chemical Toxicology*, **31** : 637-645.

Reicks MM, Crankshaw DL (1996). Modulation of rat hepatic cytochrome P-450 activity by garlic organosulfur compounds. *Nutrition and Cancer*, **25** : 242-248.

Ronis MJJ, Ingelman-Sundberg M (1999). Induction of human drug-metabolizing enzymes: mechanisms and implications. *In: Handbook of Drug Metabolism*, pp. 239-262 [TF Woolf, editor]. New York: Marcel Dekker Inc.

Schmiedlin-Ren P, Edwards DJ, Fitzsimmons ME *et al.*, (1997). Mechanisms of enhanced oral availability of CYP3A4 substrates by grapefruit constituents: decreased enterocyte CYP3A4 concentration and mechanism-based inactivation by furanocoumarins. *Drug Metabolism and Disposition*, **25** : 1228-1233.

Schuler MA (1996). The role of cytochrome P450 monooxygenases in plant-insect interactions. *Plant Physiology*, **112** : 1411-1419.

Skog KI, Jägerstad M (1998). Toxicants in food: generation during cooking. *In: Nutrition and Chemical Toxicity*, pp. 59-79 [C Ioannides, editor]. Chichester: John Wiley.

Spence JD (1997). Drug interactions with grapefruit: whose responsibility is it to warn the public? *Clinical Pharmacology and Therapeutics*, **61** : 395-400.

Slattery JT, Nelson SD, Thummel KE (1996). The complex interaction between ethanol and acetaminophene. *Clinical Pharmacology and Terapeutics*, **60** : 241-246.

Stresser DM, Bailey GS, Williams DE (1994). Indole-3-carbinol and β-naphthoflavone induction of aflatoxin B_1 metabolism and cytochromes P-450 associated with bioactivation and detoxication of aflatoxin B_1 in the rat. *Drug Metabolism and Disposition*, **22** : 383-391.

Surh Y-J, Lee R C-J, Park K-K *et al.*, (1995). Chemoprotective effects of capsaicin and diallyl sulfide against mutagenesis and tumorigenesis by vinylcarbamate and N-nitrosodimethylamine. *Carcinogenesis*, **16** : 2467-2471.

Swank RT, Novak EK, Zhen L (1994). Genetic regulation of the subcellular localization and expression of glucuronidase. *In: Conjugation-Deconjugation Reactions in Drug Metabolism and Toxicity*, pp. 131-160 [FC Kauffman, editor]. Berlin: Springer-Verlag.

Vang O, Jensen MB, Autrup H (1991). Induction of cytochrome P-450IA1, IA2, IIB1 and IIE1 by broccoli in rat liver and colon. *Chemico-Biological Interactions*, **78** : 85-96.

Vessell ES (1984). Complex effects of diet on drug disposition. *Clinical Pharmacology and Therapeutics*, **36** : 285-296.

Walaszek Z, Hanausek-Walaszek M, Webb TE (1986a). Dietary glucarate-mediated reduction of sensitivity of murine strains to chemical carcinogenesis. *Cancer Letters*, **33** : 25-32.

Walaszek Z, Hanausek-Walaszek M, Minton JP, Webb TE (1986b) Dietary glucarate as anti-promotor of 7,12-dimethylbenz [a] anthracene-induced mammary tumorigenesis. *Carcinogenesis*, **7** : 1463-1466.

Walaszek Z, Hanausek-Walaszek M (1987). Dietary glucarate inhibits rat mammary tumorigenesis induced by N-methyl-N-nitrosourea. *Proceedings of the American Association for Cancer Research*, **28** : 153.

Walle T, Eaton EA, Walle UK (1996). Flavonoids, potent and specific inhibitors of human P form phenolsulfotransferase. *In:* "Dietary Phytochemicals in Cancer Prevention and Treatment", p. 242, Plenum Press, New York.

Walter-Sack I, Klotz U (1996). Influence of diet and nutritional status on drug metabolism. *Clinical Pharmacokinetics*, **31** : 47-64.

Wattenberg LW (1992). Inhibition of carcinogenesis by minor dietary constituents. *Cancer Research*, **52** (Suppl.), 2085s-2091s.

Wissel PS, Denke M, Inturrisi CE (1987). A comparison of the effects of a macrobiotic diet and a Western diet on drug metabolism and plasma lipids in man. *European Journal of Clinical Pharmacology*, **33** : 403-407.

Wortelboer HM, van der Linden ECM, de Kruif CA *et al.* (1992). Effects of indole-3-carbinol on biotransformation enzymes in the rat: *in vivo* changes in liver and small intestinal mucosa in comparison with primary hepatocyte cultures. *Food and Chemical Toxicology*, **30** : 589-599.

Xu Z, Bray TM (1992). Effects of increased microsomal oxygen radicals on the function and stability of cytochrome P450 in dietary zinc deficient rats. *Journal of Nutritional Biochemistry*, **3** : 326-332.

Yamada H, Fujisaki H, Kaneko H *et al.*, (1993). Picrotoxin as a potent inducer of rat hepatic cytochrome P450, CYP2B1 and CYP2B2. *Biochemical Pharmacology*, **45** : 1783-1789.

Yang CS, Yoo J-S H (1988). Dietary effects on drug metabolism by the mixed-function oxidase system. *Pharmacology and Therapeutics*, **38** : 53-72.

Zhai S, Dai R, Friedman FK, Vestal RE (1998). Comparative inhibition of human cytochromes P450 1A1 and 1A2 by flavonoids. *Drug Metabolism and Disposition*, **26** :989-992.

Zhang Y, Talalay P, Cho C-G, Posner GH (1992). A major inducer of anticarcinogenic protective enzymes from broccoli: isolation and elucidation of structure. *Proceedings of the National Academy of Sciences USA*, **89** : 2399-2304.

Quatrième partie

Modulation nutritionnelle des comportements, de l'humeur et du fonctionnement intellectuel

14

Modulation nutritionnelle des comportements, de l'humeur et du fonctionnement intellectuel

France Bellisle

Introduction

Les comportements d'ingestion alimentaire ont pour première fonction de couvrir les besoins physiologiques grâce aux contenus nutritionnels des aliments. Au-delà de cette fonction essentielle, certains aliments peuvent conférer des bénéfices additionnels pour la santé. On les appelle, selon la terminologie actuelle, des « aliments fonctionnels ». Certains de ces bénéfices concernent les comportements, les sensations, les perceptions, les motivations et l'humeur.

La recherche scientifique a commencé à explorer les relations de cause à effet entre l'ingestion d'une substance spécifique et les changements subséquents des comportements, des performances cognitives, et des humeurs. Les difficultés méthodologiques dans ce domaine sont immenses. Les effets des constituants alimentaires sur le comportement, les émotions, les capacités cognitives sont souvent très subtils. Seuls des tests très sensibles peuvent identifier, quantifier les changements des comportements associés à la consommation alimentaire et ainsi mettre en évidence des relations causales. Malgré ces difficultés, des résultats scientifiquement validés existent déjà et constituent le début d'une connaissance des propriétés fonctionnelles des aliments.

1. Appétit et satiété

La fonction essentielle des aliments est de nourrir. Dans ce sens tout aliment est fonctionnel : l'ingestion périodique de substances énergétiques contribue à couvrir les besoins en énergie et en nutriments.

En plus de leurs vertus nutritionnelles proprement dites, les macronutriments, glucides, protides, lipides et alcool, exercent des effets différents sur diverses sensations physiques qui, à leur tour, influencent la prise alimentaire : l'appétit, le rassasiement (les signaux sensoriels et physiologiques qui déterminent la fin d'un repas) et la satiété (état de satisfaction physiologique qui suit un repas).

1.1. Composition nutritionnelle de l'alimentation et satiété

Chez des consommateurs qui notent toutes leurs consommations libres pendant deux semaines (de Castro, 1987), aussi bien que dans des études réalisées dans des conditions de laboratoire (Blundell et Burley, 1992), il apparaît que les protéines produisent un effet de satiété plus puissant, à calories égales, que les glucides, qui sont eux-mêmes plus satiétogènes que les lipides. Plusieurs études ont montré que les lipides alimentaires exercent un effet relativement faible sur la satiété et favorisent ainsi une consommation excessive (Blundell et Burley, 1992). Il existe une certaine insensibilité à l'énergie consommée sous forme de lipides (Rolls et Hammer, 1995). En outre, il se peut que la perception sensorielle de la teneur en lipides des aliments soit facilement masquée par d'autres dimensions (sucrée, salée, etc.), facilitant ainsi l'hyperphagie.

La hiérarchie chronologique du métabolisme des macronutriments récemment ingérés est la suivante : protéines, glucides, lipides (Stubbs, 1995). La hiérarchie des pouvoirs satiétogènes est la même, et elle pourrait donc résulter de mécanismes métaboliques. Les mécanismes de satiété spécifique pour chaque macronutriment agissent probablement grâce à des rétroactions gastro-intestinales ou des signaux reflétant le niveau d'énergie (Rolls et Rolls, 1997).

À côté de ces effets associés aux macronutriments, la satiété est très sensible aux caractéristiques sensorielles des aliments. La consommation d'un aliment aux caractéristiques sensorielles particulières entraîne une satiété spécifique des aliments qui partagent ces qualités sensorielles, alors que des aliments aux qualités organoleptiques différentes conservent leur pouvoir de stimulier la consommation. C'est ce que l'on appelle la « satiété sensorielle spécifique » (Rolls *et al.*, 1981). Cette propriété de la satiété est éminemment fonctionnelle puisqu'elle favorise la recherche et l'ingestion d'une alimentation variée. Le mécanisme responsable de la satiété sensorielle spécifique dépend du traitement de l'information sensorielle (visuelle, tactile et surtout olfactive et gustative) par le cerveau, indépendamment du contenu nutritionnel des aliments.

1.2. Alcool et satiété

On ne connaît que peu de choses concernant les effets de la consommation d'alcool sur la faim, la satiété, et les choix alimentaires. Des études réalisées sur le terrain suggèrent que la ration énergétique est plus élevée chez les consommateurs modérés de boissons alcoolisées que chez les gens qui ne boivent pas (Rissanen *et al.*, 1987). Il semble que l'énergie ingérée sous forme d'alcool ne soit pas reconnue ou régulée par l'organisme. L'appétit est le même, ou parfois augmenté, chez le consommateur d'alcool, qui ne compense donc pas l'ingestion d'alcool par la diminution de sa ration d'aliments solides (de Castro et de Castro, 1989 ; Tremblay et Saint-Pierre, 1996). Cependant des études épidémiologiques ont montré que les femmes qui sont des consommatrices modérées de boissons alcoolisées ont un index de masse corporelle plus bas que celles qui ne boivent pas (Colditz *et al.*, 1991). Ce paradoxe illustre bien les divergences qui peuvent survenir entre les résultats obtenus par des méthodologies différentes.

1.3. Substituts des macronutriments

Au cours des dernières années, les industriels de l'alimentation ont développé de nombreuses substances qui sont susceptibles d'affecter l'appétit et la satiété d'une façon potentiellement bénéfique pour le consommateur. Par exemple, les substituts des sucres (édulcorants de synthèse) et les substituts des lipides (« fausses graisses ») ont pour fonction d'aider les consommateurs à améliorer leur alimentation en réduisant leurs apports de sucre (4 kcal/g) et/ou de lipides (9 kcal/g), avec l'objectif immédiat de diminuer la ration énergétique, et l'objectif à long terme de contrôler le poids corporel.

Un grand nombre d'études ont été réalisées afin de mesurer l'efficacité de ces nouveaux produits alimentaires. Le problème consiste à démontrer si la consommation de tels produits conduit effectivement à une réduction des apports énergétiques ou nutritionnels, du moins à court terme, sans modifications des sensations de faim et de satiété. En effet, après la consommation d'allégés, le consommateur pourrait « compenser » c'est-à-dire consommer d'avantage, consciemment ou inconsciemment, afin de rétablir sa ration et de couvrir ses besoins.

Les résultats de très nombreuses études expérimentales ne sont pas concordants. Des niveaux très variés de compensation énergétique ont été observés pendant les heures qui suivent l'ingestion d'aliments dont la teneur en énergie, en sucres ou en lipides est diminuée (Blundell et Green, 1996 ; Blundell et Hill, 1986 ; Booth, 1991 ; de Graaf *et al.,* 1992 ; Rolls, 1991). La compensation énergétique est plus souvent observée chez les hommes que chez les femmes et lorsque la différence entre l'aliment standard et l'aliment allégé est importante.

En plus des contradictions concernant les effets à court terme consécutifs à la consommation d'allégés, il est reconnu que les réponses à ces produits sont susceptibles de changer à long terme, à mesure que le consommateur se familiarise avec eux et avec leurs effets post-ingestifs (Booth *et al.,* 1976). Une adaptation peut se développer au cours de plusieurs jours (Louis-Sylvestre *et al.,* 1987) ou même de plusieurs mois (Prewitt *et al.,* 1991) chez des consommateurs exposés de façon répétée à des aliments dont la teneur énergétique est allégée. Dans d'autres cas, et en particulier lorsque des volontaires humains consomment des aliments allégés en graisses dont les qualités sensorielles sont excellentes, aucune adaptation du comportement, et donc aucune compensation pour l'allégement, n'apparaît même après plusieurs jours ou plusieurs semaines (Specter *et al.,* 1998). L'effet sur le poids corporel à long terme est encore indéterminé.

Même si une certaine compensation énergétique apparaît (le consommateur mange plus) à la suite de l'ingestion d'allégés, la compensation n'est pas spécifique du nutriment (sucre ou graisse) qui a été l'objet de l'allégement (Beaton *et al.,* 1992 ; Blundell *et al.,* 1991, 1993). L'inclusion d'un substitut de sucres et ou de lipides dans l'alimentation courante est susceptible de modifier l'équilibre nutritionnel. Ainsi, il a été suggéré que le remplacement des sucres par des édulcorants intenses pourrait, du moins théoriquement, faire augmenter la proportion des lipides dans l'alimentation (Beaton *et al.,* 1992). Un tel effet rendrait les édulcorants de synthèse contre-productifs et mérite un examen dans des conditions expérimentales strictes. Le rôle fonctionnel des édulcorants de synthèse ne se conçoit que dans le cadre d'un programme rationnel de contrôle du poids où l'équilibre nutritionnel est sauvegardé (Bellisle et Perez, 1994 ; Rolls 1991).

1.4. Exhausteurs de goût

Augmenter le bon goût des aliments est une préoccupation constante des industriels. Certains groupes de consommateurs (personnes âgées par exemple) ont parfois besoin d'être stimulés à manger et les qualités sensorielles de leurs aliments peuvent jouer un rôle important dans cette stimulation. Un produit non nutritionnel tel que le glutamate monosodé (GMS) a l'avantage de permettre une amélioration de la saveur de plusieurs produits alimentaires sans en modifier l'aspect ni le contenu nutritionnel, et donc en conservant aux aliments leurs caractéristiques familières (Yamaguchi, 1991). La réponse de récepteurs spécialisés situés sur la langue produit le goût « umami » susceptible d'améliorer la saveur et de stimuler l'ingestion de nombreux aliments (Yamaguchi, 1987).

Les études à court terme montrent sans conteste que la prise alimentaire augmente lorsque les aliments présentés sont meilleurs. Le GMS fait augmenter la consommation des aliments auxquels il est ajouté à une concentration appropriée (Okiyama et Beauchamp, 1998). La saveur de ces aliments reçoit des cotations meilleures au cours de tests classiques d'évaluation sensorielle. Cependant, la meilleure acceptabilité des aliments contenant du GMS ne signifie pas l'hyperphagie, puisqu'il a été montré, au cours de repas expérimentaux, que la consommation augmentée des aliments contenant du GMS est suivie d'une consommation diminuée des aliments présentés plus tard dans le repas, en particulier celle des desserts (Bellisle *et al.,* 1996). Le GMS ajouté à certains aliments permet d'orienter la sélection alimentaire au cours d'un repas ; il faut maintenant examiner les effets d'une telle manipulation sensorielle sur la consommation à long terme.

2. *Performance intellectuelle*

Un grand nombre de tâches mentales ou cognitives pourraient potentiellement être affectées par l'alimentation. En pratique, des tests de fonctionnement mental ont été utilisés dans ce contexte. Ces tests de performance examinent plusieurs types de compétences impliquées dans les fonctions cérébrales : perception, mémoire (verbale, spatiale, des chiffres), attention, vigilance, précision et vitesse de réaction, précision et vitesse du traitement de l'information, vitesse de résolution d'un conflit perceptif et plusieurs formes de raisonnement (logique, mathématique, abstrait).

L'expérimentateur qui sélectionne une tâche doit envisager les effets à court terme (aigus) ou à long terme (chroniques) de la manipulation alimentaire qu'il envisage. Le développement de l'ordinateur permet maintenant d'administrer des tests de façon structurée, parfaitement contrôlée, avec des mesures exactes des temps de réaction et des pourcentages de réponses correctes. Lorsque l'on mesure des effets qui concernent les cognitions, l'humeur ou d'autres aspects de la performance mentale ou psychomotrice, il faut utiliser des tests ad hoc validés pour quantifier ces effets. Il est important de vérifier que les tests traduits d'une langue étrangère ont bien été validés non seulement dans la langue d'origine mais aussi dans la langue et dans la culture où l'on veut les utiliser.

2.1. Manipulations nutritionnelles

2.1.1. Consommation ou omission d'un petit déjeuner

Chez l'adulte, l'omission du petit déjeuner détériore la performance mentale en termes de vitesse de réaction, mémoire spatiale, et rappel immédiat d'une liste de mots (Benton et Sargent, 1992 ; Smith *et al.*, 1994 a, 1999). Chez l'enfant et l'adolescent, l'omission du petit déjeuner est suivie de déficits plus évidents encore qui affectent plusieurs aspects de la performance cognitive. Ces déficits sont particulièrement prononcés chez les enfants sous alimentés ou mal nourris (Tuttle *et al.*, 1954 ; Vaisman *et al.*, 1996). Il se peut que le mécanisme de ces effets soit associé aux variations de la glycémie, puisque les meilleurs résultats sont observés après consommation de charges glucidiques importantes.

2.1.2. Consommation alimentaire au milieu de la journée

Consommer un déjeuner, ou ne pas le consommer, peut affecter la performance intellectuelle dans l'après-midi. Cependant les effets sont plus complexes que ceux qui suivent le petit déjeuner. À la suite de l'ingestion d'un repas autour de midi, l'attention et la vitesse de réaction sont souvent altérées (Smith et Miles, 1986) par comparaison avec la performance de la fin de la matinée.

Les différences évidentes entre les effets cognitifs consécutifs au petit déjeuner et au déjeuner soulèvent le problème des mécanismes qui entraînent des effets si contrastés. Il est possible que l'heure de la journée (cycles biologiques circadiens), la taille du repas, ou la sélection de macronutriments spécifiques contribuent aux différences observées.

2.1.3. Consommation d'aliments dans la soirée

Quelques études concernent les effets cognitifs qui suivent les repas pris tard dans la journée. Les effets sont discrets : la mémoire logique semble améliorée mais aucun changement des capacités d'attention, de rappel ou de reconnaissance verbale n'est observé (Smith *et al.*, 1994 b). La capacité de recherche visuelle impliquant un grand travail de mémoire est altérée après les repas du soir (Smith et Miles, 1987). Dans tous les cas, la meilleure performance mentale est obtenue après les repas qui sont habituels pour le volontaire, et tout changement dans la composition habituelle du repas induit une détérioration de la performance. Les effets peuvent donc être attribués ou bien à des facteurs psychologiques ou bien à des facteurs physiologiques.

2.2. Effets des nutriments

Des collations riches en énergie et en glucides ont été administrées dans l'après-midi, avant la présentation de tests cognitifs (Kanarek et Swinney, 1980) : la mémoire des chiffres et l'attention en fin d'après-midi étaient meilleures après une collation très riche en glucides composée de yaourt, comparée à une boisson gazeuse contenant de l'aspartame. Les volontaires pouvaient résoudre un plus grand nombre de problèmes d'arithmétique après la collation yaourt qu'après la boisson gazeuse.

Aucune différence de performance cognitive ne fut enregistrée après des petits déjeuners plus ou moins riches en glucides, mais le petit déjeuner très riche en glucides fut suivi d'une amélioration de l'humeur consécutive à la diminution de la fatigue (Lloyd *et al.,* 1996).

Une autre étude a montré que la consommation d'un déjeuner très glucidique (versus un déjeuner très protidique) entraînait une détérioration de la vitesse de traitement de l'information alors qu'il n'affectait pas une tâche d'écoute dichotique (Lieberman *et al.,* 1986).

Les proportions de glucides et de protéines dans un repas pourraient affecter la performance intellectuelle à cause de leurs effets supposés sur les fonctions cérébrales sérotoninergiques (Young, 1991). Une hypothèse d'explication associe glucides et sérotonine (5-HT). Elle suggère que les conséquences de l'ingestion de glucides se produisent par l'entremise de changements des quotients plasmatiques tryptophane : grands acides aminés neutres (GAAN). Un repas riche en glucides élève ce quotient. Ceci favorise la captation du tryptophane dans le cerveau, puisque les acides aminés entrent en compétition pour les transporteurs sélectifs à travers la barrière hématoencéphalique. Les repas riches en glucides augmentent donc la présence de tryptophane dans le cerveau. Cette hypothèse implique que les repas riches en glucides favorisent la transmission sérotoninergique dans le cerveau (Fernstrom et Wurtman, 1972). Il faut savoir cependant que l'addition de 4 % de protéines au repas abolit l'effet tryptophane (Teff *et al.,* 1989).

L'administration de tryptophane devrait produire des effets semblables à ceux d'un repas glucidique. Cette hypothèse fut testée par Lieberman *et al.* (1983) qui examinèrent quatre marqueurs de la performance cognitive après administration de tryptophane ou de tyrosine. Les deux acides aminés ne produisirent aucun effet différent de ceux d'un placebo en ce qui concerne les quatre tests cognitifs. Cependant, après administration de tryptophane, les sensations subjectives de fatigue, d'inertie étaient augmentées.

2.2.1. Lipides

Peu de travaux concernent les effets des lipides alimentaires sur la performance mentale. Des comparaisons ont été réalisées entre les effets de déjeuners riches ou pauvres en glucides, et de déjeuners riches ou pauvres en lipides. L'exécution de tâches psychomotrices observée chez un petit groupe de volontaires n'était pas affectée (Kelly *et al.,* 1994). Une autre étude (Lloyd *et al.,* 1994) rapporte que la meilleure performance fut obtenue après un déjeuner moyennement riche en glucides et en lipides, alors que des proportions plus élevées de lipides ou de glucides rendaient les sujets somnolents, indécis et passifs, avec des effets négatifs sur l'efficacité intellectuelle.

Smith *et al.* (1994 b) rapportent qu'un repas riche en lipides n'eut aucun effet sur le raisonnement logique ou la vigilance mais fut suivi d'une performance à la fois plus lente et plus précise dans des tests d'attention sélective. Une forte concentration de lipides saturés dans l'alimentation, selon Greenwood et Winokur (1996) rend l'apprentissage plus difficile aux rats de laboratoire.

2.2.2. *Glucose*

Il a été maintes fois affirmé que le glucose produit des effets positifs sur la performance intellectuelle. Chez des personnes âgées, la mémoire à court terme est améliorée après administration de glucose, et le même effet a été confirmé chez de jeunes adultes (Benton et Sargent, 1992). Après ingestion d'une boisson au glucose, la rapidité de décision augmente avec la glycémie (Benton et Owens, 1993). Le traitement de l'information et le rappel verbal sont aussi facilités. Cette amélioration de la performance est constatée à partir de glycémies basales plus ou moins élevées ce qui confirme que l'effet n'est pas simplement attribuable à la correction de l'hypoglycémie. Cependant l'hypoglycémie est effectivement associée à un ralentissement de la vitesse de décision. Le matin, une simple boisson au glucose améliore la performance mnésique autant que la consommation d'un petit déjeuner (Martin et Benton, 1999).

2.2.3. *Agents cholinergiques*

Il est possible, comme nous l'avons vu plus haut, que le niveau de neurotransmetteurs contenu dans l'alimentation (et subséquemment dans le plasma) affecte le niveau de neurotransmetteurs dans le cerveau. La choline est le précurseur de l'acétylcholine. La mémoire est améliorée chez l'homme jeune grâce à la choline. Cependant, chez des personnes âgées, qui ont souvent des problèmes de mémoire, les résultats sont décevants. Sur 17 études utilisant la choline ou la lécithine (une source importante de choline dans l'alimentation), une seule rapporte une amélioration de la mémoire chez une majorité de volontaires (Bartus *et al.*, 1982).

2.2.4. *Vitamines et minéraux*

Chez le sujet âgé, les fonctions cognitives et les résultats des tests d'intelligence peuvent être améliorés par la supplémentation de l'alimentation en vitamines B_6 et B_{12}, et en acide folique (Goodwin *et al.*, 1983). La propriété ces substances de ralentir le déclin cognitif associé à l'âge doit encore être vérifiée. Chez les enfants, des suppléments en multivitamines améliorent la performance à une batterie de tests non verbaux (Benton, 1992). Cependant ces effets demeurent controversés et deux autres études n'ont pas confirmé l'influence positive des vitamines chez l'enfant (Crombie *et al.*, 1990 ; Nelson *et al.*, 1990).

Un facteur important dans l'interprétation de ces résultats est l'alimentation habituelle des volontaires. Une alimentation carencée en certains micronutriments peut entraîner une mauvaise performance de l'enfant à des tests de QI non verbal (Nelson, 1992). Des comparaisons faites entre pays développés et pays en développement confirment que la supplémentation produit des effets plus manifestes chez les enfants carencés que chez les enfants bien nourris.

2.2.5. *Alcool*

L'alcool produit des effets indiscutables sur les fonctions mentales. En général, la consommation d'alcool détériore la coordination psychomotrice, la perception et l'attention soutenue (Hindmarch *et al.*, 1991). Contrairement aux effets modestes des manipulations diététiques sur la cognition et le comportement, les effets de l'alcool sont facilement observables en aigu. L'augmentation de la dose entraîne une dégradation rapide de la coordination psychomotrice et de toutes les fonctions intellectuelles. Les effets chroniques de l'intoxication éthylique sont bien connus.

2.2.6. Caféine

Plusieurs études ont montré que l'usage de caféine mène à l'amélioration de nombreuses mesures de la performance cognitive, notamment la vitesse de réaction, la vigilance, la mémoire, l'acquisition de nouvelles informations et la coordination psychomotrice (par exemple Smith *et al.,* 1991, 1992, 1999). La caféine posséderait des propriétés cholinergiques. La caféine peut aussi améliorer l'attention sélective. Le niveau habituel d'ingestion de caféine module ces effets. Jarvis (1993) a mis en évidence un meilleur rappel verbal chez les gros consommateurs de caféine alors que Mitchell et Redman (1992) observent que les gros consommateurs de caféine sont moins performants que les utilisateurs modérés. Rogers *et al.* (1995) affirment que la vitesse de réaction n'est influencée par la caféine que chez les gros consommateurs de cette substance. Les personnes ayant une tendance aux comportements impulsifs réagissent plus favorablement à l'administration de caféine que les personnes non impulsives (Anderson et Revelle, 1982 ; Smith *et al.,* 1991).

3. Vigilance, humeur

Des comportements tels que le sommeil, l'activité, l'hyperactivité, de même que des changements d'humeur (tension, calme, somnolence, éveil, etc.) ont été étudiés dans le contexte des effets fonctionnels des aliments ou de leurs composants.

Les méthodes les plus souvent utilisées sont des listes d'adjectifs proposées aux volontaires au cours d'un test, ou encore des échelles analogiques visuelles. Les listes d'adjectifs comprennent un nombre variable de termes grâce auxquels le sujet peut décrire sont état émotionnel présent. Les dimensions de l'humeur sont couramment évaluées à l'aide d'échelles analogiques visuelles qui consistent en une droite dont les extrémités sont marquées de descripteurs d'un état émotionnel particulier (par exemple : « très en colère » et « pas du tout en colère »). Les volontaires indiquent en faisant une marque au crayon le long de cette ligne leur évaluation de leur état émotionnel présent.

Pour apprécier les effets sur le sommeil ou la vigilance, on interroge le volontaire sur la latence de l'endormissement, ses sensations subjectives de somnolence, de lassitude, ou d'autres dimensions approchantes, ou bien on utilise des mesures de performance exigeant de la vigilance ou une attention soutenue.

3.1. Nutriments et repas

Après quatre types de repas variant dans leurs proportions de glucides et de lipides, des volontaires ressentent dans chaque cas un effet de lassitude (Wells et Read, 1996). Au déjeuner, les protéines de même que les glucides induisent une certaine somnolence, mais l'effet est plus marqué si le repas est riche en glucides

(Rosenthal *et al.*, 1989 ; Spring *et al.*, 1983, 1987). Le matin, n'importe quel nutriment diminue le sentiment de fatigue chez les consommateurs qui prennent habituellement le petit déjeuner ; un petit déjeuner riche en glucides tendrait à réduire ce sentiment de fatigue moins qu'un petit déjeuner riche en protéines. Cependant, les différences ne sont pas universellement observées, et l'humeur comme la performance intellectuelle ne montre parfois aucun effet consécutif à l'ingestion de repas de composition différente.

Un déjeuner copieux favorise la somnolence au cours de l'après-midi. Cet effet peut être contré par l'administration de caféine. La somnolence de l'après-midi, un phénomène très gênant dans la vie moderne, est un domaine de recherche potentiellement très fructueux pour le développement d'aliments fonctionnels.

3.2. Tryptophane

Les effets du tryptophane sont bien connus et plusieurs revues bibliographiques y ont été consacrées (Hill et Blundell, 1988). Le sommeil et les sensations de fatigue sont affectés par le tryptophane. Chez l'enfant et chez l'adulte, le tryptophane raccourcit la latence de l'endormissement et exacerbe les sensations de somnolence ou de fatigue (Steinberg *et al.*, 1992).

Dans certains pays, des kits contenants des comprimés de tyrosine et de tryptophane sont commercialisés afin de combattre le décalage horaire. Ces substances pourraient aider les personnes qui franchissent rapidement plusieurs fuseaux horaires au cours de voyages aériens. La tyrosine étant un précurseur des catécholamines, un taux plasmatique augmenté de tyrosine pourrait stimuler la sécrétion de catécholamines, et de ce fait favoriser l'éveil, alors que le tryptophane facilite la somnolence. Si l'on prend de la tyrosine le matin et du tryptophane le soir, on pourrait du moins théoriquement accélérer la resynchronisation des rythmes biologiques après un changement brutal de fuseau horaire. Cependant, la vérification expérimentale de cet effet n'a toujours pas été produite (Waterhouse *et al.*, 1996).

3.3. Caféine

La caféine exerce des effets psychoactifs au niveau du système nerveux central (James, 1991 ; Nehlig *et al.*, 1992). Elle affecte puissamment la fonction d'éveil. À haute dose, elle peut entraîner de l'anxiété chez les sujets sensibles. La caféine réduit la fatique qui se développe chez les volontaires au cours de tests des capacités intellectuelles (Smith *et al.*, 1999).

Chez les consommateurs habituels de caféine, l'interruption des apports entraîne un syndrome de sevrage (Silverman *et al.*, 1992). Selon Richardson *et al.* (1995), après 13 heures de sevrage, certains volontaires habitués à la caféine ressentent de la somnolence et des sentiments de colère et de rejet, alors que d'autres personnes rapportent plutôt de la dysphorie et des céphalées. Plusieurs études confirment les sensations de fatigue accrue, somnolence, colère et sentiment de rejet après des sevrage de 24 heures ou moins, mais pas au-delà de 24 heures. Par conséquent, les effets d'une administration ponctuelle de caféine sont largement déterminés par la consommation récente de caféine (Rogers *et al.*, 1995). Il est donc difficile de savoir si les résultats expérimentaux observés après un sevrage nocturne de caféine depuis la veille représentent réellement des effets bénéfiques de la caféine ou bien la levée des conséquences négatives du sevrage.

3.4. Nutriments et dysphorie

Des changements d'humeur sont parfois attribués à l'ingestion de certains nutriments. Certaines personnes sensibles pourraient ainsi pratiquer l'automédication et ingérer délibérément des substances alimentaires pour combattre un état dysphorique caractérisé par la frustration, l'anxiété ou la dépression.

Il a été postulé que certains éléments de l'alimentation sont des agents étiologiques dans des formes variées de comportement dysfonctionnel et d'affect négatif (Christensen *et al.,* 1989). En particulier, les sucres simples ont été accusés de perturber l'humeur, le sommeil et la performance cognitive (Kruesi et Rapoport, 1986).

Cependant, il a été maintes fois rapporté qu'une relation existe entre un état de dysphorie, un sentiment de malaise ou de tristesse, et une attirance pour des aliments riches en sucres ou en amidons. Cet appétit spécifique pour les glucides (« carbohydrate craving » selon Lieberman *et al.,* 1986 ; Wurtman, 1984) concorde avec l'observation que l'attirance pour les aliments riches en glucides augmente durant les périodes de dépression (Fernstrom *et al.,* 1987) et avec des résultats indiquant que le tonus (Thayer, 1987) et l'humeur (Lieberman *et al.,* 1986 ; Wurtman, 1984) sont améliorés après ingestion de glucides. D'autres circonstances sont associées à la fois à la dysphorie et à une augmentation de la consommation de glucides : le syndrome prémenstruel (Wurtman *et al.,* 1989), les crises de boulimie (Rosenthal et Hefferman, 1986), le syndrome de dépression saisonnière (Rosenthal *et al.,* 1989) et la dépression atypique (Wallin et Rissanen, 1994). Le sentiment de fatique associé à l'hypoglycémie pourrait favoriser la dysphorie (McVrimmon *et al.,* 1999). Paradoxalement, les améliorations de l'humeur entraînées par l'ingestion de glucides, ou par celle d'alcool (Lloyd et Rogers, 1995) et sans doute aussi par celle de drogues, sont souvent suivies par des périodes prolongées d'angoisse, de fatigue et de dépression (Milgram 1990 ; Thayer, 1987).

Une étude a montré que chez des amateurs de chocolat, l'amélioration de l'humeur qui suit l'ingestion est de très courte durée. Dans un second temps, les volontaires ressentent des sentiments de culpabilité. Ces sentiments d'euphorie et de culpabilité ne sont pas ressentis par des témoins non amateurs de chocolat (Macdiarmid et Hetherington, 1995). Cette observation, de même que les faibles doses de produits potentiellement psychoactifs ingérés avec le chocolat, suggèrent que ce sont des facteurs sensoriels, et non pas pharmacologiques, qui expliquent les émotions suscitées par le chocolat chez les amateurs (Michener et Rozin, 1984 ; Zellner *et al.,* 1999).

3.5. Activité neurochimique centrale et humeur

On explique les relations possibles entre alimentation et humeur par une hypothèse sérotoninergique dont nous avons déjà parlé plus haut (Fernstrom et Wurtman, 1972 ; Fernstrom, 1994). Un même déséquilibre sérotoninergique central serait à l'origine des troubles de l'humeur et des troubles des comportements alimentaires. Il est exact que la carence en tryptophane chez l'homme peut induire une dysphorie modérée (Young *et al.,* 1985). Cependant, le rôle potentiel d'apports insuffisants en tryptophane alimentaire est controversé. Il se peut que cet effet n'apparaisse que chez des personnes vulnérables avec une histoire familiale présentant des troubles affectifs majeurs sur plusieurs générations (Benkelfat *et al.*, 1994).

Les glucides alimentaires peuvent améliorer la dysphorie (Lieberman *et al.*, 1986 ; Wurtman *et al.*, 1989), encore que l'effet ne soit pas infaillible (Reid et Hammersley, 1995). Comme nous l'avons vu plus haut, un repas riche en glucides, comparé à un repas riche en protéines, peut modifier significativement le rapport tryptophane/GAAN ; cependant même quand cet effet se produit, l'amélioration de l'humeur reste incertaine (Christensen et Redig, 1993 ; Deijen *et al.*, 1989 ; Goodwin *et al.*, 1987 ; Schweiger *et al.*, 1986). Dans bien des cas, il demeure possible que l'influence des manipulations diététiques sur le rapport tryptophane/GAAN soit trop modeste pour agir significativement sur les fonctions sérotoninergiques cérébrales (Young, 1991).

Il y a vingt ans, les grands amateurs de sucré suscitaient beaucoup d'intérêt chez les chercheurs qui croyaient voir chez eux la dépravation d'un mécanisme normal. Or les études ont beaucoup relativisé cet intérêt. Même chez des personnes qui affirment être des « becs sucrés », il n'existe pas de preuve que l'alimentation soit effectivement composée de beaucoup de glucides et de peu de protéines (Schlundt *et al.*, 1993). Les aliments préférés par ces personnes sont le plus souvent le chocolat, les glaces, les desserts, etc., produits qui comptent plus de calories d'origine lipidique que de calories d'origine glucidique. Aujourd'hui, l'existence d'une population clinique dont les ingesta glucidiques très élevés seraient susceptibles de causer des problèmes nutritionnels et comportementaux est très contestée. Une étude française n'a trouvé personne répondant au profil classique du « carbohydrate craver » (Basdevant *et al.*, 1993).

L'abus d'alcool pourrait résulter d'une activité sérotoninergique anormale chez certaines personnes, et l'alcool absorbé pourrait agir en mimant les effets sérotoninergiques centraux. Cette hypothèse qui demeure spéculative mérite d'être approfondie (Adams *et al.*, 1995).

Des carences vitaminiques sont parfois impliquées dans des états psychiatriques comme la psychose et la dépression. Le pellagre qui résulte d'une carence grave en niacine en est l'exemple classique (Lipton et Kane, 1983). La carence en folates est caractérisée par un niveau insuffisant de leur précurseur métabolique, la S-adénylméthionine. Les effets antidépresseurs avérés de la S-adénylméthionine pourraient résulter d'une augmentation de la sérotonine cérébrale ; inversement la carence en folates pourrait être impliquée dans des épisodes dépressifs (Young, 1993). En dehors d'une carence franche, il n'existe aucune preuve que la supplémentation en vitamines améliore l'humeur (Kruesi et Rapoport, 1986).

Une relation existe entre la consommation de plusieurs aliments et l'activité des opiacés endogènes dans le système nerveux central. L'ingestion orale d'un repas et la stimulation des fonctions gastriques subséquentes sont associées à une augmentation des taux de β-endorphines chez l'homme (Matsumura *et al.*, 1982). Les endorphines, substances qui jouent un rôle dans la nociception et le plaisir, pourraient donc être augmentées durant la période postprandiale (Dum *et al.*, 1983 ; Roane et Martin, 1990). La consommation alimentaire pourrait devenir un moyen de moduler la perception de la douleur.

Les travaux réalisés jusqu'à présent à ce sujet demeurent discordants. Chez l'animal, plusieurs travaux ont confirmé les relations entre aliments agréables, activité des β-endorphines et tolérance à la douleur (Blass *et al.*, 1987 ; Blass et Fitzgerald, 1988 ; Ramzan *et al.*, 1993). Chez l'homme, les tentatives de reproduire les effets euphorisants, anti-nociceptifs, d'une sécrétion d'endorphines consécutive à la consommation d'un repas agréable sont restées décevantes (Melchior *et al.*, 1991 ; Mercer et Holder, 1997).

4. *Sécurité alimentaire*

Qu'il s'agisse d'un additif ou d'un substitut alimentaire, une surveillance continue est essentielle afin d'identifier rapidement des effets toxiques potentiels, spécialement lorsque la consommation devient chronique et les effets cumulatifs. Certaines populations (les jeunes, les personnes âgées, les malades, etc.) ont des besoins nutritionnels particuliers et méritent une considération spéciale.

4.1. Tryptophane

Une personne qui consomme environ 100 g de protéines par jour ingère à peu près 0,8 g de tryptophane. Une dose quotidienne de 3 g environ de L-tryptophane peut être absorbée sans effets nocifs (Anderson et Raiten, 1992). La dose acceptable de D-tryptophane n'est pas connue.

4.2. Caféine

Les données dont nous disposons indiquent que les effets potentiellement nocifs de la caféine sont négligeables, même chez l'enfant nouveau-né, tant que les concentrations plasmatiques demeurent au dessous de 20 µg/ml. Chez l'adulte, 250 mg/j (c'est-à-dire 2,5 tasses de café) sont une dose parfaitement inoffensive, qui peut être augmentée jusqu'à 350 mg/j avec quelques effets mineurs. La toxicité aiguë commence quand la concentration plasmatique atteint 30-50 µg/ml (Stavric, 1988) et la consommation quotidienne de caféine peut représenter jusqu'à 500 mg sans effet secondaire majeur (Debry, 1989). Des recherches futures pourraient explorer les effets à long terme d'une consommation habituellement élevée de caféine, en particulier sur l'hypertension et l'ostéoporose.

4.3. Exhausteurs de goût et substituts des macronutriments

L'innocuité des édulcorants de synthèse disponibles dans le commerce a été longtemps un sujet d'inquiétude. Par conséquent, elle a été vérifiée très rigoureusement et il n'existe aujourd'hui aucune preuve que ces produits pourraient entraîner un risque pour la santé (Walker, 1995). La plupart des substituts des matières grasses sont tirés de sources non-synthétiques comme la gomme de guar, les fibres solubles, et les protéines alimentaires, et ces substances sont considérées comme inoffensives. Les exhausteurs de goût, comme le glutamate monosodé, sont utilisés quotidiennement en toutes petites quantités qui constituent des apports infimes en comparaison des teneurs importantes de glutamate des aliments courants. L'acide glutamique est une substance dont la toxicité est minimale et les apports acceptables quotidiens de cette substances sont « non spécifiés » (WHO, 1987).

4.4. Hyperactivité

Selon l'Association de psychiatrie américaine (APA, 1994), l'hyperactivité, ou plus précisément un trouble constitué d'hyperactivité motrice et d'un déficit d'attention, est une pathologie observée surtout chez l'enfant, et davantage chez le garçon que chez la fille. Des hypothèses suggèrent que l'hyperactivité de l'enfant puisse être causée ou bien par la consommation de sucre, ou bien par les additifs alimentaires.

4.4.1. Hyperactivité et consommation de sucre

De nouveau, il existe ici une discordance entre les résultats d'études expérimentales réalisées en laboratoire et ceux d'études réalisées sur le terrain. Quelques protocoles d'interventions nutritionnelles suggèrent que les symptômes d'hyperactivité chez l'enfant pourraient être diminués lorsque le sucré est éliminé de l'alimentation, et réactivés lorsque le sucre est de nouveau consommé (Crook, 1974 ; Rapp, 1978). Cependant ces études souffrent de problèmes méthodologiques graves, dont l'absence de groupe-témoin ou d'intervention en double aveugle. Leurs résultats ne sont donc pas entièrement convaincants.

D'autres études réalisées sur le terrain appuient l'hypothèse que le sucre joue un certain rôle dans l'hyperactivité. Des comportements destructeurs ou d'agitation ont été comparés dans un groupe de 26 enfants hyperactifs et dans un groupe témoin (Printz *et al.,* 1980). Chez les enfants hyperactifs, une corrélation entre la consommation de saccharose et les comportements destructeurs a été mise en évidence. Une corrélation entre activité et consommation de sucre est apparue également dans le groupe témoin. Dans l'étude de Wolraich *et al.* (1986), la proportion de saccharose dans la ration énergétique totale était associée à un niveau d'activité élevé, des distractions et des pertes d'attention. Lorsque des garçons d'âge préscolaire sont regroupés en fonction de leur consommation spontanée de sucre, il apparaît que ceux qui en consomment le plus sont moins capables d'attention soutenue que les autres (Prinz et Riddle, 1986).

Malgré ces indices, la majorité des études expérimentales réalisées en laboratoire ne confirme pas l'idée que le saccharose joue un rôle dans l'activité ou l'hyperactivité. Les études qui comparent les effets d'une consommation de sucre ou d'un placebo (souvent de la saccharine ou de l'aspartame) ne mettent en évidence aucune différence pour diverses mesures comme l'activité, l'impulsivité ou le mouvement physique (Ferguson *et al.,* 1986 ; Roshon et Hagen, 1989 ; Wolraich *et al.,* 1985). Aucune différence comportementale ne fut relevée après consommation de sucre ou de placebo même chez des enfants montrant un déficit d'attention (Mahan *et al.,* 1988 ; Wender et Solanto, 1991). Quelques études ont même rapporté une baisse de l'activité après consommation de saccharose ou de glucose (Behar *et al.,* 1984 ; Savaris *et al.,* 1990). Malgré quelques résultats isolés montrant une augmentation de l'activité après des doses massives de saccharose (Rosen *et al.,* 1988), les données expérimentales dans leur ensemble n'appuient pas l'idée d'un rôle causal du sucre dans l'étiologie de l'hyperactivité. Une causalité inverse peut même être envisagée :

les enfants très actifs ont plus besoin d'énergie et donc de quantités de sucre plus importantes que les enfants sédentaires (Deheeger *et al.*, 1997).

4.4.2. Hyperactivité et additifs alimentaires

Les différents additifs alimentaires, tels que les arômes artificiels, les colorants et les agents de conservation pourraient entraîner une réaction excessive chez certains enfants, qui se manifesterait par l'hyperactivité (Feingold, 1981). Cette hypothèse a conduit son auteur a élaborer un régime, appelé « le régime Feingold », qui élimine tout additif alimentaire. Après cinq jours sous régime Feingold, 20 enfants hyperactifs et 20 témoins non hyperactifs participèrent à une série de tests d'apprentissage (Swanson et Kinsbourne, 1980). Le matin de chaque jour de test, les enfants avalaient une capsule contenant soit des colorants alimentaires soit un placebo inactif. La performance aux tests était affectée uniquement chez les enfants hyperactifs ayant reçu une dose de colorants alimentaires. Cependant une dose très massive était administrée, ce qui rend l'expérience très différente des conditions alimentaires normales. De plus, on ne sait pas si cette expérience a été conduite dans des conditions respectant le double insu (Logue, 1991). Après plusieurs mois de régime Feingold, 22 enfants hyperactifs ont reçu en double aveugle des doses de colorants alimentaires ou de placebo. Seuls deux de ces enfants ont manifesté des changements de comportements identifiables par leurs mères à la suite de l'administration de colorants alimentaires (Weiss *et al.*, 1980). Dans l'ensemble, les démonstrations scientifiques ne permettent donc pas de confirmer l'hypothèse de Feingold (Kolata, 1982 ; Logue, 1991).

Conclusions

La revue bibliographique présentée dans ce chapitre confirme que, dans certaines circonstances, certains aliments ou leurs constituants peuvent influencer les processus cognitifs ou affectifs qui commandent le comportement humain. Démontrer un lien entre l'alimentation et le comportement demeure une tâche extrêmement complexe. Les résultats obtenus dans un contexte scientifique sont très difficiles à généraliser dans la vie de tous les jours et leur diffusion dans les médias tend à leur donner une importance démesurée. Le public en retire une impression de confusion et de frustration.

Rappelons que les liens potentiels entre alimentation et comportements ou manifestations du fonctionnement mental (par exemple sensations de faim ou de satiété, humeur, cognitions, performance, nociception, etc.) doivent être confirmés par l'expérimentation. Les hypothèses émises doivent être étayées par des données valides, établies par des protocoles scientifiques rigoureux. L'établissement de relations dose/réponse et l'observation de la cinétique des effets observés méritent une attention particulière.

Seuls des produits alimentaires parfaitement inoffensifs doivent être proposés pour modifier le comportement ou le fonctionnement mental. Les ingrédients utilisés ne doivent avoir que des effets favorables et le régime alimentaire obtenu après modifications doit demeurer conforme aux recommandations nutritionnelles. La consommation maximale d'une substance et les risques de surdosage associés doivent être estimés. Les effets à long terme doivent être pesés aussi bien que les effets immédiats.

Dans ce contexte de prudence, la notion d'aliments fonctionnels, susceptibles de modifier favorablement l'appétit, la satiété, la performance mentale ou l'humeur, peut se développer et acquérir une image positive auprès des consommateurs. Les industriels, et surtout la publicité, devront manier ce concept de façon responsable et raisonnable, car des promesses inconsidérées auraient vite fait de jeter un doute généralisé sur l'ensemble des allégations fonctionnelles.

Références bibliographiques

Adams WR, Kiefer SW, Badia-Elder N (1995). Tryptophan deficiency and alcohol consumption in rats as a model for disadvantaged human populations: A preliminary study. *Med Anthropol*, **16** : 175-191.

American Psychiatric Association (1994). *Diagnostic and Statistical Manual of Mental Disorders. Fourth Edition. DSM-IV*. American Psychiatric Association, Washington.

Anderson KJ, Revelle W (1982). Impulsivity, caffeine and proof-reading: A test of the Easterbrook hypothesis. *J Exper Psychol: Hum Percep Perf*, **8** : 614-624.

Anderson SA, Raiten DJ (1992). Safety of amino acids used as dietary supplements. *Report prepared for the Food and Drug Administration*, FDA, Washington.

Bartus RT, Dean RL, Beer B, Lippa AS (1982). The cholinergic hypothesis of geriatric memory dysfunction. *Science*, **216** : 408-417.

Basdevant A, Craplet C, Guy-Grand B (1993). Snacking patterns in obese French women. *Appetite*, **21** : 17-23.

Beaton GH, Tarasuk V, Anderson GH (1992). Estimation of possible impact of non caloric fat and carbohydrate substitutes on macronutrient intake in the human. *Appetite*, **19** : 87-103.

Behar D, Rapaport JL, Adams AA *et al.* (1984). Sugar challenge testing with children considered behaviourally « sugar reactive ». *Nutrit Behav*, **1** : 277-288.

Bellisle F, Dalix AM, Chappuis F *et al.* (1996) Monosodium glutamate affects meal-time food selection in diabetic patients. *Appetite*, **26** : 267-276.

Bellisle F, Perez C (1994). Low-energy substitutes for sugars and fats in the human diet: Impact on nutritional regulation. *Neurosci Biobehav Rev* **18** : 197-205.

Benkelfat C, Ellenbogen MA, Palmour RM, Young SN (1994). Mood-lowering effect of tryptophan depletion: Enhanced susceptibility in young men at genetic risk for major affective disorders. *Arch Gen Psychi*, **51** : 687-697.

Benton D (1992). Vitamin-mineral supplements and intelligence. *Proc Nutr Soc*, **51** : 295-302.

Benton D, Owens D (1993). Blood glucose and human memory. *Psychopharmacol*, **113** : 83-88.

Benton D, Sargent J (1992). Breakfast blood glucose and memory. *Biol Psychol*, **33** : 207-210.

Blass E, Fitzgerald E (1988). Milk-induced analgesia and comforting in 10-day-old rats: Opioid mediation. *Pharmacol Biochem Behav*, **29** : 9-13.

Blass E, Fitzgerald E, Kehoe P (1987). Interactions between sucrose, pain and isolation distress. *Pharmacol Biochem Behav*, **26** : 483-489.

Blundell JE, Burley VJ (1992). Evaluation of the satiating power of dietary fat in man. *In*: Oomura Y, Baba S, Shimazu T. *Progress in Obesity Research*. Libbey, Londres, 543-547.

Blundell JE, Burley VJ, Rolls BJ, Peters JC (1991). Simultaneous replication validates an effect of olestra on the pattern of eating. *Int J Obes,* **15** : 9.

Blundell JE, Green SM (1996). Effect of sucrose and sweeteners on appetite and energy intake. *Int J Obes*, **20** (Suppl 2) : S12-S17.

Blundell JE, Hill AJ (1986). Paradoxical effects of an intense sweetener (aspartane) on appetite. *Lancet*, **1** : 1092-1093.

Booth DA (1991). Are low-calorie substitutes compensated? *Appetite*, **17** : 159-62.

Booth DA, Lee M, McAleavey C (1976). Acquired sensory control of satiation in man. *Brit J Psychol*, **67** : 137-147.

Christensen L, Krietsch K, White B (1989). Development, cross-validation, and assessment of the reliability of the Christensen Dietary Distress Inventory. *Can J Behav Sci*, **21** : 1-15.

Christensen L, Redig C (1993). Effect of meal composition on mood. *Behav Neurosci*, **107** : 346-353.

Colditz GA, Giovannucci E, Rimm EB *et al.* (1991). Alcohol intake in relation to diet and obesity among women and men. *Am J Clin Nutr,* **54** : 1701-1707.

Crombie IK, Todman J, McNeill G *et al.* (1990). Effect of vitamin and mineral supplementation on verbal and non-verbal reasoning of schoolchildren. *Lancet*, **311** : 744-747.

Crook WG (1974). An alternative method of managing the hyperactive child. *Paediatrics*, **54** : 656.

de Castro JM (1987). Macronutrient relationships with meal patterns and mood in the spontaneous feeding behaviour of humans. *Physiol Behav,* **39** : 561-569.

de Castro JM, de Castro ES (1989). Spontaneous meal patterns in humans: Influence of the presence of other people. *Am J Clin Nutr*, **50** : 237-47.

de Graaf C, Hulshof T, Weststrate JA, Jas P (1992). Short-term effects of different amounts of protein, fats and carbohydrates on satiety. *Am J Clin Nutr*, **55** : 33-38.

Debry G (1989). *Le café, sa composition, sa consommation, ses incidences sur la santé.* Centre de Nutrition Humaine, Nancy.

Deheeger M, Rolland-Cachera MF, Fontvieille AM (1997). Physical activity and body composition in 10-year-old French children: linkages with nutritional intake? *Int J Obes*, **21** : 372-379.

Deijen JM, Heemstra M, Orlebeke JF (1989). Dietary effects on mood and performance. *J Psych Res*, **23** : 275-283.

Drewnowski A (1990). Dietary fats: Perceptions and preferences. *J Am Coll Nutr*, **4** : 431-435.

Dum J, Gramsch C, Ferz A (1983). Activation of hypothalamic b-endorphin pools by reward induced by highly palatable food. *Pharmacol Biochem Behav*, **18** : 443-447.

Feingold BF (1981). Dietary management of behavior and learning disabilities. *In*: Miller SA. *Nutrition and Behavior*. Franklin Institute, Philadelphia.

Ferguson HB, Stoddart C, Simeon PG (1986). Double blind challenge studies of behavioural and cognitive effects of sucrose-aspartame ingestion in normal children. *Nutr Rev*, **44** (Suppl.) : 144-150.

Fernstrom J (1994). The effect of dietary macronutrients on brain serotonin formation. *In*: Fernstrom JD, Miller GD. *Appetite and Body Weight Regulation*. CRC Press, Inc., Boca Raton, 51-62.

Fernstrom MH, Krowinski RL, Kupfer DJ (1987). Appetite and food preference in depression: Effects of imipramine treatment. *Biolog Psych*, **22** : 529-539.

Fernstrom JD, Wurtman RJ (1972). Brain serotonin content: physiological dependence on plasma trytophan levels. *Science*, **173** : 149-151.

Goodwin GM, Fairburn CG, Cowen PJ (1987). Dieting changes serotonergic function in women, not men: implications for the aetiology of anorexia nervosa? *Psychol Med*, **17** : 839-842.

Goodwin JS, Goodwin JM, Garry PJ (1983). Association between nutritional status and cognitive functioning in a healthy elderly population. *JAMA*, **249** (21) : 2917-2921.

Greenwood CE, Winokur G (1996). Learning and memory impairment in rats fed a high saturated fat diet. *Behav Neural Biol*, **53** : 74-87.

Gross M (1984). Effect of sucrose on hyperkinetic children. *Paediatrics*, **74** : 876-878.

Hill AJ, Blundell JE (1988). Role of amino acids in appetite control in man. *In*: Huether G. *Amino Acids in Health and Disease*, 239-248.

Hindmarch I, Kerr JS, Sherwood N (1991). The effects of alcohol and other drugs on psychomotor performance and cognitive function. *AlcoholAlcoholism*, **26** : 71-79.

James JE (1991). *Caffeine and Health*. Academic Press, Londres.

Jarvis MJ (1993). Does caffeine intake enhance absolute levels of cognitive performance? *Psychopharmacol*, **110** : 45-52.

Kanarek RB, Swinney D (1990). Effects of food snacks on cognitive performance in male college students. *Appetite*, **14** : 15-27.

Kelly TH, Foltin RW, Rolls BJ, Fischman MW (1994). Effect of meal macronutrient and energy content on human performance. *Appetite*, **23** : 97-111.

Kolata G (1982). Consensus on diets and hyperactivity. *Science*, **215** : 958.

Kruesi MJP, Rapoport JL (1986). Diet and human behavior: How much do they affect each other? *Ann Rev Nutr*, **6** : 113-30.

Lieberman H, Corkin S, Spring B (1983). Mood, performance and sensitivity: Changes induced by food constituents. *J Psych Res*, **17** : 135-145.

Lieberman HR, Spring B, Garfield GS (1986). The behavioral effects of food constituents: strategies used in studies of amino acids, protein, carbohydrates and caffeine. *Nutr Rev*, **44** (Suppl.) : 61-69.

Lipton MA, Kane FJ (1983). Psychiatry. *In:* Scheider HA, Anderson CE, Coursin D. *Nutritional Support of Medical Practice*, 2nd Ed. Harper & Row, Philadelphia, 562-580.

Lloyd HM, Green MW, Rogers PJ (1994). Mood and cognitive performance effects of isocaloric lunches differing in fat and carbohydrate content. *Physiol Behav*, **56** : 51-57.

Lloyd HM, Rogers PJ (1995). Mood and cognitive performance improved by low dose of alcohol administered double blind. *Appetite*, **24** : 280.

Lloyd HM, Rogers PJ, Hedderley DI (1996). Acute effects on mood and cognitive performance of breakfasts differing in fat and carbohydrate content. *Appetite*, **27** : 151-164.

Logue AW (1991). *The psychology of eating and drinking. An introduction* (2nd Ed.) WH Freeman, New York.

Louis-Sylvestre J, Tournier A, Verger P (1987). Learned caloric adjustment of human intake. *Appetite*, **12** : 95-103.

Macdiarmid RI, Hetherington MM (1995). Mood modulation by food: An exploration of affect and cravings in "chocolate addicts". *Brit J Psychol*, **34** : 129-38.

Mahan LK, Chase M, Furukawa CT *et al.* (1988). Sugar "allergy" and children's behaviour. *Ann Allergy*, **61** : 453-458.

Martin PY, Benton D (1999). The influence of a glucose drink on a demanding working memory task. *Physiol Behav*, **67** : 69-74.

Matsumura M, Fukuda N, Saito S, Mori H (1982) Effect of a test meal, duodenal acidification, and tetragastrin on the plasma concentration of b-endorphin-like immunoreactivity in man. *Regulatory Peptides*, **4** : 173-181.

McCrimmon RJ, Frier BM, Deary IJ (1999). Appraisal of mood and personality during hypoglycaemia in human subjects. *Physiol Behav*, **67** : 27-33.

Melchior JC, Fantino M, Colas-Linhart N *et al.* (1991). Lack of plasmatic beta-endorphin response to a gastronomic meal in healthy humans. *Physiol Behav*, **49** : 1217-1221.

Mercer ME, Holder MD (1997). Antinociceptive effects of palatable sweet ingesta on human responsivity to pressure pain. *Physiol Behav*, **61** : 311-318.

Michener W, Rozin P (1994). Pharmacological versus sensory factors in the satiation of chocolate craving. *Physiol Behav*, **56** : 419-422.

Milgram GG (1990). The Facts About Drinking: Coping With Alcohol Use, Abuse, and Excessive Drinking. Consumers Union, New York.

Mitchell PJ, Redman JR (1992). Effects of caffeine, time of day and user history on study-related performance. *Psychopharmacol*, **109** : 121-126.

Nehlig A, Daval JL, Debry G (1992). Caffeine and the central nervous system: mechanisms of action, biochemical, metabolic and psychostimulant effects. *Brain Res Rev*, **17** : 139-170.

Nelson M (1992). Vitamin and mineral supplementation and academic performance in schoolchildren. *Proc Nutr Soc*, **51** : 303-313.

Nelson M, Naiswith DJ, Burley *et al.* (1990). Nutrient intakes, vitamin-mineral supplementation and intelligence in British schoolchildren. *Br J Clin Nutr*, **64** : 13-22.

Okiyama A, Beauchamp GK (1998). Taste dimensions of monosodium glutamate (MSG) in a food system: role of glutamate in young American subjects. *Physiol Behav*, **65** : 177-181.

Prewitt TE, Schmeisser D, Bowen PE *et al.* (1991). Changes in body weight, body composition, and energy intake in women fed high- and low-fat diets. *Am J Clin Nutr*, **54** : 304-310.

Prinz RJ, Riddle DB (1986). Association between nutrition and behaviour. *Nutr Rev*, **44** (Suppl.) : 151-158.

Prinz RJ, Roberts WA, Hantman E (1980). Dietary correlates of hyperactive behaviour in children. *J Consult Clin Psychol,* **47** : 760-769.

Ramzan I, Wong BK, Corcoran GB (1993). Pain sensitivity in dietary-induced obese rats. *Physiol Behav*, **54** : 433-435.

Rapp DJ (1978). Does diet affect hyperactivity? *Learn Disabilities*, **11** : 383-389.

Reid M, Hammersley R (1995). Effect of carbohydrate intake on subsequent food intake and mood state. *Physiol Behav*, **8** : 421-427.

Richardson NJ, Rogers PJ, Elliman NA, O'Dell RJ (1995). Mood and performance effects of caffeine in relation to acute and chronic caffeine deprivation. *Pharmacol Biochem Behav*, **52** : 313-320.

Rissanen A, Sarlio-Lahteenkorva S, Alfthan G *et al.* (1987). Employed problem drinkers: a nutritional risk group ? *Am J Clin Nutr*, **45** : 456-461.

Roane DS, Martin RJ (1990). Continuous sucrose feeding decreases pain threshold and increases morphine potency. *Pharmacol Biochem Behav*, **35** : 225-229.

Rogers PJ (1995). Food, mood and appetite. *Nutri Res Rev*, **8** : 243-269.

Rogers PJ, Richardson NJ, Dernoncourt C (1995). Caffeine use: is there a net benefit for mood and psychomotor performance. *Neuropsychobiol*, **31** : 195-199.

Rolls BJ (1991). Effects of intense sweeteners on hunger, food intake, and body weight: A review. *Am J Clin Nutr*, **53** : 872-878.

Rolls BJ, Hammer VA (1995). Fat, carbohydrate, and the regulation of energy intake. *Am J Clin Nutr*, **62** : 1086S-1095S

Rolls BJ, Rolls ET, Rowe EA, Sweeney K (1981). Sensory specific satiety in man. *Physiol Behav*, **27** : 132-142.

Rolls ET, Rolls JH (1997). Olfactory sensory-specific satiety in humans. *Physiol Behav*, **61** : 461-473.

Rosen LA, Booth SR, Bender ME *et al.* (1988). Effects of sugar (sucrose) on children's behaviour. *J Consult Clin Psychol*, **56** : 583-589.

Rosenthal NE, Genhart MJ, Caballero B *et al.* (1989). Psychobiological effects of carbohydrate- and protein-rich meals in patients with seasonal affective disorder and normal controls. *Biol Psych*, **25** : 1029-1040.

Rosenthal NE, Hefferman MM (1986). Bulimia, carbohydrate craving, and depression: A central connection. *In:* Wurtman RJ, Wurtman JJ. *Nutrition and the Brain*, **7**. Raven Press, New York, 139-166.

Roshon MS, Hagen RL (1989). Sugar consumption, locomotion, task orientation, and learning in preschool children. *J Abn Child Psychol*, **17** : 349-357.

Saravis S, Schachar R, Zlotkin S *et al.* (1990). Aspartame: effects on learning, behaviour and mood. *Paediatrics*, **86** : 85-83.

Schlundt DG, Virts KL, Sbrocco T *et al.* (1993). A sequential behavioral analysis of craving sweets in obese women. *Addict Behav*, **18** : 67-80.

Schweiger, U., Laessle, R.G., Kittl, S *et al.* (1986). Macronutrient intake, plasma large neutral amino acids and mood during weight-reducing diets. *J Neural Transmission*, **67** : 77-86.

Silverman K, Evans SM, Strain EC, Griffiths RR (1992). Withdrawal syndrome after double-blind cessation of caffeine consumption. *N Engl J Med*, **327** : 1109-1114.

Smith AP, Clark R, Gallagher J (1999). Breakfast cereal and caffeinated coffee: Effects on working memory, attention, mood, and cardiovascular function. *Physiol Behav*, **67** : 9-17.

Smith AP, Kendrick A, Maben AL (1992). Use and effects of food and drinks in relation to daily rhythms of mood and cognitive performance. Effects of caffeine, lunch and alcohol on human performance, mood and cardiovascular function. *Proc Nutr Soc*, **51** : 325-33.

Smith AP, Kendrick A, Maben A, Salmon J (1994 a). Effects of breakfast and caffeine on cognitive performance, mood and cardiovascular functioning. *Appetite*, **22** : 39-55.

Smith AP, Maben A, Brockman P (1994 b). Effects of evening meals and caffeine on cognitive performance, mood and cardiovascular functioning. *Appetite*, **22** : 57-65.

Smith AP, Miles C (1986). The effects of lunch on cognitive vigilance tasks. *Ergonomics*, **29** : 1251-61.

Smith AP, Miles C (1987). The combined effects of occupational health hazards: an experimental investigation of the effects of noise, nightwork and meals. *Int Arch Occup Envir Health*, **59** : 83-89.

Smith AP, Rusted JM, Savory M *et al.* (1991). The effects of caffeine, impulsivity and time of day on performance, mood, and cardiovascular function. *J Psychopharmacol*, **5** : 120-128.

Specter SE, Bellisle F, Hémery-Véron S *et al.* (1998). Reducing ice cream energy density does not condition decreased acceptance or engender compensation following repeated exposure. *Eur J Clin Nutr*, **52** : 703-710.

Spring B, Chiodo J, Bowen DJ (1987). Carbohydrates, tryptophan, and behavior: a methodological review. *Psychol Bull*, **102** : 234-256.

Spring B, Maller O, Wurtman J *et al.* (1983). Effects of protein and carbohydrate meals on mood and performance: Interactions with sex and age. *J Psych Res*, **17,** 155-167.

Stavric B (1988). Methylxanthines: Toxicity to humans. 2. Caffeine. *Fd Chem Toxicol*, **26** : 645-662.

Steinberg LA, O Connell NC, Hatch TF *et al.* (1992). Tryptophan intake influences infants'sleep latency. *J Nutr*, **122** : 1781-1791.

Stewart MA (1970). Hyperactive Children. *Scient Amer*, **222** : 94-99.

Stubbs RJ (1995). Macronutrient effects on appetite. *Int J Obes*, **19** : S11-S19.

Swanson JM, Kinsbourne M (1980). Food dyes impair performance of hyperactive children on a laboratory learning test. *Science*, **207** : 1485-1487.

Teff KL, Young SN, Marchand L, Botez MI (1989). Acute effect of protein or carbohydrate breakfasts on human cerebrospinal fluid monoamine precursor and metabolite levels. *J Neurochem*, **52** : 235-241.

Thayer RE (1987). Energy, tiredness, and tension effects of a sugar snack versus modest exercise. *J Pers Soc Psychol*, **52** : 119-125.

Tremblay A, Saint-Pierre S (1996). The hyperphagic effect of a high-fat diet and alcohol intake persists after control for energy density. *Am J Clin Nutr*, **63** : 479-482.

Tuttle WW, Daum K, Larsen R *et al.* (1954). Effect on schoolboys of omitting breakfast: physiologic responses, attitudes and scholastic attainments. *JADA*, **30** : 674-677.

Vaisman N, Voet H, Akivis A, Vakil E (1996). Effect of breakfast timing on the cognitive functions of elementary school students. *Arch Pediatr Adolesc Med*, **150** : 1089-1092.

Walker R (1995). The safety of light foods. *In*: Leathwood PD, Louis-Sylvestre J, Mareschi J-P. *Light Foods*. ILSI Press, Bruxelles, 87-94.

Wallin MS, Rissanen AN (1994). Food and mood: Relationship between food, serotonin, and affective disorders. *Acta Psychiatr Scand*, **377** : 36-70.

Waterhouse J, Minors D, Atkinson G, Benton D (1996). Chronobiology and mealtimes: internal and external factors. *Br J Nutr*, **77** (Suppl. 1) : S29- S38.

Weiss B, Williams JH, Margen S *et al.* (1980). Behavioral responses to artificial food colors. *Science*, **207** : 1487-1489.

Wells AS, Read NW (1996). Influences of fat, energy and time of day on mood and performance. *Physiol Behav*, **59** : 1069-1076.

Wender EH, Solanto MV (1991). Effects of sugar on aggressive and inattentive behaviour in children with attention deficit disorder upon identification of targets in a non-search task. *Percept Psychophysiol*, **16** : 143-149.

World Health Organisation (WHO). *Evaluation of certain food additives and contaminants.* 1987 Technical Report Series 759, Genève.

Wolraich M, Milich R, Stumbo P, Schutz F (1985). Effects of sucrose ingestion on the behaviour of hyperactive boys. *J Pediatrics*, **106** : 675-682.

Wolraich M, Stumbo P, Milich R *et al.* (1986). Dietary characteristics of hyperactive and control boys and their behavioural correlates. *JADA*, **86** : 500-504.

Wurtman JJ (1984). The involvement of brain serotonin in excessive carbohydrate snacking by obese carbohydrate cravers. *JADA*, **84** : 1004-1007.

Wurtman JJ, Brzezinski A, Wurtman RJ, Laferrere B (1989). Effect of nutrient intake on premenstrual depression. *Am J Obstet Gynecol*, **161** : 1228-1235.

Yamaguchi S (1991). Basic properties of Umami and effects on humans. *Physiol Behav*, **49** : 833-841.

Yamaguchi S (1987). Fundamental properties of Umami in human taste perception. *In*: Kawamura Y, Kare MT. *Umami: A Basic Taste.* Marcel Dekker, New York, 41-73.

Young SN (1993). The use of diet and dietary compounds in the study of factors controlling affect in humans. *J Psychi Neurosc*, **18** : 235-244.

Young SN (1991). Some effects of dietary components (amino acids, carbohydrate, folic acid) on brain serotonin synthesis, mood, and behaviour. *Can J Physiol Pharmacol*, **69** : 893-903.

Young SN, Smith SE, Pihl RO, Ervin FR (1985). Tryptophan depletion causes a rapid lowering of mood in normal males *Psychopharmacol*, **87** : 173-177.

Zellner DA, Garriga-Trillo A, Rohm E *et al.* (1999). Food liking and craving: A cross-cultural approach. *Appetite*, **33** : 61-70.

Cinquième partie

Aliments fonctionnels et réduction du risque de développer un cancer

15

Aliments fonctionnels et réduction du risque de développer un cancer

Denis E Corpet

1. Introduction : cancers et alimentation

Le cancer est dû à la multiplication incontrôlée d'un groupe de cellules anormales. Elles cumulent peu à peu des lésions génétiques et des changements biochimiques. Ces cellules forment en général peu à peu une tumeur envahissante, puis des métastases mortelles. Un cancer est donc une maladie qui évolue longtemps et qui peut rester cachée pendant des décennies. On peut donc espérer prévenir, ralentir, voire arrêter la transformation progressive des cellules saines en cellules malignes, avant que la maladie ne se déclare (Greenwald, 1996). En France, le cancer tue environ une personne sur trois, soit plus de gens que les maladies cardiovasculaires. Plus de la moitié des morts par cancer sont dues aux tumeurs du poumon, des voies aérodigestives supérieures (bouche, pharynx, larynx, œsophage), du côlon et du rectum, du sein et de la prostate (tableau 1). Or ces cancers sont pratiquement absents dans certains pays du tiers monde. Mais, chez les émigrants de ces pays, l'incidence de ces cancers augmente fortement au cours des 10 à 30 ans qui suivent leur arrivée dans un pays riche. Les cancers fréquents dans les pays riches sont donc liés au mode de vie, et pourraient donc être évités. On pense que l'alimentation détermine environ 80 % des cancers colorectaux, du sein et de la prostate (Doll et Peto, 1981). La fumée de tabac est la cause majeure du cancer du poumon, et contribue fortement aux cancers des voies aérodigestives supérieures, de la vessie, et du pancréas. Mais ces cancers causés par le tabac dépendent aussi de l'alimentation. Les aliments (dont l'alcool) et le tabac sont donc les principaux déterminants du cancer (Willett *et al.*, 1996). De plus, le manque d'activité physique, la multiplication des partenaires sexuels, les hépatites virales, la bactérie *Helicobacter*, l'exposition au soleil ou aux radiations ionisantes, et certains produits chimiques augmentent également le risque de certains cancers (Cummings et Bingham 1998).

Comment l'alimentation peut-elle moduler le risque de cancer ? Les aliments peuvent contenir des éléments procancérigènes, qui initient des tumeurs ou qui en accélèrent la croissance, et des éléments anticancérigènes, qui bloquent l'action des pre-

Tableau 1 ■ Taux de mortalité des principaux cancers en France (et en Belgique) en 1995.

Localisation	Hommes	Femmes
Poumon	68 (108)	8 (13)
Bouche, pharynx, larynx, œsophage	38 (19)	4
Colon et rectum	27	16
Sein	0,5	29 (35)
Prostate	29	0
Sang (lymphome, leucémie)	19	12
Vessie, rein	18	5
Foie	17 (5)	3
Estomac	12	5 (7)
Pancréas	11	6
Utérus, col, ovaire	0	16
Tous cancers	***287 (299)***	***130 (157)***

Mortalité pour 100 000 individus, taux standardisé par âge sur la population européenne, (Ferlay et al., 1999, CIRC-IARC, Lyon, France). Le taux belge est donné entre parenthèses quand il diffère de plus d'un tiers du taux français.

miers ou inhibent la croissance des tumeurs. Ainsi, par exemple, la viande grillée contient des amines hétérocycliques, cancérigènes à fortes doses pour le côlon et la glande mammaire du rat. Inversement, les légumes contiennent des molécules qui bloquent ces amines hétérocycliques, empêchent leur activation métabolique, ou accélèrent la mort cellulaire dans les tumeurs. Par ailleurs, l'équilibre global de l'alimentation influence aussi la cancérogenèse. Ainsi, une alimentation trop riche en lipides ou en énergie, peut accélérer la prolifération cellulaire et la croissance de certaines tumeurs. Le lien entre l'alimentation et le cancer est étudié depuis environ 30 ans, (Doll et Peto, 1981), notamment par des études épidémiologiques. L'ensemble des comparaisons internationales, des études rétrospectives cas-témoins, et des études rétrospectives de cohortes, indiquent qu'une alimentation riche en fruits et en légumes, et comportant peu de viandes et de graisses, est associée à un faible risque de développer un cancer. Le tableau 2 montre, plus précisément pour les principaux cancers indiqués au tableau 1, les facteurs de risque liés à l'alimentation (Riboli *et al.*, 1996 ; WCRF, 1997, Cummings et Bingham, 1998).

Les données de l'épidémiologie conduisent naturellement à des recommandations nutritionnelles, reprises à quelque nuances près par de nombreux comités (Decloitre et Riboli, 1996 ; WCRF, 1997) : manger beaucoup de fruits et de légumes variés, consommer des céréales complètes, modérer la consommation de viande rouge, de charcuterie et de graisses, restreindre la consommation d'alcool, éviter les aliments très salés ou moisis. On conseille aussi de pratiquer régulièrement de l'exercice physique et d'éviter l'obésité, et bien sûr, de ne pas fumer. Ces résultats de l'épidémiologie indiquent-ils des pistes pour créer des aliments fonctionnels ? Appliquons ici la définition générale de l'aliment fonctionnel (Roberfroid, 1999) au cas de la prévention du cancer : *« Un aliment fonctionnel est un aliment qui réduit, de façon démon-*

Tableau 2 ■ Facteurs alimentaires modulant le risque de cancer.

Organe	**Augmentent le risque**		**Diminuent le risque**	
	Lien probable	**Lien possible**	**Lien probable**	**Lien possible**
Poumon	tabac	alcool viande		fruits, légumes sport
Bouche, pharynx, larynx, oesoph.	tabac alcool	sel	fruits, légumes	
Colon, rectum	viande rouge charcuterie	alcool graisse	légumes sport	folates fibres
Sein	alcool viande rouge	obésité	légumes sport	fruits, fibres phyto-œstrogènes
Prostate		viande graisse	vitamine E tomates	légumes
Vessie	tabac		fruit, légumes	
Foie	alcool hépatite mycotoxines			
Estomac	sel	salaisons	fruits, légumes vitamine C	caroténoïdes
Pancréas	tabac	viande rouge		fruits, légumes vitamine C, fibres
Utérus, col	obésité		fruits, légumes vitamine C	folates

Les localisations sont classées comme dans le tableau 1, en fonction du taux de mortalité. Quelques facteurs non alimentaires majeurs (tabac, sport, obésité, hépatite) sont indiqués également. Sport signifie ici toute dépense physique d'énergie.

trée et au-delà des effet nutritionnels habituels, le risque de maladie », le cancer dans le cas de ce chapitre.

Les recommandations concernant l'équilibre global du régime (par exemple l'équilibre énergétique), ou les facteurs de risques (tabac, viande rouge, sel, alcool, graisse) ne permettent pas de créer facilement des aliments fonctionnels. En revanche les aliments associés à une réduction du risque de cancer pourraient donner lieu à la création d'aliments fonctionnels dont l'effet protecteur serait renforcé « au-delà des effets nutritionnels habituels ». Cela demande cependant des études expérimentales pour identifier précisément le ou les éléments protecteurs présents dans un aliment naturel. Ces expériences sont faites sur des cellules en culture, et dans des modèles animaux, souvent des rongeurs chez qui des tumeurs ont été initiées par un cancérigène chimique (Corpet, RMV 1996). Ces expériences permettent aussi de détecter des effets protecteurs que l'épidémiologie n'avait su détecter (effet ou consommation trop faible, produit non alimentaire). Cependant, quelle que soit leur efficacité *in vitro* sur les mécanismes de la cancérogenèse, ou *in vivo* sur les tumeurs des animaux, les éléments supposés protecteurs doivent finalement être testés chez l'Homme. Selon la définition donnée ci-dessus, la réduction du risque de développer un cancer doit être **démontrée**. Or si l'on connaît beaucoup d'éléments qui sont susceptibles de prévenir un cancer, il n'y en a pas dont les propriétés préventives soient aujourd'hui démontrées dans une étude d'intervention chez l'homme.

Tableau 3 ■ Composés pouvant entrer dans la composition d'un aliment fonctionnel qui réduise le risque de développer un cancer (les plus prometteurs, à notre avis, sont indiqués par un signe +).

Nature	Type	Composés
Fibres alimentaires	insolubles : solubles : fructanes :	cellulose, son de blé, liège, lignine... pectines, son d'avoine, amidons résistants + inuline et autres oligosaccharides
Bactéries et flore	probiotiques : prébiotiques : synbiotiques :	lactobacilles, bifidobactéries, laits fermentés cf. fructanes + fructane ET bifidobactérie
Micro-constituants végétaux	caroténoïdes : polyphénols : flavonoïdes : phyto-œstrogènes soufrés/ail : glucosinolates : isothiocyanates : phytostérols : terpènes : antiprotéase : anti-amylase : autres :	+ lycopène, B-carotène,. + curcumine, acide ellagique, tannins quercétine, catéchines... génistéine, (Saw palmetto) sulfure d'allyle, + ail ET sélénium, + N-acétylcystéine glucobracissine, sulforaphane, et PEITC, indole-3-carbinole B-sitostérol + limonène + inhibiteur de protéase de Bowman-Birk acarbose phytate, resvératrol, chlorophyle ;
Vitamines	hydrosolubles : liposolulbes :	+ acide folique, vitamine C + vitamine E, vitamine D
Minéraux	calcium sélénium autre minéraux	+ sels de calcium (fromages) + composés organiques du sélénium magnésium, zinc
Lipides	acides gras poly insaturés	AGPI n-3 : A-linolénate, EPA, DHA + CLA squalène, sphingomyéline
Autres		+ PEG, + ursodéoxycholate, + anti-inflammatoires naturels

PEITC : phényl-étyl-isothiocyanate ; AGPI : acide gras polyinsaturé; EPA et DHA : acides eicosapentaénoïque et docosahexaénoique ; CLA : linolénate conjugué ; PEG : polyéthylène glycol.

Nous allons développer ci-dessous les principales familles de produits qui pourraient donner lieu au développement d'aliments fonctionnels pour prévenir le cancer (tableau 3). Nous présenterons successivement les fibres alimentaires (au sens large), les bactéries et agents modifiant la flore intestinale, les microconstituants végétaux, les vitamines, les minéraux, les acides gras, et certains produits de synthèse. Pour chaque composé, nous présenterons essentiellement les données factuelles : définition et nature du composé, apports de l'épidémiologie, des expérimentations animales, études d'intervention déjà faites chez l'homme, mécanismes et hypothèses. Nous nous permettrons ensuite, pour chaque produit, une conclusion personnelle, donnant notre avis sur les produits qui semblent les plus prometteurs (indiqués d'un + dans le tableau 3).

2. *Fibres alimentaires*

2.1. Différents types de fibres

Les fibres alimentaires sont les polymères végétaux, polyosides essentiellement, qui résistent à l'hydrolyse par les enzymes digestives humaines. Elles sont présentées en détail au chapitre 1.7. de ce livre (M. Champ). On distingue les fibres insolubles (cellulose, son de blé), des fibres solubles (pectine, mucilages, son d'avoine). Dans ce chapitre, nous étendrons la dénomination de fibres à d'autres polysaccharides non digestes (amidon résistant, inuline) et à des polymères des parois végétales non polyosidiques (lignine, cutine). Les fibres pourraient participer à la prévention du risque de cancer colorectal, et comme ce sont des composés naturels et non toxiques, elles pourraient être incluses dans des aliments fonctionnels. Nous présentons successivement les connaissances sur la prévention du cancer par les fibres insolubles, les fibres solubles et les amidons résistants, les fructanes et autres oligosaccharides.

2.2. Fibres insolubles

• ***Définition et nature des fibres insolubles***

Les fibres insolubles sont donc des polymères végétaux, non digestes et non solubles dans l'eau : elles y gardent leur structure fibreuse et ne forment pas de gel. Il s'agit notamment de la cellulose et d'une partie des hémicelluloses, abondantes dans le son de blé. On peut y ajouter la lignine du bois, et la cutine et la subérine du liège et de la peau de pomme de terre. Les fibres insolubles agissent surtout au niveau du côlon. Elles augmentent la masse fécale et accélèrent le transit digestif. Elles sont partiellement fermentées par la microflore tout le long du côlon et du rectum (Harris et Fergusson, 1993).

• ***Données épidémiologiques***

Le médecin anglais Denis Burkitt avait remarqué que les Africains, qui mangent beaucoup de végétaux complets émettent des selles très volumineuses, et n'ont pratiquement jamais de maladies digestives (constipation, diverticulose, cancer). Il en avait déduit l'hypothèse que les fibres pourraient protéger contre les cancers colorectaux. Les études de corrélation internationale indiquent en général une corrélation négative entre la consommation de céréales au niveau d'un pays et le taux de cancers colorectaux de ce pays. La plupart des études rétrospectives cas-témoins ont montré que les individus qui consomment plus de céréales, ou de légumes, ou de fibres, ont un risque moins élevé de développer un cancer colorectal. Plus fiables que ces études rétrospectives, les études prospectives de cohorte souffrent de moins de biais. Or elles ne démontrent pas cet effet des fibres insolubles : on ne trouve un effet protecteur des fibres de céréales contre les cancers que dans une étude de cohorte sur cinq. L'étude récente de Fuchs notamment, ne trouve aucune relation entre la consommation de fibre et le risque de cancer colorectal ou de polype adénomateux chez 88 757 infirmières américaines suivies pendant 16 ans (risque relatif de 0,95, Fuchs *et al.*, 1999).

• ***Expérimentations animales***

Chez les rongeurs, l'addition de fibres insolubles au régime a très généralement un effet protecteur contre la cancérogenèse induite chimiquement. Ainsi, dans des expériences trop nombreuses pour être rapportées ici, les régimes contenant du son de blé ou de la cellulose pure conduisent pratiquement toujours à une diminution de l'incidence des cancers, ou du nombre de lésions précancéreuses, dans le côlon de rats initiés avec de l'azoxyméthane (Jacobs 1989 ; Ma *et al.*, 1996). La cellulose des betteraves est aussi généralement protectrice (Ishizuka et Kasai, 1997), mais pas toujours (Thorup *et al.*, 1994), et peut même augmenter certains types de tumeur (Ishizuka *et al.*, 1999). Enfin, d'autres fibres insolubles moins étudiées, par exemple celles du liège ou de la peau des pommes de terre, piègent fortement des cancérigènes, notamment les amines hétérocycliques produites lors de la cuisson des viandes (Ferguson et Harris, 1998).

• ***Études d'intervention chez l'homme***

Quatre études cliniques publiées évaluent si une supplémentation en son de blé peut réduire la récidive de polypes colorectaux chez des volontaires (tumeurs souvent précancéreuses). Ces essais randomisés et en double aveugle sont très lourds, mais sont la seule façon de tester expérimentalement une hypothèse chez l'homme. Or dans aucun de ces quatre essais l'apport de son de blé n'a permis de diminuer nettement la récidive des polypes. Dans trois d'entre eux certains paramètres étaient améliorés par les fibres : taille des polypes diminuée (McLennan *et al.*, 1995), ou effet bénéfique observé dans un sous-groupe (DeCosse *et al.*, 1989 ; McKeown *et al.*, 1994)). Dans l'un des essais, les hommes recevant le supplément de son ont eu **plus** de polypes que les témoins (McKeown *et al.*, 1994). Enfin dans une étude sur 1 400 volontaires, la prise prolongée d'un supplément de son de blé (13 g/j) n'a pas diminué l'apparition de petits polypes, qui sont des précurseurs des cancers colorectaux (Alberts *et al.*, 2000). Ces études montrent que le son de blé n'est pas protecteur, au moins au stade des polypes.

• ***Mécanismes et hypothèses***

Bien qu'on ne sache toujours pas si les fibres insolubles peuvent prévenir les cancers colorectaux, on a fait trois hypothèses plausibles sur le mécanisme de leur éventuel effet protecteur : la première est liée au volume fécal, la deuxième au pH intestinal et aux acides biliaires, la troisième au butyrate.

1) Les fibres insolubles augmentent le volume fécal, car elles résistent à la digestion et à la fermentation, elles retiennent l'eau, et elles fermentent en partie, ce qui augmente la masse bactérienne. Cette augmentation du volume fécal dilue les autres composants des fèces, notamment les toxiques, les promoteurs, les éventuels cancérigènes. Un régime riche en son de blé diminue notamment la concentration intestinale en acides biliaires secondaires, considérés comme promoteurs des tumeurs intestinales. De plus, la lignine ou la cutine peuvent adsorber fortement des cancérigène hydrophobes (Fergusson et Harris, 1998).

2) Les fibres insolubles modifient non seulement la concentration intestinale des acides biliaires, mais aussi leur métabolisme. En effet, les enzymes bactériennes qui transforment les acides biliaires primaires en secondaires (lithocholique, déoxycholique), plus toxiques, sont inhibées quand le pH s'abaisse. De plus, les acides biliaires sont moins solubles quand le pH baisse. Les fibres insolubles, qui sont fermentées partiellement et lentement, produisent des acides gras volatils qui abaissent le pH tout le long du côlon, ce qui serait donc protecteur (Bruce, 1987).

3) Enfin, parmi ces acides gras volatils, les fibres de céréales, plus que d'autres fibres, produisent de l'acide butyrique. C'est le substrat énergétique préférentiel des cellules épithéliales différentiées du côlon. Pour les cellules tumorales, en revanche, le butyrate bloque la prolifération *in vitro*, et induit une mort cellulaire (apoptose) *in vivo*. Bien que l'administration directe de butyrate à des rongeurs n'inhibe pas la cancérogenèse, au contraire semble-t-il (Deschner *et al.*, 1990 ; Freeman, 1986), beaucoup de gens pensent que c'est un agent anticancéreux (Meflah *et al.*, 1996).

• ***Conclusion personnelle sur les fibres insolubles***

Un panel d'experts anglo-saxons a jugé qu'il était possible que les fibres protègent contre les cancer du côlon, du pancréas et du sein (WCRF, 1997). À notre avis, les fibres insolubles, dont le son de blé, ne protègent probablement pas contre le cancer colorectal (Alberts *et al.*, 2000). Ces fibres ont cependant des avantages certains pour la santé, notamment contre la constipation. Elles trouvent donc déjà leur place dans des aliments fonctionnels, comme les céréales de petit déjeuner, mais pour des raisons indépendantes de la protection contre le cancer.

2.3. Fibres solubles

• ***Définition et nature des fibres solubles***

Les fibres solubles sont des polymères végétaux, non digérés dans l'intestin grêle, mais solubles dans l'eau. Il s'agit notamment des pectines, abondantes dans les fruits, de certaines hémicelluloses, des gommes, des mucilages, du son d'avoine, et des gélifiants extraits des algues marines. On peut y ajouter les amidons résistants, rétrogradés par refroidissement après cuisson, ou naturellement résistants à la digestion (cf. chapitre 1.7. de ce livre, par M. Champ). Les légumes contiennent à la fois des fibres solubles et insolubles. De façon schématique, les fibres solubles ont un effet gélifiant, et ralentissent la vidange gastrique et l'absorption du glucose et du cholestérol (voir dans ce livre les chapitres 2.1., 2.2. et 2.5., sur les triglycérides, le cholestérol et le diabète, Delzenne, Lairon, Thissen et Hermans). À quelques exceptions près (carraghénanes), les fibres solubles sont largement fermentées dans le début du côlon, y produisant des acides gras volatils (butyrate par exemple).

• ***Données épidémiologiques***

Une vingtaine d'études cas-témoins montrent que les individus qui consomment beaucoup de (fibres de) légumes et/ou de fruits ont un risque moins élevé de développer un cancer colorectal que ceux qui en consomment peu. Quelques rares études ne trouvent pas cet effet protecteur (Meflah *et al.*, 1996). Les légumes (ou leurs fibres) semblent plus souvent protecteurs que les fruits et que les céréales (Lemarchand *et al.*, 1997). Regroupant 5 300 cas venant de 13 études cas-témoins, la méta-analyse de Howe (Howe *et al.*, 1992), montre que ceux qui mangent le plus d'aliments riches en fibres (> 27 g/j, tous types de fibres confondus) ont un risque relatif de cancer colorectal divisé par deux. Les études prospectives de cohorte, plus fiables que les études cas-témoins, ont des résultats moins concordants. Dans la cohorte américaine des hommes professionnels de santé, Platz *et al.*, (1997) trouvent un effet protecteur des fibres solubles sur les polypes, ainsi que des fruits (mais pas des céréales). Au contraire, dans la cohorte des infirmières américaines suivie par la même équipe, Fuchs *et al.*, (1999) ne trouvent aucun effet protecteur des fibres de fruits et de légumes. Au total, on ne trouve un effet protecteur des fibres de fruits ou de légumes que dans une étude de cohorte sur deux.

• ***Expérimentations animales***

Chez les rongeurs, l'addition de fibres solubles au régime n'a le plus souvent pas d'effet. Cependant, dans environ une expérience sur trois, les fibres solubles **augmentent** la cancérogenèse induite chimiquement chez les rats (Jacobs 1989 ; Ma *et al.*, 1996). Les amidons résistants aussi sont parfois promoteurs chez l'animal (Young *et al.*, 1996 ; Williamson *et al.*, 1999). Même l'addition directe de fruits et de légumes à un régime mimant l'alimentation humaine a augmenté l'incidence des tumeurs intestinales chez des rats initiés avec de la diméthylhydrazine (Alink *et al.*, 1993). Cet effet apparemment promoteur des fibres solubles chez les rongeurs contraste nettement avec l'effet protecteur des fibres insolubles chez ces animaux, et avec l'effet apparemment protecteur des (fibres des) légumes et des fruits chez l'homme. Il est possible que les rongeurs ne soient pas de bons modèles d'étude de l'effet des fibres alimentaires chez l'homme. En effet, les rongeurs ont un très gros cæcum, inexistant chez l'homme. Ils hébergent de plus une flore majoritairement composée de bactéries sporulées très sensibles à l'oxygène. La fermentation intestinale des fibres peut donc être fort différente chez le rat et chez l'homme.

• ***Études d'intervention chez l'homme***

Trois interventions, l'une avec de l'ispaghule, deux avec modifications globales du régime, sont plutôt décevantes. L'ispaghule, aussi appelé psyllium, sert de laxatif. C'est une graine dont le tégument est riche en mucilage, et absorbe beaucoup d'eau. La prise chaque jour de 3,5 g d'hispaghule pendant 3 ans par des volontaires européens ayant des polypes a provoqué une augmentation significative de la récidive des polypes (risque relatif 1,7) (Faivre *et al.*, 1999). Dans l'intervention de Lyon, destinée à prévenir la récurrence de l'infarctus du myocarde, les volontaires soumis à un régime « méditerranéen » riche en fruits et légumes ont eu moins de cancers que les témoins (2 morts par cancer au lieu de 12, $p < 0,05$) (de Lorgeril *et al.*, 1998). Mais on ne peut affirmer que ce sont les fibres qui étaient protectrices, car les régimes différaient par beaucoup d'aspects, notamment par l'apport lipidique (α-linolénique, voir ci-dessous). Enfin, dans un essai américain sur 2 000 volontaires, ceux qui ont reçu pendant 4 ans des conseils intensifs pour un régime riche en fibres en fruits et légumes (7 portions/j), plus fibreux (36 g/j), et moins gras (20 % des calories) ont perdu du poids (– 1 kg), mais ont eu exactement autant de polypes que les témoins (risque relatif = 1,00 ; Schatzkin *et al.*, 2000). Au total, ces études indiquent que toutes les fibres solubles ne sont pas protectrices, l'une d'elles semblant même promotrice. De plus il ne semble pas simple de diminuer le risque de tumeurs en conseillant un changement pour une alimentation actuellement considérée comme idéale, notamment par sa richesse en fibres.

• ***Mécanismes et hypothèses***

Comme pour les fibres insolubles, on ne sait pas si les fibres solubles peuvent prévenir les cancers colorectaux. Deux hypothèses plausibles peuvent expliquer cet éventuel effet protecteur : les fibres solubles produisent du butyrate, par fermentation, et réduisent l'intensité des pics sanguins de glucose et d'insuline.

1) Les fibres solubles sont fermentées. Cette fermentation est généralement rapide et complète, et produit des acides gras volatils qui abaissent le pH dans le côlon proximal. Ces acides gras à chaîne courte, l'acide butyrique notamment, serait protecteur contre les tumeurs intestinales en favorisant la différentiation et/ou l'apoptose des cellules malignes (voir ci-dessus ce qui est dit des fibres insolubles). *A contrario*, il est possible que l'effet promoteur des fibres solubles, observé dans certaines études animales, vienne de la production en excès d'acétate ou de butyrate dans l'intestin. L'administration directe de ces acides gras volatils est en effet promotrice chez les rongeurs. En revanche, l'apport d'un mélange de fibres solubles et insolubles, tel qu'il est réalisé par la consommation naturelle de légumes, est probablement intéressante car il permet la libération ménagée d'acide gras volatils tout le long du gros intestin. Dans certaines expériences ce type d'apport a été nettement plus protecteur que les fibres solubles ou insolubles données isolément (Alabaster *et al.*, 1993).

2) Les aliments riches en fibres solubles sont digérés plus lentement que ceux qui n'en contiennent pas. Le gel que forme ces fibres dans l'estomac ralentit la vidange gastrique et l'accès des enzymes aux glucides. Il en résulte une réduction de l'ampleur des pics sanguins de glucose et d'insuline (abaissement de l'index glycémique des aliments). Ceci semble éviter ou retarder l'apparition du syndrome de résistance à l'insuline, et éventuellement du diabète non insulinodépendant (voir dans ce livre le chapitre 2.5., de Thissen et Hermans). D'après une hypothèse récente (McKeown 1994), confirmée par des expérimentations chez l'animal (Corpet *et al.*, 1997), l'hyperinsulinémie pourrait promouvoir la croissance des tumeurs. Les fibres solubles protégeraient donc contre les cancers en diminuant la glycémie et/ou l'insulinémie.

• ***Conclusion personnelle sur les fibres solubles***

Certaines fibres solubles protègent peut-être contre le cancer colorectal, mais ce n'est pas démontré actuellement, au contraire (Faivre *et al.*, 1999). L'effet protecteur des fruits et des légumes, admis par tous les auteurs, vient peut-être des fibres, mais peut venir aussi des microconstituants ou les vitamines (voir ci-dessous).

2.4. Fructanes et autres oligosaccharides

• ***Nature des fructanes***

Les fructanes sont des polyosides indigestes et peuvent donc être considérés comme des fibres solubles (cf. chapitre 1.5. de ce livre, par A.Franck). La majorité des liaisons y sont de type fructosyl-fructose bêta (1 → 2), et les chaînes comprennent entre 2 et 65 oses. L'inuline est un long fructane naturel, présent dans de nombreux légumes, que l'on extrait de la racine de la chicorée. Des fructanes de type « inuline » plus petits sont obtenus par hydrolyse de l'inuline ou par synthèse à partir du saccharose (oligofructose ou fructo-oligosaccharides, FOS) (Roberfroid et Delzenne, 1998). Les autres oligosaccharides non digestes ont entre 2 et 10 oses, et peuvent être naturels (extraits de soja, pyrolysats d'amidon), ou synthétiques (galacto-oligosaccharide, GOS ; xylo-oligosaccharides, XOS ; transgalotosyl-oligosaccharides, TOS) (VanLoo *et al.*, 1999). Enfin nous traiterons aussi ici du lactulose, un disaccharide non digéré associant galactose et fructose, utilisé comme laxatif et pour réduire l'ammoniémie.

• ***Données épidémiologiques***

Il n'y a pas, à notre connaissance, d'étude épidémiologique ayant spécifiquement recherché le lien entre la consommation de fructanes ou d'oligosaccharides et le cancer. La consommation de chicorée, comme succédané du café, ou celle de lactulose, comme laxatif, n'ont pas encore été étudiées. On peut évoquer cependant le lien très net entre la consommation de légumes, principale source de fructanes, et un faible risque de cancer de tous types. On ne voit pas, dans ces études analytiques, que les légumes riches en fructanes soient spécialement protecteurs. Une étude finlandaise montre une protection importante contre le cancer du sein chez les femmes consommant beaucoup de lait (réduction de 60 % du risque). Parmi les principaux composants du lait, seul le lactose est inversement corrélé au risque de cancer du sein (Seppänen, 1994). Or le lactose, notamment chez ceux qui ont un déficit en lactase, arrive au côlon et alimente la microflore, ce qui l'apparente au lactulose.

• ***Expérimentations animales***

Au moins six études indépendantes ont montré un effet protecteur des fructanes, et deux un effet protecteur du lactulose, sur la cancérogenèse colique chez des rongeurs. Presqu'aucune étude n'a été négative, contrairement aux études sur les fibres. L'inuline et/ou un FOS ont été testés dans quatre études chez des rats initiés par l'azoxyméthane ou la diméthylhydrazine, et dans deux études chez des souris, soit des souris Min qui développent des tumeurs intestinales spontanées, soit des souris implantées avec des cellules tumorales. Les doses utilisées étaient importantes, comprises entre 2 et 15 % du régime. Presque chaque étude a montré une inhibition significative de la cancérogenèse chez les animaux traités par rapport aux témoins : nombre de microadénomes (*aberrant crypt foci*, des microtumeurs prénéoplasiques) diminué d'un quart à un tiers chez les rats, nombre de tumeurs spontanées ou surface des tumeurs implantées diminuées chez les souris (Gallaher *et al.*, 1996 ; Reddy *et al.*, 1997 ; Taper *et al.*, 1997 ; Pierre *et al.*, 1997 ; Rowland *et al.*, 1998). L'effet d'un sirop de GOS (9 ou 27 % du régime) a été comparé à l'effet de la cellulose, dans le régime de rats initiés par la diméthylhydrazine. Sans changer l'incidence des cancers, le régime contenant beaucoup de GOS diminue le nombre de tumeurs par rat, comparé au régime contenant peu de GOS (Wijnands *et al.*, 1999). Enfin une étude ne trouve pas d'effet des oligofructoses (Gallaher et Khil, 1999). Les deux études où du lactulose a été ajouté à l'alimentation de rats ont également montré un effet protecteur de ce sucre indigeste (Challa *et al.*, 1997 ; Samelson *et al.*, 1985). Dans la majorité de ces études, le fructane a été donné aux animaux avant et pendant l'initiation des tumeurs, mais dans trois d'entre elles, l'effet protecteur a été observé même lorsque le fructane était administré après l'initiation des tumeurs. Enfin des bifidobactéries vivantes ont été ajoutées à certains régimes, mais ces résultats seront donnés plus loin (cf. synbiotiques). Au total, ces études animales prouvent nettement l'effet protecteur des fructanes et du lactulose. Ces études doivent être suivies d'études chez l'homme.

• ***Études d'intervention chez l'homme***

À notre connaissance aucun essai clinique de l'effet d'un fructane sur un cancer n'a été publié ni entrepris. En revanche, un supplément quotidien de 20 g de lactulose donné à des volontaires après une polypectomie a diminué de moitié la récurrence des polypes intestinaux, de 36 % chez les témoins à 15 % chez les traités (Roncucci *et al.*, 1993). Cette étude prometteuse n'était hélas pas faite en double aveugle, les témoins ne prenant pas de placebo, et portait sur un petit nombre de volontaires (70 traités).

• ***Mécanismes et hypothèses***

Comme les autres fibres solubles, mais de façon plus efficace, les fructanes pourraient agir sur les cancers digestifs de plusieurs façons, non exclusives. Ils modifient la microflore et ils produisent des acides gras volatils, ce qui abaisse le pH intestinal et modifie le métabolisme des acides biliaires et de l'ammoniaque, et ce qui libère du butyrate dans le côlon. Enfin, ils modifient le métabolisme glucidique et lipidique (effet sur l'insulinorésistance). Les effets éventuellement protecteurs du butyrate, de l'inhibition du métabolisme des acides biliaires, et de la prévention de l'insulinorésistance, ont été discutés ci-dessus (cf. fibres insolubles). On a démontré aussi que l'inuline diminuait fortement les concentration en ammoniaque dans l'intestin et dans le sang (Younes *et al.*, 1995). Ceci vient d'une part de ce que l'ammoniaque intestinal est moins bien absorbé par la muqueuse intestinale quand le pH est bas, d'autre part de ce que l'azote est bloqué dans les bactéries que les fructanes font proliférer. Au total, l'ammoniaque et d'autres composés azotés, toxiques et peut-être promoteurs, sont réduits par les fructanes du régimes. Enfin, les fructanes peuvent être considérés comme des prébiotiques, dont l'ingestion augmente significativement la densité des bifidobactéries dans l'intestin des animaux et des volontaires humains (voir chapitres 1.4. et 1.5. de ce livre, par B Brassard et Ph Marteau, et A Franck). Les mécanismes par lesquels ces bifidobactéries pourraient réduire la cancérogenèse est abordé ci-dessous (probiotiques).

• ***Conclusion personnelle sur les fructanes***

Les fructanes et le lactulose sont, parmi les fibres solubles, les agents les plus actifs contre la cancérogenèse intestinale chez les rongeurs : toutes les études sont positives, et la réduction de la cancérogenèse est relativement importante. Un essai clinique (imparfait) suggère de plus que le lactulose pourrait prévenir la récurrence des polypes intestinaux chez l'homme. Ces produits sont faciles à inclure dans les aliments (goût sucré, solubilité), ils ne sont pas toxiques, et ils ont par ailleurs d'intéressantes propriétés développées ailleurs dans cet ouvrage : « amélioration » (?) de la microflore, effet laxatif doux, stimulation de l'absorption du calcium et du magnésium. Des aliments déjà commercialisés en France sont supplémentés en fructane : Raftiline et Raftilose (Orafti), Fructulose (Cosucra), et Actilight et Actisucre (Béghin-Méiji) (Zini et Langley, 1999). De nombreux autres en contiennent naturellement (par exemple la chicorée). Il semble donc important de tester l'effet des fructanes sur la cancérogenèse chez des volontaires, sans qu'on sache clairement aujourd'hui quel oligosaccharide particulier sera le plus intéressant. Ce type d'étude est long et cher (au minimum 5 à 10 millions de francs), mais un effet positif démontré serait une raison supplémentaire majeure d'inclure les fructanes dans des aliments fonctionnels.

3. *Bactéries et modulateurs de la microflore*

3.1. Probiotiques

• ***Définition et nature des probiotiques***

Les probiotiques, développés au chapitre 1.4. de ce livre (Brassard et Marteau), sont des bactéries vivantes ajoutées aux aliments. Les plus connues sont les lactobacilles et les bifidobactéries des yogourts et des laits fermentés. Ces bactéries doivent survivre longtemps dans l'aliment, et lors du transit digestif. Elles doivent notamment résister à l'acidité gastrique et aux acides biliaires. Ces bactéries sont censées améliorer la microflore lors de leur passage dans le gros intestin (McFarlane et Cummings, 1999). Quelles sont leurs propriétés bénéfiques vraiment démontrées ? Les laits fermentés contenant des bactéries vivantes sont nettement mieux tolérés que le lait par ceux qui souffrent d'une intolérance au lactose. Dans des essais cliniques contrôlés, des bactéries lactiques ont significativement diminué les diarrhées à rotavirus chez des nouveau-nés hospitalisés. Enfin, l'administration massive de la levure *Saccharomyces boulardii* a divisé par deux les diarrhées à *Clostridium difficile* chez des adultes hospitalisés (McFarlane et Cummings, 1999). Voyons maintenant ce que l'on connaît de l'effet de ces bactéries probiotiques sur les cancers.

• ***Données épidémiologiques***

Il n'y a pas d'étude analytiques de l'effet des probiotiques sur les cancers. Plusieurs équipes ont étudié l'influence de la consommation de yogourts sur les cancers de l'intestin. Deux études cas-témoin françaises semblent indiquer un effet protecteur des yogourts contre les cancers colorectaux ou les gros adénomes (Andersson-Hassam et Astier-Dumas, 1991 ; Boutron *et al.*, 1996), mais cet effet n'est pas du tout retrouvé aux Pays-Bas, ni dans une étude cas-témoin, ni dans une grande étude prospective de cohorte (Kampman *et al.*, 1994 ; Kampman *et al.*, 1994). Après avoir donné lieu à de nombreux travaux, l'hypothèse de Hill qui proposait que la microflore intestinale était directement responsable des cancers intestinaux semble délaissée. L'étude cas-témoin la mieux conduite techniquement semble indiquer qu'une flore riche en *Bacteroïdes* et en bifidobactéries serait associée au risque de cancer du côlon (Moore et Moore, 1995), ce qui semble paradoxal vu l'intérêt porté aux bifidobactéries.

• ***Expérimentations animales***

De nombreux travaux montrent que des probiotiques peuvent bloquer des mutagènes, et inhiber certaines enzymes de la microflore ayant peut-être un rapport avec le cancer intestinal. Quelques études montrent de plus une inhibition de la cancérogenèse intestinale, mais pas d'autres organes, par des probiotiques. Reprenons plus en détail ces effets :

1. Les probiotiques semblent inhiber les mutagènes, des substances qui peuvent aussi être cancérigènes, de différentes façons (McFarlane et Cummings, 1999) : Certaines bactéries, tout comme les fibres insolubles, peuvent adsorber sur leur paroi les mutagènes produits lors de la cuisson des viandes à haute température (PoolZobel *et al.*, 1996). Ce blocage, observé *in vitro*, n'empêche pas la fixation des cancérigènes dans les organes du rat (Bolognani *et al.*, 1997), mais diminue la mutagénicité des urines de volontaire soumis à un régime de viande hachée grillée (Hayatsu et Hayatsu, 1993). Même les agents utilisés pour induire les cancers expérimentaux chez le rat, diméthylhydrazine et méthynitrosoguanidine, sont bloqués par les bactéries du yogourt (Wollowski *et al.*, 1999). Des lactobacilles peuvent aussi dégrader les nitrosamines, des cancérigènes qui se forment dans le tractus digestif.

2. L'administration de lait fermenté, de lactobacilles ou de bifidobactéries à des rats conduit généralement à une diminution de certaines activités enzymatiques de la microflore intestinale, notamment la β-glucuronidase et la nitroréductase (Djouzy *et al.*, 1997 ; Rowland *et al.*, 1998). Ces enzymes participent à l'activation de certains cancérigènes, et leur inhibition serait donc favorable à la prévention du cancer. Parfois, ces mêmes enzymes activent certains agents anti-cancer (Jenab *et al.*, 1999).

3. Enfin, de façon directe, l'administration de lactobacilles ou de bifidobactéries diminue faiblement, mais significativement, la cancérogenèse intestinale induite chez des rats par des cancérigènes chimique. La majorité des études montre une inhibition de lésions précancéreuses, surtout lorsque les probiotiques sont donnés pendant l'initiation : *Bifidobacterium longum* diminue le nombre de microadénomes induits par l'azoxyméthane (Kullarni et Reddy, 1994 ; Challa *et al.*, 1997). Un lait fermenté par des bifides inhibe l'induction des microadénomes par la diméthylhydrazine (Abdelali *et al.*, 1995). Chez des rats gnotoxéniques, *B. breve* réduit la taille des microadénomes (Onoue *et al.*, 1997). Quelques études montrent l'inhibition de véritables tumeurs : des lactobacilles (GG ou acidophilus) réduisent l'incidence des cancers induits par la diméthylhydrazine (Goldin *et al.*, 1996 ; McIntosh *et al.*, 1999) ; Un régime contenant 0,5 % de *B. longum* lyophilisé inhibe complètement la cancérogenèse colique induite par une amine hétérocyclique, IQ (Reddy et Riverson, 1993). Une seule étude démontre un effet protecteur lorsque *B. longum* est administré après l'injection du cancérigène (Rowland *et al.*, 1998). Enfin, sur des organes différents du côlon, les probiotiques n'ont apparemment pas d'action (Rice *et al.*, 1995 ; McCarthy *et al.*, 1997).

• ***Études d'intervention chez l'homme***

Chez l'homme, comme chez le rat, on a bien démontré que l'ingestion de certains lactobacilles modifiait les activités enzymatiques de la microflore, et diminuait notamment la β-glucuronidase (Goldin et Gorbach, 1984 ; Lidbeck *et al.*, 1989). Aucun essai clinique n'a été fait pour tester l'effet d'un probiotique sur le cancer.

• ***Conclusion personnelle sur les probiotiques***

L'innocuité des probiotiques et l'intérêt intuitif des consommateurs français (et japonais) pour des aliments « vivants », ont conduit plusieurs entreprises à proposer des aliments contenant d'autres bactéries que le *Lactobacillus bulgaricus* et le *Streptococcus thermophilus* du yogourt classique. Des laits fermentés contenant un *L. casei* (Nutricia), le *L. acidophilus* LC1 (Nestlé), le *L. rhamnosus* GG (Valio, Finlande) et le *L. reuteri* (Tonilait, Suisse) ou *Bifidobacterium longum* sont commercialisés dans l'Union européenne (Zini et Langley, 1999). Comme nous l'avons montré, certains probiotiques, administrés en quantité importante, diminuent de façon modérée mais reproductible l'initiation de la cancérogenèse intestinale induite chimiquement chez le rat. Les souches les plus souvent testées, *L. acidophilus*, *L. rhamnosus* GG, *B. longum*, sont celles dont l'effet est le mieux démontré. Cependant, leur effet sur la cancérogenèse semble actuellement trop faible pour qu'on envisage des essais chez l'homme. En revanche, ces bactéries vivantes pourraient se révéler plus efficaces en association avec des oligosaccharides, comme indiqué ci-dessous (synbiotiques, 3.3.).

3.2. Prébiotiques

Un prébiotique est un composant alimentaire non digeste, qui stimule spécifiquement la croissance de bactéries favorables à la santé dans l'intestin (Roberfroid, 1998). C'est donc un agent chimique qui donne indirectement un effet probiotique. Tous les prébiotiques envisagés à ce jour sont des oligosaccharides, en général des fructanes, et le lecteur peut se reporter au chapitre 1.5. de ce livre (A Franck) pour leurs effets sur la flore, et au paragraphe 2.4. ci-dessus sur l'effet des fructanes sur le cancer.

3.3. Synbiotiques

Un synbiotique est un aliment associant un prébiotique et un probiotique, autrement dit une bactérie vivante et le nutriment qui lui est favorable. Nous n'envisageons ici que l'effet possible des synbiotiques sur le cancer, leurs autres propriétés étant envisagées au chapitre 5 de cet ouvrage (A Franck). À notre connaissance aucune étude épidémiologique ou expérimentale n'est publiée actuellement sur l'effet d'un synbiotique sur les cancers humains. En revanche, quelques études précliniques prometteuses ont été publiées, montrant un important effet protecteur de synbiotiques contre le cancer expérimental chez l'animal. Gallaher *et al.*, (1996 et 1999) ont étudié l'apparition de microadénomes chez des rats recevant simultanément un régime contenant 20 g/kg d'oligofructose et cent millions de bifidobactéries vivantes par jour, après avoir été initiés par des injections de diméthylhydrazine. L'effet protecteur de ce double traitement était plus efficace que chacun des traitement séparés. Plus récemment, Rowland *et al.*, (1998) ont traité simultanément des rats avec cent millions de *B. longum* par jour et un régime contenant 50 g/kg d'inuline, après des injections d'azoxyméthane. Les rats recevant ce double traitement (synbiotique) portaient seulement un quart des microadénomes trouvés chez les rats témoins. Cette inhibition est exceptionnellement forte (seul le PEG est plus efficace, voir 8.3. ci-dessous), et traduit un effet synergique entre la bifidobactérie et l'inuline. Ces traitements séparés n'avaient en effet réduit le nombre de microadénomes que de 20 à 30 % par rapport aux témoins.

• ***Conclusion personnelle sur les synbiotiques***

Quelques aliments commercialisés associent déjà des bactéries vivantes et un oligosaccharide indigeste : les bouteilles Actimel (Danone) contiennent de l'Actilight et un *L. casei.* L'effet sur le cancer n'est pas connu, mais l'effet protecteur très important de l'association d'une bifidobactérie et d'un fructane contre la cancérogenèse colique chez le rat, et l'innocuité de ces agents, pourrait conduire rapidement à des études chez des volontaires humains. Par ailleurs, les souches bactériennes sont faciles à breveter, à marquer génétiquement et à détecter dans l'aliment, et permettraient une protection commerciale simple des premiers synbiotiques commercialisés.

4. Microconstituants végétaux

La consommation de fruits et de « légumes verts » est associée à un risque réduit de développer des cancers digestifs (côlon, estomac) ou respiratoire (poumon) : cette apparente protection est retrouvée dans presque toutes les études épidémiologiques (Potter et Steinmetz, 1994). L'association semble moins nette pour les cancers hormono-dépendants (sein, prostate). Dans certaines études cas-témoin, on a cherché à préciser les végétaux les plus protecteurs : ce sont les végétaux crus ou frais, les légumes-feuilles (laitue par exemple), les crucifères (brocoli, chou), les agrumes (orange) et les alliacés (ail, oignon). Inversement, la consommation de pommes de terre ou de légumineuses (pois, haricot) est associée à une augmentation du risque de cancer dans une étude sur deux, voire plus. Les légumes et les fruits contiennent des fibres, qui réduisent peut-être le risque de cancer colorectal, comme nous l'avons vu plus haut. Ils contiennent aussi des vitamines hydrosolubles et des minéraux qui sont peut-être protecteurs (voir ci-dessous). Mais fruits et légumes contiennent aussi une grande variété de composés dont la consommation n'est pas indispensable à la vie. Ces agents, sans valeur nutritionnelle, pourraient participer à la prévention des maladies cardiovasculaires et des cancers. On doit évidemment encourager la consommation de fruits et légumes, et cela semble essentiel (Potter, 1997), mais on pourrait aussi envisager d'inclure dans des aliments fonctionnels certains de ces composés. Les anglo-saxons les nomment « phytochemicals » (Stavric, 1994). Nous les nommerons ici microconstituants végétaux, suivant Marc Suschetet (Suschetet, 1996). Ces microconstituants sont souvent les pigments qui donnent couleur aux fruits et aux légumes : anthroxantines jaunes des choux, lutéine jaune du maïs, anthocyanine bleues du raisin, lycopène rouge des tomates, polyphénols bruns du thé, etc. Nous passerons ici en revue les principales familles chimiques de microconstituants végétaux, les regroupant selon les familles végétales qui les produisent. Nous aborderons successivement les caroténoïdes (des fruits et légumes rouges ou oranges), les polyphénols et les flavonoïdes (des fruits, légumes, café, thé, et vin) et les composants du soja (isoflavones, phytate, antiprotéase), les composés soufrés (de l'ail et l'oignon), les glucosinolates (des crucifères), et quelques autres (phytostérols, terpènes, anti-amylase, resvératrol, chlorophyle).

4.1. Caroténoïdes (et vitamine A)

• ***Nature des caroténoïdes***

Les caroténoïdes sont des isoprènes : chaînes symétriques d'une vingtaine de carbones, avec des doubles liaisons reliant un carbone sur deux, avec quatre à huit CH_3 latéraux, et un cycle à chaque extrémité (sauf pour le lycopène). Cette structure leur confère des propriétés antioxydantes : Ils piègent les radicaux libres, et « quenchent » l'oxygène singulet. Le plus étudié des 600 caroténoïdes est le β-carotène, apporté surtout par les carottes, pour ses propriétés de provitamine A. On le retrouve dans le sang, en quantité très variable suivant l'alimentation. On y retrouve aussi la lutéine, apportée surtout par les légumes verts, et le lycopène, qui vient exclusivement des tomates. Les caroténoïdes naturels ou de synthèse (canthaxantine) sont utilisés comme additifs pour colorer les produits animaux (œuf, poulet, truite) (Suschetet, 1996).

• ***Données épidémiologiques***

La grande majorité des études cas-témoin et des études de cohorte montrent un effet protecteur des végétaux riches en caroténoïdes contre le cancer du poumon. Elles ne permettent pas de distinguer l'effet d'un caroténoïde particulier (notamment pas du β-carotène). La protection contre d'autres cancers est beaucoup moins nette, moins d'une étude sur deux montrant une association significative (Suschetet, 1996). Cependant, la richesse des végétaux en différents caroténoïdes n'est pas connue avec précision, et ce n'est qu'assez récemment qu'on étudie d'autres caroténoïdes que le β-carotène. Ainsi, dans l'étude prospective de la cohorte des infirmières américaines, l'équipe de Harvard vient de montrer que les femmes qui consomment le plus d'α- et de β-carotène, de lutéine, et de zéaxanthine ont un risque nettement diminué de cancer du sein (Zhang *et al.*, 1999). Cette même équipe a démontré une relation entre la consommation de tomate et de lycopène, ou le taux sérique de lycopène, et un risque diminué de cancer de la prostate (Giovannucci *et al.*, 1995 ; Gann *et al.*, 1999). Cet effet protecteur du lycopène contre le cancer de la prostate, particulièrement net pour les cancers les plus agressifs, a été confirmé par d'autres équipes. Une revue générale de 72 études épidémiologiques montre que la consommation de lycopène (ou de tomates) était associé à une diminution du risque dans 57 études, la protection étant significative dans 35 études (Giovannucci, 1999). Cependant, aucune de ces études n'échappe au fait que les aliments riches en carotène ou en lycopène contiennent également de nombreuses autres substances qui pourraient protéger contre le cancer. Ce n'est qu'en expérimentant l'effet d'un agent isolé qu'on peut vraiment connaître son effet, et c'est le but des études chez l'animal.

• *Expérimentations animales*

Beaucoup d'études montrent que le β-carotène diminue la cancérogenèse chez les rongeurs. C'est l'inhibition des cancers de la peau, induits par les radiations ultraviolettes ou par le benzopyrène chez des souris sans poils, qui a été démontrée par Epstein en 1977 (Suschetet, 1996). Depuis, on a montré que le β-carotène pouvait inhiber la cancérogenèse dans pratiquement tous les organes. Les effets protecteurs sont observés pour des doses souvent importantes de β-carotène, les autres caroténoïdes ont été peu étudiés, sauf le lycopène, récemment. En général le régime protecteur a été administré pendant toute la durée des expériences. Quelques travaux montrent que le carotène agit quand il est donné après l'initiation des cancers épithéliaux (peau et poumon), ou qu'il est actif pendant l'initiation des tumeurs cutanées, hépatiques et mammaires. Toutes les études animales ne sont pas positives, mais aucune ne montre un effet procancérigène d'un caroténoïde. Ainsi, par exemple, le β-carotène ou le lycopène diminuent fortement le nombre de microadénomes induits par l'azoxyméthane ou la méthylnitroso-urée dans le côlon des rats (Alabaster *et al.*, 1995 ; Narisawa *et al.*, 1996 ; Komaki *et al.*, 1996). De plus, la consommation de β-carotène ou de jus de tomate divise par deux le nombre de cancers induits chimiquement dans le côlon des rats (Yamamoto *et al.*, 1994 ; Narisawa *et al.*, 1998). Pourtant, d'autres publications ne retrouvent pas du tout ces effets protecteurs (Narisawa *et al.*, 1996 ; Kim *et al.*, 1998 ; Rijken *et al.*, 1999).

• *Études d'intervention chez l'homme*

Le β-carotène n'est pas toxique, pas cher, et semblait très protecteur contre les cancers épithéliaux d'après l'épidémiologie et les expérimentations animales. C'est donc un agent qui a été souvent donné à des volontaires dans des études cliniques contrôlées, unique façon de démontrer un effet chez l'homme. Mais ces études ont été extrêmement décevantes, même si quelques unes suggèrent un effet protecteur sur la muqueuse buccale et l'estomac. Ainsi, dans la population du Lixian (Chine), très carencée en micronutriments, et où le risque de cancer de l'œsophage et de l'estomac est grand, un supplément de carotène, de vitamine E et de sélénium a diminué (– 20 %) la mortalité par cancer de l'estomac (Blot *et al.*, 1993) : on ne sait pas lequel des trois agents a agit. Beaucoup d'études ne montrent pas d'effet. Dans 2 grandes études américaines, des gens ayant eu un premier cancer de la peau ont reçu pendant 5 ou 12 ans une dose élevée de carotène (50 mg/j) : les récidives ont été aussi nombreuses chez ces gens que chez les témoins sous placebo (Greenberg *et al.*, 1990 ; Frieling *et al.*, 2000). Le carotène (20-25 mg/j), seul ou associé à du son de blé, ou aux vitamines C et E, n'a eu aucun effet protecteur contre la récidive des adénomes du côlon (polypes précancéreux) dans deux études (Greenberg *et al.*, 1994 ; McLennan *et al.*, 1995). Enfin, dans deux études indépendantes, le β-carotène a **augmenté** la mortalité par cancer du poumon chez des fumeurs. Dans la fameuse étude finlandaise ATBC (pour *Alpha Tocopherol Beta Carotene*), 29 000 fumeurs ont reçu, en double aveugle, du carotène (20 mg/j), du tocophérol (vitamine E, 50 mg/j), seuls ou associés, ou un placebo. On a observé une augmentation significative (+ 18 %) du cancer du poumon dans les groupes prenant du carotène. L'étude américaine CARET, commencée après l'étude ATBC avec pratiquement le même protocole, a du être arrêtée avant la date prévue : la prise de carotène y était associée à une augmentation de 25 % des cancers du poumon (Peterson, 1996). La portée de ces études a été immense, et les scientifiques sont devenus depuis beaucoup plus prudents vis-à-vis des suppléments destinés à la prévention (Potter, 1997).

• ***Mécanismes et hypothèses***

On a tenté d'expliquer l'effet du β-carotène par ses propriétés antioxydantes, et de provitamine A. Il semble aujourd'hui que ces caractéristiques jouent peu dans la protection apportée par les caroténoïdes contre les tumeurs expérimentales. Il semble plutôt que l'effet anti-initiateur des caroténoïdes passe par la modification des enzymes qui métabolisent les cancérigènes : ainsi, les xantines sont de puissants inducteurs de certaines mono-oxygénases à cytochrome p450 du foie du rat (Gradelet, 1996). L'inhibition de la cancérogenèse photo-induite passe probablement par le piégeage des radicaux libres. L'inhibition des phases tardives de la cancérogenèse (promotion, progression), passe notamment par le rétablissement des jonctions communicantes entre cellules, et par une stimulation de l'immunité (Suschetet, 1996).

• ***Vitamine A***

Le β-carotène des végétaux est une provitamine A, transformée en rétinol dans l'organisme, c'est pourquoi nous traitons ici de la vitamine A. Le rétinol, liposoluble, est présent dans le beurre, le lait, les œufs, le foie, les poissons. La carence est très rare en France, mais un quart des femmes seraient « limites ». Inversement, l'excès de vitamine A peut conduire, par accumulation, à des troubles cutanés, hépatiques, et autres, et, chez la femme enceinte, à des malformations graves du fœtus. (Bernier *et al.*, 1995). Les études épidémiologiques ne suggèrent pas que la vitamine A protège contre le cancer, et elle serait même associée au risque de cancer de la prostate (Neugut *et al.*, 1996 ; Ocke *et al.*, 1995 ; Willet et Hunter, 1994 ; Vainio et Rauralahti, 1999). Chez l'animal, la vitamine A diminue nettement l'incidence des tumeurs mammaires et cutanées induites chimiquement, mais dans l'ensemble, pour les autres sites, elle n'a pas d'effet sur la cancérogenèse (Angres et Beth, 1991). Une intervention chez l'homme, hélas non réalisée en double aveugle (pas de placebo donné aux témoins), a montré une diminution importante de la récurrence des polypes (de 36 à 6 %) chez des volontaires prenant chaque jour 30 000 UI de vitamine A, associée à des vitamines C et E (Roncucci *et al.*, 1993). Au total, ni l'épidémiologie, ni l'expérimentation ne prouvent que la vitamine A ait un effet préventif important sur les cancers (Suschetet, 1996 ; Vainio et Rauralahti, 1999). Il semble donc inutile, dans ce domaine, d'enrichir fortement les aliments en vitamine A, qui présente un certain risque toxique.

• ***Conclusion personnelle***

Beaucoup d'aliments naturels contiennent des caroténoïdes (carottes, tomates). Il pourrait donc sembler inutile d'en ajouter à un aliment fonctionnel, sauf pour ceux qui ne supportent pas les légumes. Épidémiologie humaine et expérimentation animale semblaient indiquer que les caroténoïdes sont intéressants. Un panel d'experts anglo-saxons a jugé qu'il était probable que les caroténoïdes protègent contre le cancer du poumon, et possible la protection contre les cancers de l'œsophage, de l'estomac, du côlon, du sein et du col de l'utérus (WCRF, 1997). Cependant, les essais cliniques du β-carotène chez l'homme ont été très décevants. Il se pourrait qu'un autre caroténoïde puisse être efficace. Son inclusion dans un aliment serait donc utile, mais ce n'est pour l'instant qu'une hypothèse. Le seul caroténoïde qui soit, d'après nous, susceptible de diminuer le risque de développer un cancer est le lycopène. La consommation régulière de tomates, de préférence cuites avec de l'huile (ce qui augmente la biodisponibilité du lycopène), pourrait participer à la prévention du cancer de la prostate.

4.2. Polyphénols et flavonoïdes – Catéchines du thé – Isoflavones du soja

• ***Nature des polyphénols et flavonoïdes***

Polyphénols et flavonoïdes sont très nombreux (plus de mille produits différents) et très répandus dans les végétaux et dans les boissons d'origine végétale (café, thé, vin). Les revues de Rémésy (Rémésy *et al.*, 1996) et de Suschetet (Suschetet, 1996) développent les propriétés de ces molécules. Les phénols ont un (acide caféique), deux (acide chlorogénique, resvératrol, curcumine) ou plusieurs cycles (acide ellagique), portant des -OH et des $-OCH_3$, ainsi qu'une chaîne insaturée avec une fonction acide. Les tannins sont des polyphénols très polymérisés. Les flavonoïdes comportent au moins trois cycles dont deux accolés (structure diphénylpyrane), avec de nombreux -OH (quercétine) ou $-OCH_3$ (tangérétine). Les flavonoïdes les plus abondants dans les aliments sont la quercétine et le kaempférol (oignon, pomme, thé). Les concentrations peuvent atteindre 100 mg/kg de végétal, et la consommation quotidienne semble de l'ordre de 20 mg/j. Les fruits rouges sont riches en anthocyanidines (9 cycles). Le **thé** contient une très grande quantité de catéchines, notamment l'épigallocatéchine, qui représente plus de 30 % de sa matière sèche. Enfin le **soja** contient des isoflavonoïdes aux propriétés œstrogéniques (génistéine, daidzéine). Ces phyto-œstrogènes reproduisent partiellement la configuration dans l'espace des œstrogènes des animaux. Nous traiterons aussi dans ce chapitre de deux autres composés extraits du soja : l'acide phytique ou phytate, abondant aussi dans le son de blé et le son de riz, et l'inhibiteur de protéase de Bowman-Birk (BB), également présent dans d'autres légumineuses. Ces deux agents, très prometteurs contre le cancer, ne sont pas des polyphénols. Le phytate est un sucre cyclique entouré de phosphates (inositol-hexa-phosphate). L'inhibiteur de protéase BB est une petite protéine (8kda), très résistante à la digestion, inhibant deux types de protéases à sérine (trypsine et chymotrypsine).

• ***Données épidémiologiques***

Rappelons ici l'association qui est trouvée dans pratiquement toutes les études épidémiologiques, entre la consommation de fruits et de légumes (riches en phénols et flavonoïdes), et la faible incidence de la plupart des cancers. Cependant, les travaux précis sur les polyphénols et les flavonoïdes sont rares, car les concentrations alimentaires sont mal connues. Deux études hollandaises de l'équipe de Hertog ne trouvent aucune relation entre la consommation des 5 flavonoïdes les plus courants et la mortalité par cancer (Suschetet, 1996). La consommation de **thé**, et donc l'ingestion de catéchine et d'autres polyphénols, n'apparaît pas spécialement protectrice contre le cancer (Baron *et al.*, 1997 ; Bushman 1998 ; Hollman *et al.*, 1999), même si certains sont persuadés que le thé est protecteur (Weisburger, 1998). Dans les études les mieux conduites, par exemple dans la cohorte ATBC citée plus haut (voir « caroténoïdes »), les consommateurs de thé noir semblent avoir plus souvent des cancers colorectaux que les non-buveurs (Hartman *et al.*, 1998). Dans d'autres études, le thé vert et le café semblent plutôt associés à un faible risque de cancer colorectal (Rosenberg *et al.*, 1990 ; Ji *et al.*, 1997 ; Kohlmeier *et al.*, 1997 ; Yang *et al.*, 2000). La consommation de SOJA, et l'excrétion urinaire d'isoflavones, semblent globalement associées à un faible risque de cancer colorectal, et, dans certaines études, à un risque diminué de cancer du sein ou de la prostate. La consommation de soja pourrait donc expliquer en partie la faible incidence de ces cancers au Japon, sans qu'on puisse distinguer l'effet des isoflavones de celui du phytate ou de l'inhibiteur de protéase BB. Au total, l'épidémiologie ne montre pas nettement que polyphénols et flavonoïdes, ni même que le soja ou le thé, soient protecteurs contre aucun type de cancer.

• ***Expérimentations animales***

La quercétine est le flavonoïde le plus abondant et le plus étudié : elle semble être à la fois anti- et procancérigène. Elle inhibe nettement la promotion des cancers de la peau chez l'animal : son application locale empêche l'effet d'un promoteur chimique (le TPA). D'autres flavonoïdes sont également anti-promoteurs pour la peau (apigénine par exemple), de même que des tannins (Gali *et al.*, 1992). L'inclusion au régime de fortes doses (2 à 5 %) de quercétine, de rutine, d'acide ellagique, d'acide oléanolique ou d'acide protocatechic, inhibe les microadénomes et/ou les adénocarcinomes initiés chimiquement dans le côlon du rat (Deschner *et al.*, 1991 ; Matsukawa *et al.*, 1997 ; Rao *et al.*, 1991 ; Kawamori *et al.*, 1995 ; Tanaka *et al.*, 1993). Quelques études montrent aussi l'inhibition de tumeurs mammaires, ou de tumeurs de la langue, par des flavonoïdes inclus dans le régime (Tanaka *et al.*, 1993). Cependant, la quercétine ajoutée aux aliments peut parfois induire des tumeurs dans l'intestin, dans le rein et dans la vessie du rat, ou augmenter les tumeurs induites par des cancérigènes chimiques chez la souris et le hamster. Ces effets procancérigènes n'ont pas été confirmés dans d'autres études (Suschetet, 1996).

Plus récemment, après exploration systématique d'extraits végétaux, des inhibiteurs spécialement puissants ont été trouvés. Des flavonoïdes extraits d'agrumes (hespéridine, diosmine) se sont révélés particulièrement efficaces contre la cancérogenèse intestinale (Tanaka *et al.*, 1997). Enfin, la curcumine, un colorant jaune naturel qu'on extrait du curcuma (curry), antioxydant et anti-inflammatoire, s'est révélées spécialement intéressante. La curcumine peut inhiber un grand nombre de cancers différents : cancers de l'estomac induits par le benzopyrène, cancer du duodénum induit par une nitrosamine, cancer du côlon induits par l'azoxyméthane (Huang *et al.*, 1994). La curcumine diminue le nombre des microadénomes intestinaux dans plusieurs études indépendantes, et réduits de nombreux paramètres biochimiques et cellulaires liés au cancer : prolifération, ornithine décarboxylase, protéine kinase C, cyclo-oxygénase 2 par exemple (Huang *et al.*, 1992 ; Rao *et al.*, 1993).

Depuis la revue de Yang et Wang en 1993 qui rapporte des effets inhibiteurs du thé sur la cancérogenèse induite dans pratiquement tous les organes, les études chez l'animal ont été moins cohérentes (Suschetet, 1996). Il semble que le thé soit effectivement anti-initiateur contre la cancérogenèse mammaire et intestinale (Weisburger *et al.*, 1997), mais cet effet est faible (Challa *et al.*, 1997) et n'est pas trouvé dans une étude récente bien conduite (Steele *et al.*, 1999). Il faut donner aux rats des doses très fortes de polyphénols purifiés (1 200 ppm d'épigallocatéchine-gallate) pour inhiber partiellement l'induction de microadénomes par l'azoxyméthane (Steele *et al.*, 1999).

La génistéine, une isoflavone du soja, réduit la cancérogenèse mammaire initiée chez des rats initiés par le diméthylbenzentracène, et le nombre de microadénomes du côlon chez des rats initiés par l'azoxyméthane (Pereira *et al.*, 1994 ; Thiagarajan *et al.*, 1998). Cependant, les isoflavones ne préviennent pas l'apparition de polypes intestinaux chez des souris min (Sorensen *et al.*, 1998), et peuvent même augmenter le nombre de tumeurs intestinales chez le rat (Rao *et al.*, 1997). Le phytate, abondant dans le soja et dans le son, a été protecteur dans toutes les études de cancérogenèse intestinale (Ullah et Shamsuddin, 1990). Il inhibe beaucoup plus efficacement les microadénomes induits par l'azoxyméthane que le son de blé (Jenab *et al.*, 1998). Il inhibe aussi la cancérogenèse mammaire chez le rat (Vucenik *et al.*, 1993). Enfin, l'inhibiteur de protéase BB peut prévenir les cancers en divers sites (intestin grêle, côlon, œsophage, foie, bouche), induits par différents cancérigènes chimiques chez des rats, des souris et des hamsters. L'inhibiteur de protéase BB agit aussi sur l'ulcération induite expérimentalement dans le côlon, et il inhibe des xénogreffes de cancer de la prostate chez les souris *nudes*. C'est enfin l'un des plus puissants inhibiteurs alimentaire connu contre les cancers colorectaux induits chimiquement chez le rat : il agit à très faible dose et peut complètement supprimer la formation d'adénocarcinomes (Yavekiw *et al.*, 1983 ; Kennedy, 1994).

• *Études d'intervention chez l'homme*

Aucune étude clinique de prévention d'un cancer par un polyphénol ou un flavonoïde n'a encore été réalisée chez l'homme. En revanche, leur métabolisme est l'objet de recherches actives chez des volontaires, notamment aux Pays-Bas dans l'équipe de Hollman. On a pu montrer que l'ingestion de polyphénols et de flavonoïdes diminuait l'excrétion urinaire d'un marqueur de l'oxydation de l'ADN, la 8-oxo-déoxyguanosine (Cai *et al.*, 1997). Aucun changement n'a été observé dans les paramètres sanguins de volontaires buvant six bols de thé (noir) au lait par jour (Bingham *et al.*, 1997). D'après Kennedy, un extrait de soja enrichit en inhibiteur de protéase BB est actuellement l'objet d'essais cliniques contrôlés. Récemment, l'administration d'extraits de plusieurs végétaux, contenant notamment des polyphénols, du phytate et de l'inhibiteur de protéase BB, a favorisé de façon étonnante la qualité et la durée de survie de malades atteinds de cancer du poumon (Sun *et al.*, 1999).

• *Mécanismes et hypothèses*

La cancérogénicité de la quercétine s'explique car elle est mutagène dans le test de Ames et dans d'autres tests *in vitro*, comme les flavonoïdes de structure voisine. Mais les flavonoïdes ont aussi des propriétés anti-mutagènes, particulièrement contre les amines hétérocycliques (cancérigènes produits lors de la cuisson des viandes). Il n'est donc pas simple de juger de l'effet global des flavonoïdes sur la mutagenèse *in vivo*. En revanche, les effets sur les phases tardives de la cancérogenèse semblent généralement bénéfiques. Certains flavonoïdes (apigénine et tangérétine) inhibent l'ornithine décarboxylase et rétablissent les jonctions communicantes entre cellules, ce qui explique leur effet anti-promoteur (Chaumontet *et al.*, 1994 ; 1996). La quercétine et la curcumine inhibent aussi la prolifération des cellules cancéreuses en culture (HT29) (Agullo *et al.*, 1994 ; Kuo *et al.*, 1996 ; Hanif *et al.*, 1997), probablement par l'inhibition de protéines kinases (Gamet-Payrastre *et al.*, 1999). Enfin la curcumine a aussi une activité anti-inflammatoire, par inhibition de la cyclo-oxygénase de type 2 dans l'intestin (Zhang *et al.*, 1999).

Les polyphénols du thé pourraient être à la fois anti-initiateurs et anti-promoteurs (Wargovich, 1997 ; Yang *et al.*, 1997). Ils diminuent l'initiation par leur effet antioxydant, en inhibant la nitrosation, en augmentant le métabolisme des cancérigènes et en bloquant certains. Ces polyphénols diminuent la promotion, par l'inhibition de la protéine-kinase C et par l'augmentation des communications intercellulaires.

Les isoflavones du soja affectent le métabolisme des œstrogènes, et bloqueraient certains récepteurs, de façon favorable à la prévention des cancers hormono-dépendants. On peut signaler qu'en Amérique du Nord, beaucoup d'hommes âgés prennent tous les jours des extraits de la plante « Saw palmetto », pour réduire la taille de leur adénome prostatique, et les conséquences sur le débit urinaire. Il est probable que ces extraits contiennent, comme le soja, une substance hormono-mimétique, qui pourrait être éventuellement utilisée pour prévenir le cancer de la prostate. Enfin, l'effet des isoflavones du soja contre les cancers intestinaux pourrait venir de l'inhibition de la croissance des vaisseaux sanguins. Cette angiogenèse est indispensable à la survie des tumeurs et à leur croissance.

Le phytate du soja et du son est un chélateur des métaux : il bloque l'absorption du fer et du zinc. Cela provoque des carences minérales dans certains pays comme l'Iran. Le risque est nul en France, car la fermentation du pain dégrade le phytate. L'effet protecteur du phytate contre les cancers digestifs viendrait de la chélation du fer (Shamsuddin, 1995). Ce métal catalyse la formations de radicaux libres ($OH^•$) et de peroxydes, qui seraient les agents endogènes du cancer (Graf et Eaton, 1993). De fait, l'administration de phytate à des rats initiés défavorise les cryptes aberrantes (Corpet *et al.*, 1997). Cette explication s'applique difficilement aux tumeurs mammaires, pourtant inhibées aussi par le phytate. Celui-ci est en fait le précurseur de l'inositol-tri-phosphate, un agent intracellulaire de la transduction du signal, qui est également protecteur chez l'animal.

L'inhibiteur de protéase BB agit sur de nombreux mécanismes impliqués dans la transformation tumorale, notamment en inhibant les protéases actives dans les tumeurs en croissance, et en supprimant la production de radicaux libres (Kennedy, 1994).

• ***Conclusion personnelle sur polyphénols, flavonoïdes, thé et soja***

Une alimentation riche en végétaux est nettement protectrice contre le cancer. L'épidémiologie ne distingue pas spécialement les végétaux riches en polyphénols ou flavonoïdes. De plus, même s'ils semblent souvent protecteurs dans les expérimentations animales, on ne peut généraliser à l'ensemble des polyphénols et des flavonoïdes les propriétés de certains d'entre eux. Enfin, on ne peut extrapoler à l'homme des expériences animales faites avec de très fortes doses. On doit donc continuer à promouvoir la consommation d'aliments végétaux, sans savoir si les polyphénols et les flavonoïdes qu'ils contiennent sont réellement protecteurs. On ne peut en revanche, à notre avis, prendre le risque d'inclure dans un aliment fonctionnel des produits ayant des effets ambivalents (quercétine), ni encourager la production de végétaux « enrichis » en ces agents. Un panel d'experts anglo-saxons a jugé que les preuves d'un effet protecteur des isoflavones du soja contre les cancer du sein étaient insuffisantes, mais qu'il était possible que le thé vert protège contre le cancer de l'estomac (WCRF, 1997). On doit continuer à étudier les agents les plus actifs, notamment la curcumine, la génistéine, le phytate, et l'inhibiteur de Bowman-Birk.

4.3. Glucosinolates des crucifères (choux)

• ***Nature des glucosinolates***

Chou, chou-fleur, chou de Bruxelles, brocoli, mais aussi radis, moutarde et colza sont des crucifères et contiennent deux types de microconstituants soufrés : des glucosinolates, présentés ici, et, en quantité moindre, des sulfoxydes, également présents dans l'ail, et qui seront présentés plus loin. Les glucosinolates, comme la glucobracissine très abondante dans le chou de Bruxelles (4 g/kg), se décomposent en isothiocyanates (-N = C = S). Ceux-ci sont variés, suivant la chaîne reliée à l'azote, qui peut contenir un cycle (phényl-étyl-isothiocyanate, PEITC) ou un deuxième atome de soufre (sulforaphane). Les glucosinolates se décomposent aussi en un produit indolique cyclique sans soufre, l'indole-3-carbinol (I3C). Les glucosinolates sont toxiques à forte dose chez l'homme et chez les monogastriques, notamment par leur effet anti-thyroïdien (goitre). Ils affectent aussi la reproduction, et lèsent de nombreux tissus, mais peuvent inhiber la cancérogenèse.

• ***Données épidémiologiques***

L'effet généralement protecteur des aliments végétaux contre les cancers, retrouvé dans presque toutes les études cas-témoin, est particulièrement net pour les crucifères. Les crucifères, les choux ou les brocolis sont souvent (avec l'ail) les plus fortement associés à un faible risque de cancer colorectal (Potter et Steinmetz, 1994). Les hommes qui mangent le plus de crucifères ont deux fois moins de cancers de la vessie que les autres, dans la cohorte américaine des professionnels de santé (Michaud *et al.*, 1999). Il y a deux fois moins de cancers colorectaux chez ceux qui mangent le plus de brocoli, dans une très vaste étude cas-témoin (Lin *et al.*, 1998). Dans cette étude, ceux qui avaient un phénotype GSTM1 + (une personne sur deux) n'étaient pas protégés : l'enzyme GSTM1 conjugue les isothiocyanates au glutathion, ils sont donc excrétés et ne peuvent protéger. Globalement, malgré quelques contre-exemples où la consommation de crucifères n'avait pas d'effet protecteur (Steinmetz *et al.*, 1994), l'épidémiologie incite à la consommation de crucifères (Cullinton, 1992).

• ***Expérimentations animales***

L'addition de choux déshydraté dans le régime des rongeurs inhibe la cancérogenèse mammaire, hépatique et intestinale, mais semble favoriser la cancérogenèse du pancréas ou de la peau (Barrett *et al.*, 1998 ; Suschetet, 1996). Les études récentes sur des produits purifiés montrent que les isothiocyanates sont systématiquement protecteurs, alors que l'indole-3-carbinol a des effets soit protecteurs soit promoteurs. Les isothiocyanates diminuent la formation de tumeurs mammaires, du foie, de l'estomac, du poumon et de l'intestin quand ils sont administrés avant ou pendant l'initiation (Lam et Zhang, 1991 ; Sugie *et al.*, 1993 ; 1994), mais sont en général sans effet après l'initiation (Wattenberg, 1992). Exception, le S-méthyl-méthanethiosulfonate (MMTS), issu du chou-fleur, l'un des agents les plus puissants contre la cancérogenèse intestinale induite par l'azoxyméthane, agit même après l'initiation (Kawamori *et al.*, 1995). Un composé de synthèse voisin, l'oltipraz (un dithiolthione), inhibe aussi les tumeurs en de nombreux sites, et agit à toute les phases de la cancérogenèse (Rao *et al.*, 1993 ; Kensler *et al.*, 1999). L'indole-3-carbinol inhibe l'initiation par les cancérigènes chimiques de l'estomac, du poumon, de la glande mammaire et de l'intestin (Wattenberg, 1992 ; Dashwood *et al.*, 1991 ; Guo *et al.*, 1995). Il augmente en revanche la cancérogenèse quand il est donné après l'initiation, et est promoteur des tumeurs du foie et de l'intestin (Dashwood *et al.*, 1991 ; Pence *et al.*, 1986). Globalement, ces études montrent que certains produits sont très protecteurs (MMTS), d'autres uniquement anti-initiateurs (isothiocyanates), et que l'indole-3-carbinol est à la fois anti- et pro-cancer.

• ***Études d'intervention chez l'homme***

Aucun essai clinique contrôlé n'a été publié sur l'effet des crucifères, ou de glucosinolates, sur la prévention du cancer. On a étudié l'effet des crucifères sur des marqueurs indirects de la protection anti-cancer. Un régime riche en crucifères diminue la mutagénicité des urines de volontaires qui mangent de la viande très grillée (riche en amines hétérocycliques) (Demarini *et al.*, 1997). La consommation de 300 g/j de choux de Bruxelles pendant 3 semaines n'augmente pas nettement les enzymes de détoxification liées au glutathion dans des biopsies rectales, par rapport à un régime dépourvu de crucifères (Nijhoff *et al.*, 1995). Ce régime diminue chez les hommes l'excrétion urinaire d'un marqueur de l'oxydation de l'ADN, la 8-oxo-déoxyguanosine (Verhagen *et al.*, 1995).

• ***Mécanismes et hypothèses***

Les glucosinolates inhibent l'initiation des cancers : ils agissent essentiellement en augmentant la détoxication des cancérigènes. Leurs effets sur les enzymes de phase I à cytochrome p450, qui peuvent soit détoxifier soit au contraire activer les cancérigènes, sont variés. En revanche, ils activent pratiquement tous les enzymes de phase II, largement détoxifiantes. C'est pourquoi le sulforaphane a pu être présenté comme le « détoxifiant idéal » (Talalay *et al.*, 1994), et le brocoli l'aliment « idéal » (Nestle *et al.*, 1997). Tous les isothiocyanates induisent la glutathion-S-transférase (GST) et la quinone réductase dans le foie et l'intestin des animaux (Kore *et al.*, 1993 ; Rabot *et al.*, 1993). L'oltipraz et l'indole-3-carbinol agissent également en activant la détoxification des cancérigènes, notamment l'aflatoxine (Kensler *et al.*, 1999 ; Larsen et Williams, 1996). Ces agents ont aussi d'autres effets, via le métabolisme des amines hétérocycliques (Xu *et al.*, 1997), celui des œstrogènes (Tiwari *et al.*, 1994) ou l'apoptose des cellules malignes (Smith *et al.*, 1996 ; 1998 ; Gamet-Payrastre *et al.*, 2000).

• ***Conclusion personnelle sur les glucosinolates***

Les crucifères contiennent naturellement des glucosinolates protecteurs, en plus de fibres et de nombreuses vitamines : ce sont des aliments intéressants, dont on doit encourager la consommation. Faut-il produire des légumes enrichis en glucosinolates, ou fabriquer des aliments fonctionnels avec des extraits de crucifères : cela nous semble inutile (Nestle *et al.*, 1997), d'autant plus que certains produits ont des effets ambivalents (I3C par exemple). Il est possible que des produits synthétiques (oltipraz) ou particulièrement actifs (MMTS) puissent avoir un intérêt dans un aliment fonctionnel, mais cela reste à démontrer chez l'homme.

4.4. Composés soufrés des alliacés (ail, oignons)

• ***Nature des composés soufrés des alliacés***

Les alliacés contiennent des sulfoxydes de S-alkyl-cystéine, qui se transforment sous l'action d'enzymes présentes dans les bulbes, en sulfures d'allyle. Les principaux sont le sulfure de diallyle (CH2 = CH-CH2-S-CH2-CH = CH2) et des allyles voisins (di- et tri-sulfure, méthylés ou non). L'ail en contient environ 4 mg/g. Nous traiterons aussi ici du N-acétyl-cystéine, un acide aminé acétylé antioxydant, non toxique et déjà largement utilisé comme expectorant. Les bulbes, notamment l'oignon, contiennent aussi des flavonoïdes et de l'inuline qui sont peut-être protecteurs (voir ci-dessus).

• ***Données épidémiologiques***

Le cancer de l'estomac est 10 fois moins fréquent dans les provinces de Chine où l'on mange de l'ail (20 g/j !) que dans les autres. Une étude cas-témoins chinoise confirme cette protection au niveau des individus (You *et al.*, 1998). En Hollande, les gros consommateurs d'oignon (1/2 oignon/j) ont deux fois moins de cancer de l'estomac que les autres (Dorant *et al.*, 1996). La même équipe, dans une étude prospective, ne trouve en revanche aucun lien entre la consommation d'ail, d'oignon ou de poireau, et les autres cancers : côlon, sein, poumon (Dorant *et al.*, 1996). Pourtant pratiquement toutes les autres études épidémiologiques trouvent une réduction du risque de cancer colorectal, comprise entre un et deux tiers (ce qui est important), liée à la consommation d'ail et/ou d'oignon, dans les deux sexes, aux États-Unis, en Suisse, en Italie, en Australie (Francheschi *et al.*, 1998 ; Giovannucci *et al.*, 1994 ; Levi *et al.*, 1999 ; Steinmetz *et al.*, 1994 ; Steinmetz et Potter, 1993 ; Witte *et al.*, 1996). Au total, une consommation importante d'ail et d'oignon semble bien associée à un diminution du risque des cancers digestifs.

• ***Expérimentations animales***

L'ail et les sulfures d'allyle inhibent l'initiation de la cancérogenèse dans de nombreux organes : inhibition de l'initiation de foyers prénéoplasiques dans le foie par l'aflatoxine ou par une nitrosamine (Haber-Mignard *et al.*, 1996), inhibition des tumeurs intestinales induites par la diméthylhydrazine (Reddy *et al.*, 1993 ; Wargovich *et al.*, 1997), inhibition de l'initiation de tumeurs mammaires (Ip *et al.*, 1992) du poumon et de l'estomac (Wattenberg, 1992). Le sulfure de diallyl peut aussi inhiber les tumeurs intestinales après l'initiation, mais promouvoir les lésions hépatiques (Fukushima *et al.*, 1997). Sur trois autres études animales, deux confirment cet effet promoteur sur le foie (Suschetet, 1996). Enfin, Ip a eut l'idée étonnante de cultiver des aulx sur un substrat enrichit en sélénium. Le sélénium remplace alors le soufre dans certaines cystéines et dans des sulfures d'allyle. L'ail ainsi enrichit en sélénium est nettement plus inhibiteur des tumeurs mammaires que l'ail normal (Ip *et al.*, 1992). Le N-acétyl-cystéine diminue la formation de tumeurs expérimentales dans le poumon et sur la peau, des microadénomes (Pereira *et al.*, 1994) et de cancers coliques chez le rat (Reddy *et al.*, 1993). Chez l'homme, de l'ail a été donné à des volontaires pour améliorer des marqueurs de risque cardiovasculaire (hypertension, cholestérol), mais nous n'avons pas connaissance d'études d'intervention pour prévenir le risque de cancer. Le N-acétylcystéine est actuellement étudié dans deux interventions en Europe : l'une sur la récurrence des cancers des voies respiratoires (Langman et Boyle, 1998), l'autre sur la récurrence des polypes intestinaux. Cette dernière montre déjà une réduction importante (– 40 %) des polypes par rapport aux témoins (DeLeon et Roncucci, 1997).

• ***Mécanismes et hypothèses***

Le pouvoir anti-initiateur de l'ail et des sulfures d'allyle vient principalement de leur effet sur les enzymes qui métabolisent les cancérigènes. Comme les glucosinolates, les sulfures d'allyles induisent les enzymes liées au glutathion (GST) (Sumiyochi et Wargovich, 1990 ; Wargovich *et al.*, 1996). De plus les sulfures d'allyles modulent les enzymes de phase I de façon globalement détoxifiante (inactivation du p450 2E1, induction du p450 2B1) (Haber *et al.*, 1995). D'autres mécanismes peuvent jouer : l'oignon ajouté au steak avant friture diminue la production d'amines hétérocycliques (Kato *et al.*, 1998). L'ail semble le légume au « pouvoir antioxydant » le plus puissant (Cao *et al.*, 1996). Enfin, l'effet bactéricide de l'ail semble particulièrement net contre *Helicobacter pylorii*, agent probable du cancer de l'estomac (Sivam *et al.*, 1997 ; You *et al.*, 1998).

• ***Conclusion personnelle***

Un panel d'experts anglo-saxons a jugé qu'il était possible que l'ail protège contre le cancer de l'estomac (WCRF, 1997). Il nous semble que les sulfures d'allyles et la N-acétylcystéine sont protecteurs contre les cancers digestifs ; la consommation régulière d'ail et d'oignon est une façon simple d'en ingérer. Cependant, les doses efficaces sont peut-être difficiles à atteindre, pour des raisons individuelles (goût) et sociales (odeur). L'obtention de molécules protectrices sans odeur permettrait une consommation plus large. Enfin l'enrichissement naturel de l'ail en sélénium est un concept nouveau : il ouvre la porte aux « végétaux fonctionnels ».

4.5. Autres microconstituants végétaux

Parmi les très nombreux microconstituants végétaux, dont beaucoup sont encore inconnus, nous présenterons encore ici le limonène, l'acarbose, et le resvératrol :

- **le limonène** est un mono-terpène présent dans les huiles essentielles de la peau des agrumes. On en retrouve dans les jus d'oranges. Inclus dans l'aliment ou dans la boisson, il protège efficacement les animaux contre la cancérogenèse intestinale et mammaire. Il fait régresser les tumeurs, par inhibition de la multiplication des cellules malignes (Kawamori *et al.*, 1996 ; Bardon *et al.*, 1998). D'autres terpènes sont efficaces également sur les tumeurs intestinales, notamment l'alcool de périllyle et le nerolidol (Wattenberg *et al.*, 1991 ; 1992). Le limonène est actuellement l'objet d'essais cliniques chez des femmes à haut risque de cancer du sein ;

- **le resvératrol**, une phytoalexine stilbènique, est trouvé en petite quantité, dans le raisin et dans le vin. Un ensemble de travaux menés essentiellement *in vitro* montre qu'il inhibe de nombreux mécanismes de la cancérogenèse, et qu'il pourrait donc prévenir certains cancers (Jang *et al.*, 1997). Il agit également *in vivo* et ralentit la croissance des tumeurs de la peau et des microadénomes du côlon (Tessitore *et al.*, 1999 Proc AACR 40 #2403) ;
- **l'acarbose** est un inhibiteur non absorbable de l'amylase digestive. Il est extrait de la cosse de haricot, et diminue fortement l'absorption de l'amidon. Or les personnes qui digèrent le mieux l'amidon semblent avoir un risque élevé de cancer colorectal (Thornton *et al.*, 1987). L'amidon non digéré dans l'intestin grêle jouerait dans le côlon le rôle des fibres alimentaires. De fait, des volontaires recevant de l'acarbose ont plus de butyrate dans les selles, et moins d'acides biliaires secondaires (Bartram *et al.*, 1991 ; Weaver *et al.*, 1997). On observe aussi ces effets chez le rat (Holt *et al.*, 1996), et un régime contenant de l'acarbose diminue un peu, mais non significativement, le nombre de polypes dans l'intestin de souris au gène APC muté (Quesada *et al.*, 1998) ;
- **les phytostérols** sont des molécules végétales proches du cholestérol qui sont cantonnés à la lumière du tube digestif. Les plus courants sont le β-sitostérol, le campestérol et le stigmastérol. Ils inhibent la prolifération des cellules cancéreuses *in vitro*, et seraient des protecteurs potentiels contre les cancers digestifs (Rao *et al.*, 1992). Certaines margarines (par exemple pro-activ de Fruit d'Or, et aux États-Unis, Benecol et Take Control) sont déjà enrichies en phytostérol, pour faire baisser la teneur du sang en cholestérol (Zini et Langley, 1999).

D'autres molécules végétales peuvent aussi protéger contre le cancer, mais les données sont très parcellaires : la chlorophylle (pigment vert des feuilles) piège efficacement certains cancérigènes, notamment les amines hétérocycliques issues de la cuisson des viandes (Guo *et al.*, 1995 ; Dashwood, 1997). Enfin on ne peut oublier que l'aspirine a été découverte grâce à l'effet anti-inflammatoire de la décoction d'écorce de saule, qui contient de l'acide salicylique. D'autres végétaux contiennent des molécules anti-inflammatoires simples, qui pourraient participer à la prévention des cancers colorectaux (voir paragraphe 8.1.).

5. *Vitamines*

Les « légumes verts » et les fruits semblent associés à une protection contre les cancers digestifs et respiratoires dans pratiquement toutes les études épidémiologiques. Ces aliments sont des sources importantes de vitamines. Les plus étudiées sont les vitamines liposolubles (A, E et D), et la vitamine C, en raison de leur pouvoir antioxydant (C et E). La vitamine A a été présentée dans le chapitre sur les caroténoïdes (paragraphe 4.1.). Cependant fruits et légumes sont aussi source de folates qui semblent aussi particulièrement intéressants (Kim, 1999). Par ailleurs, les végétaux contiennent aussi des fibres et des substances non nutritives, qui ont, elles aussi, des potentialités protectrices (voir dans ce chapitre les parties 1 et 3).

5.1. Folates

• ***Nature des folates***

L'acide folique, nommé autrefois vitamine B_9, et les folates associent un noyau ptéridine et des glutamates reliés par un acide para-aminobenzoïque. Les aliments riches en folates sont les végétaux verts (épinards surtout et salades : « folate » a la même racine que « feuille »), le foie, les céréales, les légumes secs (Corpet, 1996). Les folates sont nécessaires à la synthèse des bases intégrées aux acides nucléiques (ADN et ARN). Ils participent à la synthèse et à la méthylation de l'ADN *in vivo*, et donc à sa protection, sa réparation, et à la régulation de son expression. Un apport insuffisant en folates avant ou en début de grossesse augmente le risque de défauts de fermeture du tube neural (*spina bifida*). Il semblerait, d'après les teneurs en folates de leurs globules rouges, que 10 à 20 % des Français soient déficients en folates (Hercberg *et al.*, 1994). L'acide folique n'est pas du tout toxique, mais un apport important peut masquer les signes hématologiques d'une anémie par carence en vitamine B_{12}. Ceci a conduit à fixer la dose seuil à 1 mg/j (Bernier *et al.*, 1995).

• ***Données épidémiologiques***

Pour le côlon et le rectum, plusieurs études cas-témoins indiquent un effet protecteur des folates alimentaires (par exemple : White *et al.*, 1997 ; Kato *et al.*, 1999). L'étude prospective de Giovannucci *et al.* (1998) montre une association entre une faible consommation de folates et l'incidence des adénomes du côlon distal : d'après l'auteur, les taux de folates « protecteurs » venaient de suppléments vitaminiques. Effectivement, les infirmières américaines prenant des suppléments « multivitaminés » (acide folique : 0,4 g/j) ont beaucoup moins (– 75 %) de cancers du côlon (Giovannucci *et al.*, 1998). La même équipe montre que chez les hommes, l'effet protecteur des folates n'est significatif que chez les gros buveurs (alcool > 20 g/j). L'alcool augmente le risque d'avoir un polype, les folates le diminuent (Giovannuci *et al.*, 1995). Cette interaction négative alcool/folates a été confirmée depuis pour le cancer du côlon, notamment en France, et pour le cancer du sein (Baron *et al.*, 1998 ; Boutron-Ruault *et al.*, 1996 ; Zhang *et al.*, 1999). L'association entre les folates ingérés, ou mesurés dans le sang, et les lésions du col de l'utérus a été examiné dans 16 études. La moitié de ces études, celles qui portaient sur les lésions précoces du col (dysplasie intra-épithéliale), montrent un effet protecteur des folates. En revanche, la majorité des études cas-témoins n'ont pas détecté d'association entre les folates et le cancer du col au stade invasif. Les folates seraient peut-être protecteurs contre les cancers d'autres organes (poumon, cerveau, œsophage, estomac) mais trop peu d'études ont été faites (revue récente par Kim, 1999). Dans l'ensemble, ces études épidémiologiques laissent penser qu'une carence en folates facilite l'apparition des premiers stades des cancers du col de l'utérus et du côlon.

• ***Expérimentations animales***

En cancérogenèse expérimentale, une carence en folates augmente le développement de tumeurs coliques induites par la diméthylhydrazine chez le rat (Cravo *et al.*, 1992). Chez des rats âgés, un supplément de folates inhibe l'ornithine décarboxylase de la muqueuse du côlon, enzyme clef de la prolifération cellulaire (Nensey *et al.*, 1995). Un régime contenant 4 fois plus de folates que les besoins minimaux inhibe la croissance des tumeurs intestinales chez le rat (Kim *et al.*, 1996). Le méthotrexate bloque l'action des folates, augmente fortement la formation de cancers de la bouche du hamster, ainsi que l'incidence des tumeurs de la peau chez des souris, après induction par des hydrocarbures polycycliques. Il est en revanche des cas où un supplément de folates a augmenté l'initiation ou la promotion de tumeurs chez l'animal. En particulier des tumeurs mammaires, induites par la méthylnitrosourée ou par l'acétylaminofluorène, semblent apparaître plus précocement chez les rats recevant le plus de folates. En résumé de ces études chez les rongeurs, l'effet des folates dépend de la nature et de la dose utilisée, et du modèle de expérimental. Ainsi, pour l'intestin, de petites doses de folates semblent inhiber l'apparition de microtumeurs, mais des doses très fortes dans un environnement fortement cancérogène semblent promotrices (Kim, 1999).

• ***Études d'intervention chez l'homme***

Trois petites études d'intervention ont montré une amélioration nette de métaplasies du poumon chez les fumeurs (folate + vitamine B_{12}), ou de la cytologie de frottis du col de l'utérus. En revanche, l'association acide folique - vitamine C n'a pas amélioré la cytologie de frottis du col dans une étude récente bien conduite incluant 235 volontaires (revue par Glynn et Albanes, 1994). Sept petites études d'intervention ont recherché l'effet d'un supplément de folate sur le côlon. Trois ne montrent pas de changement, mais deux montrent une augmentation bénéfique de la méthylation de l'ADN (Cravo *et al.*, 1998). Chez des Italiens atteints de colite ulcéreuse, les folates diminuent la prolifération du haut des cryptes rectales (Biasco *et al.*, 1997). Enfin un supplément de 1 mg de folate par jour pendant deux ans divise par deux la récurrence des adénomes chez des Grecs, le faible nombre de volontaires (60) rendant ce résultat non significatif (revue par Kim, 1999).

• ***Mécanismes et hypothèses***

Chez la souris et l'homme (dératé), une carence légère en folate est associée à un taux élevé de lésions des chromosomes des globules rouges (Tucker *et al.*, 1993 ; Everson *et al.*, 1988). Ces anomalies cytogénétiques disparaissent lors de l'administration de vitamine. Récemment on a montré *in vivo* des mutations dans le gène p53 (gène suppresseur de tumeur) chez des rats carencés en folates (Kim *et al.*, 1995). Plusieurs mécanismes permettent d'expliquer comment une carence en folates pourrait être associée aux cancers. Les cellules carencées en folates restent plus longtemps en phase S, ce qui augmente leur sensibilité à la formation d'adduits à l'ADN, ainsi que l'incorporation anormale de bases oxydées et d'uracile dans l'ADN. Les mutations qui en résultent pourraient être à l'origine de lignées de cellules initiées. Les cellules contenant peu de folates auraient ainsi plus de sites fragiles dans leurs chromosomes, facilitant ainsi l'incorporation du virus du papillome humain, lui-même à l'origine des dysplasies précancéreuses du col de l'utérus. Par ailleurs, au même titre que d'autres nutriments (méthionine, choline, vitamine B_{12}), les folates sont des pourvoyeurs de groupements méthyles, qui vont protéger l'ADN et inhiber l'expression des oncogènes (Mason, 1994 ; Glynn et Albanes, 1994). Ainsi dans les tumeurs du côlon l'ADN est moins méthylé que dans les tissus normaux adjacents.

• ***Conclusion personnelle***

En conclusion, on dispose de preuves partielles ou indirectes que la carence en folate est associée à certains cancers, notamment intestinaux. Cependant, les données épidémiologiques ne permettent pas de distinguer l'effet spécifique des folates de celui des autres composés végétaux (Corpet, 1996). Deux gros essais cliniques de l'effet de l'acide folique (1 mg/j) sur la récurrence des polypes sont en cours aux États-Unis (Dartmouth, Harvard). L'acide folique est bon marché, sans effets secondaires, et prévient la malformation spina bifida (Kim, 1999). Il nous semble donc possible de l'inclure à petites doses dans des aliments fonctionnels, comme la firme Candia a fait avec son lait supplémenté, pour diminuer le nombre de gens carencés.

5.2. Vitamine C

• ***Nature de la vitamine C***

La vitamine C est l'acide ascorbique, très soluble dans l'eau, et sensible à la chaleur et à l'oxydation par l'air. Les principales sources de vitamine C sont les fruits frais (en particulier citron, orange, kiwi, cassis, poivron, tomate) et les légumes (notamment choux, pomme de terre, salade, persil). Les rats synthétisent la vitamine C dont ils ont besoin, ce qui diminue l'intérêt des expériences de cancérogenèse réalisées dans cette espèce. La vitamine C est indispensable à la formation des tissus conjonctifs et aux défenses immunitaires, deux facteurs clefs de la protection contre la formation des tumeurs. Contrairement à une idée simpliste répandue, la vitamine C n'est pas un « antioxydant » qui permettrait de contrer les radicaux libres. La vitamine C est en fait un agent redox : c'est un antioxydant dans certaines circonstances, probablement aux concentrations apportées par les végétaux ; c'est aussi un oxydant puissant, qui participe à la formation de radicaux libres dans d'autres circonstances. C'est peut-être le cas lorsqu'il est apporté pur et en grande quantité par des suppléments médicamenteux, en particulier lorsqu'il est associé avec du fer, ou donné à quelqu'un qui a des réserves excessives de fer (Herbert, 1994).

• ***Données épidémiologiques***

On a pu dénombrer plus de 100 études épidémiologiques qui rapportent une réduction du risque lié à la consommation d'aliments riches en vitamine C, avec un risque relatif divisé par 2 chez les gros consommateurs (Block, 1991 ; Fontham, 1994). Pour l'estomac, 8 études sur 9 montrent une réduction du risque de cancer chez les personnes consommant le plus de vitamine C, avec un risque relatif de l'ordre de 0,4-0,5 (Block, 1991). L'analyse biochimique des repas montre que la vitamine C est la seule vitamine associée à une faible mortalité par cancer de l'estomac (Ocke *et al.*, 1995). La vitamine C empêcherait la formation de nitrosamines cancérogènes dans l'estomac. Elle protégerait aussi la muqueuse contre la bactérie *Helicobacter pylori*, un agent majeur des gastrites de l'estomac, prédisposant au cancer (Hwang *et al.*, 1994). Pour les voies aérodigestives supérieures (œsophage, larynx, bouche), 9 études sur 10 montrent une réduction significative du risque de cancer en ces sites associée à la consommation de vitamine C. On peut citer en particulier l'étude conduite dans l'ouest de la France par Tuyns en 1987 : après ajustement sur l'âge, la consommation de tabac et d'alcool, ceux qui consommaient peu d'agrumes ou peu de vitamine C avaient un risque relatif de 2,6 d'avoir un cancer de l'œsophage par rapport aux gros consommateurs (Corpet, 1996). Pour le poumon, sur les 12 études ayant estimé les consommations de vitamine C, la moitié a montré une réduction significative des tumeurs du poumon associée à un apport important, 3 autres études faisant apparaître un effet protecteur non significatif. Pour le col de l'utérus, une consommation trop faible de vitamine C, ou une faible teneur plasmatique, semblent associées avec des dysplasies du col, qui sont des conditions précancéreuses. Sur les 7 études d'épidémiologie analytique ayant examiné le lien entre la consommation de vitamine C et les cancers du col, 4 ont trouvé une diminution significative du risque, et 2 une diminution non significative. Pour le sein, la méta-analyse de 12 études cas-témoins de Howe *et al.* (1990) montre que la vitamine C était le nutriment associé le plus significativement à une baisse du risque relatif de cancer du sein (RR = 0,7). L'étude prospective sur la cohorte des infirmières américaines montre aussi une protection associée à la consommation de vitamine C (Zhang *et al.*, 1999 JNCI). Dans le cas des cancers de l'intestin, on observe également un effet protecteur très reproductible des fruits et des légumes. L'une des hypothèses expliquant leur action fait intervenir la vitamine C. Les 7 études publiées sur le cancer du rectum montrent une protection par la consommation d'aliments riches en vitamine C, 5 seulement étant significatives. Seulement 3 des 12 études du cancer du côlon montrent un effet protecteur significatif associé à la consommation d'aliments riches en vitamine C (Block, 1991). La prise de suppléments de vitamine C n'est pas associée à une diminution du risque de cancer colorectal (Neugut *et al.*, 1996).

• ***Expérimentations animales***

L'effet globalement protecteur des aliments riches en vitamine C montré par l'épidémiologie n'est pas retrouvé dans les expériences chez les rongeurs, où la vitamine C semble parfois augmenter la cancérogenèse (Angres et Beth, 1991). Pour l'estomac, la vitamine C n'est pas protectrice chez le rat : sur les 4 études rapportées par Angres et Beth (1991), 3 ne montrent aucun effet. La quatrième étude rapporte une augmentation de l'incidence des tumeurs induites dans l'estomac, sous l'influence d'un apport important d'ascorbate. Pour le côlon également, les effets protecteurs ne sont pas retrouvés en cancérogenèse expérimentale, puisque sur 11 études publiées, seulement 2 montrent une diminution significative de l'incidence des tumeurs. Les 9 autres études ne montrent pas d'effet significatif (Angres et Beth, 1991). Enfin pour le poumon, sur 9 études, 2 indiquent un effet protecteur, 3 ne démontrent pas d'effet, mais 4 montrent que l'ascorbate augmente l'incidence et le nombre de tumeurs.

• *Études d'intervention chez l'homme*

L'apport d'un supplément de vitamine C pendant 5 ans (120 mg/j, soit 3 fois les besoins) n'a pas fait baisser de façon significative la mortalité par cancer de l'estomac ou de l'œsophage dans la région chinoise du Linxian (Blot *et al.*, 1993). Une autre intervention est menée actuellement par Correa *et al.*, en Colombie, dans une population à haut risque de cancer gastrique, associant la vitamine C (2 g/j), du β-carotène (30 mg/j) et un traitement antibiotique contre *Helicobacter pylori*. Pour l'intestin, trois essais cliniques ont testé l'effet protecteur d'un supplément de vitamine C sur la récurrence des polypes. Un supplément de 400 mg/j d'acide ascorbique (vitamine C) et d'α-tocophérol (vitamine E), pendant 2 ans, n'a pas diminué significativement la récurrence des polypes chez 100 patients traités (risque relatif de 0,86 comparé à 100 témoins sous placebo) (McKeown *et al.*, 1988). Le même type d'expérience a été refait par Greenberg *et al.* (1994) qui ont donné 1 g de vitamine C et 400 mg de vitamine E à 800 volontaires pendant 4 ans. Le risque relatif de récurrence d'un polype du côlon était de 1,08 dans le groupe recevant les vitamines. L'intervention de De Cosse *et al.* (1989), chez des patients affectés d'une polypose familiale, n'a pas non plus démontré d'effet protecteur des suppléments vitaminiques (C et E) sur le nombre et la taille des polypes du rectum. Enfin, en France, dans l'étude SUVIMAX en cours on teste l'effet d'un supplément de 120 mg/j de vitamine C et 30 mg de vitamine E (associées avec du carotène, du sélénium et du zinc) sur la santé de 7 500 volontaires pendant 8 ans (Hercberg *et al.*, 1993).

• *Mécanismes et hypothèses*

Effet antioxydant : des études réalisées sur du plasma montrent que l'ascorbate est la première ligne de défense contre les radicaux libres hydrosolubles : il réagit rapidement et désactive les radicaux superoxyde et hydroxyle, ainsi que l'oxygène singulet. De plus il permet de régénérer l'activité antioxydante de la vitamine E dans les systèmes cellulaires. L'ascorbate supprime ou diminue l'effet de nombreux mutagènes sur les bactéries. Chez l'homme, un apport d'antioxydants (dont la vitamine C) diminue la teneur sanguine en 8-oxo-guanine, un marqueur du stress oxydatif de l'ADN, dans 2 études sur 3 (Fraga *et al.*, 1996 ; Howard *et al.*, 1998 ; Prieme *et al.*, 1997).

Effet sur les nitrites : L'ascorbate réagit en milieu acide avec les nitrites et bloque la formation des composés N-nitroso, qui sont mutagènes et cancérogènes. L'ascorbate inhibe ainsi la formation de N-nitrosoproline *in vivo*, chez le rat et chez l'homme, et peut donc aussi empêcher la formation endogène des nitrosamines, qui sont de puissants cancérogènes. Ceci peut expliquer la diminution très importante des cancers de l'estomac dans les pays riches : fruits et légumes frais sont disponibles toute l'année, grâce aux importations (agrumes) et à l'utilisation de réfrigérateurs. L'ascorbate bloque aussi l'activité mutagène des composés N-nitroso après leur formation.

Potentialités toxiques *in vitro* : Dans des conditions particulières l'ascorbate peut provoquer des cassures simple brin dans l'ADN. Ces effets sont amplifiés par les ions cuivre et fer, et inhibés par des chélateurs comme l'EDTA, ainsi que par le glutathion et par la catalase. Ceci laisse penser que des radicaux hydroxyles sont impliqués dans ces effets mutagènes. Ces observations ont été faites dans des cultures cellulaires où la pression partielle d'oxygène est plus forte que celle qui règne *in vivo* (Block et Schwarz, 1994).

Rôle toxique *in vivo* : L'ascorbate peut augmenter la production de tumeurs dans des expérimentations chez des rongeurs : ainsi, la vitamine C administrée à des rats initiés chimiquement n'a parfois pas d'effet (0,2 g d'ascorbate de sodium/kg), parfois un effet protecteur (2-10 g/kg), parfois enfin un effet augmentant la cancérogenèse (50 g/kg) (Yamamoto *et al.*, 1994). Ce dernier cas, paradoxal, pourrait refléter le fait qu'un apport très important de vitamine C chez le rat diminue ses capacités antioxydantes (baisse du glutathion réduit des globules rouges et de la vitamine E du sang). L'apport d'ascorbate pourrait aussi inhiber la synthèse endogène d'ascorbate chez le rat (Block et Schwarz, 1994). On retrouve bien ici l'ambivalence de la vitamine C qui était signalée plus haut.

• ***Conclusion personnelle***

On dispose de beaucoup de données sur la vitamine C. Des enquêtes épidémiologiques, nombreuses et cohérentes, montrent que la consommation d'aliments riches en vitamine C a un effet protecteur, surtout contre les cancers de l'estomac et de l'œsophage. Un panel d'experts anglo-saxons a jugé qu'il était probable que la vitamine C protège contre le cancer de l'estomac, et possible la protection contre les cancers de la bouche, du pharynx, de l'œsophage, du poumon, du pancréas et du col de l'utérus (WCRF, 1997). Cependant, les essais cliniques ont été décevants, ne montrant pas d'effet protecteur des suppléments de vitamine C, notamment pour le côlon. Il est possible que la vitamine C agisse à d'autres étapes de la cancérogenèse que celles qui ont été étudiées, ou en synergie avec d'autres constituants des végétaux (acide folique par exemple). Enfin, l'ascorbate de sodium donné à forte dose à des rats apparaît promoteur dans certaines expériences. Il nous semble donc que, pour la prévention des cancers, la vitamine C ne soit pas un agent utile à ajouter aux aliments fonctionnels, sauf pour des populations carencées. On doit continuer à encourager la consommation de fruits et de légumes.

5.3. Vitamine E

• ***Nature de la vitamine E***

La vitamine E est l'α-tocophérol, et 7 autres tocophérols et tocotriénols qui ont aussi une activité vitaminique. Cette vitamine liposoluble est un antioxydant majeur dans les cellules, et protège les lipides de la peroxydation en captant les radicaux libres. La vitamine C régénère la vitamine E oxydée. La vitamine E est fournie essentiellement par les huiles végétales (tournesol, maïs) et le germe de blé. Les fruits en apportent aussi un peu. Des doses importantes de vitamine E (300 mg/j) sont très bien tolérées (Bernier *et al.*, 1995).

• ***Données épidémiologiques***

Pour certains cancers (poumon, côlon) des études épidémiologiques suggèrent un lien entre la consommation de vitamine E (ou la concentration sanguine d'α-tocophérol) et un risque moindre de cancer (revue par Gerber, 1996). Une méta-analyse rassemblant les résultats de 5 cohortes trouve aussi que les personnes ayant peu de tocophérol dans le sang ont un risque de cancer du côlon légèrement augmenté (Longnecker *et al.*, 1992). La prise de suppléments multivitaminés est associée à un risque diminué de cancer intestinal dans deux études sur trois, mais il s'agit peut-être d'un biais, car ceux qui prennent des vitamines ont une bonne hygiène de vie (nutrition, sport, soins) (Neugut *et al.*, 1996 ; White *et al.*, 1997). Pour les autres cancers, les résultats sont généralement non significatifs, sauf pour les femmes atteintes de cancer du sein, qui ont **plus** de vitamine E dans le sang que les témoins (Gerber, 1996). En revanche, dans le tissu adipeux du sein de femmes cancéreuse, Chajès *et al.* (1996) trouvent moins de tocopherol que chez les témoins.

• ***Expérimentations animales***

Un aliment enrichi en vitamine E inhibe nettement le cancer induit dans la joue du hamster par le diméthylbenzanthracène. Dans les autres modèles expérimentaux, la vitamine E se comporte parfois comme un inhibiteur des tumeurs, parfois comme un promoteur. D'une façon générale, les petites doses sont plutôt bénéfiques, alors que les doses fortes sont promotrices, notamment sur les tumeurs de la peau, de l'intestin, et de la glande mammaire, avec une interaction avec les lipides du régime (Gerber, 1996 ; Cognault *et al.*, 2000).

• ***Études d'intervention chez l'homme***

Dans l'étude finlandaise ATBC, précitée au chapitre sur le carotène, la supplémentation en tocophérol (50 mg/j) n'a eu aucun effet sur le cancer du poumon, mais a réduit d'un tiers l'incidence du cancer de la prostate, et de 41 % la mortalité (Heinonen *et al.*, 1998). Cette intervention a diminué de façon non significative l'incidence du cancer colorectal, mais a augmenté le nombre de polypes détectés. On ne peut savoir si la vitamine E a favorisé les polypes eux-même, ou leur détection en augmentant les saignements (Malila *et al.*, 1999). En se basant sur des arguments indirects, Stone et Papas (1997) proposent que le γ-tocophérol puisse être plus protecteur que l'α-tocophérol. Une intervention chez l'homme, hélas non réalisée en double aveugle (pas de placebo donné aux témoins), a montré une diminution importante de la récurrence des polypes (de 36 à 6 %) chez des volontaires prenant chaque jour 70 mg de vitamine E, associée à des vitamines A et C (Roncucci *et al.*, 1993). Dans l'intervention du Linxian, en Chine, la prise simultanée de vitamine E avec du carotène et du sélénium a diminué significativement la mortalité par cancer de l'estomac (– 21 %) (Blot *et al.*, 1993). On ne peut connaître l'agent actif dans ces interventions multiples.

• ***Mécanismes et hypothèses***

Les propriétés antioxydantes de la vitamine E pourraient expliquer à la fois ses effets préventifs et promoteurs. Dans les premières phases de la cancérogenèse, on suppose que les radicaux libres ont un effet mutagène direct sur l'ADN, ou promoteur, par l'oxydation des lipides et des protéines et la vitamine E préviendrait ces agressions oxydantes. Sur des tumeurs établies, au contraire, la vitamine E protégerait les cellules tumorales en inhibant l'effet cytotoxique des lipides peroxydés. Un excès de vitamine E serait donc promoteur des phases tardives de la cancérogenèse (Chajes *et al.*, 1996 ; Cognault *et al.*, 2000 ; Gerber, 1996).

• ***Conclusion personnelle***

L'effet protecteur de la vitamine E contre le cancer de la prostate semble bien établi sur les fumeurs de l'étude ATBC. Un panel d'experts anglo-saxons a de plus jugé qu'il était possible que la vitamine E protège contre les cancers du poumon et du col de l'utérus (WCRF, 1997). L'effet global nous semble plutôt ambivalent : protecteur aux faibles doses, en début du processus de cancérogenèse, sur le poumon, mais promoteur aux doses fortes ou sur des tumeurs établies, notamment dans le sein. Sur la base des études sur les cancers, il nous semble risqué d'ajouter du tocophérol dans un aliment fonctionnel, sauf peut-être dans un aliment destiné spécifiquement aux hommes adultes, pour prévenir le cancer de la prostate.

5.4. Vitamine D

• ***Nature et rôle de la vitamine D***

La vitamine D_3 est le cholécalciférol, une pro-hormone qui est di-hydroxylée dans le foie puis le rein en $1{,}25(OH)_2D_3$ ou calcitriol, la forme active. Elle est synthétisée dans la peau irradiée au soleil (UV), et apportée par certains aliments (poissons gras notamment). La vitamine D permet l'absorption intestinale du calcium, son métabolisme osseux, et son élimination rénale. Un excès de vitamine D cause une hypercalcémie, provoquant des problèmes de croissance chez l'enfant, et la calcification du rein et des vaisseaux chez l'adulte. La dose seuil serait de 1 000 UI/j (25 mg), soit 2 ou 3 fois plus que les besoins (Bernier *et al.*, 1995).

• ***Données épidémiologiques***

L'épidémiologie montre en Amérique du Nord, en Europe, et en URSS, un gradient géographique très net pour beaucoup de cancers, sein, prostate et côlon notamment, avec un excès de mortalité dans les régions nordiques. L'une des explications de ce gradient nord-sud est la différence d'irradiation solaire, et donc de synthèse de vitamine D dans la peau (Saez *et al.*, 1996). Cependant les régions méridionales bénéficient d'autre facteurs protecteurs, par exemple des fruits et légumes frais bon marchés. Une étude prospective montre une réduction de 80 % du risque de cancer du côlon chez ceux qui ont les plus fortes concentrations en vitamine D dans le sang (Garland *et al.*, 1989). Depuis, si certaines études prospectives portant sur les apports alimentaires de vitamine D ne confirment pas ce résultat (Kampman *et al.*, 1994), d'autres trouvent que la vitamine D pourrait diviser par deux le risque de cancer colique (Martinez *et al.*, 1996 ; Zheng *et al.*, 1998).

• ***Expérimentations animales***

La vitamine D donnée aux animaux diminue le nombre de microadénomes et l'incidence des tumeurs induites par la méthylnitrosourée ou par la diméthylhydrazine (Kawaura *et al.*, 1990, 1998 ; Salim *et al.*, 1997). Cette vitamine, ou sa forme activée, inhibe aussi le développement des tumeurs dans d'autres modèles (peau, glande mammaire, leucémie). On dispose enfin d'un grand nombre de données sur les effets positifs du calcitriol sur la différenciation et la prolifération cellulaire, *via* un récepteur nucléaire spécifique et l'une des protéine kinase C (Saez *et al.*, 1996).

• ***Études d'intervention chez l'homme***

Il n'y a pas eu d'essai clinique de la vitamine D chez l'homme pour prévenir les cancers, notamment en raison de sa toxicité. Des doses faibles de vitamine D ou des analogues ayant moins d'effet sur le métabolisme du calcium pourraient cependant être étudiées sans risque. Cependant la dose active contre les cancers semble plus élevée que celle qui prévient le rachitisme, et les analogues non toxiques ne seraient actifs que sur certaines tumeurs, celles qui expriment le récepteur nucléaire (Saez *et al.*, 1996).

• ***Conclusion personnelle***

La vitamine D, ou un de ses dérivés, est considérée comme prometteuse pour la prévention du cancer, colorectal notamment (Langman et Boyle, 1998). Un panel d'experts anglo-saxons a jugé qu'il n'y avait pas encore assez de preuves de cette protection (WCRF, 1997). Il nous semblerait de plus peu prudent d'ajouter à un aliment fonctionnel un agent dont l'apport alimentaire normal peut varier en fonction du régime, et dont le seuil toxique est si proche de la dose active.

6. *Minéraux*

6.1. Calcium

• ***Rôle du calcium***

Le calcium est un métal abondant dans la nature (calcaire) et dans les aliments (lait). Il est indispensable à la formation des os et des dents, où est localisé 99 % du calcium du corps. La transmission nerveuse et la contraction musculaire, l'activation d'enzymes et les transports membranaires, la coagulation du sang, dépendent de la concentration en calcium du sang, qui est très finement régulée. De par le monde, des gens vivent avec des niveaux alimentaires de calcium extrêmement variés, selon la production laitière locale. Cela n'a pas de conséquence apparente sur leur état nutritionnel car l'organisme peut s'adapter à des apports de calcium très différents. Moins on mange de calcium, mieux on l'absorbe. Il est cependant possible que des apports importants de calcium permettent de limiter l'ostéoporose de la femme ménopausée (voir le chapitre 1.3. de ce livre, par Rémésy).

• ***Données épidémiologiques***

Une grande étude finlandaise montre que les femmes consommant beaucoup de lait ont moins de cancer du sein que les autres, l'effet du calcium lui-même étant non significatif (Seppänen, 1994). En Amérique du Nord, en revanche, une forte consommation de calcium est associé au triplement du risque de cancer de la prostate (Giovannucci *et al.*, 1998). Pour le cancer du côlon, des études américaines suggéraient que le lait contient un élément protecteur (Welberg *et al.*, 1991). Potter *et al.* (1993), dans une large revue des études épidémiologiques, concluent à un effet protecteur du calcium contre les polypes et le cancer du côlon, étayé depuis par beaucoup d'études (Zheng *et al.*, 1998 ; Yang et Chiu, 1998 ; White *et al.*, 1997 ; Martinez *et al.*, 1997 ; Kato *et al.*, 1997). Pourtant, de nombreuses publications ne montrent pas d'effet significatif du calcium ou des produits laitiers sur les cancers digestifs (Kampman *et al.*, 1994 a, b, c ; Martinez *et al.*, 1996 JNCI ; Boutron *et al.*, 1996). Enfin les femmes qui prennent des suppléments de calcium ont deux fois plus souvent un polype que les autres ! (Neugut *et al.*, 1996). Au total l'épidémiologie ne permet pas de conclure à un effet protecteur du calcium sur le cancer (revues de Corpet, 1996 ; BergsmaKadijk *et al.*, 1996 ; Martinez et Willett, 1998).

• ***Expérimentations animales***

Certaines études montrent que le calcium diminue la prolifération de l'épithélium du côlon chez des rats (Beaty *et al.*, 1993 ; Newmark *et al.*, 1991 ; Lapré *et al.*, 1993 b). D'autres travaux ne trouvent pas cet effet (Lupton *et al.*, 1994). Dans certaines études, le calcium, seul ou associé à la vitamine D, diminue la cancérogenèse dans le côlon (Pence, 1995 ; VinasSalas *et al.*, 1998 ; Sitrin *et al.*, 1991). Ainsi, le lactate de calcium (0,32 % Ca *vs* 0,04) diminue aussi l'incidence et la multiplicité des cancers chez le rat (Wargovich *et al.*, 1990). Il diminue l'induction des microadénomes par une amine hétérocyclique (Weisburger *et al.*, 1994). Un régime contenant 3,7 % de carbonate de calcium contrecarre l'effet promoteur de l'acide cholique sur les tumeurs induites par l'azoxyméthane (Pence *et al.*, 1995). D'autres travaux montrent au contraire qu'un régime riche en calcium (1 % *vs* 0,1 %) est promoteur de cancers induits par l'azoxyméthane quelque soit le niveau de lipide du régime (3 ou 30 %) (Bull *et al.*, 1987). Beaucoup d'études montrent qu'un régime riche en calcium est sans effet sur l'incidence des adénocarcinomes induits par la diméthylhydrazine (Karkare *et al.*, 1991 ; Llor *et al.*, 1991 ; Barsoum *et al.* 1992 b, Beaty *et al.*, 1993 ; Jacoby *et al.*, 1993 ; Pence *et al.*, 1996). Enfin Li *et al.*, (1998) montrent que le nombre de microadénomes est maximum pour un régime contenant 4 mg de calcium par kg, et diminue de part et d'autre de cette valeur. Au total, on ne peut conclure simplement que le calcium protège le côlon du rat contre les cancers induits chimiquement.

• ***Études d'intervention chez l'homme***

Le calcium (1,3 g/j, seul ou associé à la vitamine D) réduit la prolifération des cellules de la muqueuse colique, chez des volontaires porteurs de polypes (Lipkin et Newmark, 1985 ; Barsoum *et al.*, 1992 a ; Holt *et al.*, 1998). D'autres travaux montrent au contraire qu'un supplément de calcium (1,2 à 1,5 g/j) augmente la prolifération de la muqueuse des volontaires qui portent des polypes (Grégoire 1989, Kleibeuker *et al.*, 1993), ou ne change pas la prolifération de la muqueuse rectale chez des patients atteints de polypose familiale (Stern *et al.*, 1990 ; Gregoire *et al.*, 1989). Les études les plus récentes, menées en double insu contre placebo, chez des porteurs de polypes, ou dans des familles avec une prédisposition génétique (HNPCC), ne montrent aucun effet du calcium (1,2-2 g/j, sous forme de carbonate) sur la prolifération de la muqueuse rectale (Baron *et al.*, 1995 ; Bostick *et al.*, 1995 ; Cats *et al.*, 1995 ; Alberts *et al.*, 1997 ; Karagas *et al.*, 1998). Dans une de ces études le calcium normalise la distribution de la prolifération, en la limitant à la partie inférieure des cryptes, (Bostick *et al.*, 1995), mais dans une autre le contraire se produit (Baron *et al.*, 1995). Au total, dans les études les mieux conduites chez l'homme le calcium ne diminue pas la prolifération de l'épithélium intestinal (revues de Zimmerman, 1993 ; Kashtan et Stern, 1992 ; Bostick, 1997).

Cependant, récemment, Baron *et al.* (1999) ont montré chez l'homme un effet préventif du calcium sur les adénomes du côlon : dans un essai clinique de grande qualité, réalisé sur 930 volontaires, un supplément quotidien de 3 g de carbonate de calcium (= 1,2 g/j calcium) a diminué la récurrence des polypes. La réduction était faible (– 15 %), mais significative (intervalle de confiance : 0,74-0,98). Une étude d'intervention européenne confirme ce modeste effet bénéfique du calcium contre les polypes (Faivre *et al.*, 1999).

• ***Mécanismes et hypothèses***

Newmark *et al.* ont fait en 1984 l'hypothèse que le calcium diminuerait la solubilité des acides biliaires (promoteurs) dans l'intestin, ce qui diminuerait le risque de cancer colique. Le calcium peut former, avec les acides biliaires et les acides gras, des savons insolubles, ce qui diminuerait leur action « détergente » et « agressive » pour la muqueuse intestinale (Bruce, 1987 ; Govers et Vandermeer, 1993 ; Lupton *et al.*, 1994 ; Rafter *et al.*, 1986, 1987 ; Suzuki *et al.*, 1992). Le calcium diminuerait ainsi la cytoxicité de l'eau fécale (Rafter 1987) en diminuant : 1) la solubilité des acides gras et des acides biliaires hydrophobes ; 2) l'activité surfactante de l'eau fécale ; (3) l'épithéliolyse mesurée par la phosphatase alcaline fécale (Lapré *et al.*, 1991 a et b, 1993 a et c, Govers *et al.*, 1994). Cet effet a été également observé chez l'homme (Welberg *et al.*, 1993 ; Van der Meer, 1994 ; Alberts *et al.*, 1996 ; Govers *et al.*, 1996). Cependant une intervention très soigneuse chez des volontaires (3 g/j de carbonate de calcium donné en double aveugle contre placebo), n'a pas provoqué de diminution des acides biliaires solubles dans l'eau fécale (Alder *et al.*, 1993). Cette dernière étude nous conduit à mettre en doute l'ensemble de l'hypothèse présentée ici. Le calcium pourrait également agir à l'intérieur des cellules, au cours de la transduction du signal, par un effet globalement anti-prolifératif.

• ***Conclusion personnelle sur le calcium***

L'effet du calcium a été particulièrement étudié, et les résultats peu nets dans l'ensemble. Un panel d'experts anglo-saxons a jugé que le calcium ne protégeait sans doute pas contre les cancers digestifs (WCRF, 1997). Pourtant, un supplément de calcium diminue légèrement la récurrence des polypes chez des volontaires (Baron *et al.*, 1999). Une intervention multicentrique européenne semble confirmer l'effet d'un supplément de 2 g/j de calcium (gluconate) sur la récidive et la croissance des polypes intestinaux (Faivre, 1999). Une alimentation riche en produits laitiers peut sans doute apporter assez de calcium, mais d'autres aliments enrichis en calcium seraient utiles à ceux qui ne prennent pas de produits laitages. On trouve sur le marché un lait partiellement délactosés (Lactel), permettant à ceux qui sont intolérants au lactose de consommer un aliment riche en calcium. Yogourt et fromages ont d'ailleurs les mêmes propriétés. On trouve aussi des laits enrichis en calcium (Nactalia, Lactel) a destination des adolescent(e)s, pour étayer leur stock osseux.

6.2. Sélénium

• *Rôle du sélénium*

Le sélénium est un métaloïde de masse 79, très semblable au soufre. Il est inclus dans la glutathion peroxydase, une enzyme qui protège contre les peroxydes, et dans d'autres enzymes de détoxification. Le sélénium est apporté par la viande et le poisson, et les céréales cultivées sur un sol riche en sélénium (ce qui dépend des régions). La noix du brésil est particulièrement riche en sélénium, et l'on peut enrichir l'ail en supplémentant son substrat de culture. Le sélénium est toxique à dose relativement modérée (perte des cheveux et des ongles). La limite de sécurité proposée est de 150 mg/j, soit deux fois les besoins (Bernier *et al.*, 1995).

• *Données épidémiologiques*

Plusieurs études épidémiologiques montrent une corrélation inverse entre la mortalité par cancer et la teneur en sélénium du sol de divers pays ou régions. De même, les régions où la concentration sérique en sélénium est la plus basses sont des régions de forte mortalité cancéreuse, notamment pour les cancers de l'œsophage et de l'estomac. Les études analytiques sont moins cohérentes, et une majorité d'études cas-témoins ne trouvent pas de relation entre le taux sanguin de sélénium et le taux de cancer. Les études prospectives montrent au contraire dans leur majorité que les cancers (poumon, vessie, prostate, pancréas, estomac, côlon) sont 2 à 3 fois moins fréquents chez les hommes qui ont le plus de sélénium dans le sang ou dans les ongles (Yoshizawa *et al.*, 1998). Cette apparente protection ne se retrouve pas chez la femme, notamment pour les cancers hormono-dépendants (sein, ovaire, utérus) (Gerber, 1996). On trouve même parfois une association positive entre le taux de sélénium et certains cancers (sein, mélanome) (Gerber, 1996 ; Kristal et Moe, 1998).

• *Expérimentations animales*

Chez l'animal, le sélénium apporté dans l'aliment inhibe en général les tumeurs chimio-induites, mais les fortes doses semblent plutôt promotrices des tumeurs (Gerber, 1996). Les travaux récents montrent l'activité de composés organiques du sélénium, plus actifs et moins toxiques que le sélénium minéral (Samaha *et al.*, 1997). Une approche particulièrement intéressante consiste à cultiver de l'ail sur un sol riche en sélénium. L'ail contient alors de la séléno-méthylcystéine et des sulfures d'allyle où le sélénium remplace le soufre. Cet ail inhibe plus fortement la cancérogenèse mammaire du rat que l'ail normal ou que du sélénium minéral, sans avoir la toxicité de ce dernier (Ip et Ganther, 1991 ; Ip et Lisk, 1994).

• *Études d'intervention chez l'homme*

Quelques essais cliniques ont été réalisés chez des volontaires, mais en général le sélénium y était associé à d'autres agents. Dans l'intervention du Linxian, en Chine, la prise simultanée de sélénium avec du carotène et de la vitamine E a diminué significativement la mortalité par cancer de l'estomac (– 21 %), sans qu'on puisse connaître l'agent actif (Blot *et al.*, 1993). Une autre étude chinoise n'a pas montré d'effet très net sur le cancer du foie. En revanche, l'intervention de Clark, aux Etats Unis, montre qu'un supplément de 200 mg/j de sélénium pendant 5 ans permet de diviser par trois le risque de cancer de la prostate (Clark *et al.*, 1998). Enfin en France, l'étude SUVIMAX consiste à administrer en double aveugle à des volontaires du sélénium associé à des vitamines et minéraux antioxydants (Preziosi *et al.*, 1998).

• ***Mécanismes et hypothèses***

Le sélénium semble agir en augmentant l'activité des enzymes de détoxication, notamment la glutathion-S-transférase. Il diminue ainsi l'initiation par les cancérigènes chimiques. Il augmente aussi l'activité de la glutathion peroxydase, ce qui pourrait aussi diminuer les phases tardives de la cancérogenèse (Gerber, 1996).

• ***Conclusion personnelle***

Comme la vitamine E avec laquelle il a des interactions et des points communs (Gerber, 1996), le sélénium ne semble pas protéger de façon reproductible contre l'ensemble des cancers. Un panel d'experts anglo-saxons a jugé qu'il était qu'il était possible que le sélénium protège contre le cancer du poumon, mais que les étaient insuffisantes pour les cancers digestifs (WCRF, 1997). Le sélénium nous apparait vraiment efficace contre le cancer de la prostate. Il nous semble cependant trop toxique pour pouvoir être ajouté tel quel à un aliment fonctionnel. En revanche, l'approche qui consiste à faire incorporer du sélénium à des végétaux naturellement protecteurs (ail), ou à ajouter aux céréales des végétaux riches en sélénium organique (noix du Brésil), nous semble particulièrement prometteur. Il pourrait s'agir d'un concept nouveau de « végétaux fonctionnels ».

6.3. Magnésium, zinc

• ***Magnésium***

Les rares études épidémiologiques qui ont testé l'effet du magnésium, trouvent un risque de cancer diminué chez ceux qui ingèrent le plus de magnésium (Birt, 1989). Ainsi, ceux qui boivent une eau « dure », riche en calcium et en magnésium, semblent avoir moins de cancer colorectal (Yang et Chiu, 1998). Trois études expérimentales, réalisées par la même équipe, montrent un effet inhibiteur du magnésium ($Mg(OH)_2$, 0,1-0,2 % de l'aliment) sur les cancers du côlon induits chimiquement chez des rats, et sur la prolifération de l'épithélium colique (Mori *et al.*, 1992). Cette protection vient peut-être simplement comme pour le calcium, de la précipitation des acides biliaires (Wang *et al.*, 1994). Par ailleurs, pour l'œsophage, une étude montre qu'un supplément de magnésium diminue l'incidence des tumeurs induites par une nitrosamine chez le rat (Angres et Beth, 1991). Le magnésium est donc peut-être un élément protecteur, mais les données sont limitées pour pouvoir l'affirmer.

• ***Rôle du zinc***

Le zinc est un métal, présent en petite quantité dans le corps et les aliments (10-15 mg/j). La fonction majeure du zinc est sa participation aux métallo-enzymes (plus de 200). Des carences en zinc, observées par exemple en Iran, se traduisent par un retard de croissance, de l'hypogonadisme chez les garçons (la prostate est riche en zinc), de l'apathie et des problèmes de peau. Dans les pays développés, la petite taille des enfants carencés est normalisée par une supplémentation en zinc. Cette carence est associée aussi avec une fonction immunitaire déprimée. Inversement des apports très élevés en zinc nuisent au métabolisme du cuivre, et affectent aussi la fonction immunitaire. La viande, le poisson, les œufs, apportent la moitié du zinc alimentaire, et favorisent son absorption. Les céréales complètes sont riches en zinc, mais leur contenu en fibres et en acide phytique nuit à l'absorption (Murray *et al.*, 1990).

• ***Données épidémiologiques sur le zinc***

Dans certaines régions, les déficiences graves en zinc ont été associées avec des taux élevés de cancer de l'œsophage (revue par Nelson, 1987). Inversement l'excès de zinc a pu être associé à un risque plus élevé de cancers du sein et du côlon. Ainsi, dans une étude cas-témoins bicentrique (France et Italie), des taux sériques de zinc plus élevés ont été trouvés chez les patientes atteintes de cancer du sein que chez les témoins. Mais il est possible aussi que ce taux de zinc ne soit que le reflet de la prolifération intense des tumeurs, car l'ADN-polymérase contient du zinc (Cavallo *et al.*, 1991). Enfin, on ne trouve pas de corrélation entre les cancers et l'exposition au zinc chez les ouvriers travaillant ce métal (Walsh *et al.*, 1994).

• ***Expérimentations animales sur le zinc***

De nombreuses études montrent qu'une carence en zinc inhibe la croissance des tumeurs transplantées chez l'animal, et prolonge la survie. De façon apparemment contradictoire, après initiation par une nitrosamine, l'incidence des tumeurs de l'œsophage est plus grande chez des rats carencés que chez ceux qui reçoivent un apport normal de zinc (3 *vs* 60 ppm). Des apports importants de zinc inhibent aussi la cancérogenèse dans d'autres modèles animaux de tumeur induite. La contradiction apparente entre ces expériences peut s'expliquer : les tumeurs transplantées ne trouvent pas assez de zinc dans l'organisme carencé pour leur croissance très rapide. Les tumeurs induites trouvent au départ assez de zinc dans l'organisme. La carence limite la défense anti-tumorale, peut-être en raison d'une immunité affaiblie (Walsh *et al.*, 1994). On trouve effectivement plus de zinc dans les tumeurs du côlon induites chez le rat que dans les tissus adjacents. De plus, chez la souris, une carence en zinc augmente le nombre de micro-cancers du côlon, mais ceux-ci restent apparemment bloquées à ce stade (Carter *et al.*, 1997).

• ***Études d'intervention chez l'homme***

La prise d'un supplément contenant, en plus du zinc, des vitamines C et E, du cuivre et du sélénium, permet de réduire des deux tiers un marqueur de l'agression oxydante de l'ADN chez des gros fumeurs (Howard *et al.*, 1998). Deux grosses interventions ont examiné directement l'effet d'un supplément de zinc sur des populations chinoises à haut risque de cancer de l'œsophage. Dans l'étude de l'équipe de Munoz, l'apport d'un supplément composé de zinc, de rétinol et de riboflavine n'a pas changé la prévalence des lésions précancéreuses de l'œsophage (Wahrendorf *et al.*, 1988). Dans l'étude sur la population du Linxian, l'apport d'une association oxyde de zinc (22 mg/j) et vitamine A n'a pas fait baisser significativement la mortalité par cancer de l'estomac ou de l'œsophage (Blot *et al.*, 1993). Ainsi, dans ces régions où l'alimentation est carencée en zinc, l'apport quotidien de ce métal pendant plusieurs années n'a pas changé la mortalité par cancer. Pourtant, en France, le projet SUVIMAX a choisi de tester l'effet d'un supplément de 20 mg/j de zinc (associé avec des vitamines E, C, du carotène et du sélénium) sur la santé de 7 500 volontaires pendant 8 ans (Preziosi *et al.*, 1998).

• ***Conclusion personnelle sur le zinc***

Les études chinoises suggèrent qu'il est inutile de proposer en France des suppléments de zinc pour prévenir les cancers, chez ceux dont le régime n'est pas carencé. En fait le zinc en excès présente une certaine toxicité, probablement par compétition avec le cuivre, et la supplémentation en zinc devrait s'accompagner d'une surveillance médicale (Bernier *et al.*, 1995). Nous ne pensons donc pas que les données justifient l'addition de zinc à un aliment fonctionnel pour lutter contre les cancers.

7. Acides gras

On considère souvent que les aliments gras nuisent à la santé et augmentent le risque de cancer. Ceci n'est cependant pas prouvé (Bougnoux *et al.*, 1996), même si la consommation importante de viandes rouges, riches en graisses saturées, et l'obésité, favorisée par un régime gras, sont très souvent associées au risque des cancers du sein et du côlon. Une part importante du risque des graisses semble en fait venir de l'excès de calories qu'elles apportent. Les expériences sur les animaux montrent que les lipides saturés, et les acides gras polyinsaturés de la série *n*-6 (huiles de tournesol et de maïs), semblent promoteurs de la cancérogenèse mammaire et intestinale. Mais au total, seulement la moitié des études consacrées aux lipides montrent qu'ils sont promoteurs de certains cancers. Ces études ont aussi révélé les potentialités protectrices de certains acides gras, dont nous parlons ci-dessous : acides gras de la série *n*-3 (des huiles de colza, soja, lin et poisson), isomères diène-conjugués (CLA), et quelques lipides mineurs (sphingomyéline, squalène, phytostérols).

• ***Nature des acides gras éventuellement protecteurs***

Les acides gras sont des chaînes carbonées, avec une fonction acide (-COOH) à une extrémité. Les acides gras polyinsaturés (AGPI) comportent 2 à 6 double liaisons, et on distingue la série *n*-3 (ou ω-3) de la série *n*-6. Les mammifères ne peuvent en effet inter-convertir les AGPI des deux séries, dont les effets sur la cancérogenèse apparaissent opposés. Les AGPI *n*-3 semblent protecteurs, et leur première double liaison se situe au 3e carbone à partir du -CH_3. L'AGPI *n*-3 le plus abondant est l'acide α-linolénique (18 carbones, 3 doubles liaisons), présent dans les huiles de colza, de soja, de lin et de périlla (graine coréenne). Dans les huiles « marines » des poissons gras (saumon, sardine), on trouve les acides eicosapentaénoïque et docosahexaénoique (EPA et DHA, 20 et 22 carbones, 5 et 6 doubles liaisons respectivement). La viande contient un peu d'acide α-linolénique, plus lorsque les bovins mangent de l'herbe (Marmer *et al.*, 1984). Les œufs et la viande peuvent être enrichis en EPA et DHA si on les fournit aux poules et aux bovins (VanElswyk, 1997 ; Mandell, 1998). On nomme CLA les isomères diène-conjugués de l'acide linoléiques (*conjugated linoleic acid*). Ils sont produits par les bactéries du rumen, et présents dans la viande bovine et des produits laitiers (2 à 20 mg/g). On trouve plus de CLA dans la viande cuite que crue (Ha *et al.*, 1989), en Australie qu'aux USA, dans le lait d'été que celui d'hiver (Parodi, 1997), et, en France, dans les fromages de montagne (Lavillonière *et al.*, 1998). On trouve aussi dans le lait des sphingomyélines, qui sont des phospholipides membranaires, métabolisés en céramide et sphingosine qui sont des messagers intracellulaires (Parodi, 1997). Enfin le squalène est un isoprénoide de 30 carbones, présent dans l'huile d'olive (et abondant dans le sébum).

• ***Données épidémiologiques***

Une grande étude prospective trouve moins de cancer colorectal chez les New Yorkaises qui consomment le plus de poisson (Kato *et al.*, 1997). Ce résultat est retrouvé en Italie (Fernandez *et al.*, 1999). Les pays où l'on consomme des poissons riches en EPA et DHA sont connus pour leur faible mortalité par cancer du sein ou du côlon (Caygill *et al.*, 1996). Par ailleurs, chez des femmes ayant déjà un cancer du sein, celles qui ont le plus d'acide α-linolénique dans le tissu adipeux ont nettement moins de risque d'avoir des métastases (Bougnoux *et al.*, 1994). Tous ces éléments suggèrent un effet protecteur des AGPI *n*-3. En revanche, pour le cancer de la prostate, une étude prospective américaine montre que les gros consommateurs d'acide α-linolénique ont un risque multiplié par trois (Giovannucci *et al.*, 1993). Cet effet apparemment néfaste de l'acide linolénique a été confirmé dans une autre étude américaine. Cependant, aux USA, cet AGPI vient surtout de la viande rouge, et c'est peut-être celle-ci qui est néfaste. Pour les CLA, une étude cas-témoin française semble montrer que le risque relatif de cancer du sein est moins élevé chez les femmes ayant un taux de CLA élevé dans le tissu adipeux (Lavillonière *et al.*, 1998). Cette différence suggère que les CLA sont protecteurs contre le cancer du sein. Le squalène apporté par l'huile d'olive pourrait expliquer, d'après Newmark, la relative protection des populations méditerranéennes contre les cancers du sein et du pancréas (Newmark, 1998, proc. AACR 39 #134).

• ***Expérimentations animales***

Les régimes riches en AGPI *n*-3 inhibent les cancérogenèse mammaire et intestinale dans un très grand nombre d'études chez les rongeurs. Les huiles riches en acide α-linolénique, lin et perilla (Thompson *et al.*, 1995 ; Narisawa *et al.*, 1994 ; Onogi *et al.*, 1996), des huiles de poisson riches en DHA et EPA, (Nelson *et al.*, 1988 ; Lindner, 1991 ; Reddy *et al.*, 1991 ; Paulsen *et al.*, 1998 ; Chang *et al.*, 1998), ou des AGPI *n*-3 purs (Oshima *et al.*, 1995 ; Takahashi *et al.*, 1997), protègent contre la cancérogenèse. L'effet protecteur est observé dans de nombreux modèles : rats ou souris, tumeurs initiées chimiquement ou greffées, souris transgéniques. Dans de rares études, l'huile de poisson peut augmenter le nombre de tumeurs du pancréas ou du côlon, ou leurs métastases dans le foie (Appel et Woutersen, 1996 ; Good *et al.*, 1998 ; Griffini *et al.*, 1998). Enfin, dans un régime riche en vitamine E, les AGPI *n*-3 peuvent augmenter fortement la cancérogenèse mammaire (Cognault *et al.*, 2000). Les CLA inhibent eux aussi plusieurs types de tumeurs chez l'animal, tout particulièrement les cancers mammaires (Ip et Scimeca, 1997). Leur effet s'exerce à dose plus faible que celui des AGPI *n*-3 (0,1-1 % du régime, au lieu de 10 %) (Bougnoux, communication personnelle). Des sphingolipides du lait, ajouté à 0,1 % au régime, ont diminué le nombre de microadénomes induits par la diméthylhydrazine chez des souris (Schmelz *et al.*, 1996, 2000). Le squalène alimentaire inhibe chez les rongeurs l'initiation des tumeurs du poumon, la croissance des tumeurs pancréatiques, et l'induction de microadénomes du côlon (Rao *et al.*, 1998, Proc AACR 39 #133 ; Hertzler *et al.*, 1999, Proc.AACR 40 #2634).

Globalement, les AGPI *n*-3 sont considérés comme nettement protecteurs contre la cancérogenèse des rongeurs, mais leur effet dépend du régime. Les CLA paraissent plus efficaces, surtout sur les tumeurs mammaires, et sont actifs à très faible dose et quelque soit le régime (Bougnoux *et al.*, 1996 ; Ip, 1997).

• ***Études d'intervention chez l'homme***

À notre connaissance, aucune étude clinique n'a été spécifiquement planifiée pour tester l'effet d'un lipide particulier sur un cancer. Cependant, l'intervention de Lyon, destinée à prévenir la récurrence de l'infarctus du myocarde, apporte une information intéressante : Les 300 volontaires soumis pendant 4 ans à un régime « méditerranéen » très riche en acide α-linolénique (apporté par une margarine spéciale) ont eu moins de cancers que les 300 témoins (2 morts par cancer au lieu de 12, $p < 0{,}05$) (de Lorgeril *et al.*, 1998). On ne peut affirmer que c'est l'acide linolénique qui étaient protecteur, car les régimes différaient par beaucoup d'aspects, notamment par l'apport en fruits et légumes. Deux interventions contrôlées ont montré que la prise de capsules d'huile de poisson diminue la prolifération de la muqueuse rectale (Newmark et Lipkin, 1994).

• ***Mécanismes et hypothèses***

Les effets protecteurs des huiles de poisson ont été reliés à une inhibition de la prolifération des tissus cibles (Lok *et al.*, 1992 ; Kim *et al.*, 1998). Une expérience mieux conduite relie plutôt cette protection à l'augmentation de l'apoptose (mort cellulaire) et de la différenciation des cellules du côlon (Chang *et al.*, 1998). L'effet pro-apoptose de l'huile de poisson vient d'être confirmé (Latham *et al.*, 1999). Ces effets cellulaires pourraient passer par l'inhibition de la synthèse de prostaglandines comme PGE2, bien démontré pour l'huile de poisson mais pas pour l'huile de périlla (Rao et Reddy, 1993 ; Onogi *et al.*, 1996). Les AGPI agiraient donc un peu à la façon de l'aspirine (voir paragraphe 8.1.). Un autre effet des huiles de poisson, bien démontré chez le rat et chez l'homme, est l'amélioration des paramètres sanguins liés à l'obésité et au diabète : diminution des triglycérides et de l'insuline plasmatiques notamment (Friedberg *et al.*, 1998 ; Ikemoto *et al.*, 1996). Ces marqueurs sont peut-être également liés aux cancers du côlon et du sein (McKeown, 1994 ; Kaaks, 1996), et pourraient donc expliquer l'effet protecteur des AGPI *n*-3 et du CLA (Houseknecht *et al.*, 1998 ; Bruce et Corpet, 1996).

• ***Conclusion personnelle sur les AGPI***

Les AGPI *n*-3 sont des acides gras essentiels, nécessaires pour la maturation du cerveau et de la rétine, et à la qualité des membranes. Notre consommation actuelle est probablement insuffisante, d'autant que les huiles habituelles (tournesol) contiennent beaucoup d'AGPI *n*-6. Plusieurs aliments sur le marché sont déjà enrichis en AGPI *n*-3, notamment des œufs et du pain. Il est probable que ces acides gras *n*-3 puissent protéger contre certains cancers, mais d'une part ce n'est pas encore démontré chez l'homme, et d'autre part, cette protection dépend du reste du régime. Ainsi, un régime riche en AGPI et en vitamine E augmente la cancérogenèse mammaire chez des rats (Cognault *et al.*, 2000). Mais la consommation de trop d'AGPI non protégés contre la peroxydation est déconseillée, et elle donne au consommateur une odeur de poisson rance. Ces acides gras *n*-3 ne seront donc pas facile à utiliser. Les CLA sont moins bien connus, mais semblent plus prometteurs : Ils sont actifs à doses très faibles, déjà présentes dans certains aliments. Il semble donc possible, sous réserve que l'intérêt pour l'homme soit confirmé, de modifier certains mode d'élevage ou de technologie laitière, pour augmenter la teneur des aliments en CLA.

8. *Additifs*

Nous avons regroupé sous le terme « additifs » des agents particulièrement prometteurs dans la prévention des cancers, mais qui ne sont normalement pas présents dans les aliments. Leur addition à des aliments fonctionnels poserait probablement des problèmes d'acceptation de la part des consommateurs, et ne serait justifié que s'ils étaient particulièrement actifs et non-toxiques.

8.1. Anti-inflammatoires non stéroïdiens (AINS)

L'aspirine est le premier AINS connu. Découvert empiriquement à partir de l'acide salicylique de la tisane de saule, il est utilisé depuis longtemps contre la douleur et la fièvre. Son effet anti-inflammatoire, via l'inhibition des cyclo-oxygénases (COX1 et COX2), n'a été expliqué que bien après. Or un très grand nombre de travaux épidémiologiques et expérimentaux suggèrent que l'aspirine réduit fortement le risque de cancer (Featherstone, 1997). Les preuves les plus convaincantes portent sur les cancers colorectaux, chez l'homme et chez les rongeurs. D'autres AINS inhibent aussi les tumeurs intestinales, les plus actifs semblant être le sulindac, l'indométhacine et le célécoxib (Langman et Boyle, 1998). Ces AINS ont de graves effets secondaires, car ils provoquent des ulcères et des hémorragies gastrique et duodénales. La recherche s'oriente donc vers des inhibiteurs spécifiques de COX2, plus efficaces contre les cancers, et moins ulcérisants (celecoxib, rofecoxib). L'aspirine et les AINS préviennent les cancers non seulement en inhibant COX2, mais aussi en induisant la mort des cellules tumorales (par apoptose). On cherche donc aussi des analogues des AINS induisant juste l'apoptose (sulindac sulfone, acide phenylazobenzoïque, énantiomères R des AINS). Plusieurs essais cliniques sont en cours chez l'homme pour tester l'effet préventif des AINS, certains résultats préliminaires étant encourageants, d'autres moins (Burn *et al.*, 1995). Au total, les AINS sont très probablement des agents de prévention efficace, mais leurs effets secondaires actuels empêchent de les ajouter à des aliments fonctionnels. Deux approches permettraient de s'affranchir de ces effets toxiques : l'une est de synthétiser des molécules AINS dénuées de toxicité, l'autre est d'utiliser des extraits végétaux ayant une activité anti-inflammatoire. C'est par exemple le cas de l'extrait végétal p54 de phytopharm, et de la curcumine (voir paragraphe 4.2.).

8.2. Ursodéoxycholate

L'acide ursodéoxycholique est un acide biliaire naturel, présent en très petite quantité dans l'intestin, et utilisé pour traiter la lithiase biliaire. Un régime contenant 0,4 % de cet acide inhibe nettement la cancérogenèse intestinale chez le rat, alors que les autres acides biliaires sont promoteurs des tumeurs (Earnest *et al.*, 1994 ; Seraj *et al.*, 1997 ; Narisawa *et al.*, 1998). Le mode d'action passe probablement par la modulation des différentes protéines kinases (Wali *et al.*, 1995), l'inhibition de NOS, une enzyme de l'inflammation (Invernissi *et al.*, 1997), et la réduction de prolifération (Martinez *et al.*, 1998). Cet acide non toxique est donc très prometteur, mais on n'a pas de preuve de son efficacité chez l'Homme (Brasitus, 1995). Il est actuellement utilisé dans une intervention de grande ampleur chez l'homme (Alberts, communication personnelle, 1999), mais sera probablement trop cher pour être utilisé dans les aliments.

8.3. Polyéthylène glycol

Le polyéthylène glycol (PEG) est une sorte de matière plastique soluble dans l'eau. Sa formule est $H(-OCH_2-CH_2)$ *n*-OH avec *n* égale à 200 pour un poids moléculaire de 8 000. Le PEG est utilisé comme laxatif, car il attire l'eau par son pouvoir osmotique. Il n'est pas absorbé du tout, et arrive donc au côlon mais n'est pas fermenté par la flore, ce qui le différencie des fibres. Sa toxicité chez l'Homme semble nulle, et ses effets secondaires moindre que ceux du lactulose (Attar *et al.*, 1999). Nous avons récemment montré que le PEG était un puissant inhibiteur de la cancérogenèse chez le rat : Le PEG est dix fois plus efficace que les autres agents de prévention sur les microadénomes (Corpet et Parnaud, 1999), et il est le meilleur inhibiteur connu des cancers coliques chez le rat (Parnaud *et al.*, 1999). Le PEG agit sur des tumeurs initiées par des cancérigènes variés, et provoque très rapidement la régression de microtumeurs établies (Corpet *et al.*, 2000). Son mécanisme d'action n'est pas encore connu, et on ne dispose pas encore de données chez l'homme. Le PEG est très peu coûteux, il n'a ni goût ni odeur, et peut être incorporé à forte dose dans les aliments aqueux. Il s'agit probablement là d'une nouvelle classe d'agents de prévention très prometteurs.

Conclusion

Aujourd'hui, presque toutes les ressources disponibles contre les cancers sont affectées aux traitements. Leur efficacité ne progresse guère, il semble donc nécessaire de prévenir les cancers. Avec la lutte contre la tabagie, et la détection précoce des tumeurs, l'alimentation est le principal moyen de prévention. Mais pour l'instant, on ne connaît pas précisément les composants alimentaires qui réduisent le risque de cancer chez l'homme. Une raison vient de ce que les outils épidémiologiques ne sont pas assez sensibles pour permettre d'individualiser les nutriments spécifiquement protecteurs. De plus, l'essentiel de nos connaissances repose sur des données nord-américaines, où beaucoup de gens se nourrissent mal (obèses), et prennent abusivement des suppléments (vitamines). De plus la composition des aliments américains n'est pas forcément la même qu'en Europe (viandes par exemple). La démonstration de l'effet protecteur d'un produit contre le cancer sera donc difficile, longue et couteuse. En effet, la preuve nécessite des études d'intervention randomisées, en double aveugle contre placebo, chez des volontaires nombreux. Dans l'idéal, on devrait observer l'effet du produit sur la mortalité par cancer, mais la durée des essais serait alors rédhibitoire. On considère actuellement qu'un agent qui diminuerait l'incidence de tumeurs précancéreuses (polypes par exemple) aurait de grandes chances d'être efficace aussi sur les cancers.

Les études d'intervention déjà publiées montrent qu'il faut être très prudent avant de favoriser la consommation d'une molécule. On pensait que le β-carotène était inoffensif et protecteur contre le cancer du poumon. Mais on a eu la mauvaise surprise de démontrer que les suppléments de carotène augmentaient la mortalité cancéreuse (études ATBC et CARET). On doit aussi envisager les interactions entre nutriments. Ainsi, un apport important et simultané d'acide α-linolénique et de vitamine E, tous deux considérés comme protecteurs, est promoteur des tumeurs mammaires chez le rat (Cognault *et al.*, 2000). Enfin certains agents ont un effet dual selon la dose ou selon l'age. Ainsi, les antioxydants pourraient protéger les cellules saines contre les radicaux libres oxygénés, un effet nettement bénéfique. Pour autant, ils ne sont pas anodins puisqu'ils semblent aussi « protéger » les cellules transformées contre l'apoptose, et ainsi favoriser la croissance des tumeurs.

De nombreux produits semblent cependant prometteurs aujourd'hui, et leur étude chez l'homme est en cours. Pratiquement tous les agents évoqués dans ce chapitre, et dont la liste figure au tableau 3, pourraient se révéler utiles dans la lutte contre les cancers. Cependant, d'après nous, les produits les plus prometteurs sont les synbiotiques (bactéries vivantes et oligosaccharide), le lycopène, la curcumine, les sulfures d'allyles et N-acétylcystéine, le limonène, l'inhibiteur de protéase BB, l'acide folique, la vitamine E, les composés organiques du sélénium, le linolénate conjugué (CLA), l'ursodéoxycholate et le PEG.

Enfin, actuellement, les meilleurs aliments pour la prévention du cancer sont les fruits et les légumes, qui associent une faible densité calorique, un apport de fibres variées, des vitamines et minéraux, et une abondance de microconstituants. L'approche qui consiste à fabriquer artificiellement des aliments fonctionnels correspond à une demande forte des consommateurs, et à une stratégie des industries agroalimentaires. Elle nous semble moins intéressante pour la santé que celle qui consiste à promouvoir une alimentation limitée en quantité, mais variée et riche en légumes et en fruits.

Remerciements

Merci au professeur Philippe Bougnoux d'avoir discuté la conclusion et relu certaines parties, et au docteur Sylviane Taché d'avoir relu tout le texte.

Références bibliographiques

Abdelali H, Cassand P, Soussotte V, Daubeze M, Bouley, C, Narbonne JF (1995). Effect of dairy products on initiation of precursor lesions of colon cancer in rats. *Nutr Cancer,* **24** : 121-132.

Agullo G, Gamet L, Besson C, Demigne, C, Remesy C (1994). Quercetin exerts a preferential cytotoxic effect on active dividing colon carcinoma HT29 and caco-2 cells. *Cancer Lett,* **87** : 55-63.

Alabaster O, Tang ZC, Frost, A, Shivapurkar N (1993). Potential synergism between wheat bran and psyllium - enhanced inhibition of colon cancer. *Cancer Lett,* **75** : 53-58.

Alabaster O, Tang ZC, Frost, A, Shivapurkar N (1995). Effect of b-carotene and wheat bran fiber on colonic aberrant crypt and tumor formation in rats exposed to azoxymethane and high dietary fat. *Carcinogenesis,* **16** : 127-132.

Alberts DS, Ritenbaugh C, Story JA, Aickin M, Reesmcgee S, Buller MK, Atwood J, Phelps J, Ramanujam PS, Bellapravalu S, Patel J, Bettinger, L, Clark L (1996). Randomized, double-blinded, placebo-controlled study of effect of wheat bran fiber and calcium on fecal bile acids in patients with resected adenomatous colon polyps. *JNCI,* **88** : 81-92.

Alberts DS, Einspahr J *et al.* (1997). The effect of wheat bran and calcium supplementation on rectal mucosal proliferation rates in patients with resected adenomatous colorectal polyps. *Cancer Epidemiol Biom Prev,* **6** : 161-169.

Alberts DS, Martinez ME, Roe DJ, Guillenrodriguez JM, Marshall JR, Vanleeuwen JB, Reid ME, Ritenbaugh C, Vargas PA, Bhattacharyya AB, Earnest DL, Sampliner RE, Parish D, Koonce, K, Fales L (2000). Lack of effect of a high-fiber cereal supplement on the recurrence of colorectal adenomas. *New Engl J Med,* **342** : 1156-1162.

Alder RJ, McKeown-Eyssen, G, Bright-See D (1993). Randomized trial of the effect of calcium supplementation on fecal risk factors for colorectal cancer. *Amer J Epidemiol.* **138** : 804-814.

Alink GM, Kuiper HA, Hollanders VM. H, Koeman JH (1993). Effect of heat processing and of vegetables and fruit in human diets on 1,2-dimethylhydrazine-induced colon carcinogenesis in rats. *Carcinogenesis,* **14** : 519-524.

AnderssonHassam E, and AstierDumas M (1991). Habitudes alimentaires et cancers colorectaux : étude cas témoins. *Med Nutr,* **27** : 300-304.

Angres, G, Beth M (1991). Effects of dietary constituents on carcinogenesis in different tumor models: an overview from 1975 to 1988. *In*: Alfin-Slater RB, Kritchevsky D. *Cancer and Nutrition.* Plenum Press, NY, 337-485.

Appel MJ, Woutersen RA (1996). Dietary fish oil (maxEPA). enhances pancreatic carcinogenesis in azaserine-treated rats. *Brit J Cancer,* **73** : 36-43.

Attar A, Lemann M, Ferguson A, Halphen M, Boutron MC, Flourie B, Alix E, Salmeron M, Guillemot F, Chaussade S, Menard AM, Moreau J, Naudin, G, Barthet M (1999). Comparison of a low dose polyethylene glycol electrolyte solution with lactulose for treatment of chronic constipation. *Gut,* **44** : 226-230.

Bardon S, Picard, K, Martel P (1998). Monoterpenes inhibit cell growth, cell cycle progression, and cyclin D1 gene expression in human breast cancer cell lines. *Nutr Cancer,* **32** : 1-7.

Baron JA, Tosteson TD, Wargovich MJ, Sandier R, Mandel J, Bond J, Haile R, Summers R, Vanstolk R, Rothstein, R, Weiss J (1995). Calcium supplementation and rectal mucosal proliferation: a randomized controlled trial. *JNCI,* **87** : 1303-1307.

Baron JA, Greenberg DR *et al.* (1997). Coffe and tea and the risk of recurrent colorectal adenomas. *Cancer Epidemiol Biom Prev,* **6** : 7-10.

Baron JA, Sandler RS, Haile RW, Mandel JS, Mott LA, Greenberg DR (1998). Folate intake, alcohol consumption, cigarette smoking, and risk of colorectal adenomas. *JNCI,* **90** : 57-62.

Baron JA, Beach M, Mandel JS, Vanstolk RU, Haile RW, Sandler RS, Rothstein R, Summers RW, Snover DC, Beck GJ, Bond JH, Greenberg DR (1999). Calcium supplements for the prevention of colorectal adenomas. *New Engl J Med,* **340** : 101-107.

Barrett JE, Klopfenstein CF, Leipold HW (1998). Protective effects of cruciferous seed meals and hulls against colon cancer in mice. *Cancer Lett,* **127** : 83-88.

Barsoum GH, Hendrickse C, Winslet MC, Youngs D, Donovan IA, Neoptolemos JP, Keighley MR. B (1992). Reduction of Mucosal Crypt Cell Proliferation in Patients with Colorectal Adenomatous Polyps by Dietary Calcium Supplementation. *Brit J Surg.* **79** : 581-583.

Barsoum GH, Thompson H, Neoptolemos JP, Keighley MR. B (1992). Dietary calcium does not reduce experimental colorectal carcinogenesis after small bowel resection despite reducing cellular proliferation. *Gut,* **33** : 1515-1520.

Bartram HP, Scheppach W, Heid C, Fabian, C, Kasper H (1991). Effect of Starch Malabsorption on Fecal Bile Acids and Neutral Sterols in Humans - Possible Implications for Colonic Carcinogenesis, *Cancer Res,* **51** : 4238-4242.

Beaty MM, Lee DY, Glauert HP (1993). Influence of dietary calcium and vitamin-d on colon epithelial cell proliferation and 1,2-dimethylhydrazine-induced colon carcinogenesis in rats fed high fat diets. *J Nutr,* **123** : 144-152.

BergsmaKadijk JA, VantVeer P, Kampman, E, Burema J (1996). Calcium does not protect against colorectal neoplasia. *Epidemiology,* **7** : 590-597.

Bernier JJ, PotierDeCourcy G, AzaisBraesco V, Brion F, Brissot P, Garabedian M, Guilland JC, Louisot P, Martin A, Navarro J, Pascal, G, Shapiro A (1995). *Rapport sur les limites de sécurité dans les consommations alimentaires des vitamines et minéraux.* Rapport avec avis du Conseil supérieur de l'hygiène publique de France, CSHPF, Paris.

Biasco G, Zannoni U, *et al.* (1997). Folic acid supplementation and cell kinetics of rectal mucosa in patients with ulcerative colitis. *Cancer Epidemiol Biom Prev.* **6** : 469-471.

Bingham SA, Vorster H, Jerling JC, Magee E, Mulligan A, Runswick SA, Cummings JH (1997). Effect of black tea drinking on blood lipids, blood pressure and aspects of bowel habit. *Brit J Nutr,* **78** : 41-55.

Birt DF (1989). Effects of the intake of selected vitamins and minerals on cancer prevention. *Magnesium,* **8** : 17-30.

Block G (1991). Vitamin-C and Cancer Prevention - The Epidemiologic Evidence. *Amer J Clin Nutr,* **53** : S270-S282.

Block G, Schwarz R. *Ascorbic acid and cancer - animal and cell culture data.* Natural Antioxidants in Human Health and Disease. B. Frei. 129-155.

Blot WJ, Li JY, Taylor PR, *et al.* (1993). Nutrition intervention trials in Linxina, China: supplementation with specific viamin/ mineral combinations, cancer incidence, and mortality int he general population. *JNCI,* **85** : 1483-1492.

Bolognani F, Rumney CJ, Rowland IR (1997). Influence of carcinogen binding by lactic acid-producing bacteria on tissue distribution and *in vivo* mutagenicity of dietary carcinogens. *Food Chem Toxicol,* **35** : 535-545.

Bostick RM, Fosdick L, Wood JR, Grambsch P, Grandits GA, Lillemoe TJ, Louis TA, Potter JD (1995). Calcium and colorectal epithelial cell proliferation in sporadic adenoma patients: a randomized, double-blinded, placebo-controlled clinical trial. *JNCI,* **87** : 1307-1315.

Bostick RM (1997). Human studies of calcium supplementation and colorectal epithelial cell proliferation. *Cancer Epidemiol Biom Prev,* **6** : 971-980.

Bougnoux P, Koscielny S, Chajes V, Descamps P, Couet, C, Calais G (1994). a-linolenic acid content of adipose breast tissue: a host determinant of the risk of early metastasis in breast cancer. *Br. J. Cancer,* **70** : 330-334.

Bougnoux P, Corpet D, Gerber M (1996). Acides gras alimentaires et cancérogenèse. *In*: Riboli E *et al. Alimentation et Cancer.* Tec & Doc Lavoisier, Paris : 281-314.

Boutron MC, Faivre J, Marteau P, Couillault C, Senesse, P, Quipourt V (1996). Calcium, phosphorus, vitamin D, dairy products and colorectal carcinogenesis: a French case-control study. *Brit J Cancer,* **74** : 145-151.

Boutron-Ruault MC, Senesse P, Faivre J, Couillault, C, Belghiti C (1996). Folate and alcohol intakes: related or independent roles in the adenoma-carcinoma sequence? *Nutr Cancer,* **26** : 337-346.

Brasitus TA (1995). Primary chemoprevention strategies for colorectal cancer: ursodeoxycholic acid and other agents. *Gastroenterology,* **109** : 2036-2038.

Bruce WR (1987). Recent hypotheses for the origin of colon cancer. *Cancer Res.* **47** : 4237-4242.

Bruce WR, Corpet DE (1996). The colonic protein fermentation and insulin resistance hypotheses for colon cancer etiology : Experimental tests using precursor lesions. *Europ J Cancer Prev,* **5** : 41-47.

Bull A, Bird RP, Bruce WR, Nigro, N, Medline A (1987). Effect of calcium on azoxymethane induced intestinal tumors in rats. *Gastroenterology,* **92** : #1332.

Burn J, Chapman PD, Mathers J, Bertario L, Bishop DT, Bulow S, Cummings J, Phillips, R, Vasen H (1995). The protocol for a european double-blind trial of aspirin and resistant starch in familial adenomatous polyposis: the CAPP study. *Europ J Cancer,* **31A** : 1385-1386.

Bushman JL (1998). Green tea and cancer in humans: a review of the literature. *Nutr Cancer,* **31** : 151-159.

Cai QY, Rahn RO, Zhang RW (1997). Dietary flavonoids, quercetin, luteolin and genistein, reduce oxidative DNA damage and lipid peroxidation and quench free radicals. *Cancer Lett,* **119** : 99-107.

Cao GH, Sofic, E, Prior RL (1996). Antioxidant capacity of tea and common vegetables. *J Agric Food Chem,* **44** : 3426-3431.

Carter JW, Lancaster H, Hardman WE, Cameron IL (1997). Zinc deprivation promotes progression of 1,2-dimethylhydrazine-induced colon tumors but reduces malignant invasion in mice. *Nutr Cancer,* **27** : 217-221.

Cats A, Kleibeuker JH, Vandermeer R, Kuipers F, Sluiter WJ, Hardonk MJ, Oremus DT. H.G.J, Mulder NH, Devries DG. E (1995). Randomized, double-blinded, placebo-controlled intervention study with supplemental calcium in families with hereditary nonpolyposis colorectal cancer. *JNCI,* **87** : 598-603.

Cavallo, F, Gerber M *et al.* (1991). Zinc and copper in breast cancer. A joint study in northern Italy and southern France. *Cancer,* **67** : 738-745.

Caygill CP. J, Charlett, A, Hill MJ (1996). Fat, fish, fish oil and cancer. *Brit J Cancer,* **74** : 159-164.

Chajes V, Bougnoux P (1996). Alpha-tocopherol and hydroperoxide content in breast adipose tissue from patients with breast tumors. *Int J Cancer,* **67** : 170-175.

Challa A, Rao DR, Chawan CB, Shackelford L (1997). Bifidobacterium longum and lactulose suppress azoxymethane-induced colonic aberrant crypt foci in rats. *Carcinogenesis,* **18** : 517-521.

Challa A, Rao DR, Reddy BS (1997). Interactive suppression of aberrant crypt foci induced by azoxymethane in rat colon by phytic acid and green tea. *Carcinogenesis,* **18** : 2023-2026.

Chang WC. L, Chapkin RS, Lupton JR (1998). Fish oil blocks azoxymethane-induced rat colon tumorigenesis by increasing cell differentiation and apoptosis rather than decreasing cell proliferation. *J Nutr,* **128** : 491-497.

Chaumontet C, Bex V, Gaillardsanchez I, Seillanheberden C, Suschetet, M, Martel P (1994). Apigenin and tangeretin enhance gap junctional intercellular communication in rat liver epithelial cells. *Carcinogenesis,* **15** : 2325-2330.

Chaumontet C, Suschetet M, Honikmanleban E, Krutovskikh VA, Berges R, Lebon AM, Heberden C, Shahin MM, Yamasaki, H, Martel P (1996). Lack of tumor-promoting effects of flavonoids: studies on rat liver preneoplastic foci and on *in vivo* and *in vitro* gap junctional intercellular communication. *Nutr Cancer,* **26** : 251-263.

Cognault S, Jourdan ML, Germain E, Pitavy R, Morel E, Durand G, Bougnoux, P, Lhuillery C (2000). Effect of an a-linolenic acid-rich diet on rat mammary tumor growth depends on the dietary oxidative status. *Nutr Cancer,* **36** : 33-41.

Corpet D (1996). Minéraux. *In*: Riboli E *et al. Alimentation et Cancer.* Tec & Doc Lavoisier, Paris. 385-401.

Corpet D (1996). Vitamines hydrosolubles. *In*: Riboli E *et al. Alimentation et Cancer.* Tec & Doc Lavoisier, Paris. 373-384.

Corpet DE (1996). Expérimentation animale en nutrition et cancérogenèse ; Animal models for studying nutrition and cancer. *Revue Med. Vet.* **147** : 175-180.

Corpet DE, Jacquinet C, Peiffer, G, Tache S (1997). Insulin injections promote the growth of aberrant crypt foci in the colon of rats. *Nutr Cancer,* **27** : 316-320.

Corpet DE, Tache, S, Peiffer G (1997). Colon tumor promotion: is it a selection process? effects of cholate, phytate, and food restriction in rats on proliferation and apoptosis in normal and aberrant crypts. *Cancer Lett,* **114** : 135-138.

Corpet DE, Parnaud G (1999). Polyethylene-glycol, a potent suppressor of azoxymethane-induced colonic aberrant crypt foci in rats. *Carcinogenesis,* **20** : 915-918.

Corpet DE, Parnaud G, Delverdier M, Peiffer G, Taché S (2000). Consistent and fast inhibition of colon carcinogenesis by polyethylene-glycol, in mice and rats given various carcinogens. *Cancer Res,* **60** : 3160-3164.

Cravo ML, Mason JB, Dayal Y, Hutchinson M, Smith D, Selhub, J, Rosenberg IH (1992). Folate Deficiency Enhances the Development of Colonic Neoplasia in Dimethylhydrazine-Treated Rats. *Cancer Res,* **52** : 5002-5006.

Cravo ML, Pinto AG, Chaves P, Cruz JA, Lage P, Leitao CN, Mira FC (1998). Effect of folate supplementation on DNA methylation of rectal mucosa in patients with colonic adenomas: correlation with nutrient intake. *Clinical Nutr,* **17** : 45-49.

Culliton B.J (1992). Eat your broccoli (and brussels sprouts). *Nature.* **356** : 377.

Cummings JH, Bingham SA (1998). Fortnightly review - diet and the prevention of cancer. *Brit Med J.* **317** : 1636-1640.

Dashwood RH (1997). Chlorophylls as anticarcinogens (review). *Int J Oncology.* **10** : 721-727.

Dashwood RH, Fong AT, Williams DE, Hendricks JD, Bailey GS (1991). Promotion of Aflatoxin-B1 Carcinogenesis by the Natural Tumor Modulator Indole-3-Carbinol. *Cancer Res,* **51** : 2362-2365.

Decloitre, F, Riboli D (1996). Conclusions générales. *In*: Riboli E *et al. Alimentation et Cancer.* Tec & Doc Lavoisier, Paris. 507-513.

Decosse JJ, Miller HH, Lesser ML (1989). Effect of wheat fiber and vitamin C and E on rectal polyps in patients with familial adenomatous polyposis. *JNCI,* **81** : 1290-12397.

DeLeon MP, Roncucci L (1997). Chemoprevention of colorectal tumors: role of lactulose and of other agents. *Scand J Gastroenterol,* **32** : 72-75.

DeLorgeril M, Salen P, Martin JL, Monjaud I, Boucher, P, Mamelle N (1998). Mediterranean dietary pattern in a randomized trial: prolonged survival and possible reduced cancer rate. *Arch Intern Med,* **158** : 1181-1187.

Demarini DM, Hastings SB, Brooks LR, Eischen BT, Bell DA, Watson MA, Felton JS, Sandler, R, Kohlmeier L (1997). Pilot study of free and conjugated urinary mutagenicity during consumption of pan-fried meats: possible modulation by cruciferous vegetables, glutathione s-transferase-m1, and n-acetyltransferase-2. *Mutat Res,* **381** : 83-96.

Deschner DE, Ruperto JF, Lupton JR, Newmark HL (1990). Dietary butyrate (tributyrin). does not enhance AOM-induced colon tumorigenesis. *Cancer Lett,* **52** : 79-82.

Deschner DE, Ruperto J, Wong, G, Newmark HL (1991). Quercetin and Rutin As Inhibitors of Azoxymethanol-Induced Colonic Neoplasia. *Carcinogenesis,* **12** : 1193-1196.

Djouzi, Z, Andrieux C (1997). Compared effects of three oligosaccharides on metabolism of intestinal microflora in rats inoculated with a human faecal flora. *Brit J Nutr,* **78** : 313-324.

Doll R, Peto R (1981). The causes of cancer. *JNCI,* **66** : 1191-1308.

Dorant E, Vandenbrandt PA, Goldbohm RA, Sturmans F (1996). Consumption of onions and a reduced risk of stomach carcinoma. *Gastroenterology.* **110** : 12-20.

Dorant E, VandenBrandt, P, Goldbohm RA (1996). A prospective cohort study on the relationship between onion and leek consumption, garlic supplement use and the risk of colorectal carcinoma in the Netherlands. *Carcinogenesis,* **17** : 477-484.

Earnest DL, Holubec H, Wali RK, Jolley CS, Bissonette M, Bhattacharyya AK, Roy H, Khare, S, Brasitus TA (1994). Chemoprevention of azoxymethane-induced colonic carcinogenesis by supplemental dietary ursodeoxycholic acid. *Cancer Res,* **54** : 5071-5074.

Everson RB, Wehr CM, Erexon GL, MacGregor JT (1988). Association of marginal folate depletion with increased human chromosomal damage *in vivo*: demonstration by analysis of micronucleated erythrocytes. *JNCI,* **80** : 525-529.

Faivre J, Boutron MC, Gerber M, Thorling DB, Goodlab RA, *et al.* (1993). Precancerous lesions of the digestive tract: strategies for intervention. *Europ J Cancer Prev,* **2** Suppl.1 : 1-36.

Faivre J, BonithonKopp C, Kronborg O, Rah, U, Giacosa A (1999). A randomized trial of calcium and fiber supplementation in the prevention of recurrence of colorectal adenomas. A European intervention study. *Gastroenterology,* **116** : G0238.

Featherstone C (1997). Aspirin for bowel cancer: an old friend finds a new role. *Lancet,* **350** : 418.

Ferguson LR, Harris PJ (1998). Suberized plant cell walls suppress formation of heterocyclic amine-induced aberrant crypts in a rat model. *Chem-Biol Interactions.* **114** : 191-209.

Fernandez E, Chatenoud L, Lavecchia C, Negri, E, Franceschi S (1999). Fish consumption and cancer risk. *Amer J Clinical Nutr,* **70** : 85-90.

Fontham DTH. Vitamin-C, vitamin-C rich foods, and cancer - epidemiologic studies. *In*: Frei B. *Natural Antioxidants in Human Health and Disease.* Academic Press Inc. NY, 157-197.

Fraga CG, Motchnik PA, Wyrobek AJ, Rempel DM, Ames BN (1996). Smoking and low antioxidant levels increase oxidative damage to sperm DNA. *Mutat Res.* **351** : 199-203.

Franceschi S, Parpinel M, Lavecchia C, Favero A, Talamini, R, Negri D (1998). Role of different types of vegetables and fruit in the prevention of cancer of the colon, rectum, and beast. *Epidemiology,* **9** : 338-341.

Freeman HJ (1986). Effects of differing concentrations of sodium butyrate on 1,2-dimethylhydrazine induced rat intestinal neoplasia. *Gastroenterology.* **91** : 596-602.

Friedberg CE, Janssen MJ. F.M, Heine RJ, Grobbee DE (1998). Fish oil and glycemic control in diabetes: a meta-analysis. *Diabetes Care.* **21** : 494-500.

Frieling UM, Schaumberg DA, Kupper TS, Muntwyler, J, Hennekens CH (2000). A randomized, 12-year primary-prevention trial of b carotene supplementation for non-melanoma skin cancer in the physicians'health study. *Arch Dermatol,* **136** : 179-184.

Fuchs CS, Giovannucci DL, Colditz GA, Hunter DJ, Stampfer MJ, Rosner B, Speizer FE, Willett WC (1999). Dietary fiber and the risk of colorectal cancer and adenoma in women. *New Engl J Med,* **340** : 169-176.

Fukushima S, Takada N, Hori, T, Wanibuchi H (1997). Cancer prevention by organosulfur compounds from garlic and onion. *J Cell Biochem,* Suppl **27** : 100-105.

Gali HU, Perchellet DM, Klish DS, Johnson JM, Perchellet JP (1992). Hydrolyzable Tannins - Potent Inhibitors of Hydroperoxide Production and Tumor Promotion in Mouse Skin Treated with 12-O-Tetradecanoylphorbol -13-Acetate In vivo. *Int J Cancer,* **51** : 425-432.

Gallaher DD, Stallings WH, Blessing LL, Busta FF, Brady LJ (1996). Probiotics, cecal microflora, and aberrant crypts in the rat colon. *J Nutr,* **126** : 1362-1371.

Gallaher DD, Khil J (1999). The effect of synbiotics on colon carcinogenesis in rats. *J Nutr,* **129** : 1483S-1487S.

Gamet-Payrastre L, Manenti S, Gratacap MP, Tulliez J, Chap, H, Payrastre B (1999). Flavonoids and the inhibition of PKC and PI 3-kinase. *Gen Pharmacol,* **32** : 279-286.

Gamet-Payrastre L, Li PF, Lumeau S, Cassar G, Dupont MA, Chevolleau S, Gasc N, Tulliez, J, Terce F (2000). Sulforaphane, a naturally occurring isothiocyanate, induces cell cycle arrest and apoptosis in HT29 human colon cancer cells. *Cancer Res,* **60** : 1426-1433.

Gann PH, Ma J, Giovannucci E, Willett W, Sacks FM, Hennekens CH, Stampfer MJ (1999). Lower prostate cancer risk in men with elevated plasma lycopene levels: results of a prospective analysis. *Cancer Res,* **59** : 1225-1230.

Garland CF, Garland FC, Shaw EK, Comstock GW, Helsing KJ, Gorham ED (1989). Serum 25-hydroxyvitamin D and colon cancer: 8 year prospective study. *Lancet,* **18** : 1176-1178.

Gerber M (1996). Vitamine E, sélénium et cancer. *In*: Riboli E *et al. Alimentation et Cancer.* Tec & Doc Lavoisier, Paris. 345-372.

Giovannucci E (1999). Tomatoes, tomato-based products, lycopene, and cancer: review of the epidemiologic literature. *JNCI,* **91** : 317-331.

Giovannucci E, Rimm DB, Colditz GA, Stampfer MJ, Ascherio A, Chute CC, Willett WC (1993). A prospective study of dietary fat and risk of prostate cancer. *JNCI,* **85** : 1571-1579.

Giovannucci E, Rimm DB, Stampfer MJ, Colditz GA, Ascherio, A, Willett WC (1994). Intake of fat, meat, and fiber in relation to risk of colon cancer in men. *Cancer Res,* **54** : 2390-2397.

Giovannucci E, Ascherio A, Rimm DB, Stampfer MJ, Colditz GA, Willett WC (1995). Intake of carotenoids and retinol in relation to risk of prostate cancer. *JNCI,* **87** : 1767-1776.

Giovannucci E, Rimm DB, Ascherio A, Stampfer MJ, Colditz GA, Willett WC (1995). Alcohol, low-methionine low-folate diets, and risk of colon cancer in men. *JNCI,* **87** : 265-273.

Giovannucci E, Rimm DB, Wolk A, Ascherio A, Stampfer MJ, Colditz GA, Willett WC (1998). Calcium and fructose intake in relation to risk of prostate cancer. *Cancer Res,* **58** : 442-447.

Giovannucci E, Stampfer MJ, Colditz GA, Hunter DJ, Fuchs C, Rosner BA, Speizer FE, Willett WC (1998). Multivitamin use, folate, and colon cancer in women in the nurses'health study. *Ann Intern Med,* **129** : 517.

Glynn SA, Albanes D (1994). Folate and cancer: a review of the literature. *Nutr Cancer* **22** : 101-119.

Goldin BR, Gorbach SL (1984). The effect of milk and lactobacillus feeding on human intestinal bacterial enzyme activity 1-3. *Am J Clin Nutr.* **39** : 756-761.

Goldin BR, Gualtieri LJ, Moore RP (1996). The effect of lactobacillus GG on the initiation and promotion of DMH-induced intestinal tumors in the rat. *Nutr Cancer,* **25** : 197-204.

Good CK, Lasko CM, Adam, J, Bird RP (1998). Diverse effect of fish oil on the growth of aberrant crypt foci and tumor multiplicity of f344 rats. *Nutr Cancer,* **31** : 204-211.

Govers MJAP, Vandermeer R (1993). Effects of dietary calcium and phosphate on the intestinal interactions between calcium, phosphate, fatty acids, and bile acids. *Gut,* **34** : 365-370.

Govers MJAP, Termont DSML, Vandermeer R (1994). Mechanism of the antiproliferative effect of milk mineral and other calcium supplements on colonic epithelium. *Cancer Res,* **54** : 95-100.

Govers MJAP, Termont DSML, Lapre JA, Kleibeuker JH, Vonk RJ, Vandermeer R (1996). Calcium in milk products precipitates intestinal fatty acids and secondary bile acids and thus inhibits colonic cytotoxicity in humans. *Cancer Res,* **56** : 3270-3275.

Gradelet S, Astorg P, Leclerc J, Chevalier J, Vernevaut MF, Siess MH (1996). Effects of canthaxantin, astaxantin, lycopene and lutein on liver xenobiotic-metabolizing enzymes in the rat. *Xenobiotica.* **26** : 49-63.

Graf, E, Eaton JW (1993). Suppression of colonic cancer by dietary phytic acid. *Nutr Cancer,* **19** : 11-19.

Greenberg ER, Baron JA, *et al.* (1990). A clinical trial of b carotene to prevent basal-cell ans squamous-cell cancers of the skin. *New Engl J med,* **323** : 789-795.

Greenberg DR, Baron JA, Tosteson TD, Ponz-deLeon, A, Roncucci L (1994). Antioxidant vitamins and colorectal adenoma. *New Engl J Med,* **331** : 1720-1721.

Greenwald P (1996). La chimioprévention du cancer. *Pour La Science,* **229** : 70-73.

Gregoire R. C, Stern H. S, Yeung K. S, Stadler J, Langley S, Furrer R, Bruce W. R (1989). Effect of calcium supplementation on mucosal cell proliferation in high risk patients for colon cancer. *Gut,* **30** : 376-382.

Griffini P, Fehres O, Klieverik L, Vogels IM. C, Tigchelaar W, Smorenburg SM, Van-noorden CJ. F (1998). Dietary omega-3 polyunsaturated fatty acids promote colon carcinoma metastasis in rat liver. *Cancer Res,* **58** : 3312-3319.

Guo D, Schut HA. J, Davis CD, Snyderwine DG, Bailey GS, Dashwood RH (1995). Protection by chlorophyllin and indole-3-carbinol against 2-amino-1 -methyl-6-phenylimidazo [4,5-b] pyridine (PhIP)-induced DNA adducts and colonic aberrant crypts in the F344 rat. *Carcinogenesis,* **16** : 2931-2937.

Ha YL, Grimm NK, Pariza MW (1989). Newly recognizer anticarcinogenic fatty acids: identification and quantification in natural and processed cheeses. *J Agric Food Chem,* **37** : 75-81.

Haber D, Siess MH, Canivenclavier MC, Lebon AM, Suschetet M (1995). Differential effects of dietary diallyl sulfide and diallyl disulfide on rat intestinal and hepatic drug-metabolizing enzymes. *J Toxicol Environm Health,* **44** : 423-434.

HaberMignard D, Suschetet M, Berges R, Astorg, P, Siess MH (1996). Inhibition of aflatoxin b-1- and n-nitrosodiethylamine-induced liver preneoplastic foci in rats fed naturally occurring allyl sulfides. *Nutr Cancer,* **25** : 61-70.

Hanif R, Qiao L, Shiff SJ, Rigas B (1997). Curcumin, a natural plant phenolic food additive, inhibits cell proliferation and induces cell cycle changes in colon adenocarcinoma cell lines by a prostaglandin-independent pathway. *J Lab Clin Med,* **130** : 576-584.

Harris PJ, Ferguson LR (1993). Dietary fibre - its composition and role in protection against colorectal cancer. *Mut Res,* **290** : 97-110.

Hartman TJ, Tangrea JA, Pietinen P, Malila N, Virtanen M, Taylor PR, Albanes D (1998). Tea and coffee consumption and risk of colon and rectal cancer in middle-aged finnish men. *Nutr Cancer,* **31** : 41-48.

Hayatsu, H, Hayatsu T (1993). Suppressing effect of lactobacillus-casei administration on the urinary mutagenicity arising from ingestion of fried ground beef in the human. *Cancer Lett,* **73** : 173-179.

Heinonen OP, *et al.* (1998). Prostate cancer and supplementation with A-tocopherol and B-carotene: incidence and mortality in a controlled trial. *JNCI,* **90** : 440-446.

Herbert V (1994). The antioxidant supplement myth. *Am J Clin Nutr,* **60** : 157-158.

Hercberg S, Briancon S, Favier A, Galan P, Malvy D, Preziosi, P, Roussel AM (1993). Le projet Suvimax, 100 000 volontaires pour la recherche en nutrition dans le domaine de la prévention. *Cah Nutr Diet,* **28** : 54-64.

Hercberg S, Preziosi P, Galan P, Devanlay M, Keller H, Bourgeois C, Decourcy GP, Cherouvrier F (1994). Vitamin status of a healthy french population: dietary intakes and biochemical markers. *Int J Vit Nutr Res,* **64** : 220-232.

Hollman PC. H, Feskens DJ. M, Katan MB (1999). Tea flavonols in cardiovascular disease and cancer epidemiology. *Proc SEBM,* **220** : 198-202.

Holt PR, Atillasoy E, Lindenbaum J, Ho SB, Lupton JR, Mcmahon, D, Moss SF (1996). Effects of acarbose on fecal nutrients, colonic pH, and short-chain fatty acids and rectal proliferative indices. *Metab - Clin Exper,* **45** : 1179-1187.

Holt PR, Atillasoy DO, Gilman J, Guss J, Moss SF, Newmark H, Fan KH, Yang, K, Lipkin M (1998). Modulation of abnormal colonic epithelial cell proliferation and differentiation by low-fat dairy foods: a randomized controlled trial. *JAMA,* **280** : 1074-1079.

Houseknecht KL, Vandenheuvel JP, Moyacamarena SY, Portocarrero CP, Peck LW, Nickel KP, Belury MA (1998). Dietary conjugated linoleic acid normalizes impaired glucose tolerance in the zucker diabetic fatty fa/fa rat. *Biochem Biophys Res Com,* **244** : 678-682.

Howard DJ, *et al.* (1998). Oxidative stress induced by environmental tobacco smoke in the workplace is mitigated by antioxidant supplementation. *Cancer Epidemiol Biom Prev,* **7** : 981-988.

Howe GR, Hirohata T, Hislop G, *et al.* (1990). Dietary factors and risk of breast cancer: combined analysis of 12 case control studies. *JNCI,* **82** : 561-569.

Howe GR, Benito E, Castelleto R, Cornee J, Esteve J, Gallagher RP, Iscovich JM, Jiao DA, Kaaks R, Kune GA, Kune S, Labbe KA, Lee HP, Lee M, Miller AB, Peters RK, Potter JD, Riboli E, Slattery ML, Trichopoulos D, Tuyns A, Tzonou A, Whittemore AS, Wuwilliams AH, Zheng S (1992). Dietary intake of fiber and decreased risk of cancers of the colon and rectum - evidence from the combined analysis of 13 case-control studies. *JNCI,* **84** : 1887-1896.

Huang MT, Deschner DE, Newmark HL, Wang ZY, Ferraro TA, Conney AH (1992). Effect of Dietary Curcumin and Ascorbyl Palmitate on Azoxymethanol-Induced Colonic Epithelial Cell Proliferation and Focal Areas of Dysplasia. *Cancer Lett,* **64** : 117-121.

Huang MT, Lou YR, Ma W, Newmark HL, Reuhl KR, Conney AH (1994). Inhibitory effects of dietary curcumin on forestomach, duodenal, and colon carcinogenesis in mice. *Cancer Res,* **54** : 5841-5847.

Hwang HS, Dwyer, J, Russell RM (1994). Diet, helicobacter pylori infection, food preservation and gastric cancer risk - are there new roles for preventative factors. *Nutr Reviews,* **52** : 75-83.

Ikemoto S, Takahashi M, Tsunoda N, Maruyama K, Itakura, H, Ezaki O (1996). High-fat diet-induced hyperglycemia and obesity in mice : differential effects of dietary oils. *Metab Clin Exper,* **45** : 1539-1546.

Invernizzi P, Salzman AL, Szabo C, Ueta I, Oconnor, M, Setchell KD. R (1997). Ursodeoxycholate inhibits induction of NOS in human intestinal epithelial cells and *in vivo. Amer J Physiol,* **36** : G131-G138.

Ip C (1997). Review of the effects of trans fatty acids, oleic acid, n-3 polyunsaturated fatty acids, and conjugated linoleic acid on mammary carcinogenesis in animals. *Amer J Clin Nutr,* **66** : S1523-S1529.

Ip C, Ganther HE (1991). Combination of Blocking Agents and Suppressing Agents in Cancer Prevention. *Carcinogenesis,* **12** : 365-367.

Ip C, Lisk DJ, Stoewsand GS (1992). Mammary Cancer Prevention by Regular Garlic and Selenium-Enriched Garlic. *Nutr Cancer,* **17** : 279-286.

Ip C, Lisk DJ (1994). Enrichment of selenium in allium vegetables for cancer prevention. *Carcinogenesis,* **15** : 1881-1885.

Ip C, Scimeca JA (1997). Conjugated linoleic acid and linoleic acid are distinctive modulators of mammary carcinogenesis. *Nutr Cancer,* **27** : 131-135.

Ishizuka, S, Kasai T (1997). Suppression of the number of aberrant crypt foci of rat colorectum by ingestion of sugar beet fiber regardless of administration of anti-asialo GM (1). *Cancer Lett,* **121** : 39-43.

Ishizuka S, Ito S, Onuma M, Kasai T, Aoyama, K, Hara H (1999). Ingestion of sugar beet fiber enhances irradiation-induced aberrant crypt foci in the rat colon under an apoptosis-suppressed condition. *Carcinogenesis,* **20** : 1005-1009.

Jacobs LR (1989). Detary fiber, fiber-containing foods, and colon cancer risk. *In*: Seitz HK *et al. Colorectal Cancer: from Pathogenesis to Prevention.* Springer Verlag, New York, 139-159.

Jacoby RF, Bolt MJ. G, Dolan ME, Otto G, Dudeja P, Sitrin MD, Brasitus TA (1993). Supplemental dietary calcium fails to alter the acute effects of 1,2-dimethylhydrazine on o6-methylguanine, o6-alkylguanine-DNA alkyltransferase and cellular proliferation in the rat colon. *Carcinogenesis,* **14** : 1175-1179.

Jang MS, Cai DN, Udeani GO, Slowing KV, Thomas CF, Beecher CW. W, Fong HH. S, Farnsworth NR, Kinghorn AD, Mehta RG, Moon RC, Pezzuto JM (1997). Cancer chemopreventive activity of resveratrol, a natural product derived from grapes. *Science,* **275** : 218-220.

Jenab, M, Thompson LU (1998). The influence of phytic acid in wheat bran on early biomarkers of colon carcinogenesis. *Carcinogenesis,* **19** : 1087-1092.

Jenab M, Rickard SE, Orcheson LJ, Thompson LU (1999). Flaxseed and lignans increase cecal b-glucuronidase activity in rats. *Nutr Cancer,* **33** : 154-158.

Ji BT, Chow WH, Hsing AW, Mclaughlin JK, Dai Q, Gao YT, Blot WJ, Fraumeni JF (1997). Green tea consumption and the risk of pancreatic and colorectal cancers. *Int J Cancer,* **70** : 255-258.

Kaaks R (1996). Nutrition, hormones, and breast cancer: Is insulin the missing link? *Cancer Causes & Control.* **7** : 605-625.

Kampman E, Giovannucci E, Vantveer P, Rimm E, Stampfer MJ, Colditz GA, Kok FJ, Willett WC (1994). Calcium, vitamin D, dairy foods, and the occurrence colorectal adenomas among men and women in two prospective studies. *Amer J Epidemiol.* **139** : 16-29.

Kampman E, Goldbohm RA, Vandenbrandt PA, Vantveer P (1994). Fermented dairy products, calcium, and colorectal cancer in the Netherlands cohort study. *Cancer Res,* **54** : 3186-3190.

Kampman E, Vantveer P, Hiddink GJ, Vanakenschneijder P, Kok FJ, Hermus RJ. J (1994). Fermented dairy products, dietary calcium and colon cancer: a case-control study in the Netherlands. *Int J Cancer,* **59** : 170-176.

Karagas MR, Tosteson TD, Greenberg DR, Rothstein RI, Roebuck BD, Herrin, M, Ahnen D (1998). Effects of milk and milk products on rectal mucosal cell proliferation in humans. *Cancer Epidemiol Biom Prev,* **7** : 757-766.

Karkare MR, Clark TD, Glauert HP (1991). Effect of Dietary Calcium on Colon Carcinogenesis Induced by a Single Injection of 1,2-Dimethylhydrazine in Rats. *J Nutr,* **121** : 568-577.

Kashtan HStern, H.S (1992). Colonic proliferation and colon cancer risk. *Israel J Med Sci.* **28** : 904-910.

Kato I, Akhmedkhanov A, Koenig K, Toniolo PG, Shore RE, Riboli D (1997). Prospective study of diet and female colorectal cancer: the New York university women's health study. *Nutr Cancer,* **28** : 276-281.

Kato T, Michikoshi K, Minowa Y, Maeda, Y, Kikugawa K (1998). Mutagenicity of cooked hamburger is reduced by addition of onion to ground beef. *Mut Res,* **420** : 109-114.

Kato I, Dnistrian AM, Schwartz M, Toniolo P, Koenig K, Shore RE, Akhmedkhanov A, Zeleniuchjacquotte, A, Riboli D (1999). Serum folate, homocysteine and colorectal cancer risk in women: a nested case-control study. *Brit J Cancer,* **79** : 1917-1922.

Kawamori T, Tanaka T, Ohnishi M, Hirose Y, Nakamura Y, Satoh K, Hara, A, Mori H (1995). Chemoprevention of azoxymethane-induced colon carcinogenesis by dietary feeding of s-methyl methane thiosulfonate in male f344 rats. *Cancer Res,* **55** : 4053-4058.

Kawamori T, Tanaka T, Hara A, Yamahara, J, Mori H (1995). Modifying effects of naturally occurring products on the development of colonic aberrant crypt foci induced by azoxymethane in f344 rats. *Cancer Res,* **55** : 1277-1282.

Kawamori T, Tanaka T, Hirose Y, Ohnishi, M, Mori H (1996). Inhibitory effects of d-limonene on the development of colonic aberrant crypt foci induced by azoxymethane in f344 rats. *Carcinogenesis,* **17** : 369-372.

Kawaura A, Takahashi A, Tanida N, *et al.* (1990). 1a hydroxyvitamin D3 suppresses colonic tumorigenesis induced by repetitive intrarectal injection of Nmethyl Nnitrosourea in rats. *Cancer Lett,* **55** : 149-152.

Kawaura A, Tanida N, Nishikawa M, Yamamoto I, Sawada K, Tsujiai T, Kang KB, Izumi K (1998). Inhibitory effect of 1 a-hydroxyvitamin d-3 on n-methyl-n'-nitro-n-nitrosoguanidine-induced gastrointestinal carcinogenesis in wistar rats. *Cancer Lett,* **122** : 227-230.

Kennedy AR (1998). The bowman-birk inhibitor from soybeans as an anticarcinogenic agent. *Amer J Clinical Nutr,* **68** : 1406S-1412S.

Kensler TW, Groopman JD, Sutter TR, Curphey TJ, Roebuck BD (1999). Development of cancer chemopreventive agents: Oltipraz as a paradigm. *Chem Res Toxicol,* **12** : 113-126.

Kim DY, Chung KH, Lee JH (1998). Stimulatory effects of high-fat diets on colon cell proliferation depend on the type of dietary fat and site of the colon. *Nutr Cancer,* **30** : 118-123.

Kim DJ, Takasuka N, Kim JM, Sekine K, Ota T, Asamoto M, Murakoshi M, Nishino H, Nir, Z, Tsuda H (1997). Chemoprevention by lycopene of mouse lung neoplasia after combined initiation treatment with DEN, MNU and DMH. *Cancer Lett,* **120** : 15-22.

Kim YI, Progribny I, Miller JW, Selhub J, James SJ, Mason JB (1995). Folate deficiency causes DNA strand breaks within the p53 gene in rat liver. *Proc AACR,* **36** : #685.

Kim YI, Salomon RN, Graemecook F, Choi SW, Smith DE, Dallal GE, Mason JB (1996). Dietary folate protects against the development of macroscopic colonic neoplasia in a dose responsive manner in rats. *Gut,* **39** : 732-740.

Kim YI (1999). Folate and carcinogenesis: evidence, mechanisms, and implications. *J Nutr Biochem,* **10** : 66-88.

Kleibeuker JH, Welberg JWM, Mulder NH, Vandermeer R, Cats A, Limburg AJ, Kreumer WMT, Hardonk MJ, Devries DGE (1993). Epithelial cell proliferation in the sigmoid colon of patients with adenomatous polyps increases during oral calcium supplementation. *Brit J Cancer,* **67** : 500-503.

Kohlmeier L, Weterings KGC, Steck, S, Kok FJ (1997). Tea and cancer prevention: an evaluation of the epidemiologic literature. *Nutr Cancer,* **27** : 1-13.

Komaki C, Okuno M, Onogi N, Moriwaki H, Kawamori T, Tanaka T, Mori, H, Muto Y (1996). Synergistic suppression of azoxymethane-induced foci of colonic aberrant crypts by the combination of b-carotene and perilla oil in rats. *Carcinogenesis,* **17** : 1897-1901.

Kore AM, Jeffery DH, Wallig MA (1993). Effects of 1-isothiocyanato-3- (methylsulfinyl)-propane on xenobiotic metabolizing enzymes in rats. *Food Chem Toxicol,* **31** : 723-729.

Kristal AR, Moe G (1998). False presumptions and continued surprises: how much do we really know about nutritional supplements and cancer risk? *Cancer Epidemiol Biom Prev,* **7** : 849-850.

Kubben FJGM, Peetershaesevoets A, Engels LGJB, Baeten CGMI, Schutte B, Arends JW, Stockbrugger RW, Blijham GH (1994). Proliferating cell nuclear antigen (PCNA). - a new marker to study human colonic cell proliferation. *Gut,* **35** : 530-535.

Kulkarni, N, Reddy BS (1994). Inhibitory effect of Bifidobacterium longum cultures on the azoxymethane-induced aberrant crypt foci formation and fecal bacterial β-glucuronidase. *Proc Soc Exper Biol Med,* **207** : 278-283.

Kuo SM (1996). Antiproliferative potency of structurally distinct dietary flavonoids on human colon cancer cells. *Cancer Lett,* **110** : 41-48.

Langman, M, Boyle P (1998). Chemoprevention of colorectal cancer. *Gut,* **43** : 578-585.

Lapre JA, Kleibeuker JH, Vandermeer R (1991). Intestinal alkaline phosphatase activity in fecal water reflects epitheliolysis and is decreased by dietary calcium. *Gastroenterology,* **100** : A378.

Lapre JA, DeVries HT, VanDerMeer R (1991). Dietary calcium phosphate inhibits cytotxicity of fecal water. *Amer J Physiol,* **261** : g907-g912.

Lapre JA, Devries HT, Koeman JH, Vandermeer R (1993). The antiproliferative effect of dietary calcium on colonic epithelium is mediated by luminal surfactants and dependent on the type of dietary fat. *Cancer Res,* **53** : 784-789.

LarsenSu, S, Williams DE (1996). Dietary indole-3-carbinol inhibits FMO activity and the expression of flavin-containing monooxygenase form 1 in rat liver and intestine. *Drug Metab Dispos*, **24** : 927-931.

Latham P, Lund DK, Johnson IT (1999). Dietary n-3 PUFA increases the apoptotic response to 1,2-dimethylhydrazine, reduces mitosis and suppresses the induction of carcinogenesis in the rat colon. *Carcinogenesis*, **20** : 645-650.

Lavillonnière F, Martin JC, Bougnoux, P, Sebedio JL (1998). Analysis of conjugated linoleic acid isomers and content in French cheeses. *JAOCS*, **75** : 343-352.

Lavillonnière F, Riboli E, Martin JC, Lhuillery C, Chajès, V, Bougnoux P (1998). High conjugated linoleic acids (CLA). content in breast adipose tissue protects against breast cancer. *San Antonio Breast Cancer Congress*. abstract.

Lemarchand L, Hankin JH, Wilkens LR, Kolonel LN, Englyst HN, Lyu LC (1997). Dietary fiber and colorectal cancer risk. *Epidemiology*, **8** : 658-665.

Levi F, Pasche C, Lavecchia C, Lucchini, F, Franceschi S (1999). Food groups and colorectal cancer risk. *Brit J Cancer*, **79** : 1283-1287.

Li H, Kramer PM, Lubet RA, Steele VE, Kelloff GJ, Pereira MA (1998). Effect of calcium on azoxymethane-induced aberrant crypt foci and cell proliferation in the colon of rats. *Cancer Lett*, **124** : 39-46.

Lidbeck A, Geltner U, Orrhage K, Ottova L, Brismar B, Gustafsson JA, Rafter, J, Nord CE (1989). Effect of Lactobacillus-Acidophilus Fermented Milk on the Intestinal Microflora, Faecal b-Glucuronidase and Dietary Intake in Colon Cancer Patients. *Fermented Milks*, 273.

Lin HJ, Probsthensch NM, Louie A, Kau IH, Witte JS, Ingles SA, Frankl HD, Lee DR, Haile RW (1998). Glutathione transferase null genotype, broccoli, and lower prevalence of colorectal adenomas. *Cancer Epidemiol Biom Prev*, **7** : 647-652.

Lindner MA (1991). A Fish Oil Diet Inhibits Colon Cancer in Mice. *Nutr Cancer*, **15** : 1-11.

Lipkin M, Newmark H (1985). Effect of added dietary calcium on colonic epithelial cell proliferation in subjects at high risk for familial colonic cancer. *New Engl J Med*, **313** : 1381-1384.

Llor X, Jacoby RF, Teng BB, Davidson NO, Sitrin MD, Brasitus TA (1991). K-ras Mutations in 1,2-Dimethylhydrazine-Induced Colonic Tumors - Effects of Supplemental Dietary Calcium and Vitamin-D Deficiency. *Cancer Res*, **51** : 4305-4309.

Lok E, Ratnayake WM. N, Scott FW, Mongeau R, Fernie S, Nera DA, Malcolm S, Mcmullen E, Jee, P, Clayson DB (1992). Effect of Varying the Type of Fat in a Semipurified AIN-76A Diet on Cellular Proliferation in the Mammary Gland and Intestinal Crypts in Female Swiss Webster Mice. *Carcinogenesis*, **13** : 1735-1741.

Longnecker MP, Martinmoreno JM, Knekt P, Nomura AM. Y, Schober SE, Stahelin HB, Wald NJ, Gey KF, Willett WC (1992). Serum a-Tocopherol Concentration in Relation to Subsequent Colorectal Cancer - Pooled Data from 5 Cohorts. *JNCI*, **84** : 430-435.

Lupton JR, Chen XQ, Frolich W, Schoeffler GL, Peterson ML (1994). Rats fed high fat diets with increased calcium levels have fecal bile acid concentrations similar to those of rats fed a low fat diet. *J Nutr*, **124** : 188-195.

Ma QY, Hoper M, Halliday, I, Rowlands BJ (1996). Diet and experimental colorectal cancer. *Nutr Res*, **16** : 413-426.

MacLennan R, Macrae F, Bain C, Battistutta D, Chapuis P, Gratten H, Lambert J, Newland RC, Ngu M, Russell A, Ward, M, Wahlqvist ML (1995). Randomized trial of intake of fat, fiber, and b carotene to prevent colorectal adenomas. *JNCI*, **87** : 1760-1766.

Malila N, Virtamo J, Virtanen M, Albanes D, Tangrea JA, Huttunen JK (1999). The effect of a-tocopherol and b-carotene supplementation on colorectal adenomas in middle-aged male smokers. *Cancer Epidemiol Biom Prev*, **8** : 489-493.

Mandell IB, Buchanansmith JG, Holub BJ (1998). Enrichment of beef with omega 3 fatty acids. *In*: Simopoulos AP. *Return of Omega - 3 Fatty Acids into the Food Supply*. Karger, Basel, 144-159.

Marmer WN, Maxwell RJ, Williams JE (1984). Effects of dietary regimen and tissue site on bovine fatty acid profiles. *J Anim Sci*, **59** : 109-121.

Martinez ME, Giovannucci DL, Colditz GA, Stampfer MJ, Hunter DJ, Speizer FE, Wing, A, Willett WC (1996). Calcium, vitamin D, and the occurrence of colorectal cancer among women. *JNCI*, **88** : 1375-1382.

Martinez ME, Mcpherson RS, Levin, B, Glober GA (1997). A case-control study of dietary intake and other lifestyle risk factors for hyperplastic polyps. *Gastroenterology*. **113** : 423-429.

Martinez JD, Stratagoules DD, Larue JM, Powell AA, Gause PR, Craven MT, Payne CM, Powell MB, Gerner DW, Earnest DL (1998). Different bile acids exhibit distinct biological effects: the tumor promoter deoxycholic acid induces apoptosis and the chemopreventive agent ursodeoxycholic acid inhibits cell proliferation. *Nutr Cancer*, **31** : 111-118.

Martinez ME, Willett WC (1998). Calcium, vitamin D, and colorectal cancer: a review of the epidemiologic evidence. *Cancer Epidemiol Biom Prev*, **7** : 163-168.

Mason JB (1994). Folate and colonic carcinogenesis - searching for a mechanistic understanding. *J Nutr Biochem*, **5** : 170-175.

Matsukawa Y, Nishino H, Okuyama Y, Matsui T, Matsumoto T, Matsumura S, Shimizu Y, Sowa, Y, Sakai T (1997). Effects of quercetin and/or restraint stress on formation of aberrant crypt foci induced by azoxymethane in rat colons. *Oncology*, **54** : 118-121.

McCarthy AC, La E, Conti CJ, Locniskar MF (1997). Effect of spray-dried yogourt and lactic acid bacteria on the initiation and promotion stages of chemically induced skin carcinogenesis in mice. *Nutr Cancer*, **27** : 231-237.

McFarlane GT, Cummings JH (1999). Probiotics and prebiotics: can regulating the activities of intestinal bacteria benefit health? *Brit Medical J*, **318** : 999-1003.

McIntosh GH, Royle PJ, Playne MJ (1999). A probiotic strain of Lactobacillus acidophilus reduces DMH-induced large intestinal tumors in male Sprague-Dawley rats. *Nutr Cancer*, **35** : 153-159.

McKeown-Eyssen G, Holloway C, Jazmaji V, Bright-See E, Dion, P, Bruce WR (1988). A randomized trial of vitamins C and E in the prevention of recurrence of colorectal polyps. *Cancer Res*, **48** : 4701-4705.

McKeown-Eyssen G (1994). Epidemiology of colorectal cancer revisited: are serum triglycerides and/or plasma glucose associated with risk? *Cancer Epidemiol Biom Prev*, **3** : 687-695.

McKeown-Eyssen GE, Bright-See E, Bruce WR, Jazmaji, V, Toronto-Polyp- Prevention-Group (1994). A randomized trial of a low fat high fibre diet in the recurrence of colorectal polyps. *J Clin Epidemiol*. **47** : 525-536.

Meflah K, Cherbut C, Riboli E, Kaaks, R, Corpet D (1996). Fibres alimentaires et cancer colorectal. *In*: Riboli E *et al. Alimentation et Cancer*. Tec & Doc Lavoisier, Paris. 402-424.

Michaud DS, Spiegelman D, Clinton SK, Rimm DB, Curhan GC, Willett WC, Giovannucci DL (1999). Fruit and vegetable intake and incidence of bladder cancer in a male prospective cohort. *JNCI*, **91** : 605-613.

Moore WE. C, Moore LH (1995). Intestinal floras of populations that have a high risk of colon cancer. *Appl Environm Microbiol*, **61** : 3202-3207.

Mori H, Morishita Y, Mori Y, Yoshimi N, Sugie, S, Tanaka T (1992). Effect of Magnesium Hydroxide on Methylazoxymethanol Acetate-Induced Epithelial Proliferation in the Large Bowels of Rats. *Cancer Lett*, **62** : 43-48.

Murray TK (1990). *Nutrition recommendations*. The report of the scientific review committe, Health and Welfare, Canada.

Narisawa T, Fukaura Y, Yazawa K, Ishikawa C, Isoda, Y, Nishizawa Y (1994). Colon cancer prevention with a small amount of dietary perilla oil high in a-linolenic acid in an animal model. *Cancer*, **73** : 2069-2075.

Narisawa T, Fukaura Y, Hasebe M, Ito M, Aizawa R, Murakoshi M, Uemura S, Khachik, F, Nishino H (1996). Inhibitory effects of natural carotenoids, a-carotene, b-carotene, lycopene and lutein, on colonic aberrant crypt foci formation in rats. *Cancer Lett,* **107** : 137-142.

Narisawa T, Fukaura Y, Hasebe M, Nomura S, Oshima S, Sakamoto H, Inakuma T, Ishiguro Y, Takayasu, J, Nishino H (1998). Prevention of N-methylnitrosourea-induced colon carcinogenesis in F344 rats by lycopene and tomato juice rich in lycopene. *Japan J Cancer Res,* **89** : 1003-1008.

Narisawa T, Fukaura Y, Terada, K, Sekiguchi H (1998). Prevention of N-methylnitrosourea-induced colon tumorigenesis by ursodeoxycholic acid in F344 rats. *Japan J Cancer Res,* **89** : 1009-1013.

Nelson RL (1987). Dietary minerals and colon carcinogenesis. *Anticancer res,* **7** : 259-270.

Nelson RL, Tanure JC, Andrianopoulos G, Souza G, Lands WEM (1988). A comparison of dietary fish oil and corn oil in experimental colorectal carcinogenesis. *Nutr Cancer,* **11** : 215-220.

Nensey YM, Arlow FL, Majumdar APN (1995). Aging: increased responsiveness of colorectal mucosa to carcinogen stimulation and protective role of folic acid. *Digest Dis Sci,* **40** : 396-401.

Nestle M (1997). Broccoli sprouts as inducers of carcinogen-detoxifying enzyme systems: clinical, dietary, and policy implications. *PNAS.* **94** : 11149-11151.

Neugut AI, Horvath K, Whelan RL, Terry MB, Garbowski GC, Bertram A, Forde KA, Treat MR, Waye J (1996). The effect of calcium and vitamin supplements on the incidence and recurrence of colorectal adenomatous polyps. *Cancer,* **78** : 723-728.

Newmark HL, Lipkin, M, Maheshwari N (1991). Colonic Hyperproliferation Induced in Rats and Mice by Nutritional-Stress Diets Containing Four Components of a Human Western-Style Diet (Series 2). *Amer J Clin Nutr,* **54** : S209-S214.

Newmark, H, Lipkin M (1994). omega-3 fatty acids and rectal epithelial cell proliferation. *Gastroenterology,* **107** : 1892-1894.

Nijhoff WA, *et al.* (1995). Effects of consummtion of Brussels sprouts on intestinal and lymphocytic glutathione S-transferase in humans. *Carcinogenesis,* **16** : 2125-2128.

Ocke MC, Kromhout D, Menotti A, Aravanis C, Blackburn H, Buzina R, Fidanza F, Jansen A, Nedeljkovic S, Nissinen A, Pekkarinen, M, Toshima H (1995). Average intake of anti-oxidant (pro)vitamins and subsequent cancer mortality in the 16 cohorts of the seven countries study. *Int J Cancer,* **61** : 480-484.

Onogi N, Okuno M, Komaki C, Moriwaki H, Kawamori T, Tanaka T, Mori, H, Muto Y (1996). Suppressing effect of perilla oil on azoxymethane-induced foci of colonic aberrant crypts in rats. *Carcinogenesis,* **17** : 1291-1296.

Onoue M, Kado S, Sakaitani Y, Uchida, K, Morotomi M (1997). Specific species of intestinal bacteria influence the induction of aberrant crypt foci by 1,2-dimethylhydrazine in rats. *Cancer Lett,* **113** : 179-186.

Oshima M, Takahashi M, Oshima H, Tsutsumi M, Yazawa K, Sugimura T, Nishimura S, Wakabayashi K, Taketo MM (1995). Effects of docosahexaenoic acid (DHA) on intestinal polyp development in apc (delta 716). knockout mice. *Carcinogenesis,* **16** : 2605-2607.

Parnaud G, Taché S, Peiffer G, Corpet DE (1999). Polyethylene-glycol suppresses colon cancer, and causes dose-dependent regression of azoxymethane-induced aberrant crypt foci in rats. *Cancer Res,* **59** : 5143-5147.

Parodi PW (1997). Cows'milk fat components as potential anticarcinogenic agents. *J Nutr,* **127** : 1055-1060.

Paulsen JE, Stamm, T, Alexander J (1998). A fish oil-derived concentrate enriched in eicosapentaenoic and docosahexaenoic acid as ethyl esters inhibits the formation and growth of aberrant crypt foci in rat colon. *Pharmacol Toxicol,* **82** : 28-33.

Pence BC, Budding HF, Yang SP (1986). Multiple dietary factors in the enhancement of dimethilhydrazine carcinogenesis: Main effect of Indole-3-carbinol. *JNCI,* **77** : 269-276.

Pence BC, Dunn DM, Zhao C, Landers, M, Wargovich MJ (1995). Chemopreventive effects of calcium but not aspirin supplementation in cholic acid-promoted colon carcinogenesis: correlation with intermediate endpoints. *Carcinogenesis,* **16** : 757-765.

Pence BC, Dunn DM, Zhao C, Patel V, Hunter, S, Landers M (1996). Protective effects of calcium from nonfat dried milk against colon carcinogenesis in rats. *Nutr Cancer,* **25** : 35-45.

Pereira MA, Barnes LH, Rassman VL, Kelloff GV, Steele VE (1994). Use of azoxymethane-induced foci of aberrant crypts in rat colon to identify potential cancer chemopreventive agents. *Carcinogenesis,* **15** : 1049-1054.

Peterson K (1996). Public health - "natural" cancer prevention trial halted. *Science,* **271** : 441.

Pierre F, Perrin P, Champ M, Bornet F, Meflah, K, Menanteau J (1997). Short-chain fructo-oligosaccharides reduce the occurrence of colon tumors and develop gut-associated lymphoid tissue in min mice. *Cancer Res,* **57** : 225-228.

Platz DA, Giovannucci A, Rimm DB, Rockett RH, Stampfer MJ, Colditz GA, Willett WC (1997). Dietary fiber and distal colorectal adenoma in men. *Cancer Epidemiol Biomarkers Prev,* **6** : 661-670.

Pool-Zobel BL, Neudecker C, Domizlaff I, Ji S, Schillinger U, Rumney C, Moretti M, Vilarini I, Scassellatisforzolini, R, Rowland I (1996). Lactobacillus- and Bifidobacterium-mediated antigenotoxicity in the colon of rats. *Nutr Cancer,* **26** : 365-380.

Potter JD, Slattery ML, Bostick RM, Gapstur SM (1993). Colon cancer - a review of the epidemiology. *Epidemiol Reviews,* **15** : 499-545.

Potter JD, Steinmetz, FKA (1994). There is more to vegetables and fruits than anti-oxidants and fiber. *Proc Amer Assoc Cancer res,* **35** : 673-674.

Potter JD (1997). Cancer prevention: epidemiology and experiment. *Cancer Lett,* **114** : 7-9.

Preziosi P, Galan P, Herbeth B, Valeix P, Roussel AM, Malvy D, Pauldauphin A, Arnaud J, Richard MJ, Briancon S, Favier, A, Hercberg S (1998). Effects of supplementation with a combination of antioxidant vitamins and trace elements, at nutritional doses, on biochemical indicators and markers of the antioxidant system in adult subjects. *J Amer Coll Nutr,* **17** : 244-249.

Prieme H, Loft S, Nyyssonen K, Salonen JT, Poulsen HE (1997). No effect of supplementation with vitamin E, ascorbic acid, or coenzyme Q10 on oxidative DNA damage estimated by 8-oxo-7,8-dihydro-2'-deoxyguanosine excretion in smokers. *Amer J Clinical Nutr,* **65** : 503-507.

Quesada CF, Kimata H, Mori M, Nishimura M, Tsuneyoshi, T, Baba S (1998). Piroxicam and acarbose as chemopreventive agents for spontaneous intestinal adenomas in APC gene 1309 knockout mice. *Japan J Cancer Res,* **89** : 392-396.

Rabot S, NugonBaudon, L, Szylit O (1993). Alterations of the hepatic xenobiotic-metabolizing enzymes by a glucosinolate-rich diet in germ-free rats - influence of a pre-induction with phenobarbital. *Brit J Nutr,* **70** : 347-354.

Rafter JJ, Eng VWS, Furrer R, Medline A, Bruce WR (1986). Effects of calcium and pH on the mucosal damage produced by deoxycholic acid in the rat colon. *Gut,* **27** : 1320-1329.

Rafter JJ, Child P, Anderson AM, Alder R, Eng V, Bruce WR (1987). Cellular toxicity of fecal water depends on diet. *Amer J Clin Nutr,* **45** : 559-563.

Rao AV, Janezic SA (1992). The Role of Dietary Phytosterols in Colon Carcinogenesis, *Nutr Cancer,* **18** : 43-52.

Rao CV, Reddy BS (1993). Modulating effect of amount and types of dietary fat on ornithine decarboxylase, tyrosine protein kinase and prostaglandins production during colon carcinogenesis in male F344 rats. *Carcinogenesis,* **14** : 1327-1333.

Rao CV, Tokumo K, Rigotty J, Zang E, Kelloff, G, Reddy BS (1991). Chemoprevention of Colon Carcinogenesis by Dietary Administration of Piroxicam, a-Difluoromethylornithine, 16a-Fluoro-5-Androsten-17-One, and Ellagic Acid Individually and in Combination. *Cancer Res,* **51** : 4528-4534.

Rao CV, Rivenson A, Katiwalla M, Kelloff GJ, Reddy BS (1993). Chemopreventive effect of oltipraz during different stages of experimental colon carcinogenesis induced by azoxymethane in male f344 rats. *Cancer Res,* **53** : 2502-2506.

Rao CV, Simi, B, Reddy BS (1993). Inhibition by dietary curcumin of azoxymethane-induced ornithine decarboxylase, tyrosine protein kinase, arachidonic acid metabolism and aberrant crypt foci formation in the rat colon. *Carcinogenesis,* **14** : 2219-2225.

Rao CV, Wang CX, Simi B, Lubet R, Kelloff G, Steele, V, Reddy BS (1997). Enhancement of experimental colon cancer by genistein. *Cancer Res,* **57** : 3717-3722.

Reddy BS, Burill, C, Rigotty J (1991). Effect of Diets High in omega-3 and omega-6 Fatty Acids on Initiation and Postinitiation Stages of Colon Carcinogenesis, *Cancer Res,* **51** : 487-491.

Reddy BS, Rao CV, Rivenson, A, Kelloff G (1993). Chemoprevention of colon carcionogenesis by organosulfur compounds. *Cancer Res,* **53** : 3493-3498.

Reddy BS, Rivenson A (1993). Inhibitory effect of Bifidobacterium-longum on colon, mammary, and liver carcinogenesis induced by 2-amino-3-methylimidazo [4,5-f] quinoline, a food mutagen. *Cancer Res,* **53** : 3914-3918.

Reddy BS, Hamid, R, Rao CV (1997). Effect of dietary oligofructose and inulin on colonic preneoplastic aberrant crypt foci inhibition. *Carcinogenesis,* **18** : 1371-1374.

Remesy C, Manach C, Demigne C, Texier, O, Regerat F (1996). Intérêt nutritionnel des flavonoïdes. *Méd Nutr,* **32** : 17-27.

Riboli E, Decloitre, F, Collet-Ribbing C (1996). *Alimentation et cancer ; Évaluation des données scientifiques.* Tec & Doc Lavoisier, Paris.

Rice LJ, Chai YJ, Conti CJ, Willis RA, Locniskar MF (1995). The effect of dietary fermented milk products and lactic acid bacteria on the initiation and promotion stages of mammary carcinogenesis. *Nutr Cancer,* **24** : 99-109.

Rijken PJ, Timmer WG, Vandekooij AJ, Vanbenschop IM, Wiseman SA, Meijers, M, Tijburg LBM (1999). Effect of vegetable and carotenoid consumption on aberrant crypt multiplicity, a surrogate end-point marker for colorectal cancer in azoxymethane-induced rats. *Carcinogenesis,* **20** : 2267-2272.

Roberfroid MB (1998). Prebiotics and synbiotics: concepts and nutritional properties. *Brit J Nutr,* **80** : S197-S202.

Roberfroid MB, Delzenne NM (1998). Dietary fructans. *Annu Rev Nutr,* **18** : 117-143.

Roncucci L, DiDonato P, Ponz DeLeon M (1993). Antioxidant vitamins or lactulose for the prevention of the recurrence of colorectal adenomas. *Dis Colon Rectum,* **36** : 227-234.

Rosenberg L (1990). Coffee and tea consumption in relation to the risk of large bowel cancer: a revew of epidemiologic studies. *Cancer Lett,* **52** : 163-171.

Rowland IR, Rumney CJ, Coutts JT, Lievense LC (1998). Effect of Bifidobacterium longum and inulin on gut bacterial metabolism and carcinogen-induced aberrant crypt foci in rats. *Carcinogenesis,* **19** : 281-285.

Saez S, Descotes, F, Ville G (1996). Vitamine D et cancer. *In*: Riboli E *et al. Alimentation et Cancer.* Tec & Doc Lavoisier, Paris, 331-344.

Salim DI, Wanibuchi H, Taniyama T, Yano Y, Morimura K, Yamamoto S, Otani S, Nishizawa Y, Morii H, Fukushima S (1997). Inhibition of development of n, n'-dimethylhydrazine-induced rat colonic aberrant crypt foci by pre, post and simultaneous treatments with 24r, 25-dihydroxyvitamin d-3. *Japan J Cancer Res,* **88** : 1052-1062.

Samaha HS, Hamid R, ElBayoumy K, Rao CV, Reddy BS (1997). The role of apoptosis in the modulation of colon carcinogenesis by dietary fat and by the organoselenium compound 1,4-phenylenebis (methylene)selenocyanate. *Cancer Epidemiol Biomarkers Prev,* **6** : 699-704.

Samelson SL, Nelson RL, Nylhus LM (1985). Protective role of faecal pH in experimental colon carcinogenesis. *J Royal Soc Med,* **78** : 230-233.

Schatzkin A, Lanza E, Corle D, Lance P, Iber F, Caan B, Shike M, Weissfeld J, Burt R, Cooper MR, Kikendall JW, Cahill J, Freedman L, Marshall J, Schoen RE, Slattery M (2000). Lack of effect of a low-fat, high-fiber diet on the recurrence of colorectal adenomas. *New Engl J Med,* **342** : 1149-1155.

Schmelz DM, Dillehay DL, Webb SK, Reiter A, Adams J, Merrill AH (1996). Sphingomyelin consumption suppresses aberrant colonic crypt foci and increases the proportion of adenomas versus adenocarcinomas in CF1 mice treated with 1,2-dimethylhydrazine: implications for dietary sphingoli pids and colon carcinogenesis. *Cancer Res,* **56** : 4936-4941.

Schmelz DM, Sullards MC, Dillehay DL, Merrill AH (2000). Colonic cell proliferation and aberrant crypt foci formation are inhibited by dairy glycosphingolipids in 1,2-dimethylhydrazine-treated CF1 mice. *J Nutr,* **130** : 522-527.

Seppanen R (1994). Milk intake and breast cancer incidence. *In*: Sachet P *et al. Colloque Nutrition & Cancer.* CERIN, Paris.

Seraj MJ, Umemoto A, Kajikawa A, Mimura S, Kinouchi T, Ohnishi, Y, Monden Y (1997). Effects of dietary bile acids on formation of azoxymethane-induced aberrant crypt foci in F344 rats. *Cancer Lett,* **115** : 97-103.

Shamsuddin AM (1995). Inositol phosphates have novel anticancer funtion. *J Nutr,* **125** : 725S-732S.

Sitrin MD, Halline AG, Abrahams, C, Brasitus TA (1991). Dietary Calcium and Vitamin-D Modulate 1,2-Dimethylhydrazine-Induced Colonic Carcinogenesis in the Rat. *Cancer Res,* **51** : 5608-5613.

Sivam GP, Lampe JW, Ulness B, Swanzy SR, Potter JD (1997). Helicobacter pylori - *in vitro* susceptibility to garlic (allium sativum). extract. *Nutr Cancer,* **27** : 118-121.

Smith T, Musk SR. R, Johnson IT (1996). Allyl isothiocyanate selectively kills undifferentiated HT29 cells *in vitro* and suppresses aberrant crypt foci in the colonic mucosa of rats. *Biochem Soc Trans,* **24** : S381.

Smith TK, Lund DK, Johnson IT (1998). Inhibition of dimethylhydrazine-induced aberrant crypt foci and induction of apoptosis in rat colon following oral administration of the glucosinolate sinigrin. *Carcinogenesis,* **19** : 267-273.

Sorensen IK, Kristiansen E, Mortensen A, Nicolaisen GM, Wijnandes JA. H, Vankranen HJ, Vankreijl CF (1998). The effect of soy isoflavones on the development of intestinal neoplasia in Apc (min). mouse. *Cancer Lett,* **130** : 217-225.

Stavric B (1994). Role of chemopreventers in human diet. *Clin Biochem,* **27** : 319-332.

Steele VE, Bagheri D, Balentine DA, Boone CW, Mehta R, Morse MA, Sharma S, Sigman CC, Stoner GD, Wargovich MJ, Weisburger JH, Zhu SY, Kelloff GJ (1999). Preclinical efficacy studies of green and black tea extracts. *Proc SEBM,* **220** : 210-212.

Steinmetz KA, Potter JD (1993). Food-group consumption and colon cancer in the adelaide case-control stud. 1. vegetables and fruit. *Int J Cancer,* **53** : 711-719.

Steinmetz KA, Kushi LH, Bostick RM, Folsom AR, Potter JD (1994). Vegetables, fruit, and colon cancer in the iowa womens health study. *Amer J Epidemiol.* **139** : 1-15.

Stern HS, Gregoire R, Kashtan H, Stadler J and Bruce WR (1990). Long term effects of dietary calcium on risk markers for colon cancer in patients with familial polyposis. *Surgery,* **108** : 528-533.

Stone WL, Papas AM (1997). Tocopherols and the etiology of colon cancer. *JNCI,* **89** : 1006-1014.

Sugie S, Okumura A, Tanaka, T, Mori H (1993). Inhibitory effects of benzyl isothiocyanate and benzyl thiocyanate on diethylnitrosamine-induced hepatocarcinogenesis in rats. *Japan J Cancer Res,* **84** : 865-870.

Sugie S, Okamoto K, Okumura A, Tanaka, T, Mori H (1994). Inhibitory effects of benzyl thiocyanate and benzyl isothiocyanate on methylazoxymethanol acetate-induced intestinal carcinogenesis in rats. *Carcinogenesis,* **15** : 1555-1560.

Sumiyochi H, Wargovich MJ (1990). Chemoprevention of 1,2 Dimethylhydrazine induced colon cancer in mice by naturally occuring organosulfur compounds. *Cancer Res,* **50** : 5084-5087.

Sun AS, O Ostadal VRyznar, I Dulik, J Dusek, A Vaclavik, HC Yeh, C Hsu, HW Bruckner, TM Fasy (1999). Phase I/II study of stage III and IV non-small cell lung cancer patients taking a specific dietary supplement. *Nutr Cancer,* **34** : 62-69.

Suschetet M (1996). Des microconstituants végétaux présumés protecteurs. *In*: Riboli E *et al. Alimentation et Cancer*. Tec & Doc Lavoisier, Paris. 331-345

Suschetet, M, Astorg P (1996). Vitamine A, caroténoïdes et cancer. *In*: Riboli E *et al. Alimentation et Cancer*. Tec & Doc Lavoisier, Paris. 315-330.

Suzuki K, Suzuki, K, Mitsuoka T (1992). Effect of Low-Fat, High-Fat, and Fiber-Supplemented High-Fat Diets on Colon Cancer Risk Factors in Feces of Healthy Subjects. *Nutr Cancer,* **18** : 63-71.

Takahashi M, Fukutake M, Isoi T, Fukuda K, Sato H, Yazawa K, Sugimura, T, Wakabayashi K (1997). Suppression of azoxymethane-induced rat colon carcinoma development by a fish oil component, docosahexaenoic acid (DHA). *Carcinogenesis,* **18** : 1337-1342.

Talalay P (1994). Enzyme regulation: a major mechanism for chemical protection against cancer. Proc Amer Assoc *Cancer res,* **35** : 697-698.

Tanaka T, Kojima T, Suzui M, Mori H (1993). Chemoprevention of colon carcinogenesis by the natural product of a simple phenolic compound protocatechuic acid: suppressing effects on tumor development and biomarkers expression on colon tumorigenesis. *Cancer Res,* **53** : 3908-3913.

Tanaka T, Makita H, Kawabata K, Mori H, Kakumoto M, Satoh K, Hara A, Sumida T, Tanaka, T, Ogawa H (1997). Chemoprevention of azoxymethane-induced rat colon carcinogenesis by the naturally occurring flavonoids, diosmin and hesperidin. *Carcinogenesis,* **18** : 957-965.

Thiagarajan DG, Bennink MR, Bourquin LD, Kavas FA (1998). Prevention of precancerous colonic lesions in rats by soy flakes, soy flour, genistein, and calcium. *Amer J Clin Nutr,* **68** : 1394S-1399S.

Taper HS, Delzenne NM, Roberfroid MB (1997). Growth inhibition of transplantable mouse tumors by non-digestible carbohydrates. *Int J Cancer,* **71** : 1109-1112.

Thompson LU *et al.* (1995). Influence of flaxseed and lignan on colon carcinogenesis. The role of lignans and oil in flaxseed on mammary tumorigenesis. *Proc AACR,* **36** : #675.

Thornton JR, Dryden A, Kelleher J, Losowsky MS, (1987). Super efficient starch absorption: a risk factor for colonic neoplasia? *Digest Dis Sci,* **32** : 1088-1091.

Thorup I, Meyer, O, Kristiansen D (1994). Influence of a dietary fiber on development of dimethylhydrazine-induced aberrant crypt foci and colon tumor incidence in wistar rats. *Nutr Cancer,* **21** : 177-182.

Tiwari RK, Guo L, Bradlow HL, Telang NT, Osborne MP (1994). Selective responsiveness of human breast cancer cells to indole-3-carbinol, a chemopreventive agent. *JNCI,* **86** : 126-131.

Tucker JD, Vanderlaan M, Kwan TC, Moore DH, Felton JS (1993). Effects of diet and folate on levels of micronucleated polychromatic erythrocytes. *Mut Res,* **301** : 19-26.

Ullah A, Shamsuddin AM (1990). Dose dependent inhibition of large intestinal cancer by inositol hexaphosphate in F344 rats. *Carcinogenesis,* **11** : 2219-2222.

Vainio, H, Rauralahti M (1999). An international evaluation of the cancer preventive potential of vitamin A. *Cancer Epidemiol Biom Prev,* **8** : 107-109.

VanDerMeer R (1994). Dietary calcium as possible anti-promoter of colon carcinogenesis. *In*: Sachet P *et al. Colloque Nutrition & Cancer*, CERIN, Paris.

VanElswyk ME (1997). Comparison of n-3 fatty acid sources in laying hen rations for improvement of whole egg nutritional quality: a review. *Brit J Nutr,* **78** : S61-S69.

VanLoo J, Cummings J, Delzenne N, Englyst H, Franck A, Hopkins M, Kok N, Macfarlane G, Newton D, Quigley M, Roberfroid M, VanVliet, T, VanDenHeuvel D (1999). Functional food properties of non-digestible oligosaccharides: a consensus report from the ENDO project. *Brit J Nutr,* **81** : 121-132.

Verhagen H, Poulsen HE, Loft S, VanPoppel G, Willems MI, VanBladeren PJ (1995). Reduction of oxidative DNA-damage in humans by Brussels sprouts. *Carcinogenesis,* **16** : 969-970.

Vinas Salas J, Biendicho Palau P, Pinol Felis C, Miguelsanz Garcia, S, Perez Holanda S (1998). Calcium inhibits colon carcinogenesis in an experimental model in the rat. *Europ J Cancer,* **34** : 1941-1945.

Vucenik I, Sakamoto K, Bansal, M, Shamsuddin AM (1993). Inhibition of rat mammary carcinogenesis by inositol hexaphosphate (phytic acid). - a pilot study. *Cancer Lett,* **75** : 95-102.

Wahrendorf J (1991). Epidemiological Research on Colorectal Cancer in Europe. *Large Bowel* ***Cancer****: Policy, Prevention, Res and Treatment,* **18** : 8-12.

Wali RK, Frawley BP, Hartmann S, Roy HK, Khare S, Scaglionesewell BA, Earnest DL, Sitrin MD, Brasitus TA, Bissonnette M (1995). Mechanism of action of chemoprotective ursodeoxycholate in the azoxymethane model of rat colonic carcinogenesis: potential roles of protein kinase C-a, -b (II). and -zeta (1). *Cancer Res,* **55** : 5257-5264.

Walsh CT, Sandstead HH, Prasad AS, Newberne PM, Fraker PJ (1994). Zinc: health effects and research priorities for the 1990s. *Environm Health Persp,* **102** : 5-46.

Wang A, Yoshimi N, Tanaka, T, Mori H (1994). The inhibitory effect of magnesium hydroxide on the bile acid-induced cell proliferation of colon epithelium in rats with comparison to the action of calcium lactate. *Carcinogenesis,* **15** : 2661-2663.

Wargovich MJ, Allnut D, Palmer C, Anaya P, Stephens LC (1990). Inhibition of the promotional phase of azoxymethane induced colon carcinogenesis in the F344 rat by calcium lactate: effect of simulationg 2 human nutrient density levels. *Cancer Lett,* **53** : 17-25.

Wargovich MJ, Uda N, Woods C, Velasco, M, Mckee K (1996). Allium vegetables: their role in the prevention of cancer. *Biochem Soc Trans,* **24** : 811-814.

Wargovich MJ (1997). Experimental evidence for cancer preventive elements in foods. *Cancer Lett,* **114** : 11-17.

Wattenberg LW (1991). Inhibition of Azoxymethane-Induced Neoplasia of the Large Bowel by 3-Hydroxy-3,7,11-Trimethyl-1,6,10-Dodecatriene (Nerolidol). *Carcinogenesis,* **12** : 151-152.

Wattenberg LW (1992). Inhibition of Carcinogenesis by Minor Dietary Constituents. *Cancer Res,* **52** : S2085-S2091.

WCRF World Cancer Research Fund (1997). *Food, nutrition and the prevention of cancer: a global perspective.* WCRF and Amer Inst Cancer Res, Washington DC.

Weaver GA, Tangel CT, Krause JA, Parfitt MM, Jenkins PL, Rader JM, Lewis BA, Miller TL, Wolin MJ (1997). Acarbose enhances human colonic butyrate production. *J Nutr,* **127** : 717-723.

Weisburger JH, Braley J, Reinhardt J, Aliaga C, Rivenson A, Hard GC, Zhang XM, Takahashi M, Esumi, H, Sugimura T (1994). The role of fat and calcium in the production of foci of aberrant crypts in the colon of rats fed 2-amino-1-methyl-6-phenylimidazo [4,5-b] pyridine. *Environm Health Persp,* **102** : 53-55.

Weisburger JH, Rivenson A, Garr, K, Aliaga C (1997). Tea, or tea and milk, inhibit mammary gland and colon carcinogenesis in rats. *Cancer Lett,* **114** : 323-327.

Weisburger JH (1998). Chemoprevention of cancer by tea. *In*: Prasad KN, Cole WC *Cancer and Nutrition.* IOS press, Amsterdam, 167-171.

Welberg JW. M, Kleibeuker JH, Vandermeer R, Mulder NH, Devries DGE (1991). Calcium and the Prevention of Colon Cancer, *Scand J Gastroenterol,* **26** : 52-59.

Welberg JW. M, Kleibeuker JH, Vandermeer R, Kuipers F, Cats A, Vanrijsbergen H, Termont DSML, Boersmavanek W, Vonk RJ, Mulder NH, Devries DGE (1993). Effects of oral calcium supplementation on intestinal bile acids and cytolytic activity of fecal water in patients with adenomatous polyps of the colon. *Europ J Clin Invest,* **23** : 63-68.

White E, Shannon JS, Patterson RE (1997). Relationship between vitamin and calcium supplement use and colon cancer. *Cancer Epidemiol Biomarkers Prev,* **6** : 769-774.

Wijnands MVW, Appel MJ, Hollanders VM. H, Woutersen RA (1999). A comparison of the effects of dietary cellulose and fermentable galacto-oligosaccharide, in a rat model of colorectal carcinogenesis: fermentable fibre confers greater protection than non-fermentable fibre in both high and low fat backgrounds. *Carcinogenesis,* **20** : 651-656.

Willett WC, Hunter DJ (1994). Vitamin A and cancers of the breast, large bowel, and prostate - epidemiologic evidence. *Nutr Reviews,* **52** : 53-59.

Willett W, Colditz, G, Mueller N (1996). Réduire les risques de cancer. *Pour La Science,* **229** : 64-69.

Williamson SLH, Kartheuser A, Coaker J, Kooshkghazi MD, Fodde R, Burn, J, Mathers JC (1999). Intestinal tumorigenesis in the apc1638n mouse treated with aspirin and resistant starch for up to 5 months. *Carcinogenesis,* **20** : 805-810.

Witte JS, Longnecker MP, Bird CL, Lee DR, Frankl HD, Haile RW (1996). Relation of vegetable, fruit, and grain consumption to colorectal adenomatous polyps. *Amer J Epidemiol,* **144** : 1015-1025.

Wollowski I, Ji ST, Bakalinsky AT, Neudecker, C, Poolzobel BL (1999). Bacteria used for the production of yogurt inactivate carcinogens and prevent DNA damage in the colon of rats. *J Nutr,* **129** : 77-82.

Xu MR, Schut HA. J, Bjeldanes LF, Williams DE, Bailey GS, Dashwood RH (1997). Inhibition of 2-amino-3-methylimidazo [4,5-f] quinoline-DNA adducts by indole-3-carbinol: dose-response studies in the rat colon. *Carcinogenesis,* **18** : 2149-2153.

Yamamoto I, Maruyama, H, Moriguchi M (1994). Effect of b-carotene, sodium ascorbate and cellulose on 1,2-dimethylhydrazine-induced intestinal carcinogenesis in rats. *Cancer Lett,* **86** : 5-9.

Yang CS, Lee MJ, Chen LS, Yang GY (1997). Polyphenols as inhibitors of carcinogenesis. *Environm Health Persp,* **105** : 971-976.

Yang CS, Chung JY, Yang GY, Chhabra SK, Lee MJ (2000). Tea and tea polyphenols in cancer prevention. *J Nutr,* **130** : 472S-478S.

Yang CY, Chiu HF (1998). Calcium and magnesium in drinking water and risk of death from rectal cancer. *Int J Cancer,* **77** : 528-532.

Yavekiw J, Finlay TH, Kennedy AR, Troll W (1983). Bowman Birk Soybean protease inhibitor as an anticarcinogen. *Cancer Res,* **43** : 2454s-2459s.

Yoshizawa K, Willett WC, Morris SJ, Stampfer MJ, Spiegelman D, Rimm DB, Giovannucci D (1998). Study of prediagnostic selenium level in toenails and the risk of advanced prostate cancer. *JNCI,* **90** : 1219-1224.

You WC, Zhang L, Gail MH, Ma JL, Chang YS, Blot WJ, Li JY, Zhao CL, Liu WD, Li HQ, Hu YR, Bravo JC, Correa P, Xu GW, Fraumeni JF (1998). Helicobacter pylori infection, garlic intake and precancerous lesions in a chinese population at low risk of gastric cancer. *Int J Epidemiol,* **27** : 941-944.

Younes H, Garleb K, Behr S, Remesy, C, Demigne C (1995). Fermentable fibers or oligosaccharides reduce urinary nitrogen excretion by increasing urea disposal in the rat cecum. *J Nutr,* **125** : 1010-1016.

Young GP, Mcintyre A, Albert V, Folino M, Muir JG, Gibson PR (1996). Wheat bran suppresses potato starch-potentiated colorectal tumorigenesis at the aberrant crypt stage in a rat model. *Gastroenterology,* **110** : 508-514.

Zhang F, *et al.* (1999). Curcumin inhibits cyclooxygenase-2 transcription in bile acid- and phorbol ester-treated human gastrointestinal epithelial cells. *Carcinogenesis,* **20** : 445-451.

Zhang SM, Hunter DJ, Forman MR, Rosner BA, Speizer FE, Colditz GA, Manson JE, Hankinson SE, Willett WC (1999). Dietary carotenoids and vitamins A, C, and E and risk of breast cancer. *JNCI,* **91** : 547-556.

Zhang SM, Hunter DJ, Hankinson SE, Giovannucci DL, Rosner BA, Colditz GA, Speizer FE, Willett WC (1999). A prospective study of folate intake and the risk of breast cancer. *JAMA,* **281** : 1632-1637.

Zheng W, Anderson KE, Kushi LH, Sellers TA, Greenstein J, Hong CP, Cerhan JR,

Bostick RM, Folsom AR (1998). A prospective cohort study of intake of calcium, vitamin D, and other micronutrients in relation to incidence of rectal cancer among postmenopausal women. *Cancer Epidemiol Biom Prev,* **7** : 221-225.

Zimmerman J (1993). Does dietary calcium supplementation reduce the risk of colon cancer. *Nutr Reviews.* **51** : 109-112.

Zini M, LangleyDanysz P (1999). Alicaments santé. Les industriels attendent un cadre. Des candidats aux allégations fonctionnelles ou santé. *RIA.* **590** : 28-36.

Sixième partie

Aspects technologiques des aliments fonctionnels

16

Aspects technologiques des aliments fonctionnels

John Van Camp, Katleen Anthierens et André Huyghebaert

Introduction

Un aliment fonctionnel est un aliment qui a démontré sa capacité à influencer positivement une ou plusieurs fonctions de l'organisme, fonction(s) qui joue(nt) un rôle dans le maintien de l'état de bien-être ou de bonne santé de l'homme, ou qui contribue à diminuer le risque de développer une maladie. Un aliment fonctionnel peut être (Roberfroid, 1998) :

- un aliment naturel pour lequel un effet spécifique a été démontré ;
- un aliment auquel un composant a été ajouté ;
- un aliment dans la composition duquel un composant a été remplacé ;
- un aliment duquel un composant a été éliminé ;
- un aliment dans lequel la biodisponibilité d'un composant particulier a été améliorée.

Il est évident que la technologie peut intervenir dans les trois derniers exemples.

Dans la chaîne alimentaire la technologie est située après la récolte et avant la distribution. Elle est constituée des procédés de conservation et de transformation.

La conservation comprend les techniques physiques, chimiques ou biochimiques, qui ont pour objectif d'améliorer la stabilité des aliments sans modifier profondément leur structure biologique. Elle utilise les méthodes, qui ont pour objectif la destruction des micro-organismes, l'inactivation des enzymes, la réduction de la vitesse ou même l'inhibition des réactions chimiques, la diminution des pertes par la respiration et d'autres activités biologiques.

Les méthodes physiques de conservation comprennent des applications de la chaleur, du froid, de la réduction de la teneur en eau et de l'irradiation. Ces techniques peuvent influencer la biodisponibilité de certains composés ou inactiver des composés indésirables. Il existe donc une interaction entre méthodes physiques et fonctionnalité.

Les méthodes chimiques sont basées sur l'utilisation de composés chimiques. On distingue entre les substances comme le sel, le sucre, les acides et autres, utilisés depuis longtemps et les additifs. L'interaction avec la fonctionnalité est moins prononcée que pour les méthodes physiques.

La troisième catégorie est formée par les méthodes biologiques utilisant des micro-organismes et des enzymes. Il existe de multiples exemples d'applications dans la préparation des aliments fonctionnels.

La transformation a un effet prononcé sur la structure ; elle comprend les techniques de séparation, de modification et de reconstitution ou recombinaison. Comme la fonctionnalité est assez souvent basée sur la présence d'un ou plusieurs composés, la technologie de transformation joue un rôle important dans le développement des aliments.

Comme il est impossible de traiter toutes les applications actuelles ou potentielles ce chapitre sera limité à quelques exemples choisis dans les secteurs les plus représentatifs des potentialités du secteur agroalimentaire (produits laitiers, huiles et matières grasses, et produits végétaux), exemples qui, pour la plupart, sont discutés dans ce livre pour leur potentialité en tant qu'aliment ou ingrédient fonctionnel. Les sujets envisagés sont l'amélioration de la teneur ou de la biodisponibilité des composés bioactifs dans les aliments (peptides bioactifs, calcium, composés probiotiques et prébiotiques, tocophérols, acide linoléique conjugué, acides gras ω-3 polyinsaturés et phytostérols) et l'élimination des composés indésirables (lactose, acides gras *trans*-insaturés et triglycérides oxydés et polymérisés). Enfin l'influence des conditions de conservation et des procédés de préparation sur les phénols, les flavonoïdes et la capacité antioxydante des fruits et légumes est brièvement analysée.

1. Produits laitiers

1.1. Peptides bioactifs

La valeur nutritionnelle des protéines alimentaires a été récemment réévaluée suite à la découverte de peptides bioactifs qui, à côté de leur rôle primaire comme source d'acides aminés essentiels, ont aussi, chez l'homme, un effet régulateur sur certains processus métaboliques ou physiologiques. En particulier, plusieurs activités sont reconnues pour les peptides bioactifs présents dans les protéines du lait (Meisel, 1997) :

• ***Casokinines***

Ces peptides provoquent une réduction de l'activité de l'ACE (angiotensin-converting enzyme), une enzyme importante dans la régulation de la pression sanguine chez l'homme (Lüscher et Yang, 1993). L'activité est le plus souvent déterminée par une méthode spectrophotométrique (Cushman et Cheung, 1970) qui, après hydrolyse du substrat hippuryl-L-histidyl-L-leucine (HHL) par l'ACE, mesure l'acide hippurique libéré (Cushman *et al.*, 1989 ; Perich *et al.*, 1992). La capacité inhibitrice des peptides est déterminée par la valeur IC_{50}, i.e. la concentration des peptides nécessaire pour réduire de 50 % l'activité de l'ACE.

• ***Caséinophosphopeptides (CPP)***

Ces peptides résultent de la formation de complexes solubles entre l'ion calcium et des phosphopeptides (Berrocal *et al.*, 1989). Sous cette forme, la solubilité de calcium est améliorée, ce qui favorise l'absorption de cet ion dans le tube digestif (Mykkänen et Wasserman, 1980). L'interaction entre le calcium et les phosphopeptides est déterminée par l'addition des CPP à une solution de calcium suivie, après installation d'un équilibre, par la centrifugation du mélange dans un module de filtration équipé d'une membrane de 500 Da et mesure du calcium dans la fraction peptidique. Pour évaluer l'influence des CPP sur la solubilité du calcium, une détermination est effectuée, à une concentration en CPP bien définie, de la quantité en calcium qui précipite en présence d'un excès des phosphate (McDonagh et FitzGerald, 1998).

• ***Casomorphines***

Ces peptides agissent au niveau des récepteurs opioïdes. Ils ont une activité morphinique et ils peuvent être présents dans le tube digestif ou éventuellement dans le cerveau. Ils peuvent jouer un rôle dans la production des hormones (insuline et somatostatine) et dans le développement d'un sentiment de satiété (Froetschel, 1996). L'activité des casomorphines est évaluée par des méthodes *in vitro*, basée sur la compétition avec la [^{3}H] naloxone pour la fixation aux récepteurs opioïdes dans un homogénat des cerveau du rat (Meisel *et al.*, 1989 ; Antila *et al.*, 1991). L'activité des peptides est exprimée par la concentration qui réduit de 50 % de la liaison du ligand radioactif au récepteur. L'influence des peptides opioïdes au niveau musculaire est étudiée, *in vitro,* en utilisant des segments de l'iléon du cobaye (Antila *et al.*, 1991).

La libération des peptides bioactifs présents dans les protéines du lait, a été réalisée en utilisant des enzymes (Antila *et al.*, 1991 ; Maeno *et al.*, 1996 ; McDonagh et Fitz Gerald, 1998) ou des micro-organismes (Hata *et al.*, 1996). Les protéines sont utilisées dans une forme native comme le lactosérum ou les caséines précipitées par l'acide (Pihlanto-Leppälä, 1998), ou dans une forme purifiée comme la β-lactoglobuline (β-Lg) et l'α-lactalbumine (α-La) (Antila *et al.*, 1991 ; Pihlanto-Leppälä *et al.*, 1997). Les substrats sont solubilisés dans l'eau et hydrolysés par des enzymes ou des micro-organismes dans des conditions strictement contrôlées (pH, température).

La libération des peptides bioactifs est influencée par la nature des enzymes et la séquence de leur utilisation pendant l'étape d'hydrolyse. L'étude de Antila *et al.* (1991) a démontré que la digestion de la β-Lg par la pepsine (pH 2, 37 °C, 2-24 h) est limitée (protéolyse < 1 %). En revanche, l'addition subséquente de trypsine ou du mélange trypsine + chymotrypsine (pH 8, 37 °C), prolonge le processus d'hydrolyse jusqu'à atteindre un taux de 12-18 %. La β-lactorphine (Tyr-Leu-Leu-Phe), un produit de dégradation de la β-Lg et qui est uniquement présent dans les hydrolysats produits par les mélanges pepsine + trypsine et pepsine + trypsine + chymotrypsine, est reconnue comme un peptide opioïdes avec une valeur IC_{50} (obtenues par la méthode de [^{3}H] naloxone) légèrement supérieure à celle de la morphine. Cependant, une hydrolyse importante des protéines alimentaires n'est pas toujours nécessaire pour libérer des peptides bioactifs. L'α-lactorphin (Tyr-Gly-Leu-Phe), un peptide opioïdes qui occupe les positions 50-53 de l'α-La, est déjà libérée par un taux d'hydrolyse inférieur à 1 %. Cette condition est réalisée après 3 h de protéolyse par la pepsine à 37 °C (Antila *et al.*, 1991).

À côté des enzymes présentes dans l'estomac ou l'intestin grêle de l'homme, des protéases d'origine microbienne ou même végétale ont également été utilisée pour la production des peptides bioactifs. McDonagh et FitzGerald (1998) ont trouvé des caséinophosphopeptides (CPP) dans les hydrolysats de caséinates de sodium. Après l'hydrolyse, les CPP sont agglomérés par le chlorure de calcium à pH 7,5 et ensuite récupérés par précipitation avec de l'éthanol. Différentes préparations enzymatiques ont été comparées, mais aucune relation n'a été démontrée entre le degré d'hydrolyse, le rendement en CPP, l'interaction avec le calcium, ou la solubilisation du calcium.

Yamamoto *et al.* (1993) ont décrit une méthode de chromatographie d'échange d'ions pour isoler la protéinase extracellulaire de *Lactobacillus helveticus* CP790 qui permet de libérer des peptides inhibiteurs de l'ACE présents dans les caséines (Maeno *et al.*, 1996).

Les enzymes immobilisées sont également utiles pour la production des CPP à partir des caséines. La chymosine, la pepsine, le trypsine et le pancréatine sont immobilisées sur un support d'oxirane-acrylique. Ensuite, la caséinate de sodium est solubilisée et hydrolysée à pH constant et à 37 °C, avec un rapport de concentration enzyme/substrat de 1/100. Après hydrolyse, les enzymes sont récupérées par sédimentation, le liquide est décanté et mis à pH 4,6 de façon à pouvoir isoler, par filtration, les produits solubles. Après immobilisation, les activités enzymatiques diminuent de 30-50 %. Cette réduction est probablement due à l'inactivation des enzymes pendant le procédé d'immobilisation, l'accessibilité des enzymes pendant la phase d'hydrolyse, ou la formation de liaisons non-covalentes entre les peptides et le support, qui rend la récupération des peptides plus difficile. Il y a aussi des modifications dans la nature des peptides formés : le CPP α_{s1}-casein (59-79) est détecté dans les hydrolysats de trypsine après catalyse homogène, mais pas après l'utilisation de trypsine immobilisée. Cependant, l'usage répété (9x) du même batch de trypsine immobilisé n'entraîne que 25 % de perte d'activité, et le profil des peptides générés (déterminé par chromatographie) ne change pas.

Les procédés d'ultrafiltration peuvent également aider dans la récupération des peptides bioactifs pendant ou après l'hydrolyse enzymatique des protéines. Visser *et al.* (1989) ont, à cet effet, développé un réacteur équipé d'un module d'ultrafiltration pour la production continue et la purification des peptides. La solution protéique est recyclée entre le réacteur et une cartouche du type « hollow fibre » (composition : acétate de cellulose, cut-off 10 000 Da) qui est résistante à une pression de travail de 0,01 MPa. Une solution de β-caséine a ainsi été hydrolysée par la plasmine à pH 7,4 et 37 °C. L'approvisionnement du réacteur en β-caséine est égal au débit de recyclage et à la décharge du perméat dans le module de l'ultrafiltration, i.e. 100 ml/h. La majorité des peptides récupérées dans le perméat pendant les premières heures de l'hydrolyse appartient à la fraction « proteose pepton » du lait. Les fractions β-caséine (1-28) et (2-28) sont trouvées dans le perméat mais ne sont pas visibles à la fin de l'hydrolyse en batch. Ce résultat démontre que les peptides peuvent échapper à l'hydrolyse pendant le procédé continu par un passage à travers la membrane avant d'être hydrolysés. La durée de ce procédé est limitée à cause de l'accumulation graduelle des réactifs à la surface de la membrane. Afin de maintenir la vitesse de conversion et d'éviter le blocage de la membrane il faut filtrer ou centrifuger le rétentat intermittant. Il est possible de limiter les pertes de l'activité de la plasmine par une réduction de la température, une minimalisation du contact à l'interface air/liquide, ou l'addition d'un stabilisateur (polyéthylène glycol 20 000). L'étude réalisée par Pihlanto-Leppälä *et al.* (1999) sur les peptides qui inhibent l'ACE, a démontré qu'un procédé d'ultrafiltration peut séparer et concentrer différentes fractions peptidiques sans perte d'activité. Le hydrolysat d'α-lactalbumine obtenu par action de la trypsine après 3 h d'hydrolyse est fractionnée en deux étapes par ultrafiltration, i.e. d'abord sur une membrane de 30 kDa et ensuite (pour le perméat) sur une membrane de 1 kDa. La capacité inhibitrice de la fraction < 1 kDa, exprimée par la valeur IC_{50}, est respectivement 10 et 3 fois plus élevée que la fraction 1-30 kDa ou l'hydrolysat.

Une étude réalisée par Pihlanto-Leppälä *et al.* (1998) a démontré que la fermentation des produits laitiers (lactosérum et caséines) avec différents mélanges commerciaux de micro-organismes (yogourt, « Ropy milk » et lait acidifié), n'a pas une grande influence sur le degré de protéolyse des protéines (maximum 2,5 %). Si la fermentation est suivie par un traitement enzymatique en présence de pepsine (pH 2, 3 h) et trypsine (pH 8, 5 h), la protéolyse augmente jusqu'à 40-70 %. Seul le traitement enzymatique, qui simule les conditions du tube digestif, libère des peptides inhibiteurs de l'ACE. La faible efficacité de la fermentation s'explique par une activité protéolique réduite des micro-organismes, ou par la spécificité des enzymes dans les bactéries lactiques. Cependant, plusieurs études réalisées par des chercheurs Japonais ont abouti à la production d'un lait fermenté enrichi en peptides bioactifs qui peut être utilisé dans le traitement des patients hypertensifs (Hata *et al.*, 1996). Le lait ("Calpis sour milk") est le résultat d'une fermentation du lait écrémé par une culture naturelle qui contient principalement une bactérie lactique (*Lactobacillus helveticus*) et une levure (*Saccharomyces cerevisiae*). Après la pasteurisation, le lait est inoculé avec la culture (3 %), et soumis à une fermentation à 37 °C pendant 22 h. Finalement, le lait est homogénéisé et pasteurisé. Les substances bioactives identifiées sont les deux tripeptides VPP (Val-Pro-Pro) et IPP (Ileu-Pro-Pro), libérés pendant la fermentation, qui diminuent l'activité de l'ACE. Leur concentration dans le lait est de 1,5 mg VPP et 1,1 mg IPP par 100 g (Nakamura *et al.*, 1995 ; Hata *et al.*, 1996).

1.2. Laits fermentés

Dans la législation alimentaire belge, l'arrêté royal du 18 mars 1980 relatif au yaourt et autres laits fermentés, fait une claire distinction entre :

• ***Lait fermenté***

Le produit non égoutté obtenu en faisant coaguler du lait écrémé, du lait demi-écrémé ou du lait entier, par ensemencement à l'aide de bactéries lactiques, éventuellement en association avec des levures. Dans la législation française, un lait fermenté est réservé au produit laitier préparé avec des laits écrémés ou non ou des laits concentrés ou en poudre écrémés ou non, enrichis ou non de constituants du lait, ayant subi un traitement thermique au moins équivalent à la pasteurisation, ensemencés avec des micro-organismes appartenant à l'espèce ou aux espèces caractéristiques de chaque produit.

• ***Yaourt***

Le lait fermenté tel que défini ci-dessus, obtenu essentiellement sous l'action simultanée de *Lactobacillus bulgaricus* et de *Streptococcus thermophilus* et dans lequel les deux espèces microbiennes spécifiques sont maintenues vivantes en quantité abondante jusqu'à la livraison au consommateur. Dans la législation française, ces deux espèces microbiennes doivent se trouver vivantes dans le produit fini, à raison d'au moins 10 millions de bactéries par gramme rapportées à la partie lactée.

• ***Lait fermenté traité thermiquement***

Le lait fermenté ou yaourt qui a subi, après fermentation, un traitement par la chaleur qui est suffisant pour en garantir la bonne conservation et qui détruit la flore microbienne spécifique.

D'après Havenaar *et al.* (1992), les probiotiques sont définis comme des cultures vivantes composées d'une ou plusieurs espèces microbiennes, qui influencent positivement l'hôte (l'homme ou animal) par une amélioration des propriétés de la flore endogène. Cette définition inclut l'influence sur la microflore intestinale aussi bien que sur les communautés microbiennes présentes dans d'autres régions du corps (Holzapfel *et al.*, 1998). Des produits qui contiennent une quantité abondante des bactéries probiotiques comme *Bifidus bifidum*, *Bifidus infantis*, *Lactobacillus casei* ou *Lactobacillus acidophilus* sont par conséquent classifiés comme du lait fermenté. De plus, les laits fermentés traités thermiquement n'ont plus les propriétés probiotiques qui sont attribuées spécifiquement aux cultures vivantes.

Heller (1998) a résumé les propriétés technologiques nécessaires pour le développement des produits probiotiques :

- les cultures probiotiques doivent survivre en quantité abondante jusqu'à la livraison au consommateur. Une réfrigération pendant la distribution est donc nécessaire ;
- la stabilité physique et génétique, et les propriétés probiotiques doivent être conservées pendant toutes les étapes de la production et de la distribution, sans modification du goût et de l'arôme et sans augmentation du degré d'acidification ;
- les méthodes nécessaire pour la détermination de l'identité des cultures probiotiques utilisées doivent être disponibles.

Les propriétés des laits fermentés sont déterminées par la composition chimique du produit alimentaire (source de carbone, degré de l'hydrolyse des protéines et des matières grasses du lait et accessibilité des acides aminés essentiels et des acides gras), et les caractéristiques des espèces microbiennes présentes dans le produit (Heller, 1998 ; Jelen et Lutz, 1998). L'interaction entre le produit et les espèces probiotiques est minimalisée si les cultures probiotiques sont ajoutées après la fermentation au moment où le produit est réfrigéré à moins de 8 °C. Si les cultures probiotiques participent à la fermentation, cette interaction est plus importante, en particulier vis-à-vis des autres espèces microbiennes présentes dans le produit. Un paramètre important à contrôler dans ces conditions est la production de l'acide lactique et la réduction du pH pendant la fermentation. Pendant la production de yaourt à boire et de yaourt brassé, les cultures probiotiques sont ajoutées après la fermentation. En revanche, les yaourts fermés sont fermentés dans l'emballage et pour maintenir leur texture, les cultures probiotiques doivent être ajoutées avant la fermentation (Heller, 1998). Le yaourt « Bifidus » est préparé par l'addition des bifidobactéries, comme

B. bifidum ou *B. longum*, à une culture de yaourt suivie d'une incubation à 42 °C pendant 3-4 h La production du lait « Bifidus » est similaire, mais la fermentation est exécutée par *B. bifidum* ou *B. longum* à 37-42 °C (Jelen et Lutz, 1998). Dans la production du lait « acidophilus », le lait est stérilisé par un traitement thermique avant l'addition de la culture. Cette procédure est nécessaire par ce que la fermentation par *Lactobacillus acidophilus* est lente, et son inhibition par d'autres espèces microbiennes est possible. Après la fermentation, le produit est réfrigéré directement jusqu'à 5 °C pour interrompre l'acidification (Heller, 1998).

Tableau 1 ■ Quelques exemples de facteurs bifidogènes[a].

Classification	Source	Structure moléculaire
Galacto-oligosaccharides	Lactose	α-D-Glu- $(1 \rightarrow 4)$-[β-D-Gal-$(1 \rightarrow 6)$-]$_n$ n = 2-5
Lactulose	Lactose	β-D-Gal-$(1 \rightarrow 4)$-β-D-Fru
Lactosucrose	Lactose	β-D-Gal-$(1 \rightarrow 4)$-α-D-Glu-$(1 \rightarrow 2)$-β-D-Fru
Fructo-oligosaccharides		
par transfructosylation	Sucrose	α-D-Glu-$(1 \rightarrow 2)$-[β-D-Fru-$(1 \rightarrow 2)$-]$_n$ n = 2-4
par hydrolyse de l'inuline	Inuline	β-D-Fru- $(1 \rightarrow 2)$-[β-D-Fru-$(1 \rightarrow 2)$-]$_n$ n = 1-9 α-D-Glu-$(1 \rightarrow 2)$-[β-D-Fru-$(1 \rightarrow 2)$-]$_n$ n = 2-9
Inuline	Racines de chicorée	α-D-Glu-$(1 \rightarrow 2)$-[β-D-Fru-$(1 \rightarrow 2)$-]$_n$ n > 10

[a] (Crittenden et Playne, 1996 ; O'Sullivan, 1996).

Les effets favorables, pour l'hôte, des espèces probiotiques sont dépendants de leur viabilité et de leur activité métabolique dans le tube digestif. Pour maximaliser leur efficacité, on peut ajouter des facteurs bifidogènes, i.e. des composants prébiotiques qui arrivent intact dans le gros intestin et qui influencent positivement le développement des bactéries bifides. Différents substrats ont été proposés comme facteur bifidogène (tableau 1) :

- les *galacto-oligosaccharides* qui sont formés à partir du lactose par l'activité de la β-galactosidase. Cette enzyme qui normalement catalyse l'hydrolyse du lactose en galactose et glucose, peut, à des concentrations élevées en lactose, catalyser la transglycosylation. Les sirops obtenus contiennent un mélange d'oligosaccharides contenant 3 et jusqu'à 6 monomères osidiques, mais aussi du glucose, du galactose et du lactose. Ces sucres sont ensuite éliminés par chromatographie (Playne et Crittenden, 1996) ;
- le *lactulose* qui, bien qu'utilisé comme un médicament, est parfois inclus dans le groupe des oligosaccharides prébiotiques à cause des mêmes propriétés fonctionnelles. Ce disaccharide est généré pendant un traitement thermique du lait (De Block *et al.*, 1996 ; De Rafael *et al.*, 1997). La synthèse industrielle est basée sur un procédé d'isomérisation alcaline du lactose, qui utilise la transformation d'après Lobry de Bruyn-Alberta van Ekenstein pour transformer le glucose en fructose (Huyghebaert *et al.*, 1996 ; O'Sullivan, 1996) ;

– les *fructo-oligosaccharides* qui représentent actuellement la classe majeure des oligosaccharides bifidogènes. Il existe deux procédés de production qui donnent naissance à des produits finaux différents. Dans la première méthode, les unités de fructose sont ajoutées par transfructosylation au saccharose par l'action d'une enzyme β-fructofuranosidase. Afin d'obtenir un bon rendement, il faut utiliser des fortes concentrations en substrat. Les fructo-oligosaccharides générés sont le 1-kestose (Glu-Fru-Fru), le 1-nystose (Glu-Fru-Fru-Fru) et le 1-fructosylnystose (Glu-Fru-Fru-Fru-Fru). Le fructose, le glucose et le sucrose présents dans le sirop sont éliminés par chromatographie. La deuxième méthode consiste en une hydrolyse contrôlée de l'inuline, et produit aussi des fructo-oligosaccharides sans glucose terminal. En général, les chaînes des fructo-oligosaccharides sont plus longues comparées au procédé de transfructosylation (Playne et Crittenden, 1996 ; O'Sullivan, 1996). L'inuline, elle-même un facteur bifidogène, est présente dans les racines de chicorée, les oignons et l'ail. L'extraction à l'échelle industrielle avec l'eau chaude à partir des racines de chicorée est comparable à la production de sucre à partir des betteraves sucrières (Teeuwen *et al.*, 1992).

Les produits qui contiennent simultanément des probiotiques et des prébiotiques sont appelé des synbioticques (Salminen *et al.*, 1998). Différentes combinaisons sont déjà commercialisées, par exemple *Lactobacillus reuteri*, *Lactobacillus acidophilus*, *Lactobacillus casei*, bifidobactéries et inuline (Jelen et Lutz, 1998). (Pour plus d'informations sur les probiotiques, les prébiotiques et les synbiotiques voir les chapitres 4 et 5 de ce livre).

1.3. Autres produits

Le calcium joue un rôle important dans le développement et le maintien des fonctions et de la structure de l'os (Koletzko *et al.*, 1998). Quelques produits laitiers contiennent une teneur réduite en calcium (par exemple fromage frais), et des études sont actuellement effectuées pour augmenter leur teneur en calcium. Différents sels de calcium sont à la disposition des producteurs industriels pour fortifier les produits alimentaires avec du calcium, entre autres le carbonate, fumarate, citrate, lactate et gluconate. Le sel de calcium ajouté doit avoir une bonne valeur nutritive, ne peut pas interférer avec l'absorption des autres micronutriments, et ne peut pas modifier la texture, le goût ou l'arôme du produit final. La valeur nutritive des sels de calcium est principalement liée à la biodisponibilité et à la solubilité de calcium. En général, la biodisponibilité des sels organiques de calcium est supérieure à celle des sels inorganiques. Les citrates sont souvent préférés à cause de leur teneur élevée en calcium (21 %) et leur goût et arôme neutres. L'effet sur l'absorption des autres micronutriments est considéré comme insignifiant, et des mécanismes spécifiques pour l'absorption des citrates de calcium ont été identifiés. Les produits envisagés pour une fortification en calcium sont les jus de fruits, les produits de sevrage, les produits laitiers, les boissons destinées aux sportifs, et les céréales. Le citrate de calcium partialement hydraté est aussi identifié comme agent anticoagulant (Labin-Glodscher et Edelstein, 1996).

La biodisponibilité du calcium est élevée dans les produits laitiers. En revanche, dans les produits végétaux, le calcium est moins disponible à cause de la présence des composants antinutritifs comme les phytates et l'acide oxalique. La biodisponibilité du calcium dans un fromage frais a été étudiée en présence de coagulants naturels comme l'extrait de rhubarbe. L'élimination de l'acide oxalique présent dans la rhubarbe augmente la biodisponibilité de calcium, mais aussi la teneur en calcium dans ce fromage frais est augmentée de 25 % comparativement au fromage frais sans extrait de la rhubarbe ajouté (Jelen et Lutz, 1998). L'étude de Mbithi-Mwikya *et al.* (2000) a démontré que des procédés simples comme la germination peuvent déjà améliorer la biodisponibilité du calcium dans les produits végétaux. La teneur en phytates dans une céréale comme le millet est réduite de 0,36 jusqu'à 0,02 g/100 g de matière sèche après 96 h de germination. Cette réduction s'accompagne d'une amélioration de 13 % de l'extractibilité du calcium par HCl.

La consommation des produits laitiers peut être défavorable pour des sujets qui sont intolérants au lactose (Salminen *et al.*, 1998). La production des produits laitiers pauvres en lactose s'est développée simultanément à l'introduction des isolats de lactases d'origine microbienne (tableau 2). Le lactase de *Kluyveromyces lactis* est utilisable dans le traitement du lait (pH 6,8) ou du lactosérum doux (pH 6,2) (Holsinger et Kligerman, 1991). En revanche, la lactase des moisissures comme *Aspergillus niger* est utilisée pour l'hydrolyse du lactose dans le lactosérum acide. Cette lactase est caractérisée par une bonne stabilité en fonction du pH comparée aux lactases des levures. Cependant, leur activité est réduite par la présence de D-galactose, qui influence le degré de conversion du lactose (Ryder, 1988). Pour avoir un lait pauvre en lactose à l'échelle industrielle, le lait est d'abord pasteurisé puis la lactase en solution (d'origine *K. lactis*) est ajoutée. Après un taux d'hydrolyse prédéterminée (normalement 70 %), la réaction est arrêtée par un deuxième traitement thermique. Ce lait ainsi traité est bien accepté même si le goût est un peu plus sucré à cause de l'hydrolyse (Holsinger et Kligerman, 1991). Un système à deux membranes d'ultrafiltration a également été utilisé pour réduire la teneur en lactose du lait. La première membrane élimine les protéines du lait ou du lactosérum. Cette étape est nécessaire pour récupérer plus facilement l'enzyme après l'hydrolyse. Dans la deuxième étape, le lactose est hydrolysé dans un réacteur muni d'une membrane d'ultrafiltration, qui est utilisée pour récupérer l'enzyme dans le retentat et le produit hydrolysé dans le deuxième permeat qui contient le lactose hydrolysé et qui est ensuite récombiné avec le concentrat des protéines du lait (Ryder, 1988).

Tableau 2 ■ Propriétés des lactases d'origine microbiennes.

Source	**pH optimum**[a]	**pH région de stabilité**[a]	**Température optimale (°C)**[a]
Aspergillus niger	3,0-4,0	2,5-8,0	55-60
Aspergillus oryzae	5,0	3,5-8,0	50-55
Kluyveromyces fragilis	4,8[b]-6,6	6,5-7,5	37-50[b]
Kluyveromyces lactis	6,9-7,3	7,0-7,5	35
Lactobacillus thermophilus	6,2	p.d.	55
Leuconostoc citrovorum	6,5	p.d.	60

p.d. = pas déterminé ; [a]Ryder, 1988 ; [b]Holsinger et Kligerman, 1991.

2. *Huiles et matières grasses*

2.1. Influence du raffinage physique sur la composition en nutriments des huiles végétales

L'objectif primaire du raffinage est la production d'une huile comestible avec une faible teneur en acides libres, mais avec des propriétés sensorielles acceptables. Suite à l'inquiétude concernant l'influence sur la santé de l'homme de certains acides gras *trans*-insaturés (AGT) et des triglycérides oxydés et polymérisés (Mensink et Katan, 1990 ; Marquez-Ruiz *et al.*, 1995 ; De Greyt *et al.*, 1997), les conditions pendant le raffinage ont été optimalisées de façon à réduire au minimum la présence de ces composés potentiellement toxiques. Leur formation peut en effet être minimalisée sans perte trop élevée des composants désirables (par exemple les tocophérols).

Pendant le raffinage des huiles comestibles, les acides libres sont enlevés par neutralisation dans une solution alcaline (raffinage chimique) ou par distillation (raffinage physique). Les avantages du raffinage physique sont l'absence de l'étape de neutralisation (moins d'eaux résiduaires), et un rendement meilleur comparativement au raffinage chimique. Cependant, certaines huiles ne sont pas adaptées à un raffinage physique à cause de leur haute teneur en phospholipides non-hydratables. L'effet des paramètres opératoires (vapeur, pression, temps, température) sur la teneur en acides gras *trans*-insaturé (AGT), tocophérols (TF), et triglycérides oxydés et polymérisés pendant le raffinage physique des huiles végétales, a été examiné par De Greyt (1998). Dans le cas des huiles de la graine de lin, l'isomérisation géométrique n'est pas détectée en dessous de 190 °C tandis que la cyclisation et la conjugaison sont principalement observées à des températures élevées (270 °C) et des durées de traitements longs (> 2 h). Pour les conditions intermédiaires, qui sont normalement utilisées pendant le raffinage physique, la vitesse d'isomérisation de l'acide α-linolénique est plus rapide que celle de l'acide linoléique. L'huile de soja, qui contient des quantités élevées d'acide linoléique (52-55 %) et qui a une teneur suffisante en acide α-linolénique (7-9 %), est chauffée à 245 et 260 °C. Après le traitement, le fraction des AGT contient exclusivement des isomères *trans* C18:2 et *trans* C18:3. L'influence du temps et de la température sur la formation des AGT pendant le raffinage est prépondérante mais les effets de la vapeur et de la pression sont moins importants. La teneur en AGT après le processus peut être exprimée relativement par le degré d'isomérisation (DI) de l'acide linoléique et l'acide α-linolénique (De Greyt, 1998) :

$$DI_{18:x} = \frac{trans18:x}{trans18:x + cis18:x}\ 100 \qquad (1)$$

Pour le $DI_{18:2}$, des valeurs au-dessus de 5 % sont uniquement atteintes après un traitement sévère (figure 1). En revanche, le $DI_{18:3}$ dépasse facilement le niveau de 5 %, même lorsque les conditions restent modérées (90 min, 245 °C ; 40 min, 260 °C). Les proportions de $DI_{18:3}/DI_{18:2}$ rapportées se situent généralement entre 10 et 15, avec quelques valeurs exceptionnelles supérieures à 20 ou inférieures à 10 (Wolff, 1993 ; Bertoli *et al.*, 1996). Une bonne corrélation est observée entre le $DI_{18:2}$ et le $DI_{18:3}$ de différentes huiles, indépendamment de leur composition en acides gras ou les conditions appliquées pendant le raffinage. Par conséquent, le degré d'isomérisation d'un acide gras poly-insaturé est considéré comme indépendant de la composition en acides gras des huiles, et la teneur en AGT est calculé à l'aide de $DI_{18:2}$ et $DI_{18:3}$ (De Greyt, 1998) :

$$\% \ trans = (\frac{18:2_{total}}{100} DI_{18:2}) + (\frac{18:3_{total}}{100} DI_{18:3}) \quad (2)$$

La connaissance de la teneur en l'acide linoléique et l'acide α-linolénique dans les huiles végétales brutes est suffisante pour calculer le pourcentage des AGT généré pendant le raffinage. Le modèle est utilisable entre 200-260 °C, 60-180 min, 1-5 mbar et 0-4 % de vapeur, et a été validé pour plusieurs huiles comme l'huile de colza et l'huile de maïs.

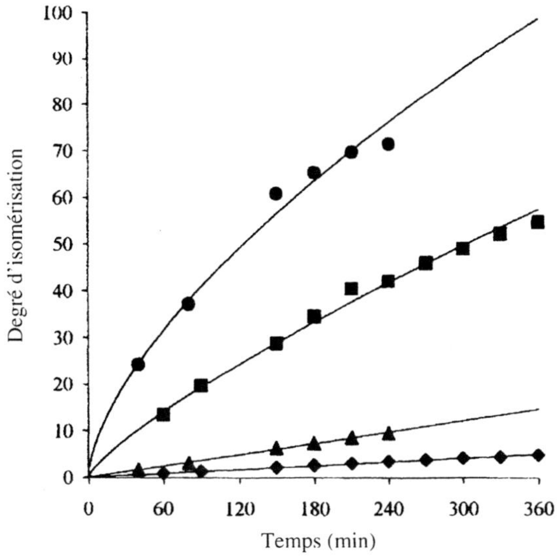

Figure 1 ■ Évolution du degré d'isomérisation de l'acide linoléique et de l'acide α-linolénique pendant le raffinage physique de l'huile de soja à 245° et à 260 °C.
◆ = $DI_{18:2}$ – 245 °C ; ■ = $DI_{18:3}$ – 245 °C ; ▲ = $DI_{18:2}$ – 260 °C ; ● = $DI_{18:3}$ – 260 °C
(De Greyt, 1998). Autorisation de reproduction.

Les tocophérols (TF) sont des substances antioxydantes présentes dans les huiles végétales (voir le chapitre 12) De ce livre pour plus d'informations concernant leurs propriétés physiologiques). Différents isomères sont identifiés sur base des substitutions de la structure chromanol : 5,7,8-trimethyltocol (α-tocophérol), 5,8-dimethyltocol (β-tocophérol) et 7,8-dimethyltocol (γ-tocophérol), et 8-methyltocol (δ-tocophérol). Dans la forme pure, les TF sont des liquides jaunes, solubles dans les solvants apolaires comme l'acétone, l'hexane ou le chloroforme, et stables jusqu'à 100 °C. Cependant, ils sont oxydés lentement en présence de l'oxygène et de la lumière. Les TF sont des composants importants dans la fraction insaponifiable des huiles végétales. Les huiles de soya et de maïs contiennent principalement le γ-TF et l'huile de tournesol surtout l'α-TF. Les huiles saturées sont généralement pauvres en TF (tableau 3).

Tableau 3 ■ Teneur totale et composition des tocophérols (TF) dans les huiles végétales[a].

Huile	Teneur en TF (ppm)	% des TF totales			
		α-TF	β-TF	γ-TF	δ-TF
Huile de mais	870-2 500	16	2	79	3
Huile d'olive	100	93	–	7	–
Huile de palme	360-560	30	Tr[b]	–	–
Huile des noisettes	330	51	1	44	4
Huile de navette	690	35	–	63	2
Huile de soya	900-1 400	10	3	63	24
Huile de tournesol	630-700	96	2	2	–

[a] (Kochar et Meara, 1977 ; De Greyt, 1998) ; [b]Traces.

L'activité antioxydante des TF, qui est reliée à leur capacité d'être transformé dans un radical libre et stable, diminue dans l'ordre $\alpha > \beta = \gamma > \delta$ (Hoffmann, 1989 ; Yoshida *et al.*, 1993). Leur efficacité maximale est généralement située à leur concentration naturelle dans les huiles natives. Aux concentrations élevées (> 1 000 ppm), les TF peuvent agir comme pro-oxydants (Yoshida *et al.*, 1993). Les suppléments disponibles sur le marché des TF contiennent souvent l'acétate ou le succinate de tocophéryl, qui sont plus stables parce que le groupe hydroxyle en position 6 est protégé par l'estérification. Cependant, *in vitro* ils ne présentent pas l'activité antioxydante, et ils ne sont pas capables d'augmenter la résistance des huiles et des matières grasses à l'oxydation (Lang *et al.*, 1992).

Deux procédés différents sont utilisés pour maximaliser la rétention des TF dans les huiles végétales pendant le raffinage. Le premier élimine un maximum des TF pendant la distillation, et réajoute les TF libres après le raffinage. La deuxième option offre la possibilité de retenir un maximum des TF pendant la distillation, une technique qui demande des conditions physiques moins sévères que la première méthode. De Greyt (1998) a examiné l'influence des paramètres opératoires (vapeur, pression, durée, température) sur la rétention des TF pendant le raffinage physique de l'huile de soya. Dans les conditions examinées (215-245 °C ; 90-150 min ; 1,3-2,7 % vapeur ; 2-4 mbar), l'influence du temps de séjour est minimale ; cette observation suggère que l'élimination des TF est due à une distillation et pas à une inactivation thermique. Il est possible de prédire pour chaque huile végétale la rétention relative des TF pendant le raffinage :

$$\%TF - rétention = \sum_{i=\alpha,\beta/\gamma,\delta}\left(\frac{i = TF}{TF - totale}\right)\%i - TF - rétention \qquad (3)$$

La connaissance de la distribution relative des isomères de TF dans les huiles végétales brutes est suffisante pour calculer le pourcentage des TF retenus pendant le raffinage. Le modèle est utilisable entre 215-245 °C, 2-4 mbar et 1-3 % de vapeur, mais il est dépendant de la conception de la déodorisation (De Greyt, 1998).

2.2. Margarines comme aliments fonctionnels

Les AGT sont des produits secondaires de l'hydrogénation partielle des huiles végétales, un procédé utilisé pour la production des margarines (De Greyt *et al.*, 1995). Cependant, pour des raisons nutritionnelles, des produits riches en acide gras polyinsaturés et pauvres en certaines AGT sont de plus en plus recherchés. Les matières graisses utilisées dans les « zero- ou low-trans » margarines sont obtenues après une interestérification chimique d'un mélange d'huiles natives avec un noyau de matières grasses complètement hydrogénées ou fractionnées. Un exemple est l'interestérification chimique de huile de soya avec du soya tri-saturé à 75-80 °C pour 30 min en présence de 0,2 % (w/w) de méthylate de sodium comme catalyseur (Marangoni et Rousseau, 1995). Ce catalyseur est fréquemment utilisé dans des réactions d'interestérification et il a des propriétés alcalines fortes. Pendant le processus de l'interestérification, les TF sont estérifiés et leurs propriétés antioxydantes sont perdues (De Greyt *et al.*, 1998). L'interestérification enzymatique en présence des lipases est généralement plus sélective. Il a, en effet, été démontré qu'il est possible, par cette méthode, d'augmenter la teneur en acides gras ω-3 polyinsaturés (l'acide eicosapentanoique EPA ; l'acide docosahexaenoique DHA) dans les huiles végétales riches en acides gras ω-6 polyinsaturés (Huang et Akoh, 1994). L'application des lipases donne aussi la possibilité d'augmenter la teneur en acides gras ω-3 polyinsaturés dans les triglycérides des huiles de poissons (Yamane *et al.*, 1993). Le résultat de l'interestérification enzymatique est influencé par la forme (immobilisée ou libre) et la spécificité (1,3-specifique ou non-specifique) de la lipase utilisée, et la forme des donneurs des groupes acyl (des esters ou des acides libres) (Van Camp *et al.*, 1998).

Les phytostérols sont un groupe de substances à action hypocholestérolémique qui ont, récemment, reçu beaucoup d'attention. Leur structure est comparable à celle du cholestérol mais ils contiennent des substitutions additionnelles sur la chaîne latérale à la position C_{24} (Thurnham, 1999). Des stérols avec une activité hypocholestérolémique sont présents en quantité suffisante dans les produits de distillation obtenus pendant le raffinage des huiles végétales (soya, maïs, colza, coton, tournesol), ou comme sous-produit dans la pulpe à bois (conifère, sapin, bouleau). Les stérols sont disponibles sous forme cristalline avec un point de fusion d'environ 140 °C, et ils sont estérifiés pour améliorer leur solubilité dans les matières grasses. Les stérols sont solubilisés dans un solvant et transformés en stanols par hydrogénation en présence d'un catalyseur. La purification est réalisée par distillation partielle du solvant, et cristallisation à basse température. Les cristaux de stanols sont séparés, lavés et séchés, et ensuite estérifiés en présence d'esters méthyliques des acides gras, obtenus par methanolyse des huiles végétales (tournesol, maïs, navette). Le mélange est séché sous vide, et le surplus des esters méthyliques est éliminé par deodorisation (von Hellens, 1999). Les trois types des produits de la gamme Benecol® présente sur le marché contiennent 13,8 % (halvarine/minarine) et 8,6 % (un « spread » pour le pain et un produit utilisable pour cuire et rôtir) d'esters de stanols végétaux.

2.3. Produits fonctionnels à base d'acide linoléique conjugué

L'acide linoléique conjugué (ALC) est un acide gras auquel on attribue des propriétés anticancérigènes (Ip *et al.*, 1991 ; Thompson *et al.*, 1997 ; voir aussi le chapitre 15 de ce livre) et anti-athérogènes (Lee *et al.*, 1994). Le terme ALC comprend un mélange d'isomères positionnels et géométriques de l'acide linoléique, mais l'isomère Δ-9*cis*, 11*trans* C18:2 est souvent considéré comme le composant majeur (Lavillonnière *et al.*, 1998 ; Demeyer et Doreau, 1999 a).

Différentes méthodes de production ont été proposées pour l'ALC (figure 2). La flore microbienne dans le rumen (exemple *Butyrivibrio fibrisolvens*) transforme l'acide linoléique d'abord en l'ALC et ensuite en l'acide vaccénique (Δ-11*trans* C18:1). Ce dernier est partiellement réduit en acide stéarique. L'hydrogénation, qui concerne les acides gras libres, suppose une hydrolyse préalable des triglycérides, hydrolyse qui est inhibée à des pH inférieurs à 6. Les facteurs nutritionnels qui favorisent la production de ALC, sont une quantité suffisante du précurseur, l'acide linoléique, et/ou un facteur comme le pH qui ralentit la vitesse de l'hydrogénation. Cependant, l'ALC n'est pas généré lors de le biohydrogénation de l'acide α-linolénique. ALC est trouvé dans le lait et les produits laitiers, mais la teneur en l'ALC est influencée par la nutrition et la saison. En période de régimes hivernaux non supplémentés en lipides, la teneur en ALC dans le lait est inférieure à 1 % des acides gras totaux. Mais lors du pâturage cette valeur est plus élevée et les effets sont plus marqués après l'addition de suppléments lipidiques. Les acides gras saturés ou mono-insaturés n'augmentent pas la teneur en ALC, par opposition aux huiles libres riches en l'acide linoléique ou aux huiles riches en EPA et DHA. Cependant, une relation positive a été observée entre les teneurs en acides gras *trans* C18:1 et l'ALC (Demeyer et Doreau, 1999 a, 1999 b). La teneur en ALC est plus élevée dans la viande des ruminants comparés à celles des non-ruminants. Pour ce dernier, l'ALC est généré par la flore du gros intestin, ou est présent dans les rations (Fritsche et Steinhart, 1998). Lavillonnière *et al.* (1998) ont trouvé jusqu'à 15 mg ALC/g de matières grasses dans des fromages français. Ils concluent que la teneur en ALC est principalement déterminée par l'origine du lait (nourriture des vaches, saison), mais, en proportion plus faible, aussi par les conditions de production et de maturation. Une action mécanique en combinaison avec un traitement thermique améliore la protéolyse et l'exposition des matières graisses à l'air. Cet effet peut augmenter l'oxydation de l'acide linoléique par des radicaux libres, la première étape dans la production non-microbiologique de l'ALC (figure 2). Étant donné que lors du stockage (jusqu'à 6 semaines) de différents produits laitiers (exemple yaourt, crème glace, et fromages comme Mozarella, Gouda et Cheddar) aucune modification de la teneur en ALC n'a été démontrée, les auteurs conclurent que l'ALC est un composant stable des aliments. Cette conclusion est confirmée par une étude sur l'influence des différentes conditions de cuisson sur la concentration de l'ALC dans la viande de bœuf. La teneur en ALC n'est pas modifiée par la nature ou l'intensité des méthodes de cuisson. En plus, la teneur reste constante pendant une conservation de 7 jours (Fritsche et Steinhart, 1998).

Finalement, l'ALC est aussi obtenu par des méthodes chimiques. Berdeaux *et al.* (1998) ont proposé une technique simple pour la production des méthyl *trans*-10, *cis*-12 et *cis*-9, *trans*-11 octadécanoates à partir de linoléate de méthyle. Les acides gras de l'huile de tournesol sont estérifiés par une solution d'acide sulfurique et du méthanol, et l'acide linoléique purifié par l'urée. Le linoléate de méthyle est transformé par une isomérisation alcaline et les deux isomères principaux (Δ*trans*-10, *cis*-12, C18:2 et Δcis-9, *trans*-11, C18:2) sont séparés et purifiés par cristallisation dans l'acétone à basse température. Le rendement de la réaction est de 18 % pour une

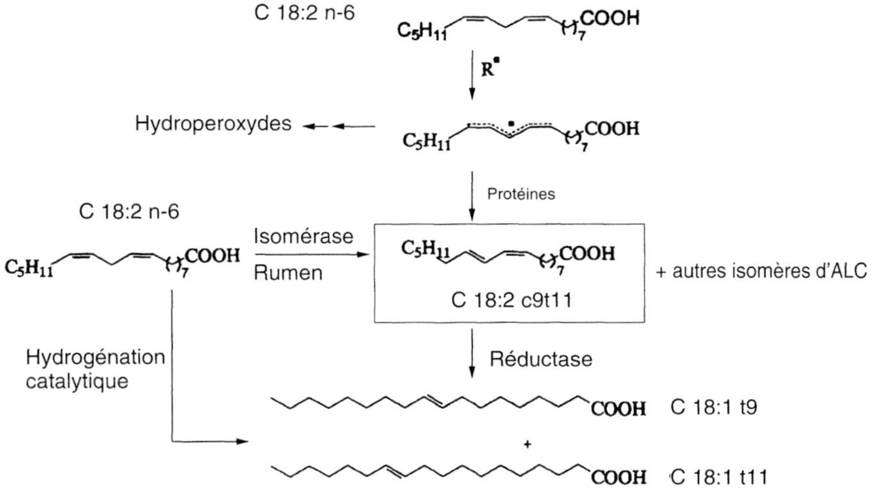

Figure 2 ■ Formation de l'acide vaccénique, l'acide élaïdique, et l'ALC (Fritsche et Steinhart, 1998).
Autorisation de reproduction.

fraction qui contient > 90 % de Δ*cis*-9, *trans*-11, C18:2, et de 26 % pour une fraction qui contient 89-97 % de Δ*trans*-10, *cis*-12, C18:2.

3. *Produits végétaux*

3.1. Introduction

Depuis longtemps, les fruits et les légumes représentent une part importante de la nourriture humaine. À côté des fibres alimentaires et des vitamines, on a récemment identifié, dans les fruits et les légumes, d'autres composés comme les phénols et les flavonoides qui pourraient avoir des propriétés bénéfiques pour la santé. En effet, à côté de leurs fonctions dans les plantes comme protecteurs contre les agressions de l'environnement, on attribue à ces composés des fonctions salutaires pour l'homme, comme la réduction du risque de maladies cardiaques et vasculaires (Hertog *et al.*, 1993). La figure 3 présente la classification chimique des antioxydants (poly)phénoliques les plus abondants des fruits et des légumes. L'information aujourd'hui disponible sur l'influence des procédés de conservation et les techniques de transformation des fruits et des légumes sur la teneur en (poly)-phénols et la capacité antioxydante reste très limitée.

3.2. Détermination de la capacité antioxydante totale

L'efficacité des composés antioxydants synthétiques ou naturels est souvent mesurée par la résistance à l'oxydation des matières grasses dans les aliments. Pour ce faire, le taux d'oxydation des lipides d'un échantillon oxydé sous conditions standar-

Polyphénols non flavonoïdes	**Flavonoïdes**	**Acides phénoliques non polyphénols**
Tannines hydrolysables Acide ellagique Tannines condensés (proanthocyanidines) *Procyanidine* *Prodelphinidine*	Flavones *Apignine* *Lutéoline* Flavonoles *Quercétine* *Kaempférol* *Myricéfine* *Rutine* Flavanols (catéchines) *Catéchine* *Epigallocatéchine* Flavonols *Dihydroquercéfine* *Dihydrokaempférol* Flavonones *Hespéritine* *Naringénine* *Eriodictyol* Anthocyanines *Phlorétine* *Arbutine* Isoflavones *Génistéine* *Daidzéine*	Acide OH-benzoë *Acide vinillique* Acide OH-cinnamique *Acide chlorogénique* *Acide cafféique* *Acide férulique* *Acide sinapique*

Figure 3 ■ Les phénols phytochimiques les plus communs dans les fruits et légumes (*d'après* Diet et health (1999) ; Robards *et al.* (1999)).

disées, est quantifié par des méthodes chimiques, instrumentales ou sensorielles (Rajalakshmi et Narasimhan, 1996 ; Robards *et al.*, 1999). La plupart de ces méthodes sont basées sur l'extension de la période d'induction après l'ajout des antioxydants. L'induction est le temps nécessaire pour que l'échantillon commence à s'oxyder rapidement. Il est corrélé au développement de saveurs inacceptables dans les matières grasses. L'extension de la période d'induction est exprimée par un index antioxydatant ou par un facteur protecteur (Rajalakshmi et Narasimhan, 1996).

Ces méthodes se limitent à l'observation de la stabilité oxydante des lipides présents dans les aliments. Mais les aliments ou les extraits alimentaires, contiennent beaucoup de composés antioxydants connus ou inconnus. En conséquence, il est difficile d'évaluer chaque antioxydant individuellement (Zielinski et Kozlowska, 1999). Cependant ces méthodes qui mesurent la capacité antioxydante totale conservent toute leur valeur dans les sciences alimentaires. Toute information concernant l'état antioxydant des aliments peut être utilisée dans l'amélioration des techniques de conservation ou préparation. (Arnao *et al.*, 1996).

Chacune des méthodes évaluées est basée sur la génération d'un radical libre par des mécanismes différents suivie par la détection et la quantification d'un point final dans la réaction. L'addition d'un antioxydant inhibe le développement du point final, inhibition qui est une expression de la capacité antioxydante de l'échantillon étudié (Miller et Rice-Evans, 1996).

Dans le système ABTS$^+$ (Miller *et al.*, 1993) la formation d'un radical ferrylmyoglobinyl à partir de metmyoglobine en présence de H_2O_2, radical qui à son tour oxyde le composé phénothiazine 2,2'azino-bis (3-ethylbenz-thiazoline-6-sulphonic acid) en cation radicalaire ABTS$^+$, un chromogène bleu/vert avec des maximum d'absorption caractéristiques à 645, 734 et 815 nm. La formation de ce cation radicalaire coloré peut être inhibée par la présence des antioxydants apportant H^+. Le taux d'inhibition peut être corrélé directement à l'activité antioxydante de l'échantillon analysé. Il est exprimé relativement à l'activité antioxydante de quantités standardisées de Trolox, l'analogue hydrosoluble de la vitamine E.

En fonction de la nature du substrat à analyser plusieurs stratégies sont possibles pour étudier l'activité antioxydante (Rice-Evans et Miller, 1994). Ces stratégies sont : (a) la méthode d'inhibition, qui mesure l'absorbance après un temps prédéterminé ; (b) une méthode d'inhibition, dans laquelle on mesure la vitesse de la réaction ; (c) une méthode qui mesure la phase "lag" dans laquelle tous les réactifs étant incubés dès le temps zéro, on mesure le temps nécessaire pour atteindre un état d'équilibre. La durée nécessaire pour atteindre le steady-state est proportionnelle à la concentration de l'antioxydant dans l'échantillon ; (d) une méthode de décoloration adaptée pour mesurer la capacité antioxydante des substances lipophiles comme les caroténoïdes ou les extraits alimentaires contenant ceux-ci. Dans cette dernière méthode le cation radicalaire ABTS$^+$ est généré directement par réduction chimique en absence de protéines d'hème et de H_2O_2. Les antioxydants sont ajoutés après génération du radical qui est ensuite réduit. Cette réduction peut être suivie par une diminution de l'absorbance qui est proportionnelle à l'activité antioxydante totale (Miller et Rice-Evans, 1997 ; Miller *et al.*, 1996 ; Pellegrini *et al.*, 1999).

Plusieurs variantes de la méthode ABTS sont décrites dans la littérature. Arnao *et al.*(1996) utilisent une peroxydase commerciale (horse radish peroxydase) au lieu de metmyoglobine. van den Berg *et al.* (1999) ont modifié la méthode en introduisant la pré génération des radicaux ABTS avec le composé thermolabile 2,2'-azobis- (2-amidinopropane) HCl (ABAP). La génération des radicaux avant l'ajout des antioxydants prévient l'interférence des composés qui participent à la formation des radicaux. Pourtant, Miller et Rice-Evans (1997) ont fait la comparaison entre les méthodes (a) et (d), décrites ci-dessus. Les deux méthodes sont basées sur les mêmes principes et réactifs. La différence entre les deux est que dans la méthode (d) les radicaux sont pré générés, tandis que dans la méthode (a), de la myoglobine activée est utilisée. Les résultats des deux approches sont très consistants et montrent que les antioxydants investigués jusqu'à présent n'interfèrent pas dans la formation du cation radicalaire ABTS$^+$.

Sanchez-Moreno *et al.* (1998), s'inspirant du travail de Brand-Williams *et al.* (1995), ont développé une méthodologie différente basée sur l'analyse du comportement cinétique des polyphénols dans les fruits en mesurant la disparition, après réduction par un composé antiradicalaire, du radical 2,2-diphényl-1-picryl hydrazinyl (DPPH) qui présente un maximum d'absorbance à 515 nm. La quantité d'échantillon nécessaire pour réduire de 50 % (EC_{50}) la concentration initiale de DPPH et le temps nécessaire pour obtenir un « steady-state » à cette concentration (T_{EC50}) sont combinés pour calculer un nouveau paramètre : l'efficacité antiradicalaire (AE).

$$AE = \frac{1}{EC50 \times TEC50} \qquad (4)$$

Une troisième méthode utilisée pour mesurer la capacité antioxydante et applicable aux aliments est la méthode de Cao *et al.* (1993). Dans cette méthode la β-phycoérythrine (β-PE) est utilisée comme protéine indicatrice, le dichlorhydrate de 2,2'-azobis (2-amidinopropane) (AAPH) comme générateur des radicaux peroxyl et le Trolox comme standard de référence. Les radicaux captent la fluorescence émise par β-PE, tandis que les antioxydants qui réagissent efficacement avec les radicaux inhibent la diminution de l'intensité fluorescente. Cette inhibition est proportionnelle à l'activité antioxydante. Les résultats sont exprimés en unités ORAC, 1 unité ORAC étant la protection nette produite par 1 μM Trolox. La valeur ORAC fait référence à la surface sous la courbe de la fluorescence émise par le β-PE.

3.3. Influence de la technologie sur la capacité antioxydante

Dans les fruits et les légumes, la concentration des composés phénoliques est influencée par plusieurs facteurs parmi lesquels on ne peut pas sous-estimer l'influence du stockage et de la préparation, deux éléments qui n'ont pas été beaucoup étudiés jusqu'à présent.

Une partie importante de cette variabilité est due à des facteurs intrinsèques aux fruits ou légumes eux-mêmes (Spanos et Wrolstad, 1992). Entre plusieurs sortes de fruits ou légumes il existe en effet de grandes différences qualitatives et on peut dire que chaque fruit et chaque légume est caractérisé par un profil phénolique caractéristique qui peut être validé dans les contrôles de qualité. C'est ainsi que dans une étude menée par Andrade *et al.* (1998), on a pu détecter l'addition frauduleuse de pomme ou de poire dans une purée de coing.

Entre les différentes variétés d'une même sorte de légume il existe également de grandes différences qualitatives dans la composition phénolique. Par exemple, la concentration d'acide chlorogénique est plus élevée dans les pommes « Red Delicious » que dans les pommes « Granny Smith » (Spanos *et al.*, 1990).

D'autres facteurs déterminants sont la qualité de la terre, la nature des fertilisants, l'ensoleillement et le climat. Une même variété qui aurait été cultivée sous différentes conditions peut contenir des quantités différentes de composés phénoliques. Ceci est particulièrement vrai pour les légumes verts, comme la laitue, les endives ou le poireau, dans lesquels la quantité des flavonoïdes est 3 à 5 fois plus élevée pendant l'été que pendant les autres saisons. Une explication pourrait être que les flavonols se situent surtout dans les feuilles et que leur formation est fortement dépendante de la lumière. La variation entre les années est souvent mineure comparée à la variation saisonnière (Hertog *et al.*, 1992).

Enfin il faut également tenir compte du stade de développement d'un fruit ou d'un légume. Au début de la formation d'un fruit comme la pomme il y a une grande accumulation d'acide cinnamique et de catéchines ; lesquels disparaissent rapidement pendant la croissance du fruit. Le taux de maturation pendant les vendanges ou la récolte a, par ailleurs, une grande influence sur l'activité des oxydases polyphénoliques : l'activité baisse pendant la maturation et est plus ou moins constante pendant le stockage après la récolte (Spanos et Wrolstad, 1992).

Après la récolte des fruits et des légumes climactériques le métabolisme continue à évoluer. Le stockage des jus et des concentrés de pommes entraîne une dégradation des phénols. Du jus de pomme concentré qui est gardé à 25 °C pendant 9 mois, a perdu à peu près 36 % de son contenu en acide cinnamique, 50 à 60 % des dérivés de quercétine et phlorétine et 100 % des procyanidines (Spanos *et al.*, 1990).

L'équipe de Kalt (1999) a examiné l'influence du stockage frais sur la capacité antioxydante, sur la teneur en vitamine C, phénols et anthocyanines des petits fruits. Des fraises, des framboises et deux variétés de myrtilles ont été conservées pendant 0, 1, 2, 4 et 8 jours à des températures de 0, 10, 20 et 30 °C. La capacité antioxydante des quatre fruits était fortement corrélée au contenu phénolique total et aux anthocyanines, tandis que la vitamine C contribuait beaucoup moins à cette propriété. Généralement les pertes de vitamine C sont minimes, du fait de l'acidité des fruits et de l'effet protecteur des phénols. La conservation à température ambiante exerce une influence positive sur le métabolisme phénolique et donc sur la capacité antioxydante.

Pendant le stockage des épinards à l'air libre et dans un emballage à atmosphère modifiée (12 % de O_2 et 7 % de CO_2 jour 3 et 6 % O_2 et 14 % CO_2 sur jour 7 à 10 °C), le contenu total des flavonoïdes reste constant mais la capacité antioxydante totale diminue et ce surtout dans les emballages à atmosphère modifiée (Gil *et al.*, 1999).

Pendant le stockage des pommes de terre, la lumière induit une hausse signifiante de la quantité d'acide chlorogénique, un phénomène qui s'estompe lors du stockage dans le noir. L'irradiation gamma est souvent appliquée pour prévenir la germination des pommes de terre pendant le stockage. La concentration en acide chlorogénique augmente après l'irradiation mais elle retombe à une valeur normale après quelques semaines de conservation (Friedman, 1997). Ces données sont cependant contredites par Ramamurthy *et al.*(1992) qui rapportent que des pommes de terre irradiées à 100 Gy ont une concentration en acide chlorogénique diminuée pendant les 8 jours suivant l'irradiation. Ces résultats contradictoires peuvent être expliqués par les doses et durées différentes d'irradiation et par des différences de sensibilité génétique par rapport à l'irradiation (Friedman, 1997).

La production de jus et de concentrés de pommes et de poires comprend plusieurs étapes. D'abord les fruits sont pressés, ce qui inclut un broyage, suivi par un traitement enzymatique et enfin le pressage même. Avant et pendant le pressage du jus l'activité de la polyphénol oxydase (PPO) augmente fortement, ce qui entraîne une oxydation des phénols. La PPO peut être inactivée par un traitement « HTST » (high temperature, short time) après le pressage, ou par l'addition de SO_2 ou de l'acide ascorbique pendant le pressage (Spanos et Wrolstad, 1992).

En revanche, un traitement thermique trop élevé des poires entraîne la solubilisation des pectines dans les lamelles intérieures, ce qui induit la formation d'une « sauce ». Dans ce procédé conventionnel le jus doit être clarifié pendant le raffinage : les pectines et l'amidon étant enlevés à l'aide de gélatine, de silica sol, de bentonite ou de charbon actif. Dans ce type de procédé, les phénols polymériques sont réduits et à peu près 20 % des procyanidines des pommes sont perdus alors que dans les poires on n'a pas pu montrer un tel effet. Pendant la clarification enzymatique, après le raffinage, les enzymes pectolitiques hydrolysent l'acide cinnamique (Spanos et Wrolstad, 1992).

Une méthode alternative pour le pressage est la technique d'extraction-diffusion, qui favorise l'extraction des phénols dans le jus où on retrouve 1,5 à 3 fois plus de phénols totaux que dans les jus conventionnels. L'extraction des phénols dépend aussi de la température d'extraction : plus elle est élevée, plus grande est la concentration d'acide cinnamique résiduel (une température plus élevée augmente la perméabilité des membranes cellulaires, la concentration d'oxygène diminue et les enzymes sont inactivées). Dans ce jus de pomme on retrouve 5 glycosides de la quercétine alors que dans un jus conventionnel où il n'y en a aucun (Spanos *et al.*, 1990).

Selon Spanos et Wrolstad (1992), l'étape de concentration des jus n'a pas d'effets prononcés sur la teneur en phénols. Bengoechea *et al.* (1997) en revanche ont mesuré des taux différents de quercétine et de phlorétine dans les purées et les concentrés de pommes. La concentration des dérivés de l'acide cinnamique était plus élevée dans les concentrés que dans les purées. L'absence totale des procyanidines dans les concentrés était marquante. Ceci peut être expliqué par des traitements thermiques différents appliqués aux purées et aux concentrés.

Peler et couper des oignons entraîne une très grande perte des phénols, c'est ainsi que 39 % des quercétines sont perdues. Le blanchiment induit également une perte de 39 % des quercétines et de 64 % du kaemphérol. Bouillir, cuire ou garder chaud ces oignons blanchis n'a plus aucune influence sur la teneur en flavonoïdes (Ewald *et al.*, 1999). Dans une étude menée par Price *et al.* (1997) il a été démontré que bouillir et cuire pendant 5 ou 15 min entraîne une perte de 25 % des quercétine mono- et diglycoside (QMG et QDG) dû au lessivage et qu'il n'y a pas d'interconversion des conjugués ni de formation de quercétine libre.

Une étude réalisée par Crozier *et al.* (1997) a rapporté des pertes de 75 % de quercétine dans les oignons après ébullition, de 64 % après ébullition à l'aide de micro-ondes et de 21 % après cuisson. Le séchage des oignons s'accompagne d'une perte de 50 % de QMG, mais après 6 mois de stockage de ces oignons les quantités et la composition des (poly)-phénols n'ont pas changé (Price *et al.*, 1997).

Dans les laitues « Lollo Rosso » qui ont subi un traitement minimum (coupage seul), on observe dans les tissus verts et rouges une augmentation de la concentration des phénols et des anthocyanines mais pas des dérivés de l'acide cafféique ni des flavonoïdes. Le stockage de ces laitues entraîne une baisse de la teneur en anthocyanines (Ferreres *et al.*, 1997).

Après ébullition des épinards, 50 % des flavonoïdes totaux et 40 % de la vitamine C sont retrouvés dans les tissus, le reste (50 et 60 % respectivement) est retrouvé dans l'eau de cuisson (Gil *et al.*, 1999).

Dans les pommes de terre la plus grande partie de l'acide chlorogénique se trouve dans la peau, ce qui entraîne de grandes pertes par le pelage. Le fait de bouillir les pommes de terre solubilisent les polyphénols dans l'eau ; la perte dans les pommes de terre pelées est 3 à 5 fois plus élevée que dans les pommes de terre non-pelées (Mondy et Gosselin, 1988). La teneur en acide chlorogénique est réduite de 46 % après cuisson aux micro-ondes, de 60 % après ébullition et de 100 % après cuisson dans le four. Les frites, la purée et les flocons de pommes de terre ne contiennent plus d'acide chlorogénique, ce qui confirme la sensibilité de ce composé à la chaleur (Friedman, 1997).

Conclusion

Au cours de ces dernières années, il est devenu clair que la santé de l'homme et la qualité de la vie sont influencées par les facteurs génétiques, l'environnement, l'activité physique et la nutrition. Plusieurs aliments contiennent des nutriments et des composés bioactifs qui peuvent influencer le fonctionnement de l'organisme et la santé de l'homme (Bellisle *et al.*, 1998). Différents pays ont formulé des recommandations nutritionnelles. Sur base des connaissances scientifiques actuelles, un régime varié garantissant un apport suffisant de produits végétaux (légumes, fruits, céréales) mais limité en matières grasses saturées est recommandé (Conseil national de la nutrition belge, 1996 ; Welsh, 1996).

Dans certaines conditions, l'utilisation d'aliments fonctionnels peut compléter ces recommandations nutritionnelles. Cependant, sur le plan technologique, il reste de nombreuses difficultés à résoudre pour assurer un développement satisfaisant de tels aliments fonctionnels :

- la composition des différentes matières premières issues de l'agriculture et des produits alimentaires issus de la transformation industrielle est caractérisée par une variation naturelle et/ou par une stabilité réduite. Par conséquent, il est difficile de garantir une qualité et des propriétés constantes et stables pendant et après la production. En plus, l'exemple de l'ALC a démontré que, même dans le domaine des aliments fonctionnels, une interaction entre la production agricole primaire et le secteur agroalimentaire reste nécessaire et souhaitable. Les technologues de l'agroalimentaire doivent, en communication avec les producteurs des matières premières végétales et animales chercher une manière d'assurer une production optimale sur le plan éthique, économique, et scientifique ;
- puisque les besoins peuvent varier significativement entre les individus, il est clair que les recommandations en faveur d'une consommation accrue d'aliments fonctionnels peuvent différer pour des individus différents et, pour une même personne, en fonction de l'âge ou de l'état de santé. Après leur consommation, les produits fonctionnels sont digérés dans le tube digestif. Il est donc possible que l'activité des composants actifs (par exemple les peptides bioactifs) change pendant la digestion, l'absorption ou le transport vers l'organe cible. Les technologues devront sans doute, à l'avenir, prévoir, en collaboration avec les médecins et les nutritionnistes, une gamme de produits adaptés aux besoins des consommateurs.

La production des aliments fonctionnels demande une approche multidisciplinaire qui implique les producteurs des matières premières issues de l'agriculture et de l'élevage, les technologues agroalimentaires, les nutritionnistes, les diététiciens, les pharmaciens, les médecins, et finalement le consommateur lui-même.

Références bibliographiques

Andrade PB, Carvalho ARF, Seabra RM and Ferreira MA (1998). A previous study of phenolic profiles of quince, pear, and apple purees by HPLC diode array detection for the evaluation of quince puree genuineness. *J Agric Fd Chem*, **46** (3) : 968-962.

Antila P, Paakkari I, Järvinen A, Mattila MJ, Laukkanen M, Pihlanto-Leppälä A, Mäntsälä P and Hellman J (1991). Opioid peptides derived from *in vitro* proteolysis of bovine whey proteins. *Int Dairy J*, **1** : 215-229.

Arnao MB, Cano A, Hernandez-Ruiz J, Garcia-Canovas F, Acosta M (1996). Inhibition by L-ascorbic acid and other antioxidants of the 2,2'-azino-bis (3-ethylbenzthiazoline - 6-sulfonic acid) oxidation catalyzed by peroxidase: A new approach for determining total antioxidant status of foods. *Anal Biochem*, **236** : 255-261.

Bellisle F, Diplock AT, Hornstra G, Koletzko B, Roberfroid M, Salminen S, Saris WHM (1998). Functional Food Science in Europe. *Br J Nutr*, **80** (supplement 1) 193.

Bengoechea ML, Sancho AI, Bartolomé B, Estrella I, Gómez-Cordovés C, Hernández MT (1997). Phenolic composition of industrially manufactured purées and concentrates from peach and apple fruits. *J Agric Fd Chem*, **45 (10)** : 4071-4075.

Berdeaux O, Voinot L, Angioni E, Juanéda P, Sébédio JL (1998). A Simple Method of Preparation of Methyl *trans*-10, *cis*-12- and *cis*-9, *trans*-11-Octadecadienoates from Methyl Linoleate. *JAOCS*, **75 (12)** : 1749-1755.

Berrocal R, Chanton S, Juillerat MA, Pavillard B, Scherz JC, Jost R (1989). Tryptic phosphopeptides from whole casein. II. Physicochemical properties related to the solubilization of calcium. *J Dairy Res*, **56** : 335-341.

Bertoli C, Delvecchio A, Durand P (1996). Formation of *trans* fatty acids during deodorization of low erucic acid rapeseed oil. Poster presented during the "World conference on oilseed and edible oil processing", Istanbul, Oct 6-10.

Brand-Williams W, Cuvelier ME, Berset C (1995). Use of a free radical method to evaluate antioxidant activity. *Lebensm-Wiss Technol*, **28 (1)** : 25-30.

Cao G, Alessio H, Cutler RG (1993). Oxygen-radical absorbance capacity assay for antioxidants. *Free Rad Biol Med*, **14** : 303-311.

Conseil National de la Nutrition Belge (1996). *Recommandations nutritionnelles pour la Belgique*. Ministère Belge des Affaires Sociales de la Santé Publique et de l'Environnement.

Crozier A, Lean MEJ, McDonald MS, Black C (1997). Quantitative analysis of the flavonoid content of commercial tomatoes, onions, lettuce, and celery. *J Agric Fd Chem*, **45 (3)** : 590-595.

Cushman DW, Cheung HS (1970). Spectrophotometric assay and properties of the angiotensin-converting enzyme of rabbit lung. *Biochem pharmacol*, **20** : 1637-1648.

Cushman DW, Wang FL, Fung WC, Grover GJ, Harvey CM, Scalese RJ, Mitch SL, Deforrest JM (1989). Comparisons *in vitro*, *ex vivo*, and *in vivo* of the actions of seven structurally diverse inhibitors of angiotensin converting enzyme (ACE). *Brit J Clin Pharm*, **28** : 115S-131S.

De Block J, Merchiers M, Van Renterghem R, Moermans R (1996). Evaluation of Two Methods for the Determination of Lactulose in Milk. *Int Dairy J*, **6** : 217-222.

De Greyt W (1998). *Effect of physical refining on selected minor components in vegetable oils*. Thèse de doctorat, Université de Gand, année académique 1997-1998.

De Greyt W, Kellens M, Huyghebaert A (1997). Polymeric and oxidized triglyceride content of crude and refined vegetable oils: An overview. *Fett/Lipid*, **99** : 287-290.

De Greyt W, Kellens M, Huyghebaert A (1998). Chemical and physicochemical modification of lipids. *In*: Christophe A. *Structural Modified Food Fats: Synthesis, Biochemistry, and Use*. AOCS Press, Champaign, Illinois, 1-20.

De Greyt W, Radanyi O, Kellens M, Huyghebaert A (1995). Contribution of *trans*-fatty acids from margarines and vegetable oils to the Belgian diet. *Eur J Med Res*, **1 (2)** : 105-108.

De Rafael D, Villamiel M, Olano A (1997). Formation of lactulose and furosine during heat treatment of milk at temperatures of 100-120 °C. *Milchwissenschaft*, **52 (2)** : 76-78.

Demeyer D, Doreau M (1999 a). Pourquoi et comment modifier les lipides du lait et de la viande bovine. *Cah Nutr Diét*, **34 (5)** : 301-308.

Demeyer D, Doreau M (1999 b). Targets and procedures for altering ruminant meat and milk lipids. *Proc Nutr Soc*, **58** : 593-607.

Diet and Health, Unilever Research Vlaardingen (1999), **2**.

Ewald C, Fjelkner-Modig S, Johansson K, Sjöholm I, Åkesson B (1999). Effect of processing on major flavonoids in processed onions, green beans, and peas. *Fd Chem*, **64** : 231-235.

Ferreres F, Gil MI, Castaner M, Tomás-Barberán FA (1997). Phenolic metabolites in red pigmented lettuce (Lactuca sativa). Changes with minimal processing and cold storage. *J Agric Fd Chem*, **45 (11)** : 4249-4254.

Friedman M (1997). Chemistry, biochemistry, and dietary role of potato polyphenols. A review. *J Agric Fd Chem*, **45 (5)** : 1523-1540.

Fritsche J, Steinhart H (1998). Analysis, occurence, and physiological properties of *trans* fatty acids (TFA) with particular emphasis on conjugated linoleic acid isomers (CLA) – a review. *Fett/Lipid*, **100 (6)** : S. 190-210.

Froetschel MA (1996). Bioactive Peptides in Digesta That Regulate Gastrointestinal Function and Intake. *J Anim Sci*, **74** : 2500-2508.

Gil MI, Ferreres F, Tomás-Barberán FA (1999). Effect of Postharvest Storage and Processing on the Antioxidant Constituents (Flavonoids and Vitamin C) of Fresh-Cut Spinach. *J Agric Fd Chem*, **47 (6)** : 2213-2217.

Hata Y, Yamamoto M, Ohni M, Nakajima K, Nakamura Y, Takano T (1996). A Placebo-controlled study of the effect of sour milk on blood pressure in hypertensive subjects. *Am J Clin Nutr*, **64** : 767-71.

Havenaar R, Ten Brink B, Huis in't Veld JHJ (1992). *In*: Fuller R. *Probiotics, The Scientific Basis*. Chapmann et Hall, London, 209-224.

Heller KJ (1998). Starterorganismen und Produktcharak-teristika. *DMZ Lebensmittelindustrie und Milchwirtschaft*, **119 (12)** : 598-604.

Hertog MGL, Feskens E, Hollman PCH, Katan MB, Kromhout D. (1993). Dietary antioxidant flavonoids and risk of coronary heart disease: the Zutphen elderly study. *Lancet*, **342** : 1007-1011.

Hertog MGL, Hollman PCH, Katan MB (1992). Content of potentially anticarcinogenic flavonoids of 28 vegetables and 9 fruits commonly consumed in The Netherlands. *J Agric Fd Chem*, **40 (12)** : 2379-2383.

Hoffman G (1989). The chemistry and technology of edible oils and fats and their high fat products. Academic Press, New York.

Holsinger VH, Kligerman AE (1991). Applications of Lactase in Dairy Foods and Other Foods Containing Lactose. *Food Technology*, **45 (1)** : 92-95.

Holzapfel WH, Haberer P, Snel J, Schillinger U, Huis in't Veld JHJ (1998). Overview of gut flora and probiotics. *Int J Fd Microbiol*, **41** : 85-101.

Huang K-H, Atoh CC (1994). Lipase-Catalyzed Incorporation of n-3 Polyunsaturated Fatty Acids into Vegetable Oils. *JAOCS*, **71** : 1277-1280.

Huyghebaert A, Van Camp J, Dewettinck K (1996). Lactose and lactose hydrolysates in human nutrition. Proceedings Symposium on Nutrition and Gastrointestinal Microenvironment, Catholic University of Leuven, October 26th, 99-111.

Ip C, Chin SF, Scimeca JA, Pariza MW (1991). Mammary cancer prevention by conjugated dienoic derivative of linoleic acid. *Cancer Res*, **51** : 6118-6124.

Jelen P, Lutz S (1998). Functional Milk and Dairy Products. *In*: Mazza, G. *Functional Foods: Biochemical et Processing Aspects.*

Technomic Publishing Company Inc., Lancaster, 357-381.

Kalt W, Forney CF, Martin A, Prior RL (1999). Antioxidant capacity, vitamin C, phenolics, and anthocyanins after fresh storage of small fruits. *J Agric Fd Chem*, **47 (11)** : 4638-4644.

Kchhar SP, Meara ML (1977). A review of the unsaponifiable matter on the flavor stability of edible oils. Scientific and Technical Survey, Leaderhead Research Association, Leaderhead, **98** : 25.

Koletzko B, Aggett PJ, Bindels JG, Bung P, Ferré P, Gil A, Lentze MJ, Roberfroid M, Strobel S (1998). Growth, development and differentiation: a functional food science approach. *Br J Nutr*, **80**, **suppl. 1**, S5-S45.

Labin-Glodscher R, Edelstein S (1996). Calcium citrate: A Revised Look at Calcium Fortification. *Fd Techn*, June, 96-98.

Lang JK, Schillaci M, Irvin B (1992). Vitamin E. *In*: De Leenheer AP, Lambert WE, Nelis HJ *Modern chromatographic analysis of vitamins*. Marcel Dekker Inc., New York, 153-196.

Lavillonnière F, Martin JC, Bougnoux P, Sébédio J-L (1998). Analysis of Conjugated Lino leic Acid Isomers and Content in French Cheeses. *JAOCS*, **75 (3)** : 343-352.

Lee KN, Kritchevsky D, Pariza MW (1994). Conjugated linoleic acid and atherosclerosis in rabbits. *Atherosclerosis*, **108**, 19-25.

Lorenzen PC, Heitmann C, Martin M, Baumeister B, Schlimme E (1998). Comparing studies on the proteolytic properties of soluble and immobilized proteases for generating phosphopeptides from casein. *Milchwissenschaft*, **53 (5)** : 268-272.

Lüscher TF, Yang Z (1993). Calcium antagonists and ACE inhibitors. Effect on endothelium and vascular smooth muscle. *Drugs*, **46 (suppl. 2)**, 121-132.

Maeno M, Yamamoto N, Takano T (1996). Identification of an Antihypertensive Peptide from Casein Hydrolysate Produced by a Proteinase from *Lactobacillus helveticus* CP790. *J Dairy Sci*, **79** : 1316-1321.

Marangoni AG, Rousseau D (1995). Engineering triacylglycerols: The role of interesterification. *Trends Fd Sci Techn*, **6** : 329-335.

Marquez-Ruiz G, Tasioula-Margari M, Dobarganes MC (1995). Quantitation and distribution of altered fatty acids in frying fats. *JAOCS*, **72** : 1171-1176.

Mbithi-Mwikya S, Van Camp J, Yiru Y, Huyghebaert A (2000). Nutrient and Antinutrient Changes in Finger Millet (*Eleusine coracan*) During Sprouting, *Lebens Mitt Wiss Techn*, **33** : 9-14.

McDonagh D, FitzGerald RJ (1998). Production of Caseinophospho-peptides (CPPs) from Sodium Caseinate Using a Range of Commercial Protease Preparations. *Int Dairy J*, **8** : 39-45.

Meisel H (1997). Biochemical Properties of Regulatory Peptides Derived from Milk Proteins. *Biopolymers*, **43** : 119-128.

Meisel H, Frister H, Schlimme E (1989). Biologically active peptides in milk proteins. *Zeitschr Ernähr wiss*, **28 (4)** : 267-278.

Mensink RP, Katan MB (1990). Effect of dietary *trans* fatty acids on high-density and low-density lipoprotein cholesterol levels in healthy subjects. *N Engl J Med*, **323** : 439-445.

Miller NJ, Rice-Evans CA (1996). Spectrophotometric determination of antioxidant activity. *Redox Report*, **2 (3)** : 161-171.

Miller NJ, Rice-Evans CA (1997). Factors influencing the antioxidant activity determined by the ABTS radical cation assay. *Free Rad Res*, **26** : 195-199.

Miller NJ, Rice-Evans CA, Davies MJ, Gopinathan V, Milner A (1993). A novel method for measuring antioxidant capacity and its application to monitoring the antioxidant status in premature neonates. *Clin Sci*, **84** : 407-412.

Miller NJ, Sampson J, Candeias LP, Bramley PM, Rice-Evans CA (1996). Antioxidant activities of carotenes and xanthophylls. *FEBS Letters*, **392** : 240-242.

Mondy NI, Gosselin B (1988). Effect of peeling on total phenols, total glycoalkaloids, discoloration and flavor of cooked patatoes. *J Food Sci*, **53** : 756-759.

Mykkänen HM, Wasserman RH (1980). Enhanced Absorption of Calcium by Casein Phosphopeptides in Rachitic and Normal Chicks. *J Nutr*, **110** : 2141-2148.

Nakamura Y, Yamamoto N, Sakai K, Okubo A, Yamazaki S, Takano T (1995). Purification and characterization of angiotensin I-converting enzyme inhibitors from a sour milk. *J Dairy Sci*, **78** : 777-83.

O'Sullivan MG (1996). Oligosaccharides and probiotic bacteria. 2. Metabolism of bifidogenic factors by gut flora – an overview. *Bulletin IDF*, **313** : 23-30.

Pellegrini N, Re R, Yang M, Rice-Evans C (1999). Screening of dietary carotenoids and carotenoid-rich fruit extracts for antioxidant activities applying 2,2'-azinobis (3-ethylenebenzothiazoline-6-sulfonic acid) radical cation decolorization assay. *In*: Packer L. *Methods in enzymology. Volume 299. Oxidants and antioxidants part A. Section VI. Carotenoids and Retinoids*. Academic Press, San Diego, 379-389.

Perich R, Jackson B, Paxton D, Johnston CI (1992). Characterization of angiotensin converting enzyme in isolated cerebral microvessels from spontaneously hypertensive and normotensive rats. *J. Hypertension*, **10** : 149-153.

Pihlanto-Leppälä A (1999). *Isolation and Characterization of Milk-derived Bioactive Peptides*. Thèse de doctorat, université de Turku.

Pihlanto-Leppälä A, Paakkari I, Rinta-Koski MR, Antila P (1997). Bioactive peptide derived from *in vitro* proteolysis of bovine β-lactoglobulin and its effect on smooth muscle. *J Dairy Res*, **64** : 149-155.

Pihlanto-Leppälä A, Rokka T, Korhonen H (1998). Angiotensin I Converting Enzyme Inhibitory Peptides Derived from Bovine Milk Proteins. *Int Dairy J*, **8** : 325-331.

Playne MJ, Crittenden R (1996). Oligosaccharides and probiotic bacteria. 1. Commercially available oligosaccharides. *Bulletin IDF*, **313** : 10-22.

Price KR, Bacon JR, Rhodes MJ (1997). Effect of storage and domestic processing on the content and composition of flavonol glucosides in onion (*Allium cepa*). *J Agric Fd Chem*, **45 (3)** : 938-942.

Rajalakshmi D, Narasimhan S (1996). Food antioxidants: Sources and methods of evaluation. *In*: Madhavi DL, Deshpande SS, Salunkhe DK *Food antioxidants. Technological, toxicological and health perspectives*. Marcel Dekker, New York, 65-157.

Ramamurthy MS, Maiti B, Thomas P, Nair PM (1992). High-performance liquid chromatographic determination of phenolic acids in potato tubers (*Solanum tuberosum*) wound healing. *J Agric Fd Chem*, **40 (4)** : 569-572.

Rice-Evans CA, Miller NJ (1994). Total antioxidant status in plasma and body fluids. *Methods in Enzymology*, **234** : 279-293.

Robards K, Prenzler PD, Tucker G, Swatsitang P, Glover W (1999). Phenolic compounds and their role in oxidative processes in fruits. *Fd Chem*, **66** : 401-436.

Roberfroid M (1998). The Science of Functional Food. Proceedings Forum on Functional Food, Strasbourg, Council of Europe, 1-2 december 1998, 59-66.

Ryder DN (1988). Hydrolysis of Lactose in Whey Products. *Bulletin IDF*, **233** : 45-52.

Salminen S, Bouley C, Boutron-Ruault M-C, Cummings JH, Franck A, Gibson GR, Isolauri E, Moreau M-C, Roberfroid M, Rowland I (1998). Functional food science and gastrointestinal physiology and function. *Br J Nutr*, **80, suppl. 1** : S147-S171.

Sanchez-Moreno C, Larrauri JA, Saura-Calixto F (1998). A procedure to measure the antiradical efficiency of polyphenols. *J Sci Fd Agric*, **76 (2)** : 270-276.

Spanos GA, Wrolstad RE (1992). Phenolics of apple, pear, and white grape juices and their changes with processing and storage. A review. *J Agric Fd Chem*, **40 (9)** : 1478-1487.

Spanos GA, Wrolstad RE, Heatherbell DA (1990). Influence of processing and storage on the phenolic composition of apple juice. *J Agric Fd Chem*, **38 (7)** : 1572-1579.

Teeuwen HWA, Vandorpe J, Thoné M (1992). Inuline: een natuurlijke voedingsvezel herontdekt. *Voedingsmiddelen-technologie*, **24** : 12-16.

Thompson HJ, Zhu Z, Banni S, Darcy K, Loftus T, Ip C (1997). Morphological and biochemical status of the mammary gland as influenced by conjugated linoleic acid: implication for a reduction in mammary cancer risk. *Cancer Res*, **57** : 5067-5072.

Thurnham DI (1999). Functional foods: cholesterol-lowering benefits of plant sterols. *Br J Nutr*, **82** : 255-256.

Van Camp J, Goeman P, Huyghebaert A (1998). Enzymatic Synthesis of Structured Modified Fats. *In*: Christophe A *Structural Modified Food Fats: Synthesis, Biochemistry, and Use*. AOCS Press, Champaign, Illinois, 21-45.

van den Berg R, Haenen GRMM, van den Berg H, Bast A (1999). Applicability of an improved trolox equivalent antioxidant capacity (TEAC) assay for evaluation of antioxidant capacity measurements of mixtures. *Fd Chem*, **66** : 511-517.

Visser S, Noorman HJ, Slangen CJ, Rollema HS (1989). Action of plasmin on bovine β-casein in a membrane reactor. *J Dairy Res*, **56** : 323-333.

Von Hellens S (1999). Benecol margarine enriched with stanol esters. *Lipid techn*, **11 (2)** : 29-31.

Welsh S (1996). Nutrient Standards, Dietary Guidelines, and Food Guides. *In*: Ziegler EE, Filer LJ Jr. *Present Knowledge in Nutrition, 7th Edition*. Washington, 630-646.

Wolff RL (1993). Heat-induced geometrical isomerization of α-linolenic acid: effect of temperature and heating time on the appearance of individual isomers. *JAOCS*, **70** : 425-430.

Yamane T, Suzuki T, Hoshino T (1993). Increasing n-3 polyunsaturated fatty acid content of fish oil by temperature control of lipase-catalyzed acidolysis. *JAOCS*, **70** : 1285-1287.

Yoshida H, Kajimato G, Emura S (1993). Antioxidant effect of d-tocopherols at different concentrations in oils during microwave heating. *JAOCS*, **70** : 989-995.

Zielinski H, Kozlowska H (1999). Measurement of total antioxidant capacity – A review. *Pol J Fd Nut. Sci*, **8/49 (2)** : 147-158.

Septième partie

Aliments fonctionnels et communication au consommateur

17

Aliments fonctionnels et communication au consommateur : point de vue d'un nutritionniste et journaliste scientifique

Nicolas Guggenbühl

Introduction

« On nous cache tout, on nous dit rien ! » scandait une chanson de J. Dutronc, dénonçant la mésinformation tout azimut. Cette formule sommeille aussi la tête de chaque individu lorsqu'il pense à l'alimentation. Le consommateur spectateur assiste à l'évolution du paysage des denrées alimentaires, sans réaliser que dans la société de consommation, il occupe aussi un rôle de « consomm-acteur ». Ainsi, s'il trouve dans les rayons des supermarchés des framboises au mois de février, c'est parce que celles-ci ont trouvé acheteur, ce qui justifie cet approvisionnement hors saison. L'arrivée sur le marché d'aliments dits « fonctionnels » conférera une dimension nouvelle dans la gestion de son capital santé. À condition qu'il en soit fait bon usage...

1. Évolution du contexte nutritionnel moderne

1.1. De la famine à la pléthore : une tentative de réponse

L'Européen du vingt et unième siècle n'a plus les mêmes préoccupations que son ancêtre. Il n'éprouve plus de difficulté à satisfaire ses besoins nutritifs élémentaires, par exemple pour ce qui est des apports en énergie et en protéines. Le contexte de pléthore alimentaire caractéristique des milieux économiquement développés est en quelque sorte un bouillon de culture favorable au développement de l'obésité. Ce phénomène, encore récent à l'échelle de l'histoire de l'alimentation humaine, s'annonce d'ores et déjà comme un des grands défis de la santé publique. Il a été récemment été classé par l'OMS comme une épidémie globale (WHO, 1997).

Les tentatives de réponse à ce fléau sont nombreuses : dans la sphère agroalimentaire, elle s'est stigmatisée, au cours des années nonante, par la vague de l'allégé. Le principe semble d'une logique implacable et surtout extrêmement facile à communiquer : après avoir été désigné parmi les coupables (graisses, acides gras saturés, cholestérol, sucre, sel, alcool...) un nutriment se voit partiellement ou entièrement éliminé d'un aliment. La denrée qui en résulte peut alors arborer sa nouvelle caractéristique, qui la distingue de son homologue traditionnel.

Mais tout comme la santé ne peut plus être définie uniquement par l'absence de maladie, l'allégé ne peut prétendre séduire uniquement sur base de ce qu'il n'apporte pas (ou de ce qu'il apporte en quantité réduite).

Santé, bien-être, longévité, performances physiques et intellectuelles sont autant d'objectifs susceptibles d'être influencés par ce qui est ingéré. Après avoir éliminé des nutriments indésirables pour essayer de limiter les dégâts causés par une ingestion excessive, l'arrivée des aliments fonctionnels offre au consommateur une palette de réponses potentielles « positives » : ce n'est plus l'absence mais la présence d'un constituant qui est mise en avant, ce qui permet plus facilement de cerner ses propriétés.

1.2. Nouvelle diététique : résolument positive

La diététique est souvent perçue comme synonyme de régime destiné aux malades. Pourtant, ses champs d'action concerne aussi l'alimentation des personnes en bonne santé et désireuses de le rester, comme l'évoque la seconde définition du terme « diététique » dans le Petit Robert (1996-1997) : *ensemble des règles à suivre pour équilibrer l'alimentation (ration calorique, apport d'éléments indispensables) et l'adapter aux besoins individuels.* Les discours de la diététique ont connu une évolution qui s'inscrit dans ce même courant. Finies les recommandations austères focalisées sur les coupables et qui aboutissent à une liste d'interdits, cultivant la frustration et qui, *in fine*, s'avèrent peu propices à une bonne compliance au régime. Désormais, l'accent est mis sur une approche personnalisée dans laquelle, de plus en plus, les interdits sont interdits. Citons pour exemple la réhabilitation du saccharose dans l'alimentation des patients diabétiques. Une réhabilitation certes contrôlée et encore très timide dans certaines sphères hospitalières mais qui s'explique par l'évolution des concepts scientifiques, notamment au travers de la notion d'index glycémique des aliments (ABD, 1999).

La liste de messages positifs, encourageant la consommation de certains aliments (fruits et légumes, produits céréaliers de préférence complets) ou le recours à telle ou telle technique de préparation (mode de cuisson, assaisonnement, trucs et astuces....), a pris le relais. Aujourd'hui, la vocation du diététicien ne consiste plus à modifier l'alimentation en présence d'une pathologie ou d'un trouble donné. Elle comporte également la prise en charge de toute personne bien portante, soucieuse de le rester ou d'améliorer son bien-être. Et l'augmentation de la prévalence de l'obésité, avec son corollaire de complications associées (diabète de type 2, hypercholestérolémie, hypertension...), ne fait qu'accroître la nécessité d'une approche préventive. La diététique moderne apparaît donc de plus en plus comme une science du bien-être. L'arrivée des aliments fonctionnels ne va pas résoudre les problèmes de santé comme un vaccin protège d'une maladie mais elle ouvre une nouvelle ère dans le type d'explications fournies au patient consommateur. S'il apparaît évident qu'elle constitue un stimulus pour la recherche dans la science de la nutrition, elle nécessitera aussi une meilleure connaissance de cette science par tous ceux, diététiciens et médecins en particulier, qui sont amenés à dispenser des messages relatifs à l'alimentation et à la santé.

2. *Médias, acteurs de la communication nutritionnelle*

Rares sont les oreilles et les yeux qui échappent aux informations dispensées par les médias. Certaines études soulignent que les médias (télévision, magazines, livres, journaux...) représentent la première source de connaissance en matière d'alimentation (National Dairy Council, 1992). Mais ici aussi, le ton a sensiblement changé en l'espace d'une ou deux décennies. Pendant des années, des ennemis publics tels le cholestérol alimentaire ou le sel ont fait la une de l'actualité nutritionnelle, laissant planer le spectre des dangers liés à une alimentation mal conçue. Il en va de même pour les substances cancérigènes qui, en dépit du fait qu'elles sont loin de représenter un danger prioritaire pour les scientifiques, ont suscité des craintes disproportionnées (par exemple vis-à-vis des additifs, alors qu'un apport excessif en acides gras saturés n'est pas perçu comme un danger majeur).

2.1. De la psychose à l'enthousiasme

La communication nutritionnelle en est arrivée à un point où le consommateur peut développer une véritable psychose. Calories, acides gras saturés, cholestérol et compagnie deviennent les antihéros du feuilleton de l'actualité nutritionnelle. Le geste santé consiste à les éviter. À l'inverse, un nombre croissant de consommateurs sont lassés par le poids des messages négatifs. Tout comme l'obèse qui souhaite maigrir mais dont la compliance au régime restrictif s'amenuise trop souvent au fil du temps, le consommateur alarmé par tous ces risques potentiels finit par en être écœuré, au point de ne plus y prêter attention.

Mais depuis quelques années, l'optique est différente et de nombreux articles s'intéressent à ce qu'il y a de positif dans les denrées, par exemple :

- les bifidobactéries et d'autres probiotiques micro-organismes considérés comme bénéfiques font découvrir un nouveau monde, celui de l'écosystème intestinal et des rôles multiples qu'il peut jouer, y compris dans des domaines tels que l'immunité (Gibson *et al.*, 1999) ;
- les acides gras ω-3 (acide α-linolénique, acide eicosapentaénoïque et acide docosahexaénoïque) et leurs effets biologiques concernant la circulation sanguine et les phénomènes inflammatoires confèrent enfin à certains lipides une aura qui atteint presque celle des vitamines (O'Keefe *et al.*, 2000) ;
- des antioxydants tels que le sélénium ou le lycopène apparaissent comme de véritables fontaines de jouvence capables de contribuer à réduire le risque d'affections chroniques telles que certains cancers et les maladies cardiovascu-

laires, voire d'agir comme bouclier anti-âge (Upritchard *et al.*, 2000 ; Arab *et al.*, 2000 ; Clarck *et al.*, 1998) ;

– de nombreuses substances phytochimiques (polyphénols, phyto-œstrogènes, phytostérols...), dont certaines ont autrefois fait parler d'elle en raison d'effets antinutritionnels, sont désormais abordées pour les multiples services qu'elle sont susceptibles de rendre, que ce soit en raison de propriétés antioxydantes, hypocholestérolémiantes, œstrogéniques... ou par d'autres mécanismes encore (Miettinen *et al.* 1995 ; Weststrate *et al.* 1998 ; Gehm *et al.*, 1997).

Ce changement de cap dans le traitement de l'information repose donc en partie sur l'évolution des connaissances en nutrition. Mais il satisfait également des besoins purement journalistiques, à savoir apporter des informations nouvelles. Ce positivisme n'est bien entendu pas sans risque et les messages forts sont souvent simplistes.

Par rapport à d'autres secteurs de l'information, la nutrition présente une difficulté supplémentaire : comme pour de nombreuses sciences, elle se développe par fragments, par secteurs. L'effet de combinaisons d'antioxydants sur des paramètres tels que l'oxydabilité du cholestérol LDL (Diplock *et al.*, 1998), les effets systémiques des fermentations coliques (Taylor *et al.*, 1998), le rôle des acides gras dans la synthèse des icosanoïdes et leur répercussion dans les phénomènes inflammatoires (Curtis *et al.*, 2000 ; Fremer, 2000), la modulation de l'expression des gènes par les nutriments (Moya *et al.*, 1999 ; Talmud *et al.*, 2000) sont autant de domaines de pointe où des spécialistes compétents peuvent, à condition de faire preuve de vulgarisation (ce qui est loin d'être une généralité dans les milieux scientifiques) éclairer la lanterne d'un journaliste désireux de s'informer de manière approfondie (ce qui, là non plus, n'est pas une généralité). Mais rares sont les spécialistes qui connaissent à fond tous les secteurs de la nutrition et qui peuvent situer de façon juste leur domaine d'investigation dans la toile complexe que représente le fonctionnement optimal d'un être vivant. Et cette tâche est encore plus difficile pour un journaliste...

2.2. Moins de désinformation mais manque d'information

Les magazines féminins ont une longue tradition d'articles sur la diététique. Les régimes révolutionnaires (mais éphémères) se succèdent avec chaque fois, la nécessité de faire miroiter une perte de poids rapide et sans contrainte. Et comme si cela ne suffisait pas, l'alimentation courtise tous les désirs et les fantasmes. Si certains considèrent ces articles comme de simples divertissements, d'autres y croient dur comme fer et suivent les conseils à la lettre. Cette politique d'information nutritionnelle sensationnelle a ses limites et le consommateur éprouve de plus en plus le besoin de trouver des repères fiables. C'est probablement ce qui a motivé un nombre croissant de supports médiatiques à s'adresser à des scientifiques — qui d'ordinaires sont bannis de la sphère journalistique en raison leur piètre aptitude à vulgariser, donc à communiquer — tels que médecins, diététiciens et autres nutritionnistes pour aborder les mêmes thèmes mais sous un angle plus crédible.

► Le développement de la science nutritionnelle offre de nouveaux débouchés dans la communication au consommateur. Il s'inscrit parfaitement dans cette nouvelle tendance : trouver des clés (nutritionnelles) pour ouvrir la serrure du bien-être, avec des clés dont la précision et la solidité reposent en grande partie sur leur caractère scientifique.

3. *Définir l'aliment fonctionnel*

Définir l'aliment fonctionnel, c'est déjà se familiariser avec lui en l'identifiant. Cette démarche s'avère d'autant plus nécessaire dans un contexte où la panoplie des denrées qui composent le panier de la ménagère ne cesse de s'étendre. Et où l'innovation, avec l'appui de nouvelles technologies, a tendance à rendre les denrées de moins en moins familières.

3.1. La fonctionnalité est-elle innée ou acquise ?

L'aliment fonctionnel fait l'objet de plusieurs définitions qui s'accordent toutes à lui reconnaître un effet bénéfique sur une fonction de l'organisme et, plus largement, sur la santé de celui qui le consomme. Mais les positions divergent lorsqu'il s'agit d'inclure des aliments traditionnels dans ce groupe.

Pour l'ILSI Europe (branche européenne de l'International Life Sciences Institute), dont la définition est actuellement la plus aboutie en Europe (Diplock *et al.*, 1998), comme pour l'IFIC — International Food Information Council —, les aliments traditionnels ne sont pas exclus (à condition que l'on puisse fournir la preuve des effets bénéfiques revendiqués) (IFIC, 1998). Mais pour d'autres, par exemple l'institut de Médecine de l'Académie nationale des sciences aux États-Unis, un aliment ne peut être fonctionnel que s'il a été modifié (Food and Nutrition Board, Institute of Medicine, 1994). Autrement dit, pour cet organisme, un aliment ne peut qu'être rendu fonctionnel.

La notion de « modification obligatoire « de l'aliment représente peut-être une aubaine apparente pour le secteur de l'industrie alimentaire, puisque la modification par la main de l'homme — voire l'introduction de l'artificiel tant redouté par le consommateur — véhicule enfin quelque chose de positif (contrairement aux additifs qui, surtout lorsqu'ils sont nés de la main de l'homme, sont définitivement perçus de manière négative). Mais en traçant la frontière séparant complètement l'aliment fonctionnel de l'aliment sur base de telles considérations, émerge le risque de déboucher sur une situation où les allégations ne reposeraient plus uniquement sur des critères nutritionnels objectifs, à savoir une l'aptitude à exercer un effet bénéfique en fonction d'une composition.

Exemple :

Un plat préparé surgelé comprenant du cabillaud (poisson maigre) nappé d'une sauce enrichie en acides gras polyinsaturés à longue chaîne de la série oméga-3 (EPA ou C20:5 *n*-3 et DHA ou C22:6 *n*-3) pourrait être considéré comme fonctionnel et arborer une allégation concernant ces ω-3. Un autre plat préparé surgelé comprenant du saumon naturellement riche en EPA et DHA et qui, sur base de données vérifiables, apporterait autant d'ω-3 que le plat de cabillaud enrichi ne pourrait-il pas être considéré comme fonctionnel et bénéficier de la même allégation que son cousin cabillaud et sa sauce fonctionnelle ?

En revanche, si l'aliment fonctionnel — et son habit visible pour le consommateur, à savoir les allégations figurant sur l'emballage — n'exclut pas des denrées non-modifiées, ce qui correspond notamment à la position de l'association américaine des diététiciens (ADA 1999) le concept d'aliment fonctionnel peut espérer bénéficier de la sympathie de tous ceux qui veulent garder ou renouer un contact avec l'Aliment. Or, cette volonté est une tendance qui est loin d'être marginale : recettes « à l'ancienne », confitures « Grand-Mère », gamme de denrées à la « saveur d'autrefois », alimentation biologique etc., sont autant de concepts qui reviennent en force, parallèlement au développement de l'aliment de haute technologie (le « prêt à manger » conservé sous atmosphère contrôlée, le sous-vide, la technique de l'ionisation, le recours aux hautes pressions...). La tradition et le terroir refont surface, peut-être en partie pour combler une perte de contact avec des aliments dont la forme, la portion, la couleur, le goût ont été standardisés à outrance.

3.2. Regard vers le futur

Il y a vingt ou trente ans, les projections concernant la manière de s'alimenter en 2000 faisaient fi de tout ce qui dépassait le cadre strictement « fonctionnel » de la nourriture, le terme fonctionnel devant être compris dans le sens de « subvenir aux besoins nutritionnels ». Des pilules de différentes couleurs contenant les nutriments essentiels auraient fait office de menu. Mais force est de constater que l'acte de manger dépasse largement le simple fait de répondre aux besoins physiologiques et que le rapport à l'aliment reste très recherché.

Si l'on devait redéfinir aujourd'hui ce que sera l'alimentation de demain, il faudrait tenir compte de cette dualité qu'est la quête d'authenticité en version « haute technologie ». Les aliments fonctionnels pourraient parfaitement incarner ce subtil alliage où le passé (la connaissance de l'aliment) et le futur (innovations performantes en matière de santé) ne font plus qu'un seul et même produit.

4. Communication au consommateur

Depuis la nuit des temps, l'homme rattache aux aliments ces informations, qu'elles soient basées sur des légendes, des expériences empiriques ou des données résolument scientifiques. Ainsi, les seules caractéristiques extérieures ont donné naissances à la « théorie des signatures », qui veut que la plante porte un signe indiquant son effet thérapeutique. Par exemple en raison des sécrétions d'un suc laiteux, la laitue était censée augmenter la production de lait des nourrices (Pelt, 1993).

Les aliments fonctionnels sont un peu à l'opposé de cette approche, où justement se sont des caractéristiques intrinsèques qui ne peuvent être vues ou senties qui confèrent au produit sa dimension supplémentaire qui repose sur des bases rationnelles. Il n'empêche que le degré d'industrialisation croissant des denrées disponibles creuse un fossé séparant l'aliment et la connaissance que l'on a de lui. C'est dire l'importance de la communication pour combler ce fossé et permettre au consommateur d'identifier le produits en fonction de caractéristiques.

4.1. Perception des aliments fonctionnels par les consommateurs

• ***Le développement des aliments fonctionnels est-il un phénomène de mode ?***

Une enquête effectuée aux États-Unis (IFIC, 1996) suggère que les consommateurs ne considèrent pas les aliments fonctionnels comme des produits niche mais comme le fruit d'une évolution naturelle de produits traditionnels qu'ils ont toujours consommés. Cette enquête révèle qu'ils attendent de trouver ces denrées dans le circuit de la grande distribution plutôt que dans des commerces spécialisés. L'enquête « Food for though II » (IFIC, 1998) confirme l'intérêt porté par le consommateur à trouver un bénéfice pour sa santé au travers d'un aliment plutôt que d'un nutraceutique (pilule ou autre comprimé contenant la substance qui confère à l'aliment sa fonctionnalité). Autant de données indiquant que le « bénéfice santé » est plus apprécié lorsqu'il provient d'un environnement connu, à savoir un aliment, qu'il soit modifié ou non mais un aliment avant tout, plutôt que d'un « objet consommable non identifié » (pilule).

D'un point de vue strictement scientifique, cela peut surprendre dans la mesure où la substance responsable d'un effet donné est la même dans un aliment fonctionnel que dans un nutraceutique. Mais il est probable que la forme alimentaire, objet identifiable, est plus à même de faire franchir le pas à quelqu'un qui (et c'est probablement davantage une caractéristique du consommateur européen par rapport à l'Américain) est réticent vis-à-vis de la prise de pilules et autres comprimés.

4.2. Communication *via* les allégations

Médias, écoles, médecins, diététiciens, publicité, Internet... les canaux véhiculant des informations sur l'alimentation et la santé sont multiples. Il en est un qui semble toutefois occuper une place privilégiée : l'emballage de l'aliment. Une enquête menée par la Fédération belge de l'industrie alimentaire (Fevia) a souligné récemment à quel point l'étiquetage constitue la principale source d'information nutritionnelle : l'étiquette est lue par près de 9 Belges sur 10 ! Les informations les plus plébiscitées sur l'emballage concernent les ingrédients et la date de conservation. Mais c'est sans compter ce qui devrait apparaître sur certains emballages : les *allégations*.

Pour le *Codex alimentarius* (1991), on entend par allégation toute représentation qui énonce, suggère ou implique qu'un aliment présente certaines caractéristiques liées à son origine, ses propriétés nutritionnelles, sa nature, sa production, sa transformation, sa composition ou toute autre qualité (cf. chapitre ?, M. Roberfroid).

Les allégations ne devraient être autorisées qu'à condition qu'il y ait démonstration, chez l'homme, d'une interaction spécifique avec une fonction ou un nombre limité de fonctions dans le corps. C'est la condition *sine qua non* pour que les scientifiques professionnels de la santé adhèrent à cette nouvelle forme de communication et pour qu'ils puissent fournir des explications convaincantes au consommateur qui cherche à en savoir plus. Une forme de communication qui pourra séduire parce qu'elle intègre et résume à elle seule de nombreuses informations pour permettre, en un clin d'œil, de mieux situer les caractéristiques des aliments. Or, au vu des nombreuses études ayant souligné le caractère compliqué des informations figurant sur les étiquettes (British Market Research Bureau, 1985 ; National Dairy Council, 1992 ; COFACE, 1994 ; Paul *et al.*, 1995) la notion de clarté devrait être une priorité.

4.3. Conclusions du projet FUFOSE (Diplock *et al.*, 1998)

En Europe, deux types d'allégations ont été ajoutées à celles déjà reconnues par le *Codex alimentarius* :

– les allégations fonctionnelles, qui concernent des effets spécifiques et ne font pas référence à une pathologie (type A). Exemple : *« les folates peuvent réduire le taux d'homocystéine plasmatique »* ;

– les allégations portant sur la réduction du risque de maladie (type B). Exemple : *« les folates peuvent réduire le risque de mettre au monde un enfant atteint de malformation congénitale ».*

Les allégations sont une nouvelle forme de communication qui, compte tenu de l'évolution du contexte de l'alimentation, devient presque une nécessité pour faire passer des messages concernant certaines propriétés de la denrée.

4.4. Vers un nouveau modèle d'éducation nutritionnelle

Le nombre galopant d'aliments différents et leur composition de plus en plus complexe ont considérablement compliqué la tache du diététicien pour positionner une denrée dans un schéma alimentaire. Jusqu'à présent, les aliments non transformés pouvaient facilement être regroupés en famille ou groupes, en fonction des caractéristiques nutritionnelles communes (*par ex.* produits laitiers → calcium et protéines de haute valeur biologique). Précisons que les familles alimentaires varient en fonction des modèles utilisés pour leur présentation. Par exemple : eau, céréales et dérivés, fruits, légumes, viande-volailles-poissons-œufs, produits laitiers, matières grasses à tartiner et de cuisson, divers (friandises, chips...). Pareil regroupement est encore largement exploité dans l'éducation nutritionnelle *via* différentes représentations graphiques, parmi lesquelles celle de la pyramide alimentaire est la plus utilisée ces dernières années (Absolonne *et al.* 1998 ; UDSA 2000).

Les modèles d'éducation nutritionnelle où l'on retrouve essentiellement des aliments « basiques » c'est-à-dire qui ne sont pas ou peu transformés, se heurtent de plus en plus à la réalité : les aliments transformés occupent une place grandissante dans la vie de tous les jours et leurs caractéristiques nutritionnelles sont loin d'être homogènes. En conséquence, il devient de plus en plus difficile de les regrouper en familles alimentaires au sein desquelles chaque membre présente des caractères communs et est interchangeable avec les autres.

L'avènement des aliments fonctionnels bouscule encore un peu plus la situation : les regroupements classiques par famille doivent désormais tenir compte d'une dimension supplémentaire : la spécificité d'un aliment fonctionnel.

Ainsi, un probiotique à base de lait consommé pour ses bactéries n'est plus un « simple produit laitier ». Et que dire d'un probiotique à base de fruits, d'une crème glacée prébiotique à base d'inuline, d'un corps gras contenant des esters de phytostérols et/ou de phytostanols... ?

Face à cette perte de caractère commun qui permet de raisonner en termes de grands groupes d'aliments, les allégations constituent une donnée précieuse pour identifier une propriété, que ce soit des effets sur certaines fonctions de l'organisme ou une réduction du risque de maladie. Mais pour le consommateur comme pour le diététicien, il importe que l'équilibre alimentaire repose en priorité sur une répartition correcte des aliments issus des différentes familles, qu'il s'agisse d'un aliment fonctionnel ou pas.

Une limonade enrichie d'un complexe antioxydant à base de vitamines A, C E et de sélénium ne deviendra pas pour autant comparable, du point de vue de sa place dans une alimentation saine, à un jus de fruit. L'intérêt d'un caractère fonctionnel d'un aliment doit se mesurer par rapport à un aliment du même groupe qui ne possède pas la fonctionnalité. La limonade au complexe antioxydant présentera un intérêt nutritionnel par rapport à une autre limonade qui n'est pas enrichie mais elle reste une limonade et sa fonctionnalité ne doit pas être un prétexte pour la substituer à d'autres aliments.

Il apparaît donc qu'à l'avenir, les modèles utilisés pour l'éducation nutritionnelle (pyramides alimentaires...) devront évoluer pour intégrer des aliments fonctionnels. Mais ces modèles restent une base essentielle dans la communication des principes de base d'une alimentation saine, principes qui ne doivent pas être plongés dans l'ombre des aliments fonctionnels.

4.5. L'allégation : de la dose à la portion

Hormis quelques mesures familières (comme un petit pot de yaourt de 125 g), le poids des aliments consommés est une donnée qui échappe bien souvent au consommateur. Or, toute interprétation nutritionnelle fondée sur la composition d'une denrée (telle qu'elle figure dans les tables de composition pour 100 g) ne peut ignorer la notion de quantité. C'est ce type d'erreur qui contribue à véhiculer de nombreuses désinformations.

Exemple : « Le persil est riche en calcium ». Cette assertion peut être considérée comme vraie si l'on se base sur le contenu calcique de 100 g de persil. Mais sachant que la portion généralement consommée est inférieure à 5 g, cette herbe aromatique peut difficilement prétendre être une source importante de calcium.

Ce type de dérapage peut aussi concerner des aliments fonctionnels : l'allégation peut faire miroiter un « bénéfice santé » qui n'a sa raison d'être qu'à partir d'une quantité et/ou d'une fréquence de consommation (minimale ou maximale).

Exemple : l'obtention d'une modification durable de la composition de la flore colique *via* des aliments pro et/ou prébiotiques requiert une consommation quasi quotidienne de ces denrées et à des doses suffisantes (quantité de bactéries et/ou d'aliments coliques).

4.5.1. Cas du soja

Récemment, la FDA a autorisé une allégation santé concernant les protéines de soja et les aliments qui en contiennent (FDA, 1999). L'allégation concerne la réduction du risque de maladie coronarienne. Avec un certain nombre de précautions visant à éviter d'induire le consommateur en erreur, notamment à propos de la quantité minimale de ces protéines devant être consommées.

Exemple d'allégation autorisée aux États-Unis pour les protéines de soja :

« *Une alimentation pauvre en acides gras saturés et en cholestérol qui inclut 25 g de protéines de soja par jour peut réduire le risque de maladie cardiaque. Une portion de... (nom du produit) apporte... grammes de protéines de soja.* »

Ce type d'autorisation suppose un solide faisceau d'arguments reconnus par des experts compétents. En outre, le produit qui revendique ce type d'allégation doit contenir au moins 6,25 g de protéines de soja par portion.

Malgré toutes ces précautions concernant la dose (minimum 25 g) et le contexte dans lequel l'allégation prend tout son sens (alimentation pauvre en acides gras saturés et en cholestérol), le consommateur n'est pas à l'abri d'une interprétation erronée. Car pour lui, s'il est un message qui doit être retenu, c'est que « le soja réduit le cholestérol et donc le risque de maladie cardiovasculaire ». Or, le geste qui consiste à consommer de temps en temps un produit à base de soja peut difficilement prétendre jouer un rôle fonctionnel en terme de cholestérolémie et de risque coronarien. Atteindre les 25 g de protéines de soja, suppose un certain remaniement des habitudes alimentaires, pour y inclure l'équivalent d'un litre de boisson au soja chaque jour.

4.5.2. Touche méditerranéenne

L'huile d'olive est investie de nombreux bienfaits. Elle est devenue un des symboles majeurs de l'alimentation méditerranéenne et de la longévité de certains Crétois. De nombreuses études scientifiques s'accordent à reconnaître à l'alimentation méditerranéenne et à son ténor lipidique, l'huile d'olive, des avantages en matière de santé, surtout dans le cadre de la prévention des maladies cardiovasculaires (Willet *et al.*, 1995). Sans la moindre allégation, elle fait partie des ces aliments qui portent une sorte de cachet de santé. Pour certains, consommer une fois de temps en temps une salade assaisonnée à l'huile d'olive ou remplacer du beurre par une matière grasse à tartiner à l'huile d'olive — dont une partie des lipides (à peine 25 %) est représentée par de l'huile d'olive alors que la teneur en acides gras saturés peut atteindre 40 % — suffit pour espérer bénéficier de tous les bienfaits d'une alimentation méditerranéenne. L'alimentation méditerranéenne diffère en des dizaines de points des caractéristiques de l'assiette du mangeur de l'Europe du Nord et il est illusoire d'attribuer à l'un ou l'autre aliment en particulier (huile d'olive, ail, vin rouge...) les bienfaits de ce qui représente tout un mode de vie.

4.6. Légiférer pour mieux informer

Nous vivons pour l'heure dans un contexte de « prohibition d'allégation ». Il y a certes des allégations nutritionnelles qui sont autorisées (Toute indication, toute représentation et tout message publicitaire qui énonce, suggère ou implique qu'une denrée alimentaire possède des propriétés nutritionnelles particulières de par l'énergie qu'elle fournit ou ne fournit pas et/ou de par les nutriments qu'elle contient, contient en proportion réduite ou accrue ou ne contient pas ; AR du 9 janvier 1992). Ces allégations nutritionnelles peuvent être d'un précieux recours pour les diététiciens mais on peut douter de la pertinence de leur interprétation par le consommateur non averti. Aux antipodes de cette forme de communication trop technique pour le profane, il y a le langage et les images de la publicité. Cette dernière arrive à faire passer, avec une habileté remarquable et en toute légalité, des messages dont la portée dépasse de loin tout ce que des allégations fondées pourraient annoncer. Dans ce contexte, on ne peut que souhaiter que des allégations fonctionnelles et de santé qui soient scientifiquement défendables mais aussi compréhensibles, trouvent un cadre légal. Celui-ci servirait de repère, tant pour le consommateur que pour les professionnels impliqués dans la communication nutritionnelle. Ce cadre légal ne dispensera cependant pas de la nécessite de situer un aliment donné dans un contexte nutritionnel global. Une allégation n'est pas un signe de qualité, une absence d'allégation ne doit pas être perçue comme un point négatif. Il importera de le communiquer.

Le code de bonne conduite qui se met en place par la Fédération (belge) de l'industrie alimentaire (Fevia, 2000) constitue un exemple de ce qui peut être entrepris pour accorder les violons entre les différents acteurs de l'industrie alimentaire. Cette démarche a pour objectif d'établir un fil conducteur concernant les exigences fixées pour le fondement scientifique des divers types d'allégations, de déterminer les conditions à respecter lors de l'utilisation d'allégations de santé pour les aliments et de créer un cadre autorégulateur au sein duquel la communication commerciale relative aux allégations de santé peut être réalisée de manière consistante, scientifiquement justifiée et dans le respect de l'éthique. Ainsi, la relation entre la denrée alimentaire et l'affection qui est mise en avant par l'allégation ne s'adresse pas à la prévention de l'affection, mais elle le fait de manière indirecte en prônant l'importance d'un régime alimentaire plus sain en tant que garantie pour une meilleure santé. Il est en outre précisé que l'allégation de santé ne peut inciter à adopter des habitudes alimentaires déséquilibrées en promouvant une surconsommation de la denrée et menant à une ingestion plus restreinte d'autres denrées alimentaires. Enfin, l'allégation de santé ou le message publicitaire ne peut pas laisser entendre ou suggérer que l'emploi de la denrée alimentaire garantit le maintien d'une bonne santé normale. Autant de garde-fou qui devraient permettre une utilisation rationnelle des allégations. Ce nouveau système de communication nécessitera toutefois plus que probablement une information voire une formation complémentaire pour que le consommateur puisse évaluer la pertinence de l'information véhiculée par l'allégation, par rapport à son état de santé, son âge, son activité, ses habitudes alimentaires etc. Cette information complémentaire aura tout intérêt à s'effectuer par le canal des professionnels de la santé qui devront se lancer dans l'exercice périlleux de la vulgarisation scientifique.

Conclusions

Le développement des aliments fonctionnels s'inscrit dans un contexte où la demande en matière d'alimentation et de santé va en grandissant. Il contribuera à remodeler le paysage des denrées disponibles et offrira la possibilité au consommateur averti de jouer un rôle plus actif dans la gestion, par les aliments, de son capital santé.

La face visible des aliments fonctionnels, c'est-à-dire les allégations, fournissent des informations sous forme synthétique qui, à défaut d'être exhaustives, renseignent en un clin d'œil. La viabilité de ce système de communication et donc du concept même d'aliments fonctionnels est intimement liée à la crédibilité de l'allégation. Un aliment qui n'est pas porteur d'une allégation, comme un fruit ou un légume, ne doit pas être déforcé pour cette raison. C'est la valeur nutritionnelle de la denrée et sa place dans une alimentation équilibrée qui prime.

Les initiatives telles que le projet FUFOSE et le code de bonnes pratiques laissent présager d'une utilisation responsable et scientifiquement fondée des allégations. Ceci permet aux professionnels de la santé et au consommateur de considérer les allégations comme une véritable source d'information, et non comme un simple argument publicitaire. Cette information devra cependant toujours être replacée dans le contexte d'une alimentation équilibrée et il appartiendra aux différents acteurs, professionnels de la santé, spécialistes de la communication, d'y contribuer. Si les aliments fonctionnels présentent l'énorme avantage d'aborder la prévention sous un angle positif, il n'en reste pas moins vrai que bon nombre de travers alimentaires bien connus — i.e. l'excès en acides gras saturés — restent des défis majeurs d'une alimentation qui se veut effectivement préventive. Les aliments fonctionnels peuvent constituer un « plus », à condition de s'inscrire dans un schéma alimentaire équilibré pour les différentes catégories de consommateurs.

Références bibliographiques

ABD (Association Belge du Diabète) (1999). *Prévention, dépistage et prise en charge du diabète et de ses complications.* Ed. De Hertogh R, Bruxelles.

Absolonne J, Guggenbühl N (1998). La Pyramide Alimentaire. *Health and Food*, **28** : 1-5.

ADA (1999). Position of The American Dietetic Association: Functional food. *J Am Diet Assoc*, **99** : 1278-1285.

Arab L, Stecks S (2000). Lycopene and cardiovascular disease. *Am J Clin Nutr*, **71 (6 suppl)** : 1691S-95S.

British Market Research Bureau (1985). *Consumer attitudes to and understanding of nutrition labelling.* Londres (UK).

Clarck LC *et al* (1998). Decreased incidence of prostate cancer with selenium supplementation: results of a double-blind cancer prevention trial. *Br J Urol*, **81** (5) : 730-4.

COFACE (1994). *Famille consommatrices et étiquetage alimentaire en Europe : enquête de la COFACE*, Bruxelles.

Committee on Opportunities in the Nutrition and Food Sciences, Food and Nutrition Board, Institute of Medicine (1994). Thomas PR, Earl R, Eds. *Opportunities in the Nutrition and Food Sciences: Research Challenges and the Next Generation of Investigators.* Washington, DC, National Academy Press.

Curtis CL *et al.* (2000). *n*-3 fatty acids specifically modulate catabolic factors involved in articulat cartilage degradation. *J Biol Chem*, **275** (2) : 721-4.

Dictionnaires le Robert (1996-1997). *Version électronique du Nouveau Petit Robert.*

Dimarso (1997). « *Que pense le consommateur belge de son alimentation ?* », novembre.

Diplock AT *et al.* (1998). Functional food science and defence against reactive oxidative species. *In*: *Functional Food Science in Europe. BMJ*, **80 (suppl 1)** : S77-S112.

Diplock AT, Aggett PJ, Ashwell M, Bornet F, Fern EB et Roberfroid MB (1998). *Scientific concepts of functional foods in Europe*, Consensus document, décembre.

FDA (1999). *Talk Paper*, October 20.

Fevia (Fédération de l'Industrie Alimentaire) (2000). *Allegations de santé, Code de bonne conduite* (Projet), mars.

Gehm B *et al.* (1997). Resveratrol, a polyphenolic compound found in grapes and wine, is an agonist for the estrogen receptor. *Proc. Natl. Acad. Sci.*, **94** : 14138-143, USA.

Gibson GR, Roberfroid M (1999). *Colonic microbiota, nutrition and health.* Kluwer Academic Publisher.

IFIC (1998). Backgrounder: Functional Foods. *In*: *Food Insight Media Guide*. Washington, DC: International food information council foundation.

IFIC (1997). Food for thought II. *Reporting of diet, nutrition and food safety during*, May-July. Executive summary february 1998.

Kremer JM (2000). *n*-3 fatty acid supplements in rheumatoid arthritis. *Am J Clin Nutr*, **71** (suppl 1) : 349S-51S.

Miettinen TA *et al* (1995). Reduction of serum cholesterol with plant stanol-ester margarine in a mildly hypercholesterolemic population. *N Engl J Med*, **333** (20) : 1308-12.

Moya-Camarena SY, Belury MA (1999). Species differences in the metabolism and regulation of gene expression by conjugated linoleic acid. *Nutr Rev*, **57** (11) : 336-40.

National Dairy Council (1992). *Food for health: what does Britain think?* United Kingdom.

O'Keefe JH, Harris WS (2000). From Inuit to implementation: omega-3 fatty acids come of age. *Mayo Clin Proc*, **75** (6) : 607-14.

Paul I, Reginster-Haneuse G, Poumay A (1995). *Enquête sur les comportements d'achat et de consommation des produits allégés*, École de santé publique – Université de Liège, 1995.

Pelt JM (1993). *Des Légumes*. Le grand livre du mois, Arthène Fayard, Paris.

Talmud PJ, Waterworth DM (2000). In-vivo and in-vitro nutrient-gene interactions. *Curr Opin Lipidol*, **11** (1) : 31-6.

Taylor GR, Williams CM (1998). Effects of probiotics and prebiotics on blood lipids. *Br J Nutr*, **80** (4) : S225-30.

Upritchard JE *et al* (2000). Effect of supplementation with tomato juice, vitamin E, and vitamin C on LDL oxidation and products of inflammatory activity in type 2 diabetes. *Diabetes Care*, **23** (6) : 733-8.

USDA (2000). Dietary Guidelines for American, Fifth Edition, *Home and Garden Bulletin*, **232**.

Westrate JA, Meijer GW (1998). Plant sterol-enriched margarines and reduction of plasma total- and LDL-cholesterol concentrations in normocholesterolaemic and mildly hypercholesterolaemic subjects. *Eur J Clin Nutr*, **52** : 334-43.

WHO/NUT/NCD (1997). Obesity – Preventing and managing the global epidemic. Report of a WHO Consultation on Obesity. Geneva 3-5 june.

Willett WC *et al* (1995). Mediterranean diet pyramid: a cultural model for healthy eating. *Am J Clin Nutr*, **61 (6 Suppl)** : 140S-1406S.

Huitième partie

Conclusions et perspectives

18

Conclusions et perspectives

Marcel B Roberfroid

En référence aux conclusions de l'action concertée FUFOSE (Diplock *et al.*, 1999), les perspectives dans le développement des aliments fonctionnels peuvent se résumer de la manière suivante :

• Certains composants des aliments ont la potentialité de moduler certaines fonctions de l'organisme de façon soit à les améliorer soit à contribuer à réduire le risque de certaines maladies. La science des aliments fonctionnels, si elle se développe, peut donc contribuer à la santé humaine pour autant que les preuves soient scientifiquement fondées principalement en utilisant les résultats d'études nutritionnelles humaines.

• Les nutritionnistes et les spécialistes des aliments ont, par le biais du développement des aliments fonctionnels la possibilité de développer de nouvelles approches bénéfiques dans le domaine du maintien voire de l'amélioration de l'état de bien-être et de santé et de la réduction du risque des maladies. Mais le succès de cette approche suppose l'identification, la caractérisation, le développement de méthodologies adéquates pour la mesure ainsi que la validation de marqueurs appropriés, qu'il soit des indicateurs ou des facteurs (voir à ce sujet l'introduction), nécessaires à la réalisation d'études nutritionnelles humaines. Les protocoles de telles études devront être affinés et élaborés spécifiquement en se référant tout en se différenciant des études cliniques classiquement utilisées dans le développement des médicaments.

• Les principales fonctions de l'organisme qui sont ou peuvent être modulées par des produits alimentaires particuliers devront être identifiées et caractérisées. La recherche fondamentale nécessaire à la compréhension de ces fonctions et à la manière dont elles contribuent à l'état de bien-être ou de santé ou participent au risque de développer certaines maladies doit être développée et soutenue. La science des aliments fonctionnels doit en effet disposer d'une base suffisante et bien étayée pour permettre un développement valable de ces aliments.

• Les lois, règlements et directives garantissant la validité et la véracité des allégations ainsi que la sécurité de ces aliments doivent être élaborées ou adaptées. À défaut d'une politique européenne commune cohérente en la matière, diverses initiatives ont été ou sont sur le point d'être prises dans différents pays européens. La plupart de ces initiatives reposent sur le principe d'un code de bonne pratique par lequel l'industrie alimentaire s'engage à respecter et à faire respecter les principes d'exigence scientifique rappelés ci-dessus et décrits en détail dans l'introduction de cet ouvrage. Dans certains de ces pays, ces codes sont ou ont été élaborés de commun accord entre les autorités responsables, les industriels et le monde académique, voire les organisations de consommateurs, dans d'autres, ils sont le résultat d'une initiative de l'industrie alimentaire et de ses partenaires commerciaux accompagnée d'une information détaillée aux autorités et aux organisations de consommateurs. Ces initiatives qui s'inspirent, pour la plupart, du code de pratique pour l'utilisation des allégations de santé récemment élaboré par la Confédération européenne des industries agroalimentaires (CIAA) seront jugées aux résultats. Sur un plan plus institutionnel il faut mentionner le travail actuellement en cours au sein du Conseil de l'Europe à l'initiative de son comité de Santé publique et, en particulier, de son groupe d'experts chargés de la nutrition, de la sécurité alimentaire et de la santé des consommateurs qui a mis en place un groupe *ad hoc* chargé de faire des propositions en vue d'élaborer des directives sur les aliments fonctionnels. Le *Codex alimentarius* a également été saisi de propositions, notamment, à l'initiative de la délégation française. Ces propositions portent spécifiquement sur la reconnaissance des allégations de type A et B définies dans le chapitre d'introduction de cet ouvrage et dans le document de Consensus européen (Dipplock *et al.* 1999).

Sur le chemin qui doit conduire à la nutrition optimalisée qui est l'un des grands défis de la nutrition du XXIe siècle, les aliments fonctionnels ont leur propre rôle à jouer. Mais le développement des allégations pour des produits alimentaires existants ou à venir restera quelques temps encore un défi pour le monde scientifique avant d'être un défi pour les départements commerciaux et publicitaires des industries agroalimentaires. C'est la condition même du succès de cette aventure qui peut être bénéfique tant pour la santé humaine que pour cette industrie.

Dans ce contexte, des ouvrages comme ceux que ces conclusions et perspectives terminent sont très importants à plus d'un titre.

Tout d'abord ils fournissent aux lecteurs le point de vue d'experts activement impliqués dans la recherche nutritionnelle ou médicale, souvent à la fois dans leurs aspects fondamentaux et appliqués. Un tel point de vue est indispensable car il situe les aliments fonctionnels dans une perspective plus globale enracinée dans les sciences fondamentales.

Les sujets retenus dans cet ouvrage pour l'expression de ces points de vue sont assez classiques même s'ils ouvrent l'une ou l'autre perspective nouvelle.

Tout aussi important pour ceux qui veulent développer de nouveaux aliments fonctionnels, cet ouvrage analyse, souvent d'une manière approfondie, et pour chacun des sujets traités quelques exemples d'ingrédients ou de composants alimentaires dont le développement est déjà bien avancé et auxquels sont même parfois attachés des allégations déjà bien documentées. Ces exemples sont importants pour démontrer la validité des concepts généraux et leur applicabilité concrète.

Dans le domaine particulier de l'utilisation des aliments fonctionnels dans le but de réduire le risque de certaines pathologies, surtout les maladies chroniques, la contribution d'experts de la recherche biomédicale est aussi très pertinente. Ces experts, qui sont en prise directe avec les difficultés que représentent la gestion ou le traitement des patients atteints de ces pathologies, témoignent de l'importance d'une approche en aval qui permettrait de réduire les risques de voir se développer ces maladies mais aussi de la difficulté d'une telle approche qui ne peut être que multifactorielle. La démonstration de tels effets pour certains aliments fonctionnels restera de toute évidence une tâche longue et difficile.

C'est pourquoi une approche progressive qui, sur base de marqueurs bien validés, permettrait, dans un premier temps, de démontrer les effets des aliments fonctionnels sur des fonctions précises sans évoquer la pathologie doit être favorisée. Elle permettrait d'établir sur des bases solides un effet dont le mécanisme serait mieux compris et qui servirait de base à l'élaboration d'hypothèses plausibles à tester dans des études d'intervention chez l'homme. Trop souvent, en effet, la recherche dans la science des aliments fonctionnels et autres nutraceutiques ou suppléments alimentaires, a tenté, sans beaucoup de succès, de démontrer une efficacité dans la prévention d'une maladie chronique créant chez le consommateur des espoirs déçus. Seule l'histoire de la réduction du risque de maladies cardiovasculaires s'est construite progressivement en partant de paramètres simples mais validés tels que le cholestérol sérique total, le cholestérol lié aux protéines de faible densité, les plaques d'athéromes... Dans des pathologies chroniques comme l'ostéoporose, le diabète de type 2 ou, *a fortiori,* le cancer, des démarches semblables doivent être développées. C'est toute la valeur des allégations de type A concernant l'amélioration des fonctions. Ces allégations doivent être encouragées et, dans un premier temps (qui risque d'être assez long), elles constitueront sans doute la seule concrétisation de la recherche. Toutes tentatives en vue d'aller au-delà et de vouloir inclure la réduction du risque des maladies dans des allégations de type B s'exposent à des critiques sévères pour manque de preuve et à la désillusion des consommateurs qui perdront confiance dans les allégations elles-mêmes.

Le dernier chapitre de ce livre écrit par un nutritionniste qui consacre son expertise à un journalisme scientifique de qualité nous rappelle combien la communication est, dans ce secteur de la nutrition, chose difficile et aventure périlleuse. Le succès des aliments fonctionnels passe cependant par une réussite dans ce domaine. Tous les acteurs, depuis les chercheurs jusqu'aux diététiciens en passant par les industriels de l'agroalimentaire doivent se mobiliser pour réfléchir à cette question et fournir aux consommateurs une information de qualité, précise, vraie et instructive.

Le développement des aliments fonctionnels est donc confronté à deux grands défis qui sont la qualité scientifique des preuves qui fondent leurs effets et la qualité de l'information vers le consommateur. Un échec dans l'un ou l'autre de ces deux défis risque de signer la mort même du concept et de ses applications. Puisse un ouvrage tel que celui-ci contribuer à convaincre de l'importance de cette tâche et de la responsabilité de chacun des acteurs.

Références bibliographiques

Codex alimentarius (2000). Proposed Draft Recommendation for the Use of Health Claims. *Geneva WHO.*

Diplock AT, Aggett PJ, Ashwell M, Bornet F, Fern EB, Roberfroid MB (1999). Scientific concepts of functional foods in Europe: consensus document. *Br J Nutr,* **81** (suppl 1) : S1-S28.

Index

G

H

I

J - K

L

M

N

Q

R

S

T

U

V

X

Y - Z

COLLECTION SCIENCES & TECHNIQUES AGROALIMENTAIRES

Au service de l'industrie et de la recherche depuis plus de 20 ans...

Les industries agroalimentaires sont à la fois un secteur traditionnel s'appuyant sur un savoir-faire historique et des industries de pointe faisant appel à des technologies nouvelles, à l'ensemble des sciences et techniques de l'ingénieur, à des transferts technologiques provenant d'autres secteurs industriels, et créant des produits nouveaux.

Cette **industrie agroalimentaire** est très diverse, structurée en branches particulières et liée à une matière première ou à un ensemble de matières premières agricoles :

- industries d'amont ou d'aval, ou fabricant de produits intermédiaires ;
- industries puissantes, diversifiées, moyennes ou petites, ayant des activités internationales, nationales ou régionales ;
- industries au contact des zones de production ou au contraire des zones de consommation.

Toutes ces industries ont en commun la nécessité de :

- mieux connaître les **matières premières** qu'elles traitent et leur évolution au cours des processus technologiques ;
- maîtriser leurs **approvisionnements** ;
- assurer leur rentabilité et optimiser leurs **coûts de production** ;
- satisfaire une clientèle très diversifiée au niveau des types de consommation, en respectant une qualité nutritionnelle, hygiénique et parfois diététique ; car l'objectif **qualité santé** est l'un des grands axes de leur développement.

La France, pays de tradition, mais aussi pays d'avant-garde dans le domaine agroalimentaire, est particulièrement bien placée géographiquement pour développer une politique dynamique dans ce domaine, non seulement sur un plan national, mais aussi à travers le monde où elle se trouve historiquement engagée. Le progrès, s'il se réalise dans les centres d'enseignement et de recherche, dans les entreprises, doit, pour se divulguer, passer par l'information. Or, trop souvent cette information est diffuse, mal rassemblée, et donc peu accessible au moment où l'on voudrait s'en servir.

Le but de cette collection est, à travers une série d'ouvrages traitant, d'une part, des problèmes communs à l'ensemble ou à plusieurs branches de l'industrie agroalimentaire, d'autre part, des problèmes spécifiques, de mettre à la disposition des chercheurs, des enseignants, des scientifiques, des technologues, des économistes et des industriels, une **information maîtrisée, analysée et accessible à tous**.

Le principe retenu est celui de traités collectifs placés sous la responsabilité d'un coordonnateur. Ce système présente un double avantage, celui de la meilleure compétence, **chaque chapitre étant écrit par un spécialiste confirmé**, et celui de la rapidité de la réalisation.

La collection STAA est placée sous la responsabilité scientifique d'un **directoire** d'éminents spécialistes, et les **directeurs de la collection** peuvent être pour vous des interlocuteurs privilégiés.

Historiquement, l'espoir et le désir du directoire de cette collection étaient qu'elle soit lue tout d'abord dans le monde francophone, en Europe, en Afrique, en Asie, en Amérique, mais également dans les pays de langues latines voisines, et tout particulièrement dans les nombreux pays du sud partiellement ou entièrement de langue française. Tout en respectant cet objectif initial, la tendance est d'accentuer plus encore le **caractère international** de la collection, aussi bien par la participation de spécialistes de toutes nationalités, que par la **traduction** de nombreux ouvrages. À ce jour, certains titres ont ainsi été également publiés en anglais, espagnol, portugais, italien ou russe.

La collection STAA s'adresse donc à un très vaste public scientifique et technique à qui il est primordial de faire connaître la **science et la technologie agroalimentaires françaises**, dont la **collection** qui porte ce titre veut être l'un des vecteurs les plus performants.

Volumes parus dans

La panification française
Coord. : M. Guinet, B. Godon, 544 p.
N[elle] éd. en prép.

L'eau et les aliments
Coord. : D. Lorient, 600 p., 2002,
ISBN : 2-7430-523-8

Techniques mathématiques pour l'industrie agroalimentaire
Coord. : J.-J. Daudin, C. Duby, 450 p., 2002,
ISBN : 2-7430-522-X

Les vitamines dans les industries agroalimentaires
Coord. : C. Bourgeois, 600 p., 2002,
ISBN : 2-7430-524-6

Sécurité alimentaire du consommateur
Coord. : M. Moll, N. Moll, 480 p., 2e éd., 2001,
ISBN : 2-7430-0504-1

Technologie des fruits
Coord. : G. Albagnac, P. Varoquaux, J.-C. Montigaud, 512 p., 2001,
ISBN : 2-7430-0505-X

Additifs et auxiliaires de fabrication dans les industries agroalimentaires
Coord. : J.-L. Multon, 784 p., 3e éd. 2001,
ISBN : 2-7430-0436-3

Aliments fonctionnels
Coord. : M. Roberfroid, 512 p., 2001,
ISBN : 2-7430-0439-8

Gestion des problèmes environnementaux dans les industries agroalimentaires
Coord. : R. Moletta, 704 p., 2001,
ISBN : 2-7430-0461-4

La spectroscopie infrarouge et ses applications analytiques
Coord. : B. Bertrand, E. Dufour, 592 p., 2000,
ISBN : 2-7430-0375-8

Nettoyage, désinfection et hygiène dans les bio-industries
Coord. : J.-Y. Leveau, M. Bouix, 576 p., 4 p. hors-texte coul., 1999,
ISBN : 2-7430-0121-6

Technologies des produits de charcuterie et des salaisons
Coord. : P. Durand, 560 p., 4 p. hors-texte coul., 1999,
ISBN : 2-7430-0310-3

Technologie des légumes
Coord. : Y. Tirilly, C.-M. Bourgeois, 592 p., 4 p. hors-texte coul., 1999,
ISBN : 2-7430-0299-9

Les industries de première transformation des céréales
Coord. : B. Godon, C. Willm, 672 p., 2e tirage revu, 1998,
ISBN : 2-7430-0263-8

Œnologie
Coord. : C. Flanzy, 1344 p., 1998,
ISBN : 2-7430-0243-3

Les séparations par membrane dans les procédés de l'industrie alimentaire
Coord. : G. Daufin, F. René, P. Aimar, 616 p., 1998,
ISBN : 2-7430-0228-X

Moisissures des aliments peu hydratés
Coord. : B. Cahagnier, 256 p., 16 p. hors-texte coul., 1998,
ISBN : 2-7430-0209-3

Cacao et chocolat
Coord. : J. Pontillon, 656 p., 4 p. hors-texte coul., 1998,
ISBN : 2-7430-0174-7

L'emballage des denrées alimentaires de grande consommation
Coord. : J.-L. Multon, G. Bureau, 1120 p., 2e éd., 1998,
ISBN : 2-7430-0208-5

Évaluation sensorielle
Manuel méthodologique
Coord. : SSHA - 368 p., 2e éd. 1998,
ISBN : 2-7430-0124-0

Enzymes en agroalimentaire
Coord. : V. Larreta-Garde, 400 p., 1997,
ISBN : 2-7430-0210-7

Guide pratique d'analyse dans les industries des céréales
Coord. : B. Godon, W. Loisel, 840 p., 2e éd., 1997,
ISBN : 2-7430-0123-2

Microbiologie alimentaire
Coord. : C.-M. Bourgeois, J.-F. Mescle, J. Zucca, J.-P. Larpent
Tome 1 : Aspect microbiologique de la sécurité et de la qualité des aliments, 704 p., 2e éd., 1996,
ISBN : 2-7430-0037-6
Tome 2 : Aliments fermentés et fermentations alimentaires, 544 p., 2e éd., 1996,
ISBN : 2-7430-0080-5

Éditions TEC & DOC
11, rue Lavoisier
F 75008 Paris

la collection STAA

Protéines végétales
Aspects biochimiques, technologiques, nutritionnels et économiques
Coord. : B. Godon, 688 p., 2e éd., 1996,
ISBN: 2-7430-0110-0

La cuisson-extrusion
Coord. : P. Colonna, G. Della Valle, 560 p., 1994,
ISBN : 2-85206-904-0

L'œuf et les ovoproduits
Coord. : J.-L. Thapon, C. M. Bourgeois, 368 p., 1994,
ISBN : 2-85206-903-2

Microbiologie industrielle
Coord. : J.-Y. Leveau, M. Bouix, 612 p., 1993,
ISBN : 2-85206-850-8

La qualité des produits alimentaires
Politique, incitations, gestion et contrôle
Coord. : J.-L. Multon - 800 p., 2e éd. 1994,
ISBN : 2-85206-840-0

Les arômes alimentaires
Coord. : H. Richard, J.-L. Multon, 480 p., 1992,
ISBN : 2-85206-613-0

Les eaux conditionnées
Coord. : Ph. Hartemann, M. Moll, 192 p., 1992,
ISBN : 2-85206-801-X

Le sucre, les sucres, les édulcorants et les glucides de charge dans les IAA
Coord. : J.-L. Multon, 840 p., 1992,
ISBN : 2-85206-702-1

Épices et aromates
Coord. : H. Richard, 352 p., 1992,
ISBN : 2-85206-774-9

Bières et coolers
Coord. : M. Moll, 528 p., 1991,
ISBN : 2-85206-752-8

Ionisation des produits alimentaires
Coord. : J.-P. Vasseur, 448 p., 1991,
ISBN : 2-85206-776-5

Biotransformation des produits céréaliers
Coord. : B. Godon, 240 p., 1991,
ISBN : 2-85206-687-4

La conserve appertisée
Aspects scientifiques, techniques et économiques
Coord. : J. Larousse, 896 p., 1991,
ISBN : 2-85206-603-3

Techniques d'analyse et de contrôle dans les industries agroalimentaires
Tome 1 : Le contrôle de qualité : principes généraux et aspects législatifs.
Coord. : J. -L. Multon, 392 p., 2e éd. 1991,
ISBN : 2-85206-597-5

Tome 2 : Principes des techniques d'analyse
Coord. : G. Linden, 528 p., 2e éd. 1991,
ISBN : 2-85206-598-3

Tome 3 : Le contrôle microbiologique
Coord. : C.-M. Bourgeois, J.-Y. Leveau, 480 p., 2e éd. 1991,
ISBN : 2-85206-599-1

Tome 4 : Analyse des constituants alimentaires
Coord. : J.-L. Multon, 472 p., 2e éd. 1991,
ISBN : 2-85206-601-7

Technologie de la viande et des produits carnés
Coord. : J.-P. Girard, 296 p., 1988, 2e tirage 1990,
ISBN : 2-85206-725-0

Laits et produits laitiers
Vache - Brebis - Chèvre
Coord. : F.-M. Luquet

Tome 1 : Les laits - De la mamelle à la laiterie
Nelle éd. en prép.

Tome 2 : Les produits laitiers - Transformations et technologies, 656 p., 2e éd. 1990,
ISBN : 2-85206-587-8

Tome 3 : Qualité, énergie et tables de composition, 460 p., 1986,
ISBN : 2-85206-286-0

Protéines animales
Extraits, concentrés et isolats en alimentation humaine
Coord. : C.-M. Bourgeois, P. Le Roux, 384 p., 1982,
ISBN : 2-85206-162-7

Conservation et stockage des grains et graines et produits dérivés (2 volumes)
Céréales, oléagineux, protéagineux, aliments pour animaux
Coord. : J.-L. Multon, 1216 p., 1982,
ISBN : 2-85206-169-4

Le directoire de la collection

Achevé d'imprimer par Corlet Numérique 14110 Condé sur Noireau
N° d'Imprimeur : 17890 Dépôt légal : juin 2004 Imprimé en France